Kinder im Fokus der Prävention

Ausgewählte Beiträge des 27. Deutschen Präventionstages

Herausgegeben von Erich Marks, Dr. Claudia Heinzelmann &
Prof. Dr. Gina Rosa Wollinger

Mit Beiträgen von:

Selin Arikoglu, Alexandra Bachmann, Judith Bader, Rainer Becker, Cora Bieß, Johannes Bittner, Rita Bley, Franziska Böndgen, Eike Bösing, Katharina Bremer, Ricarda Brender, Vera Dittmar, Stephan Eckl, Dunya Elemenler, Christa Engelhardt-Lohrke, Sabeth Eppinger, Tana Franke, Matthias Franz, Frederick Groeger-Roth, Daniel Hagen, Astrid Helling-Bakki, Anja   Herrmann, Bernd Holthusen, Christiane Honer, Dinah Huerkamp, Melanie Jagla-Franke, Mehmet Kart, Leo Keidel, Heinz Kindler, Flavia Klingenhäger, Kerstin Kowalewski, Marlies Kroetsch, Leonard, Konstantin Kulisch, Michael Laumer, Erich Marks, Regine Mößle, Thomas Mößle, Ida Helga Oster, Michael Otten, Elke Pop, Helmolt Rademacher, Marc Reinelt, Nadine Schicha, Stefan Schlang, Jördis Schüßler, Renate Schwarz-Saage, Charlotte Sievert, Ingrid Stapf, Margit Stein, Birte Steinlechner, Tuğba Tekin, Stella Valentien, Yannick von Lautz, Merle Werner, Ulla Walter, Thomas Wilke, Michael Wörner-Schappert, Gina Rosa Wollinger, Klaus Zierer

Forum Verlag Godesberg GmbH 2023

Bibliographische Information der Deutschen Nationalbibliothek

Die Deutsche Nationalbibliothek verzeichnet diese Publikation in der Deutschen Nationalbibliographie: Detaillierte bibliografische Daten sind im Internet unter http://dnb.d-nb.de abrufbar.

© Forum Verlag Godesberg GmbH, Mönchengladbach
Alle Rechte vorbehalten
Mönchengladbach 2023

Redaktion, Satz und Layout: Pascal Specht
Coverdesign: Konstantin Megas, Mönchengladbach

Gesamtherstellung: Books on Demand GmbH, Norderstedt
Printed in Germany

978.3.96410.026.9 (Printausgabe)
978.3.96410.027.6 (eBook)

Inhalt

III. Vorträge

IV. Praxis-Impulse

Vorwort

„Kinder rauslassen und nicht sagen, ‚Nee, das ist zu gefährlich‘", antwortet Rania (10 Jahre) auf die Frage, was Erwachsene im Umgang mit Kindern stärker beachten sollten, um sie vor Gefahren zu schützen.[1] Karl (11 Jahre) fordert mehr Respekt: „Ich finde, dass die Erwachsenen oft besser mit uns umgehen könnten. Dazu gehören Eltern, Lehrer und auch Leute, die ich auf der Straße treffe."[2] Das Schwerpunktthema „Kinder im Fokus der Prävention" des 27. Deutschen Präventionstags beschäftigte sich mit der Perspektive und der Situation von Kindern in unserer Gesellschaft. Leitend war dabei die Frage nach Bedingungsfaktoren für eine gelungene Präventionsarbeit im Umgang mit Kindern.

Kindheit ist mit dem Menschsein untrennbar verbunden und dennoch basiert das, was wir heute unter Kinder und Kindheit verstehen, nicht auf einem universellen Verständnis. Heutzutage wird Kindern in unserer Gesellschaft ein großer emotionaler Wert zugeschrieben.[3] Geprägt ist Kindheit dabei einerseits von Veränderungen und Pluralisierung von Lebens- und insbesondere Familienformen, andererseits von einer Zunahme der Freizeitgestaltung, die Zuhause bzw. in einem strukturierten und häufig institutionalisierten Umfeld, wie beispielsweise in Hort, Ganztagsschulen und Sportvereinen stattfindet.[4] Damit verbringen Kinder weniger Zeit spontan, autark und ohne erwachsene Aufsicht als dies früher der Fall war.

Ein weiterer bedeutender Wandel der gesellschaftlichen Sichtweise auf Kinder ist die Vorstellung vom richtigen Umgang von Erwachsenen mit Kindern. Ein gemeinsames Kernelement unterschiedlicher gegenwärtiger Erziehungsstile ist der Anspruch, dass der Umgang mit Kindern gewaltfrei sein soll. Diese Entwicklung hat sich in einem gesellschaftlichen Prozess hin zu einer stärkeren Gewaltsensibilisierung vollzogen und ist auf verschiedenen Ebenen nachvollziehbar. Zum einen lässt sich ein breiteres Verständ-

---

1 Siehe hierzu das Interview mit den Streitschlichter:innen von der Grundschule am Volkspark in Bochum auf den Seiten 106-107 in diesem Band.

2 Siehe hierzu die Beiträge der Kinderreporter:innen auf den Seiten 108-113 in diesem Band.

3 Göppel, R. (2007): Aufwachsen heute. Veränderungen der Kindheit – Probleme des Jugendalters. Kohlhammer.

4 Ebd.; Hurrelmann, K., & Bauer, U. (2020). Einführung in die Sozialisationstheorie. Beltz.

nis von Gewalt feststellen, welches nunmehr auch psychische Gewalt mit einbezieht und Phänomene wie Mobbing und Stalking thematisiert. Zum anderen wird physische Gewalt auch auf Kontexte bezogen, in denen dies früher negiert oder bagatellisiert wurde. Was ehemals beispielsweise als einfache Schulhofrangelei bezeichnet wurde, die man als Part männlicher Sozialisation verstanden hat, wird heute problematisiert.

Ebenso wie Kindheit ein soziales Konstrukt ist, so ist es auch das Verständnis von Prävention im Zusammenhang mit Kindern. Welche Unterthemen sich an das Kongressthema anknüpfen und welche Leitfragen gewählt werden, um es zu erschließen, ist geprägt durch unser heutiges Verständnis von Kindheit. So war es beispielsweise in früheren Debatten über Kinder und Prävention üblich, das „kriminelle" Verhalten von Kindern bzw. die „Kinderdelinquenz" in den Fokus zu rücken.[5] Dieser Diskurs hat sich verschoben, sodass heute die gesunde Entwicklung von Kindern und deren Schutz im Vordergrund stehen. Ferner mutet es mittlerweile sonderbar an, (stark) normabweichendes Verhalten von Kindern als kriminell zu bezeichnen oder von kindlichen Tatverdächtigen bzw. Täter:innen zu sprechen. Auffälliges Verhalten von Kindern, welches einen bestimmten Normbereich überschreitet, wird eher als Hinweis für eine problematische Entwicklung gesehen, deren Ursachen in den äußeren Lebensbedingungen und somit in der Verantwortung von Erwachsenen, zu suchen ist.

Vor diesem thematischen Hintergrund tagte der 27. Deutsche Präventionstag. Aufgrund der anhaltenden pandemischen Lage mit Covid-19-Infektionen wurde ein neues, hybrides Kongressformat entwickelt. Das digitale Kongressangebot erstreckte sich von März bis November 2022. Am 4. und 5. Oktober wurde das digitale Angebot (DPT-TV immer mittwochs) durch eine zweitägige Präsenzveranstaltung im Hannoverschen Congress Center ergänzt.

Im vorliegenden Tagungsband werden ausgewählte Beiträge dieses besonderen Kongresses publiziert. In einem ersten Teil finden sich die zusammenfassende Darstellung des Kongressprogramms und der Evaluationsbericht. Anschließend kommen Kinder selbst zu Wort: In einem Interview mit Streitschlichter:innen sowie vier Beiträgen von Kinderreporter:innen.

---

5 Siehe hierzu den Beitrag von Holthusen & Kindler in diesem Band.

Die fünf wissenschaftlichen Expertisen zum Schwerpunktthema[6] schließen den zweiten Teil des Tagungsbands ab. Im dritten und vierten Teil des vorliegenden Tagungsbands werden ausgewählte Beiträge des 27. Deutschen Präventionstags abgedruckt. Insgesamt finden sich hier 19 Vorträge und 11 Praxis-Impulse (praxisorientierte Kurzvorträge) wieder.

Einer seit vielen Jahren bewährten Tradition folgend, erscheint auch dieser Kongressband in verschiedenen Formaten. Einerseits erscheint die Printausgabe als Book on Demand sowie das E-Book im Forum Verlag Godesberg. Andererseits veröffentlicht der Deutsche Präventionstag das Buch in seinen einzelnen Kapiteln zum kostenfreien Download auf seiner Webseite (https://www.praeventionstag.de/go/publikationen). Den Expertisenband können Sie auch als Einzel-PDF auf der Webseite des DPT herunterladen (https://www.praeventionstag.de/go/kongress-gutachten). Darüber hinaus wurden zahlreiche weitere Dokumente des Jahreskongresses 2022 über verschiedene Formate und Medien in deutscher bzw. englischer Sprache, insbesondere über das Internetportal des DPT sowie über den DPT-YouTube-Kanal (https://www.youtube.com/@praeventionstag) dokumentiert.

Hannover im September 2023

Erich Marks, Claudia Heinzelmann und Gina Rosa Wollinger

---

6 Die Beiträge der Kinder sowie die fünf wissenschaftlichen Expertisen wurden von Prof. Dr. Gina Rosa Wollinger konzipiert und sind vorab veröffentlicht unter praeventionstag.de/go/gutachten27

Tana Franke, Erich Marks

Zusammenfassende Gesamtdarstellung des 27. Deutschen Präventionstages

Seit 1995 verfolgen die jährlich stattfindenden Deutschen Präventionstage das Ziel, Kriminalprävention ressortübergreifend, interdisziplinär und in einem breiten gesellschaftlichen Rahmen darzustellen, zu erörtern und zu stärken.

Diese zusammenfassende Gesamtdarstellung gibt einen Überblick über die Struktur und die vielfältigen Themen des 27. Deutschen Präventionstages.

Der 27. Jahreskongress fand im Jahr 2022 statt. In diesem Jahr wurde das gesellschaftliche Zusammenleben in Deutschland und insbesondere auch Veranstaltungen, Konferenzen und Kongresse durch die seit 2020 andauernde COVID-19-Pandemie geprägt. Da zu Beginn der Kongressplanung und -organisation nicht absehbar war, ob eine große Präsenzveranstaltung wie der bisherige Deutsche Präventionstag überhaupt durchgeführt werden könnte, wurde ein spezielles neues Kongressformat entwickelt. Dessen „hybride" Struktur beinhaltete einen zeitlich weit gestreckten digitalen Teil, an dem jede Woche online teilgenommen werden konnte, und einen klein und kompakt konzipierten zweitägigen Präsenzteil, der – falls die pandemische Lage es zuließe – in der niedersächsischen Landeshauptstadt Hannover abgehalten werden sollte. Dieses Konzept konnte für den 27. Deutschen Präventionstag umgesetzt werden.

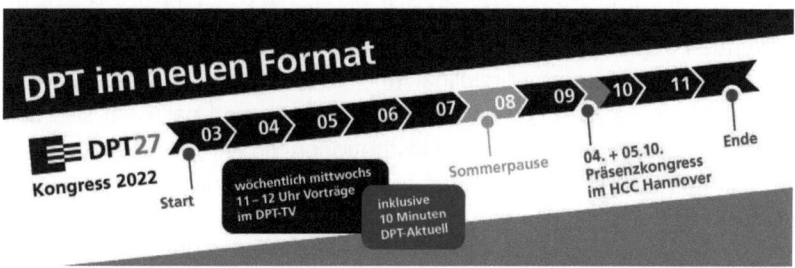

Der Online-Teil fokussierte auf die Vortragsformate, denn diese lassen sich gut online umsetzen. Unter der Bezeichnung „DPT-TV" begann er im März und dauerte bis Ende November 2022 an. Die Online-Sendung wurde jede Woche immer am Mittwoch von 11 bis 12:30 Uhr angeboten. Diese Sendung startete jeweils mit 10 Minuten „DPT-Aktuell", einem Format, in dem der DPT selbst kurze Informationen und Schlagzeilen brachte, Videoclips sendete oder auch mit dem „Bild der Woche" zum Nachdenken anregte. Moderiert wurden diese Sendungen von Erich Marks, Margo Molkenbur und Dr. Claudia Heinzelmann. Anschließend wurden jeweils bis zu drei halbstündige Vorträge und danach ebenfalls bis zu drei 20-minütige Praxis-Impulse (praxisorientierte Kurzbeiträge) gesendet. Die Teilnehmenden konnten im Anschluss mit den Referierenden mittels der Videokonferenztechnik „BigBlueButton" in einen Austausch gehen. Basis des Online-Teils war die Plattform „DPT-Foyer". Auf diesen Webseiten fanden sich die ausführlichen Programmhinweise, die Aufzeichnungen vorangegangener Sendungen sowie Möglichkeiten, mit anderen Kongressteilnehmenden in Kontakt zu treten. Insgesamt wurden 34 Sendungen DPT-TV im Rahmen des 27. Jahreskongresses gesendet.

Der Präsenzteil fand am 4. und 5. Oktober 2022 im Hannover Congress Centrum statt. Der Schwerpunkt lag bei diesem Teil des Hybridkonzeptes auf der Kongressausstellung. Abgerundet wurde die große Messe durch eine kleine Auswahl an Panels, Vorträgen, Theaterstücken und Workshops sowie die Abendveranstaltung, die ebenfalls dem persönlichen Austausch diente.

1.   Leitbild des Deutschen Präventionstages

Das Selbstverständnis und die Rahmenziele sind kongressübergreifend in einem Leitbild formuliert: Der Deutsche Präventionstag wurde 1995 als nationaler jährlicher Kongress speziell für das Arbeitsfeld der Kriminalprävention begründet. Von Beginn an war es das Ziel, Kriminalprävention ressortübergreifend, interdisziplinär und in einem breiten gesellschaftlichen Rahmen darzustellen und zu stärken. Nach und nach hat sich der Deutsche Präventionstag auch für Institutionen, Projekte, Methoden, Fragestellungen und Erkenntnisse aus anderen Arbeitsfeldern der Prävention geöffnet, die bereits in mehr oder weniger direkten Arbeitszusammenhängen stehen. Neben der weiterhin zentral behandelten Kriminalprävention reicht das erweiterte Spektrum des Kongresses von der Suchtprävention oder der Verkehrsprävention bis hin zu den verschiedenen Präventionsbereichen im Gesundheitswesen.

Der Kongress wendet sich insbesondere an Verantwortungsträger der Prävention aus Behörden, Gemeinden, Städten und Kreisen, Gesundheitswesen, Jugendhilfe, Justiz, Kirchen, Medien, Politik, Polizei, Präventionsgremien, Projekten, Schulen, Sport, Vereinigungen und Verbänden, Wissenschaft, etc.

Der Deutsche Präventionstag will als jährlich stattfindender nationaler Kongress:

- aktuelle und grundsätzliche Fragen der verschiedenen Arbeitsfelder der Prävention und ihrer Wirksamkeit vermitteln und austauschen,
- Partner in der Prävention zusammenführen,
- Forum für die Praxis sein und Erfahrungsaustausch ermöglichen,
- Internationale Verbindungen knüpfen und Informationen austauschen helfen,
- Umsetzungsstrategien diskutieren,
- Empfehlungen an Praxis, Politik, Verwaltung und Wissenschaft erarbeiten und aussprechen.

2. Programmbeirat

Zur Vorbereitung eines jeden Präventionstages wird ein Programmbeirat[1] gebildet, in dem der Veranstalter sowie die gastgebenden und ständigen Veranstaltungspartner repräsentiert sind. Der Programmbeirat ist zustän-

---

1 **Prof. Dr. Marc Coester** (Wiss. Berater des Deutschen Präventionstages, Hochschule für Wirtschaft und Recht, Berlin); **Stefan Daniel** (Geschäftsführendes Vorstandsmitglied der Stiftung Deutsches Forum für Kriminalprävention, Bonn); **Dr. Claudia Heinzelmann** (Leitende Projektmanagerin des Deutschen Präventionstages, Hannover); **Prof. Dr. Hans-Jürgen Kerner** (Kongresspräsident des Deutschen Präventionstages); **Dr. Kathrin Lorenz** (Abteilungsleiterin Governance und Konflikt in der Deutschen Gesellschaft für Internationale Zusammenarbeit (GIZ) GmbH); **Dr. Susanne Mädrich** (Referatsleiterin im Bundesministerium der Justiz und für Verbraucherschutz (BMJV)); **Erich Marks** (Geschäftsführer des Deutschen Präventionstages, Hannover); **Andreas Mayer** (Mitglied des Stiftungsrates der Deutschen Stiftung für Verbrechensverhütung und Straffälligenhilfe, Köln); **Yann Rogge**, Referent im Bundesministerium für Familie, Senioren, Frauen und Jugend (BMFSFJ); **Joachim Schneider** (Geschäftsführer der Polizeilichen Kriminalprävention der Länder und des Bundes, Stuttgart); **Céline Sturm** (Koordinatorin im Fachbereich Prävention im WEISSEN RING e. V., Mainz).

dig für inhaltliche Gestaltungsfragen des jeweilig anstehenden Kongresses sowie für Ausblicke und erste Vorplanungen künftiger Kongresse.

Der – wie in den Vorjahren veröffentlichte – Aufruf zur Einreichung von Vortragsthemen wurde trotz der pandemiebedingten Unsicherheiten positiv aufgenommen und ergab eine große Zahl von Vorschlägen und Bewerbungen. Durch die zeitlich ausgedehnte Online-Phase des Kongresses wurden insgesamt drei Bewerbungsphasen durchlaufen:

- Erste Bewerbungsphase: 15.10. bis 30.11.2021
- Zweite Bewerbungsphase: 1. bis 31.3.2022
- Dritte Bewerbungsphase: 1. bis 30.06.2022

3. Partner

Das Engagement und die Verbundenheit der DPT-Partner sind ein zentraler Baustein für das Gelingen des Kongresses. Allen beteiligten Entscheidungsträgern und Repräsentanten der DPT-Partner sei besonders herzlich für ihr Engagement gedankt. Insgesamt 27 Organisationen und Institutionen haben sich in unterschiedlichen Formen und vielfältigen Rollen ausdrücklich als offizielle Partner des 27. Deutschen Präventionstages mit ihrem Logo, ihrem guten Namen sowie personellen und finanziellen Ressourcen eingebracht. Ein ebenso herzlicher Dank gilt erneut dem Bundesministerium für Familie, Senioren, Frauen und Jugend sowie weiteren Bundesministerien und nachgeordneten Behörden für die Förderung des 27. Deutschen Präventionstages. Im Einzelnen waren beteiligt:

Fördernde Veranstaltungspartner

- Bundesministerium für Familie, Frauen, Senioren und Jugend (BMFSFJ)
- Bundesministerium der Justiz (BMJ)

Gastgebende Veranstaltungspartner

Es gab beim 27. Deutschen Präventionstag keine gastgebenden Partner. Diese Rolle übernahm der DPT selbst.

Ständige Veranstaltungspartner

- Deutsche Gesellschaft für Internationale Zusammenarbeit (GIZ) GmbH
- Polizeiliche Kriminalprävention der Länder und des Bundes (ProPK)
- Stiftung Deutsches Forum für Kriminalprävention (DFK)
- WEISSER RING e. V.

Weitere Kooperationspartner und Sponsoren

- Bundesverband Bürgermedien
- Bundeszentrale für gesundheitliche Aufklärung (BZgA)
- DBH-Fachverband für Soziale Arbeit, Strafrecht und Kriminalpolitik
- Deutsch-Europäisches Forum für Urbane Sicherheit (DEFUS)
- Deutsche Post DHL Group
- Deutsche Vereinigung für Jugendgerichte und Jugendgerichtshilfen e.V. (DVJJ)
- Deutscher Volkshochschul-Verband (vhs)
- Deutsches Jugendinstitut (dji)
- Kriminalistik, Unabhängige Zeitschrift für Kriminalistische Wissenschaft und Praxis
- Kriminologisches Forschungsinstitut Niedersachsen (KFN)
- Initiative „Kein Raum für Missbrauch"
- proVal – Gesellschaft für sozialwissenschaftliche Analyse – Beratung – Evaluation
- Stiftung der Deutschen Lions

Partnerkongresse

- Deutscher Familiengerichtstag (DFGT)
- Österreichischer Präventionskongress

Internationale Partner

- European Forum for Urban Security, Paris (EFUS)
- Korean Institute of Criminology and Justice (KICJ)
- Transatlantischer Dialog

- UN Habitat
- United Nations Office on Drugs and Crime (UNODC)
- Violence Prevention Alliance (VPA)

4.   Kongress Vor-Ort

Pandemiebedingt wurde das Programm etwas angepasst, so wurden einerseits Panelveranstaltungen in einem großen Saal angeboten, andererseits auch einige teilnahmebegrenzte Workshops durchgeführt, um den Austausch zu fördern. Da eine Vielzahl von Vorträgen ab März online lief, gab es vor Ort nur eine Auswahl. Die Ausstellung fand in einer großen Messehalle statt, der Abendempfang bei geöffneten Türen und teilweise im Freien.

4. 1   Kongresseröffnung, Abendempfang und Ausblick

Dienstag, 4. Oktober 2022, 11.30 Uhr

- Begrüßung der Kongressteilnehmenden und Kongresseröffnung (Ausstellerbühne):
  Erich Marks, Geschäftsführer des Deutschen Präventionstages

Dienstag, 4. Oktober 2022, 18.00 Uhr

- Der Abendempfang des Deutschen Präventionstages fand am Dienstag, 4. Oktober 2022 ab 18:00 Uhr in der Glashalle und auf dem Außengelände des Hannover Congress Center statt. Eingeladen waren alle registrierten Teilnehmenden des 27. Deutschen Präventionstages.

Mittwoch, 5. Oktober 2022, 15.00 Uhr

- Ausblick auf den 28. Deutschen Präventionstag in Mannheim (Ausstellerbühne):
  Erich Marks, Geschäftsführer des Deutschen Präventionstages

4. 2 Panels

Es wurden 7 Panels angeboten:

Dienstag, 4. Oktober 2022

10:00 Uhr – 11:30 Uhr:
Prävention in Zeiten der Cannabislegalisierung: Worthülse, mehr vom Üblichen oder Neuorientierung?

- Burkhard Blienert, Bundesbeauftragter für Sucht- und Drogen-fragen
- Dr. med. Gregor Burkhart, European Monitoring Centre for Drugs and Drug Addiction
- Andrea Hardeling, Deutsche Hauptstelle für Suchtfragen e.V.
- Ricarda Henze, Niedersächsische Landesstelle für Suchtfragen Maximilian von Heyden, FINDER e.V.
- *Moderation: Frederick Groeger-Roth, Landespräventionsrat Niedersachsen*

12:00 Uhr – 13:30 Uhr
Kinder im Fokus der Prävention

- Jerome Braun, Deutsche Kinderschutzstiftung Hänsel+Gretel
- Elena Lamby, Deutsche Sportjugend im DOSB
- Ulrike Minar, Kinderschutzzentrum Hamburg
- *Moderation: Prof. Dr. Marlies Kroetsch, Fachhochschule des Mittelstands*

14:00 Uhr – 15:30 Uhr
Cybercrime – Wie können sich private Internetnutzerinnen und -nutzer wirksam schützen?

- Robert Hoyer, Bundesamt für Sicherheit in der Informationstechnik
- Rebecca Michl-Krauß, EU-Initiative klicksafe / Medienanstalt Rheinland-Pfalz
- Georg Ungefuk, Generalstaatsanwaltschaft Frankfurt am Main
- *Moderation: Bianca Biwer, WEISSER RING e. V.*

16:00 Uhr – 17:30 Uhr
Brauchen wir neue Strategien für die urbane Sicherheit und die kommunale Prävention?

- Dolores Burkert, Stadt Köln
- Daniela Dorn, Polizei Berlin – LKA Zentralstelle für Prävention
- Zuhal Karakas, Leiterin des Fachbereichs Öffentliche Ordnung der Landeshauptstadt Hannover
- Dr. Tillmann Schulze, EBP Schweiz AG
- Christian Specht, Bürgermeister der Stadt Mannheim
- *Moderation: Anna Rau, Deutsch-Europäisches Forum für Urbane Sicherheit e.V. & Julia Rettig, European Forum for Urban Security*

Mittwoch, 5. Oktober 2022

09:00 Uhr – 10:30 Uhr
Neue Ansätze zur Prävention von Hass, Hetze und Bedrohung
- Prof. Dr. Andreas Beelmann, Friedrich-Schiller-Universität Jena
- Dr. Franz Rainer Enste, Antisemitismusbeauftragter des Landes Niedersachsen
- Rüdiger José Hamm, Bundesarbeitsgemeinschaft religiös begründeter Extremismus e.V.
- Jochen Kopelke, Gewerkschaft der Polizei (GdP)
- Andre Niewöhner, Koordinierungsgruppe des Präventionsnetzwerks #sicherimDienst
- *Moderation: Thomas Müller, Landespräventionsrat Niedersachsen, Landesprogramm für Demokratie und Menschenrechte*

11:00 Uhr – 12:30 Uhr
Was Schulen aus der Aufarbeitung sexuellen Kindesmissbrauchs für Prävention heute lernen können
- Prof. Dr. Barbara Kavemann, Unabhängige Kommission zur Aufarbeitung Sexuellen Kindesmissbrauchs in Deutschland
- Isabel Strey, Schattenriss e.V. Fachberatungsstelle gegen sexualisierte Gewalt an Mädchen*
- Heike Völger, UBSKM
- *Moderation: Prof. Dr. Julia Gebrande*

13:00 Uhr – 14:30 Uhr
Jetzt erst recht! Prävention in Zeiten von Krisen und Katastrophen
- Dr. Donya Gilan, Leibniz-Institut für Resilienzforschung (LIR) gGmbH

- Prof. Dr. Rita Haverkamp, Universität Tübingen
- Dr. Markus Mayer, Gesellschaft für Internationale Zusammenarbeit – GIZ GmbH
- *Moderation: Prof. Dr. Eva Groß, Hochschule in der Akademie der Polizei Hamburg*

4. 3 Vorträge

Bei den mit ᵏ gekennzeichneten Programmteilen handelt es sich um Firmenvorträge sowie Kooperationen mit Wirtschaftsunternehmen. Die Vorträge des „Transatlantischen Dialoges" gehören zu dem gemeinsamen Vortragsangebot und wurden in englischer Sprache angeboten.

Es wurden 11 Vorträge in deutscher und 3 in englischer Sprache angeboten:

Dienstag, 4. Oktober 2022

- Kinder im Fokus der Prävention – nicht nur in Krisenzeiten!, 10:00 – 10:45 Uhr
  Christine Liermann, Stiftung Deutsches Forum für Kriminalprävention
  Frederik Tetzlaff, Stiftung Deutsches Forum für Kriminalprävention (DFK)
- Live-Hacking: So versuchen Angreifer Ihre Systeme zu knacken ᵏ, 11:00 – 11:45 Uhr
  Sebastian Schreiber, SySS GmbH
- Ganzheitliche Prävention in der Wirtschaft ᵏ, 12:00 – 12:45 Uhr
  Bastian Peter, Deutsche Bahn - DB Sicherheit
  Dr. Christian Strack, DB Sicherheit GmbH
- Connect the Dots: From Pornography to Violence & Sexual Assault, 14:00 – 14:30 Uhr
  PHD Gail Dines, Wheelock College/Transatlantischer Dialog
- Online Sex Crime against Children – The Law Enforcement Collaborative Network, 14:30 –15:00 Uhr
  Prof. Dr. Kyung-sick Choi, University of Boston/Transatlantischer Dialog
- Successful Prevention of Online Sex Crimes against Children, 15:00 – 15:30 Uhr
  PhD Hieram Puig Lugo, Transatlantischer Dialog

- Die Kinder von inhaftierten Eltern im Fokus der Prävention, 16:00 – 16:45 Uhr
Jördis Schüßler, Bundesarbeitsgemeinschaft für Straffälligenhilfe e.V.
- Aktuelles aus dem Programm Polizeiliche Kriminalprävention, 17:00 – 17:45 Uhr
Harald Schmidt, Polizeiliche Kriminalprävention der Länder und des Bundes

Mittwoch, 5. Oktober 2022

- BROTHERS on Tour, 09:00 – 09:45 Uhr
Julia Pfrötschner, Bonveno Göttingen gGmbH
- Sicherheit neu denken. JETZT! [k], 10:00 – 10:45 Uhr
Bianca Blöchl, Bianca Blöchl Survivability.Coach
- Schutz öffentlicher Räume vor Amok und extremistisch/terroristisch motivierten Überfahrtaten [k], 11:00 – 11:45 Uhr
Christian Schneider, Initiative Breitscheidplatz GmbH
- Kriminalprävention: Welche Maßnahme darf wie viel kosten? [k], 12:00 – 12:45 Uhr
Dr. Tillmann Schulze, EBP Schweiz AG
- Professionelles Krisen- und Präventionsmanagement an Schulen [k], 13:00 – 13:45 Uhr
Andrea Salomon, Selbst & Bewusst – Andrea Salomon und Guido Schenk GbR
Guido Schenk, Selbst & Bewusst – Andrea Salomon und Guido Schenk GbR
- Trau dich! Digitale Fortbildungen zu sexualisierter Gewalt, 14:00 – 14:45 Uhr
Catharina Beuster, Bundeszentrale für gesundheitliche Aufklärung (BZgA)
Brigitte Braun, Bundeszentrale für gesundheitliche Aufklärung (BZgA)

4. 4 Workshops

Es wurden 7 Workshops zu unterschiedlichen Präventionsthemen angeboten:

Dienstag, 4. Oktober 2022

- „Families Make the Difference", 10:00 – 11:30 Uhr
  Jian Mohamad, International Rescue Committee gGmbH
  Charlotte Prokop, International Rescue Committee gGmbH
- Urbane Konfliktbearbeitung in Augsburg, 12:00 – 13:30 Uhr
  Annekatrin Gehre-Horváth, Stadt Augsburg
  Janina Hentschel, Stadt Augsburg
- START ab 2: Persönlichkeitsstärkung in Krippe & Kindertages-pflege, 14:00 – 15:30 Uhr
  Stella Valentien, Deutsche Liga für das Kind
  (entfallen)
- Wie funktionieren neo-salafistische Ansprachen?, 16:00 – 17:30 Uhr
  Sebastian Oschwald, Ufuq.de
  Vera Simsek, Ufuq.de

Mittwoch, 5. Oktober 2022

- Das Childhood-Haus Konzept – Der Weg zu multidisziplinärem Kinderschutz in der Praxis?, 09:00 – 10:30 Uhr
  Anne Eberstein, World Childhood Foundation Deutschland
- Mitbestraft! Präventionsarbeit mit Kindern Inhaftierter, 11:00 – 12:30 Uhr
  Nina Buhl, FREIE HILFE BERLIN e.V.
  Natalie Stein, FREIE HILFE BERLIN e.V.
- Intergalactic – Das HörSpiel zum Mitmachen, 13:00 – 14:30 Uhr
  Larissa Mogk, Gesicht Zeigen! Für ein weltoffenes Deutschland e.V.

4. 5 Presentation on Demand (PoD)

In der Rubrik „Presentation on Demand (PoD)" finden sich Beiträge, die aus Kapazitätsgründen nicht in das Programm der Live-Vorträge aufge-nommen werden konnten. Diese Beiträge zu verschiedenen Präventions-themen wurden als verschriftlichte Vorträge, kommentierte Präsentatio-nen oder Videoaufzeichnungen eingebracht. Es wurden in diesem Bereich 8 Beiträge online eingestellt.

- Demokratieförderung und Radikalisierungsprävention
  Eike Bösing, Universität Vechta
- Düsseldorfer Prävention – Kriminalpräventiver Rat
  Tanja Schwarzer, Landeshauptstadt Düsseldorf
- Gewalt gegen Kinder und ihre Prävention in Zeiten von Corona
  Paula Krüger, Hochschule Luzern
- Islamischer Religionsunterricht als Präventionsmaßnahme
  Margit Stein, Universität Vechta
- Law4school – Kinder stark machen in den Medien
  Gesa Stückmann, Prävention 2.0 e.V.
- Lions-Quest „Erwachsen werden" – Prävention für Kinder
  Peter Sicking, Stiftung der Deutschen Lions
- Opferschutz 2.0 – proaktive Unterstützung
  Magdalena Ortner, Opferhilfe Berlin e.V.
- „Zuhause sicher": Einbruchschutz und Brandschutz
  Carolin Hackemack, Netzwerk Zuhause sicher e. V.

4. 6 Theateraufführungen

Auf einer Theaterbühne gaben Ensembles Einblicke in ihr Programmrepertoire, mit dem sie die Präventionsarbeit für Kinder und Jugendliche unterstützen und luden anschließend die Zuschauenden zum Austausch darüber ein.

Dienstag, 4. Oktober 2022

- Comic On – Theaterstück „RAUSGEMOBBT 2.0", 10:30 – 11.30 Uhr
  (für Klassen 6 bis 9, Thema Cybermobbing)
- Comic On – Theaterstück „upDATE", 13:30 – 14.30 Uhr
  (für Klassen 7 bis 10, Thema Cybermobbing und Sexting)

Mittwoch, 5. Oktober 2022

- Comic On – Theaterstück „upDATE", 11:00 – 12.00 Uhr
  (für Klassen 7 bis 10, Thema Cybermobbing und Sexting)
- CABUWAZI – Kinder- und Jugendzirkus, 14:00 – 14.30 Uhr<

4. 7 Kongressbegleitende Ausstellung

109 Infostände, 1 Infomobil sowie 4 Sonderausstellungen stellten ihre Institution vor und boten ihre Materialien sowie die Möglichkeit zum Austausch an. Auf 15 Postern wurden Projekte und Initiativen vorgestellt. Auf der „Open-Space-Bühne" gab es 19 Beiträge.

Bei den mit ᴷ gekennzeichneten Programmteilen handelt es sich um Firmeninfostände sowie Kooperationen mit Wirtschaftsunternehmen.

Infostände

- Akzeptanz, Vertrauen, Perspektive (AVP) e.V.
- AMA e.V.
- Ambulanter Justizsozialdienst Niedersachsen (AJSD)
- Beratungsstelle beRATen e.V. – BAMF – Niedersächsisches Sozialministerium
- Bund Deutscher Kriminalbeamter e.V.
- Bundesamt für Justiz
- Bundesarbeitsgemeinschaft „Ausstieg zum Einstieg" e.V.
- Bundesarbeitsgemeinschaft religiös begründeter Extremismus e. V. (BAG RelEx)
- Bundesfach- und Koordinierungsstelle Männergewaltschutz
- Bundeskriminalamt – hier: MOTRA-Forschungsverbund, koordiniert durch BKA/IZ32
- Bundesministerium der Justiz / Bundesamt für Justiz
- Bundesnetzwerk Zivilcourage
- Bundespolizeipräsidium, Deutsche Bahn AG
- Bundesprogramm „Demokratie leben!"
- Bundeszentrale für gesundheitliche Aufklärung (BZgA)
- Bundeszentrale für gesundheitliche Aufklärung (BZgA) „Trau dich!"
- Bundeszentrale für gesundheitliche Aufklärung (BZgA) / „Kinder stark machen"
- Comic On! Theaterproduktion
- CoRE-NRW
- Creative Change e.V.
- CTC-TRANSFERSTELLE

- Denkzeit-Gesellschaft e.V.
- Deutsche Kinderschutzstiftung Hänsel+Gretel
- Deutsche Sportjugend im DOSB e.V.
- Deutscher Ju-Jutsu Verband e.V.
- Deutscher Juristinnenbund e.V.
- Deutsches & Europäisches Forum für Urbane Sicherheit e.V.
- DPT – Deutscher Präventionstag gGmbH
- EU-Initiative klicksafe
- Fachstelle für Suchtprävention Berlin
- FINDER e.V.
- Forum Ziviler Friedensdienst e.V.
- FREIE HILFE BERLIN e.V.
- gegen-missbrauch e.V.
- GEMEINSAM GEGEN DOPING – Das Präventionsprogramm der Nationalen Anti Doping Agentur Deutschland
- Gemeinsam gegen Menschenhandel e.V.
- Gesicht Zeigen! Für ein weltoffenes Deutschland e.V.
- Gewerkschaft der Polizei
- GLÜXXIT – das Präventionsprojekt der Landesfachstelle Glücksspielsucht der Suchtkooperation NRW
- GSJ – Gesellschaft für Sport und Jugendsozialarbeit gGmbH
- Haus der Prävention Wetzlar
- Hessische Polizei / Städtebauliche Kriminalprävention
- Hessische Polizei / KOMPASS
- Hessische Polizei / AG KidZ
- Hessisches Ministerium des Innern und für Sport
- i-unito
- IFAK e.V. / re:vision
- Innenministerium NRW
- Institut für Sozialmedizin in der Pädiatrie Augsburg e. V.
- jugendschutz.net
- JUUUPORT e.V.
- JVA Butzbach

- KAGS, Katholische Bundes-Arbeitsgemeinschaft Straffälligen-hilfe im Deutschen Caritasverband
- Katholische Landesarbeitsgemeinschaft Kinder- und Jugend-schutz NRW
- KIKS UP e.V.
- Kindergarten plus und START Ab 2: Programme der Deutschen Liga für das Kind
- Klasse2000 – Stark und gesund in der Grundschule
- Kommunaler Präventionsrat Landeshauptstadt Hannover
- Kontaktstelle CERV
- Kriminalprävention; Der Landrat des Rhein-Erft-Kreises als Kreis-polizeibehörde
- LAG Autonome Mädchenhäuser/feministische Mädchenarbeit NRW e.V.
- Landeskriminalamt Niedersachsen / Dezernat Forschung | Prävention | Jugend
- Landeskriminalamt Niedersachsen / Präventionsstelle Politisch Motivierte Kriminalität (PPMK)
- Landeskriminalamt NRW
- Landeskriminalamt Rheinland-Pfalz
- Landespräventionsrat bei dem Hessischen Ministerium der Justiz
- Landespräventionsrat Brandenburg
- Landespräventionsrat Niedersachsen
- Landespräventionsrat Nordrhein-Westfalen
- Landespräventionsrat Sachsen
- Landespräventionsrat Sachsen / ASSKomm
- Landespräventionsrat Schleswig-Holstein
- LOVE-Storm (Bund für Soziale Verteidigung e.V.)
- Masterstudiengang Kriminologie, Kriminalistik und Polizeiwis-senschaft – Ruhr-Universität Bochum
- Ministerium des Innern des Landes Nordrhein-Westfalen – Abteilung Verfassungsschutz
- Netzwerk gegen Gewalt Hessen
- Niedersächsische Landesstelle für Suchtfragen
- Niedersächsisches Ministerium für Inneres und Sport
- Papilio gemeinnützige GmbH

- Perlenschatz e.V.
- Polizeidirektion Hannover
- Polizeiliche Kriminalprävention der Länder und des Bundes
- Polizeipräsidium Mittelhessen
- Polizeipräsidium Ravensburg
- Projekt Alternativen zur Gewalt e.V.
- Respekt e.V.
- REVOLUTION TRAIN Deutschland gGmbH
- Schule ohne Rassismus – Schule mit Courage
- Sicherheitskooperation Ruhr
- #sicherimDienst
- Sophienpflege Evangelische Einrichtungen für Jugendhilfe Tübingen e.V.
- Sozialdienst muslimischer Frauen e.V.
- Stadt Mannheim + Land Baden-Württemberg
- Stadtverwaltung Lampertheim
- STEP gGmbH
- STEP Verein zur Förderung von Erziehung und Bildung e.V.
- Stiftung der Deutschen Lions / Lions-Quest
- Stiftung Deutsches Forum für Kriminalprävention (DFK)
- Stiftung Opferhilfe Niedersachsen
- Theater EUKITEA gGmbH
- Transatlantischer Dialog
- transfer e.V.
- ufuq.de
- Vereinigung Pestalozzi gGmbH / Clearingstelle Radikalisierungsprävention
- Villa Schöpflin gGmbH – Zentrum für Suchtprävention
- VPKV – Verein zur Förderung der Methode Puppenspiel in der Kriminal- und Verkehrsprävention e.V.
- WEISSER RING e.V.
- Weitblick e.V. / Schauspielkollektiv - Neues Schauspiel Lüneburg
- Werner Bonhoff Stiftung

Infomobil

- Hilfetelefon Sexueller Missbrauch und tpw theaterpädagogische werkstatt gGmbH

Sonderausstellungen

- GLÜXXIT – das Präventionsprojekt der Landesfachstelle Glücksspielsucht der Suchtkooperation NRW
  Wenn das Zocken keinen Spaß mehr macht!
- Initiative Sicherer Landkreis Rems-Murr e.V.
  „Corona" – Gefahr, Krise oder Chance für die Gesellschaft?
- Ministerium der Justiz NRW
  Knastkultur begrenzt – bewegt – befreit
- Türkische Gemeinde BW e.V.
  Interaktive Pop-Up Ausstellung „Einmal Brainwash und zurück"

Posterpräsentationen

- Forschungsschwerpunkte der DJI Arbeitsstelle Kinder- und Jugendkriminalitätsprävention
- ReSi+ Präventionsprogramm häusliche Gewalt
- Opferschutz 2.0 – proaktive Unterstützung
- SiLBer – Sicherheit im Ludwigsburger Bahnhofsviertel
- MotherSchools: Parenting for Peace
- Suizidprävention bei Jugendlichen und jungen Erwachsenen
- Mobbingprävention und -intervention als Schulentwicklungsaufgabe
- Starke Frauen – sichtbar machen
- Das Childhood-Haus – multidisziplinärer Kinderschutz mit dem Kind im Zentrum
- Kommunale Konfliktberatung und Partizipative Konfliktforschung (KomPa)
- Sicherheit an Schulen durch das Farbleitsystem
- Schulmaterialien der Goslarer Zivilcouragekampagne (GZK)
- Fortbildungsnetz sG – Datenbank für Fortbildungsangebote zu sexualisierter Gewalt
- Kinderschutzkonzepte in pädagogischen Einrichtungen und Verbänden

- Vorurteilen begegnen. Prävention und Integration zusammen denken.

Open-Space-Bühne

Die Open-Space-Bühne innerhalb der Ausstellung bot Institutionen die Möglichkeit, sich in einer Kurzpräsentation vorzustellen. Es gab 19 Beiträge auf der Open-Space-Bühne.

Dienstag, 4. Oktober 2022

- Europäische Fördermöglichkeiten zur Gewaltprävention? Das EU-Programm CERV kurz erklärt, 10:30 Uhr
  Stefanie Ismaili-Rohleder & Jochen Butt-Posnik, Kontaktstelle CERV
- 20. Internationale Verkehrssicherheitstage im Ravensburger Spieleland, 12:30 Uhr
  Holger Beutel, Leiter Prävention des Polizeipräsidiums Ravensburg
  Yvonne Wirth, Head of Marketing und PR, des Ravensburger Spielelandes
- Was bietet MOTRA? – Das Verbundprojekt Monitoringsystem und Transferplattform Radikalisierung, 13:30 Uhr
  Dr. Uwe Kemmesies, BKA
- „Frauen stärken Frauen – gegen Radikalisierung", 14:00 Uhr
  Dunya Elemenler, Sozialdienst muslimischer Frauen e.V.
- GEMEINSAM GEGEN DOPING, 14:30 Uhr
  Jana Sonnenschein, Nationale Anti Doping Agentur Deutschland
- Der Deutsche Kinderschutzpreis, 15:00 Uhr
  Jerome Braun, Deutsche Kinderschutzstiftung Hänsel+Gretel
- Zertifikatsübergabe CTC Landesmultiplikator:innen, 15:30 Uhr
  Frederik Tetzlaff, Christine Liermann, Prof Dr. Günter Dörr, Stiftung Deutsches Forum für Kriminalprävention (DFK)
  Frederick Groeger-Roth, LPR Niedersachsen
  Sven Kruppik, DPT–Deutscher Präventionstag gGmbH
- „Kinder spielend stärken" – unser ganzheitliches Präventionskonzept (Präventionskette), 16:00 Uhr
  Claudia Rochell, KIKS UP im Gespräch mit Experten
- Das Bundesnetzwerk Zivilcourage, 17:00 Uhr
  Silke Gorges, Bundesnetzwerk Zivilcourage, Jens Mollenhauer, Bundesnetzwerk Zivilcourage

Mittwoch, 5. Oktober 2022

- Das Bundesnetzwerk Zivilcourage, 09:30 Uhr
  Silke Gorges & Jens Mollenhauer, Bundesnetzwerk Zivilcourage
- Kinder im Fokus schulischer Prävention: Wie Sie Bedarfe richtig erkennen & so zielgerichtet handeln, 10:00 Uhr
  Vivien Voit & Sophia Alt, Finder e.V.
- JVA-Live-Workshop – Rollenspiele mit Gefangenen in der JVA, 10:30 Uhr
  Tine Bechtel, Hedwig Sauer-Gürth, Elke Stratmann & Sven Struß, Alternativen zur Gewalt e.V.
- Was bietet MOTRA? – Das Verbundprojekt Monitoringsystem und Transferplattform Radikalisierung, 11:00 Uhr
  Dr. Uwe Kemmesies, BKA
- „Kinder spielend stärken" – unser ganzheitliches Präventions-konzept (Präventionskette), 12:00 Uhr
  Claudia Rochell, KIKS UP – im Gespräch mit Experten
- Männer als Betroffene von Häuslicher Gewalt, 12:30 Uhr
  Torsten Siegemund & Enrico Damme, Bundesfach-und Koordinierungsstelle Männergewaltschutz (BFKM)
- Jugend-Konflikt-Management ‚Youngster', 14:00 Uhr
  Christiane Grysczyk, Respekt e.V.
- Prävention mit Zukunft: Die Papilio-Präventionskette, 14:30 Uhr
  Heidi Scheer & Katharina Hepke Papilio gGmbH, Diana Schubert, Stadt Augsburg

5.   DPT-TV – Das wöchentliche Online-Angebot

Vom 2. März bis 30. November wurde im Rahmen des 27. Deutschen Präventionstages jede Woche mittwochs von 11 bis 12 Uhr das Online-angebot „DPT-TV" angeboten. Die Aufzeichnungen der gesendeten Beiträge wurden im DPT-Foyer allen angemeldeten Kongressteilnehmenden zur Verfügung gestellt.

Zunächst wurde in dem 10-minütigen Format „DPT-Aktuell", welches auch öffentlich zugänglich war, jeweils tagesaktuelle Themen hervorgehoben und kurze Gespräche mit Akteuren der Prävention geführt. Ab 11:10 Uhr gab es jeweils drei parallele Online-Vorträge zur Auswahl sowie anschließend drei parallele Praxis-Impulse (praxisorientierte Kurzvorträge).

Im Anschluss an dieses einstündige Angebot bestand die Gelegenheit, in den virtuellen Räumen zu verweilen und sich mit den Referierenden und anderen Teilnehmenden auszutauschen.

Zeitweilig wurden auch Online-Workshops abgehalten, die dann über beide Zeitschienen liefen.

Es wurden auch englischsprachige Beiträge angeboten. Die mit einem EN gekennzeichneten Beiträge wurden simultan Deutsch – Englisch bzw. Englisch – Deutsch übersetzt.

Mittwoch, 2. März 2022

Vorträge (11:10 – 11:40 Uhr)

- Für einen gewaltfreien Kinder- und Jugendsport
  Dominique Delnef, Deutsche Sportjugend im DOSB
- Vorurteilsgeleitete Phänomene in urbanen Räumen
  Prof. Dr. Eva Groß, Akademie der Polizei Hamburg
  Prof. Dr. Joachim Häfele, Polizeiakademie NI
- Kinder von Rückkehrer*innen aus dem sog. Islamischen Staat
  Axel Schurbohm, BAG RelEx

Praxis-Impulse (11:40 – 12:00 Uhr)

- „Gewaltig daneben" – Clips zur Gewaltprävention
  Benjamin Tschepe, LKA Baden-Württemberg
- „Zuhause sicher": Aus der Praxis für die Praxis
  Stephan Höltker, Polizei NRW
- Kinder aus Kriegsgebieten blicken in Deutschland nach vorn
  Abdalla Abdi & Susanne Wittmann, IFAK e.V., Beratungsnetz-werk Grenzgänger

Mittwoch, 9. März 2022

Vorträge (11:10 – 11:40 Uhr)

- Bedeutung der Kinderrechte für Demokratielernen / Prävention
  Helmolt Rademacher, Deutsche Gesellschaft für Demokratiepä-dagogik – DeGeDe e.V.
- Extrem rechte Familiengeschichten unterbrechen – aber wie?

Tobias Lehmeier, Bundesarbeitsgemeinschaft „Ausstieg zum Einstieg" e.V.

- Virtuelle Welt, reale Gefahr: Cybergrooming
Birgit Kimmel, EU-Initiative klicksafe / Medienanstalt Rheinland-Pfalz

Praxis-Impulse (11:40 – 12:00 Uhr)

- Das Große Kinderrechtespiel – Kinderrechte im Alltag
*Jerome Braun, Dt. Kinderschutzstiftung Hänsel+Gretel
Dr. Thea Rau, Universitätsklinikum Ulm*
- Das Projekt „Tag X" – Digitale Deradikalisierung
Dr. Andreas Prokop, Drudel 11 e.V.
- Online-Seminare für Schulklassen & alle Interessierten
Ayla Schaub, JUUUPORT e.V.

Mittwoch, 16. März 2022

Vorträge (11:10 – 11:40 Uhr)

- Extremismusprävention an Schulen – eine Wirkungsevaluation
Verena Fiebig, LKA Baden-Württemberg
- Gefährdungsmanagement Häusliche Gewalt der Polizei Baden-Württemberg
*Ariane Alder & Uwe Stürmer, Polizeipräsidium Ravensburg
Björn Maurer, Innenministerium BW*
- Schools That Care – Prävention im Zentrum von Schulentwicklung
Maximilian von Heyden, FINDER e.V.

Praxis-Impulse (11:40 – 12:00 Uhr)

- SOUNDS WRONG – Erfolgreich gegen Missbrauchsdarstellungen
Viktoria Jerke, Polizeiliche Kriminalprävention der Länder und des Bundes
- Forum Radikalisierungsprävention – Kurse online umsetzen
Simone Albrecht, Deutscher Volkshochschulverband e.V.
- Lebenskompetenzen in der Grundschule – analog und digital
Thomas Duprée, Verein Programm Klasse2000 e.V.

Mittwoch, 23. März 2022

Vorträge (11:10 – 11:40 Uhr)

- Romance Scamming – Vorgetäuschte Liebe teuer bezahlt
  Miriam Mentz, WEISSER RING e.V.
- HateLess – Prävention von Hatespeech in Schulen
  Christine Liermann, Stiftung DFK
  Dr. Sebastian Wachs, Universität Potsdam
- Theater ist ein hochwirksames Medium in der Prävention!
  Stephan Eckl, Theater EUKITEA gGmbH

Praxis-Impulse (11:40 – 12:00 Uhr)

- Zivile Helden gegen Verschwörungsmythen
  *Harald Schmidt & Sophie von Bissingen, Polizeiliche Kriminal-
  prävention der Länder und des Bundes*
- Online-Eltern-Präsentation „Mein Körper gehört mir!"
  *Judith Elisabeth Meyer & Anna Pallas, tpw theater-pädagogi-
  sche werkstatt gGmbH*
- Drogenprävention in der digitalen Welt
  Corinna Keller, Landeskriminalamt Baden-Württemberg

Mittwoch, 30. März 2022

Vorträge (11:10 – 11:40 Uhr)

- Gemeinsam gegen Gewalt an Kindern
  Céline Sturm, WEISSER RING e.V.
- Tatort Pflegeheim – sexualisierte Gewalt in Einrichtungen
  *Prof. Dr. Thomas Görgen, Chantal Höhn & Natalie Köpsel, Deut-
  sche Hochschule der Polizei*

Praxis-Impulse (11:40 – 12:00 Uhr)

- Multiprofessionelle Zusammenarbeit in Fällen von Rückkehr
  Janusz Biene, Vereinigung Pestalozzi gGmbH
  Moritz Lorenz, Vereinigung Pestalozzi / Legato
- „Prävention im Team" (PiT) in Sachsen
  *Constanze Bellmann & Doreen Gust, Geschäftsstelle Landesprä-
  ventionsrat Sachsen*

Workshop (11:10 – 13:00)

- Mit „FakeLess" gegen Verschwörungsmythen in der Pädagogik.
  Ein Handlungskonzept für Lehrkräfte und Präventionsakteure
  (entfallen)
  Sophia Bock, Universität Potsdam

Mittwoch, 5. April 2022

Vorträge (11:10 – 11:40 Uhr)

- Miteinander! – Fairer Kinder- und Jugendfußball
  Prof. Dr. Silke Sinning, Universität Koblenz-Landau
  Dr. Thaya Vester, Universität Tübingen
- Die Kinder, die aus dem Islamischen Staat zurückkehren
  Sofia Koller, Deutsche Gesellschaft für Auswärtige Politik
  (verschoben auf den 4. Mai)
- Steigende Gewalt gegen Beschäftigte – Prävention in Köln
  Dolores Burkert, Stadt Köln

Praxis-Impulse (11:40 – 12:00 Uhr)

- Netzwerk Kinderschutz interdisziplinär
  Dr. Miriam Damrow, Carl von Ossietzky Universität Oldenburg
- Systemische Umfeldarbeit zum Schutz mitreisender Kinder
  Dr. Juliette Brungs, Vereinigung Pestalozzi
  André Taubert, Fach- und Beratungsstelle für religiöse Radikali-
  sierung Legato Hamburg
- „Augsburger Medienscouts"
  Anna Vahl, Stadt Augsburg

Mittwoch, 13. April 2022

Vorträge (11:10 – 11:40 Uhr)

- Cybergrooming: Wie sich Kinder schützen können
  Birgit Kimmel, EU-Initiative klicksafe / Medienanstalt Rheinland-Pfalz
  Rebecca Michl-Krauß, EU-Initiative klicksafe
- Entwicklungen im „Islamistischen Extremismus" | KN:IX Report
  Rüdiger José Hamm, Bundesarbeitsgemeinschaft religiös be-
  gründeter Extremismus e.V.
- Wir setzen „bewusst" ein „SIGN" gegen sexualisierte Gewalt

Prof. Dr. Rita Bley, Fachhochschule für öffentliche Verwaltung, Polizei und Rechtspflege M-V

Praxis-Impulse (11:40 – 12:00 Uhr)

- PRIMO – Prävention und Intervention bei Mobbing
  Prof. Dr. Günter Dörr & Christine Liermann, Stiftung Deutsches Forum für Kriminalprävention
- Digitales Lernen im Jugendarrest
  Yasmin Mergen, Drudel 11 e. V.
  Daniel Speer, Drudel 11 e. V.
- Kitagold: Kurzweilige Videos für dringende Themen in Kitas
  Katharina Hepke, Papilio gGmbH

Mittwoch, 20. April 2022

Vorträge (11:10 – 11:40 Uhr)

- Cybercrime gegen Privatnutzer*innen: Reaktionen der Opfer
  Dr. Anna Isenhardt, Universität Bern
  Philipp Müller, Kriminologisches Forschungsinstitut Niedersachsen e.V.
  Prof. Dr. Gina Rosa Wollinger, Hochschule für Polizei und öffentliche Verwaltung NRW
- Befragung zur sexualisierte Gewalt und Missbrauch an Schulen
  Marie von Seeler, Universität Hildesheim
  Nicola Wilmers, Regionales Landesamt für Schule und Bildung
- Grüne Liste: wirksame Verhältnisprävention stärken
  Katharina Bremer, Medizinische Hochschule Hannover
  Frederick Groeger-Roth, Landespräventionsrat Niedersachsen

Praxis-Impulse (11:40 – 12:00 Uhr)

- re:vision Demokratieförderung und Bildung im Strafvollzug
  Jasmin Giama-Gerdes, IFAK e.V.
- App-Lösung für betroffene Frauen von Häuslicher Gewalt
  Caroline von der Heyden, Gewaltfrei in die Zukunft e.V.
  Stefanie Knaab, Gewaltfrei in die Zukunft e.V.
- Das schaffst Du schon, wenn Du Dich nur genug anstrengst!?
  Susanne Kolb, Haus am Maiberg
  Nikola Poitzmann, Hessisches Kultusministerium

Mittwoch, 27. April 2022

Vorträge (11:10 – 11:40 Uhr)

- Trampolin-Mind: Suchtprävention durch Achtsamkeit für Kinder
  Lina-Sophia Falkenberg & Daria Kunst, Katholische Hochschule Nordrhein-Westfalen
- Ein ausgezeichnetes Game-Changer-Projekt mit Fluchtkontext
  Matthias Kornmann, Julia Pfrötschner, Stiftung Deutsches Forum für Kriminalprävention
- Entwicklung des CPTED-Konzeptes und der Internationalen CPTED Association (ICA) 2017-2022 [EN]
  Dr. Manjari Khanna Kapoor, Dr. Macarena Rau & Gregory Saville, International CPTED Association (ICA)

Praxis-Impulse (11:40 – 12:00 Uhr)

- GLÜCK SUCHT DICH–Eine mobile Ausstellung zur Suchtprävention
  Anne Kretschmar, c/o Sächsische Landesvereinigung für Gesundheitsförderung e. V
- Erstintegration per App – ein Projekt von Drudel 11 e.V.
  Dr. Andreas Prokop, Drudel 11 e.V.
- CPTED angewandt (Fallstudien) [EN]
  Manuel López, Mateja Mihinjac & Dr. Macarena Rau, International CPTED Association (ICA)

Mittwoch, 4. Mai 2022

Vorträge (11:10 – 11:40 Uhr)

- Die Kinder, die aus dem Islamischen Staat zurückkehren [EN]
  Sofia Koller, Counter Extremism Project (CEP)
- Sport: RECHTSsicherheit – Politisch neutral?!
  Nina Reip, Deutsche Sportjugend/Netzwerk Sport & Politik

Praxis-Impulse (11:40 – 12:00 Uhr)

- Nazisymbole und Holocaust-Leugnung in Schüler:innen-Chats [EN]
  Franziska Böndgen, jugendschutz.net
- Plan P. – Jugend stark machen
  Dr. Stefan Schlang, Arbeitsgemeinschaft Kinder- und Jugendschutz NRW

Workshop (11:10 – 13:00 Uhr)

- Im Dialog bleiben?! Pädagogische Arbeit im Werte-Konflikt
  Elisabeth Hell & Christopher Kieck, Violence Prevention Network gGmbH

Mittwoch, 11. Mai 2022

Vorträge (11:10 – 11:40 Uhr)

- „Say No! Nicht mit mir!" Planung und Inhalte des Projektes
  Susanne Otto & Britta Scholz, Kreispolizeibehörde Siegen-Wittgenstein
- Präventionsimpulse für ethnisch vielfältige Quartiere
  Prof. Dr. Rita Haverkamp, Universität Tübingen
- LATERAN-IT: Bewertung Leaking mit islamistischem Hintergrund [EN]
  Prof. Dr. Rebecca Bondü & Laura Tampe, Psychologische Hochschule Berlin

Praxis-Impulse (11:40 – 12:00 Uhr)

- Prävention weiterdenken: Das Mentoringprogramm Balu und Du
  Eva-Catherine Knier, Balu und Du e.V
- Organisation kommunaler Strukturen für „Urbane Sicherheit"
  Janina Hentschel & Frank Pintsch, Stadt Augsburg
- Frauen stärken Frauen – Gegen Radikalisierung [EN]
  Tugba Tekin, Sozialdienst muslimischer Frauen (e.V.)

Mittwoch, 18. Mai 2022

Vorträge (11:10 – 11:40 Uhr)

- Angriffe gegen Funktionsträger*innen der Gesellschaft
  Lena Fecher, Kriminologische Zentralstelle (KrimZ)
  Paulina Lutz, Kriminologische Zentralstelle (KrimZ)
- Die Umsetzung des Childhood-Haus Konzeptes in Deutschland
  Dr. Astrid Helling-Bakki, World Childhood Foundation Deutschland
- SOLVE – Spielerische Risikoprävention für Draufgänger! [EN]
  Michelle Rohde, Katholische Hochschule NRW
  Nuri Wieland, Katholische Hochschule NRW

Praxis-Impulse (11:40 – 12:00 Uhr)

- AKTION KiM – Kinder im Mittelpunkt
  Uli Müth, AKTION-Perspektiven für junge Menschen und Familien e.V.
- START: Persönlichkeitsstärkung in Krippe & Kindertagespflege
  Stella Valentien, Deutsche Liga für das Kind
- Prävention von Risikoverhalten in Tunesischen Jugendzentren [EN]
  Adelheid Uhlmann, Deutsche Gesellschaft für Internationale Zusammenarbeit (GIZ) GmbH

Mittwoch, 25. Mai 2022

Vorträge (11:10 – 11:40 Uhr)

- Breaking up a Bubble: Medienkompetenz und Deradikalisierung
  Irina Jugl, Kompetenzzentrum gegen Extremismus in Baden-Württemberg (konex)
- Lessons learned? Post-COVID und marginalisierte Prävention
  Dominik Daube & Prof. Dr. Georg Ruhrmann, Friedrich-Schiller-Universität Jena
  Dr. med. Ulrike Förster-Ruhrmann, Charité-Universitätsmedizin Berlin
- Eating the Elephant – Fighting the Fraud Menace [EN]
  Ashley Jones, South West Regional Organised Crime Unit (SWROCU)

Praxis-Impulse (11:40 – 12:00 Uhr)

- Kindeswohl in der Sportpraxis
  Anna Stender, Sportjugend-Hessen
- „Corona" – Gefahr, Krise oder Chance für die Gesellschaft?
  Leo Keidel, Initiative Sicherer Landkreis Rems-Murr e.V.
- Local safety Measurement system during 25 years [EN]
  Kjell Elefalk, Trygghet och Management AB

Mittwoch, 1. Juni 2022

Vorträge (11:10 – 11:40 Uhr)

- Kinderschutzkonzepte in pädagogischen Einrichtungen und Verbänden [EN]

Dr. Anja Stiller, Der Kinderschutzbund, Landesverband Nieder-sachsen e.V.

- Rechte Radikalisierung von Minderjährigen im Gamingkontext
Dr. Daniel Köhler, Kompetenzzentrum gegen Extremismus in Baden-Württemberg (konex)

Praxis-Impulse (11:40 – 12:00 Uhr)

- Kinderschutzkonzepte in pädagogischen Einrichtungen in der Praxis [EN]
Kerstin Rehage, Der Kinderschutzbund, Landesverband Nieder-sachsen e.V.
- Kinder im Fokus der Prävention
Kurzstatements der Kongress-Gutachter*innen

Workshop (11:10 – 13:00 Uhr)

- Resilienz stärken mit Methoden zur Prävention sexualisierter Gewalt
Petra Drieschner, Amt für Kinder, Jugend und Familie Augsburg
Stephanie Gadreau, Amt für Kinder, Jugend und Familie Augs-burg

Mittwoch, 8. Juni 2022

Vorträge (11:10 – 11:40 Uhr)

- Systemische Beratung für Kinder und deren inhaftierte Eltern
Dr. Vera Dittmar, Forschungsstelle Deradikalisierung (FORA) / IFAK e.V.
Anja Herrmann, Forschungsstelle Deradikalisierung (FORA)
- Vorstellung Haus der Prävention Wetzlar
Matthias Holler, Haus der Prävention Wetzlar
Hans-Jürgen Irmer, Pro Polizei e. V.
- Onlinebasierte Sucht- und Gewaltprävention bei Fußballfans [EN]
Laura Aasteh-Roodsary & Prof. Dr. Daniel Deimel, Katholische Hochschule Nordrhein-Westfalen

Praxis-Impulse (11:40 – 12:00 Uhr)

- R^3 – Resilienz, Respekt, Rassismusprävention
  Alexej Boris, Inside Out e.V.
- Qualifizierungslehrgang für Beratende im Phänomenbereich islamistisch begründeter Extremismus
  Nelia Miguel Müller, Bundesamt für Migration und Flüchtlinge
  Ulf Brennecke, Ambulante Maßnahmen Altona e.V.
- Law4school – Kinder stärken über eine E-Learning-Plattform ^{EN}
  Gesa Stückmann, Prävention 2.0 e.V.

Mittwoch, 15. Juni 2022

Vorträge (11:10 – 11:40 Uhr)

- Kinder und Jugendliche in NRW vor sexualisierter Gewalt schützen (entfallen)
  Uwe Schulz, Ministerium für Kinder, Familie, Flüchtlinge und Integration NRW
- Der Fluch und Segen eines präventiven Internetstrafrechts
  Dinah Huerkamp, Arbeitsgemeinschaft Kinder- und Jugendschutz NRW (AJS NRW)
- Bildung als Ressource für Prävention im Kinderschutz ^{EN}
  Dr. Miriam Damrow, Carl von Ossietzky Universität Oldenburg

Praxis-Impulse (11:40 – 12:00 Uhr)

- Sexueller Missbrauch: Prävention aus Betroffenensicht
  Ingo Fock, gegen-missbrauch e.V.
- Die Rolle der Polizei in der Täterarbeit häusliche Gewalt
  Dr. Idah Nabateregga, BAG Täterarbeit Häusliche Gewalt e.V.
  Christof Furtwängler, Diakonie – Soziale Dienste Oberbayern
  Fachstelle Täter*innenarbeit häusliche Gewalt
- KIKS UP – Prävention spielerisch vermitteln ^{EN}
  Jochen Mörler, KIKS UP e.V.

Mittwoch, 22. Juni 2022

Vorträge (11:10 – 11:40 Uhr)

- Systemberatung: Radikalisierungsprävention in JVAen
  Ulf Brennecke, Ambulante Maßnahmen Altona e.V.

- Kinder- und Jugendschutz: Zwischen SGB VIII und StGB [EN]
  Saskia Lanser, AJS NRW
- Zivilcouragetrainings in Kitas und Grundschulen
  Jens Mollenhauer, Bundesnetzwerk Zivilcourage

Praxis-Impulse (11:40 – 12:00 Uhr)

- Ein Netzwerk für Kinder von Inhaftierten
  Hilde Kugler, Treffpunkt e.V.
- Prävention im Sozialraum Social Media [EN]
  Adrian Stuiber, streetwork@online (AVP e.V.)
- Sind Präventionsangebote für Geschwisterkinder wirksam?
  Prof. Dr. Melanie Jagla-Franke

Mittwoch, 29. Juni 2022

Vorträge (11:10 – 11:40 Uhr)

- Wirkungsorientierte Kommunale Prävention Baden-Württemberg
  Frank Buchheit, LKA Baden-Württemberg
  Toni Uwe Klingbiel & Franziska Müller, Ministerium des Inneren,
  für Digitalisierung und Kommunen B-W
- Prävention von sexualisierter Gewalt gegen Kinder [EN]
  Rainer Becker, Deutsche Kinderhilfe – Die ständige Kinderver-
  tretung e. V.

Praxis-Impulse (11:40 – 12:00 Uhr)

- Kommunale Prävention – Reagieren, bevor es zu spät ist
  Anja Herold-Beckmann, Landespräventionsrat Sachsen
- Menschenhandel und die „Loverboy-Methode"– Prävention [EN]
  Anita Pavlovska,KOK e.V./Frauenberatungsstelle Düsseldorf e.V.
  Uwe van Rieth, PP Krefeld

Workshop (11:10 – 13:00 Uhr)

- Schule, politische Bildung und Radikalisierungsprävention
  Prof. Dr. Tarek Badawia, Department Islamisch-Religiöse Studien
  (DIRS)
  Peter Krumpholz, Rhein- Ruhr Institut für Sozialforschung und
  Politikberatung e.V.
  Prof. Dr. Susanne Pickel & Prof. Dr. Riem Spielhaus, Leibniz-In-

stitut für Bildungsmedien
Prof. Dr. Margit Stein, Universität Vechta
Prof. Dr. Veronika Zimmer, IU International University of Applied
Science

Mittwoch, 6. Juli 2022

Vorträge (11:10 – 11:40 Uhr)

- „Eine Bombe, und alles ist in Ordnung": Hass im Internet
  Prof. Dr. Thomas Hestermann, Hochschule Macromedia
- Terrorismusstrafrecht und Tatmotive
  Lena Fecher, Kriminologische Zentralstelle
  Maria-Anna Hoffmann, Kriminologische Zentralstelle
  Jonas Knäble, Kriminologische Zentralstelle
- Sichere öffentliche Räume gestalten und warum es dafür Training braucht [EN]
  Anna Rau & Lawrence Schätzle, Deutsch-Europäisches Forum für Urbane Sicherheit e.V.

Praxis-Impulse (11:40 – 12:00 Uhr)

- „sag ihm ich bin in Kur" – Coaching für Eltern in Haft
  Lars Schäfer, ifgg gGmbH
  Uli Streib-Brzic, ifgg gGmbH
- Jugend-Konflikt-Management ‚Youngsters' – Kriminalprävention- (entfallen)
  Christiane Grysczyk, Respekt e.V.
- Prävention im Nachtleben auf Landesebene umgesetzt [EN]
  Lea Dorn & Pia Kuchenmüller, Frauenhorizonte – Gegen sexuelle Gewalt e.V.

Mittwoch, 13. Juli 2022

Vorträge (11:10 – 11:40 Uhr)

- Sicherheit von Kindern in digitalen Welten als Kinderrecht
  Cora Bieß, Dr. Jessica Heesen, Dr. Ingrid Stapf, Universität Tübingen
- „Beginnt Einbruchschutz erst an der Haustür?" [EN]
  Michael Dormann, Hessisches Landeskriminalamt
  Dr.-Ing. Sandra Zenk, Hessisches Landeskriminalamt

- Prävention im Bereich der Online-Radikalisierung: Ergebnisse der Wirkungsevaluation eines interaktiven Kommunikats
  Prof. Dr. Stephan L. Thomsen, Leibniz Universität Hannover

Praxis-Impulse (11:40 – 12:00 Uhr)

- Schutz vor Überfahrtaten – Strategien für mehr Sicherheit
  Julia Christiani, Polizeiliche Kriminalprävention der Länder und des Bundes
  Detlev Schürmann & Christian Weicht, Brandenburgische Technische Universität Cottbus-Senftenberg
  (verschoben auf den 14. September)
- Prävention digitaler Gewalt durch Peers [EN]
  Birgit Thinnes, Polizei
- Möglichkeiten der Prävention islamistischer Radikalisierung
  Prof. Dr. Margit Stein & Eike Bösing, Universität Vechta

Mittwoch, 20. Juli 2022

Vorträge (11:10 – 11:40 Uhr)

- Familiäre Trennung als Gesundheitsrisiko: Was tun?
  Prof. Dr. Matthias Franz, Universitätsklinikum Düsseldorf
- Beurteilung von Radikalisierungsrisiken bei Jugendlichen [EN]
  Prof. Dr. Andreas Beelmann, Friedrich-Schiller-Universität Jena
  Thomas Müller, Landespräventionsrat Niedersachsen / Nds. Justizministerium
- MEIKs – ein Tool zur ressourcenbasierten Risikoprognose
  Dr. Barbara Bergmann, Kriminologisches Forschungsinstitut Hannover

Praxis-Impulse (11:40 – 12:00 Uhr)

- Sexuelle Lebensstile bei Jugendlichen aus prekären Milieus. Präventive Implikationen für die Soziale Arbeit und Pädagogik
  Thomas Wilke, Goethe Universität Frankfurt am Main
- „Mein Problem hier sind die Opas…"– Praxisimpuls aus Sachsen [EN]
  Ulrike Geisler & Bernd Stracke, B3 – Institut für Beratung, Begleitung und Bildung e.V.
- „Schlamperjan" – Beitrag zur kriminalpräventiven Jugendarbeit
  Elke Pop, Bund deutscher Kriminalbeamter

Mittwoch, 27. Juli 2022

Vorträge (11:10 – 11:40 Uhr)

- Metaverse: neue Freiheit oder Nährboden für Extremismus
  Octavia Madeira, Karlsruher Institut für Technologie (KIT)
  Dr. Georg Plattner, Karlsruher Institut für Technologie (KIT)
- Rechte Radikalisierung von Minderjährigen im Gamingkontext EN
  Dr. Daniel Köhler, Kompetenzzentrum gegen Extremismus in Baden-Württemberg (konex)

Praxis-Impulse (11:40 – 12:00 Uhr)

- Bildung als Ressource für Prävention im Kinderschutz
  Dr. Miriam Damrow, Carl von Ossietzky Universität Oldenburg
- #TeamDemokratie – Ganzheitliche Extremismusprävention vor Ort EN
  Mathieu Coquelin, Fachstelle Extremismusdistanzierung Baden-Württemberg

Workshop (11:10 – 13:00 Uhr)

- Neue Medien – Motive und Nutzungsverhalten von Kindern und Jugendlichen (entfallen)
  Anna Vahl, Stadt Augsburg, Amt für Kinder, Jugend und Familie

August: Sommerpause des DPT-TV

Mittwoch, 7. September 2022

Vorträge (11:10 – 11:40 Uhr)

- Jugendgerichtsbarometer – Aktuelle Daten über Jugendgerichte
  Bernd Holthusen, Deutsches Jugendinstitut
  Prof. Dr. Theresia Höynck, Universität Kassel
- 20 Jahre Netzwerk gegen Gewalt Hessen EN
  Konstanze Schmidt, Zentrale Geschäftsstelle Netzwerk gegen Gewalt Hessen
  Heidi Bochnig, Netzwerk gegen Gewalt Hessen regionale Geschäftsstelle Westhessen

- „und dann bin ich kriminell geworden"
  Prof. Dr. Selin Arikoglu, Katholische Hochschule Sozialwesen Berlin

Praxis-Impulse (11:40 – 12:00 Uhr)

- Jugendhilfe im Strafverfahren – Eine neue Praxis?
  Dirk Lampe, Deutsches Jugendinstitut e.V.
  Dr. Annemarie Schmoll, Deutsches Jugendinstitut e.V.
- ChatScouts – Gemeinsam gegen Cybermobbing! [EN]
  Ilka Germar, LKA Niedersachsen
- Praktische Online-Salafismusprävention
  Fatih Kaya, Bündnis Marokkanische Gemeinde Landesverband NRW e.V.

Mittwoch, 14. September 2022

Vorträge (11:10 – 11:40 Uhr)

- Digital Native
  Johannes Bittner, Polizei Hessen
  Alexandra Bachmann, Polizeipräsidium Osthessen
- Das Kinderrecht auf Privatsphäre in der digitalisierten Welt
  Michael Otten, Universität Vechta
- Schutz vor Überfahrtaten – Strategien für mehr Sicherheit [EN]
  Julia Christiani, Polizeiliche Kriminalprävention der Länder und des Bundes
  Detlev Schürmann & Christian Weicht, Brandenburgische Technische Universität Cottbus-Senftenberg

Praxis-Impulse (11:40 – 12:00 Uhr)

- Ein Netzwerk für Kinder von Inhaftierten
  Hilde Kugler, Treffpunkt e.V.
- Prävention digitaler Demokratiegefahren und Zivilcourage im Kontext des Buisness Council for Democracy
  Nathalie Rücker, Institute for Strategic Dialogue
- Starke Frauen sichtbar machen [EN]
  Lena Hoseit, Sozialdienst muslimischer Frauen
  Tuğba Tekin, Sozialdienst muslimischer Frauen

Mittwoch, 21. September 2022

Vorträge (11:10 – 11:40 Uhr)

- Aufbau von Präventionsketten in der Kindertagesbetreuung
  Diana Schubert, Stadt Augsburg
  Jochen Binder, BARMER
  Heidi Scheer, Papilio gGmbH
- Auswirkungen partnerschaftlicher Gewalt auf anwesende Kinder
  Michael Laumer, Bayerisches Landeskriminalamt
- Präventionsarbeit mit und für junge Frauen und Mädchen [EN]
  Dunya Elemenler, Sozialdienst muslimischer Frauen e.V.

Praxis-Impulse (11:40 – 12:00 Uhr)

- Radikalisierungspräventive Potentiale von Leistungen der KJH
  Christian Radatus, Stadt Wolfsburg
  André Taubert, Vereinigung Pestalozzi gGmbH
- Trau dich! Digitale Fortbildungen zu sexualisierter Gewalt
  Catharina Beuster, Bundeszentrale für gesundheitliche Aufklärung (BZgA)
  (verschoben auf den 5. Oktober)
- Misogynie als Faktor von Radikalisierung [EN]
  Rebecca Schönenbach, Frauen für Freiheit e.V.

Mittwoch, 28. September 2022

Vorträge (11:10 – 11:40 Uhr)

- Instrumente für kommunale Sicherheitsanalysen im Vergleich
  Wolfgang Kahl, Stiftung Deutsches Forum für Kriminalprävention
  Marcus Kober, Stiftung Deutsches Forum für Kriminalprävention
- PräGe– Prävention von häuslicher Gewalt an Schulen
  Birte Steinlechner, SkF Landesverband Bayern
- Cutting Crime Impact – Ein menschenzentrierter Ansatz für die Entwicklung praktischer Instrumente für die Strafverfolgung [EN]
  Prof. Caroline L. Davey, University of Salford
  Andrew B. Wootton, University of Salford

Praxis-Impulse (11:40 – 12:00 Uhr)

- Gelingensbedingungen professioneller Beziehungsgestaltung
  Caroline Welsch, Denkzeit-Gesellschaft e. V.
- Klassenrat als Säule eines schulischen Schutzkonzepts
  Regina Heil, Hessisches Kultusministerium
  Dr. Birte Friedrichs, HKM-Projekt „Gewaltprävention und Demo-
  kratie lernen"
- Community Connect – Ein Instrument zur Unterstützung der
  bürgernahen Polizeiarbeit [EN]
  Dr. Roberta Signori, Greater Manchester Police

Mittwoch, 5. Oktober 2022

DPT-TV-Pause / Vor-Ort-Kongress

Mittwoch, 12. Oktober 2022

Vorträge (11:10 – 11:40 Uhr)

- Gewaltprävention an Schulen. Befunde – Konzepte – Hand-
  lungsansätze
  Dr. Albrecht Lüter, CAMINO / Arbeitsstelle Gewaltprävention
  Dr. Sarah Riese, CAMINO / Arbeitsstelle Gewaltprävention
  (verschoben auf den 23. November)
- Beratung von Familien in hochkonflikthaften Trennungsprozes-
  sen
  Sabeth Eppinger, Deutsches Jugendinstitut

Praxis-Impulse (11:40 – 12:00 Uhr)

- Gewalt am Präventionsort Schule
  Christiane Honer, Polizeiliche Kriminalprävention der Länder
  und des Bundes
  Renate Schwarz-Saage, Stiftung Deutsches Forum für Kriminal-
  prävention (DFK)
- Peer-to-Peer bei CEOPS: Chancen für die Online-Prävention
  Andrea Deckenbach, AVP e.V.
  Lorenzo Liebetanz, AVP e.V.

Workshop (11:10 – 12:40 Uhr)

- Sexting und Co? Zwischen Identitätsentwicklung, Grenzverletzungen und sexualisierter Gewalt
  Silke Knabenschuh, Landesfachstelle Prävention sexualisierte Gewalt (PsG) NRW

Mittwoch, 19. Oktober 2022

Vorträge (11:10 – 11:40 Uhr)

- Hi, Franck! Sicherheit im Ludwigsburger Bahnhofsviertel
  Markus Faigle, Stadt Ludwigsburg
  Ina Hennen, Eberhard Karls Universität Tübingen
- SKiD 2020 – zentrale Befunde einer bundesweiten Befragung
  Dr. Christoph Birkel, Bundeskriminalamt
  Dr. Anke Erdmann, Bundeskriminalamt
- Extremismusprävention – Narrative Gesprächsgruppen an Schule [EN]
  Dr. habil. Harald Weinböck, Cultures Interactive e.V.

Praxis-Impulse (11:40 – 12:00 Uhr)

- Aktuelle Informationen zur Einbruchschutzförderung
  Sabrina Mohr, Polizeiliche Kriminalprävention der Länder und des Bundes
- Empowerment durch partizipatives Design im Jugendvollzug
  Bastian Braun, bastianbraun.com
  Joe Stirn, Wir sind stark!
  Mario Watz, JVA Rockenberg / Hessen
- Frühe Interventionen der Rechtsextremismusprävention im Rahmen von Schule und Jugendarbeit [EN]
  Silke Baer, cultures interactive e.V.

Mittwoch, 26. Oktober 2022

Vorträge (11:10 – 11:40 Uhr)

- Rechtsextreme Ideologien im Natur- und Umweltschutz [EN]
  Pascal Specht, Deutscher Präventionstag
- Schutz öffentlicher Räume vor Amok und extremistisch/terroristisch motivierten Überfahrtaten [k]
  Christian Schneider, Initiative Breitscheidplatz GmbH

- Sicherheitsanalyse – wissen, was vor Ort passiert
  Anja Herold-Beckmann, Landespräventionsrat Sachsen

Praxis-Impulse (11:40 – 12:00 Uhr)

- Rechtsextremismusprävention im Natur- und Umweltschutz [EN]
  *Yannick Passeick, Fachstelle Radikalisierungsprävention und
  Engagement im Naturschutz (FARN)*
- Elterntalk NRW – Eltern im Gespräch)
  *Anke Lehmann, Arbeitsgemeinschaft Kinder- und Jugendschutz
  NRW e.V.
  Susanne Philipp, Arbeitsgemeinschaft Kinder- und Jugend-
  schutz NRW e.V.*
- Kommunale Prävention – Reagieren, bevor es zu spät ist
  Torsten Kosuch, Landespräventionsrat Sachsen

Mittwoch, 2. November 2022

Vorträge (11:10 – 11:40 Uhr)

- Das Blickwechsel-Training im Strafvollzug
  Sophie Krause, Denkzeit-Gesellschaft e.V.
- Ehemalige Kämpfer:innen in der Deradikalisierungsarbeit [EN]
  Christina Foerch, Fighters for Peace

Praxis-Impulse (11:40 – 12:00 Uhr)

- Blickwechsel im Justizvollzug Hessen
  Cathalina Kluge, Denkzeit-Gesellschaft e.V
- DenkPause. Ein psychosoziales Klassentraining. [EN]
  Winnie Plha, Denkzeit-Gesellschaft e.V.

Mittwoch, 9. November 2022

Vorträge (11:10 – 11:40 Uhr)

- #DABEI Gegen Hass im Netz [k/EN]
  *Dr. Claudia Brandkamp, Deutsche Telekom Security GmbH
  Marike Mehlmann-Tripp, Deutsche Telekom*
- Psychosoziale Prozessbegleitung
  *Katharina Gay, Bundesverband Psychosoziale Prozessbegleitung
  e.V.*

Praxis-Impulse (11:40 – 12:00 Uhr)

- KOMPASS (KOMmunalProgrAmmSicherheitsSiegel) EN
  Yvonne Nadine Winterfeld-Henkel, Hessische Polizei
  Jan Schneider, Hessisches Ministerium des Innern und für Sport
- STOP–OK! Ein Moderationstool zur Radikalisierungsprävention
  Katrin Benzenberg, Gesicht Zeigen! Für ein weltoffenes
  Deutschland e.V.

Mittwoch, 16. November 2022

Vorträge (11:10 – 11:40 Uhr)

- Täterarbeit – Intervention + Prävention = Pflichtaufgabe. EN
  Dagmar Freudenberg, Assoziiertes Mitglied der Strafrechtskom-
  mission des djb

Praxis-Impulse (11:40 – 12:00 Uhr)

- N.N. (entfallen)

Workshop (11:10 – 13:00 Uhr)

- #WakeUp – Merkmale von Verschwörungserzählungen
  Saskia Schindler & Carolin Ullrich, Stiftung SPI (Sozialpädagogi-
  sches Institut »Walter May«)

Mittwoch, 23. November 2022

Vorträge (11:10 – 11:40 Uhr)

- Gewaltprävention an Schulen EN
  Albrecht Lüter, CAMINO / Arbeitsstelle Gewaltprävention
  Dr. Sarah Riese, CAMINO / Arbeitsstelle Gewaltprävention
- Prävention und Istanbulkonvention
  Renate Janßen, LAG Autonome Mädchenhäuser/ feministische
  Mädchenarbeit NRW e.V.

Praxis-Impulse (11:40 – 12:00 Uhr)

- Mütter als Anzeigeerstatterinnen bei sexuellem Missbrauch EN
  Rainer Becker, Deutsche Kinderhilfe – Die ständige Kinderver-
  tretung e.V.

- Kinder wirksam vor weiblicher Genitalbeschneidung schützen
  Dr. Idah Nabateregga, Bundesarbeitsgemeinschaft Täterarbeit Häusliche Gewalt e. V.

Mittwoch, 30. November 2022

Vorträge (11:10 – 11:40 Uhr)

- Communities that Care – eine kommunale Präventionsstrategie EN (Teil 1)
  Sven Kruppik, DPT–Deutscher Präventionstag
  Frederik Tetzlaff, Stiftung Deutsches Forum für Kriminalprävention (DFK)
- Klasse im Netz – Polizeiliches Programm zur Prävention von Gefahren im digitalen Alltag von Kindern
  Marc Reinelt, Landeskriminalamt Baden-Württemberg

Praxis-Impulse (11:40 – 12:00 Uhr)

- Communities that Care – eine kommunale Präventionsstrategie EN (Teil 2)
  Sven Kruppik, DPT-Deutscher Präventionstag
  Frederik Tetzlaff, Stiftung Deutsches Forum für Kriminalprävention (DFK)
- ISL AKTIV – Durchstarten nach Corona EN
  Leo Keidel, Initiative Sicherer Landkreis Rems-Murr

6. Teilnehmende und Besucherinnen und Besucher

Die zahlenmäßige Entwicklung der Kongressteilnehmenden und -besucher der vergangenen Jahre ergibt sich aus der nachfolgenden Tabelle:

Kongress	Registrierte Kongressteilnehmende	Registrierte Besucher der Bühne und der DPT-Universität	Gesamtzahl der registrierten Teilnehmenden und Besucher
1. DPT 1995 in Lübeck	168	-	168
2. DPT 1996 in Münster	195	-	195
3. DPT 1997 in Bonn	209	-	209
4. DPT 1998 in Bonn	314	-	314
5. DPT 1999 in Hoyerswerda	610	-	610
6. DPT 2000 in Düsseldorf	1.214	-	1.214
7. DPT 2001 in Düsseldorf	1.226	-	1.226
8. DPT 2003 in Hannover	1.219	50	1.269
9. DPT 2004 in Stuttgart	1.235	750	1.985
10. DPT 2005 in Hannover	1.907	1.550	3.457
11. DPT 2006 in Nürnberg	1.442	780	2.222
12. DPT 2007 in Wiesbaden	1.901	1.624	3.525
13. DPT 2008 in Leipzig	1.744	2.400	4.144
14. DPT 2009 in Hannover	2.129	718	2.847
15. DPT 2010 in Berlin	2.728	1.691	4.419
16. DPT 2011 in Oldenburg	2.579	7.917	10.496
17. DPT 2012 in München	2.333	1.357	3.690
18. DPT 2013 in Bielefeld	1.946	850	2.796
19. DPT 2014 in Karlsruhe	2.306	1.057	3.363
20. DPT 2015 in Frankfurt/Main	2.523	592	3.115
21. DPT 2016 in Magdeburg	2.029	551	2.580
22. DPT 2017 in Hannover	2.343	722	3.065
23. DPT 2018 in Dresden	2.607	531	3.138

24. DPT 2019 in Berlin	2.940	193	3.133
25. DPT 2020 aus Kassel	1.137	1.604*	2.741
26. DPT 2021 aus Köln	1.170	932*	2.102
27. DPT 2022 in Hannover	1.456**	-	1.456

* YouTube-Livestream-Aufrufe (Teilnahme war ohne Kongress-Registrierung möglich)
** Teilnahme am Online- und/oder Präsenzkongress

7. Evaluation

Zur Qualitätssicherung und Optimierung des Deutschen Präventionstages wird regelmäßig eine externe Evaluation der Jahreskongresse durchgeführt.

Das Leitbild des Deutschen Präventionstages bildet die Richtschnur der Evaluation, die darauf abzielt zu bewerten, inwieweit der Kongress seine Ziele erreicht und die Erwartungen erfüllt hat. Die Evaluation basiert auf einem standardisierten Online-Fragebogen. Zusätzlich können Lob, Kritik und Anregungen als Freitext mitgeteilt werden. Der Evaluationsbericht zum 27. Deutschen Präventionstag findet sich in diesem Band auf den Seiten 57 ff.

Merle Werner

Evaluation des 27. Deutschen Präventionstages
Hybrider Kongress
März - November 2022

Hannover, Februar 2023

Inhalt

1. Einleitung

Der 27. Deutsche Präventionstag fand unter dem Motto „Kinder im Fokus der Prävention" als hybrider Kongress statt und stellte die aktuelle Lebenslage von Kindern mit Blick auf ihre Förderung, ihren Schutz sowie ihre Rechte in den Mittelpunkt. Im Rahmen des DPT-TVs wurden von Anfang März bis Ende November 2022 wöchentlich verschiedene Vorträge, Workshops und Praxisimpulse ausgestrahlt. Der DPT-Vor Ort fand als Präsenzkongress am 4. und 5. Oktober im Hannover Congress Centrum (HCC) statt. Nach 2-jähriger Unterbrechung konnte wieder ein breites Spektrum an Vorträgen, Foren und Begleitveranstaltungen sowie eine kongressbegleitende Ausstellung mit Infoständen, Sonderausstellungen und Posterpräsentationen im Rahmen eines Präsenzkongresses angeboten werden. So hatten die Besucher an beiden Kongresstagen neben intensiven Diskussionen, fachlichem Austausch und Pflege von Kontakten reichlich Gelegenheit, sich über verschiedene Bereiche der Präventionsarbeit zu informieren.

Die Evaluation des 27 Deutschen Präventionstages wurde mit einem ähnlichen Instrument wie in den vergangenen Jahren durchgeführt, sodass trotz der Anpassungen vielfältige Vergleiche möglich sind. Wie in den Vorjahren ist die Qualitätssicherung und die Optimierung des Deutschen Präventionstages das wichtigste Anliegen der Evaluation. Es ist daher Aufgabe der Evaluation zu bewerten, inwieweit der Kongress seine Ziele erreicht und die Erwartungen der Teilnehmerinnen und Teilnehmer erfüllen konnte. Darüber hinausgehende Fragen nach Wirkungen im Sinne von Veränderungen bei den Zielgruppen können dagegen nur ansatzweise beantwortet werden. In diesem Zusammenhang werden wir auf Seite 28 darauf eingehen, ob Wissen und Informationen, die auf vorangegangenen Präventionstagen erworben wurden oder Kontakte, die dort geknüpft wurden, dazu beigetragen haben, dass Präventionsaufgaben besser durchgeführt werden konnten.

Insgesamt konzentriert sich die Evaluation jedoch vorrangig auf die Leistungen des Präventionstages. Hierzu zählen vor allem folgende Punkte:

- Zahl und Art der angebotenen Veranstaltungen,
- Zufriedenheit der Teilnehmer/-innen mit den Veranstaltungen und mit dem Veranstaltungsangebot sowie
- Zielgruppenerreichung und Art der Teilnahme.

Darüber hinaus dienen die im Leitbild des Deutschen Präventionstages implizit und explizit angesprochenen Ziele als Rahmen für die Evaluation. Demnach will der Deutsche Präventionstag als jährlich stattfindender Kongress

- aktuelle und grundsätzliche Fragen der verschiedenen Arbeitsfelder der Prävention und ihrer Wirksamkeit vermitteln und austauschen,
- Partner in der Präventionspraxis zusammenführen,
- Forum für die Praxis sein und Erfahrungsaustausch ermöglichen,
- internationale Verbindungen knüpfen und Informationen austauschen helfen,
- Umsetzungsstrategien diskutieren sowie
- Empfehlungen an Praxis, Politik, Verwaltung und Wissenschaft erarbeiten und aussprechen.

Wie in den zurückliegenden Jahren basiert die Evaluation auf einem standardisierten Online-Fragebogen. Lob, Kritik und Anregungen konnten wieder unstandardisiert als Freitext mitgeteilt werden. Hiervon machten die Befragten wie jedes Jahr regen Gebrauch, sodass der Evaluation Kommentare im Umfang von insgesamt 38 Textseiten zur Verfügung standen.

Den Teilnehmer/-innen wurde unmittelbar nach dem Ende des Kongresses und dann abermals einige Zeit später eine E-Mail mit der Bitte um die Beantwortung des Fragebogens zugesandt. Die E-Mails enthielten jeweils einen Link, mit dem der Fragebogen aufgerufen werden konnte. Insgesamt waren 1.456 Personen angemeldet, die alle direkt angeschrieben werden konnten. Von den angeschriebenen Teilnehmer/-innen haben 279 den Fragebogen beantwortet. Das ergibt einen Rücklauf von 19,2 %, weshalb Verzerrungen nicht grundsätzlich ausgeschlossen werden können. Im Vergleich zu den vergangenen Präventionstagen zeigt sich jedoch eine große Stabilität der zentralen Befunde, sodass davon ausgegangen werden kann, dass die Ergebnisse der Befragung die Eindrücke und Meinungen der Teilnehmer/-innen des 27. Deutschen Präventionstages insgesamt gut widerspiegeln.

2. Gutachten

Das Gutachten zum Schwerpunktthema „Kinder im Fokus der Prävention" wurde sowohl in Form von Videostatements in einer Lang- und einer Kurzversion als auch in einer schriftlichen Ausarbeitung zur Verfügung gestellt.

Am besten wurde von den Teilnehmer/-innen die Auswahl der Expertinnen und Experten mit einer Durchschnittsnote von 2,0 bewertet, gefolgt von den Videostatements und der Schriftfassung des Gutachtens (jeweils Durchschnittsnote 2,1).

Abbildung 1: Bewertung des digitalen Gutachtens (Angaben innerhalb der Balken in Prozent)

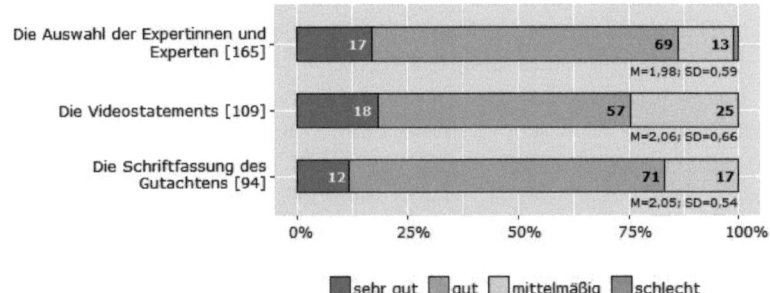

* *In eckigen Klammern: Anzahl der Personen, die diese Frage beantwortet haben. Kodierung: 1 = sehr gut; 2 = gut; 3 = mittelmäßig; 4 = schlecht; 5 = sehr schlecht M = Mittelwert/Durchschnitt; SD = Standardabweichung*

Wir haben die Teilnehmer/-innen auch danach gefragt, welche Form des Gutachtens sie bevorzugen. Der Großteil der Befragten (57,7 %) favorisiert das Gutachten in Textform. Fast 37 % möchten das Gutachten in Form von Videostatements und knapp 6 % der Befragten wünschen sich eine andere Form des Gutachtens.

Abbildung 2: Welche Form des Gutachtens bevorzugen Sie?

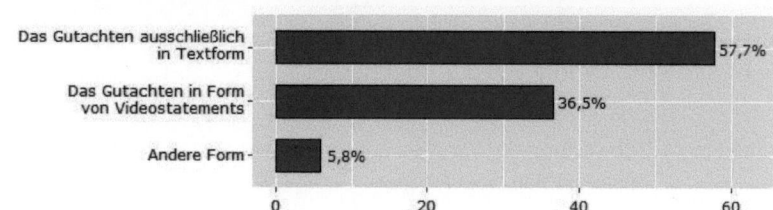

Als andere Form des Gutachtens wünschten sich die Befragten eine Kombination aus Textform und Videostatements.

3. DPT-Vor Ort im Hannover Congress Centrum (HCC)

Am 4. und 5. Oktober 2022 fand der Präsenzkongress des 27. Deutschen Präventionstages im Hannover Congress Centrum (HCC) statt. Den Kern des DPT-Vor Ort bildeten Vorträge, Panels und Workshops. Am ersten Kongresstag wurden 8 Vorträge gehalten, 3 Workshops und 3 Panels angeboten und am zweiten Kongresstag standen 7 Vorträge, 3 Workshops und 4 Panels zur Auswahl. Die Teilnehmer/-innen wurden gebeten diese Angebote auf einer Skala von 1 (sehr gut) bis 5 (sehr schlecht) zu bewerten.

Erster Kongresstag

Alle 8 Vorträge, die am ersten Kongresstag gehalten wurden, erhielten eine Durchschnittsnote von 2,2 oder besser.

Abbildung 3: Bewertung der Vorträge am ersten Kongresstag (Angaben innerhalb der Balken in Prozent)

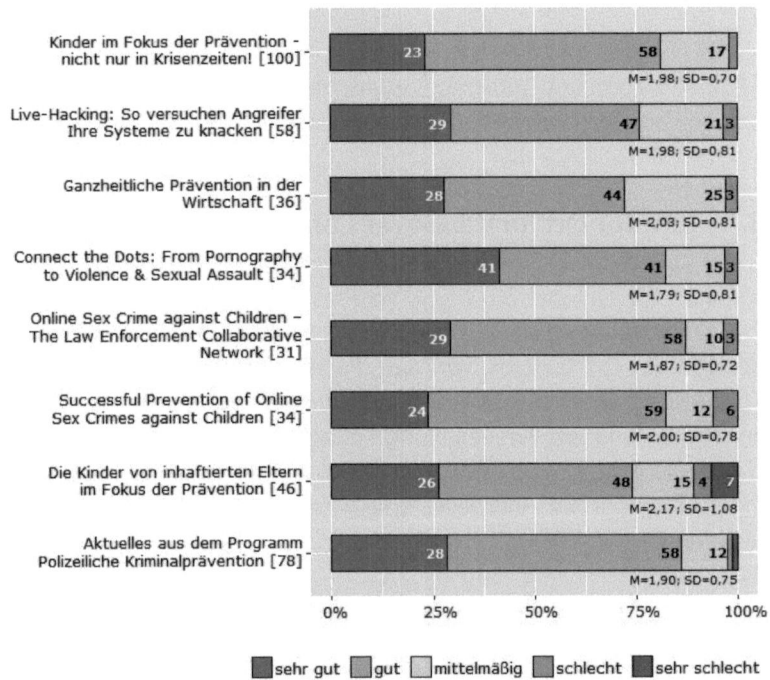

*   In eckigen Klammern: Anzahl der Personen, die diese Frage beantwortet haben.
    Kodierung: 1 = sehr gut; 2 = gut; 3 = mittelmäßig; 4 = schlecht; 5 = sehr schlecht
    M = Mittelwert/Durchschnitt; SD = Standardabweichung

Die drei angebotenen Workshops erhielten ebenfalls gute Durchschnittsnoten zwischen 1,8 und 1,9.

Abbildung 4:   Bewertung der Workshops am ersten Kongresstag (Angaben
innerhalb der Balken in Prozent)

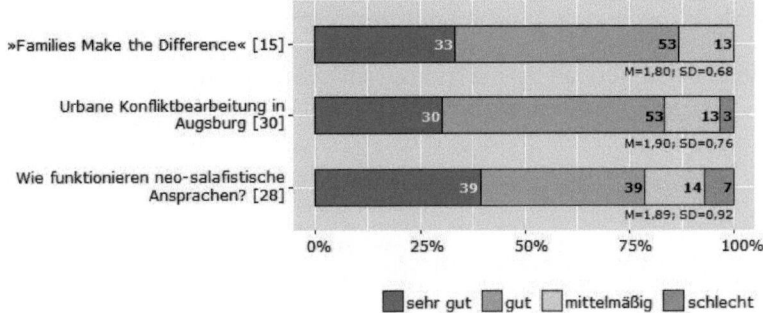

*   *In eckigen Klammern: Anzahl der Personen, die diese Frage beantwortet haben.*
    Kodierung: 1 = sehr gut; 2 = gut; 3 = mittelmäßig; 4 = schlecht; 5 = sehr schlecht
    M = Mittelwert/Durchschnitt; SD = Standardabweichung

Auch die vier Panels erhielten recht gute Durchschnittsnoten zwischen
2,0 und 2,3.

Abbildung 5:   Bewertung der Panels am ersten Kongresstag (Angaben innerhalb der Balken in Prozent)

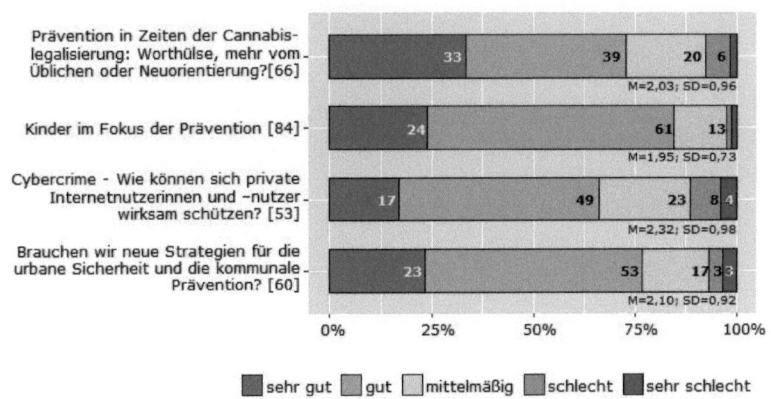

*   *In eckigen Klammern: Anzahl der Personen, die diese Frage beantwortet haben.*
    Kodierung: 1 = sehr gut; 2 = gut; 3 = mittelmäßig; 4 = schlecht; 5 = sehr schlecht
    M = Mittelwert/Durchschnitt; SD = Standardabweichung

Zweiter Kongresstag

Auch die sechs Vorträge, die am zweiten Kongresstag gehalten wurden, erhielten recht gute Durchschnittsnoten von 2,2 oder besser.

Abbildung 6: Bewertung der Vorträge am zweiten Kongresstag (Angaben innerhalb der Balken in Prozent)

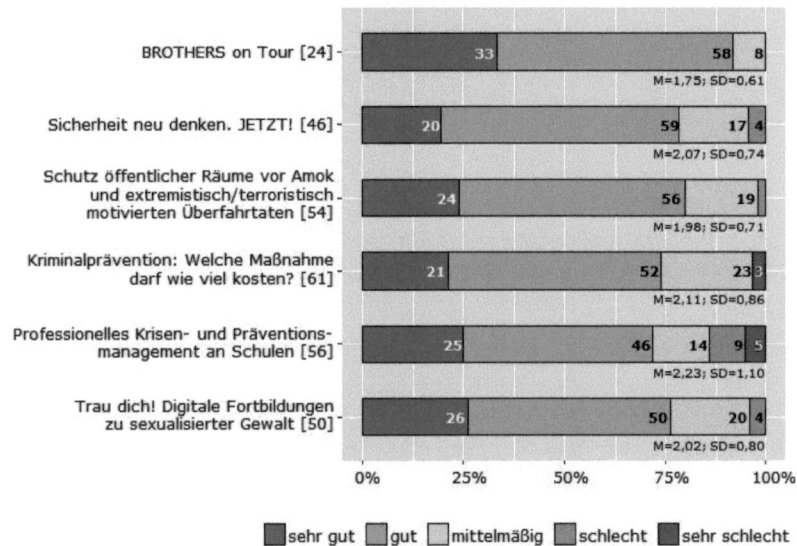

*   *In eckigen Klammern: Anzahl der Personen, die diese Frage beantwortet haben. Kodierung: 1 = sehr gut; 2 = gut; 3 = mittelmäßig; 4 = schlecht; 5 = sehr schlecht M = Mittelwert/Durchschnitt; SD = Standardabweichung*

Die drei Workshops erhielten ebenfalls gute Durchschnittsnoten zwischen 1,7 und 2,1.

Abbildung 7: Bewertung der Workshops am zweiten Kongresstag (Angaben innerhalb der Balken in Prozent)

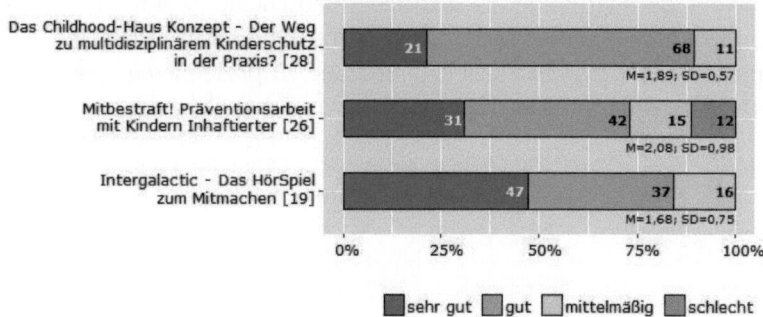

* *In eckigen Klammern: Anzahl der Personen, die diese Frage beantwortet haben.*
Kodierung: 1 = sehr gut; 2 = gut; 3 = mittelmäßig; 4 = schlecht; 5 = sehr schlecht
M = Mittelwert/Durchschnitt; SD = Standardabweichung

Auch die drei Panels erhielten recht gute Durchschnittsnoten zwischen 2,0 und 2,4.

Abbildung 8: Bewertung der Panels am zweiten Kongresstag (Angaben innerhalb der Balken in Prozent)

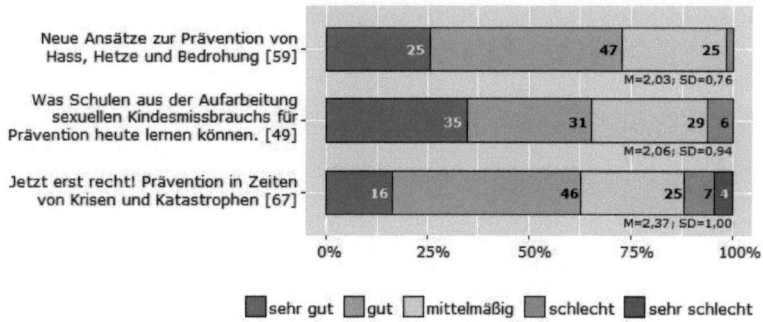

* *In eckigen Klammern: Anzahl der Personen, die diese Frage beantwortet haben.*
Kodierung: 1 = sehr gut; 2 = gut; 3 = mittelmäßig; 4 = schlecht; 5 = sehr schlecht
M = Mittelwert/Durchschnitt; SD = Standardabweichung

Beide Kongresstage

Sowohl die Begrüßung als auch die Verabschiedung durch Erich Marks fand in diesem Jahr auf einer Open-Space Bühne statt. Ausstellende hatten dort die Möglichkeit, eigene Beiträge zu präsentieren. Die Beiträge erhielten recht gute Durchschnittsnoten zwischen 2,1 und 2,3.

Abbildung 9:   Bewertung der Beiträge auf der Open-Space Bühne (Angaben innerhalb der Balken in Prozent)

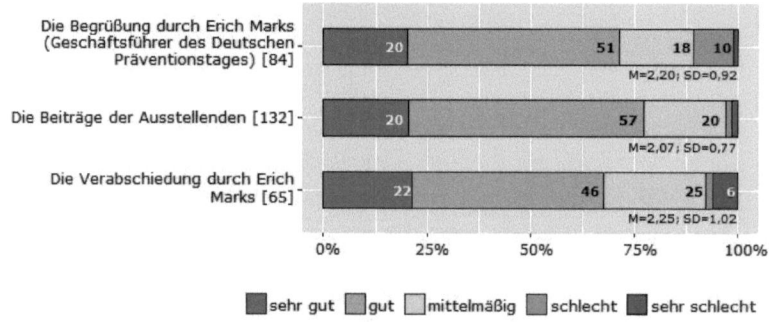

*   *In eckigen Klammern: Anzahl der Personen, die diese Frage beantwortet haben.*
   Kodierung: 1 = sehr gut; 2 = gut; 3 = mittelmäßig; 4 = schlecht; 5 = sehr schlecht
   M = Mittelwert/Durchschnitt; SD = Standardabweichung

Insgesamt erhielt der DPT-Vor Ort die Durchschnittsnote 2,2. Mehr als 67 % der Befragten fanden ihn sehr gut oder gut.

Abbildung 10: Gesamtbewertung des DPT-Vor Ort

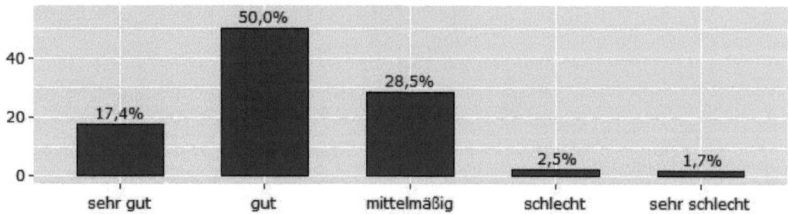

In den Kommentaren wurde gelobt, dass der 27. Deutsche Präventionstag in Form des DPT-Vor-Ort wieder in Präsenz stattfand und somit das Netzwerken und der Austausch wieder persönlich möglich waren. Kritisch wurde hingegen unter anderem angemerkt, dass es zu wenige Angebote aus Präventionsbereichen außerhalb der Polizei gab und dass nur wenige

Besucher/-innen aus den Bereichen Schule, Kindertagesstätten oder Prävention im Allgemeinen am Kongress teilgenommen haben.

„Der letztjährige DPT hat gezeigt, dass eine Präsenzveranstaltung nur ansatzweise digital ersetzt werden kann. Gute Präventionsarbeit lebt auch vom persönlichen Kontakt mit der Zielgruppe, vom persönlichen, fachlichen interdisziplinären Austausch und vom Netzwerken."

„Vielen Dank, dass Sie am Kongress festgehalten haben. Es war eine sehr gute Gelegenheit, sich wieder mit den Menschen direkt auszutauschen und die Freude sehr groß, altbekannte Wegbegleiter/-innen der Prävention zu treffen."

„Ich habe die zwei Tage sehr gerne genutzt, um mich mit den Beccarianern mal wieder zu treffen."

„Ein bisschen schade war es, dass die Titel von Vorträgen im Programm anders lauteten als vor Ort. Dadurch brauchte ich etwas Zeit um mich zu orientieren und habe auch zwei Workshops/Vorträge verpasst."

„Es waren zu wenig zivilgesellschaftliche Angebote vertreten und der Bereich Rechtsextremismus war unterrepräsentiert. Zudem musste vor Ort eine Menge extra gezahlt werden, was unter anderem für den Aufbau des Messestands hinderlich gewesen ist."

„Gut wäre es, eine Möglichkeit zu bieten, die Kolleginnen und Kollegen der einzelnen Bundesländer und Organisationen klarer zu kennzeichnen. Ich hätte gerne abends noch mit dem einen oder anderen Bundesland Kontakt aufgenommen. Aber wie, wenn ich nicht weiß, wer dazugehört. Ein Namensschild ist da etwas zu wenig. Vielleicht. könnte man beim nächsten Mal die Tische mit den Bundesländern kennzeichnen, vielleicht durch Ballons. So kann man von weitem schon sehen, wo die Vertreter sind und dann gezielt hingehen und Kontakt aufnehmen. DPT ist also immer auch fachliches Networking auch außerhalb von Infoständen, die nicht alle betreiben. Ansonsten: Weiter so! Es war interessant, dabei gewesen zu sein."

„Die Beiträge der Organisationen waren sehr spannend und informativ, nur leider waren außer Expertinnen und Experten aus Organisationen und Institutionen keine weiteren Zielgruppen anwesend (Lehrpersonen, Schulsozialarbeit, KiTas, Präventionsfachkräfte, usw.)."

„Viele der einzelnen Angebote und Ausstellenden sind polizeiliche Angebote. Es gibt im Bereich der Prävention jedoch noch viele weitere
Angebote, die berücksichtigt und über den DPT informiert werden
sollten."

„Als Aussteller leider zu wenig Teilnehmer von außerhalb. Versorgung
mit Essen war mittelmäßig. Idee wären für zukünftige Ausstellungen
Food-Trucks, mehr Kaffee-Stände oder ähnliches. Am Dienstag musste
extrem lange aus das Essen vom Kiosk gewartet werden, welches dann
für die erhaltene Leistung zu teuer war."

4.   Kongressbereiche und Begleitveranstaltungen beim DPT-Vor Ort

Fast alle Kongressbereiche und Begleitveranstaltungen des DPT-Vor Ort
erhielten von den Teilnehmenden gute Noten. Am besten schnitten die
Infostände mit einer Durchschnittsnote von 1,7 ab, gefolgt von dem
Theater und den Infomobilen (jeweils 1,8). Nicht ganz so gut kamen die
Open-Space Bühne (2,7) und die Lounge Bereiche im Foyer Ost des HCC
(2,5) an.

Abbildung 11: Wie fanden Sie ...
(Angaben innerhalb der Balken in Prozent)

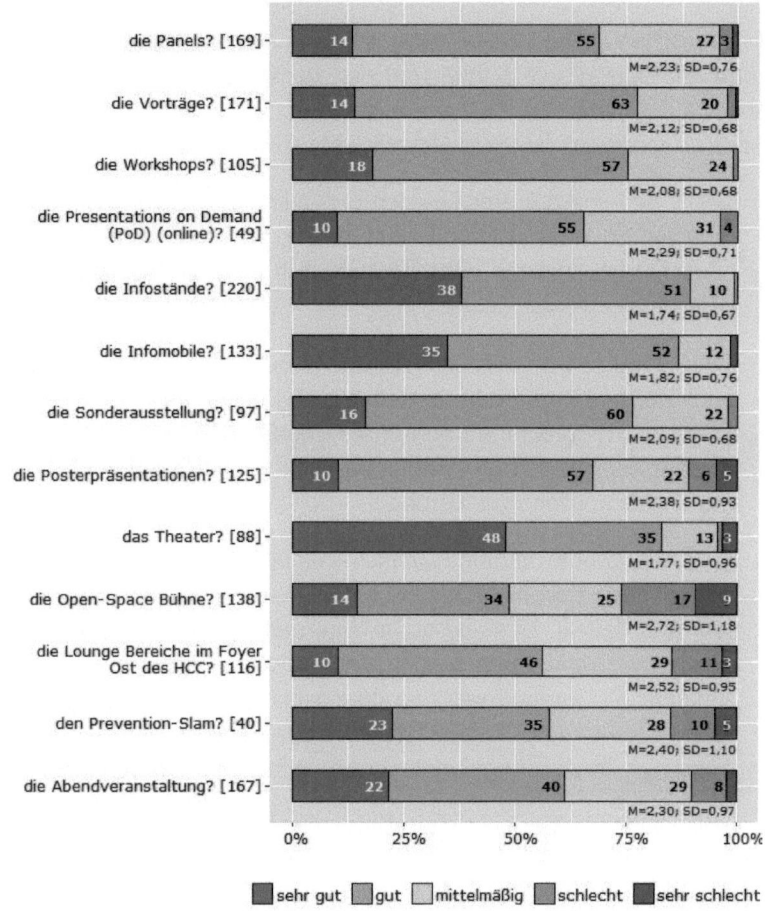

| | sehr gut | gut | mittelmäßig | schlecht | sehr schlecht |

* *In eckigen Klammern: Anzahl der Personen, die diese Frage beantwortet haben.*
Kodierung: 1 = sehr gut; 2 = gut; 3 = mittelmäßig; 4 = schlecht; 5 = sehr schlecht
M = Mittelwert/Durchschnitt; SD = Standardabweichung

Lobende Worte gab es für die Theaterdarbietungen und die Apfelkisten.

„Phänomenal gut waren die Darbietung der Theaterstücke und die anschließende Diskussion mit Regisseur und Schauspieler/-innen. Super!"

„Toll war die Idee der Apfelkisten - sah total schön aus und es gab immer einen leckeren Snack!"

„Es war super, viele nette Menschen aus dem Bereich Prävention zu treffen und kennenzulernen."

Die kritischen Anmerkungen bezogen sich hauptsächlich auf die Platzierung der Open-Space Bühne und den damit verbundenen Lärmfaktor sowie auf Aspekte der Abendveranstaltung. So bemängelten einige Teilnehmer/-innen das fehlende Platzangebot sowie die Lautstärke.

„Die Open-Space Bühne fand ich persönlich für die Vortragenden undankbar, da in der Mitte der Messehalle zu viel Unruhe und Trubel herrschte, so dass die Vorträge eigentlich nicht wirklich präsent sein konnten."

„Der Standort Open-Space war nachvollziehbar als ergänzender Treffpunkt/in der Mitte der Veranstaltung gewählt. Allerdings „litten" darunter die Gespräche an den angrenzenden Messeständen bzw. andersrum konnte sich im Open-Space nicht im notwendigen Maße auf das Thema konzentriert werden."

„Die Abendveranstaltung war, nicht zuletzt auch hinsichtlich der noch bestehenden Corona-Situation, für die Räumlichkeiten überfüllt und sehr eng gestellt. Eine akustische Wahrnehmung der Ansprache, Musik etc. war im hinteren Bereich nicht möglich. Die Selbstbedienungssituation der Getränke war sehr unangenehm, gemessen an der räumlichen Enge und der hohen Teilnehmerzahl, ebenso bezogen auf das, allem zum Trotz, sehr gelungene und schmackhafte Buffet."

„Die Lautstärke der gespielten Musik ermöglichte Konversation kaum bzw. nur unter Inkaufnahme von Heiserkeit am folgenden Tag. Einige Gespräche mussten außerhalb der Halle geführt werden. Gerade die Abendveranstaltung sollte ermöglichen, dass sich auch Teilnehmende in Gruppen bis zu sechs Personen noch verstehen können. Es funktionierte in der Regel nur zwischen zwei bis drei Personen unter unangenehmer Lautstärke."

„Die Posterpräsentation fand in einem Ort statt, an dem nur wenig Laufpublikum vorbeikommt. Das finde ich schade und das schmälert die Attraktivität einer Posterpräsentation."

„Die Idee mit der Lounge finde ich super. Leider war die Ausführung nur mittelmäßig. Mehr als vier Personen konnten dort nicht zusammen sitzen. Es war klein und auf dem Präsentierteller. Für den Austausch mit anderen nicht wirklich geeignet. "

„Die Infostände waren leider nur mittelmäßig besucht und auch nicht viele vorhanden. Lag wohl am DPT-TV im Vorfeld. Ebenso waren die Vorträge nicht gut besucht. Zumindest nicht so, wie ich es aus der Vor-Corona-Zeit kenne. Auch hier liegt meine Vermutung, dass das DPT-TV im Vorfeld die Teilnehmer nicht nach Hannover kommen ließ. "

5. DPT-TV

Erstmalig gab es das DPT-TV, bei dem von Anfang März bis Ende November 2022 jeden Mittwoch verschiedene Vorträge, Praxisimpulse und Workshops online ausgestrahlt wurden. Darüber hinaus war es möglich, sich Aufzeichnungen von Beiträgen sowie die DPT-Aktuell Sendungen auch im Nachhinein anzusehen.

Nur 18 % der Befragten haben das DPT-TV regelmäßig eingeschaltet. Die meisten Befragten haben nur unregelmäßig und sporadisch oder gar nicht eingeschaltet (jeweils 41,0 %).

Abbildung 12: Wie häufig haben Sie das DPT-TV eingeschaltet?

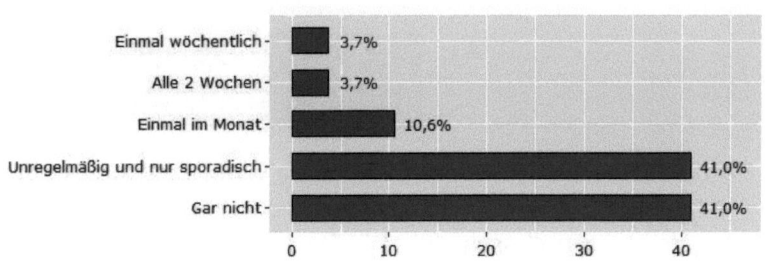

Bei den DPT-Aktuell Sendungen handelt es sich um ein wöchentlich ausgestrahltes Kurzformat, bei dem News, Zwischenrufe, Interviews und Reportagen aus allen Bereichen der Prävention zu sehen sind. Sie sind auf Youtube öffentlich zugänglich und wurden von 84 Teilnehmenden mit der Durchschnittsnote von 2,2 bewertet. Knapp 80 % dieser Befragten fanden sie sehr gut oder gut.

Abbildung 13: Wie fanden Sie die öffentlichen DPT-Aktuell Sendungen, die bei Youtube hochgeladen wurden?

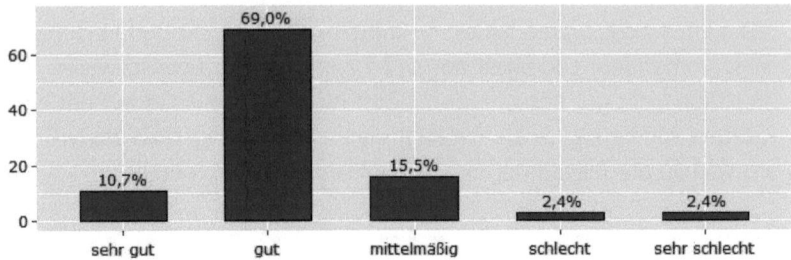

Wir haben die Teilnehmer/-innen auch danach gefragt, ob sie sich die Aufzeichnungen des DPT-TV nachträglich anschauen. Knapp 44 % der Befragten hatten sich zum Zeitpunkt der Befragung bereits Aufzeichnungen des DPT-TVs angesehen oder haben dies zumindest geplant. 27 % haben angegeben, dass sie sich nachträglich keine Aufzeichnungen anschauen werden und mehr als 29 % wissen es noch nicht.

Abbildung 14: Schauen Sie sich Aufzeichnungen des DPT-TV nachträglich an?

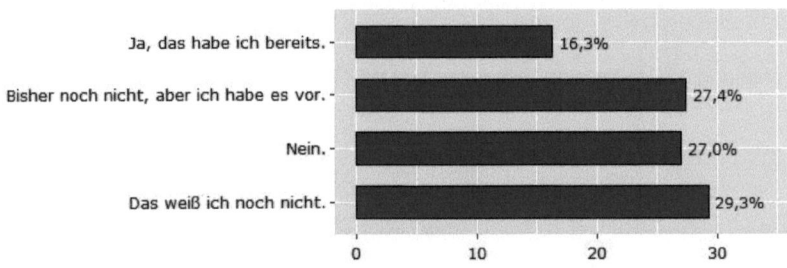

Die abgefragten Einzelaspekte des DPT-TVs kamen bei den Teilnehmer/-innen recht gut an. Am besten schnitten die Monatsübersichten zum DPT-TV-Programm mit einer Durchschnittsnote von 1,9 ab.

Abbildung 15: Wie fanden Sie ...
(Angaben innerhalb der Balken in Prozent)

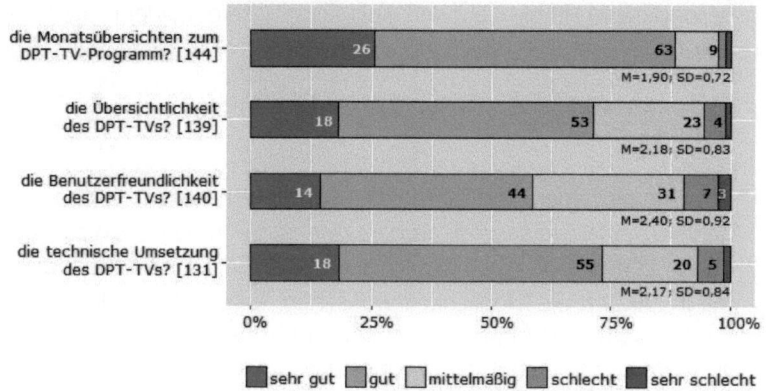

* *In eckigen Klammern: Anzahl der Personen, die diese Frage beantwortet haben.*
  Kodierung: 1 = sehr gut; 2 = gut; 3 = mittelmäßig; 4 = schlecht; 5 = sehr schlecht
  M = Mittelwert/Durchschnitt; SD = Standardabweichung

Das DPT-TV wurde von 149 Teilnehmer/-innen mit einer Durchschnittsnote von 2,3 bewertet. Knapp 58 % dieser Befragten fanden es sehr gut oder gut.

Abbildung 16: Wie fanden Sie das DPT-TV insgesamt?

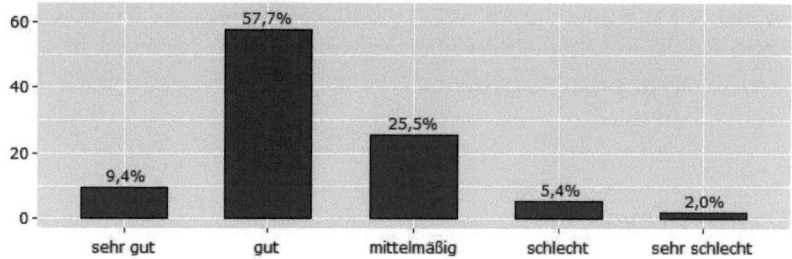

Die Möglichkeit, sich die Aufzeichnungen nachträglich anzuschauen, kam bei den Befragten gut an. Kritik gab es dafür, dass es auf Grund des Ausstrahlungszeitpunkts des DPT-TVs oft nicht möglich gewesen sei im Arbeitsalltag einzuschalten. Außerdem hätten Mitarbeitende einer Behörde keine Möglichkeit, sich das DPT-TV im Dienst anzuschauen. Es wurde vorgeschlagen, entweder verschiedene Wochentage für eine Ausstrahlung zu wählen und/oder den Rhythmus der Ausstrahlung zu ändern.

Weitere Anmerkungen bezogen sich unter anderem auf die geringe Anzahl von Zuhörern und darauf, dass das DPT-TV einen Präsenzkongress insbesondere im Hinblick auf den Austausch untereinander nicht ersetzen könne.

„Sehr gut, weil man sich Beiträge auch nachträglich auf YouTube ansehen kann."

„Für die einzelnen Vorträge und Praxisimpulse waren zu wenige Teilnehmer/-innen anwesend, als dass es eine fruchtbare Diskussion hätte geben können. Da dies für mich solche Formate ausmacht, würde ich mir in Zukunft die Möglichkeit wünschen, sich auch als 'Nicht-Teilnehmer' des DPT anmelden zu können und ggfs. eine Gebühr o.ä. dafür zu erheben. Spannende Inputs würden ggfs. auch Werbung machen für die kommen-den Jahre des DPT."

„Ich habe DPT-TV nicht genutzt, da ich der Ansicht bin, dass der direkte Austausch, egal ob beim Vortrag, am Stand oder Workshop, mir die wichtigen Impulse gibt."

„DPT-TV kann einen großen Präsenzkongress in keiner Weise ersetzen und geht im Arbeitsalltag eher unter. Dazu ist der Aufwand für die Vorbereitung eines Vortrages im DPT-TV ist im Vergleich zu Reichweite und Nutzen zu groß."

„Idee an sich gut, aber zu wenig Resonanz: Vorträge vor teilweise wenig Publikum lassen schon über Aufwand-Nutzen nachdenken. Vielleicht wäre, wenn es fortgesetzt werden sollte, ein monatliches Programm besser."

6.   DPT-Foyer

Das DPT-Foyer ist ein für die Teilnehmenden gesonderter Bereich der DPT-Webseite, zu dem bis Ende November 2022 Zugang bestand. Mehr als 23 % der 269 Personen, die diese Frage beantwortet haben, gaben an, dass sie das DPT-Foyer für Informationen zu den Angeboten des DPT-Vor Ort genutzt haben. Demgegenüber nutzte mehr als ein Drittel (36,1 %) das DPT-Foyer nicht.

Abbildung 17: Wofür haben Sie das DPT-Foyer genutzt?

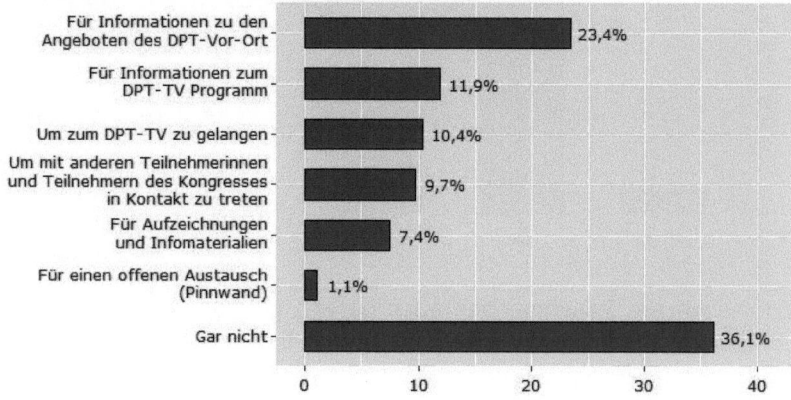

Die abgefragten Einzelaspekte des DPT-Foyers wurden von den Teilnehmerinnen und Teilnehmern jeweils mit der Durchschnittsnote 2,2 bewertet.

Abbildung 18: Wie fanden Sie ...
    (Angaben innerhalb der Balken in Prozent)

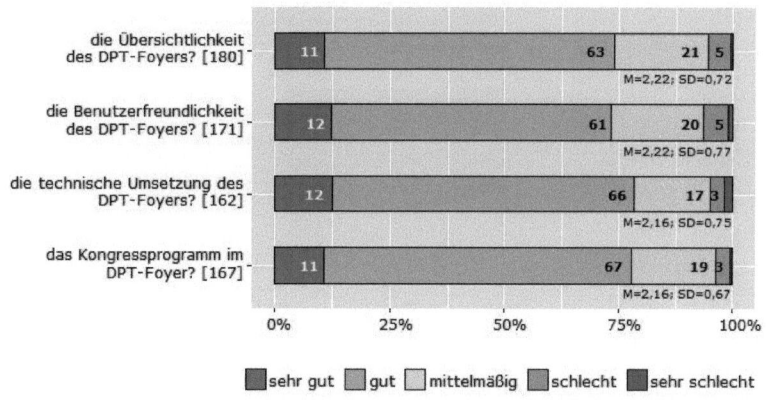

* *In eckigen Klammern: Anzahl der Personen, die diese Frage beantwortet haben.*
Kodierung: 1 = sehr gut; 2 = gut; 3 = mittelmäßig; 4 = schlecht; 5 = sehr schlecht
M = Mittelwert/Durchschnitt; SD = Standardabweichung

Knapp 76 % der 182 Teilnehmenden, die diese Frage beantwortet haben, fanden das DPT-Foyer sehr gut oder gut. Im Durchschnitt bewerteten sie es mit der Note 2,2.

Abbildung 19: Wie fanden Sie das DPT-Foyer insgesamt?

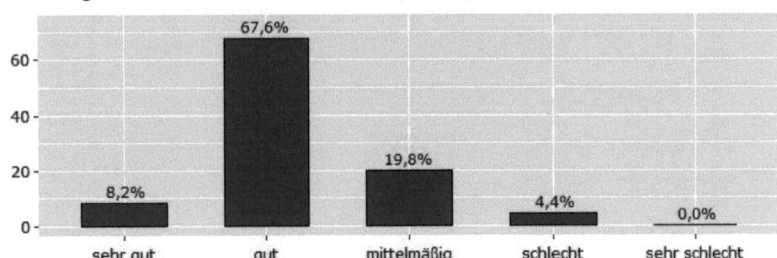

Wir haben die Teilnehmenden auch danach gefragt, welche digitalen Formate sie sich auch weiterhin parallel zu einem Präsenzkongress wünschen. 109 Befragten nannten die DPT-TV Sendungen mit Vorträgen, Praxisimpulsen und Workshops. 89 Personen wünschen sich auch weiterhin das DPT-Foyer und 50 Befragte nannten die DPT-Aktuell Sendungen.

Abbildung 20: Welche digitalen Formate wünschen Sie sich auch weiterhin parallel zu einem Präsenzkongress? (Mehrfachnennungen waren möglich)

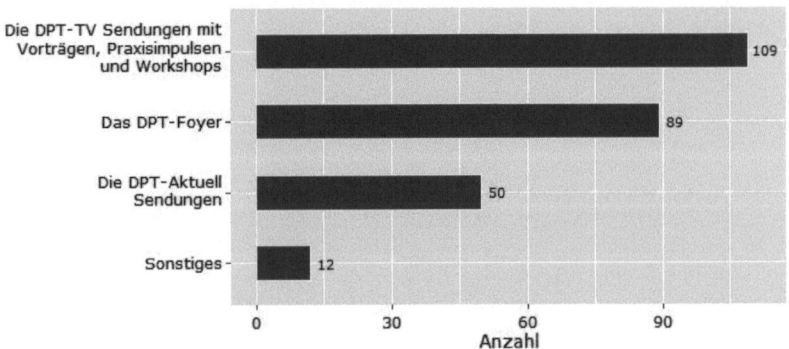

Die sonstigen Nennungen bezogen sich weniger auf Wünsche von weiteren digitalen Formaten, sondern waren vielmehr Anregungen für die Organisation zukünftiger Kongresse.

„Das DPT-TV nach dem Kongress senden, um ggf. Vorträge oder Workshops (erneut) anzuschauen, die parallel liefen."

„Eine aufgeräumte, einladende und übersichtliche Webseite - Back to basic."

„Impulse (1x monatlich) und Newsletter, aber unbedingt Präsenz."

7. Kongressorganisation

Die gesamte Kongressorganisation und die abgefragten Einzelaspekte wurden von den Befragten auf unserer von 1 (sehr gut) bis 5 (sehr schlecht) reichenden Skala mit Durchschnittsnoten zwischen 1,8 und 2,1 bewertet. Hierzu zählen die Vorabinformationen zum Kongress (2,0), der Service/die Betreuung durch die Organisatoren (1,8), das Kongressprogramm auf der DPT-Webseite (2,1), die Unterstützung bei technischen Problemen (1,8), die Informationen per E-Mail (1,9) sowie die Informationen per Newsletter (1,9). Die überwiegend geringen Standardabweichungen zeigen, dass sich die Befragten bei der Bewertung der meisten Punkte recht einig waren. Insgesamt erreichte die Kongressorganisation eine gute Durchschnittsnote von 2,0, auch wenn diese im Vergleich zu den vorherigen Kongressen ein wenig schlechter ausfällt (26. DPT: 1,7; 25. DPT: 1,6; 24. DPT: 1,8; 23. DPT: 1,8; 22. DPT: 1,7).

Abbildung 21: Bewertung der Kongressorganisation (Angaben innerhalb der Balken in Prozent)

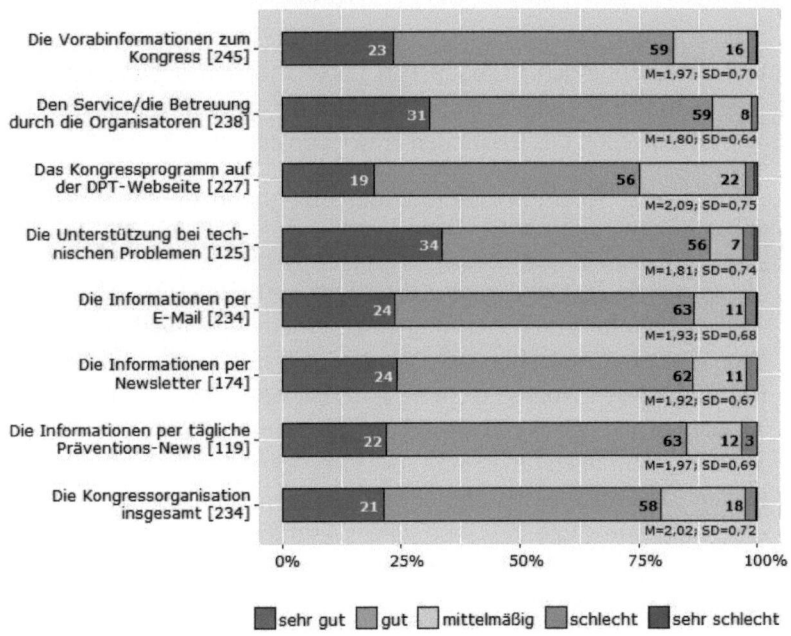

* *In eckigen Klammern: Anzahl der Personen, die diese Frage beantwortet haben.*
  Kodierung: 1 = sehr gut; 2 = gut; 3 = mittelmäßig; 4 = schlecht; 5 = sehr schlecht
  M = Mittelwert/Durchschnitt; SD = Standardabweichung

Es gab einige lobende Kommentare zur Betreuung durch die Organisatoren:

> „Insbesondere die Betreuung von Frau Franke bei Fragen war hervorragend - Danke dafür."

> „Freundliches, hilfsbereites und nettes Team. Sie haben sich jedem Problem, jeder Frage abgenommen und versucht schnell eine Lösung zu finden."

> „Ich möchte explizit Frau Franke und Herrn XXX danken, die telefonisch für uns erreichbar waren. Ohne deren Unterstützung hätten wir die Anmeldung sicher nicht hinbekommen."

> „Der Empfang am Tresen war gut. Die Garderobe sehr hilfreich. Toll, dass es Äpfel gab."

> „Wunderbare Arbeit!"

Kritische Anmerkungen bezogen sich unter anderem auf das unzureichende Verpflegungsangebot vor Ort sowie auf die Werbestrategie und Öffentlichkeitsarbeit des Deutschen Präventionstages:

> „Mehr Laufpublikum einladen z.B. durch Werbung an Schulen (Schulsozialarbeiter usw.)."

> „Es gibt viele Organisationen, die nichts von dem DPT wissen. Öffentlichkeitsarbeit und Werbung sollte in jedem Fall verbessert werden. Weitere Zielgruppen wie Schulen, KiTas, Präventionsfachkräfte, Beratungsstellen wurden nicht ausreichend beachtet. Eventuell ist die TN-Gebühr zu hoch? Lehrpersonen, Präventionsfachkräfte und Präventionslehrkräfte bekommen eine Teilnahme nicht erstattet, da zu hohe Kosten. Dies sollte zu-künftig bedacht werden, möglicherweise durch großzügig ermäßigte TN-Gebühren? Gesundheitsförderung steht im engen Zusammenhang mit Prävention. Auch dieser Bereich sollte einen Platz am DPT finden."

> „Ich hätte mir gewünscht, die Zusage zu meinem Vortrag früher zu erhalten. Daher wurde ich vorab auch wenig über das Programm informiert."

„Mein Vortrag [...] war mit einem anderen Fachvortrag gekoppelt. Die Fragerunde war aber erst nach den beiden Vorträgen möglich. Das funktioniert so leider nicht, denn die Gäste des ersten Vortrags bleiben nicht beim 2. Vortrag, um danach Fragen zu stellen und kommen nicht nochmal zurück. Falls Online-Vorträge stattfinden, soll die Frage-/ Austausch-Möglichkeit direkt im Anschluss gegeben sein. Ich selbst würde mich nur für einen Präsenz-Vortrag wieder bewerben, nicht online. Die Unterstützung zum Einwählen war zwar da, aber der Vorgang war sehr komplex und langwierig, deshalb war die Unterstützung auch notwendig."

„Programme für Vorträge und Veranstaltungen vor Ort in Papierform haben gefehlt."

„Für den nächsten DPT würde ich mir wünschen, dass die Versorgung mit Getränken und Lebensmitteln verbessert wird. Idee: Food Truck? Kaffee Stände? Auch gerne von lokalen Anbietern der jeweiligen Stadt des Veranstaltungsortes."

„Es kamen vereinzelt im Spätsommer mehrere E-Mails zur Organisation. Das war verwirrend, da wäre ein vorab kommunizierter Zeitplan mit einer großen E-Mail (kompakt, aber alles für Aussteller zu Erledigende in einer E-Mail zusammen aufgelistet) hilfreich. Es braucht auch wegen Urlaub u.Ä. mehr Vorlauf für die Organisation."

„Qualitätskontrolle der ausgestellten Angebote!"

Wir haben die Gesamteinschätzung der Kongressorganisation außerdem noch gruppenspezifisch untersucht. Die Gruppen ergeben sich aus der Art der Teilnahme (ausschließlich als Teilnehmer/-in oder in einer aktiven Rolle als Referent/-in, Moderator/-in oder Standbegleiter/-in) sowie der Häufigkeit der Teilnahme (zum ersten Mal, bereits einmal, bereits mehrere Male). Bei keiner der Gruppen zeigen sich signifikante Unterschiede.

8. Gesamtbewertung

Die Gesamtbewertung der Kongressteilnehmenden des 27. Deutschen Präventionstages fällt auch in diesem Jahr positiv aus. 69,3 % der Befragten gaben an, viele Anregungen für die Präventionspraxis bekommen zu haben (26. DPT: 75,8 %; 25. DPT: 70,0 %; 24. DPT: 82,0 % 23. DPT: 83,5 %; 22. DPT: 83,2 %). 87,2 % der Teilnehmerinnen und Teilnehmer fiel es leicht, Kontakte zu knüpfen und Informationen auszutauschen. Im Vergleich zu den letzten beiden Kongressen ist dieser Anteil stark gestiegen und erreichte somit das Niveau von Deutschen Präventionstagen, die vor Corona stattfanden (26. DPT; 18,5 %; 25. DPT: 14,9 %; 24. DPT: 90,7 %; 23. DPT: 91,0 %; 22. DPT: 91,5 %). 86,8 % der Befragten stimmten der Aussage zu, dass es genügend Gelegenheiten gab, um mit Praktikerinnen und Praktikern über Fragen der Prävention zu diskutieren. Dieser Anteil ist im Vergleich zu den letzten beiden Präventionstagen ebenfalls deutlich gestiegen (26. DPT: 41,4 %; 25. DPT: 36,8 %; 24. DPT: 86,0 %; 23. DPT: 85,0 %; 22. DPT: 88,9 %). 61,4 % der Teilnehmer und Teilnehmerinnen gaben an, dass es genügend Gelegenheiten für den fachlichen Austausch mit Wissenschaftlerinnen und Wissenschaftlern gab (26. DPT: 42,4 %; 25. DPT: 35,2 %; 24. DPT: 74,2 %; 23. DPT: 70,6 %; 22. DPT: 70,4 %). 63,7 % der Kongressteilnehmenden waren der Meinung, dass von dem Kongress Impulse für die Präventionsarbeit in Deutschland ausgehen. Dieser Anteil ist im Vergleich zum letzten Jahr allerdings um mehr als 10 Prozentpunkte gesunken (26. DPT: 74,2 %; 25. DPT: 79,8 %; 24. DPT: 81,5 %; 23. DPT: 82,5 %; 22. DPT: 78,1 %). Bei 65,8 % der Befragten wurden die Erwartungen an den Präventionstag voll und ganz oder überwiegend erfüllt (26. DPT: 68,8 %; 25. DPT: 69,7 %; 24. DPT: 88,6 %; 23. DPT: 91,8 %; 22. DPT: 85,3 %). 91,4 % der Teilnehmer/-innen gaben an, auch an zukünftigen Kongressen des Deutschen Präventionstages teilnehmen zu wollen (26. DPT: 94,7 %; 25. DPT: 95,1 %; 24. DPT: 90,0 %; 23. DPT: 94,1 %; 22. DPT: 88,5 %).

Abbildung 22: Gesamteindruck (Angaben innerhalb der Balken in Prozent)

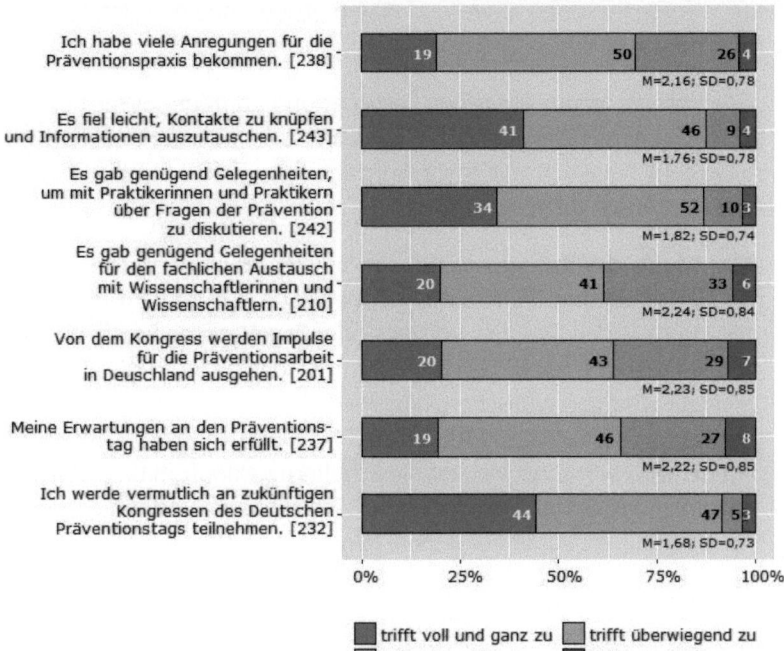

* *In eckigen Klammern: Anzahl der Personen, die diese Frage beantwortet haben.*
Kodierung: 1 = sehr gut; 2 = gut; 3 = mittelmäßig; 4 = schlecht; 5 = sehr schlecht
M = Mittelwert/Durchschnitt; SD = Standardabweichung

Als Gründe, warum die Erwartungen nicht erfüllt werden konnten, wurden unter anderem die unzureichenden Möglichkeiten zum Austausch sowie fehlende Impulse für die praktische Arbeit genannt:

„Die Ausstellung, die für uns wichtig ist, muss lebendiger werden."

„Es waren zu wenig zivilgesellschaftliche Angebote im Bereich Rechtsextremismus vertreten. Gerade der Austausch mit diesen Angeboten wäre für uns gewinnbringend gewesen."

„Austausch und Kontakte zur 'Welt außerhalb der Aussteller'."

„Leider konnten kaum Impulse mitgenommen werden."

„Ich hatte mir vom Fokus Kinder und Jugendliche versprochen."

„Ich konnte mich nicht so stark vernetzen im digitalen Format, da hier nur wenige Personen anwesend waren, insbesondere in den Sessions nach dem 4./5.10."

„Es waren zu wenig Aussteller, Besucher und Vorträge für meinen Geschmack beim Präsenzkongress. Das DPT TV ist kein Format für mich. Außerdem hätte ich mir mehr Vorträge mit wissenschaftlicher Basis bzw. Austausch gewünscht."

„Das Motto des Kongresses hat sich meiner Meinung nach wenig in den Vorträgen und Panels widergespiegelt. Z.T. wurde auf die Fragestellung bzw. den Titel des Vortrags oder Panels wenig Bezug genommen, so dass sich leider kein Mehrwert ergeben hat. Ich würde mir auf solchen Fachtagen wünschen, dass man auch mal darüber spricht, was und warum etwas nicht gut läuft und zu einem kritischen Diskurs anregt. Es wird sich sonst viel auf die Schultern geklopft mit angeblichen Vorzeigeprojekten und es werden z.T. Projekte vorgestellt, die manchmal wenig übertragbar auf andere Regionen sind."

„Zu wenige Vorträge, zu wenig Input."

„Es wäre schön, mit dem Präventionstag mehr Multiplikatoren, Politiker, Entscheidungsträger zu erreichen - man schmort so ein bisschen im eigenen Saft."

„Die angebotenen Vorträge und Podiumsdiskussionen fand ich nicht so überragend, im Vergleich zu früheren Präsenz-Präventionstagen, was wohl an der geringeren Anzahl und deren Auswahl lag. Das ist aber meine rein persönliche Einschätzung."

„Der persönliche Austausch blieb leider auf der Strecke, da viel Wert auf einen Hybrid-Kongress gelegt wurde und so die Teilnehmer und Aussteller vor Ort wegblieben."

Mit einer Durchschnittsnote von 2,2 erreichte der 27. Deutsche Präventionstag erneut ein gutes Gesamtergebnis (26. DPT: 2,0; 25. DPT: 2,1; 24. DPT: 1,8; 23. DPT: 1,8; 22. DPT: 1,9). Gut 68 % der 263 Befragten gefiel der 27. Deutsche Präventionstag sehr gut oder gut; 28,5 % bewerteten ihn als mittelmäßig, nur 2,7 % fanden ihn schlecht und 0,8 % der Befragten fanden ihn sehr schlecht.

Abbildung 23: Wie fanden Sie den 27. Deutschen Präventionstag insgesamt?
(Angaben innerhalb der Balken in Prozent)

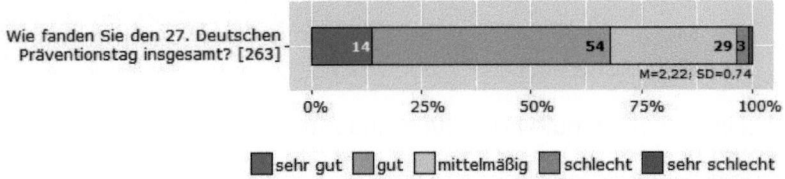

* *In eckigen Klammern: Anzahl der Personen, die diese Frage beantwortet haben.*
Kodierung: 1 = sehr gut; 2 = gut; 3 = mittelmäßig; 4 = schlecht; 5 = sehr schlecht
M = Mittelwert/Durchschnitt; SD = Standardabweichung

Wir haben die Teilnehmer/-innen auch in diesem Jahr danach gefragt, welches Format des Deutschen Präventionstages sie sich zukünftig wünschen. Anders als im vergangenen Jahr wünscht sich die Mehrheit einen Präsenzkongress (72,7 %). Knapp ein Viertel (24,7 %) der Teilnehmenden favorisiert eine hybride Kongressform und nur knapp 3 % der Befragten sind für einen ausschließlich digitalen Kongress.

Abbildung 24: Welches Format des Deutschen Präventionstages wünschen Sie
sich zukünftig?

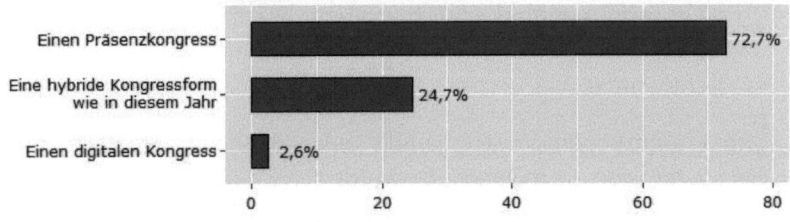

Auch in diesem Jahr erhielt der Präventionstag wieder viel Lob:

„Die Location mit all ihren Räumlichkeiten hat mir sehr gut gefallen. Die Organisation vor Ort empfand ich auch sehr gut - die Wasserstationen, die Äpfel, die am Eingang zu entnehmen waren, fand ich sehr gelungen. Die Abendveranstaltung war auch sehr gelungen - eine super Stimmung unter den Teilnehmenden. Auch Organisation vorab war gut - die verantwortliche Teilnehmermanagerin war immer gut erreichbar und sehr hilfsbereit."

„Die gute Anbindung des Kongressorts, die Auswahl der Vortrags- und Panelthemen."

„Die Messe. Dass man sich die Präventionstheater ansehen konnte. Der Empfangstresen. Das TV jede Woche."

„Einige wirklich gute Kontakte geknüpft."

„Der Austausch mit den Ausstellern an den Infoständen war sehr gut, auch wenn es weniger Stände waren als früher."

„Die Aussteller waren super, Austausch mit diesen hat viel Spaß gemacht."

„Unverkrampfte Art, gute Möglichkeiten zum persönlichen Austausch (leider weniger am lautstarken Musikabend)."

„Die partnerschaftliche Atmosphäre zwischen den Ausstellenden."

„Der Austausch mit den Kongress-Gästen und den anderen Besuchern."

„Besonders gut hat mir gefallen und als besonders wichtig empfinde ich es, dass der Kongress endlich wieder in Präsenz stattgefunden hat und so der direkte und ausführlichere Austausch mit Fachakteuren ermöglicht wurde."

„Der Präsenzkongress war eine tolle Gelegenheit zur Vernetzung und Netzwerkpflege die rege genutzt wurde."

„Netzwerkarbeit - viele interessante Begegnungen. Die Halle war gut, die Organisation für den Aufbau vor Ort war auch gut."

„Der Austausch mit den Ausstellenden und die Panels sind besonders gut gelungen. Auch die hybride Form durch DPT-TV war super, da an den zwei Präsenztagen nicht alle Beiträge wahrgenommen werden können."

„Die Betreuung für die Planung und Aufbau des Standes."

„Die sehr gute technische Unterstützung und das freundliche Personal des DPT!"

„Tolles DPT-Team, mit viel Herzblut dabei. Danke, dass es wieder Präsenz gab und wir uns wieder live sehen konnten. Gutes Essen bei der Abendveranstaltung."

„Chapeau für Erich Marks und sein gesamtes freundliches und hilfsbereites Team!"

„Eure Organisation, Kommunikation und Begleitung ist 1A! Danke!"

„Tolles Orga-Team!"

„Nahbarkeit der Akteure inkl. Herrn Marks, Abendveranstaltung, Input an Ständen."

„Alles wunderbar und toll organisiert! Ich weiß welche Arbeit an sowas hängt!"

„Auch trotz neuer Herausforderungen, habt ihr das super gemacht und etwas Tolles auf die Beine gestellt! Vielen Dank dafür!"

„Das wöchentliche Remote-Angebot war eine pfiffige Idee, ein kreativer Umgang mit den Herausforderungen der Kongress-Organisation unter Pandemiebedingungen."

„Vielfalt der Messestände und Anbieter mit Ausnahme 'Revolution Train'."

„Spannende Diskussionen mit (sehr) unterschiedlichen Meinungen im Rahmen der Panels. Auch mal Gäste mit anderen Meinungen."

„Möglichkeit, Vorträge dann abzurufen, wann es zeitlich passte."

„Die Infostände. Hier konnte man sich stundenlang an den einzelnen Ständen austauschen. Das hat mir mehr gebracht als das Programm." Das Orgateam war sehr professionell und immer freundlich."

„Mir haben die Workshops und die Vorträge besonders gefallen. Die Panels-Diskussionen empfand ich teilweise als recht schleppend, obwohl dort trotzdem wichtige Themen besprochen wurden."

„Die englischsprachigen Vorträge. Die Professorin war überragend. Absolutes Highlight des Kongresses."

„Abendveranstaltung, gut organisiert, guter DJ. Leckeres Buffet."

„Die Abendveranstaltung war sehr unterhaltsam und hat Spaß gemacht!"

„Das HCC als solches, die Abendveranstaltung und somit die Gelegenheit, in lockerer Atmosphäre Kolleginnen und Kollegen auch aus anderen Bundesländern kennenzulernen."

„Die inhaltliche Vielfalt der Aussteller und des gesamten Programmses war für jeden etwas dabei!"

„Das Thema dieses Jahr hatte nicht viel mit meiner beruflichen Praxis zu tun, deswegen kann ich nur bedingt etwas zur inhaltlichen Ausgestaltung sagen. Allerdings fand ich, dass ein sehr innovatives und professionelles Format war. Das wurde wirklich super umgesetzt!

„Die Programmübersicht vor Ort war gut und übersichtlich. Die Mitarbeiter waren stets engagiert und hilfsbereit."

„Ich hab in den zwei Tagen mehr Äpfel gegessen als sonst in drei Monaten. Tolle Idee von der Kongressleitung."

„Ich habe mich sehr gefreut, dass es dieses Jahr ein Präsenzkongress gab."

„Gute Organisation, vielfältige Stände, tolle Gespräche und Kontakte."

„Vernetzungsmöglichkeiten, Open-Space Bühne, Abendveranstaltung, tolles Rahmenprogramm durch die Berliner Jugendlichen."

Die Teilnehmer/-innen haben darüber hinaus auch einige Anmerkungen und Wünsche geäußert:

„Liebes DPT-Team, danke für Euer Engagement. Auch dieses Jahr zeigte sich, dass der DPT einer unserer wichtigsten Kongresse ist. Ich war dieses Jahr etwas enttäuscht von der geringen TN-Zahl und der geringen Anzahl an Präsenzvorträgen. Das DPT-TV Format ist auch nicht mein Format, mit dem ich das kompensieren konnte. Ich nehme mir letztlich im Alltag nicht die Zeit, zu schauen, welche Vorträge im DPT-TV gezeigt werden und habe daran letztlich nicht als Zuschauer/-in teilgenommen. Ich würde mir wünschen, dass nach Covid wieder der Fokus auf die Präsenzzeit gelegt wird. An den Kongresstagen ist es leichter sich zu fokussieren und sich die Zeit für die wichtigen Vorträge zu nehmen."

„Das Verhältnis zwischen Vortragsangeboten online, dem Aufwand zu deren Vorbereitung und die tatsächliche Zuschauerzahl haben nicht zueinander gepasst. Es ist schade, dass so viel Wissen und Expertise nahezu ins Leere gelaufen ist, da das Format des DPT-TV nicht so gut angenommen wurde bzw. aufgrund der Zeit angenommen werden konnte. Niemand hat über Monate hinweg die Zeit, sich über die Vorträge auf dem Laufenden zu halten und sie einzuplanen."

„Die Terminauswahl im Vorfeld, der für uns spontane Wechsel in den Herbst und die damit verbundene, chaotische Anmeldung war eine ziemliche Zumutung."

„Materialschlacht - in heutigen Zeiten nicht mehr angemessen."

„Kaum mediale Aufmerksamkeit. Fehlender Bekanntheitsgrad unter Fachleuten (es gibt deutlich mehr als 2.000 Menschen in Deutschland, die in den Kongress betreffenden Fachgebieten tätig sind und großes grundsätzliches Interesse daran haben.) Es muss deutlich mehr geworben werden."

„Das Kongressmotto sollte sich mehr in den Vorträgen widerspiegeln. Aus meiner Sicht haben manche Vortragende einen gelungenen Titel gewählt, ihr Inhalt hatte aber wenig Bezug. Vielleicht sollte vorab (besser) geprüft werden, welche Inhalte vermittelt werden. Das gilt auch für die Panels. Ein Panel habe ich nach 45 Minuten verlassen, weil bis dato immer noch kein Bezug auf die Fragestellung genommen wurde. Diese Meinung teilten bedauerlicherweise einige Teilnehmende auf dem Kongress."

„Das Thema Evaluation sollte mehr Bedeutung erhalten."

„Die Aufklärung darüber, dass ich den vollen Preis bezahlen muss, auch wenn ich ausschließlich als Referent/-in für das DPT-TV tätig bin, war für mich nicht ersichtlich. Das böse Erwachen kam mit der Rechnung. Darüber haben wir uns sehr geärgert. So etwas bitte künftig vermeiden."

„Zu wenig Essensstände und Getränkestände (wie Kaffee), zu wenig Besucher, Kiosk war überlastet und zu teuer."

„Mittagsangebot überteuert und schlecht erreichbar."

„Kein Fokus in den Vorträgen auf Kinder und Jugendliche. Der Revolution Train hätte einer kritischen Einordnung bedurft. Ein so veraltetes Projekt, dass mit Abschreckung arbeitet, sollte auf einem modernen Präventionskongress nicht unkommentiert einen so großen Raum einnehmen."

„Wenige Expertenvorträge und zu wenige Bespielung des Schwerpunktthemas in der gesamten Bandbreite."

„Fragerunde muss im Anschluss an jeden Vortrag stattfinden, nicht nach zwei aufeinanderfolgenden Vorträgen."

„Es hätten sicher noch bedeutend mehr Besucher kommen können. Die Bewerbung sollte man forcieren. Das Angebot sollte vielleicht dauerhaft auch auf weitere Themen der Prävention erweitert werden. Zum Beispiel würde am Deutschen Präventionstag auch die Verkehrsunfallprävention richtig passen. Wenn dieses Thema dauerhaft mit aufgenommen werden würde, wäre der Interessenkreis deutlich größer und die Veranstaltung (inklusive Besucherzahl) würde deutlich steigen."

„Programm sichtbarer vor Ort auslegen."

„Es wäre schön, wenn noch mehr externe Gäste zum DPT kommen würden. Am zweiten Tag war doch recht wenig Publikumsverkehr."

„Weniger Polizeipräsenz und Kriminalprävention sondern auch kleinere zivile Organisationen"

„Qualitätskontrolle der ausgestellten Angebote!"

„Mehr Vorlauf in der Organisationskommunikation (Aussteller/-innen und Organisator/-innen)."

„Obwohl ich den DPT nicht besuchen konnte, wurde von mir als Referierende beim DPT-TV trotzdem die Gebühr erhoben. Das finde ich ein schlechtes Zeichen. Man wird quasi dafür 'bestraft', dass man einen Vortrag hält und muss auch noch die Kosten dafür tragen. Ich denke das schreckt in der Zukunft einige Personen davon ab, sich an einem digitalen Format zu beteiligen. Ich habe grundsätzlich kein Problem damit, die Gebühr zu bezahlen, wenn ich vor Ort teilnehme. Wenn mir eine Teilnahme allerdings nicht möglich ist, sollten mir dafür keine Kosten in Rechnung gestellt werden."

„Zu viele Formate."

„Es hätten mehr Vorträge und Workshops angeboten werden können."

„Die Preise waren jetzt schon hoch und sollen im nächsten Jahr noch teurer werden, wie sollen sich das Organisationen, die auf Projektbasis arbeiten leisten? Diese kleineren Organisationen sind aber wichtig, weil deren Projekte für die Präventionsarbeit zentral wichtig sind. Sonst sind es am Ende nur noch die Sicherheitsbehörden, die kommen."

„Vielleicht in Zukunft mit mehr Catering. Ich war nicht darauf vorbereitet, Selbstversorger zu sein. Der erste Tag war somit hart. Hatte mich im Vorfeld nicht darüber informiert."

„Bitte 2023 einen Kongress mit echten Menschen und Austausch. Digital geht auch hinterher."

9.   Wirkungen des Deutschen Präventionstages

Auch in diesem Jahr wurde nach den Wirkungen der Präventionstage gefragt. Konkret ging es darum, ob das erworbene Wissen, die erhaltenen Informationen und die geknüpften Kontakte für die praktische Präventionsarbeit nützlich waren. Da diese Fragen nur im Rückblick beantwortet werden können, wurden sie nur Personen gestellt, die zuvor bereits an mindestens einem Präventionstag teilgenommen hatten. Bei den Antworten handelt es sich zwar um eine subjektive Selbsteinschätzung der Befragten; diese kann aber dennoch interessante Hinweise auf Bereiche geben, in denen ein Präventionstag positive Veränderungen anstoßen kann.

Von den Befragten, die schon mindestens einmal einen Präventionstag besucht haben, gaben über 85 % an, Wissen für eine bessere Ausführung ihrer Präventionsaufgaben erworben zu haben. Lediglich knapp 1 % erklärte, dass die entsprechende Aussage gar nicht auf sie zutrifft. Außerdem berichteten mehr als 79 % dieser Teilnehmerinnen und Teilnehmer, Informationen für eine bessere Durchführung ihrer Präventionsaufgaben erhalten zu haben. Auch hier gab lediglich knapp 1 % der Befragten an, dass die entsprechende Aussage gar nicht auf sie zutrifft. Schließlich gaben fast 89 % an, dass sie Kontakte knüpfen konnten, die ihnen bei der Durchführung ihrer Präventionsaufgaben geholfen haben. Knapp 1 % erklärte, dass die entsprechende Aussage gar nicht auf sie zutrifft.

Abbildung 25: Haben Sie während der Teilnahme an einem der vorangegangenen Präventionstage Wissen erworben oder Kontakte geknüpft, die für Ihre Präventionsarbeit wichtig waren? (Angaben innerhalb der Balken in Prozent)

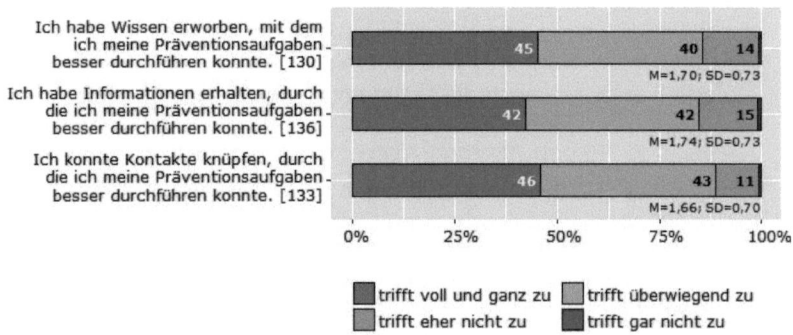

* *In eckigen Klammern: Anzahl der Personen, die diese Frage beantwortet haben. Kodierung: 1 = sehr gut; 2 = gut; 3 = mittelmäßig; 4 = schlecht; 5 = sehr schlecht M = Mittelwert/Durchschnitt; SD = Standardabweichung*

10. Teilnehmerinnen und Teilnehmer des 27. Deutschen Präventionstages

Knapp die Hälfte der Befragten (47,2 %) hatte vor dem 27. Deutschen Präventionstag noch nie an einem Kongress des Deutschen Präventionstages teilgenommen. Fast 41 % hatten bereits mehrfach und 12 % der Befragten hatten einmal an einem Kongress des Deutschen Präventionstages teilgenommen.

Abbildung 26: Haben Sie schon früher an Kongressen des Deutschen Präventionstages teilgenommen?

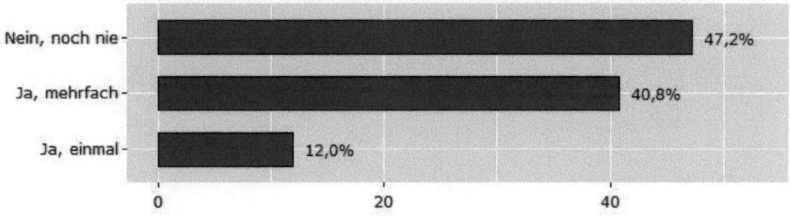

Von den 268 Personen, die diese Frage beantworteten, haben sich über 52 % in einer aktiven Rolle als Referent/-in, Moderator/-in oder Standbegleiter/-in am letztjährigen Deutschen Präventionstag beteiligt. Knapp 48 % haben ausschließlich als Teilnehmer/-in am Deutschen Präventionstag teilgenommen.

Abbildung 27: Wie haben Sie sich an dem Deutschen Präventionstag beteiligt?

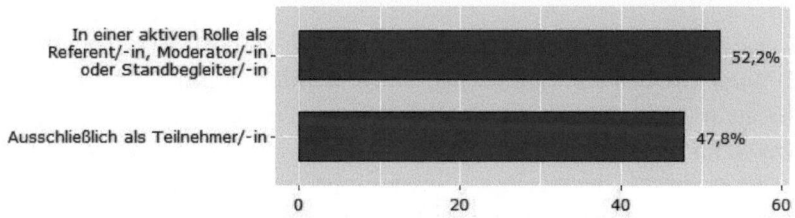

Die wichtigsten Gründe für die Anmeldung zum Deutschen Präventionstag waren für die meisten Teilnehmer/-innen der fachliche Austausch (n = 180) und der Wunsch, Informationen zu erhalten (n = 146). Auffällig ist, dass der fachliche Austausch in diesem Jahr der wichtigste Grund für die Anmeldung zum Deutschen Präventionstag war und somit wieder eine größere Rolle gespielt hat als in den beiden durch Corona gezeichneten Jahren, in denen der Kongress nicht bzw. nur digital stattfinden konnte. Eher weniger ausschlaggebend für die Anmeldung waren bestimmte Vortragsthemen (n = 44). 5 Teilnehmer/-innen waren sonstige Gründe wichtig, wie etwa die Tätigkeit als Standbetreuer, die Vorstellung der eigenen Organisation und die Vernetzung.

Abbildung 28: Was waren für Sie die wichtigsten Gründe für die Anmeldung
zum Deutschen Präventionstag? (Anzahl; Mehrfachnennungen
waren möglich)

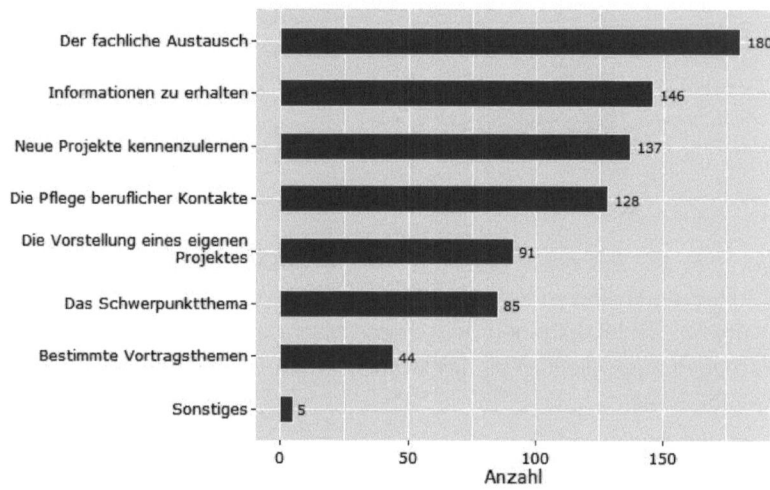

Der Großteil der Befragten (73,7 %) hat sich hauptsächlich wegen des
DPT-Vor Ort beim 27. Deutschen Präventionstag angemeldet. Lediglich
für etwas mehr als 7 % war das DPT-TV ausschlaggebend und über 19 %
waren an beidem gleichermaßen interessiert.

Abbildung 29: Warum haben Sie sich beim letztjährigen Deutschen Präventionstag angemeldet?

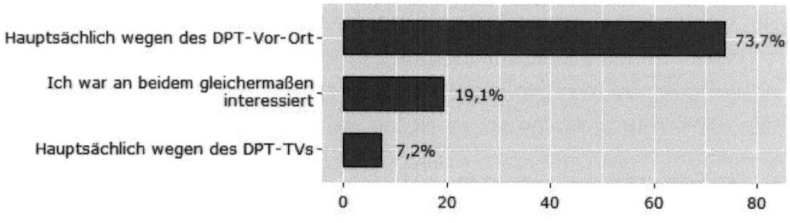

Nach den Ergebnissen der Befragung liegt der Anteil der Frauen unter
den Teilnehmer/-innen des 27. Deutschen Präventionstages bei 58,4 %.
Nach der Teilnehmerstatistik beträgt der Anteil der Frauen 56,0 % (26.
DPT: 52,7 %; 25. DPT: 59,2 %; 24. DPT: 51,1 %; 23. DPT: 50,9 %; 22.

DPT: 49,9 %). Die Stichprobe überschätzt den tatsächlichen Frauenanteil somit um gut 2 Prozentpunkte. Wie im vergangenen Jahr nahmen mehr Frauen als Männer an dem Kongress teil.

Abbildung 30: Geschlecht der Teilnehmer/-innen (nach der Teilnehmerstatistik)

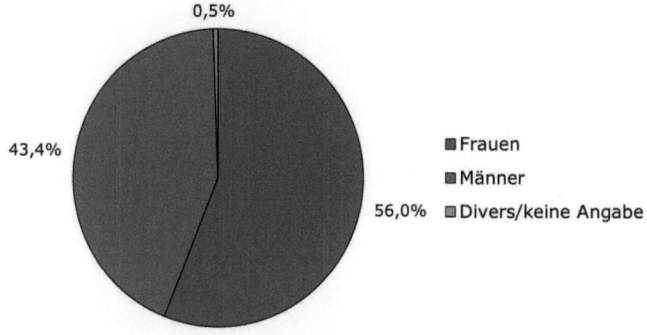

Die Polizei war mit gut 35 % auch auf dem 27. Deutschen Präventionstag die am stärksten vertretene Berufsgruppe (26. DPT: 33,9 %; 25. DPT: 30,1 %; 24. DPT: 24,9 %; 23. DPT: 31,8 %; 22. DPT: 27,1 %).

Abbildung 31: Tätigkeitsbereiche der Kongressteilnehmer/-innen (nach der Teilnehmerstatistik)

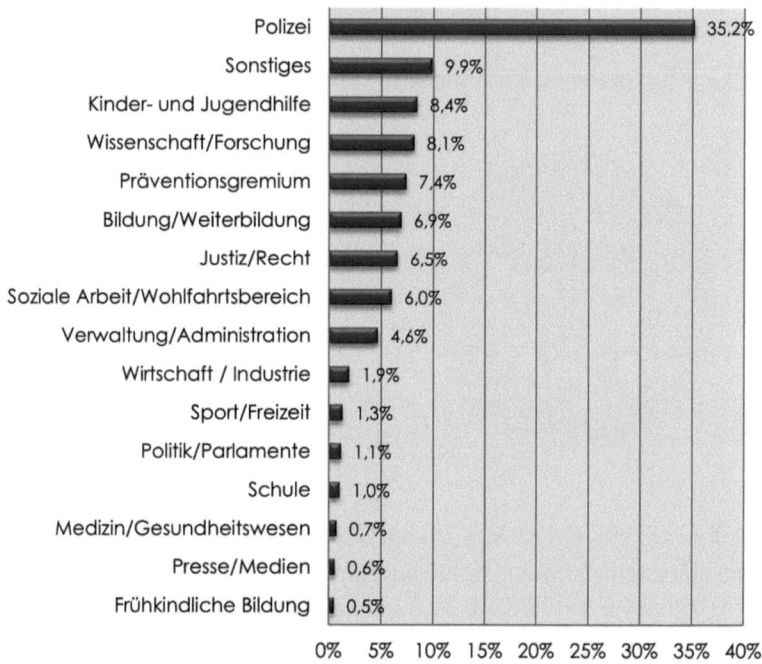

Fast 81 % der Teilnehmer/-innen des 27. Deutschen Präventionstages
sind hauptamtlich in der Präventionsarbeit tätig. Danach folgen diejenigen, die nebenamtlich (7,4 %), ehrenamtlich (6,7 %) oder gar nicht (5,2
%) in der Präventionsarbeit aktiv sind.

Abbildung 32: In welcher Form sind Sie in der Präventionsarbeit tätig?

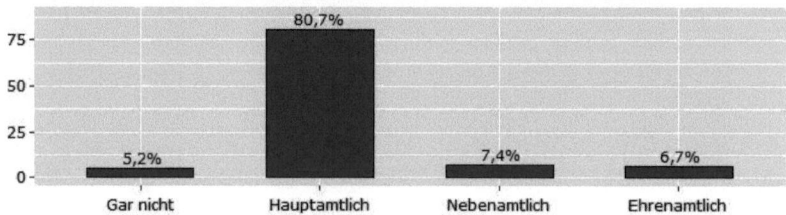

Auch beim 27. Deutschen Präventionstag ist der Großteil der Teilnehmer/-innen (55,4 %) in der praktischen Präventionsarbeit tätig (26. DPT: 54,0 %; 25. DPT: 54,0 %; 24. DPT: 48,9 %; 23. DPT: 52,5 %; 22. DPT: 51,3 %).

Abbildung 33: Mit welchen Aufgaben beschäftigen Sie sich im Rahmen Ihrer Präventionsarbeit hauptsächlich?

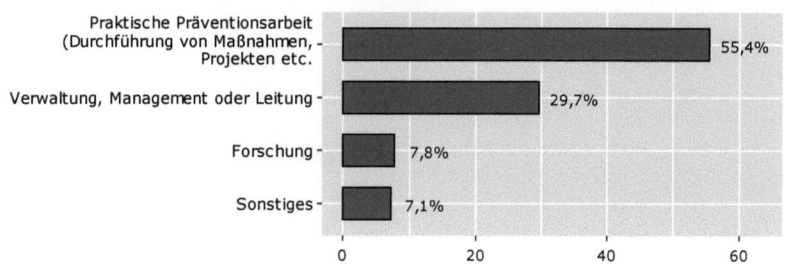

Die Tätigkeitsfelder der Kriminal- und Gewaltprävention waren bei den Befragten wieder am stärksten vertreten. Gut 41 % der Teilnehmer/-innen des 27. Deutschen Präventionstages kamen aus dem Bereich der Kriminalprävention (26. DPT: 47,1 %; 25. DPT: 38,7 %, 24. DPT: 35,4 %; 23. DPT: 38,2 %; 22. DPT: 37,8 %). Aus dem Bereich der Gewaltprävention stammten 26,4 % der Teilnehmerinnen und Teilnehmer (26. DPT: 22,8 %; 25. DPT: 23,5 %, 24. DPT: 25,5 %; 23. DPT: 25,2 %; 22. DPT: 21,1 %). Der Anteil der Teilnehmerinnen und Teilnehmer aus dem Bereich der Suchtprävention lag bei 4,8 % (26. DPT: 5,5 %; 25. DPT: 4,0 %, 24. DPT: 2,1 %; 23. DPT: 4,3 %; 22. DPT: 3,7 %). Der Anteil der Befragten aus dem Bereich der Verkehrserziehung/Unfallverhütung befindet sich mit 1,9 % ebenfalls auf einem niedrigen Niveau (26. DPT: 1,5 %; 25. DPT: 1,6 %, 24. DPT: 2,0 %; 23. DPT: 1,9 %; 22. DPT: 2,5 %). Als sonstige Tätigkeitsfelder wurden Extremismusprävention, schulische Prävention, Kinder- und Jugendhilfe, Islamismusprävention, Rechtsextremismus, maritime Kriminalprävention, Straffälligenhilfe, Cybercrime, Prävention sexualisierter Gewalt, Prävention von Gewalt in Beziehung, Sicherheitsmanagement, Jugendarbeit, Radikalisierungsprävention, Demokratieförderung, gesellschaftliche Teilhabe, Opferschutz, Medienprävention, Jugendmedienschutz sowie Verkehrsunfallprävention genannt.

Abbildung 34: In welchem Präventionsbereich engagieren Sie sich hauptsächlich?

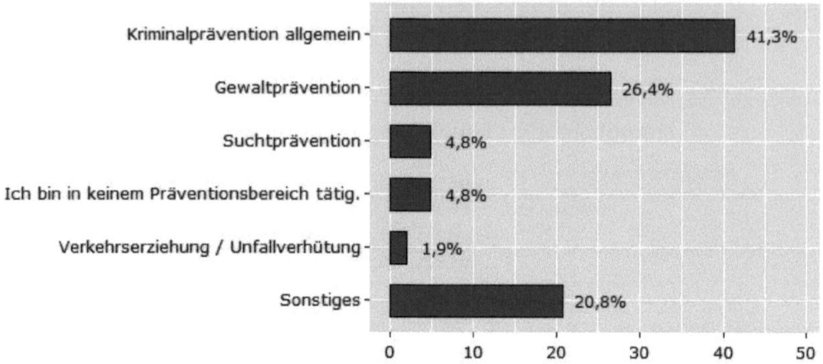

11. Resümee

Der 27. Deutsche Präventionstag wurde erstmals in hybrider Form durchgeführt. Von Anfang März bis Ende November 2022 wurden im Rahmen des DPT-TVs wöchentlich Sendungen mit verschiedenen Workshops, Vorträgen und Praxisimpulsen ausgestrahlt. Am 4. und 5. Oktober fand der DPT-Vor Ort in Hannover als Präsenzkongress statt. Die Evaluationsergebnisse zeigen, dass die durch die Corona-Pandemie immer noch bestehenden Herausforderungen durch das neue Format recht gut gemeistert wurden, sodass sich auch dieser Präventionstag in die Reihe der erfolgreich verlaufenen Kongresse einreihen kann. Mehr als 68 % der Befragten gefiel der letztjährige Präventionstag sehr gut oder gut.

Insgesamt wurden im Rahmen des DPT-Vor Ort und des DPT-TVs zahlreiche Präsentationsformate in Form von Vorträgen, Panels, Workshops, Praxisimpulsen, Begleitveranstaltungen und Presentations on Demand angeboten, die gut bei den Befragten ankamen. Darüber hinaus konnten die Teilnehmerinnen und Teilnehmer über Infostände, Infomobile, Sonderausstellungen, die Open-Space Bühne und Posterpräsentationen Einblicke in unterschiedlichste Facetten der Präventionsarbeit gewinnen. Beim DPT-Vor Ort wurden an beiden Kongresstagen insgesamt 14 Vorträge, 6 Workshops und 7 Panels angeboten, die alle recht gut bewertet wurden.

Ein Manko des 27. Deutschen Präventionstages waren zu wenige Anregungen für die Präventionspraxis. Darüber hinaus waren weniger Teilnehmer/-innen als in den Jahren davor der Meinung, dass von dem Kongress Impulse für die Präventionsarbeit in Deutschland ausgehen. Gleichwohl fiel es den Befragten nun wieder deutlich leichter, Kontakte zu knüpfen und Gelegenheiten zu nutzen, um mit Praktikern über Fragen der Prävention zu diskutieren. Die Bedeutung des Austauschs für die Teilnehmer/-innen wird auch daran deutlich, dass der fachliche Austausch einer der ausschlaggebenden Gründe für die Anmeldung war. Man kann sagen, dass das Erreichen des wichtigen Ziels, Partner in der Präventionspraxis zusammenführen und zwischen ihnen einen Erfahrungsaustausch zu ermöglichen anhand des hybriden Kongresses zwar besser gelungen ist, als in den vergangenen, durch Corona geprägten Jahre; dennoch wünschen sich viele Teilnehmende mehr interdisziplinären Austausch. Nichtsdestotrotz konnte der 27. Deutsche Präventionstag die Erwartungen von knapp 66 % der Befragten voll und ganz oder überwiegend erfüllen. Anders als beim 26. Deutschen Präventionstag wünscht sich die überwiegende Mehrheit zukünftig einen Präsenzkongress (72,7 %).

Mit Blick auf die Wirksamkeit der Präventionstage bleibt festzuhalten, dass von den Befragten, die schon mindestens einmal einen Präventionstag besucht hatten, über 85 % angaben, Wissen für eine bessere Ausführung ihrer Präventionsaufgaben erworben zu haben. Außerdem berichteten mehr als 79 % dieser Teilnehmerinnen und Teilnehmer, Informationen für eine bessere Durchführung ihrer Präventionsaufgaben erhalten zu haben und fast 89 % gaben an, dass sie Kontakte knüpfen konnten, die ihnen bei der Durchführung ihrer Präventionsaufgaben geholfen haben.

Mit Blick auf das im Leitbild formulierte Ziel ein Forum für die Praxis zu sein und Erfahrungsaustausch zu ermöglichen bleibt einerseits festzuhalten, dass auch eine hybride Kongressform beim fachlichen Austausch mit Wissenschaftlern und anderen Praktikern an seine Grenzen stößt. Insbesondere dann, wenn es um einen interdisziplinären Austausch geht, wünschen sich viele Teilnehmer/-innen mehr zivilgesellschaftliche Besucher und Aussteller. Auch die Abendveranstaltung dient dem Ziel Partner in der Präventionspraxis zusammenzuführen und stellt für viele Teilnehmer/-innen besonders im Hinblick auf die Netzwerkarbeit ein wichtiges Element des Präsenzkongresses dar. Dies wird auch dadurch unterstrichen, dass sich die Mehrheit der Befragten auch zukünftig einen Präsenzkongress wünscht. Andererseits ist insbesondere die Möglichkeit, sich nachträglich Aufzeichnungen des DPT-TVs anzusehen, gut bei den Befragten angekommen. Es bleibt festzuhalten, dass der 27. Deutsche Präventionstag als hybrider Kongress zwar mit Blick auf den internationalen Austausch oder neue Formen der Darstellung wichtige Anstöße für zukünftige Kongresse geben konnte. Gleichwohl wünschte sich die überwiegende Mehrheit der Teilnehmenden eine Rückkehr zu einem Präsenzkongress, der aber durchaus einige digitale Elemente enthalten darf.

**Der Deutsche Präventionstag – DPT
und die ständigen Veranstaltungspartner DFK, ProPK, WEISSER RING**

4. und 5. Oktober 2022

Hannoveraner Erklärung
des 27. Deutschen Präventionstages

KINDER IM FOKUS DER PRÄVENTION

Die aktuelle Lebenssituation von Kindern verbunden mit der Frage, was und wie mehr für ein gewaltfreies und gesundes Aufwachsen der heranwachsenden Generation getan werden kann, stellte der 27. Deutsche Präventionstag 2022 in das Zentrum seiner Debatten. Prävention ist am effektivsten, wenn sie frühestmöglich ansetzt. Nicht nur während der aktuellen Krisen, auch schon zuvor fanden die Belange von Kindern gesellschaftlich zu wenig Beachtung.

Mit seiner Schwerpunktsetzung hebt der Deutsche Präventionstag gemeinsam mit seinen ständigen Partnern hervor, dass Präventionsarbeit mit Kindern und für Kinder die besten Erfolgsaussichten für den Aufbau und Erhalt einer krisenfesten und gewaltfreien demokratischen Gesellschaft bietet. Welche Eckpunkte dazu besonders relevant sind, ist in der vorliegenden Hannoveraner Erklärung zum 27. DPT kompakt zusammengefasst. Die Hintergründe dieser Forderungen sind in den Expertisen zum Deutschen Präventionstag[1] ausführlich dargelegt.

- Die in der UN-Kinderrechtskonvention festgeschriebenen Rechte sind in Deutschland noch nicht umfassend umgesetzt. Auch fehlt eine Verankerung der Rechte von Kindern im Grundgesetz.

- In Einrichtungen für Kinder sind Rechte- und Schutzkonzepte partizipativ zu erarbeiten. Dies stellt einen nachhaltigen organisationalen Veränderungsprozess zur Sicherung der Rechte von Kindern dar. Zu

---

1 Die Expertisen zum 27. Deutschen Präventionstag wurden konzipiert, koordiniert und mitverfasst von Prof. Dr. Gina Rosa Wollinger (Hochschule für Polizei und öffentliche Verwaltung Nordrhein-Westfalen). Nachdem zunächst Kinder selbst zu Wort kommen, folgen fünf thematische Expertisen. Beigetragen haben: Prof. Dr. Regine Mößle & Prof. Dr. Thomas Mößle, Prof. Dr. Marlies Kroetsch, Bernd Holthusen & Prof. Dr. Heinz Kindler, Dr. Nadine Schicha und Prof. Dr. Klaus Zierer.

den Gelingensbedingungen ist weitere Begleitforschung zu Erfolgsfaktoren von Schutzkonzepten notwendig.

- Die grundlegende Förderung der Life Skills von Kindern (allgemeine Lebenskompetenzen, Selbstwirksamkeitserlebnisse u. a. m.) ist auch im Hinblick auf die Prävention von Gewalt und Kriminalität essenziell und im Bereich der universellen Prävention noch deutlich zu intensivieren. Maßnahmen, die der gesamten Altersgruppe zuteilwerden, scheinen hier eine breite Wirkung zu entfalten, wobei der Ansatz an den Ressourcen der Kinder als besonders zielführend gilt.

- Die frühe Förderung ist auf die Vermeidung von Risikofaktoren und die Stärkung von Schutzfaktoren gezielt auszurichten. Besondere Beachtung gilt dabei den sensiblen Entwicklungsphasen. Im Rahmen der selektiven Prävention können präventive Maßnahmen differenziert und konkret erarbeitet werden, wenn bereits vorhandene Schutzfaktoren und mögliche Risikofaktoren in den kindlichen Lebenswelten erkannt werden.

- Maßnahmen der indizierten Prävention bedürfen einer konsequent an den Ressourcen und Defiziten des einzelnen Kindes oder der einzelnen Gruppe ausgerichteten Fokussierung und einer intensiven wissenschaftlichen Begleitung.

- Präventive Maßnahmen sollten möglichst alle Lebensumfelder der Kinder, den häuslichen, schulischen sowie Freizeitbereich umfassen, und die primär beteiligten Personen einbeziehen. Als ein besonderes Handlungsfeld erscheint ein moderierter Umgang mit der digitalen Welt.

- Auch im Rahmen der Verhältnisprävention müssen günstige Rahmenbedingungen für eine gelingende Entwicklung geschaffen werden, z. B. durch gesetzliche Regelungen zum Schutz von Kindern.

- Forschungsdesiderata bestehen auch grundlegend bezogen auf die Datenlage zur Gewalt gegen Kinder sowohl in innerfamiliären wie außerfamiliären Kontexten. Die schon länger bestehende Forderung nach der Einführung eines Monitorings des Dunkelfeldes wird durch den Deutschen Präventionstag ausdrücklich unterstützt.

- Es fehlt zudem noch immer an ausreichendem verlässlichem Wissen über die Wirksamkeit präventiver Maßnahmen. Daher müssen Wirkungsuntersuchungen finanziell gefördert werden. Gleichzeitig sind Anreize zu schaffen, die auf den gezielten Einsatz wirkungsgeprüfter Konzepte hinsteuern.

- Kinder sind nicht für ihren Schutz verantwortlich, deswegen bedeutet Prävention von sexueller Gewalt vorrangig Aufklärung und Wissen für Erwachsene. Den Kindern ist zu vermitteln, dass sie das Recht haben, allein über ihren Körper bestimmen und ihre Grenzen zu vertreten. Dieses Recht sollte für die Kinder im Alltag erfahrbar sein und von den sie umgebenden Erwachsenen vorgelebt werden. Es ist wichtig, dass sie wissen, an wen sie sich wenden können, wenn sie Hilfe brauchen.

- Für ein gesundes Aufwachsen und die Entwicklung einer eigenständigen und selbstsicheren Persönlichkeit sind keine Kontrollen, sondern Freiräume und Vertrauen seitens der Erwachsenen vonnöten.

- Angesichts des Einflusses der Maßnahmen zur Eindämmung der Corona-Pandemie auf die Entwicklung von Kindern empfiehlt der Deutsche Präventionstag zum einen die gezielte Förderung der besonders betroffenen benachteiligten Schüler*innen. Adäquate personelle Ausstattung der Schulen ist dazu unerlässlich. Zum anderen ist auch die Einleitung lange überfälliger Reformen unabdingbar, wie die Reduktion und Neugewichtung der Lehrplaninhalte und die grundlegende Ausrichtung an der Förderung der Freude am Lernen als pädagogischem Leitmotiv.

Expertisen zum Schwerpunktthema

Die Expertisen wurden im Vorfeld des 27. DPT veröffentlicht und sind auf den folgenden Seiten abgedruckt.

Sie stehen als eigenständige Veröffentlichung im PDF-Format auf der DPT-Website zum Download zur Verfügung: praeventionstag.de/go/gutachten27

Vorwort

Der diesjährige Deutsche Präventionstag dreht sich um die Frage, wie Kinder vor Gewalt und anderen Gefahren geschützt werden können. Vor den Beiträgen von Expert:innen zu diesem Thema sollen zuallererst Kinder zu Wort kommen. Die Streitschlichter:innen der Grundschule am Volkspark in Bochum beschäftigen sich seit einem Jahr damit, wie Auseinandersetzungen friedlich zu lösen sind. Im Gespräch erzählen sie von ihrer Tätigkeit als Streitschlichter:innen, was Erwachsene hierbei von Kindern lernen können und was im Umgang von Erwachsenen mit Kindern wichtig ist.

Wie wird man eigentlich Streitschlichter:in?

Anastasia: Man lernt das erstmal und danach, wenn man die Ausbildung gemacht hat und ein Streitschlichter ist, schlichtet man in den Pausen Streit.

Rania: Wir haben bei der Ausbildung Gruppen gemacht und dann haben wir geschauspielert, dass wir Streit haben. Also, zwei hatten Streit und dann gab es immer ein oder zwei Streitschlichter, die das geklärt haben.

Lara: Oder da war am Schrank eine Reihe, was für Themen wir in der Woche so machen. Und das haben wir gemacht und irgendwann haben wir den Test gemacht und dann war man ausgebildet.

Ben: Bei dem Test war ich sehr nervös!

Und was macht man als Streitschlichter:in?

Huzaifah: Wir haben so bestimmte Schärpen, die sind gelb, die zieht man an. Und

wenn jemand einen Streit hat, kommt der zu einem. Als erstes fragen wir die dann, ob die den Streit klären wollen. Und dann fragen wir die, was passiert ist und dann

Streitschlichter:innen der Grundschule am Volkspark in Bochum

Hintere Reihe: Lucas, Ben, Huzaifah, Rania
Vordere Reihe: Rama, Anastasia, Lara, Bahieh
(von links nach rechts)

die haben ja auch in der Schule Streit gehabt und müssten das eigentlich lernen, dass man nicht mit Kindern streitet.

Anastasia: Die wissen dann ja, wie sich das anfühlt und dann können sie versuchen, die Kinder zu beruhigen und dann alles zu klären. Wenn Eltern sich streiten, sollten sie das nicht vor Kindern machen, weil Kinder bekommen dann richtig Angst und fangen an zu weinen.

Huzaifah: Dann verstecken die sich vielleicht und möchten gar nicht mehr reden.

Habt ihr noch Wünsche, was Erwachsene im Leben mit Kindern besser machen können?

Rania: Also, nicht Sachen verbieten. Oder Kinder zu was zwingen. So halt, wenn Eltern Kinder dazu zwingen, „Mach das oder das". „Räum dein Zimmer auf" finde ich auch nicht gut. Die Kinder sollen merken, dass ihr Zimmer unordentlich ist, dass sie sich selber motivieren, um aufzuräumen.

Lara: Dann können die auch sehr viel gut lernen, wenn die dann selber später groß sind. Und nicht warten, bis ihre Mutter sie anruft (lacht).

Habt ihr noch weitere Ideen, was Erwachsene machen können? Ich habe euch ja erzählt, dass ich das mache, weil sich bald viele Erwachsene treffen und zusammen darüber reden, wie man Kinder besser vor Gefahren schützen kann.

Rania: Kinder rauslassen und nicht sagen, „Nee, das ist zu gefährlich". Bei meinem Papa kenne ich mich gar nicht aus und ich darf da trotzdem raus. Aber ich darf auch nicht weit weg. Ich geh meist zu einem Hof, da liegt immer viel Schnee und das mit Freunden und die kennen sich gut aus. Und ich kenne auch den Nachhauseweg. Und bei meiner Mama darf ich gar nicht raus fast. Wir haben eine Terrasse, aber das ist langweilig. Manchmal gehe ich raus, aber da ist auch nicht so viel, da kann man nicht spielen.

Lara: Also wenn man sich als Kind gut in der Gegend auskennt, sollte man Kinder auch rauslassen.

Ben: Ich gehe oft mit meinem Freund auf einen Spielplatz Fußball spielen. ●

Interview: Gina Rosa Wollinger

„

Ich finde, dass die Erwachsenen oft besser
mit uns umgehen könnten. Dazu gehören Eltern, Lehrer und auch Leute, die ich auf der
Straße treffe.

„

Karl, 11 Jahre

Vorwort

Welche Themen bewegen Kinder? Wie ist es, in unserer Gesellschaft Kind zu sein? Welche Veränderungen wünschen sie sich und was nehmen Kinder als Problem wahr? Wir haben Kinderreporter:innen von der Kinderseite DUDA des Kölner Stadtanzeigers gebeten, hierzu ihre Sicht der Dinge aufzuschreiben und zu überlegen, was sie tun würden, wenn sie Politiker:in wären.

Hier in Deutschland gibt es für uns Kinder viele Rechte und Möglichkeiten, die auch wirklich großartig sind und trotzdem gibt es auch Dinge, die nicht ganz so gut laufen.

Oft ist es nämlich so, dass Kinder und Jugendliche nicht die gleichen Chancen haben wie die anderen in ihrem Alter, z. B. in der Schule oder der weiteren Bildung. Das kann durch Lehrer, Eltern oder ganz andere Personen passieren, inzwischen auch durch die digitale Ausstattung zu Hause, was sich in der Corona-Zeit besonders herausgestellt hat. Und wenn dann ein Kind weniger Chancen auf Bildung und eine mögliche Karriere hat als ein anderes, das genauso gut ist, dann ist das sehr unfair gegenüber diesem Kind. Wie gesagt kann das durch kleine Faktoren sein wie: sind die Eltern zuhause, um was zu erklären? Oder ist das benötigte Material vorhanden? Oder mal ganz anders, mag der Lehrer einen? Und diese Dinge dürfen nicht der Grund sein, warum ein Kind weniger Chancen hat als ein anderes.

Ein anderes Thema ist der Umgang mit Kindern von Erwachsenen, der in vielen Familien und Haushalten sehr liebevoll und wirklich toll ist, dennoch gibt es auch Haushalte und viele Situationen, die nicht so gut für die Kinder sind wie sie es sollten.

Zum Beispiel verstehe ich nicht, warum ich meine Lehrer siezen soll, während ich selber geduzt werde. Das passiert nicht nur in der Schule, oft ist es so, dass einfach aus Reflex ältere Menschen gesiezt und jüngere geduzt werden. Ich finde jedoch, dass dieser Umgang und diese Art der Anrede falsch sind, denn diese Anrede hebt die Erwachsenen über die Kinder und das ist falsch.

Um nochmal näher auf das Thema Lieblingsschüler von Lehrern einzugehen. Ich finde es falsch, denn als Lehrer sollte man jeden Schüler gleichbehandeln, egal ob man ihn mag oder nicht. In der Unterrichtszeit muss man den Unmut oder Hass auf bestimmte Schüler loslassen und in den sauren Apfel beißen.

Außerdem, finde ich, sollten Kinder nicht angeschrien werden.

Justus, 12 Jahre

Man kann mit jemandem schimpfen und erklären, wenn er was falsch macht, dennoch ist es so, dass es niemals körperlich oder handgreiflich werden darf. Und wenn Kinder zuhause geschlagen werden oder immer wieder angeschrien werden, dann übt sich das auf die Psyche aus, was für ein Kind sehr schlimm sein kann.

Was auch wirklich sehr toll wäre, wenn Kinder noch mehr bei politischen Entscheidungen und generell mehr in der Politik mitbestimmen könnten, denn diese richtet sich zum Teil ja auch an Kinder und bestimmt auch über sie. Deswegen fände ich es toll, wenn das Wahlrecht schon für Jüngere zugelassen würde, denn so könnten Kinder mehr für andere Kinder tun, zwar durch andere, aber sie tun trotzdem etwas damit. Viele erwachsene Menschen sagen zwar, Kinder könnten sich keine eigene Meinung bilden oder seien zu leicht zu beeinflussen, das würde ich jedoch nicht sagen denn, wenn Kinder wählen könnten, würden sie sich wahrscheinlich auch mehr mit den Themen auseinandersetzen als bisher.

Ich hoffe, dass in der nächsten Generation nicht solche Umstände und Herausforderungen für Kinder bestehen und vielleicht gibt es ja auch schon viel früher Lösungen, wenn sich jetzt mehr um das Thema gekümmert wird.

Justus

W enn ich Politikerin wäre, würde ich mich mit zwei Themen besonders beschäftigen und für Veränderungen sorgen, erstens im Tierschutz und zweitens bei der Bildung.

Zuerst etwas zum Tierschutz: Ich würde regelmäßige und streng regulierte Betriebskontrollen einfordern, dass z.B. einmal im Jahr Tierschutzorganisationen jeden Betrieb kontrollieren und bei schlechten Bedingungen eine artgerechte Haltung gefordert werden kann. Außerdem sollten meiner Meinung nach die Haltungsklassen 1-3 verboten werden. Zum Glück werden bereits einige Sachen, z.B. Kükenschredderung, eingestellt, es kann aber noch viel mehr getan werden. Wichtig finde ich auch, dass viel weniger Fleisch produziert wird, weil einige Tiere in ihrem kurzen Leben total gequält werden und viel Fleisch

auch einfach weggeschmissen wird. Dann hätte man die Tiere auch gar nicht töten müssen!

Zum Thema Bildung möchte ich zuerst vorbringen, dass es für alle Kinder gleiche Chancen geben sollte, unabhängig davon, ob die Eltern das Kind unterstützen können oder nicht. Es sollte kostenlose Nachhilfe finanziert werden für Kinder, deren Eltern sich Nachhilfe nicht leisten oder ihren Kindern aus anderen Gründen nicht helfen können. Außerdem finde ich es ungerecht, dass es in den meisten Schulen gar keine Religionsgruppen für muslimische, jüdische oder andersgläubige Kinder gibt und sie immer in den Ethikunterricht geschickt werden. Ich wünsche mir auch mehr Abwechslung im Unterricht, z.B. haben wir an unserer Schule nur Ipads für eine Klasse und ich habe diese noch nie benutzt. Mehr Ausflüge wären auch super und würden die Schultage auflockern und entspannter machen. Abwechslung

Elisabeth, 10 Jahre

wünsche ich mir auch bei den Fächern. So würde ich ein neues Fach einführen, bei dem nur über aktuelle Dinge gesprochen wird, z.B. Flut, Klimakatastrophe, Tierschutz, Kriege in der Welt aber auch über gute Nachrichten, wie z.B. tolle Erfindungen und Trends. Meiner Meinung nach wäre es auch sinnvoll, wenn es mehr AGs zum Thema „Richtiger Umgang mit Tieren" geben würde oder jede Schule Kleintiere hätte, z.B. Kaninchen oder Hühner, um Kindern Verantwortung zu übergeben.

Elisabeth

Vorwort

Es gibt viele Kinder in Deutschland. Vielen Kindern geht es sehr gut. Sie haben Essen, ein Haus, vielleicht sogar ein Haustier und noch viele andere Sachen. Doch nicht allen Kindern in Deutschland geht es so gut. Ich finde, dass alle Kinder mehr respektiert werden sollten.

Im Straßenverkehr kann immer in allen Städten etwas getan werden. Ich fahre fast jeden Morgen mit dem Fahrrad. Leider fühle ich mich mit den vielen Autos, Motorrads, E-Scootern usw. nicht sehr wohl. In meinem Alter darf ich nicht mehr auf dem Bürgersteig fahren, das heißt, dass ich entweder auf der Straße fahren muss oder wenn es einen Radweg gibt auf ihm. Bei meinem Schulweg gibt es zwar einen Fahrradweg, dennoch ist dieser gerade mal einen Meter breit. Wenn dann noch ein Auto vorbeifährt, fühle ich mich sehr eingeengt. Wenn ich manchmal mit der Straßenbahn zur Schule fahre, sind die Bahnen oft überfüllt. Am Nachmittag oder auch manchmal morgens, müssen meine Freundin und ich eine oder sogar zwei Bahnen später nehmen. Wenn ich als Fußgänger über einen Zebrastreifen gehen möchte, halten manchmal Erwachsene nicht an, sondern brettern mit Vollgas an mir vorbei. Wenn ich Bundeskanzlerin wäre, würde ich auf jeden Fall breitere und mehr Radwege anschaffen. Außerdem würde ich dafür sorgen, dass mehr Straßenbahnen morgens für den Schulweg und nachmittags für den Heimweg fahren. Busse sollte es auch mehr geben, da viele auch mit dem Bus fahren. Ich würde Kinder befragen, wie wohl sich er und sie sich im Straßenverkehr fühlen.

Wenn Kinder sich in der Politik mit einbringen wollen, wäre das beste natürlich, wenn sie ihre Lieblingspartei wählen können. Dennoch dürfen Kinder erst ab 18 Jahren wählen. Ich finde das hat gute und auch schlechte Seiten. Eine gute Seite ist, dass wir Kinder uns viel weniger ausgeschlossen fühlen, als wenn wir nicht bei großen Dingen mitbestimmen dürfen. Viele Kinder würden sich von Erwachsenen nicht beeinflussen lassen, dennoch gibt es auch sehr viele, die sich sehr von ihren Eltern beeinflussen. Was auch verständlich ist, da für uns die Eltern ein großes Vorbild sind. Eine Bundestagswahl ab 12 finde ich also nicht passend. Ab 16 finde ich, daß man schon selbst eine eigene Meinung hat, die man auch Preis gibt. Kurz vor der Landtagswahl war ich auf einer Art Wahlveranstaltung für Kinder und Jugendliche. Dort haben sich alle Parteien vorgestellt und noch mal ganz besonders betont, was sie für uns Kinder machen wollen. Besonders gut fand ich, daß alle bei einer U-18 Wahl mitmachen durften. So konnten viele sehen, was wir eigentlich wollen.

Anna, 11 Jahre

Auch für die Freizeitgestaltung kann noch mehr getan werden. Zum Beispiel mehr Angebote für Kinder aller Altersklassen. Besonders im Lockdown war vielen Kindern langweilig. Ich würde mir wünschen, daß es da vielleicht mehr Online-Angebote gegeben hätte. Bei uns in der Gemeinde haben wir viel auch im Lockdown gemacht. Da man sich nicht zu nah kommen durfte, wurde im Wald eine kleine Schnitzeljagd vorbereitet. Wenn ich Bundeskanzlerin wäre, würde ich für Kleinkinder mehr Spielplätze schaffen, für ältere mehr

Vorwort

kreative Angebote, zum Beispiel für die langen Sommerferien.

Ich habe jetzt sehr viele negative Dinge genannt, dennoch geht es uns im Vergleich zu anderen Ländern sehr gut. Der größte Teil kann zur Schule gehen oder an Freizeitaktivitäten teilnehmen.

Anna

Viel von meinem Alltag dreht sich um die Schule oder um Sachen, die ich mit meinen Eltern oder Freunden unternehme. Ich finde, dass die Erwachsenen oft besser mit uns umgehen könnten. Dazu gehören Eltern, Lehrer und auch Leute, die ich auf der Straße treffe. Sie wollen viel zu oft bestimmen und lassen einen nicht erstmal selber machen. Sie beurteilen zu schnell, bevor sie verstehen, was genau passiert ist und wer Schuld hatte. Manchmal glauben sie einem nicht. Oft verlangen sie zu viel und stellen zu viele Bedingungen. Ich fühle mich dann schlecht und unter Druck gesetzt. Ich glaube, Erwachsene könnten viel besser mit Kindern umgehen, wenn sie sich in die Lage der Kinder hineinversetzen würden und selbst nicht so gestresst wären.

In der Schule habe ich das Gefühl, dass Kinder teilweise unfair behandelt werden oder nicht die gleichen Chancen haben. Manche Kinder haben super gebildete oder sogar Lehrer:innen-Eltern, die uns Kindern den Schulstoff beibringen können und viel mit uns unternehmen. Bei anderen Kindern ist das nicht so, z.B. wenn die Eltern nicht gut Deutsch sprechen oder einfach selten Zuhause sind, weil sie z.B. viel arbeiten müssen und kaum Zeit haben, die Kinder zu unterstützen. In der Schule sprechen diese Kinder dann auch nicht sehr gut Deutsch. Dann werden sie

manchmal geärgert und andere Kinder wissen viel mehr im Gegensatz zu ihnen. Das betrübt natürlich jedes Kind. Bei mir in der Klasse ist es Gottseidank nicht so, dass die benachteiligten Kinder geärgert werden. Aber zu den beliebtesten Kindern der Lehrer:innen und der Mitschüler gehören sie nicht. Ich finde, sie brauchen mehr Unterstützung beim Lernen und vielleicht sollten auch mehr Ausflüge gemacht werden, damit alle mehr von der Welt mitkriegen. Eine Sache, die mir und den anderen Jungen auffällt, ist, dass Mädchen oft besser behandelt werden. Sie werden mehr drangenommen, dürfen wichtigere Aufgaben übernehmen die mehr Spaß machen, kriegen weniger Ärger und ihnen wird eher geglaubt. Der Grund könnte sein, dass es bei mir an der Schule nur einen einzigen Lehrer gibt. Und stellt euch mal vor: Obwohl wir eine Behindertentoilette haben, gibt es in der Schule nicht mal einen Fahrstuhl. Wie

Karl, 9 Jahre

sollen Kinder mit Behinderungen da zurechtkommen?

Mir ist vor kurzem eine doofe Sache passiert. Ich habe mit meinem Freund in unserem Viertel Fußball gespielt. Drei Jugendliche haben uns Süßigkeiten angeboten damit sie mitspielen können. Wir haben "Nein" gesagt, aber sie ein paar Elfmeter schießen lassen. Ich stand im Tor. Nach jedem Schuss haben sie laut herum gegrölt und mich Manuel Neuer genannt. Da war ich stolz. Danach wollten wir gehen, weil uns ihr Getue auf den Keks gegangen ist. Einer von ihnen kam zu mir und meinte:

Vorwort

"Hey, ich hab' hier was vom Kiosk. Lutsch mal da dran." und hielt mir etwas in der Hand hin. Ich dachte, es wäre so etwas wie ein Klapplutscher zur Belohnung, weil ich so gut im Tor war. Dann habe ich daran gelutscht, musste atmen und es kam plötzlich Rauch aus meiner Nase. Ich dachte, dass sei etwas für Kinder und fand es lecker. Es schmeckte irgendwie wie Zitrone, aber irgendetwas war komisch. Ich lutschte noch zweimal daran. Einer sagte "Hey guck Dir mal das Video von Dir an" und zeigt mir sein Handy. Sie hatten mich gefilmt. Dann habe ich gemerkt, dass etwas nicht stimmt. Ich habe das Ding gesehen und es hatte eine komische Aufschrift, die mich an Zigaretten erinnerte. Ich habe gefragt, was das ist. "Gefällt es Dir? Sag uns deine Hausnummer und gib uns 10 Euro und wir bringen Dir das." Dazu habe ich natürlich "Nein" gesagt. Danach sind wir weggegangen. Dann hatte ich große Angst und Sorge, dass meine Eltern mit mir schimpfen, dass ich vergiftet bin und dass ein Film, in dem ich etwas Verbotenes tue, im Internet ist. Vielleicht sollte in der Schule und Zuhause mehr über solche Sachen gesprochen werden. Dann wäre mir das Ganze vielleicht nicht passiert.

Karl

Für Risiko- wie auch für Schutzfaktoren gilt,
dass diese kumulativ, also gemeinsam auftreten und dadurch jeweils die Wahrscheinlichkeit eines negativen oder positiven Entwicklungsverlaufes erhöhen können.

Gelingende Entwicklung 2

Regine Mößle & Thomas Mößle

2.1 Grundlagen einer Entwicklungspsychologie des Kindesalters

2.1.1 Warum Entwicklungspsychologie als Grundlage für Prävention?

Prävention beinhaltet eine Veränderung von Entwicklungsverläufen, um Schaden oder negative Konsequenzen von Menschen abzuwenden oder positive Entwicklungen zu fördern. Doch wie funktioniert Entwicklung? DASS sich etwas entwickelt ist gerade in der Kindheit offensichtlich. Aber wie? Welchen Regeln, Gesetzmäßigkeiten folgt Entwicklung (falls überhaupt)? Welche Mechanismen und Prozesse sind daran beteiligt? Was genau ist es, das sich entwickelt? Und, grundlegend für alle präventiven Maßnahmen: Wie kann man den Entwicklungsverlauf positiv beeinflussen? Um diesen Fragen näherzukommen, lohnt es sich, einen genaueren Blick auf die Entwicklungspsychologie zu werfen. Gegenstand der Entwicklungspsychologie ist die Veränderung des Erlebens und Verhaltens von Menschen im Verlauf ihres gesamten Lebens. Ihre Ziele beziehen sich zum einen auf grundlagenorientierten Erkenntnisgewinn: die Beschreibung und Erklärung von Entwicklungsphänomenen. Zum anderen soll das generierte Wissen anwendbar sein: es geht um die Bestimmung des aktuellen Entwicklungsstandes im Verhältnis zu relevanten Vergleichsgruppen, um die Prognose der zukünftigen Entwicklung und – falls indiziert – um die Suche nach Möglichkeiten zur gezielten Beeinflussung des Entwicklungsverlaufs (vgl. Lohaus & Vierhaus, 2015).

2.1.2 Versuch eines systematischen Überblicks über relevante entwicklungspsychologische Themen

In der mittlerweile gut 100-jährigen Geschichte der Entwicklungspsychologie haben sich das Verständnis von Entwicklung sowie die zentralen Fragestellungen deutlich verändert, abhängig von historischen und (forschungs-)kulturellen Faktoren. DIE Entwicklungspsychologie gibt es also nicht – unabhängig vom jeweiligen Betrachtungsge-

Prof. Dr. Regine Mößle

ist Psychologin und Professorin für Psychologie an der IB Hochschule für Gesundheit und Soziales.

Prof. Dr. Thomas Mößle

ist Psychologe und Professor im Fachbereich Kriminologie/Soziologie an der Hochschule für Polizei Baden-Württemberg

genstand stehen immer unterschiedliche Traditionen teils gegenüber, teils nebeneinander, bauen aufeinander auf oder regen im wechselseitigen Austausch neue Ideen an. In jüngster Zeit hat sich eine lebensspannenübergreifende Sichtweise etabliert, welche Entwicklung als multidimensionalen und multidirektionalen Prozess ansieht, und welche neben der Erklärung von Veränderung auch die Erklärung von Stabilität anstrebt. Zur Erklärung von Entwicklungsphänomenen wird heute in der Regel Wissen aus unterschiedlichen Perspektiven integriert, um zu einem möglichst umfassenden Bild über einen Forschungsgegenstand zu gelangen. Diese Komplexität beinhaltet, dass ein knapper Überblick über die Entwicklungspsychologie immer verkürzen muss; dennoch ist er hilfreich für einen grundlegenden Einblick in die Disziplin. Aufgrund der Ausrichtung dieses Textes soll der Fokus auf der Entwicklung im Kindesalter liegen. Auf eine explizite Behandlung der körperlichen Entwicklung – wenngleich natürlich untrennbar mit den psychischen Prozessen verbunden – wird verzichtet; gute Übersichtsarbeiten hierzu finden sich z. B. bei Berk (2020).

Für die systematische Darstellung zentraler Inhalte der Entwicklungspsychologie bieten sich mehrere Möglichkeiten der „Sortierung" an: a) nach den Theorien, die zur Erklärung von Entwicklung herangezogen werden, b) nach den Ideen, wie Entwicklung funktioniert, also verschiedenen Erklärungskonzepten für Entwicklung, c) nach verschiedenen Funktionsbereichen, in denen Entwicklung stattfindet oder schließlich d) nach Altersabschnitten, indem man betrachtet, welche Entwicklungen in den jeweiligen Lebensphasen besonders bedeutsam sind. Alle diese Wege werden in gängigen Lehrbüchern zur Entwicklungspsychologie realisiert, teilweise auch in Kombination. Im vorliegenden Kapitel sollen die drei erstgenannten Möglichkeiten skizziert werden. Bei der Darstellung wird dabei vor allem zurückgegriffen auf: Berk (2020), Lohaus und Vierhaus (2015), Schneider & Lindenberger (2018) sowie Siegler et al. (2021).

a) Systematisierung nach Entwicklungstheorien

Normativer Ansatz. Die frühesten breit angelegten empirischen Datenerhebungen erfolgten bereits zu Beginn des vergangenen Jahrhunderts, jedoch auf eher schmalem theoretischem Fundament. Angeregt durch Darwins Evolutionstheorie gingen Stanley Hall und namhafte Schüler, insb. Arnold Gesell, davon aus, Entwicklung erfolge hauptsächlich durch Reifung genetisch vorbestimmter Anlagen. Eindrucksvoller als das theoretische Erbe sind die Datenmengen, die von den Autoren produziert wurden, teilweise mit sehr innovativen und bis heute genutzten Methoden der Datenerhebung (z. B. entwickelte und nutzte Gesell den Einwegspiegel für die Verhaltensbeobachtung von Kindern). Diese Daten ermöglichten eine sehr genaue Beschreibung einer Vielzahl von Entwicklungsphänomenen und präzise Vorstellungen eines normativen Entwicklungsverlaufes. Gesell war es auch, der dieses Wissen Eltern und Erziehenden zugänglich machte (und damit den wohl ersten empirisch fundierten Elternratgeber verfasste) und dadurch großen Einfluss darauf nahm, wie über die Entwicklung von Kindern nachgedacht wurde.

Psychoanalytische Entwicklungstheorien. Eine Intensivierung theoretischer Bemühungen erfolgte mit der Entstehung des psychoanalytischen Ansatzes. Sigmund Freud formulierte im Rahmen seiner umfassenden psychoanalytischen Persönlichkeitstheorie explizite

Gelingende Entwicklung

Annahmen über psychosexuelle Entwicklungsstufen, die gerne auch als eigenständige psychosexuelle Entwicklungstheorie bezeichnet werden. Die psychosexuelle Entwicklung erfolgt demnach über fünf Phasen, die er nach den jeweils vorherrschenden erogenen Zonen als orale, anale, phallische und, nach einer Latenzzeit, genitale Phase konzipierte. Freuds Gedanken wurden von vielen Theoretikern aufgegriffen und weiterentwickelt. Die größte Bedeutung für die Entwicklungspsychologie hat dabei sicherlich der Ansatz von Erik H. Erikson. Zum einen machte er aus der Entwicklungstheorie der Kindheit einen echten Lebensspannen-Ansatz, indem er Freuds Entwicklungsphasen aufgriff, aber um drei zusätzliche erweiterte: das frühe und mittlere Erwachsenenalter sowie das Alter. Zum anderen stärkte er die Rolle des „Ich" in der Entwicklung zu einem aktiven, der Gesellschaft nützlichen Individuum. Er formulierte für jede Phase zentrale Themen bzw. „psychische Konflikte", mit denen das Individuum sich auseinandersetzt und schließlich zu einer Lösung gelangt, die zu unterschiedlich guter Anpassung führt. Für die fünf Entwicklungsstufen der Kindheit und Jugend postuliert er als Konflikte Urvertrauen vs. Urmisstrauen (bis 1 Jahr), Autonomie vs. Scham und Zweifel (1-3 Jahre), Initiative vs. Schuldbewusstsein (3-6 Jahre), Fleiß vs. Minderwertigkeit (6-11 Jahre), Identität vs. Rollendiffusion (Adoleszenz).

Lerntheorien. Quasi einen inhaltlichen Gegenentwurf zu den psychoanalytisch fundierten Ansätzen stellt der Behaviorismus dar, der die Beschäftigung mit nicht beobachtbaren intrapsychischen Vorgängen ablehnt. Ziel war es, durch eine Beschränkung auf beobachtbare Vorgänge eine objektive Wissenschaft des Verhaltens zu etablieren. Entwicklung wurde als exogen verstanden, also durch die Umwelt bzw. durch die Auseinandersetzung mit der Umwelt gesteuert. Sie vollzieht sich aus dieser Perspektive in erster Linie über Lernen, wobei das Hauptinteresse auf dem Verständnis zugrundeliegender Lernmechanismen lag. Die Anfänge der Lerntheorien bildeten Arbeiten zum klassischen (z. B. Watson, Pawlow) und operanten (z. B. Skinner, Thorndike) Konditionieren, durch die viele Lernphänomene erklärt werden können und die zentrale Bedeutung für eine Vielzahl gängiger Interventionen haben. Auf diesen Lernprinzipien bauen eine Reihe weiterer Ansätze mit unterschiedlichen Schwerpunkten auf (z. B. Rotter, Bandura). Die als „soziale Lerntheorien" bekannt gewordenen Ansätze entwickelten eine breitere Perspektive auf menschliches Lernen, auch unter Einbeziehung kognitiver Prozesse. Als besonders einflussreich erwies sich Albert Banduras Konzept des Modell- bzw. Beobachtungslernens; die von Bandura formulierte und vielfach weiter ausdifferenzierte Theorie wurde als „sozial-kognitive Lerntheorie" bekannt.

Anforderungs-Bewältigungs-Theorien. Die Idee klang bei Erikson schon an: Entwicklung vollzieht sich über das erfolgreiche Meistern einer Reihe psychosozialer Krisen, mit denen die Person im Verlauf des Lebens konfrontiert ist. Robert Havighurst hat diesen Gedanken aufgegriffen und für den breiten Bereich der Erziehung anwendbar gemacht. Daraus entstand sein Konzept der Entwicklungsaufgaben, das sich als extrem nützlich für die praktische Arbeit mit Kindern und Jugendlichen erwiesen hat. Der Gedanke dahinter ist einfach: Havighurst geht davon aus, dass es in jedem Lebensalter bestimmte Anforderungen oder Aufgaben gibt, die es zu bewältigen gilt. Als Quellen dieser Entwicklungsaufgaben sieht er hauptsächlich biologische Veränderungen, gesellschaftliche Anforderungen, und allgemeine Werte des Individuums. Eine erfolgreiche Bewältigung dieser Aufgaben führt zu positiver Entwicklung; eine weniger erfolgreiche zu unterschiedlichen Anpassungsproblemen. Für die mittlere Kindheit (ca. 6-12 Jahre) sieht Havighurst etwa drei große „Schubkräfte": die verstärkte Integration in die soziale Welt der Gleichaltrigen, neue physische Anforderungen und mentale Anforderungen durch Schule und veränderte Erwartungen der (erwachsenen) Umwelt. Im Einzelnen formuliert er als Entwicklungsaufgaben für diesen Lebensabschnitt: Erlernen körperlicher Geschicklichkeit, die für gewöhnliche Spiele notwendig ist; Aufbau einer positiven Einstellung zu sich als einem wachsenden Organismus; Lernen, mit Altersgenossen zurechtzukommen; Erlernen eines angemessenen männlichen oder weiblichen Rollenverhaltens; Entwicklung grundlegender Fertigkeiten im Lesen, Schreiben und Rechnen; Entwicklung von Konzepten und Denkschemata, die für das Alltagsleben notwendig sind; Entwicklung von Gewissen, Moral und einer Werteskala; Erreichen persönlicher Unabhängigkeit; Entwicklung von Einstellungen gegenüber sozialen Gruppen und Institutionen.

Kritikpunkte am Konzept der Entwicklungsaufgaben liegen auf der Hand: es bleibt auf einer beschreibenden Ebene, zudem sind die formulierten Entwicklungsaufgaben in hohem Maße kultur- und kontextabhängig (was bei genannten Beispielen u. a. dadurch offensichtlich wird, dass die meisten Kinder in unserem gesellschaftlichen Kontext bereits lange vor der Einschulung in Gleichaltrigengruppen integriert sind). Trotzdem eignen sie sich sehr gut, die Funktion spezifischer Verhaltensweisen zu verstehen: der Erfüllung welcher Entwicklungsaufgabe dient ein spezifisches, möglicherweise auch normabweichendes, Verhalten? Dieses Wissen kann auch genutzt werden, um im Rahmen geleiteter Interventionen alternative Handlungsoptionen zu entwickeln, welche in Bezug auf die Erfüllung der spezifischen Entwicklungsaufgabe funktionale Äquivalente darstellen.

Mindestens genauso relevant für die Präventionsarbeit ist ein weiterer Gedanke, der in den Anforderungs-Bewältigungs-Konzeptionen enthalten ist: die Anforderung an sich stellt keine Belastung für das Individuum dar. Belastung kann aber entstehen, wenn die Anforderung nicht adäquat gelöst werden kann. In expliziter Form wird dieser Gedanke später u. a. im Transaktionalen Stressmodell (Lazarus & Folkman, 1984) formuliert. Dadurch gerät die Bedeutung der Ressourcen stärker in den Fokus, auf die das Kind bei der Bewältigung der Entwicklungsaufgaben zurückgreifen kann – ein zentraler Ansatzpunkt der Präventionsarbeit.

Kognitive Entwicklungstheorien. Eine der meistrezipierten und heuristisch wertvollsten Theorien innerhalb der Entwicklungspsychologie stellt die kognitive Entwicklungstheorie von Jean Piaget dar. Piaget vertritt dabei eine konstruktivistische Sichtweise: das Kind konstruiert in Auseinandersetzung mit seiner Umwelt sein Wissen selbst, durch einen ständigen Anpassungsprozess zwischen bereits bestehenden kognitiven Konzepten (Schemata) und den Erfahrungen, die es in und mit seiner Umwelt macht. Anpassung ist immer erforderlich, wenn es zu einer Diskrepanz zwischen bestehenden Schemata und neuer Information kommt. Diese kann dadurch aufgelöst werden, dass entweder die Information in das Schema integriert wird (Assimilation), oder – falls das misslingt – das Schema an die inkongruente Information angepasst wird (Akkommodation). Durch beide Prozesse wird das vorher bestehende Gleichgewicht (Äquilibrium) wiederhergestellt, ggf. auf höherem Niveau. Trotz dieser kontinuierlich ablaufenden Entwicklungsprozesse betrachtet Piaget

Entwicklung insgesamt als diskontinuierlich. Er unterscheidet vier Stufen kindlichen Denkens, die durch die Veränderung zentraler Denkstrukturen und den jeweils möglichen mentalen Operationen voneinander abgegrenzt sind (die sensomotorische, präoperationale, konkret-operationale und formal-operationale Phase).

Aus einer anderen Perspektive betrachten Informationsverarbeitungstheorien das kindliche Denken. Das kognitive System wird – in Analogie zur elektronischen Datenverarbeitung – als ein System zur Verarbeitung einkommender Information betrachtet, das spezifische Komponenten und Prozesse beinhaltet. Entwicklung wird dabei als kontinuierlicher Prozess aufgefasst; die relevanten Komponenten des Informationsverarbeitungssystems sind bei Kindern bereits vorhanden, nur aus verschiedenen Gründen in ihrer Kapazität begrenzt. Entwicklung erfolgt dementsprechend in erster Linie im Überkommen dieser Kapazitätsgrenzen.

Systemorientierte Theorien. Bei den vorangegangenen theoretischen Konzeptionen stand die Entwicklung des einzelnen Individuums im Vordergrund. Auch wenn – wie etwa bei Piaget – Entwicklung in Auseinandersetzung mit der Umwelt erfolgt, wird dieser doch nur die Funktion eines Antreibers individueller Entwicklung zugeschrieben. Dies kritisieren Vertreter systemorientierter Theorien und richteten den Blick verstärkt auf die Kontexte, in denen Entwicklung stattfindet. Urie Bronfenbrenner argumentiert in seiner Ökologischen Systemtheorie etwa eindrücklich, dass man Entwicklung nur dann wirklich verstehen kann, wenn man sie im Kontext ihrer Umwelt betrachtet. In Anlehnung an Lewin sieht er dabei die subjektive, vom Individuum wahrgenommene Umwelt als maßgeblich an. Er visualisiert diesen Gedanken in Form seines ökosystemischen Modells, das aus vier konzentrischen Kreisen besteht, welche die Einbindung des Individuums in größer werdende, wechselseitig in Beziehung stehende soziale Kontexte symbolisieren (für eine ausführlichere Darstellung siehe unten). Dazu kommt das „Chronosystem", also eine Zeitachse, die symbolisiert, dass es sich um ein dynamisches, sich kontinuierlich entwickelndes System handelt. Bronfenbrenner bezeichnet die vier Ebenen als Mikrosystem, Mesosystem, Exosystem und Makrosystem. Das Mikrosystem stellt die innerste Schicht dar und beinhaltet ein Muster aus Aktivitäten, Beziehungen und sozialer Rollen, welche das Kind in seiner je unmittelbaren Umgebung (z. B. mit den primären Bezugspersonen, in der Kindertagesstätte) erlebt. Das Mesosystem besteht aus den wechselseitigen Beziehungen der individuellen Mikrosysteme, also beispielsweise der Interaktion oder Zusammenarbeit von Elternhaus und Erzieher:innen. Das Exosystem bezieht sich auf das soziale Beziehungsgeflecht, dem das Kind nicht unmittelbar angehört, das aber bedeutenden Einfluss auf dessen Erfahrungen haben kann. Beispiele hierfür sind etwa Arbeitsstellen und -bedingungen der Eltern. Das Makrosystem repräsentiert alle gesellschaftlichen Faktoren – Wertvorstellungen, Gesetze, Konventionen, Traditionen, Ideologien u.v.m. –, welche gleichsam den übergeordneten Rahmen für alle Entwicklungsprozesse vorgeben.

Evolutionspsychologische Ansätze. In jüngster Zeit etablierten sich innerhalb der Entwicklungspsychologie zunehmend Ansätze, die auf evolutionspsychologischen Gedanken beruhen (siehe Greve & Bjorklund, 2018). Diese Ansätze erfordern einiges an Vorwissen (nicht zuletzt über evolutionstheoretische Grundprinzipien wie z. B. die Adaptation durch selektive Erhaltung solcher Variationen, welche die Fitness erhöhen), weshalb an dieser

Stelle nicht im Detail darauf eingegangen werden soll. Es soll jedoch auf ein grundlegendes Missverständnis hingewiesen werden: eine evolutionäre Perspektive bedeutet anders als zu Stanley Halls Zeiten noch angenommen keineswegs einen genetischen Determinismus. Gene legen nicht den Phänotyp, also die Summe der tatsächlich ausgeprägten Merkmale eines Individuums, fest, sondern sie interagieren in komplexer Weise mit Umweltbedingungen. Zudem ist genetische Vererbung nicht der einzige Weg der Vererbung, diese erfolgt auch über die Weitergabe materieller Güter, von Kommunikationsformen, Regeln und Normen (also auch über Lernprozesse), vgl. beispielsweise die großen Forschungsgebiete der Epigenetik oder der evolutionären Entwicklungsbiologie. Von besonderer Bedeutung für das vorliegende Kapitel ist auch, dass als Einheit der Selektion nicht allein die individuelle genetische Ausstattung betrachtet wird, sondern komplexe Entwicklungssysteme, welche der Vernetzung und Umweltabhängigkeit auf allen Ebenen – von der einzelnen Zelle bis zur kulturellen Lebens- und Lernumwelt von Gruppen – Rechnung tragen.

b) Systematisierung nach Erklärungskonzepten für Entwicklung

Wie im vorigen Abschnitt angeklungen, fokussieren die Theorien je unterschiedliche Erklärungskonzepte für Entwicklung. Für den besseren Überblick werden diese noch einmal systematisch nebeneinandergestellt.

Reifung bezeichnet die genetisch bzw. biologisch gesteuerte Ausbildung von Strukturen (psychisch, motorisch oder physiologisch), die – gleichsam der Realisierung eines Bauplanes – unabhängig von Erfahrungen und Lernprozessen stattfindet. Die Entwicklung erfolgt hier i.d.R. unidirektional in Richtung eines „höheren" Zustandes.

Sensible Perioden (vgl. auch das Konzept des Reifestands, engl. „readiness for learning") sind Phasen erhöhter Plastizität, in denen Erfahrungen zu maximaler Wirkung führen. Ein intuitives und häufig herangezogenes Beispiel ist das Weglassen der Windel bei Kleinkindern (ein zu früher Beginn führt gerne zu langwierigen und nervenaufreibenden Bemühungen, viele Eltern wissen das). Die Erklärung des Reifestands sowie des Beginns sensibler Perioden erfolgt über den Erwerb notwendiger Erfahrungs- und Lernvoraussetzungen. Die Erklärung des Endes sensibler Perioden ist weitaus komplexer und abhängig von jeweiligem Entwicklungsinhalt; für eine Übersicht möglicher Erklärungsansätze vgl. Montada et al. (2018). Obwohl sich dieses Konzept auf Lernen und positive Entwicklung bezieht, soll auch darauf hingewiesen werden, dass Perioden erhöhter Plastizität ebenso für negative Entwicklungen bestehen; dies soll unter dem Stichwort „Phasen erhöhter Vulnerabilität" später aufgegriffen werden.

Entwicklung als Konstruktion besagt, dass Entwicklung durch den Aufbau neuer Strukturen erfolgt, die aus der aktiven Auseinandersetzung des Individuums mit seiner Umwelt entstehen. Jede neue Entwicklung baut dabei auf vorangegangene Entwicklungen auf, höhere „Konstruktionsstufen" sind entsprechend komplexer und beinhalten mehr Elemente und Relationen. Diese können durch sog. Strukturanalysen nachvollziehbar gemacht werden.

Gelingende Entwicklung

Entwicklung als Sozialisation betont die zentrale Rolle der sozialen Umwelt, in der sich das Individuum entwickelt. Sie erfolgt durch Beobachtung, Anleitung, dem Erlernen von Regeln, geschriebener und ungeschriebener Gesetze seiner sozialen Umgebung (von den engsten Bezugspersonen über Kindergarten/Schule bis zum weiteren kulturellen und gesellschaftlichen Umfeld).

Entwicklungsaufgaben und kritische Lebensereignisse führen zur Auseinandersetzung der sich entwickelnden Person mit altersnormierten Anforderungen (Entwicklungsaufgaben) oder unvorhergesehenen Ereignissen (kritische Lebensereignisse). Entwicklung erfolgt über den Prozess der Auseinandersetzung, der im Idealfall zu einer erfolgreichen Bewältigung führt.

c) Systematisierung nach Funktionsbereichen, in denen Entwicklung stattfindet

Die Differenzierung relevanter Funktionsbereiche kann auf sehr unterschiedlichen Auflösungsgraden erfolgen. Berk (2020) gliedert in ihrem Lehrbuch beispielsweise in die drei Bereiche körperliche, kognitive, und emotional/soziale Entwicklung, andere Autor:innen differenzieren stärker aus. Unabhängig vom Grad der Differenzierung gilt, dass die Entwicklung in den einzelnen Funktionsbereichen nie als unabhängig von den anderen Bereichen betrachtet werden kann. Es bestehen auf unzähligen Ebenen wechselseitige Abhängigkeiten und Interaktionen. Berk (2020) verwendet zur Veranschaulichung des komplexen Zusammenspiels das Bild dreier Bäume, deren Zweige eng miteinander verwachsen sind, und deren individuelle Ausgestaltung jeweils die Entwicklungsmöglichkeiten und Wuchsrichtungen der anderen beeinflussen.

In den folgenden Abschnitten soll die kindliche Entwicklung in den Bereichen Kognition, Emotion, Sprache, Selbst, Moral/prosoziales Verhalten und soziale Beziehungen kurz skizziert werden. Dabei wird deutlich werden, dass sich zunehmend mehr Rückverweise auf die jeweils vorangegangenen Themen finden werden, die Bereiche also im Grad ihrer Reflexivität ansteigen.

Kognition. Unter Kognition werden alle mentalen Prozesse verstanden, die mit dem „Denken" zu tun haben, also z. B. Lernen, Gedächtnis, Problemlösen, schlussfolgerndes und komplexes Denken u.v.m. Zentralen Raum nimmt hier die Theorie der kognitiven Entwicklung nach Piaget (siehe oben) ein, nicht zuletzt aufgrund ihres unschätzbaren heuristischen Wertes für die Beschäftigung mit dem kindlichen Denken. Sehr viele Forschungsbemühungen, die durch Piagets Arbeit angeregt wurden, zeichnen mittlerweile ein differenziertes Bild kindlichen Denkens und dessen Entwicklung. Die Informationsverarbeitungstheorien bereichern das Wissen über kindliches Denken durch ihre Perspektive auf das Kind als aktiver Problemlöser mit begrenzter Verarbeitungskapazität. Diese erweitert sich im Verlauf der Entwicklung kontinuierlich durch die Vergrößerung der Informationsmenge, die das Kind verarbeiten kann, durch die wachsende Wissensgrundlage, auf die das Kind zurückgreifen kann, durch die Erhöhung der Verarbeitungsgeschwindigkeit sowie die Verbesserung bzw. Erweiterung der angewendeten Verarbeitungsstrategien (siehe z. B. Siegler et al., 2021). Aufgrund der entscheidenden Bedeutung von Gedächtnisprozessen an der Informationsverarbeitung nimmt der Forschungsbereich zur kindlichen Ge-dächtnisentwicklung eine zentrale Stellung ein. Forschungsfragen beziehen sich hier auf die Entwicklung der Gedächtnissysteme (insb. Arbeitsgedächtnis, Langzeitgedächtnis), der zentralen Funktionen (u. a. exekutive Funktionen zur Verhaltenssteuerung), sowie der beteiligten Gedächtnisprozesse. Die immense praktische Bedeutung für die Präventions-arbeit ergibt sich aus zwei Perspektiven: zum einen der grundlegenden Bedeutung, wel-che der kognitiven Entwicklung für viele andere (Lebens-)bereiche zukommt: Sprachent-wicklung, kommunikative Fähigkeiten, Lernfähigkeit, schulisches Verhalten u.v.m. hängen grundlegend von den kognitiven Voraussetzungen ab. Frühe Förderung bzw. das frühzei-tige Erkennen etwaiger Entwicklungsverzögerungen kann entsprechend positive Wirkung auf viele Entwicklungsbereiche nehmen. Die zweite Perspektive ist die der Angemessen-heit geplanter Interventionen. Inwieweit erfüllen Kinder kognitive Voraussetzungen, um in optimaler Weise von Maßnahmen profitieren zu können? Dies schließt an den o.g. Ge-danken der sensiblen Perioden bzw. „readiness für learning" an.

Emotion. Emotionales Erleben gehört zu den grundlegendsten Bausteinen menschlichen Erlebens und beeinflusst ebenfalls quasi alle anderen Funktionsbereiche. Emotionales Er-leben beginnt mit dem Beginn des Lebens, wenngleich keine Einigkeit darüber besteht, ob dem Säugling von Beginn an alle „Basisemotionen" mit den zugehörigen körperlichen und mimischen Reaktionen zur Verfügung stehen oder ob diese sich erst im Verlauf der Entwicklung ausdifferenzieren. Zentrale entwicklungspsychologische Fragestellungen lau-ten etwa: Wann entwickeln bzw. zeigen Kinder Emotionen? Was für Unterschiede gibt es bezüglich positiver, negativer, selbstbewusster Emotionen? Wie kommunizieren Kinder ihre Emotionen? Wann und wie lernen Kinder, ihre Emotionen zu regulieren? Welche Strategien stehen ihnen dazu zur Verfügung? Welche besondere Rolle spielt dabei die so-ziale Umwelt? Welche Bedeutung hat das Temperament auf die emotionale Entwicklung? Wann und wie lernen sie, Emotionen anderer Menschen wahrzunehmen und ggf. ihr Han-deln darauf abzustimmen? Welchen Einfluss hat das emotionale Erleben der Bezugsper-sonen (und dessen Störungen, z. B. Depression) auf die kindliche (Emotions-)entwicklung? Der praktische Nutzen für die Prävention ergibt sich aus der handlungsleitenden Funktion emotionalen Erlebens sowie des großen Einflusses emotionsregulativer Fähigkeiten auf alle Bereiche sozialen Miteinanders.

Sprache. Neben der körperlichen und motorischen Entwicklung ist die Sprachentwicklung wohl einer der eindrücklichsten Demonstrationen kindlichen Entwicklungspotenzials. In-nerhalb weniger Jahre erlernen Kinder einen mühelosen und korrekten Umgang mit ihrer Muttersprache, bei Zwei- oder Mehrsprachigkeit ggf. mit mehreren, was im Erwachsenen-alter – falls überhaupt erreichbar – mit erheblichen Anstrengungen verbunden ist. Die Existenz sensibler Perioden für den Spracherwerb sowie die Universalität vieler früher Entwicklungsschritte (prominent z. B. das Gurren und Brabbeln, das unabhängig von der Muttersprache oder der Hörfähigkeit der Kinder ist) leisteten zunächst der Formulierung nativistischer Theorien zum Spracherwerb Vorschub, prominent z. B. die Idee des Sprach-erwerbsmechanismus von Noam Chomsky. Die eingeschränkte Erklärungskraft des aus-

Gelingende Entwicklung

schließlich nativistischen Ansatzes für differenzierte Phänomene führte aber bald zu interaktionistischen Sichtweisen, welche um die Bedeutung der (sprachlichen) Umwelt z. B. in Form der kommunikativen Interaktion mit den Bezugspersonen erweitern.

Steigt man inhaltlich ein wird deutlich, wie viele Fähigkeiten Voraussetzung für den Spracherwerb sind: Wahrnehmung (Sprachwahrnehmung, Sequenzierung der von den Eltern gesprochenen Sprache in Laute und Einheiten), Motorik (Produktion und Ausdifferenzierung von Lauten), nichtsprachliche kommunikative Fähigkeiten, das Verständnis von Begriffskategorien (für was stehen die Wörter, die ich benutze?), das Verständnis für die grammatikalische Struktur von Sprache, u.v.m. Dies zeigt die enge Verknüpfung dieses Entwicklungsbereiches mit einer Vielzahl anderer Bereiche kindlicher Entwicklung. Was den normativen, also den „typischen" Entwicklungsverlauf angeht, scheint sich dieser bei der Sprachentwicklung in einem verhältnismäßig engen und somit gut vorhersagbaren Rahmen zu bewegen.

Selbst. Das Selbst besteht aus einem semantischen System, das alle selbstbezogenen Wissens- und Gedächtnisinhalte (Selbstkonzept) sowie deren Bewertungen durch die Person (Selbstwert) beinhaltet. Mit diesen selbstbezogenen Inhalten operieren alle grundlegenden psychischen Prozesse. Zudem gibt es sog. „selbstregulative Prozesse", die explizit auf eine Veränderung des Selbst abzielen. Das Selbst ist ein flexibles, dynamisches System, das sich sowohl in Abhängigkeit der jeweiligen Situation als auch über die Lebensspanne entwickelt.

Einen bedeutenden Punkt in der Entwicklung des Selbst stellt der Nachweis eines physischen Selbstkonzepts dar, häufig operationalisiert über das Erkennen der eigenen Person im Spiegel (Rouge-Test). Mit der voranschreitenden sprachlichen Entwicklung des Kindes kommt es auch vermehrt zu sprachlichen Selbstbeschreibungen. Diese sind zunächst bezogen auf beobachtbare Merkmale wie Aussehen, Fähigkeiten oder Besitztümer, erst in der späten Kindheit nehmen Selbstbeschreibungen anhand psychologischer Merkmale zu. Etwa ab dem Vorschulalter ist die Wahrnehmung von sich selbst auch aus fremder Perspektive möglich. Diese Selbstwahrnehmung kann mit Erwartungen anderer abgeglichen werden, woraus die Entstehung selbstbewusster Emotionen wie z. B. Schuld, Scham oder Stolz resultieren kann. Der Übergang zur Adoleszenz ist gekennzeichnet durch die Fähigkeit zur Bildung abstrakter selbstbezogener Konzepte, die sich in den folgenden Jahren kontext- und rollenspezifisch ausdifferenzieren. Die einzelnen Aspekte des Selbstkonzeptes stehen zunächst relativ unverbunden nebeneinander, erst die kognitive Fähigkeit zur Integration einzelner Abstraktionen ermöglicht die Integration zu einem kontextübergreifenden, kohärenten Selbstkonzept.

Vielen selbstbezogenen Konzepten kommt herausragende Bedeutung für praktische präventive und therapeutische Arbeit zu, etwa dem Selbstkonzept eigener Fähigkeiten oder Selbstwirksamkeitserwartungen.

Moral und prosoziales Verhalten. Prosoziales Verhalten umfasst Verhaltensweisen, die anderen Personen nützen, ohne dem Handelnden einen ersichtlichen Vorteil zu bringen. Bereits sehr kleine Kinder zeigen Formen prosozialen Verhaltens. Gut untersucht sind (in-

strumentelles) Helfen, Teilen und Trösten. Diese Verhaltensweisen treten – in dieser Rei-
henfolge – im Verlauf des zweiten Lebensjahres auf. Erklärungsansätze für frühes prosoziales Verhalten kommen aus verschiedenen theoretischen Perspektiven, insb. evoluti-
onstheoretischen, konstruktivistischen und sozial-interaktionistischen (Nunner-Winkler &
Paulus, 2018). Wichtig ist, dass prosoziales Verhalten nicht mit Moral gleichgesetzt werden kann. Voraussetzung für moralisches Denken und Handeln sind Absichten und Ziele,
die sich an einem Verpflichtungsgefühl orientieren. Die Entwicklung moralischen Denkens
ist eng verknüpft mit der Entwicklung kognitiver Fähigkeiten; wichtige Beiträge lieferte
bereits Piaget. Lawrence Kohlberg erweiterte Piagets Ansatz und formulierte eine eigenständige Theorie der Moralentwicklung. Der zufolge entwickelt sich moralisches Denken
über drei Stufen (präkonventionelles, konventionelles und prinzipientreues Niveau), die
jeweils noch weiter ausdifferenziert werden. Er arbeitete dabei mit moralischen Dilemmata, in denen Kinder ihre Entscheidungen in moralischen Konfliktsituationen begründen
sollen. Mit einer etwas anderen Form (sog. prosozialer) moralischer Dilemmata arbeitet
Nancy Eisenberg: die Kinder werden hier z. B. vor die Wahl gestellt, zu helfen oder eigenen
Interessen zu folgen. Es zeigt sich, dass Kindergartenkinder meist hedonistisch und selbst-
bezogen entscheiden, dies im Verlauf der Grundschulzeit dann zunehmend durch eine
Orientierung an Bedürfnissen anderer sowie dem Wunsch nach sozialer Anerkennung abgelöst wird. Erst ab der späten Kindheit und im Jugendalter kommt es zu Perspektivüber-
nahmen oder den Bezug zu internalisierten Werten und Normen als Grundlagen für die
Entscheidung. Daten zeigen, dass das Niveau moralischen Denkens mit moralischem Handeln zwar korreliert, aber keinesfalls gleichzusetzen ist. Eine wichtige Rolle in Bezug auf
„echtes", also altruistisch motiviertes moralisches Handeln nehmen die Fähigkeit zu Empathie und Mitleid ein. Empathie bezeichnet dabei die Fähigkeit, sich in den (emotionalen)
Zustand einer anderen Person hineinzuversetzen und mit der Person mitzufühlen. Bei der
Erklärung prosozialen Verhaltens spielen neben vielen anderen Faktoren das (elterliche)
Erziehungsverhalten eine wichtige Rolle, was die Bedeutung dieses Entwicklungsbereiches für Präventionsarbeit noch unterstreicht.

Soziale Beziehungen. Wir gehen heute davon aus, dass der Mensch (spätestens) ab der
Geburt in sozialem Austausch steht. Der Säugling ist gleichzeitig Gegenstand und trei-
bende Kraft seiner sozialen Entwicklung, die über die Aufnahme, Aufrechterhaltung und
Veränderung sozialer Beziehungen erfolgt. Je jünger das Kind, desto entscheidender der
Einfluss der primären Bezugspersonen. Einen sehr großen Forschungsbereich mit langer
Tradition stellt dabei die Bindungsforschung dar, zurückgehend auf die Arbeiten von John
Bowlby und Mary Ainsworth. Sie fokussieren dabei die Qualität der Eltern-Kind-Bindung,
die aus der Interaktion kindlicher Bedürfnisse und elterlichen Fürsorgeverhaltens entsteht. Besonderer Einfluss kommt dabei der elterlichen Feinfühligkeit in der Reaktion auf
den Säugling zu. Etwa zwei Drittel der Kinder sind „sicher" gebunden, unsichere Bindung
wird weiter differenziert in einen unsicher-vermeidenden, unsicher-ambivalenten und
desorganisierten Bindungsstil. Der Bindungsstil korreliert mit einer Vielzahl von Outcomevariablen vom Kindes- bis ins Erwachsenenalter, z. B. prosozialem und sozial kompeten-
tem Verhalten (mehr bei sicherer Bindung) oder delinquentem Verhalten oder psychischer Belastung (mehr bei unsicherer Bindung; vgl. Lohaus & Vierhaus, 2015, S. 215). Über

Gelingende Entwicklung

die frühkindliche Bindung hinaus hat aber die Eltern-Kind-Beziehung auch im späteren Alter bedeutenden Einfluss auf die Entwicklung der Kinder. Elterlichem Erziehungsverhalten kommt dabei besondere Bedeutung zu. Viel Aufmerksamkeit erfahren hat dabei das Modell Diana Baumrinds, die in einem Vierfelderschema die Dimensionen Lenkung (eine Kombination aus elterlichen Anforderungen und Kontrolle) und Responsivität (elterliche Wärme, Unterstützung und Akzeptanz) kombiniert und so vier Erziehungsstile unterscheidet: vernachlässigend (niedrig/niedrig), permissiv (niedrig/hoch), autoritär (hoch/niedrig) und autoritativ (hoch/hoch). Auch hier zeigen sich Korrelationen mit einer Vielzahl verschiedener Outcomevariablen dahingehend, dass ein autoritativer Erziehungsstil förderlich in Bezug auf soziale Kompetenz, Selbstkontrolle u.v.m. ist.

Je älter das Kind, desto mehr Raum nehmen Beziehungen zu Gleichaltrigen ein. Im Gegensatz zu den Beziehungen zu erwachsenen Bezugspersonen sind diese gekennzeichnet durch Gleichberechtigung und Symmetrie; zudem müssen sie hergestellt und aktiv aufrechterhalten werden. Das, was Beziehungen zu Gleichaltrigen und später Freundschaften ausmacht, ist unmittelbar abhängig von den kognitiven und emotionalen Voraussetzungen, die das Kind mit sich bringt – Fähigkeit zur Perspektivübernahme, Empathiefähigkeit u.v.m. Gleichzeitig stellen Peerbeziehungen ihrerseits eine wichtige Grundlage für weitere Entwicklung dar, in dem sie etwa den Raum für soziale Aushandlungsprozesse, soziale Vergleiche etc. stellen. Zudem ist die soziale Eingebundenheit („Beliebtheit") von Kindern selbst wichtiger Indikator für eine Reihe relevanter Outcomevariablen wie Selbstwert oder psychischem Wohlbefinden.

2.2 Die vielen Gesichter nicht gelingender Entwicklung am Beispiel der Corona-Pandemie

Eines sollte das vorangegangene Kapitel mindestens gezeigt haben: Entwicklung ist ein komplexes System, in dem alles mehr oder weniger mit allem zusammenhängt. Eingriffe oder Veränderungen bezüglich einzelner Komponenten zeigen unweigerlich Konsequenzen in vielen anderen Funktionsbereichen. Je grundlegender die betroffenen Funktionen, desto breiter die Wirkung – dieser Gedanke soll später erneut aufgegriffen werden.

Eindrucksvoll demonstriert wird dieses Problem leider aktuell während der Corona-Pandemie (siehe hierzu auch den Beitrag von Klaus Zierer im vorliegenden Band). Die Maßnahmen zur Eindämmung von Sars-Cov-2 und der dadurch verursachten COVID-19 Infektion sind notwendig um Leben zu schützen. Wir sehen aber zunehmend den hohen Preis, den insbesondere Kinder und Jugendliche dafür zahlen. Und das Prinzip, das gerade beschrieben wurde, wird hier besonders deutlich: Kontakteinschränkungen und die vorübergehende Schließung der Kindertagesstätten und Schulen, gefolgt von Distanz- und Wechselunterricht als sehr unspezifische Interventionen, haben Auswirkungen auf eine Vielzahl von Erlebens- und Verhaltensaspekten der Kinder und Jugendlichen. Angefangen bei relativ unspezifischen Outcomevariablen wie dem allgemeinen Belastungsempfinden bis hin zu sehr konkreten wie beispielsweise der erhöhten Prävalenz von Mediensüchten während der Pandemie (Anstieg des Anteils mit pathologischer Nutzung unter 10- bis 17-Jährigen während der Pandemie; Gaming 2,7 % auf 4,1 %, Social Media: 3,2 % auf 4,6 %;

Gelingende Entwicklung

Thomasisus, 2021). Nach beinahe zwei Jahren Erfahrung mit der Pandemie verfügen wir, dank intensiver Forschungsbemühungen vieler Autor:innen mittlerweile über eine relativ breite Datenbasis zu den Konsequenzen auf das Erleben und Verhalten von Kindern und Jugendlichen. Im folgenden Abschnitt sollen zur Veranschaulichung des obigen Gedankens einige zentrale Forschungsbefunde überblicksartig (selbstverständlich nicht vollständig) dargestellt werden.

Mehrere große, teils längsschnittlich angelegte Studien widmen sich den Auswirkungen des Pandemiegeschehens auf das Wohlbefinden und die psychische und physische Gesundheit der Kinder und Jugendlichen. Besonders aussagekräftige Daten liefert die CO-PSY-Studie, eine prospektive Längsschnittstudie mit 2.097 Kindern und Jugendlichen im Alter von 7 bis 17 Jahren, die auf prä-Pandemie-Daten aus der BELLA-Studie (Modul zur psychischen Gesundheit der Studie zur Gesundheit von Kindern und Jugendlichen in Deutschland (KiGGS)), zurückgreifen kann (Ravens-Sieberer et al., 2020; Ravens-Sieberer et al., 2021; Ravens-Sieberer et al., 2022). Ebenfalls ein längsschnittliches Design, das auf Daten vor Beginn der Pandemie aufbaut und ergänzt wird durch eine Erhebung nach der ersten Corona-Welle, stammt aus Leipzig. Vogel et al. (2021) befragten 391 Kinder und Jugendliche im Alter zwischen 9 und 18 Jahren der LIFE Child-Studie. Neben diesen ausgewählten längsschnittlichen Erhebungen gibt es eine Vielzahl weiterer, meist querschnittlicher Forschungsdesigns, die Antworten auf spezifischere Fragestellungen bringen. In der Studie KiCo – Familien mit Kindern unter 15 Jahre und ihre Erfahrungen in der Corona-Krise (Andresen et al., 2020) gaben 25.007 Personen aus allen 16 Bundesländern Deutschlands in einer Onlinebefragung Auskunft zu Familienalltag, Erziehung und Sorgen während der Corona-Pandemie. Döpfner et al. (2021) untersuchten neben einer (Vor-)Schulstichprobe von 1.958 Kindern und Jugendlichen zwischen 4 und 19 Jahren (B-FAST Schulen und Kitas) auch eine Klinikstichprobe von 280 Patient:innen zwischen 4 und 17 Jahren (TEMPO-Studie). Die DAK-Gesundheit und das Deutsche Zentrum für Suchtfragen des Kindes- und Jugendalters am UKE (DAK-Gesundheit, 2021) befragten Kinder und Jugendliche im Alter zwischen 10 und 17 Jahren sowie deren Eltern aus 1.221 repräsentativ ausgewählten deutschen Haushalten zu vier Messzeitpunkten hinsichtlich ihrem Mediennutzungsverhalten vor und während der Pandemie (September 2019, April 2020, November 2020 und Mai 2021).

Ergebnisse. Zunächst zeigen die Studien übereinstimmend, dass das allgemeine Belastungserleben während der Pandemie deutlich höher ausfällt als vor der Pandemie. Wahrgenommene Belastungsfaktoren liegen insbesondere in den Bereichen Schule und Lernen, Beziehungen zu Freunden und reduzierte Freizeit- und Beschäftigungsmöglichkeiten. Eltern geben an, dass in den Familien häufiger gestritten werde und Streitigkeiten häufiger eskalierten.

Darüber hinaus zeigen sich Verschlechterungen in den Bereichen:

▶ Gesundheitsbezogene Lebensqualität
▶ Psychisches und physisches Wohlbefinden
▶ Emotionale Probleme, u. a. Gereiztheit, Unruhe, Reizbarkeit, Unausgeglichenheit, Unsicherheit, Traurigkeit

Gelingende Entwicklung

- ▶ Ängstlichkeit
- ▶ Hyperaktivität
- ▶ Verhaltensprobleme
- ▶ Probleme mit Gleichaltrigen und Freunden
- ▶ Psychosomatische Beschwerden, v. a. Bauchschmerzen, Kopfschmerzen, Einschlafprobleme, Niedergeschlagenheit
- ▶ Medienkonsum
- ▶ Übergewicht

Bei einer Studie zu Schuleingangsuntersuchungen im Raum Hannover wurde eine deutliche Zunahme an Kindern mit Sprachförderbedarf beobachtet (Bantel et al., 2021). Bezüglich der Feinmotorik zeigten die Kinder häufiger Defizite. In einem gemeinsamen Bericht des BMG und des BMFSFJ wird zudem auf das erhöhte Risiko für Kinder und Jugendliche hingewiesen, häusliche Gewalt zu erleben; dies geht sowohl aus den Hellfelddaten der PKS wie auch aus einer gestiegenen Nachfrage nach entsprechenden Beratungsangeboten hervor (BMG & BMFSFJ, 2021).

Zu diesem generellen Anstieg unerwünschter Outcomes zeigt sich eine weitere alarmierende Entwicklung: häufig sind es Kinder mit Vorbelastungen oder ungünstigen Ausgangsbedingungen, die durch die Einschränkungen stärker in Mitleidenschaft gezogen werden. Ein niedriger sozioökonomischer Status, Migrationshintergrund, niedriges Bildungsniveau und weitere Faktoren interagieren in einem Großteil der Studien mit dem Ausmaß der negativen Effekte. In der Studie von Döpfner et al. (2021) zeigen sich deutlichere Verschlechterungen in der klinischen Stichprobe.

Diese Daten liefern zahlreiche Informationen an politische Entscheidungsträger:innen, wie weitere Maßnahmen möglicherweise besser auf die Bedürfnisse der besonders belasteten Gruppe der Kinder und Jugendlichen zugeschnitten werden könnten. Sie liefern aber noch (mindestens) zwei weitere Erkenntnisse, die grundlegend sind für die Präventionsarbeit.

Zum ersten der bereits angeklungene Gedanke: wenn unspezifische Maßnahmen – hier sind es Kontaktbeschränkungen und KiTa-/Schulschließungen – so differenzierte negative Konsequenzen haben, kann man das nicht auch „umdrehen" und nutzbar machen? Führt eine unspezifische Förderung allgemeiner Lebenskompetenzen und Selbstwirksamkeitserlebnisse (sog. Life Skills-Ansätze) zu breiten positiven Outcomes?

Zum zweiten die fast konsistent berichteten Interaktionen dahingehend, dass Kinder, die vorher schon benachteiligt waren, stärker unter den Auswirkungen der Pandemie leiden. Dies muss etwas mit der allgemeinen Ressourcenkonstellation der Kinder zu tun haben, bzw. mit der Gefahr der Kumulation von Risikofaktoren. Wegen dessen grundlegender Bedeutung für die Präventionsarbeit soll das Thema Ressourcen, Schutz- und Risikofaktoren im Folgenden intensiver betrachtet werden.

2.3 Ansatzpunkte für Prävention: auf das richtige Zusammenspiel kommt es an

2.3.1 Bilanz aus Risiko- und Schutzfaktoren

In zahlreichen Studien konnte gezeigt werden, dass es über die gesamte Lebenspanne Faktoren gibt, welche eine negative Entwicklung begünstigen können, sog. Risikofaktoren. Neben personenbezogenen konnten dabei auch umgebungsbezogene Risikofaktoren in allen jeweilig relevanten Lebensbereichen beobachtet werden, wie z. B. der Familie, der Schule oder den Gleichaltrigen. Auf der anderen Seite kommen auch personen- und umgebungsbezogene protektive Faktoren zum Tragen, welche eine negative Entwicklung abmildern oder sogar verhindern können, sog. Schutzfaktoren. Schutz ist dabei auch im Sinne von Kompensation zu verstehen, wobei Schutzfaktoren nicht die passive Rolle der Abwesenheit von Risikofaktoren zukommt, sie haben vielmehr die aktive Rolle der Neutralisierung von Risikofaktoren.

Schutzfaktoren werden auch manchmal explizit als Resilienzfaktoren bezeichnet, d. h. Faktoren, die „stark" im Sinne von widerstandsfähig machen (z. B. Fröhlich-Gildhoff & Rönnau-Böse, 2021). So bezeichnet das Konzept der Resilienz die individuelle Widerstandsfähigkeit gegenüber biopsychosozialen Entwicklungsrisiken. Diese Fähigkeit, welche sich in Bewältigungskompetenzen oder Bewältigungsressourcen zeigt, ermöglicht Kindern eine gelingende Entwicklung trotz widriger und belastender Lebensumstände. Resilienz entwickelt sich dabei im Austausch mit der Umwelt, wobei die soziale Umgebung (Eltern, Bezugspersonen, Kindergarten, Schule, Wohnumfeld etc.) maßgeblich ist. Für das Kindesalter konnten zum Beispiel neben einer stabilen emotionalen Beziehung zu einer Bezugsperson als maßgeblicher Faktor der sozialen Umgebung, folgende relevante personale Faktoren identifiziert werden (siehe hierzu Fröhlich-Gildhoff & Rönnau-Böse, 2021):

▶ eine insgesamt positive soziale Orientierung
▶ hohe soziale Problemlösefähigkeiten und Kompetenzen
▶ proaktive Problemlösefähigkeiten
▶ gutes Selbstwertgefühl
▶ gute Selbstwahrnehmung
▶ hohe Selbstwirksamkeit
▶ positive Erwartung an die Zukunft
▶ Empathiefähigkeit

Für Risiko- wie auch für Schutzfaktoren gilt, dass diese kumulativ, also gemeinsam auftreten und dadurch jeweils die Wahrscheinlichkeit eines negativen oder positiven Entwicklungsverlaufes erhöhen können. Das Konzept der Risiko- und Schutzfaktoren muss dabei insgesamt als ein dynamisches Konzept verstanden werden. Persönliche Schutz- (Resilienz) und Risikofaktoren sind keine stabilen und überdauernden (Persönlichkeits-)Merkmale, gleiches gilt auch für die Schutz- und Risikofaktoren der Umgebung, die ebenfalls veränderbar sind. Sie sind dabei abhängig vom Alter der Kinder, dem relevanten Kontext (Lebensumfeld Familie vs. Schule) oder den kulturellen Rahmenbedingungen (siehe hierzu auch unten).

Gelingende Entwicklung

In diesem Zusammenhang müssen auch sog. Phasen erhöhter Vulnerabilität betrachtet werden, in denen Kinder besonders anfällig für den Einfluss von Risikofaktoren und somit besonders gefährdet für negative Entwicklungen sind. Hierunter fallen zum Beispiel soziale (z. B. Wechsel vom Kindergarten in die Schule) oder reifungsbedingte (Pubertät) Entwicklungsübergänge. Im Sinne des Konzeptes der Entwicklungsaufgaben (siehe oben) resultieren Entwicklungsabweichungen dabei aus Problemen in der Bewältigung von Entwicklungsaufgaben (z. B. Lernen, mit Gleichaltrigen zurechtzukommen), insbesondere dann, wenn entsprechende Schutzfaktoren (z. B. soziale Unterstützung durch die Eltern) fehlen. Die Bewältigung der Entwicklungsaufgabe an sich, welche mit körperlicher, kognitiver, emotionaler, motivationaler oder sozialer Veränderung einhergeht, kann andererseits eine Ressource darstellen, z. B. in Form einer gesteigerten Selbstwirksamkeit.

Entscheidend ist die Bilanz aus Belastungen (Risikofaktoren) auf der einen und Ressourcen bzw. Schutzfaktoren auf der anderen Seite. Beispielsweise kann ein Elternhaus, in dem die Konfliktfähigkeit geübt wird, eine niedrige Impulskontrolle oder geringe Frustrationstoleranz kompensieren. Bei starken Ressourcen ist die Wahrscheinlichkeit hoch, dass Entwicklungsaufgaben bewältigt werden. Überwiegen allerdings die Belastungen, kann dies möglicherweise kurzfristig durch eine erhöhte Anstrengung durch das Kind ausgeglichen werden, langfristig kann dies aber zu einer Kumulation negativer Effekte führen (siehe Petermann & Ulrich, 2019).

Abbildung 1: Eigene Darstellung nach Petermann & Ullrich (2019, S. 27).

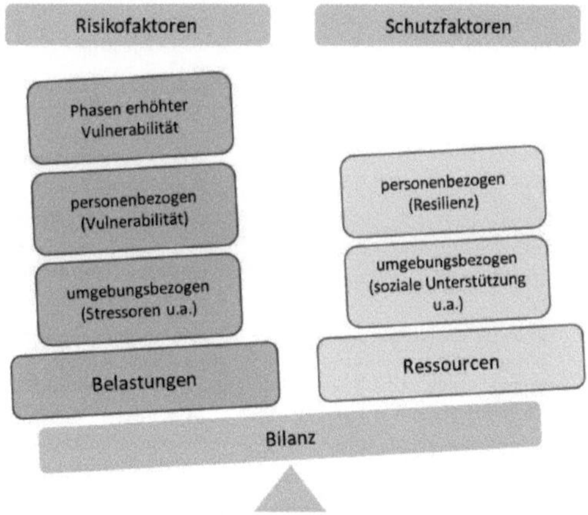

Mit diesen Ausführungen wird die Komplexität menschlichen Verhaltens sichtbar. Dieses ist multifaktoriell zu erklären, nicht monokausal – die Ursache beispielsweise einer Gewalttat etwa in der Vernachlässigung eines Kindes durch alkoholkranke Eltern zu suchen, greift also in aller Regel zu kurz. Zahlreiche Faktoren, die sich wiederum gegenseitig be-

dingen, müssen zusammenspielen, damit Kinder und Jugendliche zum Beispiel gewaltak-
tiv werden. Tabelle 1 stellt beispielhaft mögliche Risiko- und Schutzfaktoren für kindliches
und jugendliches Gewalthandeln gegenüber, getrennt nach der Person, der Familie sowie
dem weiteren sozialen Umfeld. „Erst durch eine Gegenüberstellung von kind- und umge-
bungsbezogenen Risiko- und Schutzfaktoren sowie Resilienz- und Vulnerabilitätsfaktoren
kann eine Aussage über die Belastung des Kindes, seiner Familie und eine Prognose über
den möglichen Entwicklungsverlauf getroffen werden" (Scheithauer & Petermann, 1999).

Tabelle 1: Exemplarische Gegenüberstellung von Risiko- und Schutzfaktoren.

	Risikofaktoren für Gewalthandeln	Schutzfaktoren (Allgemein)
Person	▶ negatives Selbstbild ▶ aggressive Persönlichkeit ▶ niedrige Selbst- und Impulskontrolle ▶ geringe Frustrationstoleranz ▶ mangelnder Bedürfnisaufschub ▶ mangelhaft ausgebildete Empathie ▶ mangelnde Antizipationsfähigkeit ▶ Konzentrationsschwierigkeiten ▶ Lernbehinderung ▶ feindlicher Attributionsstil (Situationen werden als Gefahr, Bedrohung oder Provokation wahrgenommen, feindliche Absichten werden unterstellt) ▶ Suchtverhalten ▶ Geschlecht	▶ positive Wahrnehmung der eigenen Person (positives Selbstkonzept) ▶ positive Lebenseinstellung ▶ kognitive Fähigkeiten (mindestens durchschnittliche Intelligenz) ▶ Selbstkontrolle und Selbstregulation ▶ realistische Selbsteinschätzung und Zielorientierung ▶ Selbstwirksamkeit (Überzeugung, Anforderungssituationen aufgrund eigener Kompetenzen bewältigen zu können) ▶ aktive und flexible Bewältigungsstrategien ▶ soziale Kompetenz
Familie	▶ erlebte Elterngewalt ▶ mangelnde emotionale Wärme und Unterstützung ▶ gewaltsame Konflikte unter den Eltern	▶ sichere Bindung und positive Beziehung zu mindestens einem Elternteil ▶ positives Familienklima ▶ positive und unterstützende Geschwisterbeziehung
Soziales Umfeld		▶ soziale Unterstützung ▶ Erwachsene als Rollenmodelle, positive Beziehung zu einem Erwachsenen außerhalb der Familie
Schule	▶ schwache schulische Leistungen ▶ geringe Leistungsmotivation ▶ geringe Bindung an die Schule ▶ häufiges Schwänzen	▶ gute schulische Leistungen ▶ gute Schulqualität ▶ wertschätzendes Schulklima
Freunde	▶ gewalttätiger Freundeskreis	▶ Freundschaftsbeziehungen zu prosozialen Gleichaltrigen

Anmerkung. Siehe hierzu: Baier, Pfeiffer & Hanslmeier, 2013; Baier, Pfeiffer & Thoben, 2013;
Eschenbeck & Knauf, 2018; Petermann & Ulrich, 2019.

2.3.2   Risiko- und Schutzfaktoren im Kontext

Um das komplexe und dynamische Zusammenspiel sozialer, biologischer und psychologischer Faktoren und Bedingungen weiter zu veranschaulichen, bietet Bronfenbrenners Ökologische Systemtheorie (siehe oben) einen geeigneten Rahmen. Im Zentrum steht dabei das Individuum mit seinen bestimmten individuellen, teils genetisch bedingten Dispositionen, Charakteristika und Eigenschaften, d. h. Geschlecht, Alter, körperliche Erscheinung, Temperament, Empathiefähigkeit etc. Das Individuum wächst in einem bestimmten sozialen Lebensumfeld auf, von dem es nun abhängt, welche Erfahrungen gemacht werden, mit Empathie, mit Gewalt, mit Rollenbildern, mit Anforderungen an ihr Leistungsverhalten. Diese Interaktion mit der Umwelt beginnt dabei schon pränatal. So kann sich eine Psychopathologie der Eltern im Sinne von Alkohol- oder Drogenkonsum der Mutter während der Schwangerschaft negativ auf die kindliche Hirnentwicklung auswirken, was wiederum zu Verhaltensauffälligkeiten wie einer hohen Impulsivität oder Konzentrationsschwierigkeiten beim Kind führen kann. Neben der Familie ist die Gruppe der Gleichaltrigen und Freunde ein weiteres wichtiges Mikrosystem, welches mit zunehmendem Alter an Bedeutung gewinnt. Kinder sind dabei nicht lediglich das reaktive Produkt ihrer Umwelt. Sie sind Handelnde, die auf ihre Umwelt reagieren und diese ihrerseits durch ihre Eigenschaften und Merkmale sowie durch ihr Tun maßgeblich prägen. Dieses Verständnis der Bidirektionalität des dynamischen Zusammenwirkens des Individuums mit seinen Charakteristika (z. B. aufbrausendes Temperament) und den verschiedenen Lebensumwelten (z. B. Sensitivität der Eltern oder der Erziehenden in der Kindertagesstätte) ist nach Bronfenbrenner kennzeichnend für alle Beziehungen in seiner Systemtheorie. Wichtig ist dabei aber auch die Passung. So wirkt sich ein starker Bewegungsdrang eines Kindes wohl unterschiedlich aus, wenn man die Lebensumwelten Schule und Sportverein gegenüberstellt.

Mikro- und Mesosystem schaffen somit die Bedingungen für die Entwicklung der individuellen Dispositionen. Zentrale Sozialisationsinstanzen sind dabei Familie, Kindergarten, Schule, Freunde, Vereine, das Wohnumfeld. Es ist bedeutsam, wie diese individuellen Dispositionen im Laufe der Entwicklung durch das soziale Umfeld gefordert und gefördert werden. Nehmen wir das Beispiel des sozialen Entwicklungsübergangs des Wechsels vom Kindergarten in die Schule. Ein Schwerpunkt der Vorschulerziehung im Kindergarten liegt auf dem Thema Konzentrationsfähigkeit, da diese eine wichtige Voraussetzung für Lernerfolg und soziales Miteinander in der Schule ist. Im Umkehrschluss bedeutet dies aber auch, dass eine mangelnde Konzentrationsfähigkeit bei diesem Entwicklungsübergang besonders sichtbar werden kann. Hier ist nun die Frage, wie in Kindergarten, Schule und im Elternhaus damit umgegangen wird. Wird aus einem „lebhaften Kindergartenkind" ein „aufmerksamkeitsgestörtes Grundschulkind" oder nicht? Führt eine Konzentrationsschwäche beispielsweise zu schulischem Misserfolg und Frustrationserfahrungen, weil ein Kind keine Förderung in diesem Bereich erhält, kann dies auch dazu führen, dass diese Misserfolgserfahrungen später über Gewalt ausagiert werden. Bedeutsam ist auch hier das dynamische Zusammenwirken der verschiedenen Mikrosysteme: Ziehen Eltern und

Lehrkräfte an einem Strang um schulischen Misserfolgserfahrungen des Kindes entgegenzuwirken oder wird die Verantwortlichkeit in der jeweils mangelnden Erziehungskompetenz der anderen Seite gesehen?

Das soziale Umfeld benötigt aber auch die notwendigen gesellschaftlichen Rahmenbedingungen: Welche Freizeitmöglichkeiten werden Jugendlichen geboten? Welche Angebote der Nachmittagsbetreuung gibt es? Welche Förderungen stehen sozial schwachen Familien zur Verfügung? Welche Möglichkeiten der Bildungsteilhabe sind gegeben? Im Sinne des Exosystems sind dies mit Bezug zur Arbeitswelt der Eltern Fragen wie Teilzeit, Elternzeit, Kinderkrankheitstage, Kinderbetreuung im Unternehmen oder auch Arbeitsklima (welches sich über gestresste Eltern auf die Kinder auswirken kann). Im Hinblick auf das Wohnumfeld gibt es beispielsweise einen starken Zusammenhang zwischen der Höhe sozialer Benachteiligung in einem Stadtteil und dem Ausmaß von Jugendgewalt, wobei hier auch das Ausmaß ausgeübter informeller soziale Kontrolle in einem Stadtviertel von Bedeutung ist (siehe Oberwittler, 2018).

Das Makrosystem (Politik, Wirtschaft, Religion, Kultur) schafft die Bedingungen für die Institutionen, die für die Lebenswelt von Kindern und Jugendlichen relevant sind: Familie, Kindergarten/Kindertagesstätten, Schule, Freizeitangebote, Wohnumfeld. Der Politik kommt hier eine zentrale Rolle zu, da sie maßgeblich in alle Lebensbereiche einwirkt. Von der Familien-, Bildungs- und Sozialpolitik hängt zum Beispiel ab, welches Betreuungs- und Schulangebot Kinder haben (Bildungssystem im Exosystem) und ob zusätzliche Fördermaßnahmen (z. B. bei Lernschwierigkeiten) überhaupt möglich sind. Zu denken ist hierbei zum Beispiel an den gesetzlichen Anspruch auf einen Kindergartenplatz, die Einführung der Ganztagsschule, Elternzeit und Elterngeld oder auch das Baukindergeld. Die Politik ist dabei eng verknüpft mit der Ökonomie und der Frage, ob eine Gesellschaft sich gerade in einer Phase der Prosperität oder der Krise (z. B. Finanzkrise) befindet. Stehen finanzielle Mittel für Bildungs-, Familien-, Arbeitsmarktpolitik zur Verfügung? Für das Lebensumfeld Familie bedeutet dies etwa konkret, ob ein Kind in wirtschaftlicher Unsicherheit aufwächst oder nicht.

Das Chronosystem symbolisiert in Bronfenbrenners Ökologischer Systemtheorie schließlich die Dynamik der zeitlichen Veränderung. Normen und Werte ändern sich in jeder Gesellschaft, Gesetze werden erlassen und können Freiräume schaffen (z. B. gleichgeschlechtliche Ehe) oder auch beschränken (ehemaliger § 175 StGB), aber auch soziale Lebensumstände können sich grundsätzlich ändern. Seit der Einführung des Smartphones 2007 sowie der omnipräsenten Verfügbarkeit des Internets hat sich zum Beispiel die Mediennutzung und deren Bedeutung radikal verändert. Mit der Istanbulkonvention, die in Deutschland 2017 ratifiziert wurde, hat das Thema Gewalt gegen Frauen und häusliche Gewalt einen anderen Stellenwert bekommen. Aber auch die Corona-Pandemie, mit all ihren Pandemie bedingten Maßnahmen, hat diese Dimension der Wandelbarkeit der (individuellen) Rahmenbedingungen des Aufwachsens eindrücklich veranschaulicht.

Gelingende Entwicklung

Abbildung 2: Gegenseitige Beeinflussung in Bronfenbrenners Ökologischer Systemtheorie. Eigene Darstellung nach Siegler et al. (2021, S. 386).

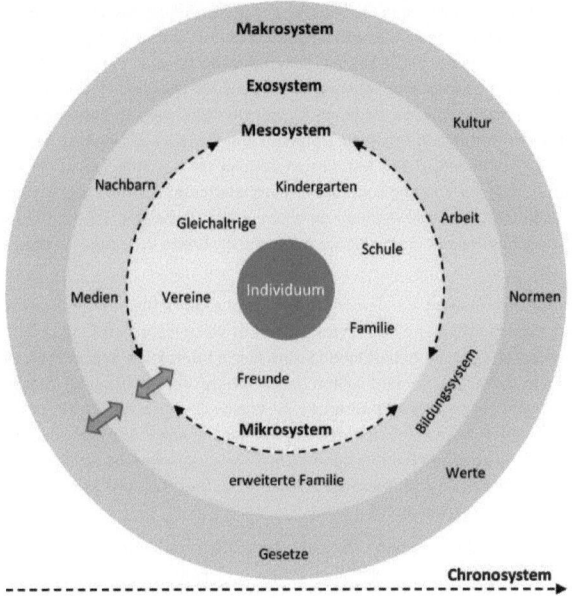

2.4 Ausblick: Folgerungen für die Prävention

Was lässt sich nun aus den dargestellten Befunden und Theorien für die Präventionspraxis ableiten? Unseres Erachtens ergeben sich mindestens fünf direkte Konsequenzen:

Frühe Förderung. Vor dem Hintergrund einer möglichen Kumulation von Risikofaktoren (welche verhindert werden möchte), aber auch von Schutzfaktoren (welche gestärkt werden möchte), ist eine frühe und gezielte Förderung bestimmter Bereiche, Eigenschaften und Merkmale angezeigt. Eine stabile emotionale Beziehung zu mindestens einer liebevollen Bezugsperson, das zeigt die Resilienzforschung, ist hier zentral. Eine genaue Anpassung an die altersspezifischen kognitiven, sozialen, emotionalen und körperlichen Fähigkeiten scheint dabei geboten. Die Phasen erhöhter Vulnerabilität können darüber hinaus Anhaltspunkte für weiteren Handlungsbedarf liefern.

Schneeballeffekte erkennen und nutzen. Das komplexe und dynamische Zusammenspiel sozialer, biologischer und psychologischer Faktoren und Bedingungen macht deutlich, dass manchmal auch ein Faktor, der ursprünglich nicht „auf der Rechnung" war, eine unvermutete Ressource für ein Kind darstellen kann. So kann beispielsweise das mütterliche

Stillen ein Schutzfaktor in den verschiedensten Bereichen sein, der somit dazu beiträgt die Entwicklung des Kindes positiv zu beeinflussen. Auf Seite des Kindes wird zum Beispiel neben einer Senkung des Risikos für Diabetes und späterer Adipositas, auch eine Förderung der sozialen und emotionalen Entwicklung sowie der Hirnentwicklung berichtet (Krol & Grossmann, 2018; Rouw et al., 2018); auf Seiten der Mutter u. a. ein gesenktes Herz-Kreislauf Risiko sowie ebenso eine Senkung des Risikos für Diabetes (Tschiderer et al., 2022). Hinsichtlich der Interaktion zwischen Mutter und Kind weisen Befunde auf eine erhöhte mütterliche Sensibilität sowie die Unterstützung des Aufbaus einer sicheren Bindung hin (Krol & Grossmann, 2018). Mit diesem Beispiel soll das Stillen nicht als Allheilmittel verkauft – so ist der Vorgang des Stillens selbst wiederum in ein komplexes Zusammenspiel eingebunden –, es soll vielmehr an einem weiteren Beispiel (siehe oben) verdeutlicht werden, dass relativ unspezifische Maßnahmen breite Wirkung entfalten können.

Maßnahmen auf allen Ebenen. Vor dem Hintergrund der gegenseitigen Beeinflussung der verschiedenen Lebensumfelder eines Kindes scheint es vielversprechend, diese Settings der Kinder und deren zentrale Akteur:innen sowie deren Interaktion in die Präventionsbemühungen einzubeziehen. Konkret sollten beispielsweise zur Vorbeugung Internetassoziierter Störungen bei der Präventionsarbeit im Vorschulbereich die Kinder, deren Eltern sowie die Erzieher:innen miteinbezogen werden. Idealerweise wird dies noch begleitet von der Schaffung günstiger Rahmenbedingungen auf gesamtgesellschaftlicher Ebene (z. B. Berücksichtigung des Suchtpotentials bei der Altersfreigabe von Computerspielen als gesetzlicher Rahmen, siehe unten).

Potentiale der „Allround-Prävention". Betrachtet man die verschiedenen Bereiche nicht gelingender Entwicklung von Fettleibigkeit über Gewaltverhalten bis hin zu Internetassoziierten Störungen, können gemeinsame Risiko- und Schutzfaktoren identifiziert werden (z. B. die Bedeutsamkeit von Selbstwirksamkeitserlebnissen). Gerade vor einem universalpräventiven Gedanken ist es demnach zielführend, sich an den Ressourcen der Kinder und Jugendlichen zu orientieren: Realweltliche Lebenskompetenzförderung, eine allgemeine Stärkung der Stressbewältigungsfähigkeiten, die Förderung realweltlicher Sozialkontakte und Selbstwirksamkeitserlebnisse, die Einübung der Fähigkeit, zu Verhaltensweisen „Nein" zu sagen, die in der Peer Group tatsächlich oder vermeintlich üblich sind und durch Gruppendruck erzwungen werden (social resistance) sowie die Unterstützung der Beziehungsqualität zwischen Eltern und Kind sind hier zentral. Nachweise zur übergreifenden Wirksamkeit dieser sog. Life Skills-Ansätze bei der Prävention unterschiedlichster problematischer Verhaltensweisen wie riskantem Verhalten im Straßenverkehr, Glücksspielabhängigkeit, Essstörungen, Kaufsucht und Depressionen liegen vor (vgl. Griffin & Botvin, 2004).

Bedeutsamkeit der Verhältnisprävention. Letztlich muss auch die Gesellschaft dadurch Verantwortung übernehmen, dass günstige Rahmenbedingungen für eine gelingende Entwicklung geschaffen werden. Beispiele sind das Verbot des Alkoholverkaufs an Minderjährige oder der Jugendmedienschutz insgesamt als gesetzgeberische Maßnahmen, die

Gelingende Entwicklung

Schaffung wohnortnaher Freizeit- und Erholungsangebote als infrastrukturelle Maßnahmen sowie Teilzeitarbeitsplätze und Kinderbetreuungsplätze als weitere Setting-basierte Möglichkeit der Verhältnisprävention.

Literatur

Andresen, S., Lips, A., Möller, R., Rusack, T., Schröer, W., Thomas, S. & Wilmes, J. (2020). *Erfahrungen und Perspektiven von jungen Menschen während der Corona-Maßnahmen: Erste Ergebnisse der bundesweiten Studie KiCo*. Universitätsverlag Hildesheim.

Baier, D., Pfeiffer, C. & Hanslmeier, M. (2013). Rückgang der Jugendkriminalität: Ausmaß und Erklärungsansätze. *Zeitschrift für Jugendkriminalrecht und Jugendhilfe*, 24(3), 279-288.

Baier, D., Pfeiffer, C. & Thoben, D. F. (2013). Elterliche Erziehung in Deutschland: Entwicklungstrends und Auswirkungen auf Einstellungen und Verhaltensweisen. *Zeitschrift für Jugendkriminalrecht und Jugendhilfe*, 24(2), 128–137.

Bantel, S., Buitkamp, M. & Wünsch, A. (2021). Kindergesundheit in der COVID-19-Pandemie: Ergebnisse aus den Schuleingangsuntersuchungen und einer Elternbefragung in der Region Hannover [Child health in the COVID-19 pandemic: results from school entry data and a parent survey in the Hanover region]. *Bundesgesundheitsblatt, Gesundheitsforschung, Gesundheitsschutz*, 64(12), 1541–1550.

Berk, L. E. (2020). *Entwicklungspsychologie* (7. Aufl.). PS Psychologie. Pearson.

BMG & BMFSFJ. (2021). *Übersicht zu gesundheitlichen Auswirkungen der Corona-Pandemie auf Kinder und Jugendliche* (Stand 29. Juni 2021).

DAK-Gesundheit (Hrsg.). (2021). *Mediensucht 2020 – Gaming und Social Media in Zeiten von Corona: DAK-Längsschnittstudie: Befragung von Kindern, Jugendlichen (12 – 17 Jahre) und deren Eltern.*

Döpfner, M., Adam, J., Habbel, C., Schulte, B., Schulze-Husmann, K., Simons, M., Heuer, F., Wegner, C. & Bender, S. (2021). Die psychische Belastung von Kindern, Jugendlichen und ihren Familien während der COVID-19-Pandemie und der Zusammenhang mit emotionalen und Verhaltensauffälligkeiten [The mental burden of children, adolescents, and their families during the COVID-19 pandemic and associations with emotional and behavioral problems]. *Bundesgesundheitsblatt, Gesundheitsforschung, Gesundheitsschutz*, 64(12), 1522–1532. https://doi.org/10.1007/s00103-021-03455-1

Eschenbeck, H. & Knauf, R.-K. (2018). Entwicklungsaufgaben und ihre Bewältigung. In A. Lohaus (Hrsg.), *Entwicklungspsychologie des Jugendalters* (S. 23–50). Springer.

Fröhlich-Gildhoff, K. & Rönnau-Böse, M. (2021). *Menschen stärken*. Springer Fachmedien Wiesbaden.

Greve, W. & Bjorklund, D. F. (2018). Evolutionäre Grundlagen. In W. Schneider & U. Lindenberger (Hrsg.), *Entwicklungspsychologie: Mit Online-Material* (8. Aufl., S. 61–79). Beltz.

Griffin, K. W. & Botvin, G. J. (2004). Preventing addictive disorders. In R. H. Coombs (Hrsg.), *Handbook of addictive disorders: A practical guide to diagnosis and treatment* (S. 530–570). Wiley Publishers.

Krol, K. M. & Grossmann, T. (2018). Psychologische Effekte des Stillens auf Kinder und Mütter [Psychological effects of breastfeeding on children and mothers]. *Bundesgesundheitsblatt, Gesundheitsforschung, Gesundheitsschutz*, 61(8), 977–985. https://doi.org/10.1007/s00103-018-2769-0

Lazarus, R. S. & Folkman, S. (1984). *Stress, Appraisal, and Coping*. Springer Publishing Company.

Gelingende Entwicklung

Lohaus, A. & Vierhaus, M. (2015). *Entwicklungspsychologie des Kindes- und Jugendalters für Bachelor* (3. Aufl.). Springer-Lehrbuch. Springer.

Montada, L., Lindenberger, U. & Schneider, W. (2018). Fragen, Konzepte, Perspektiven. In W. Schneider & U. Lindenberger (Hrsg.), *Entwicklungspsychologie: Mit Online-Material* (8. Aufl.). Beltz.

Nunner-Winkler, G. & Paulus, M. (2018). Prosoziale und moralische Entwicklung. In W. Schneider & U. Lindenberger (Hrsg.), *Entwicklungspsychologie: Mit Online-Material* (8. Aufl., S. 537–557). Beltz.

Oberwittler, D. (2018). Jugendkriminalität in sozialen Kontexten. In B. Dollinger & H. Schmidt-Semisch (Hrsg.), *Handbuch Jugendkriminalität: Interdisziplinäre Perspektiven* (S. 297–316). Springer Fachmedien Wiesbaden.

Petermann, F. & Ulrich, F. (2019). Entwicklungspsychopathologie. In S. Schneider & J. Margraf (Hrsg.), *Lehrbuch der Verhaltenstherapie, Band 3* (2. Aufl., S. 23–40). Springer.

Ravens-Sieberer, U., Erhart, M., Devine, J., Gilbert, M., Reiss, F., Barkmann, C., Siegel, N., Simon, A., Hurrelmann, K., Schlack, R., Hölling, H., Wieler, L. H. & Kaman, A. (2022). Child and Adolescent Mental Health During the COVID-19 Pandemic: Results of the Three-Wave Longitudinal COPSY Study. *SSRN Electronic Journal*. Vorab-Onlinepublikation. https://doi.org/10.2139/ssrn.4024489

Ravens-Sieberer, U., Kaman, A., Erhart, M., Otto, C., Devine, J., Löffler, C., Hurrelmann, K., Bullinger, M., Barkmann, C., Siegel, N. A., Simon, A. M., Wieler, L. H., Schlack, R. & Hölling, H. (2021). Quality of life and mental health in children and adolescents during the first year of the COVID-19 pandemic: results of a two-wave nationwide population-based study. *European child & adolescent psychiatry*. Vorab-Onlinepublikation. https://doi.org/10.1007/s00787-021-01889-1

Ravens-Sieberer, U., Kaman, A., Otto, C., Adedeji, A., Devine, J., Erhart, M., Napp, A.-K., Becker, M., Blanck-Stellmacher, U., Löffler, C., Schlack, R. & Hurrelmann, K. (2020). Mental Health and Quality of Life in Children and Adolescents During the COVID-19 Pandemic-Results of the Copsy Study. *Deutsches Arzteblatt international*, 117(48), 828–829. https://doi.org/10.3238/arztebl.2020.0828

Rouw, E., Gartzen, A. von & Weißenborn, A. (2018). Bedeutung des Stillens für das Kind [The importance of breastfeeding for the infant]. *Bundesgesundheitsblatt, Gesundheitsforschung, Gesundheitsschutz*, 61(8), 945–951. https://doi.org/10.1007/s00103-018-2773-4

Scheithauer, H. & Petermann, F. (1999). Zur Wirkungsweise von Risiko- und Schutzfaktoren in der Entwicklung von Kindern und Jugendlichen. *Kindheit und Entwicklung*, 8(1), 3–14. https://doi.org/10.1026//0942-5403.8.1.3

Schneider, W. & Lindenberger, U. (Hrsg.). (2018). *Entwicklungspsychologie: Mit Online-Material* (Originalausgabe, 8., vollständig überarbeitete Aufl.). Beltz.

Siegler, R., Saffran, J. R., Gershoff, E. T. & Eisenberg, N. (2021). *Entwicklungspsychologie im Kindes- und Jugendalter*. Springer.

Thomasisus, R. (2021). Riskante und pathologische Nutzung von Games und sozialen Medien durch Kinder und Jugendliche nach Kriterien des ICD-11 und Einfluss des COVID-19-Lockdowns auf Medienzeiten in deutschen Familien. In DAK-Gesundheit (Hrsg.), *Mediensucht 2020 – Gaming und Social Media in Zeiten von Corona: DAK-Längsschnittstudie: Befragung von Kindern, Jugendlichen (12 – 17 Jahre) und deren Eltern* (S. 66–79).

Tschiderer, L., Seekircher, L., Kunutsor, S. K., Peters, S. A. E., O'Keeffe, L. M. & Willeit, P. (2022). Breastfeeding Is Associated With a Reduced Maternal Cardiovascular Risk: Systematic Review and Meta-Analysis Involving Data From 8 Studies and 1 192 700 Parous Women. *Journal of the American Heart Association*, 11(2), e022746. https://doi.org/10.1161/JAHA.121.022746

Gelingende Entwicklung

Vogel, M., Meigen, C., Sobek, C., Ober, P., Igel, U., Körner, A., Kiess, W. & Poulain, T. (2021). Wellbeing and COVID-19-related worries of German children and adolescents: A longitudinal study from pre-COVID to the end of lockdown in Spring 2020. *JCPP advances*, 1(1), e12004. https://doi.org/10.1111/jcv2.12004

Zur weiteren Vertiefung

► Fröhlich-Gildhoff, K. & Rönnau-Böse, M. (2021). Menschen stärken. Springer Fachmedien.

► Lohaus, A. & Domsch, H. (2021). Psychologische Förder- und Interventionsprogramme für das Kindes- und Jugendalter. Springer.

► Siegler, R., Saffran, J. R., Gershoff, E. T. & Eisenberg, N. (2021). Entwicklungspsychologie im Kindes- und Jugendalter. Springer.

Mediathek

 Video zur ausfühlichen Erklärung von Bronfenbrenners ökosystemischem Ansatz anhand von zwei Beispielen (8 Minuten).

 Infos zum Präventionsnetzwerk Ortenaukreis (PNO) für eine Vernetzung vor Ort.

 Video zum Präventionsnetzwerk Ortenaukreis (PNO) (24 Minuten).

Haben Kinder keine Möglichkeit, auf Kinderrechtsverletzungen aufmerksam zu machen,
dann läuft ihr Recht auf Beteiligung und damit auch jeglicher Präventionsgedanke ins
Leere.

//

Kinderrechte und Partizipation

3

Marlies Kroetsch

In der Charta der Menschenrechte ist nachzulesen, dass jeder Mensch Rechte hat. Kinder sind auch Menschen, aber sie haben im Gegensatz zu Erwachsenen besondere Bedürfnisse in Bezug auf Förderung, Schutz und Partizipation (DKHW, o.J). Diesen besonderen Bedürfnissen trägt die UN-Kinderrechtskonvention (UN-KRK) Rechnung, die weltweit anerkannt ist.

Die Festschreibung von Rechten in einer Konvention bedeutet jedoch noch nicht, dass diese – auch wenn sie schon dreißig Jahre alt ist – in den ratifizierenden Staaten bereits vollständig umgesetzt worden ist. Der 20. November als internationaler Tag der Kinderrechte zeigt jedes Jahr medienwirksam mit Feiern und Aktionen, wie Kinderrechte in Deutschland von vielen unterschiedlichen Akteur:innen punktuell schon umgesetzt werden. In Deutschland werden jedoch auch zahlreiche Kinderrechte verletzt (National Coalition Deutschland, 2019a). Zuletzt hat die Corona-Pandemie den Stand der Kinderrechte eindrücklich vor Augen geführt. Für die Maßnahmen zu ihrer Eindämmung wurden Kinder mit ihren Interessen und Bedürfnissen meist nur unzureichend berücksichtigt. Die Umsetzung der Kinderrechte in Deutschland ist längst nicht da, wo sie sein könnte und sollte.

In diesem Beitrag soll es weniger um das Aufzählen von Projekten und Maßnahmen gehen als vielmehr um den Stand von Kinderrechten und Partizipation allgemein, sowie den Zusammenhang dieser beiden Begriffe in Bezug auf Prävention von Gewalt gegen Kinder. Zudem ist es Ziel dieses Beitrages zu zeigen, wie Kinderschutzkonzepte die Kinderrechte in Deutschland voranbringen können.

Im vorliegenden Beitrag zur Expertise für den 27. Deutschen Präventionstag wird hierfür zunächst eine kurze Einführung in die UN-KRK gegeben und angeführt, wann diese in Deutschland vorbehaltlos angenommen wurde. Es folgt eine Erklärung des Begriffs Partizipation und eine Auseinandersetzung mit dem Zusammenhang zwischen Kinderrechten und Partizipation. Kapitel 3.4 beschäftigt sich dann mit gegenwärtigen Entwicklungen in Deutschland. Hervorgehoben wird hier die Diskussion um Kinderrechte im Grundgesetz sowie das Monitoring der Umsetzung von Kinderrechten. Der aktuellen Situation der Corona-Pandemie geschuldet, wird dann ein Blick auf die aktuelle Kinderrechtssituation geworfen, da diese besonders geeignet ist, den Stand (und die Standfestigkeit) der Kinderrechte in Deutschland am

Prof. Dr. Marlies Kroetsch

ist Sozialwissenschaftlerin und Professorin für Soziale Arbeit und Sozialpädagogik an der Fachhochschule des Mittelstandes in Hannover.

„Krisenfall" zu überprüfen. In Kapitel 3.5 widmet sich die Autorin ansatzweise dem Zusammenhang zwischen Prävention und Kinderrechten, um dann aufzuzeigen, wie Kinderschutzkonzepte es ermöglichen, durch strukturelle Veränderungen und die Fokussierung auf Kinderrechte, die Prävention von Gewalt gegen Kinder (in Organisationen) voranzubringen. Kapitel 3.5.3 zeigt auf, dass dies nur gelingen kann, wenn Partizipation als gelebte Beteiligungskultur die Basis eines Kinderschutzkonzeptes darstellt und als fundamental für einen Prozess angesehen wird, in dessen Fortschreiten die Kinderrechte und damit auch der Kinderschutz immer mehr an Bedeutung gewinnen.

Im Gegensatz zu den anderen Beiträgen, werden im Folgenden unter dem Begriff Kind alle Kinder und Jugendlichen bis 18 Jahre gefasst, da dies dem Begriffsverständnis der UN-KRK entspricht.

3.1   Kurze Einführung in die Kinderrechte

Wer von Kinderrechten spricht, bezieht sich gemeinhin auf das Übereinkommen über die Rechte des Kindes, die UN-KRK. Sie ist vor inzwischen über 30 Jahren – am 20. November 1989 – einstimmig von der Generalversammlung der Vereinten Nationen verabschiedet worden. Die UN-KRK hat die Auseinandersetzung mit Kinderrechten weltweit verändert, insbesondere indem sie die Kinder als Träger eigener Rechte in den Mittelpunkt gestellt hat. Sie verpflichtet die Vertragsstaaten, ihre Gesetze und Vorschriften an die Vorgaben der Konvention anzupassen und die Kinderrechte im jeweiligen Land umzusetzen (Liebel, 2013) sowie, wie in der Präambel der Konvention festgehalten, die „Bedeutung der internationalen Zusammenarbeit für die Verbesserung der Lebensbedingungen der Kinder in allen Ländern" (BMFSFJ, 2018, S. 11) anzuerkennen. Kind im Sinne der Konvention ist „jeder Mensch, der das achtzehnte Lebensjahr noch nicht vollendet hat, soweit die Volljährigkeit nach dem auf das Kind anzuwendenden Recht nicht früher eintritt" (Art. 1).

Kinderrechte sind Menschenrechte, die UN-Kinderrechtskonvention kann also zu den Menschenrechtsabkommen gezählt werden. „Das Übereinkommen ist insofern einmalig, als es die bisher größte Bandbreite fundamentaler Menschenrechte – ökonomische, soziale, kulturelle, zivile und politische – in einem einzigen Vertragswerk zusammenbindet" (Maywald, 2019, S. 44). Die UN-KRK ist mit 196 Unterzeichnerstaaten diejenige völkerrechtlich verbindliche Menschenrechtskonvention mit den meisten sich zu ihr bekennenden Staaten. Bis heute haben lediglich die USA nicht unterzeichnet. Gleichwohl ist festzuhalten, dass nicht alle Staaten die Rechte der Kinder umsetzen (Bendig, 2018).

Die allgemeine Erklärung der Menschenrechte als Grundlage, wurden für die UN-KRK die drei großen P's (Protection, Provision, Participation) festgeschrieben. Diese Bereiche – Schutz, Versorgung und Förderung sowie Partizipation – bilden den Rahmen für die 54 Artikel der Konvention. Sie werden durch drei Fakultativprotokolle ergänzt:

1. Fakultativprotokoll zum Übereinkommen über die Rechte des Kindes betreffend die Beteiligung von Kindern an bewaffneten Konflikten
2. Fakultativprotokoll zum Übereinkommen über die Rechte des Kindes betreffend den Verkauf von Kindern, die Kinderprostitution und die Kinderpornographie

Kinderrechte und Partizipation

3. Fakultativprotokoll zum Übereinkommen über die Rechte des Kindes betreffend ein Mitteilungsverfahren.

Flankiert werden die Rechte von vier Grundprinzipien: dem Recht auf Gleichbehandlung und Schutz vor Diskriminierung, dem Grundsatz des Kindeswohlvorrangs, der Sicherung von Leben und Entwicklungsmöglichkeiten und dem Recht auf Anhörung und Beteiligung. Der Kindeswohlvorrang („best interests of the child") ist in Artikel 3 beschrieben: „Bei allen Maßnahmen, die Kinder betreffen, gleichviel ob sie von öffentlichen oder privaten Einrichtungen der sozialen Fürsorge, Gerichten, Verwaltungsbehörden oder Gesetzgebungsorganen getroffen werden, ist das Wohl des Kindes ein Gesichtspunkt, der vorrangig zu berücksichtigen ist." Die Verantwortung dafür, Kinderrechten bei Maßnahmen, die sie betreffen, Vorrang einzuräumen, haben dabei die entscheidungsbefugten Erwachsenen (Bendig, 2018). Die Frage, ob der Begriff „Wohl des Kindes" nur dessen Wohlergehen in den Mittelpunkt stellt oder das Kind selbst an Entscheidungen beteiligt werden soll (Liebel, 2013), ist in der Originalfassung der UN-KRK leichter zu beantworten.

So „verweist der englische Begriff ‚interests' klarer als der deutsche Begriff des Kindeswohls darauf, dass es zentral für die Entscheidung darüber, was nun das Beste für das Kind sei, ist, das Kind selbst – so gut wie angesichts von Alter und Entwicklungsstand irgend möglich – einzubeziehen." (Garnitschnig, 2021, S. 129).

Das Gebäude der Kinderrechte visualisiert die Kinderrechte nach diesen Bereichen als drei tragende Säulen eines Hauses, wie in der folgenden Abbildung dargestellt, die „vom Recht auf Vorrang des Kindeswohls überspannt" (Maywald, 2018, S. 978) werden.

Abbildung 1: Gebäude der Kinderrechte (Maywald, 2019, S. 45)

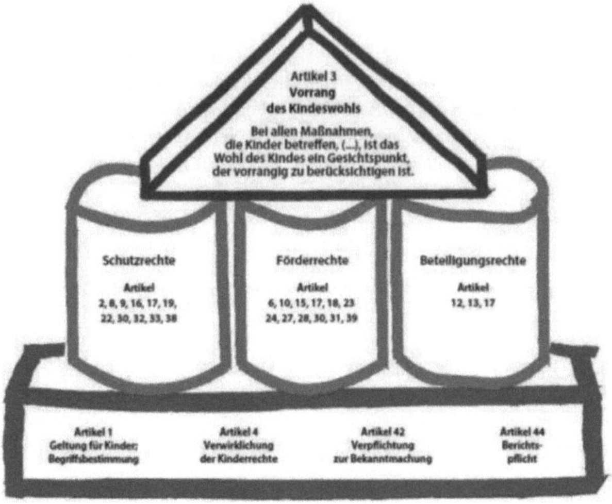

In Deutschland ist die UN-KRK am 5. April 1992 in Kraft getreten, allerdings mit einer Vor-
behaltserklärung, die erst 2010 zurückgenommen wurde. Seit nunmehr über zehn Jahren
gilt die UN-KRK somit ohne Einschränkungen für alle in Deutschland lebenden Kinder.

Es „gilt, dass die Normen der UN-Kinderrechtskonvention in Deutschland geltendes Recht
sind. Sie binden umfassend die staatliche Gewalt und eröffnen Kindern und deren gesetzlichen Vertretern die Möglichkeit, sich in der deutschen Rechtsordnung auf sie zu berufen.
Gerichte wie auch die exekutive Gewalt sind in vollem Umfang an die Bestimmungen der
UN-Kinderrechtskonvention gebunden. Diese schaffen subjektive Rechtspositionen und
begründen innerstaatlich unmittelbar anwendbare Normen" (Maywald, 2018, S. 981).

Die Auseinandersetzungen mit den Rechten der Kinder und damit zusammenhängende
Entwicklungen und Gesetzveränderungen, zum Beispiel die Einführung des Bundeskinder-
schutzgesetzes am 01.01.2012, aber auch kinder- und familienpolitische Programme und
Maßnahmen, haben in Deutschland insbesondere die Kinder- und Jugendhilfe weiterent-
wickelt und die Bedürfnisse und Interessen von Kindern weiter in den Fokus gerückt
(Schröer, 2017).

Das Bundeskinderschutzgesetz bringt Teile der UN-KRK in die Praxis, indem es eine Stärkung der Kinderrechte deklariert: Seit der Realisierung des Gesetzes zum Schutz von Kindern, gilt es für Einrichtungen der Kinder- und Jugendhilfe pädagogische Ansätze und Konzepte zu implementieren, welche die Einhaltung und Verbesserung der Kinderrechte gewährleisten. Ziel des Gesetzes ist es, den Kinderschutz in Deutschland erheblich zu verbessern und die Akteur:innen, die sich für die Interessen und Bedürfnisse von Kindern
einsetzen, zu stärken. Es soll die Prävention und Intervention im Kinderschutz weiter voranbringen (Kroetsch, 2016). Die Perspektive weg von Kindern als schützenswerten Ob-
jekten hin zu Kindern als eigenständigen Rechtsträgern hat sich aber in Deutschland noch
nicht vollständig durchgesetzt (Maywald, 2019).

Die Kinderrechte müssen von Kindern nicht erworben oder verdient werden, sie sind nicht
abhängig von bestimmten Eigenschaften der Kinder, sondern Ausdruck der Würde jeden
Kindes. Manchmal wird in der Praxis von Fachkräften angeführt, dass von Seiten der Kinder den Rechten auch Pflichten gegenüber stehen. Wenn Kinderrechte als Ausdruck der
Würde des Kindes verstanden werden, dann erklärt sich (fast) von selbst, dass der Gegen-
part von Kinderrechten nicht Kinderpflichten, sondern Unrecht gegen Kinder ist (Kroetsch,
2017).

3.2 Partizipation: Ein Kinderrecht oder Voraussetzung für Kinder-
rechte?

Der Begriff Partizipation wird oft synonym verwendet mit Beteiligung, Einbeziehung, Teil-
habe, Teilnahme, Mitwirkung und Mitbestimmung. Wolff & Hartig weisen darauf hin, dass
Erwachsene oftmals „ein undifferenziertes Verständnis über Inhalt und Dimensionen von
Partizipation" haben (2013, S. 20), und dass der Begriff einer „Zauberformel" gleich-

Kinderrechte und Partizipation

komme, „die mit großen Hoffnungen und Erwartungen verbunden ist, in der realen Umsetzung jedoch allzu oft nicht über eine Spielwiese hinaus gelangt und manchmal nur zur Worthülse verkommt" (ebd.).

In diesem Beitrag wird an Waldemar Stange angeknüpft, für den der Begriff den Willen und die Hoffnung eines Menschen beschreibt, Entscheidungen, die seine Lebenswelt betreffen, beeinflussen zu können (2002). In Bezug auf Kinder erwächst daraus jedoch nicht die oftmals falsch interpretierte Schlussfolgerung „Kinder an die Macht" zu lassen oder „Kindern das Kommando zu geben" (Schröder, 1995, S. 14), sondern:

„Partizipation heißt, Entscheidungen, die das eigene Leben und das Leben der Gemeinschaft betreffen, zu teilen und gemeinsam Lösungen für Probleme zu finden. Kinder sind dabei nicht kreativer, demokratischer oder offener als Erwachsene, sie sind nur anders und bringen aus diesem Grunde andere, neue Aspekte und Perspektiven in die Entscheidungsprozesse hinein" (ebd.). Das bedeutet, dass nicht über die Interessen der Kinder hinweg entschieden werden kann, sondern ihre Sichtweisen und ihre Bedürfnisse zwingend zu berücksichtigen sind, es kann demnach nur um eine gemeinsame Entscheidungsfindung gehen.

Zur Berücksichtigung der Meinung des Kindes sind in Artikel 12 der UN-KRK zwei Absätze verfasst:

„(1) Die Vertragsstaaten sichern dem Kind, das fähig ist, sich eine eigene Meinung zu bilden, das Recht zu, diese Meinung in allen das Kind berührenden Angelegenheiten frei zu äußern, und berücksichtigen die Meinung des Kindes angemessen und entsprechend seinem Alter und seiner Reife.

(2) Zu diesem Zweck wird dem Kind insbesondere Gelegenheit gegeben, in allen das Kind berührenden Gerichts- oder Verwaltungsverfahren entweder unmittelbar oder durch einen Vertreter oder eine geeignete Stelle im Einklang mit den innerstaatlichen Verfahrensvorschriften gehört zu werden."

Liebel merkt an, dass in dieser Formulierung Einschränkungen enthalten sind, „die beliebigen Interpretationen derer offen stehen, die über die entsprechende Macht verfügen" (2013, S. 45). Offen bleibt hier konkret die Frage, was diese Formulierung für Kinder bedeutet, die Unterstützung beim Prozess der Meinungsbildung benötigen. Gerade in Einrichtungen der Kinder- und Jugendhilfe werden Kinder heutzutage oftmals in die Entscheidungen, die anstehen, mit einbezogen. Der Prozess aber, wie Kinder zu ihren Meinungen kommen, wird nur selten als zur Partizipation dazugehörend aufgefasst. Auch die Unterschiede zwischen Kindern in Bezug auf Differenzierungskategorien (Alter, Geschlecht, Kultur u.a.) müssen bei der Meinungsbildung berücksichtig werden. Ansonsten wird das Machtverhältnis zwischen Erwachsenen und Kindern unreflektiert auf die unterschiedlichen Machtkonstellationen zwischen Kindern übertragen. Liebel wirbt für einen reflektierten Umgang mit dieser Herausforderung: „Um das jeweilige Interesse dieser verschiedenen Kinder zu ermitteln und zu verstehen, muss die jeweilige Situation der Kinder und ihre Eigenwahrnehmung in Betracht gezogen werden" (ebd.).

Kinderrechte und Partizipation

Liebel wirft die Frage auf, ob das Recht auf Partizipation einen Lebensbereich begründet, in dem Kinder eigenständig als Rechtssubjekte agieren können oder ob es bedeutet, dass aus den „Wohlfahrtsrechten (auch) Handlungsrechte werden müssen" (2017, S. 50). Oftmals findet eine Begrenzung der Partizipationsrechte auf einen eng zugeschnittenen und von den Erwachsenen vorab festgelegten Bereich statt. Die Gründe hierfür sind sehr unterschiedlich und auch wenn mit dieser Beschränkung vermeintlich im Sinne der Kinderrechte gehandelt wird, so zeigt sich, dass eine Auslegung der UN-KRK auch sein kann (bzw. muss), die Partizipationsrechte so auszulegen, dass sie den Kindern Handlungsrechte verleihen. Liebel führt an, dass Rechte nicht (nur) an den Bedürfnissen der Kinder ansetzen dürfen, sondern in erster Linie an deren Interessen, die „wiederum nur zum Ausdruck und zum Zuge kommen, wenn die Kinder an der Interpretation, Konkretion und Umsetzung der Schutz- und Förderrechte in nennenswertem Maße mitwirken können" (ebd., S. 50 f.). Dieser Aspekt wird im Kapitel 3.5.3 am Beispiel der Erarbeitung von Kinderschutzkonzepten erläutert.

Zum Schutz von Kindern gehört jedoch, dass sie nicht für Entscheidungen über ihr Leben, die nicht in ihrem Einflussbereich liegen, zur Verantwortung gezogen werden (ebd., S. 53). Die Verantwortung für Entscheidungen, müssen die Erwachsenen übernehmen, gerade in Hinblick auf das asymmetrische Beziehungsverhältnis zwischen Erwachsenen und Kindern. Die Berücksichtigung von Abhängigkeits- und Ungleichheitskonstellationen bedürfen im Sinne der Kinderrechte eine unabdingbare Berücksichtigung.

Liebel merkt weiter an, dass gerade im Zusammendenken mit Förder- und Entwicklungsrechten Partizipation einer Banalisierungsgefahr unterliege, indem sie als persönliches Anliegen deklariert werde. Er plädiert dafür, den politischen Aspekt von Partizipation in den Blick zu nehmen: „Demnach ist Partizipation nicht als gesellschaftliche Norm zu betrachten, die erfüllt werden muss, sondern als eine mögliche Voraussetzung, um näher zu bestimmende Ziele zu erreichen" (ebd.).

Daraus folgt, dass Rechte an konkreten Entscheidungen (mit Bezug zur Lebenswelt eines Kindes) festgemacht werden müssen. Demnach können Kinderrechte je nach Kind etwas Unterschiedliches bedeuten. Und zwar in einem doppelten Sinne, in Bezug auf die Beteiligung an anstehenden Entscheidungen aber auch in Bezug auf die Fähigkeiten des Kindes am Entscheidungsprozess zu partizipieren. Pluto beschreibt diese doppelte Anforderung in Bezug auf die Kinder- und Jugendhilfe wie folgt:

„Die Fachkräfte haben auf der einen Seite dafür zu sorgen, dass Kinder und Jugendliche sich beteiligen können und auf der anderen Seite können sie nicht voraussetzen, dass Kinder und Jugendliche in der Lage sind zu partizipieren. Die besondere Herausforderung besteht darin, Beteiligung im Alltag, in Strukturen und in Prozessen zu leben und immer bereits anzunehmen, dass das Kind bzw. der Jugendliche in der Lage ist zu partizipieren und zugleich beständig Gelegenheiten zu bieten, damit Kinder und Jugendliche Partizipation erlernen können" (Pluto, 2018, S. 951).

Partizipation darf also nicht von den Voraussetzungen einzelner Kinder her gedacht werden (Danz, 2020) vielmehr muss die Perspektive des Kindes, ihr Verständnis von Kinderrechten, in den Mittelpunkt des Handelns gestellt werden, dann können Kinderrechte mit ihnen zusammen weiterentwickelt werden (Liebel, 2017). Das bedeutet, dass Partizipation konkret bei der Haltung der Erwachsenen beginnt (und dementsprechend auch aufhört) (Kroetsch, 2017).

„In diesem Sinne thematisieren die Beteiligungsrechte in der Konvention die Mitwirkung der Kinder an der Gestaltung ihrer Lebenswelten. Durch das Recht auf Partizipation werden Versorgungs- und Schutzrechte zu Subjektrechten. Es gilt also Partizipation als Recht [Hervorhebung im Original, Anm. d. A.] zu realisieren und nicht als Mittel, um pädagogische Ziele zu erreichen" (Aghamiri, 2019, S. 218).

Beteiligung von Kindern (und Jugendlichen) in Fragen, die ihr Leben betreffen, ist zudem ein Ziel des Nationalen Aktionsplans „Für ein kindgerechtes Deutschland 2005-2010" gewesen. Im Jahr 2009 wurden in diesem Rahmen allgemeine Qualitätsstandards für die Beteiligung von Kindern und Jugendlichen für die Bereiche Kita, Schule, Kommune, Erzieherische Hilfen und Jugendarbeit veröffentlicht (Kroetsch, 2021).

3.3 Gegenwärtige Entwicklungen in Deutschland

Zur Bewusstmachung der Entwicklung der Kinderrechtssituation in Deutschland gehört es, sich den Bekanntheitsgrad der Kinderrechte anzuschauen. Artikel 42 der UN-KRK beinhaltet die Verpflichtung zur Bekanntmachung: „Die Vertragsstaaten verpflichten sich, die Grundsätze und Bestimmungen dieses Übereinkommens durch geeignete und wirksame Maßnahmen bei Erwachsenen und auch bei Kindern allgemein bekannt zu machen."

Die Frage, die sich stellt, ist, ob die Kinder und Erwachsenen in Deutschland die Kinderrechte kennen. Im Jahr 2012 halten das Aktionsbündnis Kinderrechte und das Netzwerk Kinderrechte noch fest, dass es keine gesicherten Angaben zum Bekanntheitsgrad der Kinderrechte in Deutschland gibt (2012). Im Jahr 2015 hat das Deutsche Kinderhilfswerk für seinen jährlichen Kinderreport eine repräsentative Befragung von Kindern und Eltern durchführen lassen, unter anderem mit der Frage, wie bekannt die UN-KRK und die Kinderrechte in Deutschland seien (DKHW, 2015). Erschreckenderweise kannten damals nur 3 % der Kinder und Jugendlichen und 4 % der Erwachsenen die in der UN-Konvention festgeschriebenen Kinderrechte, 19 % der Kinder und 19 % der Erwachsenen wussten grob, was es damit auf sich hat (ebd.). Manfred Liebel hält schon zwei Jahre später fest, dass „bei Kindern heute ein wachsendes Bewusstsein über die eigenen Rechte" (2017, S. 36) entsteht.

In den drei folgenden Kapiteln soll die gegenwärtige Entwicklung der Kinderrechte in Deutschland dargelegt werden. Hierzu wird zunächst auf die seit längerem bestehende Diskussion um die Aufnahme von Kinderrechten ins Grundgesetz eingegangen, bevor das Monitoring, also die Beobachtung der Umsetzung der UN-KRK in Deutschland, vorgestellt wird. Dann folgt ein Überblick über die Bewertung der Kinderrechtssituation während der Corona-Pandemie.

Kinderrechte und Partizipation

3.3.1   Zur Diskussion um Kinderrechte im Grundgesetz

„Wer im Grundgesetz nach Rechten von Kindern Ausschau hält, wird feststellen: Kinder werden als eigenständige Rechtssubjekte nicht erwähnt. Sie kommen lediglich als Objekt elterlicher Verantwortung vor" (Cremer & Bär, 2016, S. 1). Dieses Zitat macht deutlich, welche Position Kinder im Grundgesetz in Deutschland derzeit einnehmen.

Artikel 4 der UN-KRK verpflichtet die Vertragsstaaten dazu, Gesetzgebungsmaßnahmen zur Verwirklichung der Kinderrechte vorzunehmen: „Die Vertragsstaaten treffen alle geeigneten Gesetzgebungs-, Verwaltungs- und sonstigen Maßnahmen zur Verwirklichung der in diesem Übereinkommen anerkannten Rechte." Dies ist in Deutschland bislang noch nicht geschehen. Der UN-Ausschuss für die Rechte des Kindes (engl.: Committee on the Rights of the Child), mit Sitz in Genf, hat die Bundesrepublik Deutschland jeweils in seinen abschließenden Bemerkungen in den Jahren 1995, 2004 und 2014 explizit aufgefordert, die Kinderrechte im Grundgesetz zu verankern und ihnen damit einen höheren Stellenwert als den eines einfachen Bundesgesetzes zu geben (National Coalition Deutschland, 2019a).

Viele Autor:innen haben bereits die Notwendigkeit der Aufnahme von Kinderrechten im Grundgesetz dargelegt und dessen Vorteile für die Rechtssituation von Kindern (und Eltern) hervorgehoben. Neben der Stärkung der Subjektstellung des Kindes wird durch eine mögliche Grundrechtsverankerung auch die Rechtsposition des Kindes gestärkt (Cremer & Bär, 2016). Cremer und Bär betonen zudem, dass bei einer Grundgesetzänderung die Grundprinzipien der UN-KRK berücksichtigt werden sollten: das Recht auf Gleichbehandlung und Schutz vor Diskriminierung (insbesondere aufgrund des Alters), der Grundsatz des Kindeswohlvorrangs, die Sicherung von Leben und Entwicklungsmöglichkeiten und das Recht auf Anhörung und Beteiligung (ebd.). Erhofft werden sich von der Aufnahme der Kinderrechte ins Grundgesetz „nachhaltige Wirkungen und Veränderungen in der Rechts- und Staatspraxis" (Wabnitz, 2015, S. 10), wie sie andere Grundrechtsänderungen bereits nach sich gezogen haben (ebd.).

Insbesondere wird von Befürworter:innen der Kinderrechte im Grundgesetz darauf verwiesen, dass das gesellschaftliche Bewusstsein für die Kinderrechte gestärkt werden würde „und ein klares Signal an Staat und Gesellschaft [gesendet werden würde], das Wohlergehen und die Verwirklichung der Rechte der Kinder als bereichsübergreifende Kernaufgabe anzusehen" (Maywald, 2019, S. 49 f.).

In der letzten Legislaturperiode sind im Juni 2020 die Verhandlungen über die Aufnahme von Kinderrechten ins Grundgesetz gescheitert. Die Enttäuschung darüber war bei vielen Akteur:innen, die sich für die Rechte von Kindern einsetzen, groß. Zumal nicht zuletzt die Corona-Pandemie „schmerzlich vor Augen geführt [hat], dass Beteiligungsrechte von Kindern sowie der Vorrang des Kindeswohls bei vielen politischen Entscheidungen auf der Strecke geblieben sind." (Ripking & Schweder, 2021). Ziel einer Grundgesetzänderung muss sein, dass Entscheidungsträger:innen die Beschränkung von Kinderrechten „begründen und dabei aufzeigen, dass jede Entscheidung und Maßnahme, die Kinderrechte einschränkt, ausdrücklich zum Schutz kollidierender Verfassungsgüter erfolgt und dass die

Kinderrechte und Partizipation

konkrete Maßnahme dazu geeignet, erforderlich und angemessen ist" (Donath, 2020, S. 17).

Nun stellt sich die Frage, wie die Situation derzeit ist und welche Änderungen die neue Dreiparteien-Koalition sich vorgenommen hat. Die aktuelle Bundesregierung hält in ihrem Koalitionsvertrag fest: „Wir wollen die Kinderrechte ausdrücklich im Grundgesetz verankern und orientieren uns dabei maßgeblich an den Vorgaben der UN-KRK. Dafür werden wir einen Gesetzesentwurf vorlegen und zugleich das Monitoring zur Umsetzung der UN Kinderrechtskonvention ausbauen" (Bundesregierung, 2021, S. 98). Eine Zusammenstellung der kinderrechtsrelevanten Äußerungen im Koalitionsvertrag von SPD, Bündnis 90/die Grünen und FDP hat die National Coalition Deutschland vorgenommen (2021), es bleibt hoffnungsvoll abzuwarten, wie die Umsetzung dieser Vorhaben gelingt.

Bianka Pergande, Geschäftsführerin der Deutschen Liga für das Kind, bringt die Hoffnung von Kinderrechtsakteur:innen für die Zukunft auf den Punkt: „Nach 30 Jahren muss es gelingen, dass die Kinderrechte ins Grundgesetz aufgenommen werden und Realität für alle Kinder in allen Lebensbereichen werden: Im Interesse der Kinder, der Eltern und der gesamten Gesellschaft" (2021, S. 49).

3.3.2 Monitoring der Kinderrechtsituation in Deutschland

Artikel 44 der UN-KRK regelt die Berichtspflicht der Unterzeichnerstaaten. Die Bundesrepublik trägt die Verantwortung, den Vereinten Nationen alle fünf Jahre „Berichte über die Maßnahmen, die sie zur Verwirklichung der in diesem Übereinkommen anerkannten Rechte getroffen haben, und über die dabei erzielten Fortschritte vorzulegen". Der Dialog zwischen der Bundesregierung und dem UN-Ausschuss endet mit durch den UN-Ausschuss formulierten Beobachtungen und der Aufforderung zu weiteren Maßnahmen an die Bundesregierung (Maywald, 2019). Die zuletzt vorgelegten Abschließenden Bemerkungen des UN-Ausschusses stammen aus dem Jahr 2014.

Im Jahr 2019 hat Deutschland den zusammengelegten „Fünften und Sechsten Staatenbericht zu dem Übereinkommen der Vereinten Nationen über die Rechte des Kindes" vorgelegt. Neben dem Staatenbericht gibt es einen ergänzenden Bericht des Netzwerks Kinderrechte. In Deutschland setzen sich zahlreiche Verbände und Einrichtungen für eine Verbesserung von Lebensbedingungen von Kindern ein, die einem gesunden Aufwachsen im Wege stehen. Eine große Zahl von ihnen hat sich zum Netzwerk Kinderrechte, der National Coalition, zusammengetan, um „gemeinsam für die Berücksichtigung der Kinderrechte in Gesetzesvorhaben, Reformprogrammen oder institutionellen Veränderungen einzutreten" (Krappmann, 2015, S. 8). Die National Coalition formuliert ergänzend zum Bericht der Bundesregierung einen sogenannten Schattenbericht, indem der Stand der Kinderrechte in Deutschland aus Sicht der über 100 Kinderrechts- und Wohlfahrtsorganisationen dargelegt wird. Im Jahr 2019 wurde der Schattenbericht „Die Umsetzung der UN-KRK in Deutschland. 5./6. Ergänzender Bericht an die Vereinten Nationen" vorgelegt.

Da die ersten Berichte über die Kinderrechtssituation in Deutschland ohne Beteiligung von Kindern zustande kamen, hat der UN-Ausschuss Kinder dazu ermutigt, ihre Rechte selbst einzufordern und sich an den Aktivitäten des Ausschusses zu beteiligen (Liebig, 2013). Die

Kinderrechte und Partizipation

Beteiligung der Kinder am Monitoring wird koordiniert durch die National Coalition. Der Zweite Kinderrechtereport, ebenfalls aus dem Jahr 2019, versteht sich als „wichtige Grundlage für die Politik und die weitere Umsetzung der Kinderrechte in Deutschland!" (National Coalition, 2019b, S. 4).

Das Deutsche Institut für Menschenrechte ist 2015 von der Bundesregierung beauftragt worden, die Umsetzung der UN-KRK in Deutschland zu begleiten und hat dafür die unabhängige Monitoring-Stelle UN-KRK eingerichtet. Die Monitoringstelle präsentiert den Vereinten Nationen Parallelberichte zu den Staatenberichten der Bundesregierung über die Umsetzung der Kinderrechtskonvention und nimmt damit Einfluss auf die abschließenden Bemerkungen des UN-Ausschusses (BMFSFJ, 2020). In der folgenden Abbildung stellt die Monitoringstelle den Ablauf des Staatenberichtsverfahrens zur UN-Kinderrechtskonvention anschaulich dar:

Abbildung 2: Die acht Phasen des Staatenberichtsverfahrens der UN-Kinderrechtskonvention (Deutsches Institut für Menschenrechte 2017, S. 3)

Kinderrechte und Partizipation

Eine weitere Beurteilung des Status Quo der Kinderrechte in Deutschland nimmt der Kinderrechte-Index vor, der in einer Pilotstudie des Deutschen Kindeshilfswerks 2017 begonnen und 2019 vorgestellt wurde (DKHW, 2019a). Der Kinderrechteindex, dem ein breit gefasster Forschungsansatz mit Fokus auf die Kinderrechte zugrunde liegt, ist eine Bestandsaufnahme der Umsetzung der Kinderrechte in den deutschen Bundesländern. Ziel eines Kinderrechteindexes ist es, „durch eine transparente und öffentlichkeitswirksame Darstellung der Umsetzung von Kinderrechten" Verantwortliche zu erreichen und „gleichzeitig versteht sich die Pilotstudie auch als Impulsgeberin an staatliche Akteurinnen und Akteure, die Sammlung von kinderrechtlich relevanten Daten zu prüfen, Lücken zu schließen oder bereits vorhandene Daten öffentlich zugänglich zu machen" (DKHW, 2019b, S. 1). Eine weitere Bemühung des Deutschen Kinderhilfswerks, die Kinderrechte in Deutschland voranzubringen, ist der Kinderreport, der die Umsetzung der Kinderrechte in Deutschland aus Sicht von Kindern und Erwachsenen jährlich berichtet, im Jahr 2021 mit dem Schwerpunkt Mediensucht (DKHW, 2021).

Die Beobachtung der Entwicklung der Kinderrechtssituation in Deutschland ist also bereits mehrperspektivisch angegangen worden. Prof. Dr. Jörg Maywald, Vorstandsmitglied der National Coalition, weist jedoch auf die Notwendigkeit eines Kinderrechtsbeauftragten und Ombudsstellen hin:

„Ergänzend notwendig wäre die Einrichtung eines Bundeskinderrechtsbeauftragten mit der Aufgabe, die Umsetzung der UN-Kinderrechtskonvention unter Beteiligung von Nichtregierungsorganisationen und von Kindern und Jugendlichen zu überwachen und zu bewerten. Weiterhin erforderlich sind Beschwerdeanlaufstellen, an die sich Kinder und Jugendliche überall vor Ort wenden können, wenn ihre Rechte missachtet sind. Nicht zuletzt fehlt es an einer systematischen Kinderrechtsforschung, deren Aufgabe es wäre, in einem kontinuierlichen Ist-Soll-Vergleich die Mängel bei der Umsetzung der UN-Kinderrechtskonvention empirisch festzustellen" (Maywald, 2018, S. 989).

3.3.3 Kinderrechtssituation in der Corona-Pandemie

Kinder waren und sind von der Corona-Pandemie und den Maßnahmen zu ihrer Eindämmung auf vielfache Weise besonders betroffen, das ist inzwischen Konsens (siehe auch Kapitel 6 in diesem Band). Insbesondere sind sie in einem hohen Maß psychisch belastet (BMG & BMFSFJ, 2021). Zugleich kann festgehalten werden, dass die Betroffenheit von Kindern und ihre veränderte Lebenssituation „nicht im Fokus der Maßnahmen zum Schutz vor einer SARS-CoV-2-Infektion [stand] – weder in der Politik noch in der Öffentlichkeit" (Spura et al., 2021, S. 1481). Donath sieht einen Grund dafür in der fehlenden Verankerung der Kinderrechte im Grundgesetz, dies „könnte dazu führen oder geführt haben, dass Kinderrechte in vielen Fällen weniger beachtet worden sind als andere Verfassungsgüter" (2020, S. 11 f.). Während Grundrechtseingriffe sehr wohl in vielen Zusammenhängen diskutiert werden, zum Beispiel in Bezug auf Versammlungsfreiheit und das Recht auf Religionsausübung, haben Diskussionen um die Betroffenheit von Kindern weniger in Bezug auf rechtliche Fragestellungen als vielmehr im „politischen, sozialwissenschaftlichen oder pädagogisch-psychologischen Bereich" (ebd.) stattgefunden.

Kinderrechte und Partizipation

Die fehlende Diskussion, ob einschränkende Maßnahmen zur Sicherung der Rechte von Kindern eventuell abgeändert oder abgemildert werden müssten, führt in der Konsequenz dann dazu, dass zwischen den Kindern, die in der Pandemie in erster Linie als Schüler:innen und notwendigerweise zu betreuende Kindertagesstättenkinder wahrgenommen werden, keine Differenzierungen vorgenommen werden, ganz so als wären sie eine homogene Gruppe. Die Monitoringstelle des Deutschen Instituts für Menschenrechte sagt hierzu: „Auch Kinder sind keine homogene Gruppe; die unterschiedlichen Lebenslagen von Kindern müssen daher bei der Ausgestaltung von Maßnahmen der Pandemiebekämpfung berücksichtigt werden." (2020, S. 4).

Grundsätzlich kann festgehalten werden, dass das seit vielen Jahren auf verschiedensten Ebenen in Deutschland gestärkte Recht auf Beteiligung sich in den vergangenen zwei Jahren als nicht krisensicher erwiesen hat. Bereits etablierte Beteiligungsstrukturen in Schulen, Verbänden und Kinderparlamenten wurden nur unzureichend bis gar nicht genutzt bei den Diskussionen, welche Maßnahmen zur Pandemieeindämmung beschlossen werden müssen. Dies weist darauf hin, dass die Partizipation von Kindern noch keine gelebte Kultur ist, denn sonst wären Kinder in den Aspekten, die Auswirkungen auf ihre Lebenssituation haben, beteiligt worden (Giese & Lindmeier, 2021).

Auch wenn es in der Ausnahmesituation kaum möglich ist, neue Beteiligungsstrukturen zu etablieren, so ist es dennoch unerlässlich, „zumindest bestehende Strukturen intensiv zu nutzen, damit auch die Perspektiven von Kindern bei staatlichen Entscheidungen berücksichtigt werden können" (Deutsches Institut für Menschenrechte, 2020, S. 9). Hier zeigt sich sehr deutlich, welche Bedeutung eine Verankerung der Kinderrechte im Grundgesetz hätte:

„Wenn das Kindeswohl (best interests of the child) in der Verfassung verankert wäre, wäre auch in Zeiten der Corona-Krise die vorrangige Berücksichtigung des Kindeswohls und die Pflicht der Beteiligung von Kindern für politische Verantwortungsträger_innen, für die Justiz und die Verwaltung besser sichtbar." (ebd., S. 12).

Die Kinderkommission des Deutschen Bundestages spricht aus diesem Grund die Empfehlung aus, dass die in der UN-KRK festgeschriebenen Rechte für Kinder „auch in Krisenzeiten auf allen politischen Ebenen" (Müller, 2021, S. 6) gewährleistet werden sollen: „Dies soll von der Einbeziehung bei der Gestaltung der Schule bis hin zur Berücksichtigung der kinder- und jugendspezifischen Interessen bei den Eindämmungsverordnungen und lokalen Pandemieplänen reichen" (ebd.)

Andresen et al. betonen in der Reflexion des ersten Teils ihrer bundesweiten JuCo-Studie zur Frage, wie Jugendliche die Pandemie erleben, dass das Recht der Kinder auf Beteiligung und Schutz kein „Schönwetterrecht" sein darf, sie halten fest: „Wenn es in der Krise aussetzt, ist es nicht fest genug etabliert. Die Rechte der jungen Menschen sind ebenfalls Grundrechte, es sollte also genau bedacht und den jungen Menschen gegenüber begründet werden, wenn sie eingegrenzt werden" (Andresen et al., 2020, S. 17). Das Deutsche Kinderhilfswerk sieht die Aufnahme der Kinderrechte ins Grundgesetz ebenfalls als eine zentrale Lösung an und schlussfolgert: „Durch eine explizite Verankerung der Kindergrundrechte würde noch deutlicher werden, dass Schutz, Förderung und Beteiligung von

Kindern niemals – erst recht nicht in Krisenzeiten – aus dem Blickfeld geraten dürfen"
(DKHW, 2020, o.S.).

3.4   Aspekte der Zukunft von Kinderrechten in Deutschland

In den folgenden drei Kapiteln wird aufgezeigt, wie die Zukunft der Kinderrechte in
Deutschland in Bezug auf Prävention und Partizipation im Allgemeinen und wie mit Kin-
derschutzkonzepten eine konkrete Umsetzung der Kinderrechte in der pädagogischen
Praxis aussehen kann. Fokussiert wird hierbei die Perspektive, dass Kinder nicht nur am
Ende von Prozessen der Veränderung in Bezug auf Kinderrechte beteiligt sein, sondern
ihre Perspektiven und ihre Bedürfnisse von Beginn an mit berücksichtig werden müssen.
Manfred Liebel betont, wie wichtig es sei,

„die in der UN-Kinderrechtskonvention verankerten Rechte nicht bibelgleich als der Weis-
heit letzter Schluss zu begreifen, die nur noch der Umsetzung harren. Sie sind selbst auf
die historischen Voraussetzungen ihrer Entstehung und daraufhin zu befragen, wie sie von
den Kindern selbst verstanden werden und mit ihnen weiterentwickelt werden können."
(Liebel, 2017, S. 36).

Hier knüpft die Idee von Kinderschutzkonzepten an. Die Bedeutung von Kinderbeteiligung
bei der Erarbeitung und Implementierung von Kinderschutzkonzepten ist in der theoretischen Diskussion zwar anerkannt, die Einführung von Kinderschutzkonzepten findet in
Deutschland bis auf einige bekannte Praxisbeispiele (Kroetsch, 2021) jedoch zu oft noch
ohne die betreffenden Kinder (und ihre Eltern) statt. Dabei liegt gerade in Kinderschutzkonzepten eine Chance, die Kinder in nachhaltige Veränderungsprozesse in Bezug auf Kinderrechte kindgerecht einzubeziehen, bzw. diese von vorneherein mit ihnen zusammen
nachhaltig zu gestalten.

3.4.1   Zum Zusammenhang von Kinderrechten und Prävention

Prävention und Partizipation sind festgeschriebene und anerkannte Leitprinzipien der Kin-
der- und Jugendhilfe (Knauer, 2006). In ihrer Bedeutung für diese sind sie jedoch unterschiedlich zu bewerten. Während Partizipation auf eine pädagogische Grundhaltung verweist, kann Prävention (gerade mit ihrer Defizitorientierung und dem Gedanken des
Schutzes von Kindern) kein eigenständiger Grundsatz pädagogischer Arbeit sein, vielmehr
ist sie ohne Partizipation nicht denkbar (ebd.).

Allgemeiner formuliert kann festgehalten werden, dass die Implementierung von Kinderrechten einen zentralen Beitrag für die Entwicklung von Kindern leistet, insbesondere in
Bezug auf ihr demokratisches Verständnis. In diesem Sinne bedeuten Kinderrechte „immer auch präventiven Kinderschutz" (Kroetsch, 2017, S. 115). Nimmt man die sexuelle
Gewalt gegen Kinder in den Fokus, so hat Jörg Maywald bereits 2008 festgehalten, dass
das Wissen von Kindern über ihre Rechte diese vor Missbrauch schützen könne. Oder andersrum ausgedrückt: „Je weniger Rechte Kindern zugestanden werden, umso größer ist
ihr Risiko, Opfer sexualisierter Gewalt zu werden" (Fegert et al., 2015, S. 106). Pergande
verweist darauf, diesen Zusammenhang auch empirisch (allerdings ohne den Fokus auf

Kinderrechte und Partizipation

sexuelle Gewalt, in der pädagogischen Praxis von Kinderkrippen vorzufinden): Krippen, in denen die Beteiligung von Kindern gelebt wird, weisen niedrigere Häufigkeiten von grenzüberschreitenden Handlungen der Fachkräfte gegenüber den Krippenkindern auf (2021). Auf den Zusammenhang von Partizipation und einer Sensibilisierung gegenüber Gewalt gegen Kinder in Kindertagesstätten verweisen auch die Erkenntnisse eines von der Autorin geleiteten Student:innenforschungsprojektes zu Kinderschutzkonzepten in Kitas (Kroetsch & Minar, 2022a; Kroetsch & Minar, 2022b).

In Deutschland hat die Diskussion um sexuellen Missbrauch, insbesondere seit 2010, dem Jahr des Bekanntwerdens zahlreicher Fälle von sexuellem Missbrauch in Organisationen, die Erkenntnis gestärkt, dass ein Schutzfaktor für Kinder ist, dass sie zu „eigenständigen, autonom handelnden Subjekten heranwachsen können und die Möglichkeit haben, sich im Fall eines Übergriffes an Vertrauens- und Ombudspersonen zu wenden" (Pluto, 2018, S. 950). Pluto macht hier deutlich, dass Prävention und Partizipation nur zusammengedacht werden können, wenn letztere gleichzeitig mit Beschwerdemöglichkeiten verbunden ist. Haben Kinder keine Möglichkeit auf Kinderrechtsverletzungen aufmerksam zu machen, dann läuft ihr Recht auf Beteiligung und damit auch jeglicher Präventionsgedanke ins Leere. Auch Gerbig verweist darauf, dass die Abhängigkeiten der Dimensionen der UN-KRK (Schutz, Förderung und Beteiligung) in den Blick genommen werden müssen (Gerbig, 2020). Damit Partizipation als „eines der wirksamsten Instrumente des Kinderschutzes" (ebd., S. 3) gelten kann, müssen Beteiligungsstandards etabliert sein (ebd.)

Die in der UN-KRK festgeschriebenen Kinderrechte müssen demnach nicht nur Konsequenzen für staatliches Handeln haben, sondern ebenso für alle Organisationen (und die darin haupt- und ehrenamtlich arbeitenden Menschen), in denen sich Kinder aufhalten. Diese Orientierung an den Rechten von Kindern muss der Leitgedanke von Organisationen sein und sich auch in den pädagogischen Konzepten wiederfinden (Maywald, 2018). Eine gelebte Beteiligungskultur und altersgerechte Beschwerdemöglichkeiten tragen dann zu einem „Sicherheitsgefühl" (Wolff & Hartig, 2013, S. 38) von Kindern bei. Im Gegensatz zum Begriff der Menschenrechte, der vorwiegend nur im Zusammenhang mit Menschenrechtsverletzungen genannt wird und kaum Bezug zu alltäglichem Handeln hat (Herrmann, 2013) sollte der Bezug auf Kinderrechte auch präventiven Charakter haben. Es geht darum, sich mit Kinderrechten nicht nur im Fall von Kinderrechtsverletzungen zu beschäftigen, sondern auf die systemimmanenten Ungleichheiten zu verweisen, die dazu führen, dass Kinderrechte zwar für alle Kinder gelten aber nicht von allen gleichermaßen gekannt und in Anspruch genommen werden können. Für alle, die mit Kindern arbeiten, muss es darum gehen, sich um Kinderrechte nicht nur im Einzelfall, sondern strukturell zu bemühen.

3.4.2　Kinderschutzkonzepte zur Sicherung der Kinderrechte

Wenn es um Schutz von Kindern geht, dann stellt sich in Organisationen, in denen sich Kinder aufhalten die Frage, wie deren Rechte im Alltag gestärkt und im Fall von Rechtsverletzungen geschützt werden können (Fegert, Schröer & Wolff, 2017).

Kinderschutzkonzepte sind in Deutschland noch nicht flächendeckend bekannt, spätestens aber seit der Einführung des Bundeskinderschutzgesetzes vor nunmehr zwölf Jahren und den damit einhergehenden Forderungen für betriebserlaubnispflichtige Einrichtungen Partizipations- und Beschwerdemöglichkeiten für Kinder einzuführen, nimmt die Beschäftigung damit deutlich zu. Schutzkonzepte sind dabei sowohl auf Prävention von Gewalt gegen Kinder als auch auf Intervention ausgelegt und stellen einen organisationalen Veränderungsprozess dar, der sowohl die Analyse der Gegebenheiten als auch Veränderungen von Strukturen und Regeln sowie die Haltung aller Beteiligten in den Blick nimmt (UBSKM, o.J.).

Am bekanntesten sind Kinderschutzkonzepte, die aus verschiedenen Bausteinen bestehen, die je nach Organisation und Kontext veränderbar und erweiterbar sind. Als Grundlage werden die Bausteine Leitbild, Verhaltenskodex und Selbstverpflichtungserklärung, Fortbildungen für Haupt- und Ehrenamtliche, Personalverantwortung, Beteiligungsmöglichkeiten für Kinder, Präventionsangebote, Beschwerdeverfahren, ein Notfallplan und die Kooperation mit Fachleuten (ebd.) verstanden. Sowohl die Begrifflichkeiten als auch die Inhalte der Bausteine werden derzeit in Deutschland unterschiedlich verwendet.

Bedeutsam ist es für „funktionierende" Kinderschutzkonzepte, dass nicht nur Grenzverletzung und Übergriffe durch Erwachsene thematisiert werden, sondern auch grenzverletzende und übergriffige Handlungen von Kindern gegen Kinder (und auch gegen Fachkräfte) in den Blick genommen werden. Diese Thematik setzt ebenso wie die allgemeinere Auseinandersetzung mit Gewalt gegen Kinder voraus, dass die Erwachsenen (hier Fachkräfte und Eltern) sowohl Wissen als auch Handlungsmöglichkeiten im Präventions- und Interventionsbereich an die Hand bekommen, um sich schon bei der Erarbeitung von Kinderschutzkonzepten den Herausforderungen, die diese Themen mit sich bringen, nicht zu verschließen.

Zunehmend Einheitlichkeit besteht bei Fachleuten darüber, dass ein Kinderschutzkonzept keine Aneinanderreihung von Fortbildungsveranstaltungen mit den genannten Bausteinen sein kann, sondern es gerade im Kontext von Prävention darum geht, die Erarbeitung und Implementierung eines Kinderschutzkonzeptes als „gezielte Anstrengung zu verstehen, um die jeweilige Organisation zu einem möglichst sicheren Ort für Kinder und Jugendliche zu machen" (Oeffling, Winter & Wolff, 2018, S. 204). Der Nationale Rat gegen sexuelle Gewalt an Kindern und Jugendlichen hält hierzu fest:

„Schutzkonzepte stellen ein Qualitätsmerkmal von Einrichtungen und Organisationen dar. Das Risiko, dass Kinder und Jugendliche sexuelle Gewalt in der Einrichtung oder Organisation erleiden, und das Risiko, dass betroffene Kinder und Jugendliche von Fachkräften nicht erkannt werden und keine Hilfe erhalten, kann durch wirksame Schutzkonzepte minimiert werden." (BMFSFJ, 2021, S. 15).

Die vordergründige Ausrichtung des Themas von Kinderschutzkonzepten an der sexuellen Gewalt gegen Kinder ist historisch zu erklären. Die Auseinandersetzung gerade mit Nähe und Distanz, Grenzüberschreitungen und Machtmissbrauch in pädagogischen Zusammenhängen erlaubt jedoch auch die Einbeziehung anderer Gewaltformen.

Die Entwicklung bei Kinderschutzkonzepten hat begonnen als einzelne, teils thematisch unverbundene Bausteine, die im Wesentlichen eher der Wissensvermittlung entsprachen als der Weiterentwicklung der Organisationen. Mit der Zeit setzt sich immer mehr ein Verständnis von Kinderschutzkonzepten durch, dass die Entwicklung regelhafter Strukturen in den Blick nimmt. Nach Ulrike Minar, Leiterin des Kinderschutzzentrums Hamburg, geht es um einen andauernden Prozess der Auseinandersetzung mit einer professionellen Haltung zu Kinderrechten und Kinderschutz (Minar, 2020).

Im Koalitionsvertrag der aktuellen Bundesregierung steht, dass Modellprojekte zur Entwicklung von Kinderschutzkonzepten unterstützt werden sollen (2021, S. 101), wünschenswert wäre, dass diesen dann ein Verständnis von Kinderschutz als fortlaufenden Prozess der gemeinsamen Auseinandersetzung mit Kinderrechten zugrunde liegt.

3.4.3 Partizipation bei der Erarbeitung von Kinderschutzkonzepten

Für die Erarbeitung und Implementierung von Kinderschutzkonzepten ist nicht nur eine partielle Beteiligung von Kindern an einzelnen Themen oder Projekten nötig, es bedarf einer grundsätzlichen Beteiligungskultur (Kroetsch, 2021). Die Partizipation von Kindern kann einen etwaigen Machtmissbrauch von Erwachsenen begrenzen und damit zu einem strukturellen Schutz von Kindern beitragen. Dahingehend bedeutet eine gelebte Beteiligungskultur, dass die Beteiligung von Kindern nicht (nur) als Voraussetzung für gelingende Organisationsentwicklungsprozesse zu sehen sind, sondern sie grundsätzlich an den Rechten der Kinder festzumachen ist (Schröer, 2017). Partizipation darf nicht an den Kompetenzen der Kinder zur Beteiligung orientiert sein und muss infolgedessen unabhängig vom Erfolg der getroffenen Entscheidungen betrachtet werden (Danz, 2020). Dies klärt auch das Missverständnis von vielen Fachkräften im frühkindlichen Kontext, dass Partizipation im Kinderschutzkonzept ja keine Rolle spielen könne, da die Kinder noch nicht fähig sind, sich an dessen Erarbeitung zu beteiligen. Danz bringt dies wie folgt auf den Punkt: „Gelingende Teilhabe aber nicht nur von den Voraussetzungen einzelner Individuen her zu denken, sondern die Gestaltung gesellschaftlicher Rahmenbedingungen zu betrachten, die Teilhabe ermöglichen, benötigt einen etwas anderen Fokus auf Partizipation" (ebd., S. 65).

Das bedeutet auch, dass die Verantwortung für die Beteiligung von Kindern die Erwachsenen tragen, die die Kinder informieren und vorbereiten müssen. Partizipative Prozesse benötigen eine durchgehende professionelle Begleitung durch (selbst informierte und qualifizierte) Erwachsene. Dies darf nicht nur anlassbezogen gedacht werden, sondern muss gerade im Hinblick auf Prävention auf Dauer angelegt sein:

„Im Rahmen von Schutzkonzepten muss es sich [...] um partizipative Präventionsprozesse – und nicht um einzelne Maßnahmen – handeln. Also Prozesse, die in der alltäglichen pädagogischen Arbeit der jeweiligen Organisation partizipativ mit allen AkteurInnen erarbeitet, gelebt und getragen werden" (Oeffling, Winter & Wolff, 2018, S. 205)

Kinderrechte und Partizipation

Die Bedeutung der Beteiligung von Kindern bei der Erarbeitung von Schutzkonzepten ist von Oppermann und Schröer (2018) mit Hinweisen zu Praxisbeispielen beschrieben worden. Die Verantwortung dafür, Kinderschutzkonzepte zu einem gemeinsamen Prozess zu machen haben die Leitungen (Fegert, Schröer & Wolff, 2017), Beteiligung von Kindern kann nicht heißen, sie in die Verantwortung für das Gelingen eines solchen Prozesses zu nehmen.

Um diesen Fokus auf Partizipation einnehmen zu können, braucht es auf Seiten der Fachkräfte eine kinderrechtsbewusste Haltung. Diese kann zum einen durch Fort- und Weiterbildungen erreicht werden, es zeigt sich jedoch auch, dass selbst die Einführung von Partizipation durch Top-down-Prozesse geeignet ist, die Haltung der Fachkräfte weiterzuentwickeln. So konnten Kroetsch und Minar (2021) nachweisen, dass eine vom Träger verordnete Beteiligung der Kinder geeignet ist, dass die Fachkräfte ihre Haltung reflektieren und weiterentwickeln: „Je mehr Beteiligung in der Kita in die pädagogische Arbeit einfließt, desto eher ist es eine Haltungsfrage, die eben keinen projektförmigen Charakter mehr hat, sondern die Kinderrechte als pädagogische Grundhaltung versteht" (S. 83). Andererseits haben auch die Fachkräfte das Recht und das Bedürfnis in die Prozesse einbezogen zu werden (Minar, 2020). Ebenso wie die Eltern, die von Einrichtungen, die sich auf den Weg zu einem Kinderschutzkonzept machen, noch sehr selten beteiligt werden. Der Kinderrechtsidee geht es gerade darum, keine Kinderrechteinseln zu schaffen, sondern allen Kindern in dieser Gesellschaft eine gelingende Entwicklung zu ermöglichen, unabhängig von ihrer individuellen Lebenssituation oder ihrer Betreuung in einer Einrichtung.

3.5 Fazit und Ausblick

Der vorliegende Beitrag zur Expertise des 27. Deutschen Präventionstages hat die Themen Kinderrechte und Partizipation hinsichtlich ihrer Entwicklung, der gegenwärtigen Situation in Deutschland und ihrer Zukunftsaussichten beleuchtet. Die in der UN-KRK festgeschrieben Rechte sind in Deutschland noch nicht umfassend umgesetzt. Es fehlt eine Verankerung der Rechte im Grundgesetz, so dass Kinderrechte nicht nur projektförmig Beachtung finden, sondern in den Vordergrund jeglichen Handelns mit Bezug zu Kindern rücken. Im Hinblick auf Prävention wurde ihre Abhängigkeit von Partizipation deutlich gemacht. Partizipation ist nicht nur die Grundlage für die Inanspruchnahme von Rechten durch Kinder, sie stellt auch eine Voraussetzung für Prävention im Hinblick auf Kinderschutz dar. Kinderschutzkonzepte können hier eine Möglichkeit aufzeigen, durch Strukturveränderungen den Schutz von Kindern vor Gewalt zu erhöhen und sie auch im Falle einer Intervention maßgeblich an den anstehenden Entscheidungen zu beteiligen. Dabei dürfen Kinderschutzkonzepte nicht verstanden werden als einzelne in Organisationen zu verankernde (Wissens-)Bausteine, vielmehr sollen sie einen andauernden Organisationsentwicklungsprozess anstoßen, der die Rechte der Kinder als Grundlage versteht und die Kinder bei allen Prozessschritten mit ihrer eigenen Perspektive und ihren eigenen Bedürfnissen beteiligt.

In der Zusammenschau der Kapitel lässt sich festhalten, dass Kinderschutzkonzepte geeignet sind, die Kinderrechte in Organisationen nachhaltig zu verankern und einen Beitrag zu leisten, Kinderrechte gesamtgesellschaftlich mehr in den Fokus zu rücken. Für Kinderschutzkonzepte, die neben dem Umgang mit Fällen von Gewalt gegen Kinder auch die Prävention von Gewalt in den Mittelpunkt der Weiterentwicklung stellen, bedarf es einer beteiligungsfördernden Kultur. Das bedeutet, dass auch Fachkräfte und Eltern sich beteiligen dürfen. Gerade Fachkräfte können Beteiligung von Kindern im Alltag nur leben, wenn sie selbst beteiligt werden. Die Entwicklung des Themas Kinderschutzkonzepte in Deutschland zeigt in der Theorie zunehmend ein viel grundsätzlicheres Verständnis von Beteiligung auf. In der Praxis zeigt sich, dass Kinder zwar projektbezogen an der Erarbeitung von Kinderschutzkonzepten beteiligt werden, Kinder, Fachkräfte und Eltern jedoch wenig Einfluss auf die von Träger- und Leitungsebene vorgegebenen Entwicklungen haben. Hier darf nicht die Chance vertan werden, dass die Implementierung von Kinderschutzkonzepten, neben Kinderrechten und Kinderschutz auch die Erwachsenen stärken kann. Nur dann werden diese in die Lage versetzt, die Kinderrechte zur Grundlage ihres Handelns zu machen und sich im Fall einer unklaren Entscheidungssituation an diesen zu orientieren.

Es stellt sich die Frage, was Kinder und Fachkräfte (und Eltern) benötigen, um sich bei Themen, die sie selbst betreffen, beteiligen zu können. Zudem muss es eine fachwissenschaftliche Diskussion darüber geben, was es braucht, damit Kinderschutzkonzepte nachhaltig in der Praxis wirken. Die Implementierung von partizipativ erarbeiteten Kinderschutzkonzepten sollte auch längerfristig evaluiert werden. Nur so kann die Frage beantwortet werden, wie es gelingen kann, statt Kinderrechtsprojekten kinderrechtstragende Strukturen weiterzuentwickeln, die sowohl Veränderungen in der Zusammensetzung von Kindern, Eltern und Fachkräften standhalten als auch gesellschaftliche Entwicklungen wie zum Beispiel dem Fachkräftemangel in der Sozialen Arbeit Rechnung tragen.

Kinderrechte und Partizipation

Literatur

Aghamiri, K. (2019). Teilhaberechte in der stationären Kinder- und Jugendhilfe verbindlich verankern. In A. Eberle, U. Kaminsky, L Behringer & U. Unterkofler (Hrsg.), *Menschenrechte und Soziale Arbeit im Schatten des Nationalsozialismus* (S. 215-226). Springer VS.

Aktionsbündnis Kinderechte & National Coalition Deutschland. (2012). *20 Jahre. Ratifizierung der UN-Kinderrechtskonvention am 5. April 2012. Deutschland muss Kinderrechte bekannter machen.* https://www.jugendhilfeportal.de/recht/artikel/deutschland-muss-kinderrechte-bekannter-machen/

Andresen, S., Lips, A., Möller, R., Rusack, T., Schröer, W., Thomas, S. & Wilmes, J. (2020): *Erfahrungen und Perspektiven von jungen Menschen während der Corona-Maßnahmen. Erste Ergebnisse der bundesweiten Studie JuCo.* https://doi.org/10.18442/143

Bendig, R. (2018). *Handlungskompetenzen entwickeln am Lerngegenstand Kinderrechte. Globales Lernen in Kooperation von Schule, Zivilgesellschaft und Jugendarbeit.* Springer VS.

Bundesministerium für Gesundheit (BMG) & Bundesministerium für Familie, Senioren, Frauen und Jugend (BMFSFJ). (2021). *Gemeinsamer Bericht BMG und BMFSFJ Kabinettsitzung am 30. Juni 2021 - TOP Verschiedenes -1- Übersicht zu gesundheitlichen Auswirkungen der Corona-Pandemie auf Kinder und Jugendliche.* https://www.bmfsfj.de/resource/blob/183046/9880e626ab0dfcf849ec16001538f398/kabinett-auswirkungen-corona-kinder-jugendliche-data.pdf

Bundesministerium für Familie, Senioren, Frauen und Jugend (BMFSFJ) (Hrsg.). (2021). *Gemeinsame Verständigung des Nationalen Rates gegen sexuelle Gewalt an Kindern und Jugendlichen.* https://www.bmfsfj.de/resource/blob/183016/fb60b0aee0557bf73b992d3da226f098/gemeinsame-verstaendigung-nationaler-rat-data.pdf

Bundesministerium für Familie, Senioren, Frauen und Jugend (BMFSFJ) (Hrsg.). (2020). *16. Kinder- und Jugendbericht. Förderung demokratischer Bildung im Kindes- und Jugendalter.* https://www.bmfsfj.de/bmfsfj/service/publikationen/16-kinder-und-jugendbericht-162238

Bundesministerium für Familie, Senioren, Frauen und Jugend (BMFSFJ) (Hrsg.). (2018). *Übereinkommen über die Rechte des Kindes. VN-Kinderrechtskonvention im Wortlaut mit Materialien.* https://www.bmfsfj.de/bmfsfj/service/publikationen/uebereinkommen-ueber-die-rechte-des-kindes-86530

Bundesregierung (2021). *Mehr Fortschritt wagen. Bündnis für Freiheit, Gerechtigkeit und Nachhaltigkeit. Koalitionsvertrag zwischen SPD; Bündnis 90/Die Grünen und FDP.* https://www.bundesregierung.de/resource/blob/974430/1990812/04221173eef9a6720059cc353d759a2b/2021-12-10-koav2021-data.pdf?download=1

Cremer, H. & Bär, D. (2016). *Kinderrechte ins Grundgesetz: Kinder als Träger von Menschenrechten stärken.* (Position / Deutsches Institut für Menschenrechte, 7). Deutsches Institut für Menschenrechte. https://www.ssoar.info/ssoar/bitstream/handle/document/49268/ssoar-2016-cremer_et_al-Kinderrechte_ins_Grundgesetz_Kinder_als.pdf?sequence=1&isAllowed=y&lnkname=ssoar-2016-cremer_et_al-Kinderrechte_ins_Grundgesetz_Kinder_als.pdf

Danz, S. (2020). Partizipation meint Teilhabe und Solidarität – Visionen für eine bessere Zukunft für alle. In S. Gerhartz-Reiter & C. Reisenauer (Hrsg.), *Partizipation und Schule* (S. 63-78). Springer VS.

Deutsches Institut für Menschenrechte. https://www.institut-fuer-menschenrechte.de/das-institut/abteilungen/monitoring-stelle-un-kinderrechtskonvention/staatenberichtsverfahren

Kinderrechte und Partizipation

Deutsches Institut für Menschenrechte. (2020). *Kinderrechte in Zeiten der Corona-Pandemie. Stellungnahme der Monitoringstelle UN-Kinderrechtskonvention.* https://www.institut-fuer-menschenrechte.de/fileadmin/user_upload/Publikationen/Stellungnahmen/Stellungnahme__Kinderrechte_in_der_Corona-Pandemie.pdf

Deutsches Kinderhilfswerk e.V. (DKHW). https://www.kinderrechte.de/kinderrechte/

Deutsches Kinderhilfswerk e.V. (DKHW). (2021). *Kinderreport Deutschland 2021.* https://www.dkhw.de/fileadmin/Redaktion/1_Unsere_Arbeit/1_Schwerpunkte/2_Kinderrechte/2.29_Kinderreport_2021/Kinderreport_2021.pdf

Deutsches Kindeshilfswerk e.V. (DKHW). (2020). *Kinderrechte in Zeiten von Corona wichtiger denn je!* https://www.dkhw.de/fileadmin/Redaktion/1_Unsere_Arbeit/1_Schwerpunkte/2_Kinderrechte/2.3_Kinderrechte_in_Deutschland/Positionspapier_KR_Corona.pdf

Deutsches Kindeshilfswerk e.V. (DKHW). (2019a). *Kinderrechte-Index. Die Umsetzung von Kinderrechten in den deutschen Bundesländern – eine Bestandsanalyse 2019.* https://www.dkhw.de/fileadmin/Redaktion/1_Unsere_Arbeit/1_Schwerpunkte/2_Kinderrechte/2.25_Kinderrechte-Index_alle-Dokumente/Kinderrechte-Index_2019_WEB.pdf

Deutsches Kindeshilfswerk e.V. (DKHW) (2019b). *Zusammenfassung der Pilotstudie „Kinderrechte-Index".* https://www.dkhw.de/fileadmin/Redaktion/1_Unsere_Arbeit/1_Schwerpunkte/2_Kinderrechte/2.25_Kinderrechte-Index_alle-Dokumente/Factsheet_Pilotstudie_Kinderrechte-Index.pdf

Deutsches Kindeshilfswerk e.V. (DKHW). (2015): *Kinderreport Deutschland 2015.* https://www.dkhw.de/fileadmin/Redaktion/1.1_Startseite/3_Nachrichten/Kinderreport_2015/DKHW-kinderreport2015.pdf

Donath, P. B. (2020). Corona und Kinderrechte – über die Aufnahme ausdrücklicher Rechte von Kindern ins Grundgesetz zur Stärkung von Eltern und Kindern. *Forum Jugendhilfe,* 02, 11-17.

Fegert, J. M., Schröer, W. & Wolff, M. (2017). Persönliche Rechte von Kindern und Jugendlichen. Schutzkonzepte als organisationale Herausforderung. In dies. *Schutzkonzepte in Theorie und Praxis. Ein beteiligungsorientiertes Werkbuch* (S. 14-24). Beltz Juventa.

Fegert, J. M., Hoffmann, U., König, E., Niehues, J. & Liebhardt, H. (Hrsg.). (2015). *Sexueller Missbrauch von Kindern und Jugendlichen. Ein Handbuch zur Prävention und Intervention für Fachkräfte im medizinischen, psychotherapeutischen und pädagogischen Bereich.* Springer VS.

Garnitschnig, I. (2021). The Best Interests of the Child: Was wir von den Kinderrechten über Freiheit und Zwang lernen können. In R. Ebrahim & U. Karagedik (Hrsg.), *Kopftuch(verbot): Rechtliche, theologische, politische und pädagogische Perspektiven* (S. 127-144). Springer VS.

Gerbig, S. (2020*). Kinderrechte ins Grundgesetz – Potenzial für eine menschenrechtliche Erfolgsgeschichte.* VerfBlog, 2020/3/05. https://doi.org/10.17176/20200305-214640-0

Giese, L. & Lindmeier, B. (2021). Interessen von Kindern in der Corona-Pandemie. *Sonderpädagogische Förderung heute,* 66 (3), 229-230.

Herrmann, P. (2013). Menschenrechte – Alltagsrechte – Kinderrechte. *Sozial Extra,* 7/8, 41-43.

Knauer, R. (2006). Prävention braucht Partizipation. *KiTa spezial,* 3, 34-37.

Krappmann, L. (2015). Die Kinderrechtskonvention: Eine Einführung für alle, die sich für Kinder einsetzen. *TPS,* 10, 6-9.

Kroetsch, M. & Minar, U. (2022a). Stärkung der Kinderrechte durch Kinderschutz-Konzepte in der Kita: Zur Bedeutung einer partizipativen Haltung der begleitenden Fachkräfte. In C. Oswald et al. (Hrsg.), *Kinderrechte - Bildung - Beteiligung. Perspektiven aus Theorie und Praxis.* Beltz Juventa (in Veröffentlichung).

Kroetsch, M. und Minar, U. (2022b). Kinderschutz-Konzepte als Ausgangspunkt für Veränderungen des professionellen Handelns in der Kita. In: M. Görtler, G. Taube & N. Thielemann (Hrsg.), *Professionalisierung in der Sozialen Arbeit.* Barbara Budrich (in Veröffentlichung).

Kinderrechte und Partizipation

Kroetsch, M. & Minar, U. (2021). Kinderschutz-Konzepte in Kitas tragfähig und nachhaltig erarbeiten. *KiTa aktuell Recht*, 3, 81-83.

Kroetsch, M. (2021). Die Bedeutung von Kinder- und Jugendbeteiligung für einrichtungsspezifischen Kinderschutz. *Blätter der Wohlfahrtspflege*, 05, 167-169.

Kroetsch, M. (2017). Kinderrechte in der Kita – eine Frage der Haltung und Umsetzung. *KiTa Aktuell Recht*, 15, 113-115.

Kroetsch, M. (2016). Kinderrechte in der Kita sichern und Qualitätsmerkmale (weiter-) entwickeln. *KiTa Aktuell Recht*, 14, 70-72.

Liebel, M. (2017). Kinderrechtsbewegungen und die Zukunft der Kinderrechte. In. C. Maier-Höfer (Hrsg.), *Kinderrechte und Kinderpolitik* (S. 29-59). Springer VS.

Liebel, M. (2013). Wie Kinderrechte zu Rechten der Kinder werden können. *Sozial Extra*, 7/8, 44-46.

Maywald, J. (2019). 30 Jahre UN-Kinderrechtskonvention – kinderrechtliche Impulse für die Zukunft der Kinder- und Jugendhilfe. *Forum Jugendhilfe*, 03, 44-51.

Maywald, J. (2018). Kinderrechte – Der Kinderrechtsansatz in der Kinder- und Jugendhilfe. In K. Böllert (Hrsg.), *Kompendium Kinder- und Jugendhilfe* (S. 967-990). Springer VS.

Maywald, J. (2008), Die Umsetzung der Kinderrechte als Leitbild in der Arbeit mit Kindern und Jugendlichen. In SOS-Kinderdorf e.V. (Hrsg.), *Kinderschutz Kinderrechte Beteiligung*. https://www.sos-kinderdorf.de/resource/blob/8608/ac3179486ce3c6bcc7d10589217ffd0a/dokumentation6-data.pdf

Minar, U. (2020). Gelebte Schutzkonzepte in Einrichtungen: Von der „Checkliste" zur gemeinsamen Haltung. In Die Kinderschutzzentren (Hrsg.), *Sexuelle Gewalt an Kindern in familiären Lebenswelten – Zugänge und Hilfen* (S. 201-216). Die Kinderschutz-Zentren.

Müller, N. (2021). *Stellungnahme der Kinderkommission des Deutschen Bundestages zum Thema „Krise trifft Gesellschaft – Auswirkungen der Corona-Krise auf die Lebensbedingungen junger Menschen"*. https://www.bundestag.de/resource/blob/849400/0651a5a6b379e8fe9d3f677e6951d50d/19_11-Stellungnahme-zum-Thema-Krise-trifft-Gesellschaft-Auswirkungen-der-Corona-Krise-auf-die-Lebensbedingungen-junger-Menschen--data.pdf

National Coalition Deutschland. (2021). *Kinderrechte im Koalitionsvertrag*. https://padlet.com/NetzwerkKinderrechte/KinderrechteKoalition

National Coalition Deutschland. (2019a). *Die Umsetzung der UN-Kinderrechtskonvention in Deutschland. 5./6. Ergänzender Bericht an die Vereinten Nationen*. https://umsetzung-der-kinderrechtskonvention.de/wp-content/uploads/2019/10/NC_ErgaenzenderBericht_DEU_Web.pdf

National Coalition Deutschland. (2019b). *Der Zweite Kinderrechtereport. Kinder und Jugendliche bewerten die Umsetzung der UN-Kinderrechtskonvention in Deutschland 2019*. https://netzwerk-kinderrechte.de/wp-content/uploads/2020/12/Kinderrechtereport.pdf

Oeffling, Y., Winter, V. & Wolff, M. (2018). Prävention als organisationales Bidlungskonzept. In C. Oppermann, V. Winter, C. Harder, M. Wolff & W. Schröer. *Lehrbuch Schutzkonzepte in pädagogischen Organisationen* (S. 204-231). Beltz Juventa.

Oppermann, C. & Schröer, W. (2018). AdressatInnen und Schutzkonzepte. In C. Oppermann, V. Winter, C. Harder, M. Wolff & W. Schröer (Hrsg.), *Lehrbuch Schutzkonzepte in pädagogischen Organisationen* (S. 141-151). Beltz Juventa.

Pergande, B. (2021). „Die Wahrung des Kinderrechts auf Partizipation geht direkt mit der Wahrung des Kinderrechts auf Schutz einher." Fragen von Prof. Dr. Jörg Maywald an Bianka Pergande, Geschäftsführerin der Deutschen Liga für das Kind. *Frühe Kindheit*, 06, 46-49.

Pluto, L. (2018). Partizipation und Beteiligungsrechte. In K. Böllert (Hrsg.), *Kompendium Kinder-und Jugendhilfe* (S. 945-965). Springer VS.

Ripking, C. & Schweder, K. (2021). *Die Zeit ist reif! Was lange währt, wird doch nicht gut? Chronologie der Aktivitäten des Netzwerks Kinderrechte zu „Kinderrechten ins Grundgesetz".* https://netzwerk-kinderrechte.de/2021/06/09/die-zeit-ist-reif-was-lange-waehrt-wird-doch-nicht-gut/

Schröder, R. (1995). *Kinder reden mit - Beteiligung an Politik, Stadtplanung und Gestaltung.* Beltz.

Schröer, W. (2017). Kinderrechte. Wo sind die Rechte von Jugendlichen und jungen Erwachsenen heute? *Sozial Extra,* 1, 50-52.

Spura, A., Reibling, N., Thaiss, H. M. & De Bock, F. (2021). Kinder und Jugendliche in der COVID-19-Pandemie – zur besonderen Betroffenheit einer vermeintlichen „low risk group". *Bundesgesundheitsblatt,* 64, 1481-1482.

Stange, W. (2002). *Was ist Partizipation?* https://www.kinderrechte.de/fileadmin/Redaktion-Kinderrechte/4_Praxis/4.6_Beteiligungsbausteine/4.6.1_Grundlagen/4.6.1.1_Theorie/Baustein_A_1_1.pdf

Unabhängiger Beauftragter für Fragen des sexuellen Kindesmissbrauchs (UBSKM). *Schutzkonzepte: Was sind Schutzkonzepte.* https://beauftragter-missbrauchs.de/praevention/schutzkonzepte

Wabnitz, R. J. (2015). Kinderrechte, Elternrechte und staatliches Wächteramt. *Frühe Kindheit,* 03, 7-11.

Wolff, M. & Hartig, S. (2013). *Gelingende Beteiligung in der Heimerziehung. Ein Werkbuch für Jugendliche und ihre BetreuerInnen.* Beltz Juventa.

Kinderrechte und Partizipation

Zur weiteren Vertiefung

▶ Broschüre des BMFSFJ (2018). Übereinkommen über die Rechte des Kindes. VN-Kinderrechtskonvention im Wortlaut mit Materialien: https://www.bmfsfj.de/bmfsfj/service/publikationen/uebereinkommen-ueber-die-rechte-des-kindes-86530

▶ Zur Entwicklung der Kinderrechte: Maywald, J. (2018). Kinderrechte – Der Kinderrechtsansatz in der Kinder- und Jugendhilfe. In K. Böllert (Hrsg.), Kompendium Kinder- und Jugendhilfe (S. 967-990). Springer VS.

▶ Zur Auseinandersetzung mit dem Konstrukt Kinderrechte und der Kritik, dass das Bild des Kindes, welches der UN-Kinderrechtskonvention zugrundliegt, ein eurozentristisches ist, welches diverse und ungleiche Lebenswelten von Kindern nur unzureichend berücksichtigt: Liebel, M. (2019). Postkoniale Dilemmata der Kinderrechte. In C. Maier-Höfer (Hrsg.), Die Vielfalt der Kindheit(en) und die Rechte der Kinder in der Gegenwart: Praxisfragen und Forschung im Kontext gesellschaftlicher Herausforderungen (S. 21-63). Springer VS.

▶ Fünfter und Sechster Staatenbericht zu dem Übereinkommen der Vereinten Nationen über die Rechte des Kindes. https://www.bmfsfj.de/

▶ Abschließende Bemerkungen des UN-Ausschusses: https://www.kinderrechte.de/kinderrechte/staatenberichte/

▶ 5./6. Ergänzender Bericht an die Vereinten Nationen: https://netzwerk-kinderrechte.de/

▶ Zweiter Kinderrechtereport: https://netzwerk-kinderrechte.de/

Mediathek

 Postcast der Deutschen Kinderschutz-Stiftung Hänsel und Gretel: Quo Vadis Kinderrechte? (25.03.2021) Kathinka Beckmann im Gespräch mit Prof. Dr. Jörg Maywald (36 Minuten).

 „Recht so?!" Der Rechtsstaat-Podcast des Bundesministeriums der Justiz und für Verbraucherschutz (BMJV): Interview mit Christine Lamprecht und Anne Lütkes zum Thema Kinderrechte ins Grundgesetz (36 Minuten).

 Kurzfilm vom Deutschen Institut für Menschenrechte: UN-KRK: Das Staatenberichtsverfahren kurz erklärt (4 Minuten).

Da aber keineswegs gewiss ist, dass Prävention ihre Ziele erreicht und nicht etwa wirkungslos bleibt oder gar kontraproduktive
Effekte hervorruft, muss das Forschungsdefizit in Bezug auf Wirksamkeit von Gewaltprävention in Kindesalter abgebaut werden.

Kinder als Betroffene von psychischer und physischer Gewalt und darauf bezogene Prävention

4

Bernd Holthusen & Heinz Kindler

4.1 Einleitung – Von *gefährlichen* Kindern zu *gefährdeten* Kindern

In den letzten drei Jahrzehnten hat sich der Blick auf Kinder unter dem Fokus der (Gewalt-)Prävention erheblich gewandelt. In den 1990er Jahren prägten die steigenden Zahlen von Gewalttaten junger Menschen in den polizeilichen Hellfeldstatistiken und einzelne schlagzeilenträchtige Straftaten die mediale Berichterstattung, insbesondere, wenn sie strafunmündigen Kindern vorgeworfen wurden. „Die kleinen Monster. Warum immer mehr Kinder kriminell werden" titelte der Spiegel (15/1998). In Bezug auf Gewalt wurden Kinder eher als gefährliche Täter:innen und weniger als gefährdete Opfer gesehen (Arbeitsstelle, 1999). Die Politik sah Handlungsbedarf und – neben den reflexhaften Forderungen nach Strafverschärfungen, nach Absenkung des Strafmündigkeitsalter oder freiheitsentziehender Unterbringung – wurde Gewaltprävention auf die politische Agenda gesetzt. Zahlreiche gewaltpräventive Projekte und Programme, die vor allem das Kindes- und Jugendalter fokussierten, wurden gefördert und bundesweit etablierte sich eine vielfältige Präventionslandschaft. Dabei bildeten Kinder eine wichtige Adressat:innengruppe für Präventionsstrategien, auch getragen von der Sorge, dass frühe Delinquenz ein Anzeichen für eine mögliche kriminelle Karriere sein könnte, wenn nicht rechtzeitig – mittels Gewaltprävention – gegengesteuert wird (Arbeitsstelle, 2000). Die Sorgen wurden auch durch den Umstand befördert, dass im Fall von Kinderdelinquenz ausschließlich die Kinder- und Jugendhilfe zuständig ist und somit das repressive Instrumentarium von Polizei und Justiz im Zweifelsfall nicht zur Verfügung steht.

Bernd Holthusen

ist Politikwissenschaftler und Leiter der Fachgruppe „Angebote und Adressaten der Kinder- und Jugendhilfe" am Deutschen Jugendinstitut.

Prof. Dr. Heinz Kindler

ist Psychologe und Leiter der Fachgruppe „Familienhilfe und Kinderschutz" am Deutschen Jugendinstitut.

In den Folgejahren war eine Vorverlagerung der Präventionsstrategien in zweierlei Hinsicht zu beobachten: Erstens wurden immer jüngere Altersgruppen in den Blick genommen und zweitens wurden nicht nur mit Gewalttaten auffällige Kinder, sondern ganze Schulklassen oder Kindergartengruppen adressiert (Hoops & Holthusen, 2014). Mit der Vorverlagerung der Präventi-

Kinder als Betroffene von psychischer und physischer Gewalt
und darauf bezogene Prävention

onsstrategien ist eine Verschiebung des thematischen Fokus hin auf den Umgang mit Konflikten und die Stärkung sozialer Kompetenz zu verzeichnen. Ob angesichts dieser Vorverlagerung noch von Gewaltprävention im engen Sinne gesprochen werden sollte, ist unklar.[3] Sicherlich können einerseits mit diesen Ansätzen gewaltpräventive Effekte erzielt werden, andererseits wird das Label der Gewaltprävention etwas unpassend, weil die große Mehrzahl der adressierten Kinder auch ohne Prävention nie zu Gewalttäter:innen werden würde.

Mit dem beständigen Rückgang der polizeilichen registrierten Gewalttaten von Kindern und Jugendlichen zu Beginn des neuen Jahrtausends auf der einen Seite und der medialen Berichterstattung über tragische Todesfälle von Kindern durch Vernachlässigung und innerfamiliäre Gewalt auf der anderen Seite, rückte der Fokus der Prävention von den *gefährlichen* zu den *gefährdeten* Kindern, von den (potentiellen) Täter:innen auf die (potentiellen) Opfer. Die bekannt gewordenen dramatischen Kinderschutzfälle wurden mit der Zielsetzung analysiert, das System und die Verfahrensabläufe des Kinderschutzes zu verbessern. Neben innerfamiliärer Gewalt steht dabei sexuelle Gewalt gegen Kinder und Jugendliche in Institutionen im Mittelpunkt der Aufmerksamkeit (siehe hierzu auch den Beitrag von Nadine Schicha im vorliegenden Band).

Als Teil und Folge des Blickwechsels wurde der Gesetzgeber wiederholt aktiv: Im Jahr 2000 wurde mit dem Gesetz zur Ächtung von Gewalt in der Erziehung das Recht auf gewaltfreie Erziehung als Appellgesetz verabschiedet, im Jahr 2005 wurde mit dem Kinder- und Jugendweiterentwicklungsgesetz der Schutzauftrag der Kinder- und Jugendhilfe mit Einführung des § 8a SGB VIII präzisiert und ein Vorgehen bei der Einschätzung von Kindeswohlgefährdung normiert. Im Jahr 2010 erlangte die UN-Kinderrechtskonvention in Deutschland Gesetzeskraft. Die Bemühungen um den Kinderschutz wurden im Bundeskinderschutzgesetz 2012 und dem Kinder- und Jugendstärkungsgesetz 2021 fortgesetzt, u. a. auch durch das Erfordernis von Schutzkonzepten in Einrichtungen.

Insgesamt ist damit ein weiterer bedeutender Entwicklungsschritt der auf Kinder fokussierten Gewaltprävention zu verzeichnen: Die Strategien beziehen sich nicht mehr nur auf einzelne Projekte und Programme, sondern zielen verstärkt auf die Weiterentwicklung der Regelangebote und der institutionellen Strukturen. Im folgenden Beitrag werden zunächst auf der Phänomenebene Gewalttaten von und an Kindern in den Blick genommen. Dabei wird differenziert nach Gewalt innerhalb und außerhalb der Familie, da diese Unterscheidung folgenreich für die darauf bezogene Prävention ist; diese wird daran anschließend thematisiert. Im Ausblick werden Voraussetzungen und Perspektiven für die Weiterentwicklung der Prävention zur Diskussion gestellt.

---

[3]   Zur problematischen Verwendung des Präventionsbegriffs vgl. auch Holthusen, 2020.

Kinder als Betroffene von psychischer und physischer Gewalt
und darauf bezogene Prävention

4.2 Gewalt an und von Kindern – Ausmaß und Entwicklungen

Wie verändert sich das Ausmaß, in dem Kinder in Deutschland von Gewalt betroffen sind? Zur Beantwortung dieser Frage kann prinzipiell auf Hell- und Dunkelfelddaten zurückgegriffen werden. Als Hellfelddaten werden die in einschlägigen Institutionen bekanntwerdende und in amtlichen Statistiken auch tatsächlich erfassten relevanten Ereignisse oder Personen bezeichnet. Als Dunkelfelddaten werden Schätzungen der Häufigkeit relevanter Ereignisse oder betroffener Personen auf der Grundlage von Befragungen bezeichnet, die unabhängig davon erfolgen, ob die relevanten Ereignisse oder betroffenen Personen in einer amtlichen Statistik erfasst wurden. (Für eine Erörterung der Vergleichbarkeit von Hell- und Dunkelfelddaten siehe Birkel, 2014) Beide Datenquellen ermöglichen nur näherungsweise Antworten. Welche mit ihren jeweiligen Vor- und Nachteilen für die Selbstaufklärung der Gesellschaft über die Entwicklung der Gewaltbetroffenheit von Kindern öffentlich eingesetzt werden sollten, bedarf der Abwägung, die hier aber nur knapp dargestellt werden kann.

4.2.1 Trends zum Ausmaß der Betroffenheit in der Familie

Hellfelddaten zu Kindern, die von Gewalt in der Familie betroffen sind, können prinzipiell aus den Bereichen der Strafverfolgung, der Kinder- und Jugendhilfe und des Gesundheitswesens gewonnen werden (für einen Überblick siehe Jud & Kindler, 2022). Hellfelddaten stellen in Deutschland bislang kein geeignetes Instrument dar, um abzuschätzen, wie viele Kinder von innerfamiliärer Gewalt betroffen sind: Die Gründe hierfür sind minimale Anzeigequoten innerfamiliärer körperlicher Gewalt gegen Kinder bei der Polizei (z. B. 4,2 % bei Hellmann, 2014, S. 124), bislang fehlende Qualitätssicherung in den amtlichen Statistiken der Kinder- und Jugendhilfe – mit sehr großen Variationskoeffizienten von 0,72 für die Anzahl der bearbeiteten Gefährdungsmitteilungen nach § 8a SGB VIII über die Jugendämter hinweg (Mühlmann, 2019, S. 11) – und eine erst im Aufbau befindliche Datenerhebung im Gesundheitswesen zu gewaltbedingten Verletzungen. Vielmehr führen öffentlich kommunizierte Zahlen aus dem Hellfeld zu einer gravierenden Unterschätzung der realen Problematik der innerfamiliären Gewaltbetroffenheit von Kindern in Deutschland. Der Sinn der Hellfeldstatistiken liegt in diesem Bereich derzeit vor allem im Tätigkeitsnachweis der verschiedenen Institutionen und im Ansatz in der Nachvollziehbarkeit von Bearbeitungsschritten.

Nur bei sehr schweren innerfamiliären Gewaltformen, die sich seltener verbergen lassen, dürften Hellfelddaten eine einigermaßen zuverlässige Grundlage für öffentlich kommunizierte Angaben darstellen. Im Hinblick auf die innerfamiliäre Tötung von Kindern stellt vermutlich die medizinische Todesursachenstatistik die derzeit beste Informationsquelle dar, weil sie insbesondere (a) Fälle mit anschließendem Suizid des bzw. der Täter:in einschließt, (b) nicht der Zersplitterung auf verschiedene Deliktgruppen unterliegt, wie in der PKS sowie (c) international vergleichbar ist. Mehrere Analysen der Todesursachenstatistik liegen vor: Pritchard et al. (2019, S. 342) zeigen für Deutschland bei Kindern in der Altersgruppe 0-4 Jahre eine Abnahme der misshandlungsbedingten und damit in dieser Altersgruppe in der Regel innerfamiliären Todesfälle zwischen einer Referenzperiode 1981-1989 und einer Vergleichsperiode 2013-2015 um 34 % von 12 auf 8 pro eine Million dieser

Altersgruppe. Deutschland liegt damit sowohl im Hinblick auf die Rate misshandlungsbe-
dingter Todesfälle als auch bezüglich der Geschwindigkeit der Abnahme nur im Mittelfeld
entwickelter Industrieländer. Eine Aktualisierung der Befunde ist überfällig.

Werden Dunkelfelddaten als aussagekräftigere Möglichkeit herangezogen, um Trends in
der innerfamiliären Gewaltbetroffenheit von Kindern in Deutschland abzubilden, so erweist es sich als erste Hürde, dass die Regierungen in Deutschland bislang die Empfehlung
der Weltgesundheitsorganisation (WHO) ignoriert hat, ein regelmäßiges Monitoring mittels wiederholter, mit identischer Methodik durchgeführter Dunkelfeldbefragungen zu
etablieren (Sethi et al., 2018, S. 44). Hilfsweise können die Ergebnisse zweier 2010 und
2016 durchgeführten Bevölkerungsbefragungen herangezogen werden, die mit einem
identischen, wenngleich nicht besonders ausführlichen Instrument durchgeführt wurden.
Immerhin werden die wichtigsten Gefährdungsformen (körperliche Misshandlung, psychische Misshandlung, sexueller Missbrauch, emotionale Vernachlässigung, körperliche
Vernachlässigung) in den beiden Bevölkerungsbefragungen abgedeckt (Witt et al., 2018).
Im Vergleich der jüngsten Altersgruppe der Befragten (14-25 Jahre), deren Angaben die
Erfahrungen jetziger Kinder noch am besten abbilden dürften, zeigen sich folgende Ergeb-
nisse (Tabelle 1):

Tabelle 1: Vergleich der berichteten Häufigkeiten verschiedener Gefährdungsformen in der Altersgruppe 14-25 Jahre in zwei Bevölkerungsbefragungen 2010 und 2016 mit identischem Befra-
gungsinstrument (Childhood Trauma Questionnaire; Witt et al., 2018, S. 8).

Häufigkeit (%) in	2010	2016
Körperliche Misshandlung	4,2	6,2
Psychische Misshandlung	4,2	5,2
Sexueller Missbrauch	5,0	5,0
Emotionale Vernachlässigung	9,6	10,2
Körperliche Vernachlässigung	12,3	12,6

Wie leicht zu erkennen ist, gibt es bei keiner Gefährdungsform deutlich zurückgehende
Prävalenzen. Vielmehr zeigen sich durchgängig keine statistisch gegen den Zufall abgrenz-
baren Unterschiede. Für viele Fachkräfte, die sich im Kinderschutz engagieren, ist dieser
Befund frustrierend. Allerdings ist zu bedenken, dass die Befunde auf der Bevölkerungsebene in keiner Weise besagen, dass die Arbeit im Einzelfall für betroffene Kinder und
Familien nicht sehr wichtig und erfolgreich sein kann. Auf der gesellschaftlichen Ebene ist
die Diskussion aber überfällig, welche Maßnahmen helfen könnten, Gefährdung deutlich
zurückzudrängen und damit einen positiven Trend zu kreieren.

Kinder als Betroffene von psychischer und physischer Gewalt
und darauf bezogene Prävention

Gleichfalls in eine Phase der Stagnation übergegangen scheint der Legitimationsverlust des Einsatzes von Gewalt in der Erziehung. Zeigte sich hier vor allem rund um die Einführung des Rechts auf gewaltfreie Erziehung eine deutliche abnehmende Akzeptanz von Körperstrafen, die sich als Trend noch einige Zeit fortsetzte (Plener et al., 2016), so stagnieren die Zustimmungs- bzw. Ablehnungsraten mittlerweile (Clemens et al., 2020) – wobei Männer, ältere Personen, Personen, die selbst Gewalt in der Erziehung erlebt haben und Personen mit eher autoritären gesellschaftlichen Einstellungen den Einsatz von Gewalt in der Erziehung am ehesten befürworten (Clemens et al., 2019).

4.2.2 Trends zum Ausmaß der Betroffenheit außerhalb der Familie

4.2.2.1 Kinder als Tatverdächtige und Opfer von Gewalt in der Polizeilichen Kriminalstatistik

Die Polizeiliche Kriminalstatistik (PKS) gibt Auskunft darüber, wie viele Kinder unter 14 Jahren der Polizei als Tatverdächtige von Gewalttaten bekannt werden und wie viele Kinder unter 14 Jahren Opfer von den bekannt gewordenen Gewalttaten geworden sind. Da Kinder unter 14 Jahren strafunmündig sind und deshalb für diese Altersgruppe keine justiziellen Strafverfolgungsstatistiken bestehen, stützt sich die Beschreibung des Hellfelds auf die PKS. Die Anzahl der in der PKS registrierten Gewalttaten ist neben der tatsächlichen Kriminalitätsentwicklung auch von weiteren Faktoren abhängig, wie z. B. der Anzeigewahrscheinlichkeit und der polizeilichen Kontrollintensität, die die Aussagekraft limitieren. Bei der Altersgruppe der strafunmündigen Kinder ist eher von einer geringen Anzeigewahrscheinlichkeit auszugehen, während andererseits zu erwarten ist, dass Kinder ihre Taten weniger gut planen und verdecken können, sodass die Taten einfacher zu ermitteln sind.

Die folgend genannten Straftatbestände werden in der PKS unter dem Summenschlüssel (892000) Gewaltkriminalität zusammengefasst: gefährliche und schwere Körperverletzung, Raub, Vergewaltigung, schwere sexuelle Nötigung bis hin zu Mord und Totschlag und weitere schwere Straftaten.[4] Einfache Körperverletzungsdelikte fallen nicht unter Gewaltkriminalität. Insgesamt 7.103 Gewalttaten wurden im Jahr 2020 Kindern zu Last gelegt, d. h. lediglich vier Prozent aller registrierten Gewaltdelikte (siehe Abbildung 1). Daneben wurden im selben Jahr 9.421 Kinder der einfachen Körperverletzung tatverdächtigt.

---

[4]   Es handelt sich um Straftatbestände, die für das Kindesalter nahezu keine Relevanz haben: Tötung auf Verlangen, sexueller Übergriff im besonders schweren Fall einschl. mit Todesfolge, räuberische Erpressung und räuberischer Angriff auf Kraftfahrer, Körperverletzung mit Todesfolge, Verstümmelung weiblicher Genitalien, erpresserischer Menschenraub, Geiselnahme, Angriff auf den Luft- und Seeverkehr.

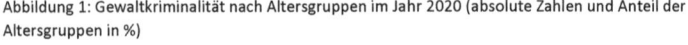

Kinder als Betroffene von psychischer und physischer Gewalt
und darauf bezogene Prävention

Abbildung 1: Gewaltkriminalität nach Altersgruppen im Jahr 2020 (absolute Zahlen und Anteil der Altersgruppen in %)

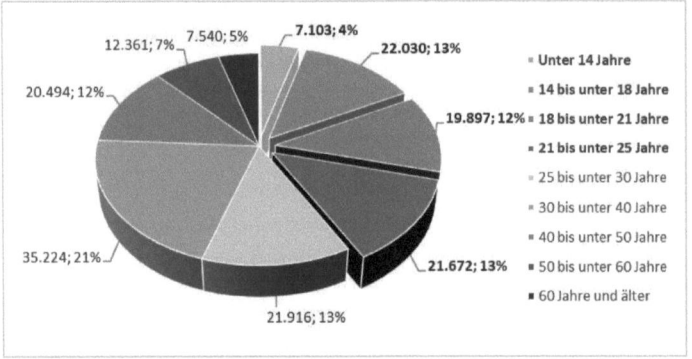

Quelle: PKS Bundeskriminalamt Zeitreihen, Tabelle 20. Eigene Darstellung der DJI-Arbeitsstelle Kinder- und Jugendkriminalitätsprävention, München

Bei der Betrachtung der Tatverdächtigenbelastungszahlen (TVBZ), die den Anteil der Tatverdächtigen an der jeweiligen Alters- und Bevölkerungsgruppe[5] angeben, wird erwartungsgemäß sichtbar, dass vor allem die älteren Kinder innerhalb der Gruppe der unter 14-Jährigen als Tatverdächtige von Gewaltdelikten auffällig sind. Für die unter 14-Jährigen betrug im Jahr 2020 die TVBZ 125,9, d. h., dass von 100.000 deutschen Kindern zwischen acht und 13 Jahren 125 einer Gewalttat verdächtigt wurden, also nur 0,125 Prozent. Insgesamt sind Jungen (200,8) mehrfach stärker belastet als Mädchen (47) (siehe Abbildung 2). Im Vergleich der Altersgruppen zeigt sich, dass Jugendliche und Heranwachsende die höchsten Belastungszahlen aufweisen und danach die Belastungszahlen mit zunehmenden Alter wieder zurückgehen. Die stärkste Belastung wird bei Mädchen bereits in der Altersgruppe der 14- bis unter 16-Jährigen erreicht, bei Jungen später in der Altersgruppe der zwischen 16- und unter 18-Jährigen.

Im langjährigen Vergleich für die vergangenen zwei Jahrzehnte der Tatverdächtigenbelastungszahlen in Bezug auf Gewaltkriminalität zeigt sich zunächst ein Anstieg mit Höhepunkt in den Jahren 2007/2008. Danach ist ein starker Rückgang bis zum Jahr 2015 zu verzeichnen, um anschließend leicht schwankend auf niedrigen Niveau zu verbleiben. Jugendliche, Heranwachsende und Jungerwachsene sind mehrfach stärker als der Durchschnitt belastet, weisen aber auch die stärksten Rückgänge auf. Die Belastungszahlen der Kinder liegen unter der der Gesamtbevölkerung und sind in den letzten Jahren ebenfalls gesunken (siehe Abbildung 3).

---

[5]   In der PKS wird die Tatverdächtigenbelastungszahl nur für die deutsche Bevölkerung berechnet, da verlässliche Bezugsgrößen für nicht-deutsche Personengruppen fehlen.

Kinder als Betroffene von psychischer und physischer Gewalt
und darauf bezogene Prävention

Abbildung 2: Tatverdächtigenbelastung (pro 100.000) der Deutschen bei Gewaltkriminalität nach
Alter und Geschlecht im Jahr 2020

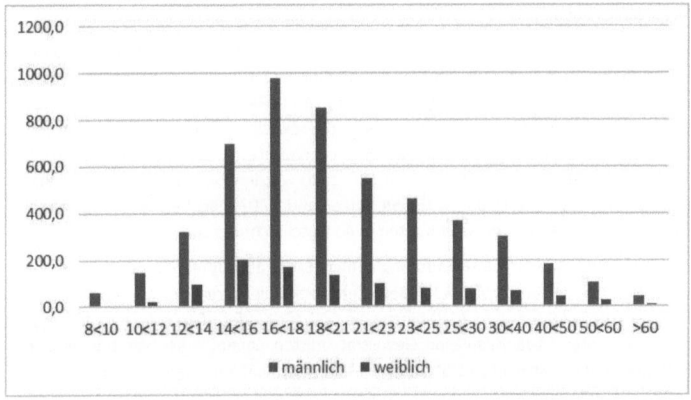

Quelle: PKS Bundeskriminalamt Zeitreihen, Tabelle 40. Eigene Zusammenstellung der DJI-Arbeitsstelle Kinder- und Jugendkriminalitätsprävention, München

Abbildung 3: Übersicht über die Tatverdächtigenbelastungszahlen der deutschen tatverdächtigen
jungen Menschen nach Alter von 2000 bis 2020 – Gewaltkriminalität

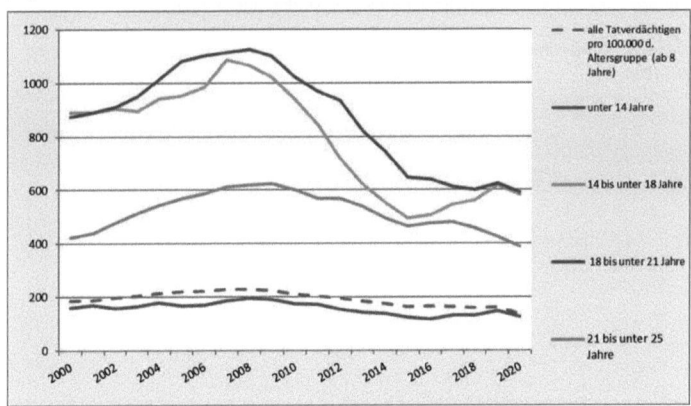

Quelle: PKS Bundeskriminalamt Zeitreihen, Tabelle 40 (2000–2020). Eigene Zusammenstellung
der DJI-Arbeitsstelle Kinder- und Jugendkriminalitätsprävention, München

Kinder als Betroffene von psychischer und physischer Gewalt
und darauf bezogene Prävention

Insgesamt zeigt sich im Hellfeld, dass Kinder unter 14 Jahren nur sehr selten mit (schwerer) Gewaltkriminalität auffällig werden. In der Tendenz ist in den letzten Jahren ein Rückgang zu verzeichnen.

Die PKS erfasst auch, wer die Opfer von Gewalttaten sind. Im Jahr 2020 wurden der Polizei 10.273 Fälle bekannt, in denen unter 14-jährige Kinder Opfer einer Gewalttat geworden sind. Wie auch bei der Gewaltdelinquenz sind Jungen (6.941) stärker betroffen als Mädchen (3.332), mit Ausnahme von Delikten gegen die sexuelle Selbstbestimmung. Wesentlich häufiger sind Kinder Opfer von einfacher Körperverletzung, die im Summenschlüssel Gewaltkriminalität nicht enthalten ist: Im Jahr 2020 wurden 24.061 Kinder Opfer einer einfachen Körperverletzung, davon 15.654 Jungen und 8.407 Mädchen. Nicht selten vollziehen sich Gewalttaten in derselben Alters- und Geschlechtergruppe.

Auf Basis der PKS können Opfergefährdungszahlen (OGZ), also Opfer bezogen auf 100.000 Einwohner:innen des entsprechenden Bevölkerungsanteils, berechnet werden. In Bezug auf Gewaltkriminalität im Jahr 2020 betrug die OGZ für Kinder 96,5, d. h., dass etwa 0,1 Prozent der unter 14-Jährigen eine Gewalttat erlitten haben. Auch hier sind Jungen (126,9) etwa doppelt so häufig gefährdet wie Mädchen (64,3). Im Vergleich waren Jugendliche (717,9) und Heranwachsende (903,8) siebenfach bzw. neunfach häufiger gefährdet, Opfer einer der Polizei bekannt gewordenen Gewalttat zu werden. Die OGZ ermöglicht als Verhältniszahl auch Aussagen über die langjährige Entwicklung. Hier zeigt sich in den letzten zwei Jahrzehnten eine positive Entwicklung: Wie auch bei den Tatverdächtigenbelastungszahlen ist ab 2007 zunächst ein kontinuierlicher Rückgang zu verzeichnen, der ab dem Jahr 2015 auf ein niedriges Niveau übergeht (siehe Abbildung 4). Bei den häufiger gefährdeten männlichen Kindern ist der Rückgang stärker ausgeprägt.

Abbildung 4: Opfergefährdungszahlen Gewaltkriminalität Kinder unter 14 Jahren nach Geschlecht 2000 – 2020

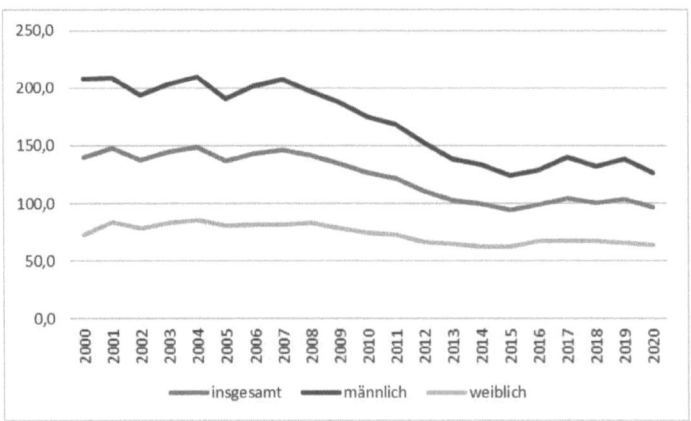

Quelle: PKS Bundeskriminalamt Zeitreihen, Tabelle 91 (2000–2020). Eigene Zusammenstellung

Kinder als Betroffene von psychischer und physischer Gewalt
und darauf bezogene Prävention

4.2.2.1 Gewalt in Schulen

Schule ist für Kinder (ab dem Schulalter) ein zentraler Ort, an dem es zu Viktimisierung und Delinquenz vor allem unter Gleichaltrigen kommt. Regelmäßig ist das Thema „Gewalt an Schulen" in den Medien zu finden, häufig mit der Einschätzung verbunden, dass die Gewalt in Schulen beständig zunehme und die Schüler:innen immer gewalttätiger werden würden. Dieses Bild lässt sich empirisch nicht bestätigen. Die Statistik zu den gewaltbedingten Unfällen an Schulen (Raufunfallstatistik) der Deutschen Gesetzlichen Unfallversicherung ist hier besonders aussagekräftig, da sie eine Vollerhebung aller Schulen ist. Erfasst werden alle Raufunfälle, die eine medizinische Behandlung erforderlich gemacht haben und deshalb der Versicherung gemeldet werden. Die Entwicklung in den letzten zwei Jahrzehnten ist – ähnlich wie die Daten der PKS – zunächst rückläufig und stabilisiert sich auf niedrigem Niveau: Mussten im Jahr 2000 noch etwa 14 von 1.000 Schüler:innen wegen Raufunfällen medizinisch behandelt werden, so waren es im Jahr 2019 nur noch 9 von 1.000 Schüler:innen. Der weitere gravierende Rückgang im Jahr 2020 muss im Zusammenhang mit den Corona-Auswirkungen auf den Schulbetrieb als Sonderfall interpretiert werden. Auch die besonderes schweren Raufunfälle, die mit Frakturen verbunden sind, haben sich in den letzten zwei Jahrzehnten nahezu halbiert (siehe Abbildung 5). Wird zwischen Schulformen differenziert, so zeigt sich, dass Förder- und Realschulen deutlich häufiger Raufunfälle melden als Grund-, Haupt- und Gesamtschulen. Die niedrigsten Zahlen werden von den Gymnasien berichtet.

Abbildung 5: Raufunfälle allgemein und Raufunfälle mit Frakturen in der Schülerversicherung 2000-2020 je 1.000 Versicherte

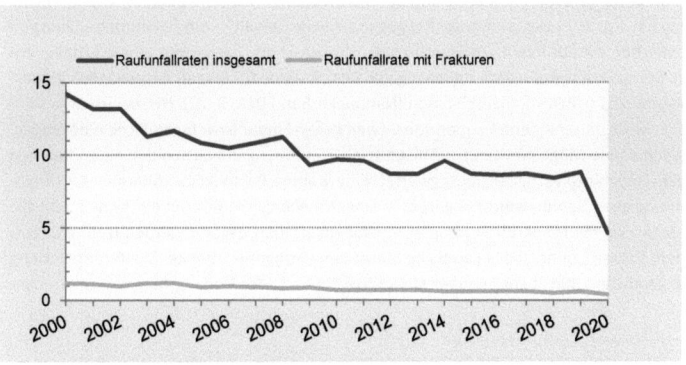

Quelle: Deutsche Gesetzliche Unfallversicherung – Statistik – Makrodaten, Schülerunfälle/gewaltbedingte Unfälle in der Schülerversicherung. Eigene Zusammenstellung der DJI-Arbeitsstelle Kinder- und Jugendkriminalitätsprävention, München

Basierend auf den Daten der polizeilichen Verlaufsstatistik in Berlin haben Lüter et al. (2019) die erfassten Rohheitsdelikte (Gewalttaten inkl. einfacher Körperverletzung) mit dem Tatort Schule ausgewertet. Die Befunde zeigten für die Berliner Schulen zwischen

Kinder als Betroffene von psychischer und physischer Gewalt
und darauf bezogene Prävention

2008 und 2017 zwar einen Rückgang der Häufigkeitsziffer für die Jugendlichen zwischen 14 und unter 18 Jahren mit einem leichten Wiederanstieg in den letzten Jahren, für die Gruppe der 8 bis unter 14-jährigen Kinder wird allerdings nach schwankenden Zahlen sogar ein Anstieg im selben Zeitraum (ebd. S. 35) berichtet.

Eine Dunkelfeldbefragung 767 Berliner Schüler:innen[6] (Bergert et al., 2015) zeigt, dass die Zahlen des Hellfeldes nur einen sehr begrenzten Ausschnitt aufzeigen. Die Befragten waren zwischen elf und 14 Jahre alt und besuchten die siebte Klasse. Etwa ein Fünftel wurde in den vergangenen 12 Monaten Opfer einer Gewalttat[7], wobei Gewalttaten nur in Einzelfällen zur Anzeige kamen (ebd., S. 50). Darüber hinaus waren die Schüler:innen häufig auch Opfer von (nicht strafrechtlich relevantem) Mobbing (22,8 %) und Cyberbullying (13,7 %), wobei bei diesen Delikten die Mädchen fast doppelt so stark betroffen waren wie die Jungen (ebd., S. 18). In Bezug auf Mobbing und Cybermobbing zeigen die Daten der deutschen „Health Behaviour in School-Aged Children (HBSC)"-Studie (Fischer et al., 2020), in der 4.347 11-, 13- und 15-Jährige 2018 befragt wurden, wesentlich geringere Werte: Etwa jede:r siebte Schüler:in (ebd., S. 69) war in Mobbing involviert. Nur vier Prozent der Befragten waren an Cybermobbing beteiligt (ebd., S. 63). Die älteren Kinder wurden häufiger gemobbt. Interessanterweise ist seit 2002 in den vier vorangegangenen Erhebungen in diesem Bereich ein kontinuierlicher Rückgang zu verzeichnen (ebd., S. 64).

4.3   Zukunft der Forschung zur Gewaltbetroffenheit von Kindern

Die Zukunft der Forschung zur innerfamiliären Gewalt gegenüber Kindern liegt in der schon lange geforderten Einführung eines Monitorings des Dunkelfeldes. Dieser Forderung hat sich 2021 der „Nationale Rat gegen sexuelle Gewalt" – ein Zusammenschluss von politischen Akteur:innen, Zivilgesellschaft, Wissenschaft, Fachpraxis sowie Mitgliedern des Betroffenenrates – dem Unabhängigen Beauftragten für Fragen des sexuellen Kindesmissbrauchs (UBSKM) angeschlossen (Nationaler Rat, 2021, S. 20). Hierbei werden sinnvollerweise verschiedene Formen von Gewalt gegen Kinder bzw. Jugendliche einbezogen. Verschiedene Möglichkeiten zur Anlage solcher Erhebungen werden derzeit im Rahmen eines Forschungsvorhabens ausgewertet. Eine weitere Perspektive könnte in der Durchführung einer Sentinelstudie liegen, d. h. einer Erhebung, die sich mit der Anzahl der Fälle beschäftigt, die Fachkräften in einer Vertrauensposition bekanntwerden (z. B. pädiatrischen Praxen), ohne aber in amtliche Statistiken einzugehen. Bei der Weiterentwicklung der amtlichen Statistiken werden etwa Möglichkeiten der Verknüpfung, vor allem aber

---

[6]   Auf die zahlreichen KFN-Schülerbefragungen an vielen Orten und bundesweit (z. B. Baier et al., 2009, Baier, 2015, Krieg et al., 2020) als zentrale Dunkelfeldstudien zu Gewalt wird an dieser Stelle nicht weiter eingegangen, da hier die neunten Klassen und damit Jugendliche und nicht Kinder im Mittelpunkt standen. Auch die bedeutende Langzeitstudie „Kriminalität in der modernen Stadt" (Boers & Reinecke, 2019), die 2002 den Längsschnitt mit einer siebten Klasse in Duisburg begann, hat ihren Schwerpunkt auf dem Jugend- und jungen Erwachsenenalter.

[7]   In dieser Untersuchung umfassen Gewalttaten die Delikte Raub, Körperverletzung mit und ohne Waffe sowie sexuelle Belästigung.

Kinder als Betroffene von psychischer und physischer Gewalt
und darauf bezogene Prävention

die Weiterentwicklung zu Verlaufs- und Qualitätsstatistiken diskutiert (Jud & Kindler, 2022).

Auch die Forschung zu außerfamiliären Gewaltbetroffenheit sollte künftig ausgebaut werden. Aufgrund der insbesondere für das Kindesalter beschränkten Aussagekraft der Polizeilichen Kriminalstatistik, sollten regelmäßige Dunkelfeldbefragungen auch stärker diese Altersgruppe in den Blick nehmen. Inhaltlich sollten nicht nur Straftatbestände erfragt werden, sondern auch Konflikte zwischen Kindern, zwischen Kindern und Jugendlichen sowie Phänomene wie Mobbing und Cybermobbing fokussiert werden. Nur durch regelmäßige Befragungen mit vergleichbaren Instrumentarien lassen sich Entwicklungen abbilden, die für Fachpraxis und Fachpolitik relevant sind.

4.4 Auswirkungen und Vorhersagefaktoren von Gewaltbetroffenheit

4.4.1 Neue Ergebnisse aus der Grundlagenforschung zu den Folgen erlebter Gewalt im Kindesalter

Seit der letzten großen Forschungsübersicht der US-amerikanischen National Academy of Sciences (Petersen et al., 2014) sind mehrere Trends in der Grundlagenforschung zu den Folgen erlebter innerfamiliärer Gewalt im Kindesalter hervorgetreten: (a) Massiv zugenommen hat die Forschung zur Rolle (neuro-)physiologischer, genetischer und epigenetischer Merkmale und Mechanismen als Moderatoren bzw. Mediatoren der Folgen von Gewalt (z. B. Holochwost et al., 2021; Parade et al., 2021). Damit wird immer besser verständlich, warum verschiedene Kinder so unterschiedlich auf ähnliche Gewalterfahrungen reagieren. Zudem hat der Einbezug biologischer Prozesse den Blick für Zusammenhänge zwischen Gewaltbetroffenheit und späteren chronischen Gesundheitsbeeinträchtigungen wesentlich geschärft (z. B. Kerr et al., 2021; Marin et al., 2021). Unter dem Stichwort der „allostatischen Last" werden dabei physiologische Prozesse diskutiert, die kurzfristig als Anpassung an eine gewalttätige Umgebung verstanden werden können, langfristig aber mit schädlichen gesundheitlichen Folgen verbunden sind (Guidi et al., 2021). (b) Mit einer stetig zunehmenden Anzahl an Langzeitstudien, die zudem häufig Gewalterfahrungen in die Gesamtzahl adverser Kindheitsereignisse (Krinner et al., 2021) integrieren, war es möglich, Ausmaß, Bedingungen und beteiligte Prozesse einer intergenerationalen Weitergabe innerfamiliärer Gewalt besser einzuschätzen (Langevin et al., 2021). Im Erwachsenenalter konnte damit ein sehr viel breiteres Spektrum möglicher Folgen von Gewalterfahrungen untersucht werden, etwa die Geschwindigkeit von Alterungsprozessen (Colich et al., 2020), aber auch ökonomische Folgen für Betroffene (Bunting et al., 2018). (c) Für die Arbeit mit betroffenen Kindern sehr wichtig und grundlegend sind Studien zum Erleben verschiedener Formen von Gewalt in der Familie durch Kinder und ihren Verständnis- und Bewältigungsversuchen (für eine Forschungsübersicht siehe Kindler, 2021). Forschungsprogramme, wie etwa von Carmit Katz in Israel (z. B. Tsur et al., 2021), verdeutlichen, wie psychische Überlebensstrategien der Kinder langfristig zu psychischen Belastungen beitragen. Zunehmend werden auch in diesen, meist qualitativ ausgerichteten Studien Formen der Aggregation von Erkenntnissen über Studien hinweg eingesetzt, die

Kinder als Betroffene von psychischer und physischer Gewalt
und darauf bezogene Prävention

auch als Meta-Synthese bezeichnet werden (z. B. Noble-Carr et al., 2021). (d) Mit der Zunahme von Flüchtlingspopulationen auch in wohlhabenden westlichen Demokratien hat
schließlich die Forschung zu Wechselwirkungen zwischen innerfamiliärer Gewalt und dem
Erleben bewaffneter Konflikte wesentlich zugenommen (z. B. Devakumar et al., 2021),
auch wenn hier gewonnene Erkenntnisse noch kaum in der Praxis angekommen sind.

4.4.2 „Population Attributional Fractions" und gesellschaftliche Kosten der Gewalt

Jenseits des Bemühens um die Beschreibung und ein Verständnis verschiedener Entwick-
lungsverläufe von Kindern nach innerfamiliärer Gewalt hat sich die Diskussion um die Kosten unzureichender Prävention und Intervention für Gesellschaften international wesentlich intensiviert. Als „Population Attributional Fractions" werden dabei diejenigen Anteile
schwerer Gesundheitsbeeinträchtigungen bezeichnet, die sich gänzlich oder wesentlich
auf bestimmte Ereignisse oder Bedingungen, wie etwa innerfamiliäre Gewalt in der Kindheit, zurückführen lassen (für eine Einführung und Berechnungsweisen siehe Mansournia
& Altman, 2018). Bisherige Befunde deuten darauf hin, dass wesentliche Anteile schwerer
psychischer Erkrankungen (10-25 %) im Erwachsenenalter auf Erfahrungen von Kindeswohlgefährdung in der Kindheit zurückgeführt werden können (z. B. Afifi et al., 2008),
weshalb das Zurückdrängen belastender Kindheitserfahrungen als prioritär für die Gesundheitsförderung eingestuft wird (Purtle et al., 2021). Insgesamt werden die in
Deutschland anfallenden, auf prinzipiell vermeidbare belastende Kindheitsereignisse
rückführbaren Kosten auf 129 Billionen US-Dollar oder 3,4 % des Bruttosozialprodukts ge-
schätzt (Hughes et al., 2021). Allerdings leidet die Diskussion unter dem Umstand, dass
die erste deutsche Studie zu Traumafolgekosten bereits veraltet ist (Habetha et al., 2012)
und eine Überarbeitung erfolgen sollte.

4.4.3 Von Risikofaktorenmodellen zum Verständnis von Risikomechanismen

Das hauptsächlich verbreitete Modell zur Erklärung von Kindesmisshandlung und anderer
Formen innerfamiliärer Gewalt ist um 1980 herum entstanden und wird auch als „ökologische" Theorie bezeichnet (Belsky, 1980). Der Grundgedanke besteht darin, dass eine
Anhäufung von Belastungen und Risiken, etwa in der Form von Partnerschaftsgewalt, finanziellen Sorgen und sozialer Isolation in Verbindung mit einem „schwierigen" Kind und
eventuell verbunden mit überdauernden Risiken, beispielsweise Misshandlungserfahrun-
gen in der Kindheit der Eltern, zusammengenommen über eine Überforderung der Eltern
zu Misshandlung führen kann. Mehrere große Längsschnittstudien aus verschiedenen
Ländern haben diesen Grundgedanken empirisch bestätigt. In einer großen australischen
Studie über einen Zeitraum von 27 Jahren berichteten etwa 7 % der dann jungen Erwachsenen aus Familien ohne einschlägige Risiken rückblickend über Gefährdungserfahrungen
in ihrer Kindheit, aber über 70 % der jungen Erwachsenen aus Familien mit 10 oder mehr
einschlägigen Risiken (Doidge et al., 2017). Auf das Fünftel der Untersuchungsgruppe mit
den meisten Risiken entfielen 40 % der Gefährdungsfälle und 60 % der Fälle mit mehreren
Formen von Gefährdung. Vor diesem Hintergrund konnten für den Kinderschutz aussage-

Kinder als Betroffene von psychischer und physischer Gewalt
und darauf bezogene Prävention

kräftige Verfahren entwickelt werden, die in Misshandlungsfällen die Wiederholungsgefahr anhand der Anzahl relevanter Risiken abschätzen (van der Put et al., 2017). Allerdings hat die ökologische Theorie als Risikofaktorenmodell auch Grenzen. Insbesondere erklärt das Modell nicht, warum es manchmal auch in wenig belastet erscheinenden Familien zu Misshandlung kommt, während substanzielle Anteile schwer belasteter Eltern das Wohl ihrer Kinder nicht gefährden, sondern sich intensiv um deren Wohlergehen bemühen. Eine Konsequenz hieraus ist die verstärkte Suche nach Schutzfaktoren, von denen bislang vor allem ein Faktor, nämlich unterstützende Partnerschaften bzw. unterstützende enge, alltäglich verfügbare Beziehungen, identifiziert werden konnten (Austin et al., 2020). Ein weiterer Ansatz besteht in einer verstärkten Aufmerksamkeit für diejenigen Prozesse, die zu Misshandlung führen können. Solche Prozesse vermitteln zwischen Risikolagen und Gefährdungsereignissen. In Einzelfällen können sie aber auch ohne gravierende Risikolagen auftreten. Es sind bereits eine Reihe von Risikomechanismen bekannt, die von lebensgeschichtlich erworbenen, sehr lückenhaften oder feindselig verzerrten Vorstellungen von Fürsorge bis hin zu einer negativen elterlichen Selbstwirksamkeit reichen (Kindler, 2017). Ein Verständnis solcher Prozesse ist deshalb wichtig, weil sich daraus für Einzelfälle Hinweise auf besonders geeignete Hilfen gewinnen lassen, sodass die Grundlagenforschung hier zu Weiterentwicklungen in Hilfekonzepten beiträgt.

4.4.4 Perspektiven der Forschung in Deutschland

Die Forschung in Deutschland zu Auswirkungen und Entstehungsprozessen innerfamiliärer Gewalt gegen Kinder bzw. Jugendliche erreicht nur teilweise internationales Niveau. Beispielsweise wurden in einem innovativen Design mit der Ansprache von Familien im Rahmen von Kindervorsorgeuntersuchungen Daten zu Einflussfaktoren auf selbst berichtete elterliche Gewalt gegenüber Kindern in der frühen Kindheit gewonnen (Liel et al., 2020) oder in Längsschnitten Prozesse der intergenerationalen Weitergaben (Fuchs, 2017) bzw. der Entwicklung internalisierender Störungen bei Kindern nach innerfamiliärer Gewalt untersucht (Sierau et al., 2020). Ein deutlicher Aufschwung, wie sich aus mehreren Förderlinien des Bundesforschungsministeriums zu sexueller Gewalt ergeben hat, fehlt hier aber. Ebenfalls fehlen Zentren, die Vermittlung von Forschungsbefunden und die Diskussion mit der Praxis von Prävention und Intervention im Bereich innerfamiliärer Gewalt fördern. Die letzte größere Zusammenstellung der Befundlagen ist bereits mehr als 15 Jahre alt (Kindler et al., 2006).

4.5 Neue Ergebnisse zum Stand der Prävention sowie aus Interventions- und Implementationsforschung

Systeme von Prävention und Intervention können unter sehr verschiedenen Blickwinkeln analysiert werden: Etwa im Hinblick auf die Zugänglichkeit und Verbreitung von Angeboten und Leistungen, auf konzeptuelle Entwicklungslinien und Kooperationen bei den Angeboten und Leistungen, auf Diagnostik und die bedarfsgerechte Ausgestaltung von Angeboten und Leistungen, auf Beteiligung und Zufriedenheit von Kindern und Jugendlichen, die Angebote und Leistungen nutzen sowie auf Wirkungen von Angeboten und Leistungen im weiteren Entwicklungsverlauf.

Die Vielfalt der Befunde macht es erforderlich, in jedem Bereich Schwerpunkte zu setzen.

4.5.1 Prävention von und Intervention bei Gewalt gegen Kinder in der Familie

Unter der Überschrift „Frühe Hilfen" bekannt gewordene, früh im Leben von Kindern einsetzende präventive Angebote haben in Deutschland mittlerweile weite Verbreitung erfahren (Sann & Küster, 2018). Einige der im Rahmen Früher Hilfen eingesetzten Angebote scheinen für besonders belastete Familien geeignet und haben international ein Potenzial gezeigt, etwa ein Drittel früher Gefährdungsfälle zu verhindern (z. B. Geeraert et al., 2004). Auch in Deutschland deuten sich solche Effekte an (Kliem & Sandner, 2021), bislang jedoch nur für wenige und intensive Angebotsformen, deren Verbreitung und Zugänglichkeit in der Fläche nicht bekannt ist. Es existieren weder bei den Frühen Hilfen noch ansonsten im Kinderschutzsystem Anreize zum Einsatz wirkungsgeprüfter Hilfeformen, sodass Evaluationen eine wirtschaftliche Belastung und ein Risiko für Hilfeanbieter:innen darstellen. Zudem existieren kaum Förderstrukturen für Evaluationen.

Auch die Regelangebote der Hilfen zur Erziehung entsprechend § 27ff SGB VIII, die in Verlaufsstudien ohne Vergleichsgruppen mit mehrheitlich positiven Verläufen einhergegangen sind (z. B. Schmidt et al., 2002) und die regelhaft bereits beim Auftreten innerfamiliärer Gewalt eingesetzt werden können, haben das Potenzial einer präventiven Wirkung. Empirisch war dies bislang jedoch nicht Gegenstand von Studien. Zudem ist unklar, inwieweit bei einem Einsatz nach innerfamiliärer Gewalt konzeptuelle Ergänzungen erforderlich sind. Bisherige Verlaufsstudien deuten an dieser Stelle auf hohe Raten wiederholter Gefährdungsereignisse hin, etwa 28 % in einer 3-Jahres-Katamnese (Jagusch et al., in Vorb.). Nach Gefährdungsereignissen finden sich zudem bislang durchgängig geringe Raten einer Partizipation von Kindern bei der Ausgestaltung von Maßnahmen (z. B. Witte et al., 2020).

4.5.2 Prävention von Gewalt außerhalb der Familie

Wie eingangs beschrieben, standen ab den 1990er Jahren Kinder als Gewalttäter:innen im Fokus von Gewaltprävention. In unterschiedlichen Kontexten wurden auf kommunaler Ebene – nicht selten auch durch die neu gegründeten kriminalpräventiven Räte angestoßen – zahlreiche Gewaltpräventionsprojekte für Kinder und Jugendliche gegründet, die sich immer weiter ausdifferenziert haben. Ein Teil der Projekte und Programme konzentriert sich explizit auf die sehr kleine Gruppe von Kindern, die bereits (mehrfach) polizeilich u. a. mit Gewaltdelikten auffällig geworden sind, mit der Zielsetzung, mögliche spätere „kriminelle Karrieren" zu verhindern. Diese kleine Gruppe von Kindern wird in der Regel nicht nur von der Polizei, sondern auch von der Jugendhilfe, der Schule und ggf. der Kinder- und Jugendhilfe adressiert, da in diesen Fällen die Kinder häufig prekären Lebenslagen und diversen Problematiken ausgesetzt sind. Aus diesem Grund ist hier die Zusammenarbeit von Jugendhilfe und Polizei von besonderer Bedeutung (vgl. auch Holthusen, 2011). Die Projekte und Programme werden in der Regel von der Polizei initiiert. Als ein

Kinder als Betroffene von psychischer und physischer Gewalt
und darauf bezogene Prävention

prominentes Beispiel sei hier das vom nordrheinwestfälischen Innenministerium finanzierte Programm „Kurve kriegen NRW" angeführt. An mittlerweile 35 Standorten werden gezielt 8- bis 15-Jährige in das Programm aufgenommen, denen mindestens ein Gewaltdelikt oder drei Eigentumsdelikte vorgeworfen werden und deren Lebensumstände von vielen Problemen belastet sind. Im Projekt arbeiten pädagogische Fachkräfte von freien Trägern der Jugendhilfe in den lokalen Polizeibehörden gemeinsam im Team mit Polizeibeamt:innen. Für die ausgewählten Kinder werden im Rahmen des Projektes möglichst passgenaue, freiwillige pädagogische Hilfen (ggf. in Zusammenarbeit mit dem Jugendamt und freien Trägern) initiiert, die ihre Ressourcen fördern und Verhaltensänderungen herbeiführen sollen.[8]

Ein anderes Beispiel für polizeiliche Prävention bezogen auf mehrfach auffällige Kinder und Jugendliche ist die Täterorientierte Ermittlungsarbeit. In Berlin besteht dazu ein dreistufiges Konzept, dass „Kiezorientierte Mehrfachtäter", „Schwellentäter" und „Intensivtäter" differenziert, wobei auch strafunmündige Kinder, wenn sie die jeweiligen Kriterien erfüllen, unter diese Kategorien fallen. Ziel der Täterorientierten Ermittlungsarbeit ist es, die anhängigen Verfahren zu bündeln und die Kooperation mit den anderen beteiligten Institutionen zu stärken. So sollen repressive und präventive Maßnahmen miteinander abgestimmt werden (Schroer-Hippel et al. 2018, S. 15f.).

Neben der Polizei ist die Kinder- und Jugendhilfe vorrangig für die Kinder zuständig, die u. a. polizeilich aufgefallen sind. In diesen Fällen informiert die Polizei das Jugendamt, das die polizeiliche Meldung zum Anlass nimmt zu prüfen, ob ein erzieherischer Bedarf besteht (Holthusen & Hoops, 2015). Dazu wird den Eltern/Personensorgeberechtigten ein Beratungsangebot gemacht (insoweit noch kein Kontakt zu der Familie besteht). In einem gemeinsamen Aushandlungsprozess werden mögliche Hilfen diskutiert und ggf. eingeleitet. Dabei geht es jenseits der vorgeworfenen Straftat um die Entwicklung des Kindes, seine Ressourcen und Lebenslagen unter einer pädagogischen Perspektive (Hoops, 2009). Alle Angebote und Hilfen des SGB VIII können bedarfsabhängig genutzt werden: von sozialer Gruppenarbeit über Jugendarbeit und die Betreuung in einer heilpädagogischen Tagesstätte bis hin zu intensiven Einzelbetreuungen (Holthusen & Hoops, 2015). D. h., Gewaltprävention im Kindesalter findet in der Regelpraxis der Kinder- und Jugendhilfe statt. Daneben ist Gewaltprävention auch in Projekten und Programmen zu finden (vgl. für einen frühen Überblick Arbeitsstelle, 2000).

Neben den Projekten und Regelangeboten, die sich auf Kinder beziehen, die bereits der Polizei mit Gewalttaten aufgefallen sind, richtet sich ein anderer (großer) Teil von Projekten und Programmen an große Gruppen von (nicht auffälligen) Kindern: Diese haben zur Zielsetzung, soziale Kompetenzen zu stärken, den Umgang mit Konflikten zu erlernen und so mögliche Konflikteskalationen bereits im Vorfeld zu verhindern. Viele dieser Projekte

---

[8] Vgl. https://www.kurvekriegen.nrw.de/. Als eines von wenigen Projekten liegt für „Kurve kriegen" eine umfangreiche externe Evaluationsstudie vor, deren Ergebnisse sicherlich auch zu einem weiteren Ausbau des Programms beigetragen haben (Bliesener et al., 2015).

Kinder als Betroffene von psychischer und physischer Gewalt
und darauf bezogene Prävention

fanden an Schulen statt, an denen z. B. Konfliktlotsenmodelle, Mediation an Schulen[9], De-
eskalationstrainings oder auch Peermediation verankert wurden. Teils wurden die Programme auch auf noch jüngere Kinder in Kindertagesstätten ausgeweitet.[10] Die Programme für die jüngeren Altersgruppen der Kinder zielen tendenziell vor allem auf die
Entwicklung sozialer Kompetenzen (siehe hierzu auch den Beitrag von Regine Mößle und
Thomas Mößle im vorliegenden Band) und weisen eher keine direkten Bezüge zu gewalt-
tätigem Verhalten auf.

Neben der „klassischen" Gewaltprävention haben Projekte und Programme zur Prävention von Mobbing und Bullying[11] in den letzten Jahren in den Schulen deutlich an Bedeutung gewonnen. Damit geht die Erkenntnis einher, dass nicht einzelne befristete Projekte
langfristige Erfolge erzielen können, sondern es vielmehr um eine systematische Schulentwicklung und eine Verbesserung des Schulklimas geht. Diese Programme zielen nicht
nur auf die Schüler:innen, sondern auch auf die Lehrkräfte und Strukturen. Es wird davon
ausgegangen, dass ein positives Schulklima mit guten Klassenklima und ein verlässliches
Verhältnis zwischen Schüler:innen und Lehrer:innen eine Schutzfunktion hat, die das Auftreten von Gewalt und Mobbing reduzieren kann. Einen umfassenden Überblick zu diesen
Entwicklungen geben Melzer (2015) und Schuberth (2020).

4.6   Ausblick: Was wird zukünftig für eine gelungene Prävention benötigt?

Auch wenn in den letzten drei Jahrzehnten die Prävention von Gewalt im Kindesalter um-
fänglich ausgebaut und ausdifferenziert worden ist, so bleiben doch für die Zukunft noch
umfangreiche Herausforderungen, damit Gewalt weiter zurückgedrängt werden kann.

Basis für zielgenaue Präventionsstrategien ist ein gutes Wissen über die Verbreitung und
die Formen von Gewalt im Kindesalter sowie deren Entwicklung in den unterschiedlichen
Feldern. Hier besteht nach wie vor ein erhebliches Wissensdefizit: Die Hellfelddaten aus
dem Bereich der Strafverfolgung sind gerade im Kindesalter in ihrer Aussagekraft beschränkt und bilden lediglich einen (kleinen) Teil der Gewaltphänomene ab, z. B. bleibt
Mobbing außen vor, da es keinen entsprechenden Straftatbestand gibt. Nur vereinzelt
liegen Dunkelfeldstudien zum Kindesalter vor, die zudem im Bereich außerfamiliärer Gewalt häufig als regionale Studien keine bundesweite Aussagekraft haben. Sie müssen eher
als einmalige Momentaufnahmen gesehen werden und beziehen sich darüber hinaus
meist nur auf einzelne Phänomenbereiche. Um künftig die Wirkung von Prävention auf

---

[9]   Einen frühen Überblick gibt die bundesweite Evaluationsstudie von Behn et al., 2006.

[10]   Beispiele hierfür sind das Papilio Programm (siehe www.papilio.de) oder Faustlos-Kindergarten
       (www.h-p-z.de/faustlos-kindergarten/).

[11]   Als Vorbild gilt hier das Programm nach Dan Olweus. Eine große Verbreitung hat auch das Fair-
       player-Programm (www.fairplayer.de) gefunden und das auf Prävention von Cybermobbing zie-
       lende Programm Medienhelden (www.medienhelden.info).

Kinder als Betroffene von psychischer und physischer Gewalt
und darauf bezogene Prävention

einer Bevölkerungsebene prüfen zu können, müssen die Dunkelfelder ausgeleuchtet werden. Es sind regelmäßige Dunkelfeldstudien zur Betroffenheit von Gewalt im Kindesalter notwendig, damit die Entwicklung und der Umfang von Gewaltphänomenen abgeschätzt werden können. Hier stellen sich auch für die Wissenschaft noch methodologische und ethische Herausforderungen, wenn auf Kinder bezogene Daten zu sensiblen Themen erhoben werden sollen.

Nach wie vor fehlt es an verlässlichen Wissen über die Wirksamkeit von Prävention. Bislang sind nur wenige Programme und Projekte unabhängig wissenschaftlich evaluiert. Ein Grund hierfür ist sicherlich, dass entsprechende Studien aufwendig, methodologisch schwierig – insbesondere bei nicht-manualisierten Projekten und Programmen – und damit kostenintensiv sind (vgl. auch Fischer et al., 2018). Da aber keineswegs gewiss ist, dass Prävention ihre Ziele erreicht und nicht etwa wirkungslos bleibt oder gar kontraproduktive Effekte hervorruft, muss das Forschungsdefizit in Bezug auf Wirksamkeit von Gewaltprävention in Kindesalter abgebaut werden.[12] Der sich in zweimal durchgeführten Dunkelfelderhebung zur Verbreitung innerfamiliärer Gewalt andeutende gesellschaftliche Misserfolg beim Zurückdrängen verschiedener Gefährdungsformen steht hier als Menetekel an der Wand und ruft dazu auf, eine gesellschaftliche Strategie gegen Kindeswohlgefährdungen mit nachprüfbaren Zielen zu entwickeln, wie sich dies bei sexueller Gewalt bereits andeutet. Wirkungsprüfungen zu fordern ist allerdings vermutlich sinnlos, wenn es für den Einsatz wirkungsgeprüfter Konzepte keine Anreizstrukturen und für die Durchführung von Evaluationsstudien im Bereich der Gewaltprävention keine Finanzierungsmöglichkeiten gibt. Die Befunde zu den gesellschaftlichen Kosten innerfamiliärer Gewalt lassen hier Investitionen nicht nur aus ethischen Gründen, sondern auch unter volkswirtschaftlichen Gesichtspunkten sinnvoll erscheinen. Nur mit dem Wissen, welcher Präventionsansatz in welchem Setting für welche Zielgruppen erfolgreich ist, kann Prävention in den nächsten Jahren zielgerichtet weiterentwickelt werden.

Thematisch ist es eine Herausforderung, rechtzeitig neue Viktimisierungsrisiken durch die zunehmende Digitalisierung und die verstärkte Nutzung sozialer Medien auch im Kindesalter zu erkennen und darauf bezogene Präventionsstrategien (weiter-)zu entwickeln und umzusetzen. Eine weitere Herausforderung bleibt für viele Präventionsansätze die institutionenübergreifende Kooperation, auch wenn sie vielerorts in den letzten Jahren ausgebaut worden ist. Damit im Interesse der betroffenen Kinder Kooperation der verschiedenen Institutionen von Polizei, über Kinder- und Jugendhilfe und Schule bis hin zum Gesundheitswesen erfolgreich sein kann, ist Wissen der jeweiligen Fachkräfte über die Voraussetzungen, Möglichkeiten und Handlungslogiken der anderen Institutionen erforderlich. Dies muss stärker in Aus- und Fortbildung berücksichtigt werden.

Für die Kinder- und Jugendhilfe stellt sich in den nächsten Jahren die Herausforderung, die zahlreichen neuen Vorgaben aus dem Kinder- und Jugendstärkungsgesetz, wie z. B.

---

[12] Einen Überblick über evaluierte Programme gibt die Grüne Liste Prävention des Landespräventionsrates Niedersachsen, siehe https://www.gruene-liste-praevention.de/nano.cms/datenbank/information.

den Einbezug besonderer Schutzbedürfnisse von Kindern mit Behinderungen und die Implementation von Schutzkonzepten in Einrichtungen, in der Praxis umzusetzen und mit Leben zu füllen. Zudem deuten Verlaufsstudien darauf hin, dass Interventionen nach innerfamiliärer Gewalt häufig nicht ausreichend ausfallen, sodass hier auch eine Entwicklung neuer Angebotsformen erforderlich scheint. Schon seit langem ist bekannt, dass Präventions- und Interventionskonzepte, die auf Grundlagenforschung aufbauen, im Mittel erfolgreicher sind als in dieser Hinsicht unfundierte Konzepte (Nation et al., 2003). Daher ist es für die Weiterentwicklung von Angeboten bei innerfamiliärer Gewalt wichtig, die sich entfaltenden Befunde zu Risikomechanismen und Schädigungsprozessen bei Kindern aufzugreifen.

Angesichts von Befunden, die eine Zunahme von Partnerschaftsgewalt während der SARS-CoV-2 Pandemie belegen (Piquero et al., 2021) und eine Zunahme der Gewalt gegen Kinder möglich erscheinen lassen (Marmor et al., 2021), besteht zudem ein dringender Bedarf, Flexibilität und organisationale Resilienz von Präventionsstrukturen zu untersuchen und zu verbessern, zumal möglicherweise mit dem Angriffskrieg gegen die Ukraine eine weitere gesellschaftliche Großherausforderung bevorsteht. Auch wenn sich Ende Februar 2022 die Folgen der dramatischen Ereignisse in ihrem vollen Ausmaß noch gar nicht absehen lassen, so muss bereits jetzt konstatiert werden: Kinder in der Ukraine erleben im Krieg extremste Formen von Bedrohung, Angst und Gewalt, Kinder machen Fluchterfahrungen, Kinder werden von ihren Eltern getrennt, Kinder werden durch die bildreiche Kriegsberichterstattung in Angst versetzt. Die zentrale pädagogische Herausforderung auch an alle Fachkräfte in Deutschland ist nun zu überlegen, wie die Kinder in der Ukraine, die Kinder auf und nach der Flucht und auch in Deutschland lebende Kinder unterstützt werden können, die erlebten Gewalterfahrungen und Ängste zu verarbeiten. Angesichts des Krieges gilt es, sich umso stärker für die universellen Menschenrechte und die Kinderrechte einzusetzen.

Literatur

Afifi, T. O., Enns, M. W., Cox, B. J., Asmundson, G. J., Stein, M. B., & Sareen, J. (2008). Population attributable fractions of psychiatric disorders and suicide ideation and attempts associated with adverse childhood experiences. *American journal of public health*, 98(5), 946-952.

Arbeitsstelle Kinder- und Jugendkriminalitätsprävention/Bundesjugendkuratorium (Hrsg.). (1999). *Der Mythos der Monsterkids – Strafunmündige 'Mehrfach- und Intensivtäter'. Ihre Situation – Grenzen und Möglichkeiten der Hilfe.* Dokumentation des Hearings des Bundesjugendkuratoriums am 18. Juni 1998 in Bonn. Deutsches Jugendinstitut.

Arbeitsstelle Kinder- und Jugendkriminalitätsprävention (Hrsg.). (2000). *Wider die Ratlosigkeit im Umgang mit Kinderdelinquenz. Präventive Ansätze und Konzepte.* Deutsches Jugendinstitut.

Austin A., Lesak A., & Shanahan M. (2020, in press). Risk and protective factors for child maltreatment: a review. *Current Epidemiology Reports*, DOI: 10.1007/s40471-020-00252-3.

Baier, D. (2015). Viktimisierung von Kindern und Jugendlichen außerhalb des sozialen Nahraums. In Guzy et al. (Hrsg.) *Viktimisierungsbefragungen in Deutschland. Band 1 Ziele, Nutzen und Forschungsstand* (S. 249-279).

Kinder als Betroffene von psychischer und physischer Gewalt
und darauf bezogene Prävention

Baier, D., Pfeiffer, Ch., Simonson, J., & Rabold, S. (2009). *Jugendliche in Deutschland als Opfer und Täter von Gewalt. Erster Forschungsbericht zum gemeinsamen Forschungsprojekt des Bundesministeriums des Innern und des KFN.* Kriminologisches Forschungsinstitut Niedersachsen e.V. Forschungsbericht Nr. 107.

Behn, S., Schaffranke, D., Schroer-Hippel, M., Kügler, N. Lembeck, H.-J., Pleiger, D., & Wink, S. (2006). *Mediation an Schulen. Eine bundesdeutsche Evaluation.* SpringerVS.

Belsky J. (1980). Child Maltreatment: An Ecological Integration. *American Psychologist, 35,* 320-335.

Bergert, M., Karliczek, K.-M., & Lüter, A. (2015). *Gewalterfahrung und Lebenslage. Eine Dunkelfelduntersuchung an Schulen in Berlin.* Berliner Forum Gewaltprävention Nr. 54, Landeskommission Berlin gegen Gewalt.

Birkel, C. (2014). Hellfeld vs. Dunkelfeld: Probleme statistikbegleitender Dunkelfeldforschung am Beispiel der bundesweiten Opferbefragung im Rahmen des Verbundprojektes „Barometer Sicherheit in Deutschland" (BaSiD). In S. Eifler & D. Pollich (Hrsg.), *Empirische Forschung über Kriminalität* (S. 67-94). SpringerVS.

Bliesener, T., Glaubitz, C., Hausmann, B., Klatt, T., & Riesner, L. (2015). *Prozess- und Wirkungsevaluation der NRW-Initiative „Kurve kriegen". Abschlussbericht der Wirkungsevaluation.* https://www.kurvekriegen.nrw.de/sites/default/files/2021-10/2015_01_Universitaet_Kiel_Wirkungsevaluation_Abschlussbericht.pdf

Boers, K. & Reinecke, J. (Hrsg.). (2019). *Delinquenz im Altersverlauf. Erkenntnisse der Langzeitstudie Kriminalität in der modernen Stadt.* Waxmann.

Bundeskriminalamt (BKA) (Hrsg.). (2022). *PKS 2020 PKS-Tabellen.* https://www.bka.de/DE/AktuelleInformationen/StatistikenLagebilder/PolizeilicheKriminalstatistik/PKS2020/PKSTabellen/pksTabellen_node.html

Bunting, L., Davidson, G., McCartan, C., Hanratty, J., Bywaters, P., Mason, W., & Steils, N. (2018). The association between child maltreatment and adult poverty—A systematic review of longitudinal research. *Child Abuse & Neglect, 77,* 121-133.

Clemens, V., Decker, O., Plener, P. L., Brähler E. & Fegert, J. M. (2019). Authoritarianism becomes respectable in Germany: A risk factor for condoning physical violence toward children? *Zeitschrift für Kinder- und Jugendpsychiatrie und Psychotherapie, 47*(5), 453-465.

Clemens, V., Sachser, C., Weideman, M., & Fegert, J. M. (2020). *Aktuelle Einstellungen zu Körperstrafen und elterliches Erziehungsverhalten in Deutschland. Ein Blick auf Veränderungen seit der parlamentarischen Entscheidung von 2000.* Ulm: Klinik für Kinder- und Jugendpsychiatrie/Psychotherapie.

Colich, N. L., Rosen, M. L., Williams, E. S., & McLaughlin, K. A. (2020). Biological aging in childhood and adolescence following experiences of threat and deprivation: A systematic review and meta-analysis. *Psychological Bulletin, 146*(9), 721-764.

Devakumar, D., Palfreyman, A., Uthayakumar-Cumarasamy, A., Ullah, N., Ranasinghe, C., Minckas, N., & Mannell, J. (2021). Mental health of women and children experiencing family violence in conflict settings: a mixed methods systematic review. *Conflict and health, 15*(1), e74.

Doidge J., Higgins D., Delfabbro P., & Segal L. (2017). Risk factors for child maltreatment in an Australian population-based birth cohort. *Child Abuse & Neglect, 64,* 47-60.

Fischer, S., John, N., Melzer, W., Kaman, A., Winter, K., & Bilz, L. (2020). Mobbing und Cybermobbing bei Kindern und Jugendlichen in Deutschland – Querschnittergebnisse der HBSC-Studie 2017/18 und Trends. *Journal of Health Monitoring, 3*(5), 56-72.

Fischer, T. A., Holthusen, B., Schmoll, A., & Willems, D. (2018). Prävention von Delinquenz im Kindes- und Jugendalter - ein komplexer Gegenstand für Evaluationen. In M. Walsh, B. Pniewski,

Kinder als Betroffene von psychischer und physischer Gewalt
und darauf bezogene Prävention

M. Kober, & A. Armborst, A. (Hrsg.). *Evidenzorientierte Kriminalprävention in Deutschland. Ein Leitfaden für Politik und Praxis* (S. 333-348). Springer VS.

Fuchs, A. (2017). *Transgenerational transmission of childhood adversity: examining potential pathways to break the cycle of risk across generations* (Doctoral dissertation). University of Heidelberg.

Geeraert, L., Van den Noortgate, W., Grietens, H., & Onghena, P. (2004). The effects of early prevention programs for families with young children at risk for physical child abuse and neglect: A meta-analysis. *Child Maltreatment, 9*(3), 277-291.

Guidi, J., Lucente, M., Sonino, N., & Fava, G. A. (2021). Allostatic load and its impact on health: a systematic review. *Psychotherapy and Psychosomatics, 90*(1), 11-27.

Guzy, N., Birkel, Ch. & Mischkowitz, R. (Hrsg.). (2015a). *Viktimisierungsbefragungen in Deutschland. Band 1 Ziele, Nutzen und Forschungsstand.* Bundeskriminalamt.

Guzy, N., Birkel, Ch. & Mischkowitz, R. (Hrsg.). (2015b). *Viktimisierungsbefragungen in Deutschland. Band 2 Methodik und Methodologie.* Bundeskriminalamt.

Habetha, S., Bleich, S., Sievers, C., Marschall, U., Weidenhammer, J., & Fegert, J. M. (2012). *Deutsche Traumafolgekostenstudie.* IGSF.

Hellmann, D. F. (2014). *Repräsentativbefragung zu Viktimisierungserfahrungen in Deutschland.* Kriminologisches Forschungsinstitut Niedersachsen e.V. Forschungsbericht Nr. 122.

Holochwost, S. J., Wang, G., Kolacz, J., Mills-Koonce, W. R., Klika, J. B., & Jaffee, S. R. (2021). The neurophysiological embedding of child maltreatment. *Development and psychopathology, 33*(3), 1107-1137.

Holthusen, B. (2020). Prävention – ein verlockendes Konzept mit Nebenwirkungen. Kritische Anmerkungen. In A. Kaplan, & S. Ross (Hrsg.), *Delinquenz bei jungen Menschen. Ein interdisziplinäres Handbuch. Festschrift zur Emeritierung von Prof. Dr. Philipp Walkenhorst* (S. 355-268). Springer VS.

Holthusen, B. (2011). *Projekt: Polizeilich mehrfach auffällige Strafunmündige. Ergebnisbericht für die Fachpraxis.* Deutsches Jugendinstitut.

Holthusen, B. & Hoops, S. (2015). Die Kinder- und Jugendhilfe als zentraler Akteur und Kooperationspartner in der Prävention von Delinquenz. In Arbeitsstelle Kinder- und Jugendkriminalitätsprävention (Hrsg.), *Kriminalitätsprävention im Kindes- und Jugendalter – Perspektiven zentraler Handlungsfelder* (S. 9-33). Deutsches Jugendinstitut.

Hoops, S. (2009). *Was hilft bei Kinderdelinquenz? Familien als Experten.* Reihe: Beiträge zur Kinder- und Jugendhilfeforschung. Juventa.

Hoops, S. & Holthusen, B. (2014). Prävention von Delinquenz: Je früher, desto besser? *DJI-Impulse. Neue Wege gehen: Wie der Schutz von Kindern und Jugendlichen verbessert werden kann.* 106(2), 19-21.

Hoops, S., Permien, H., & Rieker, P. (2001). *Zwischen null Toleranz und null Autorität. Strategien von Familien und Jugendhilfe im Umgang mit Kinderdelinquenz.* Deutsches Jugendinstitut.

Hughes, K., Ford, K., Bellis, M. A., Glendinning, F., Harrison, E., & Passmore, J. (2021). Health and financial costs of adverse childhood experiences in 28 European countries: a systematic review and meta-analysis. *The Lancet Public Health, 6*(11), e848-e857.

Jagusch, B., Kindler, H., Müller, H. & DePaz, L. (in Vorb.). *3-Jahres Katamnese von Kinderschutzfällen eines großstädtischen Jugendamtes.*

Jud, A. & Kindler, H. (2022). *Verbesserung der Datenerhebung sexueller Gewalt an Kindern und Jugendlichen im Hellfeld.* Expertise. UBSKM.

Kerr, D. M., McDonald, J., & Minnis, H. (2021). The association of child maltreatment and systemic inflammation in adulthood: A systematic review. *PloS one, 16*(4), e0243685.

Kinder als Betroffene von psychischer und physischer Gewalt
und darauf bezogene Prävention

Kindler, H. (2020). Wie verstehen Kinder Vernachlässigung, Misshandlung und Missbrauch? In *Gute Kinderschutzverfahren – Modellprojekt zur Qualitätssicherung und Qualitätsentwicklung für eine kindgerechte Justiz.* (https://guteverfahren.elearning-kinderschutz.de)

Kindler H. (2017). What explains dangerous parenting and how can it be changed? *Zeitschrift für Familienforschung.* Sonderheft 11, Parents in the Spotlight. (hrsg. v. Betz, Tanja/Honig, Michael-Sebastian/Ostner, Ilona), 195–214.

Kindler, H., Lillig, S., Blüml, H., Meysen T. & Werner, A. (2006). *Handbuch ASD und Kindeswohlgefährdung nach § 1666 BGB.* Deutsches Jugendinstitut.

Kliem, S. & Sandner, M. (2021, in press). Prenatal and Infancy Home Visiting in Germany: 7-Year Outcomes of a Randomized Trial. *Pediatrics,* 148(2), DOI: 10.1542/peds.2020-049610.

Krieg, Y., Rook, L., Beckmann, L. & Kliem, S. (2020). *Jugendliche in Niedersachsen. Ergebnisse des Niedersachsensurveys 2019.* Kriminologisches Forschungsinstitut Niedersachsen e.V. KFN-Forschungsberichte Nr. 154.

Krinner, L. M., Warren-Findlow, J., Bowling, J., Issel, L. M., & Reeve, C. L. (2021, in press). The dimensionality of adverse childhood experiences: A scoping review of ACE dimensions measurement. *Child Abuse & Neglect,* 121, DOI: 10.1016/j.chiabu.2021.105270.

Langevin, R., Marshall, C., & Kingsland, E. (2021). Intergenerational cycles of maltreatment: a scoping review of psychosocial risk and protective factors. *Trauma, Violence, & Abuse,* 22(4), 672-688.

Liel, C., Ulrich, S. M., Lorenz, S., Eickhorst, A., Fluke, J., & Walper, S. (2020). Risk factors for child abuse, neglect and exposure to intimate partner violence in early childhood: Findings in a representative cross-sectional sample in Germany. *Child abuse & neglect,* 106, 104487.

Lüter, A., Glock, B., Imhof, W., Riese, S., & Schroer-Hippel, M. (2019). *Berliner Monitoring Jugendgewaltdelinquenz. Fünfter Bericht 2019.* Arbeitsstelle Jugendgewaltprävention.

Mansournia, M. A. & Altman, D. G. (2018). Population attributable fraction. *British Medical Journal,* 360, k757.

Marin, T. J., Lewinson, R. E., Hayden, J. A., Mahood, Q., Rossi, M. A., Rosenbloom, B., & Katz, J. (2021). A systematic review of the prospective relationship between child maltreatment and chronic pain. *Children,* 8(9), 806, DOI: 10.3390/children8090806.

Marmor, A., Cohen, N., & Katz, C. (2021, in press). Child maltreatment during CoViD-19: key conclusions and future directions based on a systematic literature review. *Trauma, Violence, & Abuse,* 15248380211043818.

Melzer, W. (2015). Wissenschaftsbasierte Kriminalitätsprävention an Schulen. In Arbeitsstelle Kinder- und Jugendkriminalitätsprävention (Hrsg.), *Kriminalitätsprävention im Kindes- und Jugendalter - Perspektiven zentraler Handlungsfelder* (S. 99-125). Deutsches Jugendinstitut.

Mühlmann, T. (2019). *Regionale Unterschiede in der Kinder- und Jugendhilfe. Eine Zusatzanalyse zum „Monitor Hilfen zur Erziehung 2019" zu erzieherischen Hilfen und Kinderschutzaufgaben der Jugendämter.* Arbeitsstelle Kinder- und Jugendhilfestatistik.

Nation M., Crusto C., & Wandersman A. (2003). What works in prevention: Principles of effective prevention programs. *American Psychologist,* 58, 449-456.

Nationaler Rat gegen sexuelle Gewalt an Kindern und Jugendlichen (2021). Gemeinsame Verständigung des Nationalen Rates gegen sexuelle Gewalt an Kindern und Jugendlichen. BMFSFJ (www.nationaler-rat.de).

Noble-Carr, D., Moore, T., & McArthur, M. (2021). The nature and extent of qualitative research conducted with children about their experiences of domestic violence: Findings from a meta-synthesis. *Trauma, Violence, & Abuse,* 22(4), 928-943.

Parade, S. H., Huffhines, L., Daniels, T. E., Stroud, L. R., Nugent, N. R., & Tyrka, A. R. (2021). A systematic review of childhood maltreatment and DNA methylation: candidate gene and epigenome-wide approaches. *Translational psychiatry*, 11(1), 1-33.

Petersen, A., Joseph, J. & Feit, M. (Eds.). (2014). *New Directions in Child Abuse and Neglect Research*. The National Academies Press.

Piquero, A. R., Jennings, W. G., Jemison, E., Kaukinen, C., & Knaul, F. M. (2021, im Druck). Domestic violence during the COVID-19 pandemic-Evidence from a systematic review and meta-analysis. *Journal of criminal justice*, 74(C), DOI: 10.1016/j.jcrimjus.2021.101806.

Plener, P., Rodens, K., & Fegert, J. M. (2016). „Ein Klaps auf den Hintern hat noch niemandem geschadet": Einstellungen zu Körperstrafen und Erziehung in der deutschen Allgemeinbevölkerung. https://www.stiftung-kind-und-jugend.de/fileadmin/ pdf/ BVKJ_Kinderschutz_0616_Beitrag_Umfrage_2.pdf

Pritchard, C., Williams, R., & Rosenorn-Lanng, E. (2019). Child abuse-related deaths, child mortality (0–4 years) and income inequality in the USA and other developed nations 1989–91 v 2013–15: Speaking truth to power. *Child abuse review*, 28(5), 339-352.

Purtle, J., Nelson, K. L., Counts, N. Z., & Yudell, M. (2020). Population-based approaches to mental health: history, strategies, and evidence. *Annual Review of Public Health*, 41, 201-221.

Sann, A. & Küster, E.-U. (2013). Zum Stand des Ausbaus Früher Hilfen in den Kommunen. In *Datenreport Frühe Hilfen, Ausgabe 2013* (S. 36-45). NZFH.

Schmidt, M., Schneider, K., Hohm, E., Pickartz, A., Macsenaere, M., Petermann, F., Flosdorf, P., Hölzl, H. & Knab, E. (2002). *Effekte erzieherischer Hilfen und ihre Hintergründe*. (Schriftenreihe des BMFSFJ, Band 219). Kohlhammer.

Schroer-Hippel, M., Imhof, W., & Bergert, M. (2018). *Polizeiliche Prävention von Jugendgewalt. Konzepte – Befunde – Handlungsansätze*. Berliner Forum Gewaltprävention Nr. 64. Landeskommission Berlin gegen Gewalt.

Schubarth, W. (2020). *Gewalt und Mobbing an Schulen. Möglichkeiten der Prävention und Intervention* (4. Aufl.). Kohlhammer.

Sethi, D., Yon, Y., Parekh, N., Anderson, T., Huber, J., Rakovac, I., & Meinck, F. (2018). *European status report on preventing child maltreatment*. WHO Regional Office for Europe.

Sierau, S., Warmingham, J., White, L. O., Klein, A. M., & von Klitzing, K. (2020). Childhood emotional and conduct problems in childhood and adolescence differentially associated with intergenerational maltreatment continuity and parental internalizing symptoms. *Research on Child and Adolescent Psychopathology*, 48(1), 29-42.

Tsur, N., Katz, C., & Talmon, A. (2021, in press). The shielding effect of not responding: Peritraumatic responses to child abuse and their links to posttraumatic symptomatology. *Child Abuse & Neglect*, 121, DOI: 10.1016/j.chiabu.2021.105224.

van der Put C., Assink M. & van Solinge, N. (2017). Predicting child maltreatment: A meta-analysis of the predictive validity of risk assessment instruments. *Child Abuse & Neglect*, 73, 71-88.

Witt, A., Glaesmer, H., Jud, A., Plener, P. L., Brähler, E., Brown, R. C., & Fegert, J. M. (2018). Trends in child maltreatment in Germany: comparison of two representative population-based studies. *Child and adolescent psychiatry and mental health*, 12(1), e24, DOI: 10.1186/s13034-018-0232-5.

Witte, S., Lopez, M. L., & Baldwin, H. (2020). The voice of the child in child protection decision-making: A cross-country comparison of policy and practice in England, Germany, and the Netherlands. In J. Fluke, M. López, R. Benbenishty, E. Knorth & D. Baumann (Hrsg.). *Decision Making and Judgement in Child Welfare and Protection: Theory, Research, and Practice* (S. 263-280). Oxford University Press.

Kinder als Betroffene von psychischer und physischer Gewalt
und darauf bezogene Prävention

Zur weiteren Vertiefung

▶ Schubarth, W. (2020). Gewalt und Mobbing an Schulen. Möglichkeiten der Prävention und Intervention (4. Aufl.). Kohlhammer.

▶ https://www.Jugendschutz.net

▶ Deutsches Forum Kriminalprävention: https://www.kriminalpraevention.de

▶ https://www.gruene-liste-praevention.de/nano.cms/datenbank/information

Mediathek

 Artikel: „Wie gehen Jugendämter mit kriminellen Kindern um?"

 Ein öffentlicher Vortrag von Frau Prof. Jill Korbin „An Ecological Perspective on Challenges for Reducing Child Maltretament Risk in the Time of COVID-19" (58 Minuten).

 Ein öffentlicher Vortrag von Frau Prof. Eileen Munro „Social Work with Children and Families" (44 Minuten), der sich sehr mit Evidenzbasierung im Kindeschutz auseinandersetzt.

Prävention soll in erster Linie ermutigen und
befähigen, Prävention soll Kindern (und Erwachsenen) Freude machen und sie nicht in
Angst versetzen.

Sexualisierter Gewalt an Kindern und Jugendlichen vorbeugen - Ansätze eines gelingenden Kinderschutzes

5

Nadine Schicha

Überall da, wo Menschen miteinander in Beziehung treten, können Grenzverletzungen bzw. Formen sexualisierter Gewalt durch Erwachsene wie auch Kinder und Jugendliche vorkommen. Es ist entscheidend, damit bewusst, transparent und reflektiert umzugehen, um solche Fälle zu minimieren oder zu verhindern. Insbesondere das Zutagetreten von sexualisierter Gewalt in organisationalen Kontexten, in Kindertagesstätten, Schulen, Vereinen und Verbänden hat verdeutlicht, dass die bislang ergriffenen Maßnahmen an Vorbeugung nicht ausreichen, um Heranwachsende in ihren jeweiligen Lebenswelten umfassend zu schützen. Der Schutz von Mädchen und Jungen obliegt uns Erwachsenen, die wir tagtäglich mit ihnen arbeiten bzw. leben. Für ein von sexualisierter Gewalt betroffenes Kind kann eine einzige Person den Unterschied machen. Deswegen ist es erforderlich, dass alle Erwachsenen möglichst gut zum Thema informiert sind.

Der folgende Beitrag gibt Einblick in die Wissensbestände zur sexualisierten Gewalt an Kindern, beleuchtet die zahlreichen Facetten präventiver Maßnahmen, die Grenzen präventiven Wirkens aus Sicht des Kinderschutzes und thematisiert Erfordernisse für die pädagogische Praxis.

5.1 Begriffliche Einordnung

Das Phänomen der sexualisierten Gewalt an Kindern ist mit zahlreichen unterschiedlichen Begrifflichkeiten behaftet, deren Bedeutung und Verwendung bei Fach- und Leitungskräften aus pädagogischen Kontexten mit Unsicherheiten verbunden ist. Zudem werden die Termini gesellschaftspolitisch und wissenschaftlich kontrovers diskutiert. Der derzeit noch strafrechtlich gebräuchliche Begriff des ‚sexuellen Missbrauchs' wurde in der jüngsten Vergangenheit, insbesondere durch Fachwelt und Wissenschaft, durch den Begriff ‚sexualisierte Gewalt' abgelöst. Im Unterschied zum Begriff des ‚sexuellen Missbrauchs' markiert ‚sexualisierte Gewalt' den Subjektstatus von Kindern, die nicht wie Objekte sexuell miss- und damit indirekt auch legitim gebraucht werden können. Diese Perspektive entzieht Täter:innen eine Rechtfertigungsstrategie für ihre Taten und weist deutlich deren Verantwortung als Gewaltausübende aus. ‚Sexualisierte Gewalt' beschreibt den Machtmissbrauch, der im Fokus steht.

Dr. Nadine Schicha

ist Pädagogin und Sexualpädagogin und leitet die Landesfachstelle Prävention sexualisierte Gewalt Nordrhein-Westfalen (PsG.nrw)

Damit distanziert er sich von der gesellschaftlich immer noch weit verbreiteten Annahme, es handele sich meist um unkontrollierbare (männliche) sexuelle Triebe.

Die Bandbreite dessen, was unter sexualisierte Gewalt zu fassen ist, ist groß. Sie ist ein Phänomen, das alle gesellschaftlichen Schichten durchzieht. Inhaltlich ist als sexualisierte Gewalt „jede sexuelle Handlung [zu verstehen], die an oder vor einem Kind entweder gegen den Willen des Kindes vorgenommen wird oder der das Kind aufgrund körperlicher, seelischer, geistiger oder sprachlicher Unterlegenheit nicht wissentlich zustimmen kann" (Deegener, 2010, S. 22). Die Täter:innen nutzen ihre Macht- und Autoritätsposition aus, um eigene Bedürfnisse auf Kosten des Kindes zu befriedigen. Bei diesen Handlungen fehlt immer das Einverständnis der betroffenen Kinder.

Um Interaktionen zwischen Erwachsenen und Kindern angemessen bewerten zu können, wird seit geraumer Zeit auf die Differenzierung von Enders & Kossatz (2012) in Grenzverletzungen, sexuelle Übergriffe und strafrechtlich relevante Formen sexualisierter Gewalt zurückgegriffen. Grenzverletzungen sind Verhaltensweisen, die die persönlichen Grenzen anderer Personen, ihre Gefühle und ihr Schamempfinden überschreiten. Exemplarisch dafür ist das ungefragte auf den Schoß nehmen von Kindern zu verstehen oder das gezielte Einfordern von Umarmungen und Küssen in Begrüßungs- oder Verabschiedungssituationen. In der Regel sind sie unbeabsichtigt. Jeder Mensch hat das Recht zu bestimmen, wie viel Nähe er zwischen sich und anderen zulassen möchte. Kinder genauso wie Erwachsene. Grenzen können sich verändern, wenn sich Beziehungen zwischen Menschen wandeln. Die Faktoren für eine Grenzverletzung sind nicht immer objektiv zu fassen, sie hängen mit dem subjektiven Erleben jedes Einzelnen zusammen. Grenzverletzungen sind im Allgemeinen durch Sensibilisierung korrigierbar. Erhält die grenzverletzende Person zu ihrem Verhalten eine klare Rückmeldung, bekommt sie dadurch die Gelegenheit ihr Verhalten zu verändern. Im professionellen Kontext kann dies auch durch konkrete Dienstanweisungen geschehen. Sexualisierte Übergriffe unterscheiden sich von unbeabsichtigten Grenzverletzungen durch die Intention der übergriffigen Person, der Massivität des Übergriffs und/oder der Häufigkeit. Sexualisierte Übergriffe geschehen im Gegensatz zu Grenzverletzungen eher nicht zufällig, sondern beabsichtigt. Sie werden gegenüber Widerständen durchgesetzt und können Kindern sowohl körperlich als auch psychisch schaden. Durch Sensibilisierung sind sexualisierte Übergriffe nicht korrigierbar. Deswegen sind andere Konsequenzen erforderlich. Unter den strafrechtlich relevanten Formen sexualisierter Gewalt werden etwa sexuelle Nötigung, exhibitionistische Handlungen, Vergewaltigungen, sexueller Missbrauch von Kindern und Jugendlichen und Schutzbefohlenen sowie das Ausstellen, die Herstellung, der Handel und der Eigenbesitz ‚kinderpornografischer' Produkte verstanden. Sexualisierte Gewalt wird nie spontan oder ‚aus Versehen' verübt, sondern ist fast immer von langer Hand geplant! Andreas Jud zufolge kann sexualisierte Gewalt an Kindern sowohl sexuelle Kontakte zwischen Täter:in und Betroffenen als auch Handlungen ohne direkten sexuellen Kontakt enthalten. Zur sexualisierten Gewalt mit direktem Kontakt (sogenannte Hands-on-Delikte) fasst Jud penetrative Handlungen (vaginale oder anale Penetration) und Handlungen mit sexuellem Kontakt (absichtliche Berührungen). Daneben sind auch Taten als sexualisierte Gewalt zu verstehen, die ohne direkten Körperkontakt (sogenannte Hands-off-Delikte) auskommen, wie etwa das Zeigen von pornografischen Bild-, Video- oder Tonmaterial, exhibitionistische Handlungen, verbale, sexuelle Belästigung und Handlungen, die Kinderprostitution ermöglichen (Jud, 2015, S. 44).

5.2 Gefährdungsrisiko und Häufigkeit sexualisierter Gewalt an Kindern

Analog zum Mythos, dass ausschließlich Männer sexualisierte Gewalt ausüben, erweist sich auch die Vorstellung als unzutreffend, dass primär Mädchen von dieser Gewaltform betroffen sind – vielmehr stellt sich das Geschlechterverhältnis der Betroffenen ausgeglichener dar als auf Seiten von Täter:innen. Betroffen sind junge Menschen jeden Alters und Aussehens und jeder sozialen Schicht, denn nicht zuletzt hängt die Wahl der Betroffenen maßgeblich von den individuellen Präferenzen und Gelegenheitsstrukturen der Täter:innen ab. Ein erhöhtes Risiko besteht für Kinder mit physischen, psychischen und kognitiven Einschränkungen. Sind erwachsene Bezugspersonen nicht in der Verfassung, Kinder in ihren alterspezifischen Grundbedürfnissen, insbesondere in emotionaler und sozialer Hinsicht, nachzukommen, ist dies ebenfalls als Risikofaktor zu werden. Kindliche Bedürftigkeiten werden vor diesem Hintergrund oft gezielt von Täter:innen ausgenutzt.

Die Polizeiliche Kriminalstatistik spiegelt das Hellfeld der polizeilich ermittelten Straftaten wider. Im Deliktbereich der sexualisierten Gewalt an Kindern sind die Fallzahlen in der polizeilichen Kriminalstatistik gegenüber dem Vorjahr um 6,8 % (14.594) angestiegen (BKA, 2021, S. 14.). Da die Polizeiliche Kriminalstatistik das Hellfeld der polizeilich ermittelten Straftaten widergespiegelt, muss diese Zunahme jedoch nicht unmittelbar einen Anstieg der tatsächlichen Delikte bedeuten. So könnten beispielsweise auch eine größere Sensibilität und ein verändertes Anzeigeverhalten zu den Veränderungen führen. Ebenso könnte eine erhöhte Ermittlungsintensität bei aufgedeckten Fällen dazu führen, dass weitere Vorfälle bekannt werden. Es ist davon auszugehen, dass die tatsächliche Fallzahl im Dunkelfeld wesentlich höher liegt, da gerade im Bereich der sexualisierten Gewalt an Kindern ein Großteil der begangenen Straftaten nicht zur Anzeige gebracht wird. Die Gründe liegen u. a. darin, dass das Ermittlungs- und Strafverfahren für betroffene Kinder, deren Familie und Bezugspersonen sehr belastend sein kann.

Die Polizeiliche Kriminalstatistik weist im Jahr 2020 weiterhin 18.761 Fälle von Verbreitung, Besitz, Erwerb und Herstellung von sogenanntem ‚kinderpornographischem' Material aus. Im Vergleich zum Vorjahr ist dies ein Anstieg von 53 %. In der polizeilichen Kriminalstatistik wird als Grund dafür ins Feld geführt, dass vor allem Kinder und Jugendliche ohne Kenntnis eines strafrechtlichen Hintergrundes ‚kinder- und jugendpornografische' Bilder in Gruppenchats teilen und somit verbreiten (PKS, 2021, S. 14).

Der Begriff der ‚Kinderpornografie' wird seit geraumer Zeit kritisch diskutiert, weil er mit einer Verharmlosung der Gewalttaten einhergeht, denn unter Pornografie sind in der Regel einvernehmliche sexuelle Handlungen zwischen volljährigen Personen zu verstehen. Der Terminus suggeriert somit, es handele sich ‚lediglich' um Pornografie, deren Darstellungsinhalte Kinder seien (Deutschlandfunk, o. D.). Es gibt keine einvernehmlichen sexuellen Handlungen zwischen Erwachsenen und Kindern. Diese sind immer als illegal und Gewalt zu deklarieren. Die weitläufig genutzte Begrifflichkeit ‚Kinderpornografie' lässt somit den Gewaltaspekt vermissen. Als Alternative könnten Beschreibungen, wie ‚Darstellung sexualisierter Gewalt an Kindern und Jugendlichen in Bild und Ton' genutzt werden. Andere nutzen alternativ den Begriff ‚Missbrauchsabbildungen'. Er lehnt sich an den Begriff des sexuellen Missbrauchs an Kindern an und mag für diejenigen, die diesem Begriff kritisch gegenüberstehen, auch nicht passend erscheinen. Alternative Beschreibungen sind länger und demnach nicht so prägnant, sie erfassen die an den Betroffenen vorgenommen Handlungen jedoch als schweren Straftatbestand.

Die Weltgesundheitsorganisation (WHO Europa, 2013, S. 8) geht von rund 18 Millionen Minderjährigen aus, die in Europa von sexualisierter Gewalt betroffen sind. Auf Deutschland übertragen sind dies rund eine Million Mädchen und Jungen, also etwa ein bis zwei Schüler:innen in jeder Schulklasse. Aufgrund der hohen Dunkelziffer sind verbindliche Aussagen über Häufigkeiten nur bedingt möglich. Die Ergebnisse von Studien zur sexualisierten Gewalt an Kindern und Jugendlichen variieren nach der Definition von sexualisierter Gewalt, dem Studiendesign, der Stichprobe und auch der Informationsquelle (Jud, 2021, S. 13f.). Für den Alltag pädagogischer Fach- und Leitungskräfte spielen Statistiken zur Häufigkeit sexualisierter Gewalt eine untergeordnete Rolle. Dort ist die Schaffung des Bewusstseins relevant, dass tagtäglich mit Kindern agiert wird, die von sexualisierter Gewalt betroffen sind. Daraus resultieren die Notwendigkeiten einer erhöhten Aufmerksamkeit, entsprechenden Sensibilisierung und Fachkenntnis. Gleichzeitig geht damit einher, dass sich zwangsläufig auch Berührungspunkte zu Täter:innen ergeben. Diese zu entlarven, ist nicht einfach, denn Täter:innen bemühen sich, unentdeckt zu bleiben. Deswegen ist es erforderlich, sich mit der Thematik fachlich auseinanderzusetzen und eine professionelle Haltung zum Thema Nähe und Distanz hinsichtlich des eigenen Agierens zu entwickeln.

5.3   Täter:innen und ihre Strategien

Schätzungsweise kommen etwa 50 bis 75 % der Täter:innen aus dem sozialen Nahfeld der Betroffenen. Häufig finden sie sich in der eigenen Familie oder in Einrichtungen wieder, in denen Mädchen und Jungen scheinbar sicher aufgehoben sind. Etwa 85 bis 90 % der Taten werden von Männern verübt. Der Anteil der Täterinnen liegt demnach bei etwa 10 bis 15 %. Über Frauen, die sexualisierte Gewalt ausüben, wurde bislang wenig geforscht. Frauen werden solche Taten meist nicht zugetraut, weswegen davon auszugehen ist, dass sexualisierte Gewalt durch Frauen seltener entdeckt wird. An einer aktuellen Querschnittsstudie, die am Universitätsklinikum Hamburg-Eppendorf durchgeführt wurde, nahmen 212 Personen teil, die bis zu ihrem 16. Lebensjahr sexualisierte Gewalt durch eine weibliche Person erlebt hatten. 60 % der Befragten waren weiblich, 40 % männlich (Schröder et al., 2021, S. 4). Im Durchschnitt erlebten die Teilnehmenden im Alter von sechs Jahren zum ersten Mal sexualisierte Gewalt durch eine weibliche Person, wobei die Gewaltausübung bei 62 % der Betroffenen durch die Mutter verübt wurde (Schröder et al., 2021, S. 5). In der Studie konnten Unterschiede in der Wahrnehmung der Gewaltausübung zwischen weiblichen und männlichen Täter:innen festgemacht werden. So gaben Betroffene an, Täterinnen gingen subtiler vor als Täter. Dieser Umstand führe dazu, dass das Umfeld der Betroffenen die Taten noch schwerer erkennen könnten (Schröder et al., 2021, S. 5).

Die Taten werden in erster Linie von Menschen begangen, deren primäre sexuelle Orientierung auf Erwachsenen liegt und die keine beziehungsweise keine ausschließliche sexuelle Präferenz für kindliche Körperschemata haben. In internationalen Klassifikationssystemen ICD-11 und DSM-5 wird diese sexuelle Präferenzstörung als ‚Pädophilie' bezeichnet. Es handelt sich somit um eine sexuelle Präferenz gegenüber Kindern, die sich zeitlich vor der Pubertät oder in einer frühen Phase der Pubertät befinden. Der Verwendung des Begriffs der Pädophilie ist höchst problematisch, bedeutet er wörtlich übersetzt aus der griechischen Sprache ‚Liebe zu Kindern'. Somit liegt der Fokus auf einer erotisch-sexuellen Beziehung zwischen Erwachsenen und Kindern und lässt den Gewaltaspekt außer Acht (Bundschuh, 2001, S. 25). Expert:innen präferieren in diesem Zusammenhang deswegen den von Dannecker 1996 vorgeschlagenen Begriff ‚Pädosexualität', um die sexuelle Motivation hervorzuheben und um zu verdeutlichen, dass Menschen mit dieser Form der Störung der Sexualpräferenz genauso selten wie Erwachsene ohne dieses Störungsbildes mit anderen Vorlieben den erotischen Kontakt zu einem bevorzugten Partner aus nicht sexuellen Motiven herbeiführen (Bundschuh, 2011, S. 27). Somit geht es nicht um Liebe zu Kindern, sondern um Gewalt und Machtmissbrauch. Nur ein sehr geringer Anteil der Täter:innen ist pädosexuell. In Form einer anonymen Online-Befragung (Schröder et al., 2021) wurden Daten von Frauen mit sexuellem Interesse an Kindern erhoben, weil das meiste Wissen zur sexualisierten Gewalt an Kindern, insbesondere auch im Hinblick auf die Diagnose ‚Pädophile Störung', aus Studien mit Männern als Tätern stammt. Frauen mit sexuellem Interesse an Kindern würden in der Forschung und in der klinischen Praxis Schröder et al. (2021) zufolge nicht wahrgenommen werden. Die nicht repräsentative Studie zeigt auf, dass Pädosexualität kein ausschließlich männliches Phänomen ist. Obgleich die sexuelle Erregung durch Kinder nicht automatisch zur Anwendung sexualisierter Gewalt an Kindern führe, sei damit dennoch ein Risikofaktor für sexualisierte Gewalt an Kindern verbunden (Schröder et al., 2021, S. 19). Umso wichtiger ist es, die Thematik sexualisierte Gewalt an Kindern durch Frauen gesellschaftlich verstärkt ins Blickfeld zu rücken, Geschlechterverhältnisse kritisch zu hinterfragen und die Zuschreibung von Fürsorglichkeit an das weibliche Geschlecht aufzulösen.

Um das Bild derjenigen Personen, die sexualisierte Gewalt ausüben, ranken sich viele Mythen. So ist die Annahme weit verbreitet, es handele sich bei Täter:innen um Menschen, die mit zahlreichen sozialen und persönlichen Defiziten behaftet seien. Oftmals ist das Gegenteil der Fall. Sie haben sozusagen zwei Gesichter. Nach außen hin sind sie meist unauffällig und verfügen über viele Taktiken, um unentdeckt zu bleiben. Deswegen wird auch von Täter:innen-Strategien gesprochen. Sie gehen strategisch vor und nutzen ihre Macht- und Autoritätsposition gegenüber Kindern und Jugendlichen gezielt aus, um ein Gefühl der Überlegenheit zu erfahren.

Ein ‚Grooming' genanntes Vorgehen meint, dass Täter:innen das Schamempfinden von Betroffenen sukzessive zu erweitern versuchen und diese sowie deren Umfeld manipulieren. Es werden z. B. Berührungen eingeführt, die für das Beziehungsgefüge und den Kontext völlig unangemessen sind. Dies ist als Testphase zu verstehen, in der erprobt werden kann, wie Betroffene auf Grenzverschiebungen reagieren. Täter:innen wecken bei Kindern und Jugendlichen Begehrlichkeiten und erlauben Dinge, die für das Alter nicht erlaubt sind. Sie schaffen Gelegenheiten, um mit Betroffenen allein sein zu können. Sie stellen Geheimnisse her und bestechen, um ein Schweigegebot herstellen und erpressen zu können. Sie reden Betroffenen Schuldgefühle ein und suggerieren eine Mitverantwortlichkeit. Manchmal wird damit gedroht, dass etwas Schlimmes passieren werde, wenn sich Betroffene einem Menschen anvertrauen. All das macht es Mädchen und Jungen sehr schwer, darüber zu sprechen. Täter:innen binden die sexualisierte Gewalt, die sie ausüben, in eine emotional-soziale Beziehung ein. Ihr Handeln legitimieren sie durch zahlreiche Begründungen. Die angebliche Einwilligung der Betroffenen, die von Seiten der Täter:innen oftmals verteidigend ins Feld geführt wird, ist irrelevant und allein schon vor dem Hintergrund der rechtlichen Schutzaltersgrenzen zurückzuweisen. Rechtfertigungen, die Kindern und Jugendlichen eine (Teil-)Schuld an ihren Gewalterfahrungen zusprechen, sind vor dem Hintergrund des Entwicklungs- und Machtgefälles klar zurückzuweisen: Erwachsene sind für ihr Handeln verantwortlich – und damit auch für von ihnen ausgeübte sexualisierte Gewalt.

Analoge und digitale Welten sind für Kinder, die heutzutage aufwachsen, nicht mehr getrennt. Spätestens ab der weiterführenden Schule halten sich Kinder regelmäßig (allein) in digitalen Räumen auf und haben somit auch ein erhöhtes Risiko, von Täter:innen angeschrieben zu werden. Sexuelle Kontakte zu Kindern anzubahnen ist für Täter:innen durch das Internet und durch die Nutzung von Smartphones leichter geworden. Die Vorstellung, dass es sich hierbei immer um Fremde unter Pseudonym handelt, ist ein Trugschluss. Genauso finden sich unter den Täter:innen Familienangehörige oder Bekannte. Täter:innen verschaffen sich gezielt Zugang zu einem Kind und nutzen dabei häufig zuerst öffentliche Plattformen, um im nächsten Schritt in privaten Nachrichten (mit sexueller Absicht) persönlicher zu werden. Das Spektrum reicht von der Belästigung durch Gleichaltrige bis hin zur Anbahnung von schweren Straftaten durch Erwachsene. Beim sogenannten Cyber-Grooming, dem Anbahnen sexualisierter Gewalt im digitalen Raum, wird zunächst dem betroffenen Jungen oder Mädchen Aufmerksamkeit geschenkt. Es werden Angebote unterbreitet, die für Kinder sehr einladend klingen, wie etwa in einem Film mitzuspielen oder bei einem Casting mitzumachen (AJS NRW, 2022, S. 20). Berichten Kinder von Schwierigkeiten mit den Eltern, Freund:innen oder der Schule, fungieren Täter:innen im digitalen Raum als Tröstende. Ist das Vertrauen erst einmal gewonnen, kann es zu Erpressung und Bestechung kommen, um betroffene Mädchen und Jungen zum Schweigen und in ein Abhängigkeitsverhältnis zu bringen, das in sexualisierten Gewalttaten – auch offline – enden kann. Wie im analogen Raum wenden Täter:innen geschickte Manipulationstechniken an und erschleichen sich systematisch Vertrauen, sodass es den Betroffenen schwer gemacht wird, aus dem Kommunikationsprozess auszusteigen. Cyber-Grooming ist in Deutschland als besondere Form der sexualisierten Gewalt an Kindern (unter 14-jährigen Personen) nach § 176 Absatz 4 Strafgesetzbuch (StGB) verboten und seit dem 1.7.2021 sogar ein

Sexualisierter Gewalt an Kindern und Jugendlichen vorbeugen

eigenständiger Straftatbestand (AJS NRW, 2022, S. 23). Bereits vorbereitende Handlungen vor der potentiellen sexualisierten Gewaltausübung sind strafbar. Seit 2014 ist der Besitz und Erwerb bzw. schon der versuchte Erwerb von sogenannten Posing-Bildern unter Strafe gestellt genauso wie textliche Schilderungen von Handlungen sexualisierter Gewalt an Kindern, die anderen Nutzer:innen im Internet zugänglich gemacht werden. In Deutschland ist die öffentliche Verbreitung solcher Schilderungen, selbst wenn es sich um Fantasien handelt, strafrechtlich erfasst. Es wird davon ausgegangen, dass die Hemmschwelle potentieller Täter:innen für die tatsächliche Ausübung sexualisierter Gewalt an Kindern gesenkt werden könnte (AJS NRW, 2019, S. 12 ff.).

5.4 Exkurs: Sexualisierte Übergriffe durch Kinder

Grenzüberschreitungen und sexualisierte Gewalt werden nicht nur durch Erwachsene an Kindern verübt, sondern auch durch andere Kinder. Sexualisierte Kontakte von Erwachsenen mit Kindern lassen sich aufgrund des per se gegebenen Machtungleichgewichts und auch vor dem Hintergrund der Rechtslage als nicht zulässig klassifizieren. Die Beurteilung vergleichbarer Kontakte durch Kinder stellt sich dagegen komplexer dar. Im Zuge der sexuellen Bildung sollte kindlichem Explorationsverhalten nichts entgegenstehen, sofern die Handlungen in den Kontext des Alltagsgeschehens passen. Grenzüberschreitend werden diese Handlungen dann, wenn sie gegen den Willen vollzogen werden oder beteiligte Kinder nicht im Stande sind, bewusst in die Interaktion einzuwilligen. Anlehnend an die Definition von sexualisierter Gewalt an Kindern durch Erwachsene von Deegener (2010) können sexualisierte Übergriffe durch Kinder als solche beschrieben werden, wenn das übergriffige Kind Handlungen erzwingt bzw. das betroffene Kind unfreiwillig in die Handlungen involviert wird oder diesen aufgrund von körperlicher, seelischer, geistiger oder sprachlicher Unterlegenheit nicht wissentlich zustimmen kann. Zwischen dem übergriffigen und betroffenen Kind liegt ein Machtgefälle zugrunde, welches missbraucht wird. Dabei können Versprechungen sowie das Ausüben von verbaler, emotionaler und körperlicher Gewalt zum Tragen kommen.

Grenzverletzungen und sexualisierte Übergriffe durch Kinder sind in den letzten Jahren verstärkt in den Fokus gerückt, weil die Thematik viele Fach- und Leitungskräfte in ihrem pädagogischen Alltag beschäftigt. Das Deutsche Jugendinstitut e.V. (DJI) hat zwischen 2010 und 2011 im Auftrag des Unabhängigen Beauftragten für Fragen des sexuellen Kindesmissbrauchs (UBSKM) eine Studie in ausgewählten pädagogischen Organisationen durchgeführt, in der u. a. auch das Vorkommen von Übergriffen durch Kinder erfragt wurde: „Das Ausmaß, in dem die befragten Institutionen mit sexueller Gewalt von Kindern bzw. Jugendlichen an anderen Kindern und Jugendlichen konfrontiert waren, übersteigt den Verdacht auf Missbrauch durch Personal bei weitem. Jede sechste Schule, jedes vierte Internat und mehr als jedes dritte Heim hatte in den letzten drei Jahren mindestens einen solchen Verdachtsfall" (Helming et al., 2011, S. 74). Die Polizeiliche Kriminalstatistik von 2020 verzeichnet 1.057 Tatverdächtige unter 14 Jahren beim Straftatbestand sexueller Missbrauch an Kindern, 2.154 tatverdächtige Jugendliche zwischen 14 und 18 Jahren und

4.096 junge Erwachsene zwischen 18 und 21 Jahren, wobei der Großteil der Tatverdächtigen männlich war (PKS, 2021). In der 2016 an allgemeinbildenden Schulen in Hessen durchgeführten „SPEAK!"-Studie wurden 2.719 Schüler:innen zwischen 14 und 16 Jahren nach sexualisierten Gewalterfahrungen durch Gleichaltrige befragt. Über die Hälfte (48 %) der befragten Schüler:innen gab an, Erfahrungen mit nicht-körperlicher sexualisierter Gewalt gemacht zu haben und fast ein Viertel (23 %) gaben an, mindestens einmal in ihrem Leben von körperlicher sexualisierter Gewalt betroffen gewesen zu sein (Maschke & Stecher, 2018, S. 6). Ein besonderer Risikoort im Hinblick auf nicht-körperliche sexualisierte Gewalt für Mädchen sei nach Maschke & Stecher (2018, S. 26) der digitale Raum, bei Jungen hingegen das Klassenzimmer oder der Pausenhof. Bei körperlicher sexualisierter Gewalt stellen bei Mädchen im Vergleich zu Jungen ,andere Wohnungen', öffentliche Plätze und Bahnhöfe/Bushaltestellen höhere Risikoorte dar. Oftmals wurden die Taten von Mitschüler:innen, Freund:innen und (Ex-)Partner:innen verübt (Maschke & Stecher, 2018, S. 29). Im Fazit konnte herausgearbeitet werden, dass fast jede:r fünfte Jugendliche sowohl nicht-körperliche als auch körperliche sexualisierte Gewalterfahrungen gemacht hat (Maschke & Stecher, 2018, S. 33).

Grundsätzlich hat sich in Fachkreisen im Zusammenhang mit Kindern außerhalb des strafrechtlichen Kontexts die Rede von ,grenzüberschreitenden/übergriffigen' und ,betroffenen' Kindern bzw. Jugendlichen etabliert. Diese beugt durch den Verzicht auf die Label ,Täter:in' und ,Opfer' damit verbundenen Stigmatisierungen vor und schafft gleichzeitig Raum dafür, auch grenzüberschreitende bzw. gewaltausübende Kinder trotz Anerkennung der Folgen für Betroffene als hilfebedürftig zu begreifen. Dabei ist jedoch zu berücksichtigen, dass – entgegen des verbreiteten Glaubens – die Ausübung sexualisierter Gewalt nicht zwangsläufig auf eigene Gewalterfahrungen hindeutet.

Bei sexualisierten Übergriffen durch Kinder muss in jedem Fall zeitnah und vor allem zielgerichtet interveniert werden. Die Maßgabe besteht darin, dass betroffene Kinder bei der Bearbeitung ihrer Erfahrungen (professionell) unterstützt und grenzüberschreitende Kinder zur Einsicht und Verhaltensänderung befähigt werden. Sexualpädagogische Ansätze helfen auch präventiv dabei, den Umgang mit eigenen und fremden Grenzen zu erlernen. Zudem stellen positive Bindungen zu Gleichaltrigen eine wichtige Ressource da, die es unter anderem Betroffenen erleichtert, sich mit ihren Gewalterfahrungen anzuvertrauen (,Disclosure'), ehe diese ggf. mit Erwachsenen geteilt werden. Die Hilfemaßnahmen mit deren zeitlichen Abläufen, werden bei Übergriffen im institutionellen Kontext von Leitung bzw. Interventionsteam bestimmt und nicht von Kindern oder Eltern, obgleich es wichtig ist, alle im Prozess mit erforderlichen Informationen zu versorgen, Sorgen ernst zu nehmen und im Dialog miteinander zu bleiben.

5.5   Prävention sexualisierter Gewalt

Obgleich jede noch so gute Präventionsarbeit keinen umfassenden Schutz vor sexualisierter Gewalt bieten kann, sollte sie in den frühen Kinderjahren im Elternhaus, in Kindertageseinrichtungen, bei Tagesmüttern und –vätern beginnen und immanenter Bestandteil kindlicher Lebenswelten und Bezugspersonen sein. Prävention von sexualisierter Gewalt

Sexualisierter Gewalt an Kindern und Jugendlichen vorbeugen

ist nicht als Projekt zu verstehen, sondern als Prinzip. Prävention ist eine Haltung, die sich in der Art und Weise niederschlägt, wie wir täglich miteinander in Beziehung treten.

5.5.1 Facetten präventiver Ansätze

Präventive Maßnahmen müssen systematisch auf verschiedenen Ebenen implementiert werden und an unterschiedliche Zielgruppen adressiert werden, um tragfähig und wirksam zu sein. Kindler & Schmidt-Ndasi (2011) machen in diesem Zusammenhang mindestens vier Ansatzpunkte für präventives Agieren aus: Neben dem Erreichen erwachsener Bezugs- und Ansprechpersonen, insbesondere auch in professionellen Kontexten, in Form von Informations- und Bildungsangeboten und Ansätzen, die sich an potentielle Täter:innen wenden, werden strukturelle Maßnahmen angestrebt, die die Gelegenheitsstrukturen für Täter:innen minimieren sollen. In der Prävention von sexualisierter Gewalt sind insbesondere Konzepte verbreitet, die sich an Kinder selbst wenden. Kindzentrierte Ansätze sind darauf ausgerichtet, Kinder altersangemessen über sexualisierte Gewalt zu informieren, sie dazu zu befähigen, Gefährdungssituationen als solche zu erkennen und bei Vertrauenspersonen offenzulegen. Darüber hinaus beinhalten diese Ansätze Aspekte zur Selbstwertstärkung im Allgemeinen und sind weitestgehend einheitlich als übergeordnete Ziele in der Präventionsforschung bekannt (Kindler & Schmidt-Ndasi, 2011, S. 38).

Ein Großteil der präventiven Bemühungen zur Herstellung von Schutz vor sexualisierter Gewalt richtet sich an Heranwachsende. Mädchen und Jungen sollen befähigt werden, ihre Gefühle und ihren Eigensinn wahrzunehmen. Sie sollen für ihre Grenzen und die Grenzen anderer sensibilisiert werden. Dabei unterstützt werden, den Mut zu haben, ihre Grenzen nach außen zu vertreten – auch gegenüber Erwachsenen. Sich Hilfe und Unterstützung zu holen, wenn sie nicht weiterwissen und vieles mehr. Mädchen und Jungen sind jedoch nicht für ihren Schutz verantwortlich, deswegen bedeutet Prävention von sexualisierter Gewalt vorrangig Aufklärung und Wissen für Erwachsene. Zur Aneignung von Kenntnissen im Themenfeld gehört, dass sich nicht nur Menschen, die mit Kindern zusammenleben, sondern auch Fach- und Leitungskräfte, die mit ihnen täglich zusammen arbeiten und sie betreuen, intensiv mit ihren Stereotypen, mit ihren Denk- und Handlungsmustern auseinandersetzen, die ihre jeweilige (pädagogische) Praxis prägen und Mythen freilegen, die sich um das Thema ranken. So ist es neben der weit verbreiteten falschen Annahme, dass hauptsächlich fremde Männer sexualisierte Gewalt ausüben auch Fakt, dass Frauen als übergriffige und gewaltausübende Personen gesellschaftlich kaum oder gar nicht ins Blickfeld geraten. Frauen wird oft in der Bildung, Erziehung und Betreuung von Kindern ein größeres Spektrum an Handlungen zugestanden als Männern. Das Bild der ‚guten Mutter' hat immer noch Bestand und dass sich Frauen ebenfalls übergriffig verhalten können, lässt sich schwer mit unserem Bild der ‚weiblichen Fürsorglichkeit' in Einklang bringen. Insbesondere die Auseinandersetzung mit Grenzverletzungen zeigt auf, dass diese in ganz unterschiedlichen Kontexten unabhängig vom Geschlecht ausgeübt werden. Exemplarisch dafür ist das Ansprechen von Kindern und Jugendlichen mit Kosenamen. Das ungefragte auf den Schoß nehmen von Kindern, ohne dass diese das als ihr situatives Bedürfnis kommunizieren. Ständiges Streicheln des Kopfes im Vorbeigehen. Diese Formen der Grenzverletzung werden auch von Frauen verübt. Gleichzeitig scheinen Männer, insbesondere in der Interaktion mit jüngeren Mädchen und Jungen, schneller unter einem sogenannten Generalverdacht zu stehen, denn weitläufig wird fälschlicherweise immer noch oft davon ausgegangen, dass es sich bei sexualisierter Gewalt gegen Kinder und Jugendliche um das Ausagieren (männlicher) sexueller Triebe handele. Dabei geht es bei sexualisierter Gewalt in erster Linie immer um Machtmissbrauch. In einigen Kindertageseinrichtungen ist es immer noch üblich, dass Erzieher von einigen Pflegehandlungen ausgenommen sind. Und es wird von Eltern oder Kolleg:innen argwöhnisch beobachtet, wenn Mädchen oder Jungen zum Trösten von männlichem Personal kurz auf den Schoß genommen werden. Vor diesem Hintergrund ist es erforderlich, normative Vorstellungen von Weiblich- und Männlichkeiten zu überprüfen, um Interaktionen zwischen Kindern und Erwachsenen angemessen bewerten zu können.

Eine gelingende Vorbeugungsarbeit stärkt Kinder und Jugendliche in ihren Gefühlen und subjektiven Grenzen und trägt dazu bei, Sprach- und Tatenlosigkeit zu überwinden. Mädchen und Jungen, die erfahren, dass ihre Gefühle immer richtig und wichtig sind, fällt es in grenzverletzenden und übergriffigen Situationen leichter, diese entsprechend als solche einzusortieren und bestenfalls auch zu benennen. Neben dem oftmals fehlenden kritischen Bewusstsein für stereotype Geschlechtervorstellungen und der reinen Fokussierung auf das Empowern von Kindern und Jugendlichen im präventiven Bereich, werden Aspekte aus der sexuellen Bildung im Kontext von Prävention ebenfalls nur marginal in den Fokus genommen und damit verbundene Schwerpunkte mitunter ausschließlich an Mädchen und Jungen adressiert. Dabei ist eine Erweiterung des Blickwinkels auf Erwachsene notwendig und damit die Frage verbunden, wie es dort um die Sprechfähigkeit in Bezug auf sexuelle Themen bestellt ist. Beide Themen, Prävention von sexualisierter Gewalt und sexuelle Bildung, sind miteinander verwoben, denn der Umgang mit dem eigenen sexuellen Erleben, dem eigenen Körper und der Kommunikation darüber kann dazu beitragen, den Schutz von Kindern vor sexualisierter Gewalt zu erhöhen.

Die Auffassung, dass der Mensch von Natur aus ein sexuelles Wesen ist, lässt schlussfolgern, dass Kinder Sexuelles beschäftigt, sie sich darin ausprobieren, Neues adaptieren oder verwerfen, Fragen stellen und ab und an auch Unterstützung benötigen, weil sie in Situationen geraten können, für die selbst wir Erwachsene oftmals keine Blaupause haben. Die psychosexuelle Entwicklung von Kindern muss deswegen einen ebenso wichtigen Stellenwert erhalten wie andere Entwicklungsbereiche. Das Thema der kindlichen sexuellen Entwicklung ist jedoch bei kindlichen Bezugspersonen mit Unsicherheiten behaftet. Das damit verbundene Spannungsfeld spiegelt Haltungen wider, die sich zwischen Tabuisierung und fehlenden Grenzen bewegen. Kindliche Sexualität unterscheidet sich dabei ganz zentral von der Sexualität Erwachsener, denn sie ist Ich-bezogen, nicht zielorientiert und sie ist ganzheitlich (Maywald, 2015, S. 17f.). Es geht in einer sexualfreundlichen Erziehung nicht darum, Kinder mit altersunangemessenen Aspekten aus der Erwachsenensexualität zu konfrontieren. Es geht darum, Fragen der Kinder aufzugreifen, sie altersangemessen zu beantworten und Ansprechbarkeit zu signalisieren. Sind Erwachsene in sexuellen Themen nicht sprechfähig, werden Kinder sie bei Grenzverletzungen oder Übergriffen auch nicht als Ansprechperson nutzen. Kinder können dann zur Offenlegung übergriffiger Situationen motiviert werden, wenn sie erfahren, dass sexuelle Themen kein Tabu sind. In sexuellen Dingen sprechfähig zu werden, ist jedoch ein Lernprozess, in den sich Kinder und Erwachsene gleichermaßen begeben müssen.

Eltern und Fachkräfte benötigen Wissen über die frühkindliche sexuelle Entwicklung, um die Fragen und Handlungen der Kinder entsprechend einordnen zu können. Und Kinder benötigen altersangemessene Antworten auf ihre Fragen zur Sexualität, zu ihrem Körper und zu Beziehungsgefügen, damit sie erfahren können, was erlaubt und verboten ist und nicht zu der Annahme gelangen, Sexualität sei ein Tabuthema. Mit einer sexualfreundlichen Erziehung bekommen Kinder die Gelegenheit zu lernen, eigene Grenzen und die anderer Kinder und Erwachsener kennenzulernen und zu respektieren. Dass dadurch die sexuelle Aktivität von Kindern verstärkt werde, ist ein Irrglaube. Der Präventionsgrundsatz lautet: Nur wer Bescheid weiß, kann auch Bescheid sagen.

In der Regel sind Mädchen und Jungen an ihrem Körper interessiert und neugierig, ob andere Kinder auch so aussehen wie sie selbst. In Rollenspielen, wie den sogenannten Doktorspielen, haben sie die Möglichkeit, Beziehungen zu gestalten, ihrer Neugierde nachzugehen und mehr über ihr eigenes und andere Geschlechter zu erfahren. Die sogenannten Doktorspiele sind Körpererkundungsspiele, denen Mädchen und Jungen im Alter von etwa vier bis sechs Jahren nachgehen. Diese verunsichern nicht nur viele Eltern, sondern auch Fachkräfte. Dabei gehören sie zur sexuellen Entwicklung von Kindern im Vor- und Grundschulalter dazu. Einige Kinder zeigen vermehrtes Interesse, andere wiederum weniger. Mädchen und Jungen erkunden gegenseitig ihren Körper und versuchen auf diesem Wege, Gemeinsamkeiten und Unterschiede zwischen den Geschlechtern auszumachen. Sie ahmen zudem oftmals das Beziehungsverhalten Erwachsener nach. Aus Unwissenheit oder im ‚Überschwang' können in der Interaktion Grenzverletzungen vorkommen. Gerade jüngere Kinder verfügen häufig noch nicht über eine angemessene Impulskontrolle. Ihnen fällt es manchmal schwer, Grenzen anderer als solche zu erkennen und einzuhalten. Damit Grenzverletzungen weitestgehend vermieden werden und Kindern ein geschützter Rahmen für Explorationsverhalten geboten werden kann, ist es notwendig, Regeln für den Umgang miteinander festzulegen und mit den Kindern darüber zu sprechen. Hier fehlt es Eltern und Fachkräften meist an Wissen, wie ein entsprechender Rahmen aussehen und Regeln gestaltet werden können. Und daraus resultieren nicht selten große Unsicherheiten hinsichtlich einer angemessenen Reaktion auf grenzverletzende Situationen.

Zu den Rahmenbedingungen gehört u. a. die Kenntnis, dass Körpererkundungsspiele zwischen befreundeten Kindern stattfinden und weniger unter Geschwistern. Der Altersabstand der miteinander spielenden Kinder sollte dabei höchstens zwei Jahre betragen, wobei der Entwicklungsstand der jeweiligen Kinder ausschlaggebend sein sollte. Ebenfalls ist es erforderlich, vorhandene Machtverhältnisse der interagierenden Kinder zu überprüfen. Ältere Kinder und Erwachsene bleiben bei den Spielen außen vor. Eigene Grenzen gegenüber anderen Kindern zu kommunizieren, das muss erst gelernt werden. Dazu benötigen

Kinder klare Regeln und Erwachsene, die bei dem Thema ansprechbar sind und sie begleiten (AJS NRW, 2020). Kinder haben ein Recht auf Schutz, aber auch darauf, dass wir Erwachsene ihnen Raum für Erfahrungslernen zugestehen.

Neben der Vermittlung von Regeln für Körpererkundungsspiele ist ebenfalls die Kommunikation präventiver Erziehungsgrundsätze im gemeinsamen Alltag wichtig, weil sie Kinder tagtäglich verdeutlichen, dass sie Träger:innen von Rechten sind, diese Rechte auch
gegenüber Erwachsenen vertreten dürfen und zur Selbstwertstärkung von Kindern beitragen. Die Erziehungs- oder Präventionsgrundsätze sollten sich nicht nur in der direkten
Kommunikation gegenüber Heranwachsenden widerspiegeln, sondern auch in der täglichen Interaktion gelebt werden. Eines der zentralsten Anliegen in der Prävention von sexualisierter Gewalt ist es, Kindern zu vermitteln, dass sie alleine über ihren Körper bestimmen. Dazu gehört, sie dabei zu unterstützen, ihrem Körper wertschätzend zu begegnen.
Kinder, die ihren Körper kennen und darüber kommunizieren können, werden bei Grenzverletzungen und Übergriffen eher imstande sein, diese als solche zu benennen und mit-
zuteilen. Das Wissen um eine angemessene Sprache erleichtert zudem die Einschätzung
einer Situation, denn nur wer sprechfähig ist, kann Bedürfnisse, Wünsche und Grenzen
verbalisieren. Eng daran gekoppelt ist die Wahrnehmung individueller Gefühle sowie deren Vielfalt. Täter:innen, die sexualisierte Gewalt ausüben, manipulieren betroffene Kinder sowie deren Umfeld. Kindern wird durch Täter:innen eine Mitverantwortlichkeit an
den Gewalterlebnissen suggeriert. Um unangemessene Situationen leichter als solche bewerten zu können, ist die Wahrnehmung und insbesondere die Differenzierung der aufkommenden Gefühle wichtig. Dementsprechend helfen Erfahrungen im Alltag, dass auf
subjektive Gefühle immer vertraut werden darf. Täter:innen sexualisierter Gewalt führen
im Zuge des Grooming Berührungen ein, die der Situation und dem Beziehungsgefüge
nicht angemessen sind. Zwischen angenehmen und unangenehmen Berührungen unterscheiden zu können, kann vor diesem Hintergrund dazu beitragen, unangemessenen Körperkontakt nicht hinzunehmen. Mädchen und Jungen benötigen die explizite Erlaubnis
Erwachsener, sich in entsprechenden Situationen abgrenzen zu dürfen, ohne dass dies
Konsequenzen mit sich bringt. Dies betrifft auch das familiäre Gefüge, in dem von Erwachsenen Berührungen erwünscht oder erwartet werden, die nicht immer mit den Bedürfnissen des Kindes in Einklang stehen. Kinder müssen hier die klare Botschaft erhalten, dass
sie jederzeit das Recht haben, ihre Grenzen zu vertreten. Dieses Recht darf auch gegenüber Erwachsenen wahrgenommen werden. Demensprechend entscheiden Kinder selbst,
ob eine Berührung gewünscht ist oder nicht. Zudem sollten Kinder wissen, dass es auch
Situationen gibt, in denen ihre Grenzziehung von Erwachsenen nicht beachtet wird und
dass sie in solchen Fällen keine Schuld tragen. Die Schuld trägt immer die erwachsene
Person. Im Zuge der Anbahnung von Übergriffen stellen Täter:innen betroffene Kinder
unter ein Redeverbot, deklarieren Interaktionen als Geheimnis und sprechen Drohungen
aus, um das Schweigen des Kindes gewährleisten zu können. Mädchen und Jungen dabei
zu unterstützen, ein Bewusstsein für gute und schlechte Geheimnisse zu entwickeln, kann
dazu beitragen, dass sie Negatives entsprechend weitertragen und sich Hilfe holen.

5.5.2 Verankerung von Rechte- und Schutzkonzepten in Organisationen

Täter:innen, die sexualisierte Gewalt ausüben möchten, suchen sich oftmals Organisationen mit guten Gelegenheitsstrukturen. Gute Gelegenheitsstrukturen bieten etwa Orte, an denen sich viele Kinder aufhalten, sie möglichst frei agieren und ungestört einen intensiven Kontakt mit Mädchen und Jungen pflegen können. Insbesondere Freizeiten mit Übernachtungssituationen oder Sportarten mit viel Körperkontakt bieten potentiellen Täter:innen gute Möglichkeiten, unentdeckt zu agieren. Ebenso stellen wenig Erfahrung mit dem Thema sexualisierte Gewalt in einer Organisation und stark hierarchische Systeme mit autoritären Strukturen und wenig vorhandenen Mitgestaltungsmöglichkeiten seitens der Kinder und Jugendlichen ein erhöhtes Risiko dar (zur Bedeutung von Partizipationsmöglichkeiten von Kindern siehe auch den Beitrag von Marlies Kroetsch im vorliegenden Band). Gegenteilig bieten auch wenig Transparenz, fehlende Kontrolle und Zuständigkeiten Lücken. An dieser Stelle seien nur einige von zahlreichen Faktoren genannt, die Täter:innen in die Hände spielen können. Gegen sexualisierte Gewalt an Kindern muss deswegen systematisch vorgegangen werden, wie etwa durch die Verankerung von Rechte- und Schutzkonzepten in Organisationen der Bildung, Betreuung und Erziehung.

Ein Rechte- und Schutzkonzept besteht aus vielen verschiedenen Bausteinen. Dabei ist zu beachten, dass ein solches Konzept kein abgeschlossenes Maßnahmenpaket darstellt, sondern einen Prozess beschreibt, der dauerhaft weiterentwickelt werden muss. Dieser Prozess benötigt Fach- und Leitungskräfte, die für die Bearbeitung und Reflektion federführend verantwortlich sind. Ein Rechte- und Schutzkonzept sollte die unterschiedlichen Formen von Gewalt, das Phänomen des Machtmissbrauchs sowie die Einrichtung als Schutz- und als Kompetenzort in den Blick nehmen. Schutz von Kindern und Beachtung ihrer Rechte sind untrennbar miteinander vereint. Das heißt auch, dass junge Menschen umfassend bei der Konzeptentwicklung und der Umsetzung von Maßnahmen zu ihrem Schutz beteiligt werden müssen und die Konzepte sie nicht in ihren Rechten beschneiden dürfen. Kinder als Träger:innen von Rechten müssen im Fokus stehen und deren Beteiligung eine zentrale Stellung einnehmen, denn ohne gelebte Partizipation ist Kinderschutz weder präventiv noch intervenierend wirksam. Diese in Organisationen gelebten Rechte- und Schutzkonzepte können auf Täter:innen eine abschreckende Wirkung haben bzw. erschweren es ihnen, unentdeckt zu agieren. An der Erstellung und Gestaltung eines Rechte- und Schutzkonzeptes müssen alle in einer Organisation tätigen Menschen, Erwachsene wie auch Kinder und Jugendliche partizipieren, damit das Erarbeitete lebbar wird und gemeinsam getragen werden kann. Einzelne Bausteine, die ein solches Konzeptes beinhalten kann, werden im Folgenden exemplarisch skizziert.

Zu Beginn der Erstellung eines jeden Rechte- und Schutzkonzepts ist es erforderlich, einen Blick auf die Gelegenheitsstrukturen einer Organisation zu werfen, die es Täter:innen ermöglichen, zu agieren. Gleichzeitig werden an dieser Stelle bereits enthaltende Schutzfaktoren und Ressourcen herausgefiltert. Bei der sogenannten Risiko- oder Gefährdungsanalyse können Fragen zum internen Umgang mit Macht- und Abhängigkeitsverhältnissen, Besonderheiten der zu betreuenden Kinder, Entscheidungsgrundlagen, Teilhabemöglichkeiten und räumlichen Gegebenheiten leitend sein. Weiterhin ist es sinnvoll, Strukturen, mögliche Rituale und Arbeits- sowie Beziehungsebenen in unterschiedlichen

Gefügen kritisch zu reflektieren. Die Vermittlung von Wissen zu Strategien von Täter:innen, Gefährdungsrisiken, Möglichkeiten der Prävention und Handlungsoptionen im Fall einer Vermutung in Form von Fortbildungen für Leitung und alle Mitarbeitenden ist Grundlage, um Orientierung und Handlungssicherheit zu erlangen. Ebenfalls sollten Eltern und andere enge Bezugspersonen der Kinder mit einbezogen werden. Hier bedarf es der Weitergabe von Wissen zur sexualisierten Gewalt und sexueller Bildung von Kindern in Form von Elternbildungsangeboten, die möglichst niedrigschwellig angelegt sind und mit den Themen verbundene Ängste abbauen können.

Auf struktureller Ebene ist das erweiterte Führungszeugnis nach § 72a des SGB VIII des Kinder- und Jugendhilfegesetzes seit der Installation des Bundeskinderschutzgesetzes mittlerweile in vielen Bereichen der professionellen Betreuung von Kindern und Jugendlichen angekommen. Damit sollen diejenigen Frauen und Männer ausgeschlossen werden, die wegen Straftaten gegen die sexuelle Selbstbestimmung rechtkräftig verurteilt wurden. In den seltensten Fällen ist davon auszugehen, dass dadurch bereits straffällig gewordene Täter:innen entlarvt werden. Es ist vielmehr als ein Qualitätsmerkmal nach außen zu verstehen und vermittelt die Botschaft, dass eine institutionelle Auseinandersetzung mit dem Thema erfolgt und die Organisation den Schutz der anvertrauten Kinder sehr ernst nimmt. Die Verankerung der Thematik in der Satzung einer jeden Organisation sendet ebenso dieses Signal und verleiht der Prävention sexualisierter Gewalt die notwendige Wertigkeit.

Neben der Vermittlung von klassischen Präventionsbotschaften und Elementen der sexuellen Bildung, ist die Thematisierung von Kinderrechten nach der UN-Kinderrechtskonvention ein wichtiges Anliegen. Diese sollten allen Erwachsenen, die mit Kindern und Jugendlichen arbeiten und/oder leben, vertraut sein. Kinderrechte müssen Mädchen und Jungen von Erwachsenen nicht nur zugestanden, sondern auch ermöglicht werden. Dabei ist es die aktive Aufgabe von (pädagogischen) Fachkräften und anderen Bezugspersonen, Mädchen und Jungen über ihre Rechte aufzuklären und sie in der Wahrnehmung und Durchsetzung dieser zu unterstützen. Für die Umsetzung einer stärkeren und umfassenderen Beteiligung von jungen Menschen braucht es sowohl passende und einrichtungsbezogene Konzepte mit vielfältigen Maßnahmen als auch die Bereitschaft von erwachsenen Verantwortlichen, Macht abzugeben und sich umfassend mit Beteiligungsmöglichkeiten und Umsetzungsoptionen zu befassen und sich darin fortzubilden. Für weiterführendes Wissen in diesem Themenfeld sei an dieser Stelle auf das Kapitel 3 ‚Kinderrechte und Partizipation‘ von Marlies Kroetsch in dieser Expertise verwiesen.

Ein Rechte- und Schutzkonzept beinhaltet weiterhin konkrete Handlungsschritte, wie bei einer Vermutung vorgegangen wird. Es ist ratsam, im Zuge der Erstellung eines Rechte- und Schutzkonzeptes den Kontakt zu einer spezialisierten Fachberatungsstelle herzustellen, die bei der Abklärung einer Vermutung unterstützt und den Prozess begleiten kann. Viele Einrichtungen ziehen mittlerweile bei einem hinreichenden Verdacht auf eine Kindeswohlgefährdung nach § 8a SGB VIII eine insofern erfahrene Kinderschutzfachkraft hinzu. Die Gefährdung bezieht sich hier auf den Verantwortungsbereich Dritter, klassischerweise die Familie. Meldungen gehen hier an das jeweilige kommunale Jugendamt. Liegt eine mögliche Gefährdungslage innerhalb einer Einrichtung vor, greift § 47 des SGB

VIII, denn hier geht es ganz konkret um Beeinträchtigungen, die das Wohl aller Kinder einer Einrichtung betreffen. Meldungen sind an das jeweilige Landesjugendamt zu tätigen. Die Ausführungen sind diesbezüglich deutlich, denn benannt werden im SGB VIII Ereignisse und Entwicklungen, unter denen auch sexuelle Übergriffe begriffen werden.

Die Erarbeitung eines Rechte- und Schutzkonzeptes bedeutet die strukturierte Auseinandersetzung einer jeden Organisation mit ihren Gefährdungspotentialen und den bereits enthaltenen Schutzfaktoren. Schutzkonzeptentwicklung ist Organisationsentwicklung. Es erfordert Expertise von außen, weil die Veränderungen tief in das System wirken und Einrichtungen der Kinder- und Jugendhilfe vor die Herausforderung stellt, Arbeits-, Beziehungs- und Kommunikationsstrukturen um- und neu zu gestalten. Es ist ein Prozess, der Zeit braucht und Ressourcen erfordert. Es ist ein Prozess, den sich Organisationen des Kindesschutzes wegen zumuten, aber gleichzeitig auch gönnen, weil er für Organisationen Qualitätsentwicklung und für Mitarbeitende Weiterentwicklung in ihrer professionellen Rolle mit sich bringen kann.

5.5.3 Wissen vernetzen, Sicherheit schaffen

Das Land Nordrhein-Westfalen hat im Herbst 2020 auf Grundlage des Impulspapiers zur Diskussion über Maßnahmen zur Prävention, zum Schutz vor und Hilfe bei sexualisierter Gewalt gegen Kinder und Jugendliche eine landesweite Fachstelle zur Prävention sexualisierter Gewalt gegründet. Trägerin der Landesfachstelle ist die Arbeitsgemeinschaft Kinder- und Jugendschutz (AJS) Nordrhein-Westfalen e.V. mit Sitz in Köln. Die Landesfachstelle Prävention sexualisierte Gewalt (PsG.nrw) richtet sich vorrangig an die freien Träger der Kinder- und Jugendhilfe. Sie soll einen zentralen Beitrag zur möglichst flächendeckenden fachlichen Qualitätsentwicklung im Bereich der Prävention von, Intervention und Nachsorge bei sexualisierter Gewalt gegen Kinder und Jugendliche leisten und bietet die Möglichkeit, das im Land vorhandene Wissen zu bündeln und gemeinsam mit den Partner:innen energiebringend in die Breite Nordrhein-Westfalens zu tragen. Die Landesfachstelle hat eine koordinierende und initiierende Funktion, berät und vernetzt und wird bereits bestehende Expertise zusammenführen, um sexualisierte Gewalt gegen Mädchen und Jungen verstärkt in den Fokus zu rücken. Weiterhin werden Handlungsbedarfe der pädagogischen Praxis definiert, Lücken herausgefiltert und möglichst geschlossen. Das Wissen und die vorhandene Expertise in NRW soll möglichst für alle in der pädagogischen Praxis tätigen Menschen sicht- und nutzbar gemacht machen. Ziele sind u. a. die Etablierung von Fortbildungen im Themenfeld für diejenigen, die mit Kindern und Jugendlichen arbeiten sowie die flächendeckende Verankerung von Rechte- und Schutzkonzepten in Organisationen.

Im Dezember 2020 erschien von der nordrhein-westfälischen Landesregierung ein umfassendes Handlungs- und Maßnahmenkonzept, das die laufenden und geplanten Initiativen im Bereich der Prävention, Intervention und Hilfen zusammenführt. Dort werden auch für die Landefachstelle Prävention sexualisierte Gewalt zentrale Maßnahmen und Ziele vorgegeben. Vor diesem Hintergrund sensibilisiert die PsG.nrw Fach- und Leitungskräfte für das Thema sexualisierte Gewalt bzw. die damit verbundenen Anforderungen (insbeson-

dere Rechte- und Schutzkonzepte) und nimmt deren Bedarfe als Orientierung für die Gestaltung weiterer Arbeitsprozesse auf. Die PsG.nrw macht Wissen um das Thema sexualisierte Gewalt vornehmlich für die freie Kinder- und Jugendhilfe adressat:innengerecht zugänglich. Zudem koordiniert die Landesfachstelle ihre fachlichen Weiterentwicklungen in
der Kinder- und Jugendhilfe mit den überörtlichen Trägern und der zuständigen Landes-
politik. Darüber hinaus gehört es zum Aufgabenspektrum der Landesfachstelle, vorhandene Expertise zusammenzuführen, um Sensibilisierungsmaßnahmen zu stärken und in
die Fläche zu bringen. Vor diesem Hintergrund ist die Einrichtung von regionalen Koordi-
nierungsstellen bei geeigneten und erfahrenen Partner:innen in NRW vorgesehen, die in
den fünf Regierungsbezirken in NRW strukturbildend mitwirken sollen. Die PsG.nrw unterstützt die Einrichtung der Regionalstellen und steuert deren Aktivitäten in den Bereichen Bedarfsermittlung, Qualifizierung und Vernetzung. Zu den im Handlungs- und Maßnahmenkonzept der nordrhein-westfälischen Landesregierung genannten Zielen gehört
es, dass Organisationen, in denen sich Mädchen und Jungen aufhalten, systematisch sicherer gemacht werden sollen. Die Landesfachstelle beschäftigt sich somit primär mit den
Erfordernissen und Gelingensbedingungen, um den Schutz von Kindern vor sexualisierter
Gewalt in Organisationen und in privaten Kontexten zu erhöhen.

Durch die Gründung der Landesfachstelle zur Prävention sexualisierter Gewalt können
Wissensbestände zur Thematik zusammengetragen und vermittelt, Maßnahmen zu
Schutz und Vorbeugung gebündelt und sichtbar gemacht sowie Unterstützungsmöglich-
keiten für Betroffene und deren Bezugspersonen umfassend abgebildet werden. Der
Mehrwert einer solchen Landesfachstelle liegt darin, Kenntnisse im Themenfeld in die Fläche zu bringen, Maßnahmen zur Vorbeugung inhaltlich und konzeptionell besser aufeinander abzustimmen, wichtige Akteur:innen im Bereich der Prävention von und Intervention bei sexualisierter Gewalt zu unterstützen und dadurch auch die interdisziplinäre Kooperation im Bundesland zu fördern.

5.5.4 Grenzen präventiven Wirkens

Präventive Maßnahmen können vielfältig sein, um den Schutz von Kindern vor sexualisierter Gewalt zu erhöhen. Dennoch gibt es in der Vorbeugungsarbeit auch Ansätze, die sich
aus Sicht des Kinderschutzes negativ auf das kindliche Erleben auswirken können. Fachkräfte und Eltern sind oft über sexualisierte Gewalt nicht ausreichend und/oder falsch informiert. Im Hinblick auf Übergriffe durch Erwachsene liegt bei vielen immer noch der
Fokus auf dem (männlichen) Fremdtäter. Kindern Ratschläge mit an die Hand zu geben,
wie sie sich im Kontakt mit fremden Menschen zu verhalten haben, sind wichtig und richtig. Sie helfen aber nicht, wenn es um sexualisierte Gewalt in engeren Beziehungsgefügen
geht. In der Regel finden sexualisierte Übergriffe durch Menschen statt, die dem jeweils
betroffenen Kind gut vertraut sind. Wird der Fokus in der Vorbeugungsarbeit auf Fremdtäter gelenkt, werden mögliche Übergriffe im sozialen Nahfeld ausgeblendet und mit Kindern nicht ausreichend thematisiert.

Vor diesem Hintergrund greifen Eltern und pädagogische Fachkräfte häufig auf Angebote
von Selbstbehauptungstrainings zurück – vor allem dann, wenn im Umfeld ein Übergriff
bekannt geworden ist. Es gibt eine große Zahl an Angeboten aus recht unterschiedlichen

Sexualisierter Gewalt an Kindern und Jugendlichen vorbeugen

Berufszweigen. Nicht alle Anbieter:innen verfügen dabei über ausreichend Fachlichkeit. Es gibt Kursanbieter, die mit einer sogenannten Ernstfallerprobung arbeiten. Trainer:innen üben mit teilnehmenden Kindern ‚richtiges' Verhalten für den Ernstfall. Danach wird eine reale Bedrohungssituation nachgestellt, z. B. der Versuch, ein Kind, das auf dem Gehweg läuft, in ein Auto zu zerren. Kinder werden dadurch in kritische Situationen gebracht, die sie überfordern und ihnen das Gefühl vermitteln, dass sie für ihren Schutz allein verantwortlich sind. Und von sexualisierter Gewalt Betroffenen wird suggeriert, sie hätten sich nur stärker wehren müssen, um den Übergriff zu verhindern. Mädchen und Jungen kann fälschlicherweise vermittelt werden, sie seien körperlich imstande, sich gegen einen Erwachsenen zu wehren. Sie überschätzen sich selbst, wenn sie meinen, Gefahrensituationen alleine meistern zu können. Durch solche nachgestellten Gefährdungssituationen werden Grenzen der teilnehmenden Kinder massiv verletzt. Dies kann bewirken, dass sie sich in sozialen Räumen nicht mehr unbeschwert bewegen, weil sie Angst davor haben, einen Übergriff zu erfahren. Ein solcher Kurs fokussiert darauf, dass sexualisierte Gewalt durch einen (männlichen) Fremdtäter ausgeübt wird. Die Gefahr eines derartigen Übergriffs bereitet vielen Eltern große Sorgen. Die teils von Medien geschürte Panikmache führt mitunter dazu, dass sich die elterliche Angst auf die Kinder überträgt. Prävention soll in erster Linie ermutigen und befähigen, Prävention soll Kindern (und Erwachsenen) Freude machen und sie nicht in Angst versetzen.

Was können solche Kurse nun leisten und wann macht eine Teilnahme Sinn? Ein Training kann die Selbstwirksamkeit und den Selbstwert von Kindern erhöhen und dazu beitragen, dass sie sich selbst und anderen wertschätzend und grenzachtend begegnen. Ein Kurs kann Mädchen und Jungen befähigen, sich ihrer Ressourcen und Rechte, aber auch ihrer Grenzen bewusst zu werden. Ziel eines Trainings sollte es sein, die Kinder darin zu stärken, ihre individuellen Gefühle und Grenzen wahrzunehmen und auszusprechen. Außerdem sollten sie befähigt werden, sich Hilfe zu holen. Zudem kann ein solcher Kurs Eltern und Fachkräfte darin unterstützen, Mädchen und Jungen kindgerechtes Wissen über Grenzverletzungen und sexualisierte Übergriffe zu vermitteln. Kern eines Selbstbehauptungstrainings sollte es sein, eine Haltung zu vermitteln – und nicht Techniken. Sind Leiter:innen solcher Kurse in gruppendynamischen Prozessen erfahren, verfügen sie über umfangreiches Wissen zur sexualisierten Gewalt und einer vielfältigen Vorbeugungsarbeit, gehen sie achtsam und sensibel mit den teilnehmenden Kindern um, so kann ein Selbstbehauptungstraining für ältere Kinder stärkend sein. Auf Leistungsabfragen und ‚Überraschungsangriffe' sollte ebenso verzichtet werden, wie die Hervorhebung von vermeintlichen Schwächen von Mädchen und Jungen.

Ein Selbstsicherheitstraining kann bei allen Vorzügen nicht für die Sicherheit eines Kindes garantieren. Kursanbieter, die dafür werben, werden dies tatsächlich nicht halten können. Ein Kurs ist ein Baustein – viele andere Elemente der Prävention von sexualisierter Gewalt sollten genutzt werden. Prävention ist zudem kein einmaliges Projekt, es ist eine Haltung. Die im Training erarbeiteten Inhalte wirken weiterhin nachhaltiger, wenn sie auch zu Hause gelebt werden. Mütter und Väter brauchen während der Kursdurchführung seriöse Informationen über Gefährdungspotentiale und Anregungen, was sie selbst in ihrem erzieherischen Alltag zum Schutz ihrer Kinder tun können. Sie erhalten durch entsprechende

Kursinhalte die Chance, ihre eigene Erziehungshaltung zu überdenken und, wenn nötig, zu modifizieren. Aktive Präventionsarbeit im häuslichen Kontext leistet einen wesentlichen Beitrag zum besseren Schutz von Mädchen und Jungen, weswegen Eltern und enge Bezugspersonen in die präventive Arbeit immer einbezogen werden sollten.

Im Zuge der Prävention von sexualisierter Gewalt ist zu verzeichnen, dass immer mehr Eltern auf GPS-Geräte und Ortungs-Apps zurückgreifen, mit deren Hilfe festgestellt werden kann, wo sich die Kinder befinden. Manche Geräte sind mit einem Alarmknopf ausgestattet. Weiterhin bekommen die Eltern eine Mitteilung auf ihr Smartphone, wenn ihr Kind einen bestimmten Radius verlässt. Der Markt für solche Geräte ist immens, die Preise ebenfalls. Diese Form der elterlichen Kontrolle durch das Tracking kann Kindern Minderwertigkeitsgefühle vermitteln und die Botschaft transportieren, dass ihnen nicht zugetraut werde, sich allein im sozialen Raum zu bewegen. Der kindliche Bewegungsradius wird eingeschränkt und bei Kindern die Wahrnehmung auslösen, die Welt sei zu gefährlich, um sich ohne Mutter und Vater darin zu bewegen. Sowohl Eltern als auch Kindern wird ein falsches Sicherheitsgefühl vermittelt, weil der Fokus auf dem (männlichen) Fremdtäter zu liegen scheint. Kinder haben zudem ein Recht auf Privatsphäre und einen unkontrollierten Geheim- und Intimbereich. Das steht in § 16 der UN-Kinderrechtskonvention (Unicef, O. D.). Für ein gesundes Aufwachsen und die Entwicklung einer eigenständigen und selbstsicheren Persönlichkeit sind keine Kontrolle, sondern Freiräume und Vertrauen seitens der Erwachsenen vonnöten. Eine der zentralen Präventionsbotschaften an Kinder ist: ‚Vertraue deinem Gefühl! Deine Gefühle sind immer richtig und wichtig!'. Durch GPS-Tracking wird dies stillgelegt und auf die Technik übertragen.

Prävention von sexualisierter Gewalt ist eingebettet in das übergeordnete Handlungsfeld von Prävention und hat Schnittstellen zu vielen anderen Themen, wie etwa die Förderung sozialer und emotionaler Kompetenz, Genderkompetenz, Medienkompetenz und sexueller Bildung (Brandl et al., 2019, S. 155). Die präventive Arbeit mit Kindern, wie in Kapitel 5.5.1 skizziert, ist immens wichtig und bringt positive Effekte mit sich, sie hat jedoch auch ihre Grenzen und wird in ihrer Wirkung von Erwachsenen oft überschätzt. Die Vergegenwärtigung der Funktion meist hoch komplexer Täter:innen-Strategien, der damit verbundenen manipulativen Dynamiken, die schnell ganze (Familien-)Systeme betreffen, zeigen die Grenzen kindlicher Abwehr auf. Beschränkt sich die Adressierung präventiver Botschaften auf Kinder, so findet zudem eine Verschiebung der Verantwortungsübernahme statt. Präventive Ansätze müssen unbedingt erwachsene Bezugspersonen darin bestärken, Verantwortung für den Schutz von Kindern zu übernehmen und auch dazu ermutigt werden, bei Wahrnehmung von oder Wissen zu Übergriffen einzuschreiten. Gut informierte und reflektierte Erwachsene können für Kinder den Unterschied ausmachen und dazu beitragen, sexualisierte Gewalt zu verhindern bzw. zu beenden.

5.6   Kinder systematisch schützen

Präventive Maßnahmen können möglichst differenziert und konkret ausgearbeitet werden, wenn bereits vorhandene Schutzfaktoren und mögliche Risikofaktoren in den kindlichen Lebenswelten erkannt wurden. Prävention kann ihre Wirkung entfalten, wenn sie

Sexualisierter Gewalt an Kindern und Jugendlichen vorbeugen

auf unterschiedlichen Ebenen ansetzt. Eltern und Bezugspersonen von Mädchen und Jungen sowie alle in der Kinder- und Jugendhilfe tätigen Menschen sind dazu angehalten, sich Wissen über sexualisierte Gewalt anzueignen, Denk- und Handlungsmuster zu überprüfen und zu erweitern sowie Strukturen und tradierte Rituale zu hinterfragen. Weiterhin ist eine gelingende und transparente Zusammenarbeit interdisziplinärer Systeme im präventiven und intervenierenden Kinderschutz wichtig, um den Schutz von Kindern vor sexualisierter Gewalt erhöhen bzw. bereits betroffenen Kindern angemessen helfen zu können. Hierzu bedarf es gegenseitiger Kenntnis über die Vielfalt von Haltungen und Handlungsweisen im Kinderschutz sowie Wissen um die Komplexität und Funktion anderer Strukturen. Transparente und geregelte Kommunikationswege beugen zudem Rollenkonfusionen vor und können dazu beitragen, dass diejenigen, die im professionellem Kontext Bestandteil kindlicher Lebenswelten sind, aufeinander aufbauen und gut ineinandergreifen.

Viele Aspekte, die in der Prävention von sexualisierter Gewalt bedeutend sind, sind bereits im Alltag von pädagogischen Fach- und Leitungskräften angekommen, ohne dass sie immer als solche wahrgenommen und deklariert werden. Es ist hilfreich, sich dieser bewusst zu werden und sie als Ressource zu nutzen, um daraus weitere präventive Elemente zu entwickeln. Präventiv wird gehandelt, wenn Kinder dabei unterstützt werden, ihre individuellen Stärken und Fähigkeiten zu entdecken und weiterzuentwickeln. Präventiv wird agiert, wenn sich Erwachsene den Lebenswelten von Kindern und Jugendlichen aktiv zuwenden, echtes Interesse bekunden und in einen Dialog treten. Präventiv wird gewirkt, wenn Konflikte achtsam begleitet werden und in grenzverletzenden und übergriffigen Situationen Position bezogen und Haltung gezeigt wird. In vielen Organisationen gibt es zudem bereits interne Vertrauenspersonen, Beschwerdemöglichkeiten für Mädchen und Jungen und partizipative Elemente, die genutzt werden. Die bereits vorhandenen präventiven Aspekte können gebündelt und erweitert werden und sollten letztlich in einem Rechte- und Schutzkonzept münden, das von allen getragen werden kann, damit es nachhaltig wirkt und bei denjenigen ankommt, um die es letztlich geht. Institutionsbezogene Strukturen zum Schutz der Kinder und Jugendlichen zu schaffen, das darf zudem nicht im Ermessen und Engagement Einzelner liegen. Es ist eine gesamtgesellschaftliche Aufgabe, die alle Erwachsenen wahrnehmen sollten.

Literatur

Arbeitsgemeinschaft Kinder- und Jugendschutz NRW e. V. (Hrsg.). (2019). *Cyber-Grooming, Sexting und sexuelle Grenzverletzungen. Kinder in der digitalen Welt stärken und schützen*. Drei-W-Verlag.

Arbeitsgemeinschaft Kinder- und Jugendschutz NRW e. V. (Hrsg.). (2020). *Elternkompass „Siehst du so aus wie ich?" Infos zum Umgang mit kindlichen Doktorspielen*. 8. Auflage, Drei-W-Verlag.

Arbeitsgemeinschaft Kinder- und Jugendschutz NRW e. V. (Hrsg.). (2022). Sexualisierter Gewalt im digitalen Raum begegnen – Kinder schützen und in ihren Rechten stärken. Drei-W-Verlag.

Bange, D., & Deegener, G. D. (1996). *Sexueller Missbrauch an Kindern. Ausmaß, Hintergründe, Folgen*. Beltz PVU.

Sexualisierter Gewalt an Kindern und Jugendlichen vorbeugen

Brandl, S. Y., Vogelsang, V., Bäumer, E. & Schneider, N. (2018). Präventionsmaterialien - Dimensionen dialogischer Qualität von primärpräventiver Arbeit mit Kindern und Jugendlichen. In Dekker, A. et al. (Hrsg.), *Sexuelle Gewalt gegen Kinder und Jugendliche in pädagogischen Kontexten. Aktuelle Forschungen und Reflexionen* (S. 153-167). Springer VS Verlag.

Bundeskriminalamt (BKA) (Hrsg.). (2021). *Polizeiliche Kriminalstatistik (PKS). Tatverdächtige nach Geschlecht.* https://www.bka.de/DE/AktuelleInformationen/StatistikenLagebilder/PolizeilicheKriminalstatistik/PKS2019/PKSTabellen/BundTV/bundTV.html

Bundesministerium des Innern, für Bau und Heimat (Hrsg.). (2021). *Polizeiliche Kriminalstatistik (PKS). Ausgewählte Zahlen im Überblick.*

Deegener, G. (2010). *Kindesmissbrauch. Erkennen – helfen – vorbeugen.* Komplett überarbeitete 5. Auflage. Beltz Verlag.

Deutschlandfunk (o. D.). *Sagen & Meinen. „Kinderpornographie" – kein Porno, sondern Missbrauch.* https://www.deutschlandfunk.de/sagen-meinen-kinderpornographie-kein-porno-sondern-100.html (abgerufen am 25.02.2022).

Enders, U., & Kossatz, Y. (2012). Grenzverletzung, sexueller Übergriff oder sexueller Missbrauch? In Enders, U. (Hrsg.), *Grenzen achten: Schutz vor sexuellem Missbrauch in Institutionen. Ein Handbuch für die Praxis* (S. 30-53). Kiepenheuer & Witsch.

Helming, E., Kindler, H., Langmeyer, A., Mayer, M., Entleitner, C., Mosser, P., & Wolff, M. (2011). *Sexuelle Gewalt gegen Mädchen und Jungen in Institutionen. Abschlussbericht.* Deutsches Jugendinstitut e. V. (DJI) (Hrsg.).

Jud, A. (2015). Sexueller Kindesmissbrauch – Begriffe, Definitionen und Häufigkeiten. In Fegert, J., Hoffmann, U., König, E., Niehues, J., & Liebhardt, H. (Hrsg.), *Sexueller Missbrauch von Kindern und Jugendlichen. Ein Handbuch zur Prävention und Intervention für Fachkräfte im medizinischen, psychotherapeutischen und pädagogischen Bereich* (S. 41-49). Springer.

Kindler, H., & Schmidt-Ndasi, D. (2011). *Wirksamkeit von Maßnahmen zur Prävention und Intervention im Fall sexueller Gewalt gegen Kinder. Expertise im Rahmen des Projekts „Sexuelle Gewalt gegen Mädchen und Jungen in Institutionen".* Amyna e. V – Institut zur Prävention von sexuellem Missbrauch (Hrsg.).

Maschke, S., & Stecher, L. (2018). *Sexuelle Gewalt: Erfahrungen Jugendlicher heute.* 1. Aufl., Beltz Verlag.

Maywald, J. (2015). *Sexualpädagogik in der Kita. Kinder schützen, stärken, begleiten.* 2. Aufl. Herder Verlag.

Ministerium für Kinder, Familie, Flüchtlinge und Integration des Landes Nordrhein-Westfalen (MKFFI) (Hrsg.). (2020). *Handlungs- und Maßnahmenkonzept der nordrhein-westfälischen Landesregierung im Bereich „Sexualisierte Gewalt gegen Kinder und Jugendliche" – Prävention, Intervention, Hilfen.* https://www.mkffi.nrw/sites/default/files/asset/document/massnahmenkonzept_psg_nrw_2020-12final.pdf

Schröder, J., Tozdan, S., Yamak, Y., Gebhardt, T., Hübner, J., Räuchle, J. F., & Briken, P. (2021). *Sexueller Kindesmissbrauch durch Frauen. Zusammenfassung der Ergebnisse aus dem Forschungsprojekt.* Unabhängige Kommission zur Aufarbeitung sexuellen Kindesmissbrauchs.

Unicef (o. D.). *Konvention über die Rechte des Kindes.* https://www.unicef.de/blob/50770/b803ba01e7ad59fc9607c893b8800ede/d0007-krk-kinderversion-illustrations-2014-pdf-data.pdf

World Health Organization (WHO) Europe (2013). *European report on preventing child maltreatment.* https://www.euro.who.int/__data/assets/pdf_file/0019/217018/European-Report-on-Preventing-Child-Maltreatment.pdf

Sexualisierter Gewalt an Kindern und Jugendlichen vorbeugen

Zur weiteren Vertiefung

▶ Allroggen, M., Rau, T., & Fegert J. M. (2015). Sexuelle Gewalt unter gleichaltrigen Kindern und Jugendlichen. In Fegert, J. M., & Wolff, M. (Hrsg.). Kompendium Sexueller Missbrauch in Institutionen. Entstehungsbedingungen, Prävention und Intervention (S. 274-284). Beltz Verlag.

▶ Caspari, P. (2021). Gewaltpräventive Einrichtungskulturen. Theorie, Empirie, Praxis. Springer.

▶ Dekker, A., Henningsen, A., Retkowski, A., Voß, H.-J. & Wazlawick, M. (2019).(Hrsg.). Sexuelle Gewalt gegen Kinder und Jugendliche in pädagogischen Kontexten. Aktuelle Forschungen und Reflexionen. Springer VS Verlag.

▶ Els, M. (2014). Übergriffe in der Kita: Vorbeugen, erkennen und eingreifen. Ein Praxisleitfaden. Beltz Verlag.

▶ Oppermann, C., Winter, V., Harder, C., Wolff, M., & Schröer, W. (2018) (Hrsg.). Lehrbuch Schutzkonzepte in pädagogischen Organisationen. Beltz Verlag.

Mediathek

 Deutschlandfunk (o. D.). Sagen & Meinen. „Kinderpornographie" – kein Porno, sondern Missbrauch.

 Material der Landesfachstelle Prävention sexualisierte Gewalt (PsG.nrw).

 Angebote des/der Unabhängigen Beauftragten für Fragen des sexuellen Kindesmissbrauchs.

 Hilfsangebote des Hilfe-Portals Sexueller Missbrauch.

 Video der Reihe „Elements of Crime": Prävention sexualisierter Gewalt - ein kriminologisches Interview (12 Minuten).

Die Maßnahmen zur Eindämmung der Corona-Pandemie haben zu weitreichenden Kollateralschäden
im Bildungssystem geführt: Die Lernleistungen, die
psycho-soziale Entwicklung und die körperliche Verfassung von Kindern und Jugendlichen hat Schaden
genommen – besonders stark in bildungsfernen Milieus. So ist es an der Zeit, nicht mehr nur mit Lippenbekenntnissen für Bildung in Deutschland einzutreten, sondern mit Tatendrang grundlegende Reformen anzustoßen. Bildung und Schule müssen neu
gedacht werden.

Kinder und ihre Bildung im Licht der Corona-Pandemie*

6

Klaus Zierer

Seit mehreren Monaten hält die Corona-Pandemie die Welt in Atem. Die ergriffenen Maßnahmen wirken nicht immer wie erhofft und ziehen Kollateralschäden nach sich, die nicht unbeachtet bleiben dürfen. Denn bei aller Dringlichkeit, die Gesundheit der Menschen zu schützen: Gesundheit umfasst neben der körperlichen Unversehrtheit auch eine psychische und soziale Komponente und alle drei hängen voneinander ab (vgl. WHO, 1946). Gleiches gilt im übertragenen Sinn für Systeme wie die Familie, die Wirtschaft oder die Schulen.

Blickt man auf die zuletzt Genannten, so mehren sich die Hinweise, dass die Bildung von Kindern leidet und vor allem jene aus bildungsfernen Milieus besonders betroffen sind. Zweifelsfrei ist gerade in Deutschland die Bildungsschere immer schon beachtlich, was nicht zuletzt mit der Vielfalt der kulturellen Prägung in den Elternhäusern zu tun hat. Aber die schulischen Maßnahmen, die zur Eindämmung der Corona-Pandemie ergriffen wurden, haben diese Situation bereits heute massiv verschärft und verschärfen sie noch weiter. Bildungsungerechtigkeit nimmt also zu. Eine Bildungskatastrophe droht (vgl. Zierer, 2021a).

Da die angesprochenen Begriffe der Bildung, der Bildungsgerechtigkeit und der Bildungskatastrophe alles andere als leicht zu interpretieren sind, wird zunächst eine theoretische Grundlegung vorgenommen. Darauf aufbauend wird Bildung differenziert und unter den Perspektiven einer kogntiven, psycho-sozialen und körperlichen Entwicklung betrachtet. Somit lässt sich ein umfassender Blick auf Kinder und ihre Bildung im Fokus der Corona-Pandemie werfen. Abschließend wird Bildung zeitgemäßt interpretiert und unter der Leitidee der Freude neu gedacht.

Prof. Dr. Klaus Zierer

ist Erziehungswissenschaftler und Professor für Schulpädagogik an der Universität Augsburg

---

* Der vorliegende Text basiert auf meinem Buch „Ein Jahr zum Vergessen – Wie wir die drohende Bildungskatastrophe verhindern können", erschienen 2021 bei Herder.

6.1 Bildung – Bildungsungleichheiten – Bildungsgerechtigkeit

Der Bildungsbegriff ist nicht nur innerhalb der Erziehungswissenschaft ein Terminus technicus, sondern auch von bildungspolitischer Relevanz (vgl. Zierer, 2021b). So findet sich in allen Länderverfassungen der Bundesrepublik Deutschland ein Artikel, in dem der Bildungs- und Erziehungsauftrag von Schule bestimmt und erläutert wird. Diese Verankerung ist insofern bemerkenswert, stellt sie damit Schule und Unterricht in einen juristischen Raum, der sodann Aufgaben und Pflichten definiert. In Bayern beispielsweise ist der Bildungs- und Erziehungsauftrag im Artikel 131 der Bayerischen Verfassung formuliert. Dort heißt es in Absatz 1: „Die Schulen sollen nicht nur Wissen und Können vermitteln, sondern auch Herz und Charakter bilden." Grundlegend für das damit verbundene Bildungsverständnis ist die anthropologische Bestimmung des Menschen als Person. Im Grundgesetz ist dieser Gedanke in Artikel 1 festgeschrieben mit den Worten, dass die Würde des Menschen unantastbar ist. Jeder Mensch hat nicht nur die Gabe, sich zu bilden, sondern es ist auch seine Aufgabe. Im Kontext von Schule und Unterricht resultiert daraus die Pflicht, jeden Menschen in seinem Bildungsprozess zu unterstützen.

Die Nennung der Bereiche des Wissens und des Könnens auf der einen Seite und die des Herzens und des Charakters auf der anderen Seite mag altertümlich klingen. Sie macht aber darauf aufmerksam, dass Bildung nicht auf einzelne Bereiche des Menschseins begrenzt werden darf, sondern sich auf die gesamte Persönlichkeit in all ihren Facetten bezieht. Neben kognitiven Aspekten spielen folglich auch soziale, moralische, ästhetische, motivationale, spirituelle und viele andere mehr eine Rolle (vgl. Gardner, 2013). Es verbietet sich von hier aus, den Menschen auf nur wenige dieser Bereiche zu begrenzen und ihn damit womöglich als „Humankapital" für außer ihm liegende Zwecke zu benutzen. Der Mensch ist ein Wert für sich, der nicht zu hinterfragen und seine Bildung nicht zu instrumentalisieren ist. Darüber hinaus weisen die verschiedenen Facetten der Persönlichkeit darauf hin, dass Wechselwirkungen bestehen und Bildung vor diesem Hintergrund immer einen umfassenden Anspruch zu erheben hat, wenn sie dem Menschen in all seinen Möglichkeiten gerecht werden möchte.

Mit diesen Überlegungen ist das Ziel von Bildung definiert: Als Gabe und Aufgabe des Menschseins hat sie kein Ziel außerhalb ihrer selbst. Es geht bei Bildung folglich um den Menschen, um das Menschsein und das Menschwerden. Dieser Vorgang als solcher ist nie abgeschlossen, denn der Mensch steht immerzu vor der Herausforderung, der zu sein, der er ist.

Dieses Ziel ist allgemeingültig und daher nicht von gesellschaftlichen Veränderungen abhängig, obschon die Konkretisierung dieses Zieles gesellschaftliche Veränderungen berücksichtigen muss. Besonders deutlich wird dieser Gedanke, wenn man sich vor Augen führt, wie unterschiedlich die Ausgangsbedingungen für den einzelnen Menschen sein können. Folgende Dichotomien zur Verdeutlichung: weiblich – männlich, bildungsnahes Milieu – bildungsfernes Milieu, Arbeiterfamilie – Akademikerfamilie, Land – Stadt, keine Geschwister – viele Geschwister usw. usf. Die daraus resultierenden Unterschiede im Hinblick auf Bildung werden im Diskurs als Bildungsungleichheiten bezeichnet. Sie markieren also auf Seiten des Menschen Begebenheiten, die Gabe und Aufgabe des Menschseins je

Kinder und ihre Bildung im Licht der Corona-Pandemie

nach Situation hemmen oder befördern können. Auch wenn es durchaus eine Reihe von Aspekten gibt, die seit jeher für Bildungsungleichheiten sorgen, gesamtgesellschaftliche Veränderungen nehmen immer wieder Einfluss auf dieses Konstrukt und verdeutlichen die Dynamik und die Komplexität im Bildungsdiskurs.

Bildungsungleichheiten werden in der Regel nur unter diagnostischer Perspektive betrachtet und liefern noch kein Ziel, das für pädagogische Maßnahmen leitend werden kann. Aus diesem Grund bedarf es einer normativen Schlussfolgerung, die mehrheitlich als Bildungsgerechtigkeit bezeichnet wird. Auch sie ist von Komplexität gekennzeichnet. Insofern ist eine gründliche Auseinandersetzung mit dem Gerechtigkeitsbegriff unerlässlich. Im Kern werden aktuell drei Perspektiven unterschieden (vgl. Zierer, 2021a):

Erstens eine Bildungsgerechtigkeit, die als anthropologisch charakterisiert werden kann. Sie meint, dass jedem Menschen völlig unabhängig von seinem Geschlecht, seinem Glauben, seiner Hautfarbe, seiner Herkunft und dergleichen das Recht auf Bildung zusteht. Ein Anspruch, der nicht überall auf der Welt umgesetzt ist, aber in Deutschland weitestgehend erfüllt ist: Jeder hat das Recht darauf, einen Kindergarten und eine Schule zu besuchen und, falls er die Leistungsvoraussetzungen erfüllt, auch zu studieren.

Zweitens eine Bildungsgerechtigkeit, die als pädagogisch charakterisiert werden kann. Sie meint, dass alle Menschen neben ihrer anthropologischen Gemeinsamkeiten und ihrer daraus ableitbaren Gabe und Aufgabe der Bildung auch Unterschiede im Hinblick auf Intelligenz, Wissen, Können, Motivation und Haltungen vorweisen. Die Folge daraus ist, dass Lernende unterschiedliche Lernangebote brauchen. Anschaulich wird dies beispielsweise an den verschiedenen Zweigen des Gymnasiums und an den unterschiedlichen Richtungen der beruflichen Bildung.

Und drittens eine Bildungsgerechtigkeit, die als sozial charakterisiert werden kann. Sie meint, dass es unter bestimmten Umständen notwendig ist, Menschen ungleich zu behandeln, um gesamtgesellschaftlich wiederum für mehr Gerechtigkeit zu sorgen. Paradebeispiel ist die Förderung von Lernenden aus bildungsfernen Milieus: Je früher es gelingt, diese zu unterstützen, desto eher ist ihnen eine gesamtgesellschaftliche Teilhabe möglich. Und umgekehrt kann sich eine gezielte Förderung der Besten eines Jahrgangs gesamtgesellschaftlich in einem Wohlstand niederschlagen, der vor allem auf deren Leistung zurückzuführen ist.

Kommt es vor dem Hintergrund der angestellten Überlegungen zu besonders massiven Unterschieden und Rückständen in der Bildung, wird häufig von einer Bildungskatastrophe gesprochen. Es war in erster Linie Georg Picht (1964), der diesen Begriff in den Diskurs einführte. Als Gründe nannte er damals im wesentlichen vier Punkte: erstens einen Lehrermangel, der auf Dauer zu größeren Nachteilen führen werde; zweitens zu wenig Abiturient:innen ; drittens eine ungerechte Verteilung von Bildungschancen; und viertens Konstruktionsfehler in der Steuerung und Verwaltung des Bildungssystems, die all die genannten Punkte noch weiter verschärfen würden. Gegen diesen Bildungsnotstand formulierte Georg Picht ein Notstandsprogramm. In diesem erarbeitete er Vorschläge zur Organisation des Bildungswesens, zur Modernisierung des ländlichen Schulwesens, zur Verdoppelung der Abiturientenzahl, zur Vermehrung der Gymnasiallehrpersonen und auch der Volksschullehrpersonen sowie zur Neuordnung der Kulturverwaltung. Sein Fazit lautete: „Jedes Volk hat das Bildungswesen, das es verdient. Noch ist es möglich, zu verhindern, dass die Bildungskatastrophe in ihrer vollen Gewalt über uns hereinbricht. Deutschland kann als Kulturstaat noch erhalten bleiben. Dazu bedarf es aber einer entscheidenden Wendung."

Mit dieser Zustandsbeschreibung des deutschen Bildungswesens war Georg Picht nicht alleine. Eine Reihe von namhaften Personen der damaligen Zeit stützen seine Überlegungen. Allen voran ist an dieser Stelle Ralf Dahrendorf zu nennen, der in seinem Werk „Bildung ist Bürgerrecht" (1965) die Position von Georg Picht untermauerte und darin die bekannte Formel für damalige Benachteiligung im Bildungssystem prägte: „das katholische Arbeitermädchen vom Land". Diese Formel ist eine Zuspitzung für Bildungsungleichheiten und umfasst vier Aspekte, von denen damals wie heute bekannt ist, dass sie wirksam werden können: die Religion, das Geschlecht, der familiäre Hintergrund und der Wohnort. Ungeachtet der Tatsache, dass es heute nicht mehr das katholische Arbeitermädchen vom Land, sondern schon eher der Junge mit Migrationshintergrund aus der Großstadt ist, der zu den Bildungsverlierern zählt, die Diskussionen, die Georg Picht und Ralf Dahrendorf angestoßen haben, zeigen bis heute in drei Aspekten ihre Wirkung (vgl. Zierer, 2021a):

Erstens ist es wichtig, dass jede Generation aufs Neue für sich überlegt, was Bildung bedeutet und welchen Stellenwert sie hat. Dabei reicht es nicht aus, nur strukturelle Fragen des Bildungssystems zu betrachten – vermutlich einer der größeren Schwachpunkte in der Debatte um eine Bildungskatastrophe aus den 1960er-Jahren. Zweitens ist unstrittig, dass nicht alle Menschen die gleichen Voraussetzungen für Bildung haben, aber dennoch jeder Mensch ein Recht auf Bildung besitzt. Solche Bildungsungleichheiten sind dabei nicht nur die Sache des Einzelnen, sondern in einer Demokratie immer die Verantwortung aller. Nach wie vor ist dieses Thema so zentral, dass es nur mit verschlossenen Augen übersehen werden kann. Drittens resultiert daraus die Aufgabe, Bildungsgerechtigkeit als bildungspolitisches Programm zu sehen. Vor dieser normativen Perspektive schreckt der erziehungswissenschaftliche Diskurs häufig zurück und man überlässt es der Bildungspolitik, vernünftige Entscheidungen zu treffen. Normativ zu werden, so die häufig zu vernehmende Position, sei nicht die Aufgabe von Wissenschaft. Dies ist im Kern allerdings verkürzend, denn gerade im pädagogischen Kontext geht es nicht nur darum, die Welt zu beschreiben, wie sie ist, sondern auch darzulegen, wie sie sein sollte und was dafür notwendig wäre.

Im Folgenden wird aufbauend auf diesen begrifflichen Reflexionen der Fokus auf Kinder und ihre Bildung im Licht der Corona-Pandemie gelenkt. Zur Konkretisierung wird dazu auf die Bereiche der kogntiven, der psycho-sozialen und der körperlichen Entwicklung eingegangen. Sie alle lassen sich als Facetten von Bildung bezeichnen.

6.2 Die kognitive Entwicklung von Kindern im Licht der Corona-Pandemie (vgl. Zierer 2021b)

Eine der derzeit drängendsten Fragen unter dieser Perspektive lautet: Welchen Einfluss haben Schulschließungen mit Distanzunterricht auf die schulischen Leistungen? Dass bei der Beantwortung dieser Frage ein Schwerpunkt auf die mathematischen, naturwissenschaftlich-technischen und sprachlichen Kompetenzen gelegt wird, ist bekannt und seit PISA & Co. immer wieder ein berechtigter Kritikpunkt. Denn Bildung umfasst mehr als diese drei Kompetenzen. Warum diese Engführung in der Erforschung der kognitiven Perspektive besteht, ist in der häufig anzutreffenden Beantwortung so einfach wie unbefriedigend: Weil sich diese drei Kompetenzen am besten messen lassen. Und dennoch: Der empirische Zugang zur kognitiven Perspektive anhand ausgewählter Kompetenzbereiche hilft, um unter diesem Blickwinkel fundierte Aussagen zur Wirksamkeit von Schule treffen zu können. Vorsichtig muss man bei der Ausweitung der Ergebnisse auf andere Fächer und Domänen oder auf das Schulsystem insgesamt sein.

Während in der Diskussion über den Einfluss von Schulschließungen mit Distanzunterricht auf die schulischen Leistungen viele Meinungen kursieren, die zwischen Apokalypse und Euphorie changieren, scheiden sich bei einem Blick in die Forschungen erst einmal die Geister. Denn es ist festzustellen, dass es in Deutschland bis heute wenig aussagekräftigen Forschungen dazu gibt. Bildungspolitisch ist das durchaus bemerkenswert. Während nämlich auf das Corona-Virus massenhaft getestet wird, erfolgen kaum vergleichenden Leistungserhebungen bei Lernenden. Im internationalen Kontext zeigt sich die Studienlage besser, wie vor allem in meiner Meta-Analyse deutlich wurde (vgl. Zierer, 2021c):

Der Datensatz der Meta-Analyse umfasst die Lernleistungen von über fünf Millionen Lernenden aus fünf Ländern (Niederlande, Schweiz, Belgien, USA und Deutschland). Ausgewertet wurde die Entwicklung der mathematischen, der muttersprachlichen (Lesen, Rechtschreibung und Grammatik) und der naturwissenschaftlichen Kompetenz in der Primarstufe und der Sekundarstufe. Durch Lerntests zwischen März und Mai 2020 bzw. durch den Vergleich alljährlich stattfindender Lerntests mit früheren Jahren wurde berechnet, welchen Effekt der ca. achtwöchige schulische Lockdown hatte.

Das Ergebnis ist eindeutig: In allen untersuchten Ländern haben die Schulschließungen mit Distanzunterricht zu einem negativen Effekt auf Seiten der Lernenden geführt. Dieser Rückgang der schulischen Leistungen entspricht durchschnittlich und hochgerechnet auf ein Schuljahr dem Verlust eines halben Schuljahres. Bemerkenswert ist sicherlich, dass die negativen Auswirkungen in bildungsfernen Milieus noch stärker sind und je nach Bildungsungleichheit sogar bis zum doppelten Maß reichen können. Auch das Alter der Lernenden spielt eine Rolle, belegen die Daten, dass Kinder im Primarbereich stärker von Lernrückständen betroffen sind als Kinder im Sekundarbereich. Die Corona-Pandemie wird dadurch im Bildungsbereich zu einem Treiber von Bildungsungerechtigkeit. Die skizzierten Bildungsrückstände lassen sich mit einer Matrix verdeutlichen (vgl. Abbildung 1).

Abbildung 1: Matrix zu Bildungsrückständen

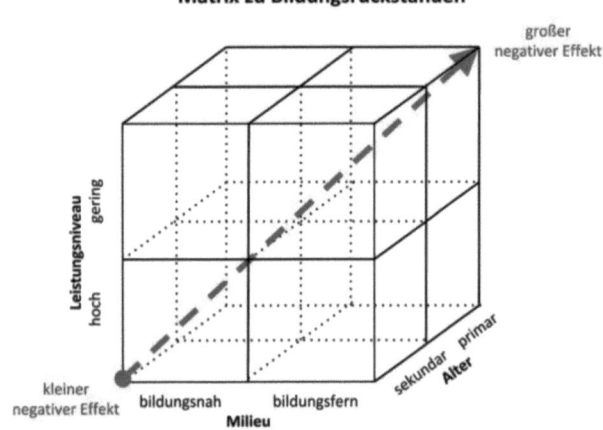

Je geringer also das Leistungsniveau der Lernenden ist, je jünger die Lernenden sind und je bildungsferner das Milieu der Lernenden sich zeigt, desto negativer sind die Auswirkungen der Corona-Maßnahmen auf Bildungsprozesse.

In der Debatte um diese Effekte ist vereinzelt zu hören, dass es doch gar nicht so schlimm sei, wenn die Lernenden aus dem Primarschulbereich negative Effekte haben. Sie hätten doch noch ausreichend Zeit, Verlorenes aufzuholen. Wichtiger sei schließlich, dass Lernende in den weiterführenden Schulen Anschluss halten konnten. Allerdings ist aus Studien zu Lernrückständen bekannt, dass es für den Lernerfolg im Allgemeinen immer besser ist, Lücken im Vorhinein zu vermeiden. Also: Prävention vor Intervention. Sind Lücken nämlich erst einmal aufgetreten, werden sie in der Regel immer größer, weil sie nur schwer und nur unter großem finanziellen, organisatorischen und pädagogischen Aufwand geschlossen werden können.

6.3   Lösungsansätze zur Verbesserung der kognitiven Entwicklung

Die internationale Forschungslage belegt ohne Zweifel, dass die Maßnahmen zur Eindämmung der Corona-Pandemie bei allen Kindern zu Lernrückständen geführt haben, besonders stark betroffen sind Kinder aus bildungsfernen Milieus. So ist es an der Zeit, konkrete Vorschläge zu erarbeiten, um eine drohende Bildungskatastrophe abzuwenden. Dabei wird darauf zu achten sein, dass nicht nur Strukturmaßnahmen, wie die bloße Verlängerung des Schuljahres oder ein einfaches Wiederholungsjahr, angedacht werden, sondern

Kinder und ihre Bildung im Licht der Corona-Pandemie

dass vor allem über die Qualitätssicherung in diesen Strukturmaßnahmen zu entscheiden ist (vgl. zu weiteren Maßnahmen Zierer, 2021a):

Erstens ist das Homeschooling endlich pädagogisch professionell zu gestalten. Waren im ersten Lockdown vielerorts Lehrpersonen untergetaucht, war im zweiten Lockdown das andere Extrem zu erleben: Lernende werden für mehrere Stunden am Tag mit monotonen Videokonferenzen an die Geräte gefesselt. Bei aller Freude über das Funktionieren der Technik – die Pädagogik darf nicht vergessen werden: Klarheit, Herausforderung, Motivierung und Rhythmisierung sind wichtiger denn je. Allen voran bleibt die Beziehungsarbeit als wichtigste Aufgabe, d. h. Feedback in allen Richtungen und so oft es geht. Zudem ist ein Maßhalten angesagt, insbesondere bei den Lehrplaninhalten. Diese können zwar in einer falsch verstandenen digitalen Einbahnstraße schnell gelehrt werden, aber gelernt werden sie deswegen noch lange nicht. Eine Entrümpelung der Lehrpläne ist somit unabdingbar, was übrigens nicht erst seit der Corona-Pandemie eine berechtigte Forderung ist.

Zweitens ist durch eine Neuauflage des Schulfernsehens eine Kompensation möglich. Dieses wurde bereits im letzten Jahrhundert forciert, um die damals drohende Bildungskatstrophe einzudämmen. Bei allen pädagogischen Bedenken gegenüber dem Fernsehen, die digitalen Möglichkeiten könnten es revolutionieren: Die Anschlüsse sind vorhanden und die Systeme laufen stabil. Durch eine kluge Rhythmisierung in 20 Minuten Sequenzen und eine didaktische Aufbereitung auf höchstem Niveau (mit Lernstandserhebungen und -tests) können die Mindeststandards in allen Fächern und allen Jahrgangsstufen vermittelt werden. Lernende hätten so eine Orientierung, Lehrpersonen eine Unterstützung und Eltern eine Entlastung. Natürlich geht auch das nicht von heute auf morgen. Aber: Es gibt so viele engagierte Lehrpersonen. Warum nicht diese zusammenschließen, um ein solches Programm auf die Beine zu stellen? Die Bildungspolitik müsste die Führung übernehmen. Sie könnte das Schulfernsehen ausbauen und mit digitalen Tools ergänzen, sodass es auch nach der Krise hilfreich sein kann – zur Differenzierung und Förderung, zur Vorbereitung und Nachbereitung von Unterricht.

Und drittens sind Sommerschulen als Vorstoß zur Fundierung einer Kultur der individuellen Förderung eine Lösung, entweder in den letzten Schulwochen oder in den Schulferien. Von Lehrpersonen basierend auf den Lernstandserhebungen empfohlen bzw. verordnet, könnten vor allem Lernende aus bildungsfernen Milieus schnell und einfach erreicht werden. Das Schulfernsehen ließe sich hier erneut nutzen und integrieren. Eine Begleitung durch pädagogisches Fachpersonal, das dafür entsprechend zu honorieren ist, wäre notwendig und die bildungspolitische Herausforderung. Das Schulwerk der Diozese Augsburg beispielsweise organisiert eine solche Maßnahme: das Brückenwerk.[14] Das Angebot richtet sich an Lernende aller Schularten der Jahrgangsstufen 5 bis 7. Die Förderung erfolgt in Kleingruppen von ca. fünf Lernenden in den Fächern Mathematik, Deutsch und Englisch. Sie wird von Studierenden durchgeführt, die im Rahmen ihrer Ausbildung einen Vorberei-

---

[14] Vgl. https://www.schulwerk-augsburg.info/6768-2/

tungskurs absolvieren. Darin lernen sie die wichtigsten Bausteine einer individuelle Förderung, in deren Zentrum die Diagnose, die Planung, die Implementation und die Evaluation stehen.

Mag der konzentrierte Blick auf die Lernleistungen berechtigt sein, Bildung umfasst mehr als diese, und auch die Gesundheit des Menschen umspannt, wie eingangs erläutert wurde, ein breiteres Spektrum als nur das Kognitive. Besonders wichtig für junge Menschen ist dabei ihre psycho-soziale Entwicklung. Denn im Kern ist der Mensch ein soziales Wesen und er braucht die Begegnung von Mensch zu Mensch, um sich bilden zu können. Aus diesem Grund wird im Folgenden der Frage nachgegangen, welchen Einfluss die Maßnahmen zur Eindämmung der Corona-Pandemie auf die psycho-soziale Entwicklung von Kinder hatten und welche pädagogischen Schlussfolgerungen daraus zu ziehen sind (vgl. Zierer, 2021d).

6.4 Die psycho-soziale Entwicklung von Kindern im Licht der Corona-Pandemie

Auch wenn es berechtigte Kritik gibt, das Stufenmodell der psycho-sozialen Entwicklung des Menschen nach Joan Erikson und Erik H. Erikson (1966) ist bis heute wegweisend in der Forschung. Darin unterscheiden sie acht Stadien, die jeweils ein Spannungsfeld beschreiben zwischen den Bedürfnissen und Wünschen des Menschen als Individuum auf der einen Seite und den sich ständig verändernden Anforderungen der sozialen Umwelt auf der anderen Seite. Je nachdem, ob es dem Menschen gelingt, dieses Spannungsfeld zu meistern oder nicht, geht er entweder gestärkt oder geschwächt in das nächste Stadium. Aus diesem Grund sprechen Joan Erikson und Erik H. Erikson von Krisen, die über das eigentliche Stadium hinaus wirken. Problematisch ist es daher für die psychosoziale Entwicklung des Menschen, wenn er geschwächt aus einer Krise geht, weil dadurch weitere Lebensphasen behindert werden. Diese Schwächung tritt auch auf, wenn eine Krise gar nicht erlebt worden ist, was beispielsweise im Zug monatelanger sozialer Isolation von Kindern und Jugendlichen zur Eindämmung der Corona-Pandemie eingetreten ist.

Um welche acht Krisen handelt es sich (vgl. Zierer, 2021e)? Im ersten Stadium (erstes Lebensjahr) geht es um das Urvertrauen beziehungsweise das Urmisstrauen. Das Kind wird relativ schutzlos geboren und bedarf daher der Nähe, der Zuneigung, der Geborgenheit und der Sicherheit. Erfährt das Kind all das nicht, wird das Urvertrauen erschüttert und es entwickelt Angst und Misstrauen. Im zweiten Stadium (zweites und drittes Lebensjahr) ist es Autonomie auf der einen Seite und Scham sowie Zweifel auf der anderen Seite, die die Krise bestimmen. Schritt für Schritt erweitert das Kind seinen Aktionsradius und wird eigenständiger. Je mehr Vertrauen es dabei in seine Umwelt hat, desto autonomer wird es werden. Kommt es in diesem Stadium zu vielen Rückschlägen oder fehlt das nötige Urvertrauen, nimmt das Selbstkonzept insofern Schaden, als es negativ und von Unsicherheit besetzt wird. Im dritten Stadium (viertes und fünftes Lebensjahr) bildet sich in besonderer Weise das Gewissen im Spannungsfeld von Initiative und Schuldgefühl. Dieses kann durch Strenge und Verbote in Richtung Angst und Schuldgefühl gelenkt werden, was für weitere Entwicklungen schädlich ist. Förderlich ist es, wenn das Kind in einem vertrauten Raum

Kinder und ihre Bildung im Licht der Corona-Pandemie

initiativ sein darf und Fehler begrüßt, nicht als Makel gesehen werden. Im vierten Stadium (sechstes Lebensjahr bis Pubertät) geht es um das Verhältnis zwischen Werksinn und Minderwertigkeitsgefühl. Menschen in diesem Alter wollen etwas machen, herstellen, gestalten, nicht mehr nur zuschauen und beobachten. Joan Erikson und Erik H. Erikson nennen diese Eigenschaft Werksinn. Erfährt ein Mensch in dieser Phase nur Scheitern oder erhält er gar keine Möglichkeit, seinen Werksinn zu entfalten, entwickelt sich das Gefühl der Minderwertigkeit. Insofern dürfen die Aufgaben nicht zu schwer, aber auch nicht zu leicht sein. Die Herausforderung ist es, die antreibt und bei Erfolg zu einer Steigerung des Selbstkonzeptes führt. Im fünften Stadium (Jugendalter) ist die zentrale Aufgabe der psychosozialen Entwicklung darin zu sehen, seine Rolle in der Gemeinschaft mit Gleichaltrigen zu finden. Angesichts zahlreicher Fallstricke ist das keine leichte Aufgabe. Dabei zeigt sich ganz besonders: Wer bereits in den vorausgehenden Stadien geschwächt wurde, der wird in diesem Stadium besonders gefordert sein. Scheitert ein Mensch auch hier, so ist anstatt einer Ich-Identität eine Ich-Identitätsdiffusion die Folge. Im sechsten Stadium (frühes Erwachsenenalter) ist es die Aufgabe, Intimität zu ermöglichen und nicht in eine soziale Isolation zu fallen. Dieses ist Voraussetzung für die Liebe, die im Erwachsenenalter von zentraler Bedeutung wird. Schafft es ein Mensch nicht, sich anderen gegenüber zu öffnen, Freundschaften zu schließen, Nähe zuzulassen und treu zu sein, kann Vereinsamung die Folge sein. Im siebten Stadium (Erwachsenenalter) sprechen Joan Erikson und Erik H. Erikson von Generativität beziehungsweise Stagnation und Selbstabsorption. Damit meinen sie den positiven Ausgang der Krise, dass Menschen bereit sind, eine Familie zu gründen und soziales Engagement zu zeigen. Wer in diesem Stadium scheitert, wird sich zurückziehen und in erster Linie mit sich selbst befassen. Das achte und letzte Stadium (reifes Erwachsenenalter) bringt für den Menschen die Herausforderung mit sich, auf sein Leben zurückzublicken und sich dem Tod zu stellen. Wird dabei der Blick geprägt von Zufriedenheit, so wird auch das Ende des Lebens angenommen. Unzufriedenheit hingegen führt zu dem Gefühl, noch länger oder noch einmal leben zu müssen.

Man muss kein Prophet sein, um die Schlussfolgerung ziehen zu können, dass die Maßnahmen zur Eindämmung der Corona-Pandemie hinderlich sind, um die Entwicklungsaufgaben nach Joan Erikson und Erik H. Erikson bewältigen zu können: Wer sozial isoliert wird, keine Kontakte mehr hat, Freunde nicht mehr treffen kann und ständig Abstand halten muss, hat schwierige Bedingungen. Mittlerweile weisen zahlreiche Befragungen (vgl. Ravens-Sieberer et al., 2021; Fegert et al., 2020; Andresen et al., 2020; Bignardi et al., 2020; Damerow et al., 2020; Schlack et al., 2020; Panda et al., 2020) von Kindern, Jugendlichen und Erwachsenen darauf hin, dass beispielsweise Ängste, Depressionen, Einsamkeit, Gereiztheit, Einschlafprobleme, Kopfschmerzen, Niedergeschlagenheit, Bauchschmerzen und Nervosität in der Corona-Pandemie im Vergleich zu Erhebungen aus den früheren Jahren in allen Altersgruppen deutlich zugenommen haben. Diese Ergebnisse finden sich weltweit, nicht nur in Deutschland, und treffen erneut Kinder und Jugendliche aus bildungsfernen Milieus stärker. Exemplarisch werden im Folgenden die Ergebnisse der COPSY-Studie zitiert, die als erste deutschlandweite repräsentative Studie zur psychischen Gesundheit und Lebensqualität von Kindern und Jugendlichen während der Corona-Pandemie angesehen werden kann (vgl. Ravens-Sieberer et al., 2021). Hierfür wurden vom

26.05.2020 bis zum 10.06.2020 über 1.500 Eltern mit 7- bis 17-jährigen Kindern und Jugendlichen befragt, von denen über 1.040 11- bis 17-Jährige auch Selbstangaben machten. Eingesetzt wurden international etablierte Instrumente zur Erfassung von gesundheitsbezogener Lebensqualität, psychischen Auffälligkeiten, Ängstlichkeit und depressiven Symptomen. Die Auswertung der Daten mittels verschiedener statistischer Verfahren liefert im Kern folgende Ergebnisse (vgl. zum Folgenden Ravens-Sieberer et al., 2021):

1. Belastungserleben in der ersten Welle der Corona-Pandemie: Über 70 % der Kinder und Jugendlichen und über 75 % der Eltern fühlen sich durch die Pandemie und die damit einhergehenden Veränderungen belastet. Bei Kindern und Jugendlichen ist es vor allem das Homeschooling (ca. 64 %), die Kontaktbeschränkung zu Freunden (ca. 83 %) und zunehmender Streit in der Familie (ca. 28 %), was als besonders belastend wahrgenommen wird. Bei drei Viertel der Eltern ist es in erster Linie die Veränderung der beruflichen Situation, die zu schaffen machte.

2. Lebensqualität in der ersten Welle der Corona-Pandemie: Im Vergleich zur Zeit vor der Corona-Pandemie hat sich die Lebensqualität verschlechtert. Über 40 %, und damit vergleichsweise doppelt so negativ, gaben die 11- bis 17-jährigen Kinder und Jugendlichen an, während der Corona-Pandemie verringerte Lebensqualität zu haben. Von den Befragten berichteten ca. 42 % von einer verringerten Lebensqualität und lediglich ca. 3 Prozent sprechen von einer hohen Lebensqualität.

3. Psychische Auffälligkeiten in der ersten Welle der Corona-Pandemie: Die Rate psychischer Auffälligkeiten stieg im Zug der Corona-Pandemie fast um das Doppelte, von ca. 17 % auf ca. 30 %. Somit wurden für fast jeden dritten jungen Menschen psychische Auffälligkeiten berichtet. Zudem nennen ca. 24 % der Kinder und Jugendlichen Angstsymptome während der Corona-Pandemie. Auch hier liegt fast eine Verdopplung zu den Vergleichswerten vor der Corona-Pandemie vor.

Natürlich ist die Aussagekraft von Befragungen und Selbstauskünften im Vergleich zu medizinischen Befunden geringer. Umso wichtiger sind daher beispielsweise Zahlen von Krankenversicherungen (z. B. DAK, 2021; Barmer, 2021 und DPtV, 202), die belegen: Im Jahr 2020 waren so viele Fehltage aufgrund psychischer Erkrankungen wie noch nie zu verzeichnen, und immer mehr Kinder und Jugendliche unterziehen sich einer psychologischen und psychotherapeutischen Behandlung.

6.5   Lösungsansätze zur Verbesserung der psycho-sozialen Entwicklung

Angesichts dieser Datenlage besteht kein Zweifel, dass die Maßnahmen zur Eindämmung der Corona-Pandemie zu psychischen Belastungen aufseiten der Kinder und Jugendlichen führen. Die Krise macht auch junge Menschen auf Dauer psychisch krank. Sie schadet der psycho-sozialen Entwicklung und damit der Bildung. Um eine drohende Bildungskatastrophe in diesem Bereich abzuwenden, sind in Zukunft vermehrte Phasen eines pädagogisch initiierten sozialen Lernens notwendig: Kinder brauchen dringend Zeit und Raum für gemeinsames Spielen und Arbeiten, Lernen und Feiern (vgl. zu weiteren Maßnahmen Zierer, 2021a).

Programme, die das Gesagte in besonderer Weise ermöglichen, sind beispielsweise mehrtägige Zeltlager und Schullandheimaufenthalte. Aus erziehungswissenschaftlicher Sicht zählen sie zu den so genannten „Erlebnispädagogischen Maßnahmen" und erreichen hohe Effektstärke auf alle Bereiche der Persönlichkeitsentfaltung: auf mathematische, naturwissenschaftliche und sprachliche Kompetenzen, auf soziale Kompetenzen, auf das Selbstkonzept und auf die Motivation (vgl. Zierer, 2020a). Und noch eine Besonderheit weisen erlebnispädagogischen Maßnahmen auf: Sie haben so genannte Follow-Up-Effekte und können ihren Einfluss über die Maßnahme hinaus beibehalten. Das ist in der Erziehungswissenschaft selten. Meistens tritt ein so genannter Wash-Out-Effekt ein, demzufolge nach einer gewissen Zeit der Einfluss einer Maßnahme nicht mehr nachgewiesen werden kann. Dieser Wash-Out-Effekt lässt sich beispielsweise bei der frühkindlichen Förderung feststellen: Am Ende der vierten Jahrgangsstufe kann man nicht mehr sagen, wer von den Kindern in einer KiTa war.

Was sind die Gründe für die nachhaltigen Effekte erlebnispädagogischer Maßnahmen? Ein Grund ist in der Klarheit zu sehen: Erfolgreiche Programme in diesem Bereich zeichnen sich dadurch aus, dass sowohl für die Lernenden als auch für die Lehrpersonen die Ziele, die Inhalte, die Methoden und die Medien bewusst und nachvollziehbar, konkret und umsetzbar sind. Ein zweiter Grund ist in der Lehrer:in-Schüler:in- und Schüler:in-Schüler:in-Beziehung zu sehen, die durch gemeinsame Aktivitäten in einem anregungsreichen Umfeld gefördert werden. Kooperationen sind notwendig und Vertrauen wird aufgebaut.

Angesichts des Einflusses der Maßnahmen zur Eindämmung der Corona-Pandemie auf die psycho-soziale Entwicklung von Kindern ist es an der Zeit, allen sobald wie möglich Räume für soziales Lernen anzubieten – und zwar mehr, konzentrierter und intensiver als jemals zuvor. So können die Defizite in diesem Bereich, die nicht nur der Gesundheit von jungen Menschen schaden, sondern auch ihrer Bildung, kompensiert werden und ein Beitrag für mehr Bildungsgerechtigkeit geleistet werden. Denn eines zeigen die empirischen Befunde deutlich: Kinder aus bildungsfernen Milieus sind noch stärker von negativen Effekten betroffen als Kinder aus bildungsnahen Milieus. Sie treffen sich noch seltener mit Gleichaltrigen, verbringen noch mehr Zeit mit digitalen Medien, verfallen noch stärker in soziale Isolation und Einsamkeit.

So kann eine Forderung aus der Corona-Pandemie lauten: Alle Lernende haben das Recht, in jedem Schuljahr eine erlebnispädagogische Maßnahmen zu erhalten. Mit anderen Worten: Eine Woche Schullandheim für alle! Strukturell ist das sicherlich herausfordernd. Weniger wegen der Plätze, als vielmehr angesichts der empirischen Datenlage, wonach nur die wenigsten Lehrpersonen bis heute solche Maßnahmen im Schulleben umsetzen. Und diejenigen Lehrpersonen, die diese Maßnahmen umsetzen, machen im Unterrichtsalltag sowieso schon sehr viel richtig. Insofern wird es nicht nur struktureller Weichenstellungen bedürfen, um eine pädagogische Kultur des sozialen Lernens nach der Corona-Pandemie zu implementieren, sondern auch und vor allem einer entsprechenden Professionalisierung des pädagogischen Personals.

„Mens sana in corpore sano"[15], so lautet einer der am meisten zitierten Sprüche der Antike. Er geht zurück auf den römischen Dichter Juvenal, der in einer seiner Satiren schreibt: „Orandum est, ut sit mens sana in corpore sano"[16]. Erst später wurde diese Redewendung zum geflügelten Wort, um darauf aufmerksam zu machen, dass der Mensch nicht nur einen Körper hat, um seinen Kopf spazieren zu tragen. Vielmehr ist der Mensch eine Leib-Seele-Geist-Einheit, und insofern ist das Körperliche von ebenso großer Bedeutung wie das Kognitive. Der Bildungs- und Erziehungsauftrag von Schule umfasst seit jeher nicht nur die kognitiven Bereiche des Menschen, sondern auch seine körperliche Entwicklung. Besonders deutlich wird dies am Gymnasium, das in ganz Deutschland die Schulart mit dem höchsten Bildungsabschluss bezeichnet. Denn der Wortherkunft folgend meint das Gymnasium einen Ort der körperlichen und geistigen Ertüchtigung, wobei in der Antike das Körperliche im Vordergrund stand (vgl. Zierer, 2021e).

6.6 Die körperliche Entwicklung von Kindern im Licht der Corona-Pandemie

Welchen Einfluss haben die Maßnahmen zur Eindämmung der Coronapandemie auf die körperliche Entwicklung von Kindern und Jugendlichen (vgl. zum Folgenden Zierer, 2021e)? Auch diese Frage scheint angesichts der Dominanz von Lernleistungen in bestimmten Fächern seit PISA & Co. nicht von zentraler Bedeutung zu sein. Derweil ist gerade in Zeiten der Krise die Frage nach der körperlichen Unversehrtheit der Mittelpunkt öffentlicher Debatten – leider wird sie in der Krise nur einseitig aus virologischer Sicht diskutiert, nicht aber vor dem Hintergrund pädagogischer Überlegungen.

Wirft man einen Blick auf das Leben von Schüler:innen in der Coronapandemie, so sind Vorboten einer Bildungskatastrophe in diesem Bereich sichtbar: Durch Homeschooling fiel der Schulweg weg, der für viele Kinder und Jugendliche sowohl morgens als auch mittags oder nachmittags ein wichtiger Ausgleich zur sitzenden Tätigkeit in der Schule war. Sodann waren viele Schüler:innen in ihren Kinderzimmern und den kleinen Wohnungen den ganzen Vormittag vor Monitoren gefesselt. In diesen Zeiten wurden die Pausen häufig nicht genutzt, um einfach mal rauszugehen, weil die Freund:innen fehlten, die dazu motivierten. Stattdessen hockten Lernende weiter im Zimmer und mussten stundenlange Videokonferenzen über sich ergehen lassen. Ein Blick aus dem Fenster war häufig die einzige Abwechslung zum Starren auf den Bildschirm. Ironisch wurde auch von einem „liegend Lernen" gesprochen ebenso wie von einem „Betttop" anstelle eines Laptops, um darauf hinzuweisen, dass viele Lernende nicht einmal den Schritt bis zum Schreibtisch geschafft haben. Wie immer bei solchen Beschreibungen besteht die Gefahr einer Übertreibung.

---

[15] Ein gesunder Geist wohnt in einem gesunden Körper.

[16] Man muss darum bitten, dass ein gesunder Geist in einem gesunden Körper wohne.

Kinder und ihre Bildung im Licht der Corona-Pandemie

Aber es gibt bereits eine Reihe von Forschungen, die die Zuspitzungen mit Evidenz untermauern. Zunächst wird in Studien (vgl. Damerow et al., 2020; Schmidt et al., 2020; Wößmann et al., 2020; Nowossadeck et al., 2021) einhellig davon berichtet, dass organisierte Bewegung, vor allem solche, die in Sportvereinen stattfindet, den Lockdown-Maßnahmen zum Opfer gefallen und damit häufig auf null zurückgegangen ist. Allerdings kam es in allen Altersgruppen zu einem Anstieg alltäglicher Bewegung, beispielsweise durch Spaziergänge, Radfahren, Gartenarbeiten und dergleichen. Kinder und Jugendliche verbrachten in der Coronapandemie unterm Strich also sogar mehr Zeit in Bewegung draußen an der frischen Luft.

Vor diesem Hintergrund könnte man durchaus schlussfolgern, dass die körperliche Verfassung in der Krise keinen Schaden genommen hat. Allerdings trügt dieser Eindruck, wenn weitere Daten hinzugenommen werden. So weisen die genannten Studien darauf hin, dass es ebenso wie beim Rückgang der Lernleistungen und der Zunahme an psychischen Belastungen Effekte des Bildungsmilieus gibt. Konkret: Menschen, die bereits vor der Coronapandemie sportlich aktiv waren, nutzten die zur Verfügung stehende Zeit zuhause, um noch mehr Sport zu treiben. Passive Menschen hingegen profitierten von der neuen Zeit weniger. Auch hier nimmt also die Bildungsungerechtigkeit zu.

Darüber hinaus ist zu beobachten, dass trotz einem Mehr an alltäglicher Bewegung das Körpergewicht über alle Altersgruppen und alle Bildungsmilieus hinweg gestiegen ist (vgl. Damerow et al., 2020; Nowossadeck et al., 2021). Mehr alltägliche Bewegung führt also nicht zwangsläufig zu einer besseren körperlichen Entwicklung. Dies liegt nicht zuletzt daran, dass alltägliche Bewegung gerade bei jüngeren Menschen keinem systematischen Training entspricht und damit im Vergleich zur organisierten Bewegung trotz einer höheren Dauer weniger wirksam ist (vgl. López-Bueno et al., 2021).

Zwei weitere Gründe sind an dieser Stelle zu thematisieren, weil sie einmal mehr Bildungsungleichheiten verstärken und damit zu mehr Bildungsungerechtigkeit führen:

Erstens haben die Maßnahmen zur Eindämmung der Corona-Pandemie Einfluss auf die Ernährung von Kindern genommen (vgl. Koletzko et al., 2021). Seit Beginn der Krise essen junge Menschen mehr Süßigkeiten, aber auch mehr Obst. Jungen sind dabei anfälliger für ungesundes Essverhalten als Mädchen und legen in der Folge auch mehr an Gewicht zu. Je bildungsferner das Elternhaus ist, desto ungesünder die Ernährung und desto größer die Gewichtszunahme bei den Kindern.

Zweitens haben die Maßnahmen zur Eindämmung der Corona-Pandemie über alle Altersgruppen und alle Bildungsmilieus hinweg bei Kindern zu einer Erhöhung der Bildschirmzeiten geführt (vgl. Schmidt et al., 2020; Wößmann et al., 2020). Da in gleicher Weise die tägliche Zeit für schulisches Lernen zurückgegangen ist, wurden diese zusätzlichen Zeiten für außerschulische Angelegenheiten genutzt, beispielsweise für Fernsehen, Computerspiele und soziale Medien. Auch hier zeigt sich ein größerer negativer Effekt für Kinder aus benachteiligten Familien in geringeren Lernleistungen: Sie sehen mehr fern, surfen sinnlos im Internet, lernen weniger, bewegen sich nicht ausreichend und ernähren sich schlecht. Alles in allem also wird die Coronapandemie unter diesem Blickwinkel zu einem Treiber für Bildungsungerechtigkeit.

Als Abschluss der Ausführungen zu den körperlichen Defiziten wird eine Studie vorge-stellt, die das ganze Dilemma der Schulschließungen im Hinblick auf die Physis auf den Punkt bringt (vgl. Wang et al., 2021): In China wird alljährlich die Sehstärke der sechs- bis achtjährigen Schüler:innen gemessen. Im Jahr 2020 fand zwischen Januar und Mai Home-schooling statt und Lernende arbeiteten zuhause an Rechnern. Die Folge daraus ist ein messbarer Anstieg der Kurzsichtigkeit bei den Jüngsten um fast das Vierfache im Vergleich zu den Vorjahren.

Zwar wird seit Jahren beobachtet, dass in vielen Ländern die Kurzsichtigkeit zunimmt. Auch Lesen ist eine Tätigkeit in der Nahdistanz, aber die verstärkte Nutzung von Tablet & Co. infolge der Schulschließungen führt dazu, dass Tätigkeiten in der Nahdistanz noch mehr zunehmen und immer mehr Kinder kurzsichtig werden. Der Blick aus dem Fenster in die Ferne ist zur Seltenheit geworden, schon eher geht er zum Smartphone und bleibt damit erneut im Nahbereich. Die Zunahme an Kurzsichtigkeit gerade bei jungen Men-schen ist auf längere Sicht ein ernstzunehmendes Gesundheitsrisiko. Denn je früher eine Kurzsichtigkeit auftritt, desto wahrscheinlicher sind Folgeschäden wie Netzhautablösun-gen und Glaukome. Ermutigend ist in diesem Zusammenhang das Ergebnis einer Studie aus Taiwan (vgl. Wu et al., 2018): Der Aufenthalt im Freien von 120 Minuten täglich wirkt sowohl präventiv als auch intervenierend. Pädagogisch lässt sich also gegen diese körper-liche Beeinträchtigung angehen.

Während über die Schwere einer Coronaerkrankung bei Kindern immer wieder diskutiert wird, ist heute schon sicher: Die Maßnahmen zur Eindämmung der Coronapandemie ha-ben der körperlichen Entwicklung der Kinder und Jugendlichen geschadet. Um eine dro-hende Bildungskatastrophe in diesem Bereich abzuwenden, sind in Zukunft vermehrte Phasen eines pädagogisch initiierten körperlichen Lernens notwendig: Kinder und Jugend-liche brauchen mehr denn je Zeit und Raum für Fächer wie Kunst, Musik, Sport, darstel-lendes Spiel, Hauswirtschaft und dergleichen.

6.7   Lösungsansätze zur Verbesserung der körperlichen Entwicklung

Nun haben es Kunst, Musik und Sport immer schon schwer, im bildungspolitischen Diskurs wahrgenommen zu werden. Sie füllen die Ränder der Stundentafeln und fallen zuerst aus. Aber dass sie kurzerhand sogar abgewrackt wurden, ist ein neues Phänomen und treibt ein inhumanes Bildungsverständnis von Schule auf die Spitze. Angesichts der Schieflage im Bildungssystem, die infolge der Coronapandemie offensichtlich geworden ist, zeigt sich eine dringende Notwendigkeit zur Lehrplanreform, die einerseits entrümpeln und ande-rerseits neu gewichten muss (vgl. zu weiteren Maßnahmen Zierer, 2021a).

Aktuelle Lehrpläne bereiten die junge Generation nicht auf das vor, was wir heute schon wissen – und nicht auf das, was wir heute noch nicht wissen können. Sie bereiten sie auf das vor, was gestern wichtig war. Die nachwachsende Generation braucht nicht nur Fach-wissen, sondern auch Denkweisen, nicht nur die Tiefe in einem Fach, sondern auch die

Kinder und ihre Bildung im Licht der Corona-Pandemie

Verknüpfung der Fächer, nicht nur Expertentum, sondern auch Kreativität, nicht nur egozentrisches Leistungsstreben, sondern auch eine respektvolle und ethische Haltung gegenüber der Mit- und Umwelt.

Darum wird es Zeit für Folgendes (vgl. Nida-Rümelin et al., 2018):

1. **Die Stofffülle in allen Lehrplänen muss drastisch reduziert werden** – eine alte Forderung, die, nur, weil sie alt ist, nicht falsch ist. Diese verfolgt nicht das Ziel, Schule leichter zu machen, sondern herausfordernder, weil sinnvoller.

2. **Der Mut zur Lücke muss größer werden** – das Bestreben, ein Fach in der Schule umfassend behandeln zu wollen, führt zwangsläufig zu trägem Wissen.

3. **Der Unterricht muss mit mindestens 25 Prozent der Unterrichtszeit an Schlüsselproblemen unserer Zeit ausgerichtet werden** – soziale Gerechtigkeit, Nachhaltigkeit aus ökologischer, ökonomischer und sozialer Sicht, Demokratisierung sowie Krieg und Frieden – damit werden Lehrpläne flexibel, um aktuelle Herausforderungen angemessen bearbeiten zu können. Auch die Coronapandemie ist hierfür ein Beispiel.

4. **Die Region und die Heimat müssen stärker in den Blick genommen werden** – konkrete Projekte sollten mit der Frage beginnen, wo der kulturelle, politische und historische Ausgangspunkt vor Ort ist, und erst darauf aufbauend globale Zusammenhänge erschließen. Anerkennung von Vielfalt und Urteilskraft gründet auf der Kenntnis der eigenen Identität. Fridays for Future ist hierfür ein durchaus kontroverses Beispiel. Es kann doch nicht sein, dass die nachwachsende Generation auf der Straße mehr über ihre Zukunft lernt als in der Schule!

5. **Bildung muss entschleunigt werden** – Lernen braucht Zeit, auch und gerade in Zeiten der Digitalisierung. Um einen Sachverhalt nicht nur gelernt, sondern auch verstanden zu haben, ist Muße im positiven Sinn unabdingbar.

6. **Humanität muss das Leitmotiv der Lehrpläne sein** – einer weiteren Ökonomisierung von Bildung ist Einhalt zu gebieten. Es ist inhuman, nach dem Wert des Menschen zu fragen und Bildung darauf zu reduzieren.

7. **Inter- und transdisziplinäres Denken muss ausgebaut werden** – beispielsweise lässt sich Nachhaltigkeit als Schlüsselproblem bei aller Notwendigkeit von Fachlichkeit nicht nur mit einer Summe aus physikalischen, biologischen, chemischen und anderen Kenntnissen bewältigen. Vielmehr erfordert es den reflektierten und kreativen Umgang mit fachlichem Wissen und Können über die Fachgrenzen hinweg.

8. **Praktische, kreative und ethische Fragen für den Unterricht müssen wiederentdeckt werden** – der Mensch ist mehr als das, was ein Intelligenztest misst.

Zu guter Letzt ist nochmals auf das oben genannten Fächerbündel Kunst, Musik, Sport, darstellendes Spiel, Hauswirtschaft und dergleichen zu blicken, deren Potenzial bis heute vielfach verkannt wird. Denn das sind die Fächer, die in besonderem Maß von der Kooperation und Kollaboration leben, die Kreativität fördern und fordern, die auf Kommunikation aufbauen und kritisches Denken als Grundbedingung ansehen. Auch wenn das hier zitierte 4K-Modell (Kollaboration, Kommunikation, Kreativität, kritisches Denken) mehr an einen technischen Standard erinnert und gerne als Pseudotheorie der Digitalisierungs-euphorie gesehen wird, in den genannten Fächern findet es eine treffende Zuspitzung. Insofern erweisen sich die Maßnahmen zur Eindämmung der Coronapandemie als ein Weckruf, in zukünftigen Lehrplänen die musischen, künstlerischen und sportlichen Berei-che ins Zentrum zu rücken. Gerade auch deswegen, weil in diesen Fächern Bildungsun-gleichheiten weniger zum Tragen kommen und auch weniger verstärkt werden. Ganz im Gegenteil: Diese Fächer bilden den sozialen Kitt, der für eine Demokratie notwendig ist. Sie sind die Fächer, die am besten für Bildungsgerechtigkeit sorgen, weil sie immer den Menschen in all seinen Möglichkeiten ansprechen und insofern positive Effekte auf die psychische, physische und soziale Gesundheit haben.

6.8   Schule neu denken: Freude als pädagogisches Leitmotiv

Die Maßnahmen zur Eindämmung der Corona-Pandemie haben zu weitreichenden Kolla-teralschäden im Bildungssystem geführt: Die Lernleistungen, die psycho-soziale Entwick-lung und die körperliche Verfassung von Kindern und Jugendlichen hat Schaden genom-men – besonders stark in bildungsfernen Milieus. So ist es an der Zeit, nicht mehr nur mit Lippenbekenntnissen für Bildung in Deutschland einzutreten, sondern mit Tatendrang grundlegende Reformen anzustoßen. Bildung und Schule müssen neu gedacht werden (vgl. zum Folgenden Zierer, 2021a und e).

Derweil war bereits vor der Corona-Pandemie bekannt, woran das Bildungssystem am meisten krankt. Lee Jenkins (2015) hat in einer Studie Pädagog:innen einschätzen lassen, wie gerne ihre Lernende in die Schule gehen, weil sie Freude am Lernen haben. Das Er-gebnis zeigt, dass zu Beginn der Schulkarriere nahezu alle Lernenden Freude am schuli-schen Lernen erfahren. Dieser Wert nimmt dann von Schuljahr zu Schuljahr langsam, aber sicher ab, bis er in der neunten Jahrgangsstufe bei gut 30 Prozent Zustimmung ist. Zum Ende hin, also wenn Licht am Ende des Tunnels sichtbar wird, steigt die Freude am schu-lischen Lernen wieder leicht an.

Dieses Ergebnis, auch als Jenkins-Kurve bezeichnet, ist schockierend: Das zentrale Ziel von Schule ist doch, Freude am Lernen zu erhalten und im Zug einer Erweiterung des Gedan-kenkreises auch eine Freude am schulischen Lernen zu wecken. Wenn wir nun aber fest-stellen müssen, dass genau das Gegenteil eintritt und Lernende mit zunehmendem Alter immer weniger Freude am schulischen Lernen verspüren, dann läuft etwas schief in dieser Bildungseinrichtung.

Was alles schiefläuft, legt Ken Robinson (2018) in einem TED-Talk offen, der bis heute der am meisten gesehene TED-Talk überhaupt ist: Über 70 Millionen Menschen haben sich ihn angesehen. Darin spricht Ken Robinson davon, dass die Kreativität von Kindern und Jugendlichen in der Schule getötet wird – so manche Schulpsycholog:innen gehen noch einen Schritt weiter und sagen: Schule tötet nicht nur die Kreativität von Kindern und Ju-gendlichen, sie kann sogar krank machen. Als Gründe für diesen negativen Befund nennt Ken Robinson eine falsch verstandene Standardisierung, die die Individualität der Men-

Kinder und ihre Bildung im Licht der Corona-Pandemie

schen verkennt. Zudem dominiert ein Verständnis von Fehlern, das nicht dem menschlichen Lernen entspricht. Diesem falschen Verständnis zufolge sind Fehler in der Schule immer etwas, was es zu vermeiden gilt. Aber richtig verstanden ist der Fehler der Motor des Lernens – ohne Fehler kein Lernen. Und schließlich kritisiert er eine daraus folgende Oberflächlichkeit, die im Kern den menschlichen Möglichkeiten nicht gerecht wird: Durch zu viel sinnloses Detailwissen verlieren Lernende die Lust am Lernen und damit auch die Freude an der Schule.

Die Folge aus dem Gesagten ist für Ken Robinson eine „pädagogische Klimakrise": Kinder und Jugendliche werden in einem System groß, das ihnen nicht gerecht wird und sie nicht versteht. Diese pädagogische Klimakrise ist noch schwerwiegender als die ökologische Klimakrise. Denn ohne ein Klima in den Bildungseinrichtungen, das Kinder und Jugendliche achtet und ihnen sowohl Zeit als auch Raum für die Entfaltung im umfassenden Sinn lässt, können Kinder und Jugendliche sich nicht umfassend bilden, und es kann keine Freude entstehen. Freude ist der Motor des Lebens, der Bildung und des Lernens (vgl. Zierer, 2021b).

Entscheidend ist nun: Diese pädagogische Klimakrise lässt sich ebenso bewältigen wie die ökologische Klimakrise. Zu Beginn des 21. Jahrhunderts haben wir Menschen nicht nur das nötige Wissen, sondern auch die nötigen Möglichkeiten. Aber auch hier gilt: Es ist Zeit zu handeln, im Großen wie im Kleinen.

Um den Gedanken an dieser Stelle weiter ausführen zu können, möchte ich nochmals auf die Corona-Pandemie eingehen. Denn sie war für viele junge Menschen eine Ausnahmesituation – manche Forscher sprechen sogar vom größten sozialen Experiment der Menschheit. Warum? Aufgrund der Lockdown-Maßnahmen wurden Schüler:innen mehrmals aus ihrem sozialen Umfeld herausgerissen und Kontakte wurden eingeschränkt. Aufgrund von Infektionsfällen mussten zusätzlich einige Kinder und Jugendliche in Quarantäne, wodurch jeglicher soziale Kontakt vermieden wurde. In der Summe kommen so schnell mehrere Wochen zusammen, in denen Kinder und Jugendliche nicht nur zuhause lernen mussten, sondern auch sozial isoliert waren.

In der sogenannten Seneca-Studie (vgl. Zierer, 2020b) wurde der Frage nachgegangen, wie es Lernenden nach dem ersten Lockdown ergangen ist. Namensgebend für die Studie ist der römische Philosoph Seneca, der mit seinem Ausspruch „Non vitae, sed scholae discimus"[17] Kritik an Schulen formulierte; seither dient die Umstellung „Non scholae, sed vitae discimus" als pädagogischer Appell. Nach den coronabedingten Schulschließungen zum Ende des letzten Schuljahres konnte in diesem Zusammenhang ein Phänomen beobachtet werden, das die Schulen nur selten, vielleicht sogar noch nie erlebt haben: Auf allen Seiten war die Freude groß, dass endlich wieder Präsenzunterricht stattfand. Was ist es also, das die Lernenden motiviert, in die Schule zu gehen?

Um diese Frage zu beantworten, wurden im Oktober und November 2020 über 2200 Schüler:innen aus den Jahrgangsstufen 7 bis 12 dreier Bundesländer danach befragt, was

---

[17] Nicht für das Leben, sondern für die Schule lernen wir.

ihr Hauptmotiv ist, in die Schule zu gehen. Drei Antwortmöglichkeiten mussten dabei bewertet werden. Die Auswertung der Daten ergibt folgendes Bild:

Abbildung 2: Warum Lernende in die Schule gehen

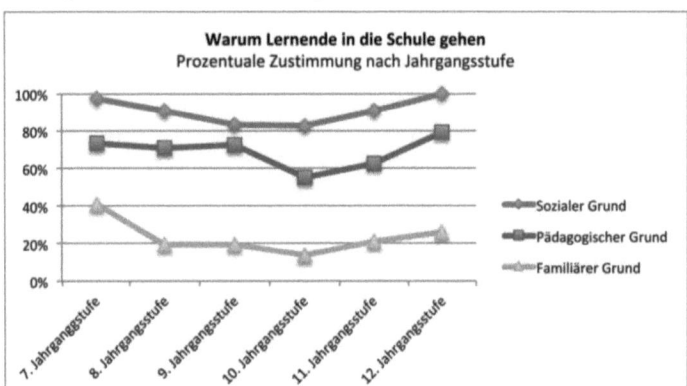

An erster Stelle stehen in allen Klassen die Gleichaltrigen: 93 % der Lernenden geben an, dass die Freund:innen der bestimmende Grund sind, warum sie gerne in die Schule gehen. Der Antwortmöglichkeit, dass die Schüler:innen gerne in die Schule gehen, weil sie dort etwas lernen, stimmten im Vergleich lediglich 72 % zu. Angesichts der langen Zeit, in der Jugendliche zuhause sein mussten, interessierte auch die Antwortmöglichkeit, ob Lernende sich freuten, endlich wieder aus dem Zuhause zu kommen. Die Zustimmung hierfür gaben lediglich 24 %.

Das Ergebnis zeigt, dass über alle Jahrgangsstufen hinweg die Gleichaltrigen der wichtigste Anstoß für Bildungsprozesse sind. Vor diesem Hintergrund muss der an Seneca angelehnte und viel zitierte Spruch „Non scholae, sed vitae discimus" korrekt lauten: „Non scholae, sed amicis discimus". Also: Nicht für die Schule, sondern für die Freund:innen lernen wir.

Bei diesem Ergebnis ist beachtenswert, dass die genannten Zustimmungen abhängig vom Alter der Lernenden sind: So erreichen die Freund:innen, das Lernen und das Rauskommen aus dem Elternhaus die höchste Zustimmung jeweils in der 7. und 12. Jahrgangsstufe, während in der 10. Jahrgangsstufe jeweils der Tiefstand zu verzeichnen ist: In die Schule wegen des Lernens zu gehen, gilt in dieser Altersgruppe nur noch für 55 Prozent. Offensichtlich ist zwischen 15 und 16 Jahren vieles weitaus wichtiger als die Schule, und sie verliert als Lebensort an Bedeutung. Ein Grund dafür ist in der Fülle an Lehrplaninhalten zu sehen, die vielen Schüler:innen nahezu sinnlos erscheinen. Die Seneca-Studie bestätigt damit die bereits angesprochene Jenkins-Kurve, wonach zu Beginn der Schulkarriere die Freude am schulischen Lernen hoch ist, danach kontinuierlich auf einen Zustimmungswert von gut 30 Prozent abfällt, um dann zum Ende hin wieder leicht anzusteigen.

Kinder und ihre Bildung im Licht der Corona-Pandemie

Was folgt aus dem Gesagten für die Schule als der wichtigsten gesellschaftlichen Institution für junge Menschen? Soll Schule nicht nur Lernort, sondern auch Bildungsraum werden und damit ein Ort der Freude, so wird sie neu zu denken sein. Kennzeichnend für Freude sind fünf Aspekte (vgl. zum Folgenden Zierer, 2021f): Gründe, Gestaltung, Gelingen, Gefühle und Gemeinschaft. Mit diesen Kennzeichen lässt sich die angesprochene pädagogische Klimakrise meistern:

Schule als Ort der Freude braucht Gründe: Lernen heute vollzieht sich häufig ohne nachvollziehbaren Sinn für Kinder und Jugendliche. Warum soll sich beispielsweise ein Abiturient aus Bayern alle Namen der Halligen merken? Warum wird von jungen Menschen verlangt, dass sie die genaue Anzahl der Wirbelkörper benennen können? Und warum ist es bedeutsam zu wissen, aus wie vielen einzelnen Büchern die Bibel besteht? Wenn Schule diese Fragen nicht beantworten kann, dann schafft sie es nicht, dass Lernen zu Bildung wird. Zwar kann sich ein Mensch auch ohne Antworten auf diese Fragen Wissen aneignen, aber dieses Wissen wird ihn nicht als Menschen verändern, weil es ihn nicht berührt. Es nimmt folglich keinen Einfluss auf sein Denken, Handeln und Fühlen. Für die Prüfung mag es relevant sein, aber nach der Prüfung wird es schnell wieder vergessen sein. Schule heute muss also mehr als bisher die Frage nach dem Sinn des Lernens nicht nur zulassen, sondern in den Mittelpunkt rücken.

Schule als Ort der Freude braucht Gefühle: Lernen heute vollzieht sich häufig ohne die Einbindung der Emotionalität von Kindern und Jugendlichen. Wissen wird häufig als Wissen vermittelt, das in Büchern steht. Im Unterricht wird nur selten deutlich gemacht, was dieses Wissen mit den Lernenden zu tun hat. Fast jeder kennt aus seiner Schulzeit das Buch-Seite-Aufgabe-Spiel. Auch heute ist dieses Vorgehen keine Seltenheit, und Lernende fragen sich berechtigterweise: Warum soll ich das lernen? Was hat das Ganze mit mir zu tun? Wenn Lernen für Kinder und Jugendliche keinen Sinn ergibt, dann werden sie davon nicht berührt und die Emotionalität bleibt außen vor. Aber ohne Emotionalität kann keine Freude entstehen. Hinzu kommt, dass Schule immer stärker auf das Lernen reduziert wird – gerade während der Corona-Pandemie gezwungenermaßen. Feste und Feiern spielen sich am Rand des Schullebens ab: Der Lehrplan ist auch zu voll und es ist keine Zeit, so ist zu vernehmen, wenn das pädagogische Klima in Richtung Lebensfreude entwickelt werden soll. Ein Glückspilz, der in seiner Schulzeit auf Klassenfahrten war. Denn heute waren viele Kinder in der Grundschule nicht in einem Schullandheim, und viele Jugendliche kennen bis auf den Urlaub mit ihren Eltern keine weiteren Reisen. Dass aber der Mensch auf Reisen sich erkennt und dadurch Freude erfährt, ist nicht erst seit Johann Wolfang von Goethe bekannt. So bleibt für viele Absolvent:innen als einzige Erinnerung die Abschlussfahrt, auf der angesichts des erlebten Elends nicht selten über die Stränge geschlagen wird. Schule heute muss also mehr als bisher die Emotionalität von Kindern und Jugendlichen berücksichtigen – in unterrichtlichen und außerunterrichtlichen Aktivitäten.

Schule als Ort der Freude braucht Gestaltung: Lernen heute vollzieht sich häufig in einer Empfängerrolle. Lernende hören zu und führen aus, was die Lehrperson vorträgt. Vielfach wird daraus gefolgert, dass Schüler:innen nur passiv seien. Dies ist aber insofern falsch, als sowohl Zuhören als auch Ausführen Aktivitäten sind – und gerade das Zuhören ist eine der wichtigsten Kompetenzen des Menschen. Womit Kritiker:innen recht haben, ist der

Mangel an Gestaltung bei diesem Lernen. Sicherlich lernen Kinder und Jugendliche im Lauf ihres Lebens vieles durch Nachahmen, und selbst der erwachsene Mensch tut dies. Aber der Mensch bleibt beim Nachahmen nicht stehen: er probiert aus, ändert das Gehörte ab, sucht neue Wege und ist kreativ. Das Wort „Bewegungsfreude" bringt präzise auf den Punkt, wenn Kinder und Jugendliche beim Spielen ihrem motorischen Erfindergeist freien Lauf lassen. Ohne diese Möglichkeiten verkümmert die Neugierde der Schüler:innen und damit auch ihre Kreativität. Ein Lernen, das nur aus Zuhören und Ausführen besteht, wird dem Menschen nicht gerecht und ist letztlich auch inhuman. Schule heute muss also mehr als bisher den musischen Bereich ins Zentrum rücken. Kunst, Musik und Sport gehören in den Mittelpunkt von Schule, weil sie Gestaltungszeiten und -räume liefern, in denen Freude entstehen kann.

Schule als Ort der Freude braucht Gelingen: Lernen heute vollzieht sich häufig in Bahnen des Reproduzierens von Wissen. Auch das ist eine Form des Gelingens: Die Lehrperson stellt den Schüler:innen eine Frage, und diese geben die richtige Antwort. Dieses Frage-Antwort-Spiel ist uns allen bekannt, und manchmal ist es auch zufriedenstellend. Aber zur Freude braucht es mehr. Denn zum Gelingen, wie es für Bildungsprozesse im Allgemeinen und für Freude im Besonderen gemeint ist, gehört eine Herausforderung, die den Menschen in all seinen Möglichkeiten anspricht. Denken Sie an dieser Stelle beispielsweise an einen Konzertauftritt, der nach wochenlangem Üben ansteht. Denken Sie an ein Kind, das seine ersten Schritte wagt und erfolgreich in die Hände der Eltern wackelt. Oder denken Sie an einen Wettkampf, auf den sich eine Mannschaft intensiv vorbereitet hat und von Spiel zu Spiel steigert, bis sie immer besser zusammenfindet. Das sind Herausforderungen, wie sie der Flow-Effekt beschreibt: Ausgehend vom Leistungsniveau kommt es zu einer Passung mit der Aufgabenstellung, die den Menschen nie nur kognitiv fordert, sondern immer auch motivational und emotional. Kleine Erfolge sind hier notwendig. Für die Entwicklung von Kindern und Jugendlichen ist es hinderlich, überhaupt keine Momente des Gelingens zu erfahren und immer nur zu scheitern. Diese Erkenntnis ist besonders wichtig bei den aktuellen Herausforderungen: Wer die ökologische Krise nur als Bedrohung erfährt und keine Erfahrungen macht, wie er selbst etwas dagegensetzen kann, der wird womöglich nur Angst und Ohnmacht erfahren. Freude entsteht hier mit Sicherheit nicht. Für die Bewältigung der aktuellen Herausforderungen ist also wichtig: Kinder und Jugendliche müssen erfahren, dass sie etwas tun können, dass sie erfolgreich agieren können. Damit wird beispielsweise das aufwändige Anlegen einer Insektenwiese, das auf das ökologische Klima zunächst kaum einen Einfluss hat, für das pädagogische Klima umso wichtiger. Schule heute muss also mehr Momente des Gelingens anbieten, die Kinder und Jugendliche umfassend herausfordern und sie kognitiv, emotional und motivational ansprechen.

Schule als Ort der Freude braucht Gemeinschaft: Lernen heute vollzieht sich häufig als Einzelleistung. Gerade in Prüfungen wird das sichtbar: Immer ist der Einzelne gefordert. Dies ist nicht nur vor dem Hintergrund abwegig, dass im späteren Leben in allen Bereichen Kooperation notwendig ist, sondern auch angesichts der Bedeutung von Gemeinschaft für Bildung und Lernen. Gemeinschaft ist die Grundlage dafür, dass sich der Mensch entfalten kann. Damit ist nicht gemeint, dass alle Schüler:innen immerzu dasselbe machen müssen

Kinder und ihre Bildung im Licht der Corona-Pandemie

und der Gruppenfokus über allem anderen steht. Das wäre ebenso verkürzend wie die überzogene Feier der Individualität eines jeden Menschen. Vielmehr ist ein Ausbalancieren zwischen beiden Polen nötig: Die Gemeinschaft auf der einen Seite ist ebenso wichtig wie die Einzelleistung auf der anderen Seite. Das Kollektiv einerseits kann ebenso bildungswirksam werden wie der Wettbewerb andererseits. Infolgedessen sind beide Perspektiven nicht als Gegensätze zu sehen, sondern sie ergänzen sich. Damit kommt man einer Freude in der Schule sehr nahe. Dies gelingt beispielsweise über Projekte, die aus der Lebenswelt der Kinder und Jugendlichen stammen und dadurch sinnstiftend und emotional ansprechend sind. In solchen Projekten wirken beide Perspektiven zusammen: die Leistung des Einzelnen in der Gruppe – keiner bewältigt die Aufgabe eines Projektes allein, und ohne den Einzelnen ist Erfolg nicht möglich. Schule heute muss also mehr als bisher die Gemeinschaft fördern – weg vom/von der Einzelkämpfer:in und hin zum/zur Teamspieler:in.

Wenn in der Schule diese Veränderungsprozesse umgesetzt werden, dann wird Schule neu gedacht. Sie wandelt sich damit von einem Lernort zu einem Bildungsraum. In dessen Zentrum steht die Freude, weil es bewusste und vielfältige Gründe für das Lernen gibt, weil Inhalte sinnstiftend vermittelt werden und die Lernenden emotional ansprechen, weil Momente des Gelingens immer den ganzen Menschen mit all seinen Möglichkeiten erreichen und Gemeinschaft der Schüler:innen nicht nur auf dem Pausenhof oder vor den Schultoren Bedeutung erhält, sondern in den Klassenzimmern. In dieser Vision von Schule wird die pädagogische Klimakrise mittels der Freude bewältigt, und die Freude am schulischen Lernen wird nicht sukzessive ausgetrieben, sondern immerzu vermehrt.

Literatur

Andresen, S., Heyer, L., Lips, A., Rusack, T., Schröer, W., Thomas, S., & Wilmes, J. (2020). *„Die Corona-Pandemie hat mir wertvolle Zeit genommen". Jugendalltag 2020.* Universitätsverlag Hildesheim.

Barmer (Hrsg.). (2021). *BARMER Arztreport 2021.* www.barmer.de/blob/282916/043d9a7bf773a8810548d18dec661895/data/barmer-arztreport-2021.pdf (abgerufen am 16.2.2022).

Bignardi, G. et al. (2020). Longitudinal Increases in Childhood Depression Symptoms During the COVID-19 Lockdown. *Archives of Disease in Childhood*, 0, 1–7, https://doi.org/10.1136/archdischild-2020-320372

Dahrendorf, R. (1965). *Bildung ist Bürgerrecht.* Nannen-Verlag.

DAK (Hrsg.). (2021). *DAK Psychreport 2021.* www.dak.de/dak/download/report-2429408.pdf (abgerufen am 16.2.2022).

Damerow, S. et al. (2020). Die gesundheitliche Lage in Deutschland in der Anfangsphase der COVID-19-Pandemie. Zeitliche Entwicklung ausgewählter Indikatoren der Studie GEDA 2019/2020-EHIS. *Journal of Health Monitoring*, 5(4), https://doi.org/10.25646/7171

DPtV (Hrsg.). (2021). *Patientenanfragen während der Coronapandemie.* https://www.deutschepsychotherapeutenvereinigung.de/index.php?eID=dumpFile&t=f&f=11802&token=68422b9d5fec27bb7944192837a7dc5d8b5a0292 (abgerufen am 16.2.2022)

Erikson, E. H. (1966). *Identität und Lebenszyklus.* Frankfurt am Main

Fegert, J. M. et al. (2020). Challenges and burden of the Coronavirus 2019 (COVID-19) pandemic for child and adolescent mental health: a narrative review to highlight clinical and research needs in the acute phase and the long return to normality. *Child Adolesc Psychiatry Ment Health*, 14(20). https://doi.org/10.1186/s13034-020-00329-3

Gardner, H. (2009). *Five Minds for the Future*. Harvard

Gardner, H. (2013). *Intelligenzen*. Klett-Cotta

Jenkins, L. (2015). *Optimize your school*. Thousand Oaks.

López-Bueno, R. et al. (2021). Potential health-related behaviors for preschool and school-aged children during COVID-19 lockdown. A narrative review. *Preventive Medicine*, 143, DOI: https://doi.org/10.1016/j.ypmed.2020.106349

Nowossadeck, S. et al. (2021). *Körperliche Aktivität in der Corona-Pandemie: Veränderung der Häufigkeit von Sport und Spazierengehen bei Menschen in der zweiten Lebenshälfte*. DZA.

Koletzko, B. et al. (2021). Lifestyle and Body Weight Consequences of the COVID-19 Pandemic in Children: Increasing Disparity. *Annals in Nutrition and Metabolism*, 76. https://doi.org/10.1159/000514186.

Nida-Rümelin, J. et al. (2018). Entrümpelt die Lehrpläne. *Der Spiegel*, Nr. 27,

Panda, P. K. et al. (2021). Psychological and Behavioral Impact of Locdown and Quarantine Measures for COVID-19 Pandemic on Children, Adolescents and Caregivers: A Systematic Review and Meta-Analysis. *Journal of Tropical Pediatrics* 29;67(1):fmaa122. https://doi.org/10.1093/tropej/fmaa122

Picht, G. (1964). *Die deutsche Bildungskatastrophe*. Walter-Verlag.

Ravens-Sieberer, U. et al. (2021). Seelische Gesundheit und psychische Belastungen von Kindern und Jugendlichen in der ersten Welle der COVID-19-Pandemie – Ergebnisse der COPSY-Studie. *Bundesgesundheitsblatt*, https://doi.org/10.1007/s00103-021-03291-3

Robinson, K. (2018). *You, your child, and school: navigate your way to the best education*. New York.

Schlack, R. et al. (2020). Auswirkungen der COVID-19-Pandemie und der Eindämmungsmaßnahmen auf die psychische Gesundheit von Kindern und Jugendlichen. *Journal of Health Monitoring*, 5(4), 23–84.

Schmidt, S. C. E. et al. (2020). Physical Activity and Screen Time of Children and Adolescents Before and During the COVID-19 lockdown in Germany: a Natural Experiment. *Nature Scientific Report*, 11; 10(1):21780. https://doi.org/10.1038/s41598-020-78438-4

Wang, J. et al. (2021). Progression of Myopia in School-Aged Children After COVID-19 Home Confinement. *JAMA Ophthalmol*, 139(3), 293–300. https://doi.org/10.1001/jamaophthalmol.2020.6239

Wu, P.-C. et al. (2018). Myopia prevention in Taiwan. *Annals of Eye Science*, 3,12. https://doi.org/10.1016/j.ophtha.2017.12.011

WHO (Hrsg.). (1946). *Verfassung der Weltgesundheitsorganisation*, 22. Juli 1946, https://www.fedlex.admin.ch/eli/cc/1948/1015_1002_976/de

Wößmann, L. (2015). *Die volkswirtschaftliche Bedeutung von Bildung*. Bundeszentrale für politische Bildung, https://www.bpb.de/gesellschaft/bildung/zukunft-bildung/199450/volkswirtschaft-und-bildung (abgerufen am 16.2.2022).

Wößmann, L. et alii (2020). *Bildung in der Corona-Krise: Wie haben die Schulkinder die Zeit der Schulschließungen verbracht, und welche Bildungsmaßnahmen befürworten die Deutschen?* ifo Schnelldienst, https://www.ifo.de/publikationen/2020/aufsatz-zeitschrift/bildung-der-coronakrise-wie-haben-die-schulkinder-die-zeit

Kinder und ihre Bildung im Licht der Corona-Pandemie

Zierer, K. (2020a). *Visible Learning 2020*. Konrad-Adenauer-Stiftung.
https://www.kas.de/documents/252038/7442725/Visible+Learning+2020.pdf/e664fc77-
2b6e-bc9d-f6a1-9b8075268a50?version=1.0&t=1604486901283 (abgerufen am 16.2.2022).

Zierer, K. (2020b). Für die Freunde lernen wir! *DIE ZEIT*, Nr. 54,

Zierer, K. (2021a). *Ein Jahr zum Vergessen – Wie wir die Bildungskatastrophe nach Corona verhindern können*. Herder.

Zierer, K. (2021b). Die drohende Bildungskatastrophe – Teil 1. *Katholische Bildung, 122(5/6)*, 106-
114.

Zierer, K. (2021c). Effects of Pandemic-Related School Closures on Pupils' Performance and Learning in Selected Countries: A Rapid Review. *Education Sciences*, 11, 252,
https://doi.org/10.3390/educsci11060252

Zierer, K. (2021d). Die drohende Bildungskatastrophe – Teil 2. *Katholische Bildung*, 122(7/8), 145-
152.

Zierer, K. (2021e). Die drohende Bildungskatastrophe – Teil 3. *Katholische Bildung*, 122(9/10),
193-197.

Zierer, K. (2021f). *Prinzip Freude*. Kösel.

Zur weiteren Vertiefung

▶ Zierer, K. (2021a): Ein Jahr zum Vergessen – Wie wir die Bildungskatastrophe nach Corona verhindern können. Herder.

Mediathek

Videobeitrag der Veranstaltungsreihe „Das Blaue Sofa" vom
21.10.2021 (50 min).

Videobeitrag von ZDFzoom über „Schulen im Corona Stress – Lernen
aus der Krise" vom 06.05.2020 (28 Minuten).

Kinder und ihre Bildung im Licht der Corona-Pandemie

Interview zum Thema „Ein Jahr zum Vergessen" mit SR 2 KulturRadio vom 04.07.2021 (56 Minuten).

Video vom Vortrag bei der Evangelischen Stadtakademie München „Ein Jahr zum Vergessen" vom 17.09.2021 (98 Minuten).

Informationen zur Sommerschule des Schulwerkes der Diözese Augsburg.

Autor:innen

Bernd Holthusen

studierte Geschichte, Soziologie und Politikwissenschaft an der Philipps-Universität Marburg und der Freien Universität Berlin mit dem Abschluss Diplom-Politikwissenschaften. Von 1990 bis 1993 war er wissenschaftlicher Mitarbeiter am Zentralinstitut für sozialwissenschaftliche Forschung an der FU Berlin zum Thema Rechtsextremismus in Berlin. Als Bildungsreferent beim Informations-, Forschungs- und Fortbildungsdienst Jugendgewaltprävention im Verein für Kommunalwissenschaften war er 1994-1996 im Rahmen des damaligen Aktionsprogramms gegen Aggression und Gewalt in der Fortbildung für die Fachpraxis beschäftigt. Im Jahr 1997 wurde er wissenschaftlicher Mitarbeiter in der neu gegründeten Arbeitsstelle Kinder- und Jugendkriminalitätsprävention am Deutschen Jugendinstitut in München. Seit 2013 leitet er die Fachgruppe Angebote und Adressaten der Kinder- und Jugendhilfe am DJI. Seine Forschungsschwerpunkte sind Delinquenz und Viktimisierung im Kindes- und Jugendalter und darauf bezogene Präventionsstrategien sowie Adressaten- und Evaluationsforschung.

Prof. Dr. Heinz Kindler

studierte in Gießen und Regensburg Psychologie und promovierte im Bereich der Bindungsforschung bei Klaus Grossmann. Am Deutschen Jugendinstitut in München übernahm er 2012 die Leitung der Fachgruppe "Familienhilfe und Kinderschutz". Er war Mitglied von Kommissionen beim BMJV zur Reform des Kinderschutzrechts und des Abstammungsrechts, der Enquetekommission Kinderschutz in Hamburg und der Kinderschutzkommission in Baden-Württemberg. Lehrtätigkeit an der Hochschule Landshut und der Psychologischen Hochschule Berlin. Forschungsschwerpunkte sind Kinderschutzthemen, Wirkungsforschung und der Entwicklung von Kindern in Fremdunterbringung.

Prof. Dr. Marlies Kroetsch

studierte Sozialwissenschaften an der Universität Hannover, danach war sie Promotionsstipendiatin am Kriminologischen Forschungsinstitut Niedersachsen e.V. und promovierte bei Prof. Dr. Mechthild Bereswill an der Universität Kassel. Anschließend war sie als Referentin für Kinderschutz und Kinderrechte tätig, zunächst beim Deutschen Kinderschutzbund LV Niedersachsen e.V., danach selbständig, bevor sie Professorin für Soziale Arbeit und Sozialpädagogik an der Fachhochschule des Mittelstandes in Hannover wurde. Ihre Schwerpunkte sind Lehre und Forschung im Bereich der Kinder- und Jugendhilfe, ihr besonderes Interesse liegt in der Erarbeitung und Implementierung von Kinderschutzkonzepten.

Prof. Dr. Regine Mößle

studierte Diplompsychologie an der Katholischen Universität Eichstätt-Ingolstadt. Von 2006 bis 2014 war sie als wissenschaftliche Mitarbeiterin an der Universität Hildesheim bei Prof. Dr. Werner Greve, Lehrstuhl für Entwicklungspsychologie, tätig. 2013 erfolgte dort die Promotion zum Thema Selbststabilisierung im Kindes- und Jugendalter. 2014 bis 2022 folgte eine Phase praktischer Tätigkeit, zunächst im Strafvollzug (JVA für Frauen in Vechta), seit 2017 in der Psychosomatischen Rehabilitation (Mediclin Baar Klinik Königsfeld, Fachklinik für Psychosomatik und Verhaltensmedizin). Seit 2020 arbeitete sie sowohl klinisch als auch theoretisch intensiv zum Thema Long- und Post-COVID. Seit 2022 ist sie Professorin für Psychologie an der IB Hochschule für Gesundheit und Soziales.

Prof. Dr. Thomas Mößle

studierte Diplompsychologie an der Katholischen Universität Eichstätt-Ingolstadt, an der er 2005 am Lehrstuhl für Entwicklungs- und Pädagogische Psychologie auch promovierte. Von 2005 bis 2017 war er als wissenschaftlicher Mitarbeiter am Kriminologischen Forschungsinstitut Niedersachsen e.V. in Hannover tätig, die letzten fünf Jahre in der Funktion des stellvertretenden Direktors. Parallel zu seiner wissenschaftlichen Tätigkeit lehrte er am Institut für Psychologie der Universität Hildesheim. 2012 wurde ihm für seine Forschungsarbeiten zu den Auswirkungen kindlicher und jugendlicher Mediennutzung von der Universität Hildesheim die Venia Legendi für das Fach Psychologie verliehen. Seit 2017 ist er Professor für Kriminologie und Soziologie an der Hochschule für Polizei Baden-Württemberg. Seine Forschungsschwerpunkte liegen im Bereich Medienwirkung, Computerspielsucht sowie Prävention und Evaluation.

Dr. Nadine Schicha

studierte Erziehungswissenschaften an den Universitäten Trier und zu Köln. Anschließend promovierte sie an der Universität zu Köln am Lehrstuhl für Historische Bildungsforschung/Gender History bei Prof. Dr. Elke Kleinau und war als Fachreferentin für die Prävention von sexualisierter Gewalt bei der Arbeitsgemeinschaft Kinder- und Jugendschutz Nordrhein-Westfalen tätig. Währenddessen absolvierte sie eine Weiterbildung zur Sexualpädagogin beim Institut für Sexualpädagogik (isp) in Koblenz. Derzeit ist sie Leiterin der Landesfachstelle Prävention sexualisierte Gewalt Nordrhein-Westfalen

(PsG.nrw). Zu ihrem Aufgabenfeld gehört u. a. die Qualifizierung von Fach- und Leitungs-kräften im Themenfeld, die Beratung zu Schutz und Vorbeugung sowie die landesweite Vernetzung fachbezogener Angebote.

Prof. Dr. Gina Rosa Wollinger

studierte Soziologie mit den Nebenfächern Germanistik und Philosophie an der Universität Leipzig. Anschließend war sie Promotionsstipendiatin und wissenschaftliche Mitarbeiterin am Kriminologischen Forschungsinstitut Niedersachsen e. V., an welchem sie an Forschungsprojekten zu den Themen sexualisierte Gewalt innerhalb der katholischen Kirche, Wohnungseinbruchdiebstahl und Cybercrime beteiligt war. Sie promovierte zu den Viktimisierungserfahrungen von Einbruchsopfern. Seit 2018 ist sie Professorin für Kriminologie und Soziologie an der Hochschule für Polizei und öffentliche Verwaltung NRW am Studienort Köln.

Prof. Dr. Klaus Zierer

ist ein deutscher Erziehungswissenschaftler und seit 2015 Ordinarius für Schul-pädagogik an der Universität Augsburg. Davor war er seit 2011 Professor für Er-ziehungswissenschaft an der Carl von Ossietzky Universität Oldenburg. Zierer studierte von 1996 bis 2001 Grundschulpädagogik und war von 2004 bis 2009 als Grundschullehrer tätig. An der Ludwig-Maximilians-Universität München wurde er 2003 promoviert und 2009 mit einer international vergleichenden Arbeit über eklektisches Vorgehen in Lehr-büchern der Didaktik und des Instructional Designs habilitiert. Im Rahmen seiner Habili-tation war er im Jahr 2009 für ein Trimester als Visiting Research Fellow am Department of Education der University of Oxford und ist seit 2010 Associate Research Fellow am dort angesiedelten ESRC Centre on Skills, Knowledge and Organisational Performance (SKOPE). Sein Œuvre umfasst ein breites Spektrum und reicht von theoretischen Artikeln bis hin zu praktischen Beiträgen. Hervorhebenswert sind die Arbeiten ("Visible Learning") im An-schluss an von John Hattie.

Bildnachweis

1. S. 25 oben, Foto: Dieter Marx | Artphotographs, Donaueschingen; Zuschnitt
2. S. 25 unten, Foto: Detlef Juerges | Fotografie, Ronnenberg; Zuschnitt
3. S. 73 oben, Foto: DJI/Stefan Obermeier, München; Kontrastanpassung, Zuschnitt
4. S. 73 unten, Foto: DJI/Stefan Obermeier, München; Zuschnitt
5. S. 97, Foto: PsG.nrw; Zuschnitt

Vorträge

Selin Arikoglu

„und dann bin ich kriminell geworden": Biografische Fallrekonstruktion von straffälligen jungen Frauen mit einem Migrationshintergrund

Ausgangssituation

Dieser Beitrag ist ein Auszug aus einer abgeschlossenen Dissertation, deren Forschungsidee, die Lebensgeschichten von jungen straffälligen Frauen mit einem Migrationshintergrund zu rekonstruieren. Grundlage sind auch meine Praxiserfahrungen als ehemalige Sozialarbeiterin im Jugend- und Erwachsenen-Strafvollzug und als Gründerin des Vereins OYA e.V. in Hannover und als JVA-Beirätin. Aus diesen Gründen wurden in der Untersuchung drei biografisch-narrative Interviews geführt, weil diese qualitative Methode „nicht auf der Häufigkeit des Auftretens bestimmter sozialer Phänomene beruht, sondern vielmehr auf einer Logik des Verallgemeinerns am Einzelfall". Ziel der vorliegenden Untersuchung war, aus subjektiver Sicht der zur Bewährung verurteilten und interkulturell geprägten jungen Frauen im Alter von 18 bis 21 Jahren Einblicke in deren biographische Entwicklungen sowie deren spezifische Formen der Lebensbewältigung zu gewinnen. Der Kontakt kam auf Hinweise eines Bewährungshelfers zustande. Die drei Probandinnen sind in Deutschland geboren, ihre Eltern leben seit Jahrzehnten hier als Migranten.

Forschungsstand

Für die soziale Arbeit ist das Thema bzw. die spezifische Gruppe der verurteilten jungen Frauen mit einem Migrationshintergrund von besonderer Bedeutung, weil die Themen Jugend, Biographien und straffälliges Verhalten junger Frauen im Gegensatz zu jungen verurteilten Männern mit einem Migrationshintergrund im wissenschaftlichen und gesellschaftlichen Diskurs unterpräsentiert sind. Es existieren eine Vielzahl von empirischen Forschungsberichten, Studien, wissenschaftlichen Beiträgen, die sich besonders mit der Thematik Jugend, Sozialisation, Biografien und delinquentes Verhalten junger Männer mit und ohne einen Migrationshintergrund auseinandersetzen, wie z.B. die Studie der Autorin Tina Spies. Sie geht in ihrer Studie der Frage nach „Welchen Einfluss gesellschaftliche Diskurse über Jugendkriminalität auf die Identitätskonstruktionen, Lebenserfahrungen und –Deutungen der Jugendliche haben, über die in diesen Diskursen gesprochen wird" (Spies 2010, S. 10). Es wurden hierzu biografisch- narrative Interviews mit straffälligen Jugendlichen mit Migrationserfahrung geführt (vgl. Spies 2010, S. 10). Die Autoren Prömer, Jansen, Ruffing und Nagel greifen u.a. die Frage ob Migration, Männlichkeit und Gewalt etwas miteinander zu tun hat auf (vgl. Prömer et al 2010). Schwerpunkt der Studie des Autors Yazci war „geeignete Erklärungsmuster zu liefern, ob und in welcher Weise Ehrauffassungen eine Rolle für ein Männlichkeitskonzept spielen, das im Zusammenhang steht mit etwaigen gewaltbefürwortenden Orientierungen" (Yazci 2011, S.19). In der Studie der Autoren Toprak und Nowacki werden die „vielfältigen Gründe der Gewalt analysiert" (Torpak und Nowracki 2012). Der Verfasserin ist während der eigenen Recherchen nur vereinzelt gelungen, solche wissenschaftlichen Beiträge, Studien, empirische Forschungsberichte innerhalb der Sozialen Arbeit zu finden, obwohl nach Aussagen der polizeilichen Kriminalitätsstatistik (PKS) u.a. das Phänomen „Jugendkriminalität" auch bei jungen Frauen zu beobachten ist. So betrug zum Zeitpunkt der Untersuchung, gemäß der PKS 2018 die Anzahl aller Tatverdächtigen 2.051.266. Der Anteil aller weiblichen 24,9% und männlichen betrug 75,1%, die „nichtdeutschen Tatverdächtigen" waren mit insgesamt 708.380 (männlich 77,9% und weiblich 22,1%) vertreten (vgl. PKS 2018, S. 28).

Fallvergleichende Ergebnisse

Die jungen Frauen durchleben mit dem Erwachsenwerden die Konfrontation mit den gesellschaftlichen und familiären Erwartungen. Da sie keine adäquate Unterstützung in der Bewältigung des Erlebten erfahren, wenden sie ihre kognitiven Erfahrungen unreflektiert an, um entsprechende Lösungsansätze zu entwickeln, sie zeigen straffälliges Verhalten auf, um die ihnen erforderliche Anerkennung zu erhalten. Es ergeben sich Parallelen und Unterschiede im Rahmen der Anerkennungsgewinnung und der Entwicklung des Bewältigungsverhaltens, welche durch unterschiedliche Lebensereignisse beeinflusst werden. Auffällig hierbei ist, dass die Interkulturalität, aus der subjektiven Sicht der jungen Frauen, keinen kausalen Grund für das straffällige Verhalten darstellt. Lediglich eine der Befragten beschreibt sich und ihre Familie als von künftiger Abschiebung betroffen. Die jungen Frauen sind den unterschiedlichen prekären Lebenslagen ihrer Familien und der Eltern-Kind-Beziehung zwischen den Kulturen ausgesetzt.

Bereits in der Grundschule erfahren sie Diskriminierung, werden gemieden, was sie, aus subjektiver Sicht, mit dem Fehlen im Unterricht begründen. Die Eine fühlt sich ausgegrenzt und erklärt dieses Gefühl mit der eigenen Schulabwesenheit aufgrund der psychischen Erkrankung der Mutter und der Überforderung des Vaters, welcher die Vernachlässigung der Kinder nicht wahrnimmt. Die Andere rebelliert gegen die empfundene Benachteiligung in ihrer eigenen Familie und einer Lehrkraft. Die Dritte bezieht sich ebenfalls zuerst auf ihr unentschuldigtes Fehlen in den ersten Schuljahren und später auf das regelmäßige Fernbleiben dem Unterricht mit ihren Freunden. Sie beschreiben die Konsequenzen, was sie jedoch nicht von der Fortsetzung des Fehlverhaltens abhält. Durch die soziale Ausgrenzung fühlen sie sich minderwertig und machen auf sich durch auffälliges Verhalten aufmerksam. Sie erfahren dadurch, dass sie von Mitschüler*innen wahrgenommen werden, fühlen sich beliebt und der Gruppe zugehörig, somit setzen sie ihr Verhalten fort.

Sie entwickeln folglich Handlungsstrategien und ergreifen eigenständig Initiativen, um den Schulalltag aus ihrer subjektiven Sicht zu bewältigen, was ihnen für eine kurze Periode adäquat gelingt. Hierbei zeigen sie sich kommunikativ und loyal gegenüber ihrer Peergroup, weil sie gemeinsame Aktivitäten, Fehlverhalten aufzeigen. Sie agieren selbstbewusst, durchsetzungsstark, indem sie ihre Interessen gegenüber der Institution Schule durch aggressives Verhalten erzwingen. Die institutionelle Erwartung erfüllen sie nicht, jedoch erhalten sie die Aufmerksamkeit der Lehrkräfte in negativer Form. Sie werden als verhaltensauffällige Schülerinnen erlebt und in eine andere Form der Beschulung geführt, z. B. Durchführung eines Praktikums, die Versetzung in die Förderschule. Die Befragten nutzen autark die ihnen aufgezeigten Alternativen, zeigen sich kooperativ und anpassungsfähig. Aufgrund ihres kooperativen Verhaltens erhalten sie erstmals soziale Anerkennung, Aufmerksamkeit und das Gefühl der Zugehörigkeit im positiven Sinne. Des Weiteren wirken sie auf ihre Mitschüler*innen einladend, werden bewundert oder setzen sich für diese ein. Insgesamt positionieren sie sich als selbstbewusste Jugendliche, die in der Lage sind, ihre eigenen Entscheidungen und Ziele selbstständig zu treffen. Die jungen Frauen begeben sich in Beziehungen und widersetzen sich selbstbewusst den Werten und Idealen der Eltern. Sie sind durchaus in der Lage, ihre eigenen Interessen zu vertreten und die ihnen als erforderlich erscheinende Unterstützung einer Institution, z. B. des Jugendamtes, einzufordern. Zudem zeigen sie sich in ihren Beziehungen als tolerante und einfühlsame Partnerinnen. Nach Beendigung der Beziehung brauchen sie Aufmerksamkeit und kehren zu ihren kriminellen Freund*innen zurück. Nach der Trennung sowohl vom ersten als auch von zweiten Freund widmet sich die Eine umgehend ihren straffälligen und suchtmittelkonsumierenden Freund*innen zu, weil sie dazugehören möchte und sich anerkannt fühlt. Bei der ersten Trennung konsumiert sie mit ihren Freundinnen und ihrer Schwester Alkohol und begibt sich in eine körperliche Auseinandersetzung, was in einem Gerichtsurteil endet. Sie kompensiert die erlebten persönlichen Kränkungen durch ihr gewalttätiges Verhalten und bekommt die Bewunderung und Anerkennung in der Peergroup. Der Autor Böhnisch kommt zu dem Ergebnis, dass „Antisoziales, aber auch selbstdestruktives Verhalten ist in diesem Sinne Bewältigungsverhalten" (Böhnisch 2016, S. 20).

Die andere trennt sich von ihrem Freund, entscheidet sich für die Herkunftsfamilie. Die Dritte verlässt nach einem Konflikt unfreiwillig den mütterlichen Haushalt und kommt in Kontakt mit Drogen. Die eine Mutter pflegt suizidale Gedanken, die andere unterstellt ihrer Tochter die Planung eines erweiterten Suizides, weshalb sie ihre Enkelin entführt. Die Beschreibung von Böhnisch spiegelt sich in den Aussagen der Befragten wider: „Sie leben nicht in einer geschützten Familienkindheit, sondern in einer offenen Bewältigungskindheit. Sozial benachteiligte Kinder sind also Akteure unter Bewältigungsdruck" (Böhnisch 2016, S. 151). Insgesamt bewältigen sie allerdings aktiv die emotionalen Belastungen und sind selbstsicher, ohne sich entmutigen zu lassen.

Handlungsempfehlungen für die präventive Praxis

Anhand dieses Auszugs wird deutlich, dass die sozialen Konflikte, das schulische Versagen, die fehlende gesellschaftliche Anerkennung, das Beziehungsende zu den Partnern und der fehlende emotionale Rückhalt der Familie, besonders der Eltern, dazu beitragen, dass die jungen Frauen versuchen ihr Leben zunehmend mit straffälligem Verhalten bewältigen, wodurch sie Anerkennung erhalten. Die jungen Frauen erfahren als Kinder, dass sie durch auffälliges Verhalten auf sich aufmerksam machen. Sie setzen dieses Verhalten später als Jugendliche kontinuierlich fort, weil sie keine Korrektur erfahren. In dieser Situation werden sie nicht durch eine ihnen vertraute Person angesprochen, ihr Verhalten wird nicht mit Unterstützung einer Bezugsperson oder eine pädagogische Fachkraft korrigiert. Den Eltern ist ihr Verhalten ebenfalls nicht bewusst. Sie sind aufgrund der Überforderung nicht imstande, den Kindern die erforderliche Unterstützung zukommen zu lassen. Die pointierten Ergebnisse der Untersuchung weisen darauf hin, dass die jungen Frauen bei der Bewältigung ihrer sozialen Konflikte u. a. eine (pädagogische) Bezugsperson benötigen, welche ihnen bei der kritischen individuellen Auseinandersetzung mit ihren Lebensumständen und der Entwicklung neuer Bewältigungsverhalten respektvoll begegnet, sie berät, unterstützt und begleitet. Eine solche Begleitung kann das Selbstbewusstsein und Selbstwertgefühl der jungen Frauen steigern und ihre Entwicklung unterstützen. Hier kann gezielte sozialpädagogische Intervention durch die institutionelle Netzwerkarbeit, kooperierende und bedarfsorientierte Präventionsarbeit zwischen einer Beratungsstelle, der Kinder- und Jugendhilfe, den Schulen zu der Entwicklung eines partizipativen Verhaltens beitragen. Durch die Aussagen der jungen Frauen wird deutlich, dass ihnen die Bewältigung der Schulzeit aus subjektiver Sicht gelungen ist. Anhand dieser Resultate hätten die Lehrkräfte oder Schulsozialarbeitern die Betroffenen mit der Unterstützung der Jugendhilfe mehr erreichen können. Sie haben die Möglichkeit, durch das Jugendamt gem. § 8a b Abs. 2 SGBVIII u.a. eine anonyme Fallberatung in Bezug auf das grenzüberschreitende/auffällige Verhalten durchzuführen, ohne zunächst dabei in die Intimsphäre der jungen Frauen und deren Familie einzudringen. Hier ist eine institutionelle Netzwerkarbeit hilfreich, indem z.B. niedrigschwellige Präventionsangebote wie „Glashütte" und „Konnex" in der Schule integriert werden. Diese Projekte beinhalten die Ziele:

„Rückkehr in die Schule" (AWO Hannover, Projekt Glashütte). „Konnex" steht für ambulante Beratung und Begleitung. Bislang werden lediglich Sprechzeiten dieser Präventionsprojekte in den Beratungsstellen angeboten, statt diese in der Schule als festen Bestandteil zu integrieren, so dass die betroffenen Schüler*innen unmittelbar in Begleitung der Schulsozialarbeiter/Lehrkräfte diese kontaktieren können. Daraufhin können die Lehrkräfte in Zusammenarbeit mit den Schulsozialarbeitern und z.b. niedrigschwelligen Präventionsprojekten den Schülern und den Eltern bedarfsgerechte Gesprächsangebote unterbreiten. Dadurch wären z. B. die von der Abschiebung betroffene Familie und die Überforderung des Vaters oder die psychische Erkrankung der Mutter bekannt geworden.

Die Eltern verkennen gegenüber ihren Kindern oftmals die täglichen Bewältigungsanforderungen innerhalb der Schule. Besonders bei Migranten-Familien wird dies deutlich. Sie streben über ihre Kinder und deren Schulteilnahme einen unbefristeten Aufenthaltstitel an und üben somit zusätzlichen Druck auf ihre Kinder aus, was sich in der Kinder- und Jugendhilfe ebenfalls widerspiegelt. Sie möchten sich den gesellschafts-sozialpolitischen Anforderungen anpassen und eine Ausgrenzung vermeiden. Die Schulsozialarbeit/Kinder- und Jugendhilfe sollten den gesamtgesellschaftlich-sozialpolitisch ausgeübten Druck gegenüber den Familien bzw. Schüler*innen/Kindern erkennen und bedarfsgerechte Angebote unterbreiten. Als Beispiel hierfür können Projekte, wie z. B. "Das interkulturelle Miteinander/die Zusammenkunft" angeboten werden, die sich zwar auf den ausländerrechtlichen Status beziehen, aber das Selbstwertgefühl der betroffenen Kinder/Schüler*innen stärken, weil alle Schüler*innen hieran teilnehmen. Diese Begegnung unterstützt das gesellschaftliche Zusammenleben. Zudem würden sich die betroffenen Kinder ggf. weniger verantwortlich, minderwertig – nicht nur innerhalb ihrer Familie – aufgrund des ausländerrechtlichen Status, fühlen.

Des Weiteren kann ein gemeinnütziger Verein wie z.B. OYA e.V. durch Präventionsprojekte ein fester Bestandteil im Unterricht werden. In diesen verschaffen sich zunächst alle Schüler*innen gegenseitig Einblicke u.a. in die Biografien und lernen voneinander aus unterschiedlichen Perspektiven die Einschätzung ihrer Fähigkeiten und Interessen kennen. Daraufhin wird unabhängig von ihren schulischen Leistungen, mit und ohne den auffällig gewordenen Schüler*innen, gemeinsam z.B. das Thema Kriminalität aufgegriffen, um u.a. die eigene Haltung in Bezug auf das Unrechtsbewusstsein, den respektvolleren Umgang und die selbstkritische Auseinandersetzung auf „Augenhöhe" zu erarbeiten. Zudem lernen sie voneinander die unterschiedlichen Bewältigungsstrategien kennen. Hier werden ehemalig straffällig gewordene Menschen aus ihren Erfahrungen berichten und mit einem Sozialarbeiter aus dem Verein Handlungsstrategien gemeinsam entwickeln. Ein Beispiel hierfür ist, dass Schüler*innen eine Funktion als Konfliktvermittler ausüben. Des Weiteren sind für die Bezugspersonen, die Angehörigen der befragten jungen Frauen, Eltern-Kind-Gespräche (keine Klassenkonferenz) in den Schulen von enormer Bedeutung, um durch die schulische Perspektive u. a. weiteres auffälliges Verhalten zu reduzieren. Da der Kontakt zum Jugendamt eine Hemmschwelle für viele Betroffenen, besonders für Eltern, darstellt, sind Präventionsangebote in der Schule als fester Bestandteil äußerst hilfreich.

Kritisch anzumerken ist, dass sich die gesellschaftlich-sozialpolitischen Erwartungen bzw. Empfehlungen insgesamt an die Betroffen richten, obwohl u. a. die Angehörigen, direkt oder indirekt ebenfalls einen Einfluss auf das auffällige und straffällige Verhalten nehmen, wie sich dies auch in den Ergebnissen der Untersuchungen widerspiegelt. Auch hier bedarf es Aufklärungs- bzw. Präventionsarbeit mit dem o. g. Personenkreis in Form von individuellen Beratungsgesprächen oder Gruppenmaßnahmen, wie z. B. Vater-Tochter-Gruppen, um eine Verhaltensänderung aller Beteiligten zu erreichen. Die Väter erhalten hierdurch erstmalig die Möglichkeit, aus Sicht ihrer Töchter deren innere Lebenswelt, Bewältigungsstrategien, kennenzulernen. Zudem lernen sie die Emotionen ihrer Töchter ernst und wahrzunehmen. Auch sind Mutter-Töchter-Gruppenmaßnahmen von besonderer Bedeutung, weil alle befragten jungen Frauen konfliktbehaftete oder übermäßig fürsorgliche Haltungen erleben, so dass sie ihre eigenen Emotionen unterdrücken und anderweitig gegenüber Dritten ausleben. Durch die gemeinsame Teilnahme an Präventionsprojekten kann ein konfliktfreies familiäres Zusammenleben erfolgen bzw. ein Familienkonstrukt wiederhergestellt werden.

Praxis-Theorie-Transfer

Zusammenfassend kann eine gezielte sozialpädagogische Intervention durch die institutionelle Netzwerkarbeit zu einem straffreien Verhalten/ Leben beitragen. Das Gesamtergebnis kann als Grundlage für die Kinder-

und Jugendhilfe, die Schule und die fachspezifischen Beratungsstellen in Bezug auf auffälliges und straffälliges Verhalten als einer Querschnittsaufgabe dienen. Zudem ist eine Kooperationsvereinbarung in Form eines Handlungskatalogs zwischen den Betroffenen, der Schule, der Justiz, der Jugendhilfe und der Fachspezifischen Beratungsstelle möglich. An dieser Stelle ist die Sozial-/Jugendpolitik gefragt, um diese institutionelle Netzwerkarbeit voranzutreiben, weil die einzelnen Institutionen, Kinder- und Jugendhilfe und Schule, das Phänomen des auffälligen und straffälligen Verhaltens nicht eigenständig bewältigen können. Aus diesem Grund sollten die gesamtgesellschaftlichen Anforderungen als Querschnittsaufgabe in der Kinder- und Jugendhilfe erkannt und aufgegriffen werden.

Von weitergehendem Interesse ist außerdem, dass die institutionelle Netzwerkarbeit auch von den Justizvollzugsanstalten, der Bewährungshilfe, der Jugend- und Erwachsenen-Gerichtshilfe engere Kooperationen erfordert. Dies wird auch durch diesen Beitrag besonders deutlich.

Kritisch anzumerken ist, dass die unterschiedlichen Professionen eigenständig in ihrem Interessenfeld handeln, obwohl eine Zusammenarbeit zwingend erforderlich ist und sich als wirksamer erweisen. Insgesamt kann durch eine institutionelle Netzwerkarbeit ein koordiniertes Präventions- und Reaktionssystem installiert werden, und Kinder bzw. Jugendliche, die Auffälligkeiten aufweisen, können frühzeitig aufgefangen werden.

Literatur

Böhnisch, Lothar (2016): Lebensbewältigung. Ein Konzept für die Soziale Arbeit. Beltz Juventa

Bundeskriminalamt (2020): Polizeiliche Kriminalstatistik. Bundesrepublik Deutschland Jahrbuch 2018 Band 1 Fälle Aufklärung, Schaden: file:///Users/selinarikoglu/Downloads/pks2018Jahrbuch1Faelle.pdf (Letzter Zugriff 14.01.2023)

Tina Spies (2010): Migration und Männlichkeit. Transcript Verlag Bielefeld.

Toprak Ahmet, Nowacki Katja (2012): Muslimische Jungen. Prinzen, Machos oder Verlierer. Ein Methodenhandbuch. Lambertus Verlag
Yazci Oguzhan (2011): Jung, männlich, türkisch- gewalttätig?. Eine Studie über gewalttätige Männlichkeitsinszenierungen türkischstämmiger Jugendlicher im Kontext von Ausgrenzung und Kriminalisierung. Centaurus Verlag

Alexandra Bachmann, Johannes Bittner

Das Präventionsprogramm DIGITAL NATIVE

ist ein Pilotprojekt des Polizeipräsidiums Osthessen in Kooperation mit dem Staatlichen Schulamt für den Landkreis Fulda und dem Landkreis Fulda mit dem Ziel, Kindern, Jugendlichen und Heranwachsenden über die Erziehungsinstanzen den verantwortungsbewussten Umgang mit sozialen Medien zu vermitteln und strafrechtliche Konsequenzen aufzuzeigen.

1. Ausgangssituation

Aufgrund der fortschreitenden Digitalisierung hat sich insbesondere im vergangenen Jahrzehnt die Lebenswelt aller Menschen massiv verändert. Digitale Endgeräte sind aus dem Alltag nicht mehr wegzudenken und werden dementsprechend in sämtlichen Lebensbereichen genutzt. Die Corona-Pandemie hat dieser Entwicklung nochmals Vorschub geleistet (Bertelsmann Stiftung, 2020 und Wissenschaftlicher Beirat beim BMWi, 2021, S.3).

Kinder und Jugendliche bedürfen im Umgang mit dem Internet und insbesondere mit sozialen Medien eines besonderen Schutzes. Mit zunehmendem Alter und damit auch zunehmender Nutzungsfrequenz des Internets nimmt die Wahrscheinlichkeit, mit Gefahren des Internets in Berührung zu kommen, deutlich zu. Zu nennen sind hier insbesondere Hate-Speech, Gewaltdarstellungen, extremistische Inhalte, Cybermobbing und Sexuelle Gewalt im Internet.

Anlass zur Sorge gibt in diesem Zusammenhang die Feststellung, dass allein im Jahr 2020 bei mehr als der Hälfte aller Fälle hinsichtlich des Versendens von pornographischen Schriften Kinder und insbesondere Jugendliche als Täter in Osthessen ermittelt worden sind (Pressestelle des Polizeipräsidiums Osthessen, 2020). Über die letzten Jahre hinweg ist hier ein deutlicher Anstieg zu erkennen, der hessen- und bundesweit analog festzustellen ist und sich für das Jahr 2021 ungebrochen fortgesetzt hat (Hessisches Landeskriminalamt, 2021; Holger Münch, 2020, S.2; UBSKM, 2021, S. 1-3).

Das Nutzen sozialer Medien erfolgt unabhängig von den kognitiven Fähigkeiten des Lesens und Schreibens. Sprachfunktionen und Bildsprache der digitalen Endgeräte machen dies annähernd überflüssig. Die permanente Vernetzung ist für Kinder und Jugendliche nahezu selbstverständlich, während verantwortliche Lehrkräfte, Eltern oder Erzieher hinsichtlich des technischen Fortschritts und der digitalen Lebenswirklichkeit oft nicht Schritt halten können.

2.   Lösungsansatz

Mit **DIGITAL NATIVE** hat das Polizeipräsidium Osthessen – in Kooperation mit dem Landkreis Fulda und dem Staatlichen Schulamt des Landkreises Fulda – ein neues Präventionsprogramm ins Leben gerufen, um dieser Ausgangssituation zu begegnen. Ziel ist es, Kindern, Jugendlichen und Heranwachsenden über die Erziehungsinstanzen den verantwortungsbewussten Umgang mit sozialen Medien zu vermitteln und strafrechtliche Konsequenzen aufzuzeigen. Hierdurch soll sowohl das Opfer- als auch das Täterwerden verhindert werden. Damit einhergehende psychische Belastungen wie Depressivität, Aggressivität, Selbstunsicherheit oder Ängste sollen minimiert werden.

Kernziele des Programms sind:

- Verhindern, dass Kinder, Jugendliche und Heranwachsende Opfer werden
- Verhindern, dass Kinder, Jugendliche und Heranwachsende zu Tätern werden
- Aufhellen des Dunkelfeldes (vgl. Definition im Quellenverzeichnis)
- Senken der Fallzahlen

Dies wird erreicht durch:

- Phänomenbezogenes Sensibilisieren und Aufklären von Kindern, Jugendlichen, Heranwachsenden und primären Erziehungsinstanzen
- Steigern des Unrechtsbewusstseins von Kindern, Jugendlichen und Heranwachsenden

- Verbessern der Handlungssicherheit im Umgang mit mobilen Endgeräten und dem Erkennen von Gefahren/Straftaten durch die primären Erziehungsinstanzen

Der Programmname **DIGITAL NATIVE** ist dabei bewusst so gewählt, dass sich jede Person der Generation Z (um die Jahrtausendwende geborene Jugendliche und junge Erwachsene) damit identifizieren kann. Diese Bevölkerungsgruppe wird als zweite Generation Digital Native bezeichnet (Prensky, 2001 und D@dalos, 2011). Die im Original-Logo alternierende Farbgestaltung des Programmnamens zwischen blau und rot (entsprechend dem hessischen Corporate Design) soll zudem die oftmals festzustellende Naivität der Generation Z im Umgang mit dem Internet zum Ausdruck bringen (**DIGITAL NATIVE - DIGITAL NAIV**).

3. Zielgruppe

Die primäre Zielgruppe des Programms **DIGITAL NATIVE** sind Kinder, Jugendliche und Heranwachsende im Alter zwischen 8 und 19 Jahren. Die sekundäre Zielgruppe umfasst das soziale Umfeld der primären Zielgruppe. Dies sind in erster Linie Familie und Schule.

Erfahrungsgemäß sind Lehrkräfte die entscheidende sekundäre Zielgruppe, die den Weg zur Kernzielgruppe, den Kindern, Jugendlichen und Heranwachsenden, ebnet. Dieser Weg verspricht Nachhaltigkeit.

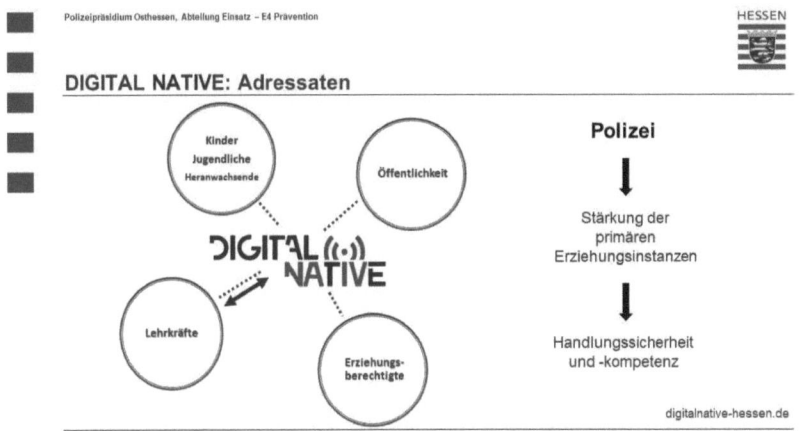

4.   Inhalte des Programms

Das Präventionsprogramm **DIGITAL NATIVE** ist von seiner Konzeption her ganzheitlich auf den Umgang mit dem Internet bezogen. Es ist flexibel erweiterbar und wird flankiert durch die eigene Internetseite digitalnative-hessen.de. Ziel ist es, dass sich die Internetseite wie auch der Programmname über die Grenzen Osthessens hinaus etablieren.

Folgende Phänomene werden aktuell von **DIGITAL NATIVE** aufgegriffen:

- Sexuelle Gewalt im Internet
  - Kinderpornographie
  - Jugendpornographie
  - Erhalt Erwachsenenpornographie
  - Cybergrooming
  - Missbräuchliches Sexting
  - Sextortion
- Cybermobbing
- Hate-Speech

Perspektivisch ist eine Erweiterung auf die Themengebiete

- Umgang mit dem Verbreiten und Versenden von Propagandamitteln verfassungswidriger Organisationen
- Fake News
- Stress durch Medienkonsum

geplant.

Die Themen werden jeweils nach der gleichen Systematik bearbeitet: Phänomenbeschreibung – Erkennen – Reagieren – Strafrechtlicher Aspekt. Damit ist beabsichtigt, Inhalte schnell erfassen, verarbeiten sowie im Bedarfsfall auch recherchieren zu können.

5.   Umsetzung

Das altersangepasste und ggf. auch das geschlechtsspezifische Erreichen der Zielgruppe soll durch die Ausbildung von Multiplikatoren im schulischen Kontext und das Bereitstellen von im Unterricht unterstützenden Medien bewirkt werden.

Im Rahmen der Lehrkräftefortbildung soll **DIGITAL NATIVE** dementsprechend als Fortbildungsreihe etabliert werden, im Rahmen der Lehrkräfteausbildung als ein Ausbildungsinhalt. Inhaltlich ist diese Fortbildung / Ausbildung als ein 4-stündiger Workshop geplant, der sich wie folgt gliedert:

- Problemaufriss und Entstehung des Präventionsprogramms **DIGITAL NATIVE**
- Phänomenologie (z. B. des Themas Sexualisierte Gewalt)
- Praktische Fallbearbeitung in Kleingruppen
- Einblick in die „Lebenswirklichkeit" Internet
- Verhaltenshinweise und -empfehlungen
- Exkurs: Wie agieren Polizei und Justiz?

Besonderer Bedeutung bei dem Präventionsprogramm **DIGITAL NATIVE** kommt die Kooperation mit dem Staatlichen Schulamt des Landkreises Fulda zu, die aktiv gelebt wird. Im Rahmen der Kooperation werden Materialien (wie z. B. Handlungsleitfäden und Unterrichtsstunden) erarbeitet, die im Rahmen des Pilotprojektes evaluiert und perspektivisch dann hessenweit zur Verfügung gestellt werden sollen.

6. Ausblick

Im Mai 2022 hat das Hessische Landespolizeipräsidium per Erlass die Erarbeitung einer Konzeption zur hessenweiten Umsetzung des Präventionsprogramms **DIGITAL NATIVE** verfügt. Im September 2022 sprach das Hessische Kultusministerium seine Unterstützung und die Empfehlung des Präventionsprogramms aus.

Das Präventionsprogramm **DIGITAL NATIVE** wird permanent weiterentwickelt. Ansprechpartner für das Pilotprojekt im Polizeipräsidium Osthessen sind die Zentrale Jugendkoordination und die Fachberatung Cybercrime. Aktuelle Kontaktdaten sowie Weiterentwicklungen und Neuerungen sind über die Webseite www.digitalnative-hessen.de abrufbar.

7. Quellenverzeichnis

Die Auswirkungen der Corona-Krise auf die Arbeitswelt: Was bleibt und was nicht?; Projektnachricht der Bertelsmann Stiftung; www. bertelsmann-stiftung.de; 27.02.2020

Digitalisierung in Deutschland – Lehren aus der Corona-Krise; Gutachten des Wissenschaftlichen Beirats beim Bundesministerium für Wirtschaft und Energie (BMWi); Berlin; 12. März 2021

Polizeiliche Kriminalstatistik (PKS) in Hessen – Jahrbuch 2020; Hessisches Landeskriminalamt; Wiesbaden; 2021

Polizeiliche Kriminalstatistik (PKS) in Osthessen; Pressestelle des Polizeipräsidiums Osthessen; https://ppoh.polizei.hessen.de/ueber-uns/regionales/statistik/; 2021

Pressekonferenz – Vorstellung der Zahlen kindlicher Gewaltopfer – Auswertung der Polizeilichen Kriminalstatistik 2019; Holger Münch, Präsident des Bundeskriminalamtes; Berlin 11.05.2020

Pressemitteilung – Vorstellung der Zahlen kindlicher Gewaltopfer – Auswertung der Polizeilichen Kriminalstatistik (PKS) 2020; Unabhängiger Beauftragter für Fragen des sexuellen Kindesmissbrauchs und Bundeskriminalamt; 26.05.2021

Digital Natives, Digital Immigrants; Auszug aus „horizon"; MCB University Press; Vol. 9 No. 5; www.marcprensky.com (https://bit.ly/3AAx7S7); Marc Prensky; Oktober 2001

Web 2.0 / Social Web: Gesellschaft 2.0 - Digital Natives (Online-Lehrbuch); d@dalos - Internationaler UNESCO Bildungsserver für Demokratie-, Friedens- und Menschenrechtserziehung; www.dadalos-d.org; April 2011

Definition „Dunkelfeld": In der Kriminologie bezeichnet das Dunkelfeld die Differenz zwischen den amtlich registrierten Straftaten – dem Hellfeld – und der vermutlich begangenen Kriminalität. Die Größe des Hellfeldes ist vor allem abhängig vom Kontrollverhalten der Polizei und dem Anzeigeverhalten der Bevölkerung.

Rainer Becker

Prävention von sexualisierter Gewalt gegen Kinder

Das Problem

Rund 10% der Fälle von sexuellem Missbrauch von Kindern wurden/ werden von Tatverdächtigen begangen, die selber noch im Kindesalter waren, rund 20 % von Jugendlichen zwischen 14 und 18 Jahren – Und dies seit Jahren. Kinder und Jugendliche, die selber noch dabei waren und sind, eine eigene sexuelle Identität zu entwickeln. Aus diesem Grunde ist es besonders wichtig und sicherlich erfolgsträchtiger als bei lebensälteren Straftätern, bei Kindern und Jugendlichen so früh wie möglich mit der Prävention dieser Delikte zu beginnen. Dabei geben die PKS-Zahlen nicht her, wer die Tatverdächtigen sind, in welcher Beziehung sie zu den Opfern standen, wo und wann die Taten wie stattfanden. Wer z. B. zeigt solche Taten erkennbar Strafunmündiger warum an? Auch hier muss es Besonderheiten geben. Wünschenswert wären daher detaillierter Analysen z. B. im Rahmen einer Sondererhebung durch das Bundeskriminalamt oder aber auch durch gezielte Auswertungen polizeilicher Kurzberichte hierzu im Rahmen von Bachelor- oder Masterarbeiten an den Hochschulen der Polizei. Nachdenkens wert wären auch empirische Untersuchungen durch Studierende der sozialen Arbeit oder anderer Fachrichtungen. Je mehr über die Hintergründe und Zusammenhänge dieser Taten bekannt wird, desto bessere - weil zielgenauere - Präventionsmaßnahmen lassen sich daraus ableiten.

Die offenen Fragen bedeuten jedoch nicht, dass nicht bereits Konsequenzen aus den ersten Erkenntnissen gezogen werden können. Denn alleine die Erkenntnis, dass es in einer derartigen Zahl zu angezeigten sexuellen Übergriffen von Kindern untereinander kam, die in der Interpretation anscheinend so weit über so genannte Doktor-Spiele hinausgegangen waren, dass höchstwahrscheinlich Eltern der Betroffenen oder aber

Erzieher*innen und Lehrkräfte Anzeige bei der Polizei erstatteten, macht deutlich, dass Handlungsbedarf zu bestehen scheint und dass mit den Maßnahmen offensichtlich früher begonnen werden muss als bisher.

Maßnahmen

Andere und frühere Aufklärung

Nach Auffassung des Verfassers sollte daher früher als bisher mit einer altersgemäßen Sexualaufklärung der Kinder – ohne diese künstlich zu sexualisieren – begonnen werden.

Hierzu zählt zunächst einmal, dass bereits Kleinkinder ganz natürlich angemessene Bezeichnungen für Ihre Geschlechtsteile vermittelt bekommen, wie sie auch über andere Körperteile und -öffnungen sprechen. Kindern ist spätestens ab dem Kita-Alter zu vermitteln, dass sie ganz alleine zu entscheiden haben, wer körperlichen Kontakt zu ihnen haben darf und wer nicht, und dass sie selbst Verwandten gegenüber das Recht haben, „Nein" zu unerwünschten Berührungen zu sagen.

Kinder, die frühestmöglich gelernt haben, ein „Nein" sagen zu dürfen, das sogar von den eigenen Eltern akzeptiert wird, werden mit höherer Wahrscheinlichkeit auch ein „Nein" anderer akzeptieren und so eher nicht übergriffig werden. Und wer dies bereits seiner Kindheit verinnerlicht hat, wird dies mit höherer Wahrscheinlichkeit auch mit ins Erwachsenenalter nehmen. Die Eltern und die Erzieher der Kinder und später Jugendlichen sind hierbei „abzuholen" und „mitzunehmen". Und über die Eltern hinaus sind gerade Erzieher*innen und Lehrer*innen besonders gefordert, dies pädagogisch klug zu vermitteln.

Schutzkonzepte

Zur bestmöglichen Prävention gehören natürlich auch individuelle Schutzkonzepte in Kitas und Schulen, in denen auf die Besonderheiten der jeweiligen Einrichtung eingehend systematisch geprüft wird, durch welche Maßnahmen die Wahrscheinlichkeit von sexuellen Übergriffen reduziert werden kann. Hierzu können Raumgestaltungsmaßnahmen ebenso gehören wie Verhaltensleitlinien für die Mitarbeiter und auch die Kinder und Jugendlichen und auch regelmäßige Fortbildungsmaßnahmen zum Thema. Besonders wichtig ist, dass die Konzepte durch die Mitarbeiter*innen der Einrichtung nachhaltig gelebt werden.

Und die Schutzkonzepte sollten sich nicht lediglich auf sexuelle Übergriffe erstrecken, denn auch Kindesmisshandlung und (Cyber-)Mobbing können schwerste Folgen für die Betroffenen Kinder haben.

Kinderschutzbeauftragte in jeder Einrichtung

Aus diesem Grunde sollte es in jeder Einrichtung mindesten eine/einen Kinderschutzbeauftragte(n) geben, die/der für die Implementierung und Einhaltung der Maßnahmen verantwortlich sind und vor allen Dingen als Ansprechpartner für Betroffene zur Verfügung steht. Aus diesem Grund sollten sich zumindest in Schulen Ansprechpartner beiderlei Geschlechte diese Aufgabe teilen.

Die bisherigen „Muster-Schutzkonzepte" haben in der Vergangenheit Tabu-Themen zu sehr ausgeklammert, dass eben auch Kinder unter einander übergriffig werden können und dass es ebenso zu Übergriffen von Erziehern oder Lehrkräften kommen kann. Dem ist Rechnung zu tragen.

Die Beauftragten haben dabei zu beachten, dass sie nur so erfolgreich in Ihrer Einrichtung arbeiten können, wie sie sich mit anderen Personen wie der zuständigen „Insofern erfahrenen Fachkraft", Mitarbeitern des örtlichen Jugendamtes, der Polizei, der Opferambulanz, dem Familiengericht pp. zu vernetzen bereit und in der Lage sind. Krisen sind vorzudenken, um dann im Fall X schneller und professioneller reagieren zu können.

Kinderpornografie

Kinderpornografie hat grundsätzlich nichts mit freiwilligen pornografischen Darstellungen Erwachsener zu tun.

Sofern es nicht um Nacktbilder geht, die Jugendliche von sich selbst machen und an andere Jugendliche weiterleiten, muss den Kindern und Jugendlichen bewusst gemacht werden, dass es bei Kinderpornografie um tatsächlich vor laufender Kamera missbrauchte oder vergewaltigte Kinder geht und nicht nur um Bilder. Um Kinder und Jugendliche wie sie selbst, den schweres und schwerstes Leid zugefügt wurde und wird und mit dem überhaupt nicht zu spaßen ist. Selbst wenn es „nur" um miteinander geteilte Nacktbilder geht, dürften einige der Jugendlichen bereits die Erfahrung gemacht haben, dass selbst solche scheinbar harmloseren Bilder sehr weh tun können, wenn sie zum falschen Zeitpunkt oder überhaupt Dritten bekannt und weiter veröffentlicht werden.

Die wichtigste Aufgabe für Eltern und Lehrkräfte besteht darin, ihren Kindern oder den ihnen anvertrauten Kinder Empathie und Respekt von anderen Menschen zu vermitteln.

Und Sie sollten selber verinnerlichen und vermitteln, dass sie aus Empathie und zum eigenen Schutz bzw. zum Schutz ihrer Kinder beachten sollten, dass Kinderbilder nie ins Netz gehören und dass sie auch nicht in Gruppen geteilt werden sollten. Dies gilt erst recht für alle Arten von Nacktfotos oder anderen intimen Bildern.

Gefahrenbewusstsein ist in diesen Fällen die beste Prävention.

Cora Bieß, Dr. Ingrid Stapf

Sicherheit für Kinder in der digitalen Welt durch Stärkung von Kinderrechten und Gewaltprävention

Abstract

Die wachsende Mediatisierung von Kindheit führt zur Verlagerung der kindlichen Erfahrungswelten ins Internet. Gleichzeitig sind Heranwachsende oft allein im Internet unterwegs. Kinder sind nicht nur Konsumierende, sondern auch Kreierende und Kontaktpersonen bei der Kommunikation mit Dritten. Hier entsteht ein Bündel strukturell neuer Gefährdungslagen, die neben Inhaltsrisiken mit Interaktionsrisiken einhergehen. Zivile Sicherheit ist eine zentrale Frage in freiheitlichen Demokratien: Kinder und Jugendliche sollen sich zu mündigen und gemeinschaftsfähigen Bürger*innen entwickeln können, die Vertrauen in demokratische rechtsstaatliche Prozesse haben und sich in ihrem Land sicher fühlen, dabei aber – auch digital – gesellschaftliche Teilhabe erfahren und selbstbestimmt in sozialer Verantwortung handeln lernen. Dies ist auch Ziel des verfassungsrechtlich garantierten Kinder- und Jugendmedienschutzes. Wie kann also Internetkommunikation für Heranwachsende sicherer und partizipativer ausgestaltet werden? Welche Akteur*innen tragen hierbei Verantwortung? Und kann dies auch im Interesse von Kindern und Jugendlichen selbst erfolgen? Der Beitrag gibt Einblicke in die Sicherheitsforschung und legt dar, dass durch die Stärkung von Kinderrechten im Zusammenspiel mit Ansätzen der Friedensbildung in der Praxis Prävention erweitert konzipiert und umgesetzt werden kann. Dabei werden kindzentrierte Regulierungs- und Befähigungsansätze skizziert, die Heranwachsende vor Gewalt schützen und gleichzeitig ihre Partizipation und die freie Entfaltung ihrer Persönlichkeitsentwicklung in digitalen Räumen unterstützen. Der Beitrag schließt mit Handlungsoptionen ab, die über die Vernetzung unterschiedlicher Akteur*innen Kinderrechte im Digitalen stärken und gleichzeitig zu mehr Sicherheit für Heranwachsende führen können.

Einführung: Warum Interaktionsrisiken im Digitalen eine Frage der zivilen Sicherheit sind

Sicherheit ist eine Grundbedingung für die freie Entfaltung von Persönlichkeitsrechten und für eine unbelastete demokratische Teilhabe (Stapf/Heesen 2021). Vor diesem Hintergrund wird aus einer kinderrechtlichen Perspektive heraus neben dem hierzu notwendigen Schutz in Form von Prävention, auch die Befähigung von Kindern und Jugendlichen diskutiert. Neben den konkreten Gefährdungen im Netz, denen Heranwachsende psychisch und physisch ausgesetzt sind, können sie durch mangelnde Sicherheit – aber auch durch zu weitgehende Sicherheitsmaßnahmen – in ihrer personalen Integrität, ihren Partizipationschancen und ihren Möglichkeiten zur freien Entwicklung und Entfaltung eingeschränkt werden. Da Sicherheit intakte Infrastrukturen und ein sicheres soziales Umfeld umfasst, sind Insellösungen nicht weiterführend. Vielmehr wird ein Bündel von Institutionen, politischen Maßnahmen und sozialen Rahmenbedingungen entscheidend, um Heranwachsenden ein möglichst sicheres Aufwachsen im Kontext der Digitalisierung zu ermöglichen (ebd.). Denn ein bedeutender Teil der Kriminalität hat sich mittlerweile in die vielschichtigen Handlungsräume des Internets verlagert. So verzeichnet die Polizeiliche Kriminalstatistik (BKA, 2022) einen kontinuierlichen Anstieg der über das Internet begangenen Straftaten auch und gerade in Bezug auf Straftaten an Kindern (Jugendschutz.net 2023). Die digitale Welt enthält damit für Kinder[1] Sicherheitsrisiken, die nicht immer unmittelbar offensichtlich sind wie die Risiken des Straßenverkehrs. Dort, wo sich junge Menschen im Internet bewegen, gibt es in der Regel einen Bruch zwischen subjektiver Sicherheitswahrnehmung (die zu Hause im Kinderzimmer meist als hoch wahrgenommen wird) und tatsächlicher Sicherheit. Die Grundlegung sicherer Interaktionen im Internet ist insofern ein Thema der zivilen Sicherheitsforschung, für die auch Medienmündigkeit bzw. verschiedene Medienkompetenzen einen essenziellen Baustein darstellen (Stapf/Heesen 2021).

Mit Bezug auf ein aktuelles BMBF-Projekt (SIKID, Sicherheit für Kinder in der digitalen Welt) soll im Folgenden aufgezeigt werden, wie dies erfolgen kann, wenn Kinder als handelnde Akteur*innen gesehen werden

---

1   Der vorliegende Beitrag verwendet den Begriff ‚Kinder' in Anlehnung an die UN-Kinderrechtskonvention (UN-KRK) und bezieht sich auf Menschen von der Geburt bis zur Volljährigkeit.

und Sicherheit vom Kind aus gedacht wird. Dabei zeigt sich vor allem die wachsende Bedeutung präventiver Maßnahmen.

Kontextualisierung: Kindheit ist heute mediatisiert

Um aktuelle Sicherheitsgefährdungen zu verstehen, wird es zunächst bedeutsam, Kindheit heute anders zu sehen – denn sie ist mediatisiert. Kinder nutzen nicht nur Medien, sondern wachsen vielmehr in einer mediatisierten Lebenswelt auf, in der analoge und digitale Erfahrungen nicht mehr getrennt voneinander betrachtet werden können (Tillmann/Hugger 2014; Stapf 2019). Dies geht auch mit einer steigenden Zahl von Interaktionsrisiken einher. Laut einer UNICEF-Studie (Livingstone/Byrne/Carr 2016) sind ein Drittel aller weltweiten Internetnutzenden Menschen unter 18 Jahren, so dass auch Onlinerisiken einen Großteil von jungen Menschen betreffen. Laut der UN-Kinderrechtskonvention (UN-KRK) gelten Kinder nicht nur als handelnde Subjekte, sondern auch als besonders verletzliche gesellschaftliche Gruppe, weshalb ihr Recht auf eine (möglichst offene) Zukunft (Feinberg 1980; Stapf 2022) im Digitalen besondere Relevanz für ein sicheres Aufwachsen in Demokratien haben sollte. Welche Bedeutung Medien schon für kleinere Kinder haben und dass Kinder digitale Medien auch immer früher nutzen, belegen aktuelle Zahlen der Bitkom-Studie 2022: schon ab 12 Jahren nutzen alle Kinder ein Smartphone, die Online-Zeit nimmt mit dem Alter zu und liegt bei den 6-18-Jährigen bei durchschnittlich 111 Minuten am Tag. 68 % von ihnen haben keine zeitlichen Vorgaben und nutzen digitale Medien oft ohne elterliche oder erwachsene Begleitung, und ohne, dass Medienkompetenzen in der Schule systematisch vermittelt werden. Die Bindung an verschiedene Medien zeigt sich darin, dass 59 % der Heranwachsenden sich ein Leben ohne Internet nicht mehr vorstellen können. Dabei nutzen 97 % der Kinder ab 10 Jahren das Internet zumindest gelegentlich – und zwar Zuhause, bei Bekannten, unterwegs oder in der Schule (Rohleder 2022).

Was sie dort genau machen, verraten diese Daten nicht. Neben unzähligen stärkenden, bildenden und unterhaltenden Angeboten, machen aber 45 % der Kinder negative Erfahrungen im Internet: d.h. sie kommen in Kontakt mit Online-Aggression, begegnen Inhalten oder Menschen, die Angst machen, erleben Beleidigungen, Mobbing oder die Verbreitung von Lügen über sie. Mit zunehmendem Alter nimmt die Wahrscheinlichkeit zu, dass Kinder Problemen und Gefahren im Internet begegnen. So ist die Häufigkeit, mit der Zwölf- bis 13-Jährige von Erfahrungen mit ungeeigneten Inhalten erzählen, vier Mal höher als bei den 6- bis 7-Jährigen (mpfs 2021: 70).

Dabei unterscheiden sich digitale Medien von klassischen Massenmedien wie dem Fernseher im Kinderzimmer, indem das Netz nicht primär passiv rezipiert wird, sondern vor allem als ein Sozialraum (Röll 2012) funktioniert, in dem Kinder ihre Entwicklungsaufgaben erledigen und zentrale soziale Erfahrungen machen, ohne dass viele Angebote jedoch besondere kindliche Bedürfnisse oder auch Verletzlichkeiten berücksichtigen.

Fokus: Interaktionsrisiken in digitalen Umwelten

Fokus des aktuellen BMBF-Projekts SIKID sind die wachsenden Gefährdungen von Kindern in der digitalen Welt. Diese bestehen im Kontext von Interaktionsrisiken, die erst langsam genauer erfasst werden, und die im digitalen Kontext von beispielsweise sozialen Medien zu realen Sicherheitsgefährdungen von Kindern führen können. Ein Beispiel hierfür ist Cybergrooming – ein Tatbestand, bei dem sich Täter*innen das Vertrauen von Kindern erschleichen und dabei das Ziel eines sexuellen Missbrauchs verfolgen, was bis hin zur Tötung, dem Verkauf oder der Prostitution des Opfers führen kann.

Dies veranschaulicht ein beispielhaftes Szenario für **Gefährdungen von Kindern im Internet:**

Ein zwölfjähriges Mädchen hat sich ohne Wissen und Zustimmung der Eltern bei einer bei Kindern und Teenagern beliebten Videoplattform angemeldet. Sie teilt dort Videos von sich bei der Erprobung von Tanzszenen. In Echtzeit erreichen sie positive Kommentare und Aufforderungen, weitere Tanzszenen online zu stellen. Ein User mit dem Namen ‚Sunshine 78' ist besonders positiv und ermutigend. Er bittet sie um Kommunikation in einem privaten Chat und um die Zusendung schöner Fotos. Das Mädchen ist geschmeichelt, aber auch verunsichert. Sie weiß jedoch nicht, wen sie ansprechen soll, denn ihre Eltern sollen nichts von der heimlichen Anmeldung auf der Plattform wissen. Sie befürchtet, dass sie von ihren Eltern als Strafe ein Internetverbot erhält. Auf der Plattform *sind keine weiteren Hilfs- oder Beratungsangebote zu finden, ihr ist auch nicht bewusst, dass ihre Videos für jede*n frei zugänglich sind und ihr Standort sichtbar ist. Sie überlegt „Sunshine 78" doch weitere Fotos zu schicken. Eine Freundin soll attraktive Fotos von ihr machen; diese warnt sie, dass man solche Fotos nur Personen geben sollte, die man richtig gut kennt und denen man vertraut. Aber ,Sunshine 78' schreibt weiter freundliche Nachrichten mit Komplimenten und drängenderen Nachfragen.*

Weitere Gefährdungsszenarien umfassen sexuelle Grenzverletzungen, die Ausbeutung von Kindern oder gar Kinderpornografie. Daneben stellen Doxing (die Veröffentlichung vertraulicher Inhalte anderer), Desinformation und Deepfakes, Rachepornografie, Hass und Hetze, Tracking über Geodaten und Profile, Stalking oder Privatheitsbedrohungen aktuelle Sicherheitsgefährdungen dar. Beispiele für Selbstgefährdungswettbewerbe auf Plattformen wie TikTok, sind derzeit laut jugendschutz.net die ,Fire-Challenge', ,die Zimt-Challenge' oder ,Trainsurfing-Challenge', wobei das Spektrum bis hin zu ,Suizid-Challenges' reicht.[2]

Seit der **Corona-Pandemie** haben junge Menschen digitale Medien vermehrt genutzt, ohne dass sie ausreichend über Sicherheitsrisiken informiert werden BMI (2023). Fälle wie die des Eugen S., der vor über zehn Jahren junge Mädchen mit wechselnden Namen über das Internet sexuell missbraucht, ihnen gedroht und sogar Morddrohungen ausgesprochen hatte, zeigen, wie leicht Erwachsene durch die Anonymität im Internet Kinder manipulieren können, da eine Kontaktaufnahme über Chats oder -Spiele sehr niederschwellig ist. Auf die Frage im Rahmen der LfM NRW-Studie (2021), ob Heranwachsende schon selbst oder Freund*innen von ihnen, Erwachsene im Internet kennen gelernt haben, die sich zum Alleinsein verabreden wollten, antworteten 25,4 % der 13- bis 15-Jährigen mit „Ja" und bei den über 16-Jährigen sogar 37,4 %. Eine Aufforderung zum Senden freizügiger Bilder gaben 20,3 % bzw. 25,7 % der 16- bis 18-Jährigen an.

Laut BKA (2022) sind die Fälle von sexuellem Kindesmissbrauch 2021 um 6,3 Prozent auf über 15.500 Fälle gestiegen. Einen Anstieg um 108,8 Prozent auf über 39.000 Fälle gab es bei den Missbrauchsdarstellungen, die v.a. über soziale Medien erworben, besessen oder verbreitet wurden.

---

2 Die genannten Challenges sind als Momentaufnahmen zu verstehen, da Trends und Challenges in dynamischen Räumen, wie TikTok sehr schnelllebig sind.

In der Folge versteht das BKA (BKA 2022, 30.5). „präventive Maßnahmen und Unterstützungsleistungen für Kinder (als) von größter Bedeutung". Auch registrierte das gemeinsame Kompetenzzentrum von Bund und Ländern für den Schutz von Kindern und Jugendlichen im Internet „jugendschutz.net" im Jahr 2023 allein 4822 Fälle von Darstellungen sexualisierter Gewalt gegen Kinder im Netz (jugendschutz.net 2023: 12).

Folgt aus den Partizipations- und Teilhaberechten von Kindern einerseits, dass Partizipation von Kindern auch im Netz erwünscht ist, so können damit andererseits die damit einhergehenden Risiken steigen. Dies verweist darauf, dass Lösungsansätze stärker die Rolle von Kindern als handelnden Akteur*innen im Netz mitdenken sollten. Denn Kinder sind nicht nur Konsument*innen im Netz, sondern auch produzierende und kommunizierende Akteur*innen. Da sie aber oft ohne elterliche Begleitung und schulische Verankerung von Medienkompetenzen agieren, und dabei früh schon Erfahrungen machen können, mit denen sie noch nicht mündig umgehen können, sollten junge Menschen frühzeitig informiert, befähigt sowie angehört und einbezogen werden. Dies sollte im Zusammenspiel von ausreichendem Schutz, angemessener Partizipation und grundlegender Befähigung erfolgen.

Kinderrechtliche Perspektiven: Gleichwertigkeit und besondere Vulnerabilität

Diese Konstellationen verdeutlichen, dass das Aufwachsen in mediatisierten Lebenswelten mit wachsenden zivilen Sicherheitsgefährdungen einhergeht, denen dringend begegnet werden sollte, damit Kinder ihre verbrieften Rechte auf gesellschaftliche Teilhabe, Privatheit und Sicherheit, aber auch Freizeit umsetzen und sich zu mündigen Bürger*innen und integren sowie verantwortlichen Persönlichkeiten entwickeln können.

Im Netz sind Kinder, unserem Verständnis nach, also gleichwertige, aber besonders ungeschützte Akteur*innen. Es besteht dringender gesellschaftlicher Handlungsbedarf, wenn Kindheit als besonders vulnerable Lebensphase und Kinder als besonders schützenswerte gesellschaftliche Gruppe gelten. Beispiele wie Cybergrooming und sexuelle Ausbeutung verweisen auf dringenden Handlungsbedarf bezogen auf grundlegende infrastrukturelle Probleme der Plattformregulierung wie fehlende Zugangskontrollen mit Altersprüfung, das Fehlen effektiver technischer

Schutzmöglichkeiten sowie den Mangel von an Kindern selbst gerichteten und gut auffindbaren Hilfsangeboten und die Notwendigkeit einer befähigenden Medienerziehung durch und von Sorgeberechtigte(n).

Aber wie soll dies geschehen, wenn sich das Problem nicht – mit einem Handykäfig – wegsperren lässt? Betrachten wir eine Analogie zur Verkehrssicherheit, gilt es zudem zu bedenken, dass dies auch nicht sinnvoll wäre: Kindern wird auch nicht die Teilnahme am Straßenverkehr verboten, sondern vielmehr wird entwicklungsbezogen für ihre Sicherheit gesorgt, ob über Anschnallpflicht, Fahrradführerschein und schließlich Führerscheinprüfung. Zudem haben Kinder verbriefte Rechte auf Teilhabe an der Gesellschaft, so auch an Medien. Im Zuge der wachsenden Mediatisierung der Lebenswelten schon kleinerer Kinder wird deutlich, dass sowohl die Strafverfolgung als auch die Medienregulierung nur in einem Netzwerk von Stakeholder*innen erfolgen kann. Und dass in diesem Netzwerk aber auch Kinder und Jugendliche selbst mitzudenken und angemessen zu beteiligen sind, um Prävention neuartig zu denken.

Einen kinderrechtlichen Ansatz im Bereich der Sicherheit zugrunde zu legen ist dabei noch Neuland. Er impliziert, Kinder nicht nur als Objekte der Regulierung oder auch Forschung zu verstehen, sondern als Akteur*innen und Expert*innen ihrer Lebenswelt. Kinderrechte zugrunde zu legen heißt dabei, das Kindeswohl (Art. 3) vorrangig zu berücksichtigen und Kindern gleichermaßen Rechte auf Partizipation, Befähigung und Schutz zu gewährleisten (Stapf 2019). Diese drei Säulen der Kinderrechte können allerdings in der Praxis zu Spannungsfeldern führen und hier sollte es Teil des ethischen Ansatzes sein, ausreichend zu differenzieren: z.B. was sich noch entwickelnde und was bereits bestehende Fähigkeiten angeht, was Kontexte, familiäre Situationen oder individuelle Beeinträchtigungen oder Besonderheiten angeht, und dabei Kinder immer auch zu befähigen, ihre eigenen Rechte wahrzunehmen oder umzusetzen.

Der Ansatz, Kinder selbst an ihrem Schutz zu beteiligen, ist bei Sicherheitsfragen so riskant wie notwendig: wie will man Kinder an ihrem Schutz beteiligen, wenn es um Situationen geht, die zu realen Bedrohungen in der analogen Welt führen? Aber andererseits: wie kann ausreichend für ihren Schutz gesorgt werden, wenn sie nicht ausreichend partizipieren dürfen, um auch verstehen zu können, wie sie in digitalen Welten agieren, was sie suchen, wie sie Gefahren wahrnehmen, aber auch, welche Lösungsvorschläge sie selbst haben?

Fokus Kinderrechte

Kinderrechte müssen immer ganzheitlich gedacht werden, wobei das Wohl des Kindes, bei allen Maßnahmen vorrangig zu berücksichtigen ist (vgl. Abbildung 1 in Anlehnung an Maywald 2012).

Abbildung 1: Kinderrechte

Dabei sichert Artikel 12 der UN-Kinderrechtskonvention (UN-KRK), Kindern das Recht zu, ihre eigene Meinung in alle sie betreffenden Angelegenheiten frei zu äußern. Daraus folgt, dass ihre Meinung berücksichtigt sowie Kinder angemessen und entsprechend des Alters und der Reife beteiligt werden müssen. Hart (1992) unterscheidet verschiedene Stufen von Partizipation, die von symbolischer, eher passiver Partizipation über teilweise Partizipation, bis hin zu einem hohen Grad an Partizipation reichen. Die höchste Stufe kennzeichnet, dass Kinder als eigenständig handelnde Akteur*innen gesehen werden. Die Frage nach der geeigneten Stufe der Beteiligung kann unter Berücksichtigung der ‚sich entwickelnden Fähigkeiten' (‚evolving capacities') (vgl. Lansdown 2005) kontextspezifisch beantwortet werden. Denn der Entwicklungsverlauf einzelner Kinder geht mit veränderten Bedürfnissen im Altersverlauf einher. Daraus folgt, dass Kinder nicht als homogene Gruppe gesehen werden können, sondern sich partizipative Fähigkeiten je nach Alter und Entwicklungsphase unterschiedlich ausgestalten. Partizipation ist somit ein Recht und eine zentrale Kompetenz. Daher ist es bedeutsam, dass Teilhabe nicht zur Überforderung von Kindern führt und die Ermöglichung von Mitgestaltung immer altersgerecht mitgedacht sowie ihr Schutz in allen partizipativen Formen trotzdem gewährleistet werden sollte.

Um über Prävention von Kindern in digitalen Welten nachdenken zu können, sollten die besten Interessen der Kinder im Blick behalten werden. Dies umfasst sowohl den Blick auf das einzelne Kind: Wie kann zum Beispiel das 12-jährige Mädchen aus dem Szenario besser in der konkreten Situation geschützt werden? Aber es beinhaltet gleichzeitig den Fokus auf die gesamtgesellschaftlichen Implikationen auf Kinder als gesellschaftliche Teilgruppe: Wie können junge Heranwachsende insgesamt vor sexuellen Übergriffen strukturell geschützt werden? Hierfür ist es nicht ausreichend, im Digitalen bestimmte kinderspezifische Räume anzubieten (wie explizit ausgewiesene Kinderseiten), vielmehr sollten alle Räume, die Kinder nutzen, kindgerecht gestaltet werden (zum Beispiel Plattformen wie Instagram oder TikTok), damit unbeschwerte Teilhabe möglich wird. Hierzu bietet die Friedensbildung weiterführende Ideen für die bestehenden Präventionsansätze.

Fokus Friedensbildung: Neue Perspektiven für Prävention durch Befähigung zum konstruktiven Konfliktumgang und Gewaltreduktion

Frieden bezeichnet „eine Form sozialer Beziehungen in denen gesellschaftliche Strukturen darauf hinwirken, dass Konflikte zunehmend ohne vermeidbare Schädigungen von Menschen und ihrer Lebensumstände ausgetragen werden und problemlösende, bedürfnisorientierte Zusammenarbeit gelingt" (Birckenbach 2023: 36). Ziel der Friedensbildung ist es einen gewaltfreien Konfliktumgang zu stärken und zu einer Konflikttransformation beizutragen. „In der Praxis ergänzen Gewaltprävention und Konflikttransformation einander" (ebd.: 65). Darüber hinaus verfolgt die Friedensbildung das Ziel, Menschen „zu befähigen ein Leben ohne Gewaltanwendung zu führen, gewaltfördernde Bedingungen in der Gesellschaft zu erkennen, bedrohte Menschen mit Zivilcourage zu schützen, sich für friedensfördernde Strukturen und Prozesse einzusetzen" (ebd.: 62-63). Hierfür initiiert und begleitet die Friedensbildung „partizipative und selbstgesteuerte (dialogorientierte) Lernprozesse (und Gruppenprozesse)" (Bieß 2022: 5). Die Friedensbildung orientiert sich häufig an einem weiten Gewaltbegriff.

Gewalt in der Onlinekommunikation aus Sicht der Friedensbildung:

Johann Galtung (1969, 1990) versteht positiven Frieden als Gewaltfreiheit, also die Abwesenheit von direkter, struktureller und kultureller Gewalt. Daran anlehnend zeigt Abbildung 2 exemplarisch verschiedene Gewaltformen, die in der Onlinekommunikation existieren.

Abbildung 2: Gewaltdreieck nach Johann Galtung beispielhaft in der Online-kommunikation

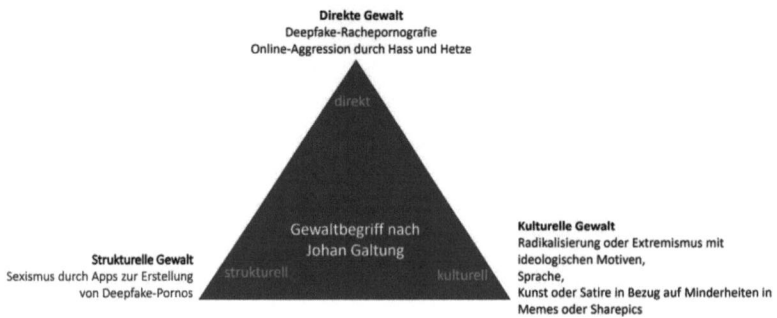

Direkte Gewalt, auch genannt physische Gewalt, wird in der Onlinekommunikation häufig auch als Online-Aggression bezeichnet. Darunter fallen sexuelle Grenzverletzungen, die beispielsweise durch Cybergrooming stattfinden. Dabei belästigen erwachsene Täter*innen Minderjährige und erpressen sie, Nacktaufnahmen zu übersenden. Diese werden mitunter für kinderpornografische Zwecke weiterverwendet. Ein weiteres Beispiel sind Deepfake Rachepornos, die zum Zwecke der Rufschädigung, Erpressung und Verleumdung genutzt werden (Pawelec/Bieß 2021). Direkte Gewalt kann zudem durch Hass und Hetze beispielsweise im Fall von Cybermobbing Peer-to-Peer ausgeübt werden, wobei auch Kinder selbst zu tatbegehenden Personen werden.

Strukturelle Gewalt: Im Gegensatz zu direkter Gewalt ist strukturelle Gewalt nicht unmittelbar auf eine oder mehrere bestimmte Personen als Täter*innen zurückzuführen (Galtung 1969). Vielmehr ist sie Teil eines Systems und in dessen sozialer Struktur eingebettet. Dabei kann strukturelle Gewalt sich gegen Einzelpersonen, Gruppen oder ganze Gesellschaften richten. In der Onlinekommunikation zeigt sich beispielsweise Sexismus in Form von struktureller Gewalt, wenn ein Blick auf die Datensätze von Apps zur Erstellung von Nacktbildern und Rachepornos wie ‚DeepNude' gerichtet wird: diese App wurde nur anhand von Bildern von Frauen trainiert. Technisch ist es somit lediglich möglich Frauen ‚auszuziehen' um Nacktfotos zu generieren, nicht jedoch Männer (Pawelec/ Bieß 2021).

Kulturelle Gewalt: Kulturelle Gewalt umfasst jene Aspekte, die direkte und strukturelle Gewalt gegen bestimmte Gruppen legitimieren (Galtung 1990). Kulturelle Gewalt kann sich in Sprache, Bildung und Wissenschaft oder Medien und Kunst äußern. In der Onlinekommunikation kann kulturelle Gewalt in Posts oder Kommentaren geäußert werden. Sie kann sich auch in Form von Satire oder Parodie gegenüber Minderheiten äußern, beispielsweise wenn sie Vorurteile und Stereotype in Sharepics oder Memes enthalten.

Laut Birckenbach (2023) ist das erste der fünf friedenslogischen Handlungsprinzipien, das Prinzip der Gewaltprävention. Denn Gewaltprävention dient der Vorbeugung direkter Gewalt sowie „deren strukturellen und kulturellen Antriebsfaktoren" und wird als Querschnittsaufgabe im Zusammenwirken von unterschiedlichen Akteur*innen gesehen (ebd.: 42). Gewaltprävention „gelingt am ehesten dann, wenn sie frühzeitig eingeleitet wird, wenn Akteure überzeugt werden, dass es zu ihrem Vorteil ist, auf direkte Gewaltanwendung zu verzichten, wenn lokale und internationale Akteure koordiniert als Fürsprecher auftreten, wenn Staaten personell und finanziell in Vorsorge investieren und sich nicht erst nachsorgend engagieren" (ebd.).

Friedenslogische Gewaltprävention in der Onlinekommunikation:

Die drei folgenden Parameter der Friedensentwicklung nach Birckenbach (2023: 30) bieten Orientierung, wenn Beteiligung und Befähigung von Kindern in der Onlinekommunikation gestärkt werden sollen und dabei Gewaltprävention im Fokus steht:

1) „Die Qualität der sozialen Beziehungen" (ebd.)

In der Onlinekommunikation spielt hierbei die Reduzierung von kultureller Gewalt in der Onlinekommunikation eine zentrale Rolle. Wie können Ansätze der Gewaltfreien Kommunikation (Rosenberg 2016) in digitale Dialogkulturen verankert werden? Wie kann Perspektivvielfalt in einer offenen Debatte ohne Hass und Hetze und Shitstorms gewährleistet werden? Wie lässt sich der Schutz davor, Opfer zu werden mit dem Schutz davor Täter*in zu werden verbinden? Wie können die prosozialen Faktoren des digitalen Strukturwandels in Form von Inklusion und Vernetzung für Heranwachsende sicher zugänglich gemacht werden?

2) „die Formen in denen Konflikte ausgetragen werden" (Birckenbach 2023: 30)

In der Onlinekommunikation selbst gilt es Formen von struktureller Gewalt im Blick zu halten: Welche Gewaltpotentiale entstehen beispielsweise durch dynamische Plattformentwicklungen für Heranwachsende in Bezug auf ihre Intersektionalität? Kinder können hierbei nicht als homogene Gruppe betrachtet werden. Vulnerabilität entsteht in Relation zu Intersektionalität, beispielsweise in Bezug auf Geschlecht, Herkunft, Behinderung, ethnische Zugehörigkeit etc. Welchen besonderen Schutz brauchen folglich einzelne Kinder als Teil einer vulnerablen Gruppe, um struktureller Gewalt in der Onlinekommunikation nicht ausgeliefert zu sein?

3) „die gesellschaftlichen Strukturen, durch die soziale Beziehungen und die Formen des Konfliktaustrags geprägt werden" (ebd.)

Die Verantwortung für Gewaltprävention für Kinder in der Onlinekommunikation liegt auf unterschiedlichen Ebenen. In dieser geteilten Verantwortlichkeit greifen unterschiedliche Einflussbereiche verschiedener Akteur*innen ineinander, wie der Kinder- und Jugendmedienschutz, Polizei und Strafverfolgung, Medienbildung, Plattformregulierung sowie der Verantwortungsbereich von Erziehungsberechtigten. Je nach Zuständigkeit sieht das Präventionsinstrumentarium folglich institutionell unterschiedlich aus. Aus kindzentrierter Perspektive treten aber auch die Kinder selbst als aktive Akteur*innen in den Fokus. Dabei sollte nicht nur ihr Schutz in Form von Prävention im Fokus stehen. Vielmehr bedarf es auch neuer Kooperationen zwischen verschiedensten Akteur*innen, um innovative Formate zu ermöglichen, in denen die Perspektiven von Kindern gehört werden und in Gestaltungsprozesse miteinbezogen werden.

Fazit:

Um die drei Parameter der Friedensentwicklung in der Onlinekommunikation verbunden mit einem kinderrechtlichen Ansatz zu verankern, bedarf es einer Sensibilisierung auf allen Ebenen im Dreiklang zwischen Kindern, Erziehungsberechtigte/Eltern und allen beteiligten Akteur*innen (wie Plattformbetreiber*innen, Behörden, Strafverfolgung und Gesetzgeber*innen). Friedensförderung und Gewaltprävention ist dabei ein Prozess, bei dem neu entstehende Konfliktformationen und Spannungen kontinuierlich reflektiert werden sollten. Folgende Punkte sind hierfür als Impulse gedacht:

1.) Haltungsveränderung auf Erwachsenenebene und Ownership: Heranwachsende als Expert*innen ihrer Lebenswelt anerkennen, um sie in ihrer Eigenverantwortlichkeit zu stärken

In der Gestaltung der Onlinekommunikation mit einem friedenspädagogischen und kinderrechtlichen Ansatz bedeutet das zu reflektieren: Wie können neue Diskursräume und Kommunikationsstile zwischen Erwachsenen und Kindern im Austausch über Erfahrungen in der Onlinekommunikation so gestaltet werden, dass Kinder als Expert*innen ihrer Lebenswelt gesehen und ihre Perspektiven gehört und ernst genommen werden? Aus einer kritischen Kinderrechtsperspektive sollten Erwachsene hierzu lernen, Kinder zu hören und ihre Denk- und Handlungsweisen zu verstehen, um Diskriminierungsformen wie Adultismus[3] zu verringern und dadurch Räume für Partizipation und Befähigung zu ermöglichen. Dies gelingt, wenn sich Erwachsene auf die mediale Lebenswelt von Heranwachsenden einlassen und dabei authentisches, echtes Interesse zeigen ohne geteilte Erfahrungen direkt zu bewerten.

2.) Technische Umsetzungen, die Gewaltprävention und Kinderrechte stärken

Es gibt bereits auf einigen Plattformen Filter für sensible Inhalte, die gesetzt werden können. Durch algorithmenbasierte Regulierung werden gewalthaltige Inhalte somit nicht angezeigt. Solche Funktionen zur ,elterlichen Aufsicht', sind aus kinderrechtlicher Perspektive jedoch nur mit der Zustimmung der Kinder einzuschalten. Im Gespräch mit Anbieter*innen könnten konfliktschürende und gewaltfördernde Aspekte in den ,Community Standards' der Plattformen kritisch reflektiert und friedensfördernd reformuliert werden. Gemeinsam mit Kindern könnten sie zudem weitere Einstellungsmöglichkeiten auf Plattformen reflektieren. Denkbar wäre es, dass Anbieter*innen neue Sortiermöglichkeiten für den Feed gemeinsam mit Kindern entwickeln. Denn in der weiteren Ausgestaltung

---

3 ,Adultismus' bezeichnet Diskriminierung aufgrund von Alter. Adultismus nimmt eine besondere Stellung als Diskriminierungsform ein, weil sich die Betroffenheit – anders als zum Beispiel Diskriminierung in Bezug auf das eigene Geschlecht oder die Herkunft als eher unveränderbare Kategorien – über die Lebensdauer hin ändert. Adultismus ist eine Form von generationaler Diskriminierung, die im Kontext fehlender Generationengerechtigkeit verortet ist.

der Onlinekommunikation sollte auch für Heranwachsende mehr Transparenz darüber bestehen, wie algorithmenbasierte Entscheidungen in der Onlinekommunikation für junge Nutzer*innen ablaufen. Zudem könnten Plattformen mit einem Hilfebutton ausgestattet werden, damit Kinder in gewaltvollen Situationen externe Unterstützung einholen können. Es bedarf einer Stärkung von Konzepten wie ‚digital streetwork´ , die in der digitalen Welt die Kontaktaufnahme zu weiteren Hilfesystemen ermöglichen und damit neuartige Ansätze der mobilen Jugendarbeit oder Einzelfallhilfe bieten (Dinar/Heyken, 2017). Somit können bereits existierende analoge Hilfestrukturen in der Onlinekommunikation systemisch verankert werden, wie Jugendschutz.net. Darüber hinaus braucht es eine Stärkung von Recherchezentren, um eine kritische Inhaltsprüfungen in Bezug auf gewalthaltige Inhalte zu ermöglichen. Zusätzlich kann Monitoring hilfreich sein, um neu entstehende gewaltvolle Phänomenen frühzeitig zu erkennen. Denn dies würde folglich eine gewaltpräventive Intervention, beispielsweise bei selbstgefährdenden Challenges auf TikTok ermöglichen.

3.) Strukturelle Veränderungen durch Einbezug und Befähigung von Kindern

In der Gestaltung der Onlinekommunikation mit einem friedenspädagogischen und kinderrechtlichen Ansatz bedeutet das auf struktureller Ebene zu reflektieren: Wie kann angemessene Befähigung und Beteiligung altersgerecht gestärkt werden? Hierfür ist eine systematische Stärkung der Medienkompetenzbildung von Heranwachsenden und von Erwachsenen von zentraler Bedeutung. Ziel hierbei ist es, die eigene Mediennutzung zu reflektieren, Faktencheck zu lernen und eine kritische Reflexion von Inhalten zu fördern, indem die Auswirkungen auf Echokammern und Filterblasen thematisiert werden. Dazu gehört es auch, für Datenschutz und Privatsphäre zu sensibilisieren. Ziel sollte hierbei das Erlernen von Selbststeuerungskompetenzen zur Stärkung von Eigenverantwortung sein. Dabei sollte im Blick behalten werden, wie Kinder altersgemäß Kontrolle über eigene Daten und Nutzungsverhalten haben, um auf Algorithmen, die sie beeinflussen, einwirken zu können. Das geht damit einher, bei der Vermittlung von Medienkompetenz auch Grenzen zu diskutieren und die Auswirkungen von Kontrollverlust in der Onlinekommunikation und Datensparsamkeit zu thematisieren. Mit dem Bewusstsein, dass in der Onlinekommunikation nicht alles kontrollierbar ist, wird es bedeutsam, dass Heranwachsende untereinander oder mit Unterstützung von erwachsenen Bezugspersonen Gruppenregeln entwickeln (beispielswei-se im WhatsAppklassenchat), um ein gutes Miteinander in der digitalen Welt zu fördern. Gleichzeitig bedarf es auch einer Förderung von Sozial-kompetenzen, indem Empathiefähigkeit und ein respektvoller Umgang in Verbindung mit Konfliktfähigkeit gefördert wird. Dazu gehört schließlich das Erlernen eines konstruktiven Konfliktumgangs und die Elaboration von Handlungsspielräumen für digitale Zivilcourage.

Literatur:

Bieß, Cora (2022): Pädagogische Konzepte mit Nähe zur Friedensbil-dung: Bildung für Demokratie, Menschenrechte und nachhaltige Entwicklung, State-of-the-Art Report Friedensbildung Teil 2.1, Berlin: Berghof Foundation.

Birckenbach, Hanne-Margret (2023): Friedenlogik verstehen. Frieden hat man nicht. Frieden muss man machen. Frankfurt am Main: Wochenschau Verlag.

BKA (2022): Vorstellung der Zahlen kindlicher Gewaltopfer – Auswer-tung der Polizeilichen Kriminalstatistik 2021. Online verfügbar unter: file:///Users/admin/Downloads/kindlicheGewaltopfer_PKS2021-1.pdf

BKA (2022, 30.5.): Anstieg bei Verbreitung, Erwerb, Besitz und Herstel-lung von Darstellungen sexualisierter Gewalt gegen Kinder im Jahr 2021. Online verfügbar unter: https://www.bka.de/Shared-Docs/Kurzmeldungen/DE/Kurzmeldungen/220530_PK_Kindliche-Gewaltopfer2021.html

Bundesministerium des Innern und für Heimat (BMI) (2023): Polizeiliche Kriminalstatistik 2022. Ausgewählte Zahlen im Überblick. Berlin. Online verfügbar unter: https://www.bmi.bund.de/SharedDocs/downloads/DE/publikationen/themen/sicherheit/pks-2022.pdf?__blob=publicationFile&v=4.

Dinar, Christina/ Heyken, Cornelia (2017): digital Streetwork: Pädagogi-sche Interventionen im Web 2.0. Berlin: Amadeu Antonio Stiftung.

Feinberg, Joel (1980): The child's right to an open future. In W. Aiken
    & H. LaFollette (Hrsg.), Whose Child? Children's Rights, Parental
    Authority, and State Power S. 124–153. Rowman and Littlefield.
Galtung, Johan (1969): Violence, Peace, and Peace Research. In: Journal
    of Peace Research. Vol. 6, No. 3.
Galtung, Johan (1990): Cultural Violence. In: Journal of Peace Research.
    Vol. 27, No. 3
Hart, Roger (1992): Children's Participation: From Tokenism to Citizens-
    hip. UNICEF Innocenti Essays, No. 4. Florence: International Child
    Development Centre of UNICEF.
Jugendschutz.net (2023): Jugendschutz im Netz. Bericht und Hand-
    lungsbedarf. Mainz. Online verfügbar unter: https://www.jugend-
    schutz.net/fileadmin/daten/publikationen/jahresberichte/jahres-
    bericht_2022.pdf.
Lansdown, Gerison (2005): The Evolving Capacities of the Child. UNICEF.
    Online verfügbar unter: https://www.unicef-irc.org/publicati-
    ons/384-the-evolving-capacities-of-the-child.html
Landesanstalt für Medien (LfM) NRW (2021): Kinder und Jugendliche
    als Opfer von Cybergrooming. Zentrale Ergebnisse der 1. Be-
    fragungswelle 2021. Düsseldorf. Online verfügbar unter: https://
    www.medienanstalt-nrw.de/fileadmin/user_upload/NeueWeb-
    site_0120/Medienorientierung/Cybergrooming/211216_Cyber-
    grooming-Zahlen_Praesentation_LFMNRW.pdf
Livingstone, Sonia / Byrne, Jasmina / Carr, John (2016). One in Three:
    Internet Governance and Childrens Rights. Innocenti Discussion
    Papers no. 2016-01, UNICEF. Online verfügbar unter: https://
    www.unicef-irc.org/publications/795-one-in-three-internet-gover-
    nance-and-childrens-rights.html
Maywald, Jörg (2012): Kinder haben Rechte! Kinderrechte kennen –
    umsetzen –wahren. Basel: Beltz/Juventa.
Medienpädagogischer Forschungsverbund Südwest (mpfs) (2021):
    KIM 2020. Kindheit, Internet, Medien – Basisuntersuchung zum
    Medienumgang 6 bis 13-Jähriger in Deutschland. Online verfüg-
    bar unter: https://www.mpfs.de/fileadmin/files/Studien/JIM/2022/
    JIM_2022_Web_final.pdf
Pawelec, Maria / Bieß, Cora (2021): Deepfakes. Technikfolgen und Regu-
    lierungsfragen aus ethischer und sozialwissenschaftlicher Perspek-
    tive. Mit einer interaktiven Lehreinheit von Cora Bieß. Baden-Ba-
    den: Kommunikations- und Medienethik 16 Nomos.
Rohleder, Bernhard (2022): Kinder-&Jugendstudie 2022.Berlin: Bitkom
    e.V. Online verfügbar unter: https://www.bitkom.org/sites/main/
    files/2022-06/Bitkom-Charts_Kinder_Jugendliche_09.06.2022_0.pdf

Röll, Franz Josef (2012): Gesellschaft erleben und Gesellschaft gestalten: Das Internet als Sozialraum für Kinder. In: Stapf, I. et al. (Hg.): Kinder im Social Web. Qualität in der KinderMedienKultur. S. 67-84. Nomos.

Rosenberg, Marshall B. (2016): Gewaltfreie Kommunikation: Eine Sprache des Lebens. Paderborn: Junfermann Verlag.

Stapf, Ingrid / Heesen, Jessica (2022): Kinder- und Jugendmedienschutz im Lichte der Kinderrechte – ethische Überlegungen zur Online-Sicherheit von Kindern und Jugendlichen. In: BPJM AKTUELL 2/2022; S. 14-20. Online verfügbar unter: https://www.bzkj.de/resource/blob/198072/073cb157218cf06eeb8dc17ba2a19de1/20222-ethische-ueberlegungen-zur-online-sicherheit-data.pdf.

Stapf, Ingrid (2022): Das Recht auf eine offene Zukunft. Kinderschutz in der Online-Welt am Beispiel von Privatheits- und Sicherheitsgefährdungen. In: Datenschutz Datensicherheit 46, S. 339–345. Online verfügbar unter: https://doi.org/10.1007/s11623-022-1616-5.

Stapf, Ingrid (2019): Zwischen Selbstbestimmung, Fürsorge und Befähigung: Kinderrechte im Zeitalter mediatisierten Heranwachsens. In: Stapf, I./Prinzing, M./Köberer, N. (Hg.): Aufwachsen mit Medien. Zur Ethik mediatiserter Kindheit und Jugend; S. 69-84. Nomos.

Tillmann, Angela / Hugger, Kai-Uwe (2014): Mediatisierte Kindheit – Aufwachsen in mediatisierten Lebenswelten. In Tillmann/Fischer/Hugger (Hrsg.), Handbuch Kinder und Medien S. 31–45. Springer.

VN-Kinderrechtskonvention, (o. J.). Artikel 12 Berücksichtigung des Kinderwillens. Recht auf Beteiligung. Online verfügbar unter: https://www.kinder-und-jugendrechte.de/kinderrechte/recht-auf-beteiligung/artikel-12-beruecksichtigung-des-kindeswillens/

Rita Bley

Präventionsprojekt „BewusstSIGN"

Im Rahmen der Gewaltopferforschung hat sich gezeigt, dass mehr als jede/r vierte Jugendliche im bisherigen Leben Gewalt erfahren hat.[1] Die Anzeigebereitschaft junger Menschen ist jedoch ausweislich der in Mecklenburg-Vorpommern durchgeführten Dunkelfeldforschung gering.[2] Sexualdelikte nehmen als besonders erniedrigende Form der Gewaltkriminalität eine Sonderstellung ein. Die offensichtlich nicht vorhandene Anzeigebereitschaft wird von Gefühlen der Erniedrigung, Scham und Schuld sowie von der Angst vor Ablehnung, Zweifel an der Glaubwürdigkeit und Stigmatisierung auf Seiten des Opfers beeinflusst. Deshalb werden die meisten Sexualstraftaten nicht angezeigt. Noch seltener wenden sich die Opfer an die Strafverfolgungsbehörden, wenn der/die Täter:in aus ihrem sozialen Umfeld kommt. Die Gründe für die Nichtanzeige sind unterschiedlich, insgesamt scheint jedoch das Vertrauen in die Strafverfolgungsbehörden nicht gegeben zu sein.[3] Laut einer Studie des Bundesministeriums für Familie, Senioren, Frauen und Jugend erstatten lediglich 8% der Opfer sexualisierter Gewalt eine Anzeige bei der Polizei.[4] Bezüglich der Inanspruchnahme von Opferhilfe hat die Untersuchung in M-V gezeigt, dass eine rechtliche Aufklärung sowie Vermittlung an eine Opferhilfeeinrichtung nicht in allen Fällen gelingt. Es scheint erforderlich zu sein, einen entsprechenden Kenntnisstand auch unabhängig von einer Anzeigeerstattung zu schaffen. Die Ansprechpartner/Kontaktadressen sollten transparenter gemacht werden. Darüber hinaus sollen junge Menschen über ihre Rechte nach einer Viktimisierung aufgeklärt werden, möglichst bevor diese eingetreten ist.

---

1 vgl. Bergmann, Kliem, Krieg, Beckmann 2017:1.
2 vgl. Bley , Rasch (2019) Sonderauswertung Anzeigebereitschaft nach Alter.
3 vgl. Balschmiter et.al. 2019:102ff.
4 vgl. Bundesministerium für Familie, Senioren, Frauen und Jugend 2013:35.

Die **Ziele** dieses Präventionsprojekts sind einerseits in der Wissensvermittlung zu Opferrechten sowie Opferhilfeeinrichtungen sowie der Erhöhung der Anzeigebereitschaft bei der Polizei und/oder Inanspruchnahme von Opferhilfe/ Opferambulanz zu sehen. Darüber hinaus sollen junge Menschen sensibilisiert werden und deren Zivilcourage gestärkt werden.

Bewusst ein Zeichen (**sign**) setzen	**Bewusst**sein schaffen
Erhöhung der Inanspruchnahme von Opferhilfe/Opferambulanz in Mecklenburg-Vorpommern sowie Anzeigebereitschaft	Sensibilisierung junger Menschen Wissensvermittlung zu Opferrechten sowie Opferhilfeeinrichtungen Stärkung von Zivilcourage

Tabelle 1: Ziele des Präventionsprojekts

Die Produktion des Präventionsvideos sowie dessen Verbreitung in sozialen Medien/Streamingdiensten und die Erstellung der Internetseite/ Homepage www.bewusst-sign.de wurden über die Bachelorarbeit an der FHöVPR M-V realisiert. Die Musikversionen wurden von Mondaique produziert/komponiert, der Song mit dem Titel „together" von der Sängerin „Céo" (Katrin Kasper) geschrieben und aufgenommen. Im Rahmen der Arbeit wurden auch das Drehbuch geschrieben und die Produktion des Präventionsvideos wurde mit Studierenden an Lokalisationen in der Hochschule realisiert.[5] Das Präventionsvideo sowie die geplanten Medienpakete können von Praventionsakteur:innen (Präventionsbeamt:innen der Polizei M-V im Rahmen von Schulvorträgen, Pädagpog:innen, Mitarbeiter:innen von Opferhilfeeinrichtungen sowie Schulsozialarbeiter:innen genutzt werden. Darüber hinaus stehen alle Medien auf der Homepage zum Streaming zur Verfügung. Die interaktive Karte auf der Homepage zeigt die Opferhilfeeinrichtungen in MV mit Kontaktdaten.

Die allgemeinen **Standards für Kriminalprävention**[6] beschreiben die Anforderungen an Präventionsangebote und gliedern sich in die Aspekte positive Ausrichtung, d.h. präventive Arbeit soll positive Inhalte aufweisen und positive Rahmenbedingungen darstellen. Das Bewusstsein für ein Zeichen gegen Gewalt zu fördern, erfüllt dieses Kriterium. Die Zielgruppenorientierung beinhaltet, dass präventive Angebote inhaltlich und methodisch auf die Zielgruppe ausgerichtet sein sollen. Die Lebenswelt junger Menschen ist medial auf die Smartphone-Nutzung sowie die Nutzung des Internets ausgerichtet, 99% der 12-19jährigen

---

5 Download unter www.bewusst-sign.de.
6 vgl. Haas 2008:46 ff.

haben ein Smartphone, ebenso viele verfügen über einen Computer/ Laptop sowie Internetzugang.[7] Jeder dritte Jugendliche verfügt über einen Fernseher mit Internetzugang. Elektronische Musik unterschiedlicher Genre erfreut sich in den letzten Jahren immer größerer Beliebtheit, Musikvideos werden im Internet u.a. auf Youtube angeschaut. Junge Erwachsene im Alter von 14-24 Jahren nutzen zu 99% WhatsApp und zu 96% YouTube. Die wichtigsten Apps auf dem Smartphone von Jugendlichen sind WhatsApp, Instagramm, Snapchat, YouTube und Spotify. Die Musikbranche hat sich in den letzten Jahren durch die Entwicklung der Streamingdienste gewandelt. Musik und Musikvideos sind heute über das Smartphone und Internet fast überall verfügbar. Musik bedeutet viel für junge Menschen. Einerseits dient sie der Stimmungsregulierung, sie kann als Hintergrundbeschäftigung benutzt werden, andererseits kann der Musikgeschmack Gruppenzugehörigkeit herstellen wenn z.b. Freunde zusammen ein Konzert/Festival besuchen. Die beste Wirkung wird im universellen Präventionsbereich[8] erzielt. Deshalb soll das erstellte Material im Rahmen von Medienpaketen (Begleitheft mit Kurzvideos) in Schulklassen ab 6. Klasse genutzt werden. „Prävention kann nur durch kontinuierliche Maßnahmen erfolgreich verlaufen, da Einstellungsänderungen und Verhaltensänderungen dauerhafte Prozesse darstellen. Außergewöhnliche Einzelmaßnahmen sind weniger wirksam als wiederholte und aufeinander aufbauende Handlungen".[9] Das Präventionsvideo soll sowohl in der Schule als auch in Discotheken sowie auf Großveranstaltungen und Festivals gezeigt werden. Damit soll der Effekt der Wiedererkennung gestärkt werden. Die Abstimmung dieses präventiven Konzeptes (Widerspruchsfreiheit) soll durch die beteiligten Institutionen (AG Opferschutz im Ministerium für Inneres und Europa, Landesrat für Kriminalpräventionsrat, Bildungsministerium) gelingen. Lösungsmöglichkeiten für präventive Arbeit sollen sich an den Ursachen orientieren. Die geringe Anzeigebereitschaft bzw. Kenntnis zu Opferrechten, -unterstützung wurde in vielen Forschungen beschrieben und im Rahmen der Dunkelfeldforschung für MV erhoben. Der Werteorientierung soll entsprochen werden, indem Opferrechte transparent gemacht werden und Wege nach Viktimisierung als Orientierungshilfen aufgezeigt werden.

---

7   Medienpädagogischer Forschungsverband Südwest, JIM-Studie 2020, www.mpfs.de.
8   vgl. Meier 2016:297.
9   Haas 2008:47.

Es handelt sich um ein interdisziplinäres Projekt der AG Opferschutz des Landesrates für Kriminalprävention M-V. Eltern, Pädagog:innen, Discjockeys und Jugendkontaktbeamt:innen der Polizei wirken mit, indem sie das Material auf der Homepage sowie die Medienpakete nutzen. Die Einbeziehung der Teilnehmer:innen erfolgt über die Projekttage sowie den Unterricht. Es handelt sich damit um einen opferorientierten Präventionsansatz welcher sowohl universell (alle Schüler:innen in weiterführenden Schulen) als auch selektiv an gefährdeten Orten wie Großveranstaltungen, Diskotheken pp. und den Besucher:innen als potentielle Opfer ansetzt. Darüber hinaus kann die Betreuung/Anzeigebereitschaft von Opfern im indizierten Bereich erhöht werden. Abschließend soll eine Überprüfung von Umsetzung und Zielerreichung erfolgen, das Präventionsprojekt wird wissenschaftlich begleitet/evaluiert.

Im Rahmen der Evaluation werden die Effekte des Präventionsangebotes wissenschaftlich untersucht. Die Idee der evidenzbasierten Kriminalprävention betont die Wichtigkeit einer wissenschaftlichen Begleitung zur Überprüfung der Zielerreichung.[10] Armborst (2018:9) beschreibt den idealtypischen Verlauf evidenzbasierter Kriminalprävention in vier Phasen:

Phase 1	Phase 2	Phase 3	Phase 4
Grundlagenforschung Bewertung und Einstufung empirischer Befunde Praxisempfehlungen	Gezielte Beeinflussung kriminogener Faktoren Entwicklung von Präventionsansätzen	**Evaluation Überprüfung der Effekte von Präventionsansätzen Kosten-Nutzen-Analyse**	Evidenzbasierte Kriminalpolitik und Prävention Politische Steuerung auf Kommunal-, Länder- und Bundesebene

Tabelle 2: Phasen der evidenzbasierten Kriminalprävention

Am Anfang steht die Untersuchung kausaler Faktoren (kriminogene und protektive), indem anhand von empirischen Studien theoretische Hypothesen gebildet werden. Daran schließt die Konzeption von Ansätzen und Programmen zur Reduzierung von Kriminalität an. Die Kunst besteht darin, die Mittel und Wege zur Verringerung des Phänomens zu finden. In der dritten Phase wird untersucht, ob die Präventionsmaßnahmen auch tatsächlich die intendierte Wirkung erzielen und ob es zu Nebeneffekten kommt. In Phase vier fließen die Erkenntnisse aus den Phasen eins und

---

10 Bubenitschek, Greulich, Wegel 2014:44.

drei zusammen und bilden die Grundlage für die Weiterentwicklung von Präventionsansätzen und kriminalpolitischen Entscheidungen. Evaluation von kriminalpräventiven Maßnahmen bedeutet die systematische und methodisch angeleitete Überprüfung und Beurteilung von Präventionsprojekten im Hinblick auf ihre Konzeption, Umsetzung und Wirkung. Im 2. Periodischen Sicherheitsbericht wird festgestellt: „Eine systematische Evaluation kriminalpräventiver Maßnahmen, Projekte, Initiativen usw. findet bislang in der Regel nicht statt, ist aber auf Dauer erforderlich, wenn tatsächlicher Fortschritt auf gesicherter Grundlage erreicht werden soll".[11] Dieser Ansatz folgt dem sog. Beccaria-Standard, welcher die Problembeschreibung mit der Analyse der Entstehungsbedingungen an den Anfang setzt. Darauf folgt die Festlegung von Präventionszielen, Projektzielen und Zielgruppen. Anschließend erfolgt die Festlegung von Maßnahmen für die Zielerreichung mit der Projektkonzeption. Danach kann mit der Projektdurchführung begonnen werden. Während des Prozesses erfolgt die Überprüfung von Projektumsetzung und Zielerreichung des Projektes. Zum Abschluss werden Schlussfolgerungen abgeleitet und das Projekt wird in einer Dokumentation zusammengefasst.[12]

In Deutschland sind Wirkungsevaluationen relativ selten. Die Grüne Liste des Landespräventionsrates Niedersachsen ist als Quelle mit dem höchsten Qualitätsanspruch anzusehen. In der Online-Datenbank werden nur wirkungsevaluierte Programme aufgenommen und nach der Aussagekraft der jeweiligen Evaluationsstudie bezüglich ihrer Effektivität bewertet. Entscheidend für die Bewertung sind das Erhebungsdesign und die Beweiskraft. Der vom Bundeskriminalamt als Online-Datenbank publizierte Infopool Kriminalitätsbekämpfung „ist eine von den Polizeien der Länder und des Bundes gemeinsam konzipierte Anwendung zur Dokumentation problemorientierter, ganzheitlich angelegter polizeilicher Praxiskonzepte".[13] Das Konzept sieht vor, dass die Präventionsakteure auf bereits evaluierte „best practice"-Projekte zugreifen. Sollte kein entsprechendes Konzept verfügbar sein, wird Evaluation von Beginn an vorgesehen.

Über das Programm Polizeiliche Kriminalprävention der Länder und des Bundes (ProPK) sollen die Bevölkerung, Multiplikatoren, Medien und andere Beteiligte in der Prävention über Erscheinungsformen der Kriminali-

---

11 Bundesministerium des Innern, Bundesministerium der Justiz 2006:455.
12 www.beccaria.de
13 BKA Infopool http://www.bka.de.

tät und die Möglichkeiten zu deren Verhinderung aufgeklärt werden. Dies geschieht durch Öffentlichkeitsarbeit und die Herausgabe von Medien. Örtliche Polizeidienststellen sollen in ihrer kriminalpräventiven Arbeit unterstützt werden. ProPK hat bereits im Jahr 2009 eine Arbeitshilfe für die Evaluation zur Qualitätssicherung polizeilicher Präventionsprojekte herausgegeben.[14] Die Stiftung Deutsches Forum für Kriminalprävention (DFK) wurde im Jahr 2001 gegründet und hat sich zum Ziel gesetzt, Kriminalprävention in allen Aspekten zu fördern. Sie ist als Bindeglied zwischen Wissenschaft, Praxis und Politik zu sehen und fördert die Kooperation und Vernetzung der unterschiedlichen Präventionsakteure und setzt sich für die Verbesserung der Lebenssituation und Entwicklungsbedingungen von Kindern und Jugendlichen im Sinne einer Basisprävention ein. In 2014 wurde das Webportal „Wegweiser Prävention"[15] entwickelt, das den Weg zu Präventionsprogrammen weist, die evaluiert sind.[16] Der Leitfaden Entwicklungsförderung und Gewaltprävention für junge Menschen gibt Impulse für die Auswahl und Durchführung wirksamer Programm.[17] Soziale Trainingsprogramme (Programme zur Förderung sozialer Kompetenzen von Kindern und Jugendlichen, Erlernen von Problemlösungsfähigkeiten, Emotionsregulierung, Sozialverhalten), Elterntrainingsprogramme (Programme zur Förderung der Erziehungskompetenz insbes. konsistenter Erziehungsstil, nicht-aggressive Grenzsetzung, positives Elternverhalten), Familienorientierte Frühintervention (allgemeine Entwicklungsförderung der Kinder, elterliche Erziehungsberatung, Hilfe bei Bildungsübergängen pp.) sowie schulbezogene Maßnahmen (soziales Lernen im schulischen Kontext, Etablierung von Schulregeln gegen Mobbing und Gewalt) haben sich als wirksam erwiesen.[18]

Die formative Evaluation ist bereits erfolgt, nunmehr sollen die Prozess- und Wirkungsevaluation erfolgen. Im Einzelnen soll überprüft werden inwieweit nach der Teilnahme am Präventionsangebot

1. Schüler:innen ab 6. Klasse

    - mögliche Tatort/Begegnungen sexualisierter Gewalt kennen,

    - Folgen sexualisierter Gewalt kennen,

---

14 vgl. Klotter, Mayer 2018: 95 ff.
15 http://www.wegweiser-praevention.de.
16 Daniel 2018:101-103.
17 vgl. Stiftung DfK 2018
18 vgl. ebd.: 30.

- Handlungsmöglichkeiten im Falle eines sexuellen Übergriffs kennen,

und

- erwägen, Hilfsangebote im Falle eines sexuellen Übergriffs in Anspruch zu nehmen.

2. Lehrer:innen ab 6. Klasse

- erkennen, was sie tun können, wenn ihnen ein Fall berichtet wird,
- erwägen, das Medienpaket im weiteren Unterricht zu nutzen.

Das methodische Vorgehen sieht eine Befragung von Schüler:innen und Lehrer:innen mit drei Messzeitpunkten (prä-, post und follow-up-Befragung) vor. Die Untersuchungsgruppe setzt sich aus Schülern der 6. Klasse und deren Klassenlehrer:innen zusammen, die an der Präventionsmaßnahme teilnehmen. Als Kontrollgruppe dienen Schüler:innen an Schulen, die das Programm nicht absolviert haben. Die Befragung der Schüler:innen erfolgt über einen Fragebogen[19] zu folgenden Inhalten:

- Wissenskomponenten zum Thema sexualisierte Gewalt
- Verfügbare Handlungskomponenten im Fall eines Übergriffs
- Vertrauen in die eigenen Gefühle

Nach Durchführung des Projekts werden sie zweimal zu folgenden Themen befragt:

- Wissenskomponenten zum Thema sexualisierte Gewalt
- Vertrauen in die eigenen Gefühle
- Verfügbare Handlungskomponenten im Fall eines Übergriffs
- Transfer der neuen Verhaltensmöglichkeiten auf Konfliktsituationen

	Messzeitpunkt 1	Messzeitpunkt 2	Messzeitpunkt3
Evaluations-gruppe	Befragung 4 Wochen vor Start	Befragung 4 Wochen nach Ende	Befragung 6 Monate nach Ende
Kontroll-gruppe	Befragung 4 Wochen vor Start		Befragung 6 Monate nach Ende

Tabelle 3: Studiendesign Schüler:innen

---

19   vgl. Raab-Steiner, Benesch 2015:47

Die Untersuchung erfolgt ab 6. Schulklasse zu den entsprechenden Messzeitpunkten durch Ausfüllen eines Fragebogens im Onlineverfahren vier Wochen vor Beginn, vier Wochen bzw. sechs Monate nach der Präventionsmaßnahme. Die Befragung der Lehrer:innen erfolgt in einem leitfadengestützten Interview[20] zu folgenden Inhalten:

- Wissenskomponenten zum Thema sexualisierte Gewalt
- Verfügbare Handlungskomponenten im Fall eines Übergriffs
- Transfer der neuen Verhaltensmöglichkeiten auf Konfliktsituationen
- Hat sich in Folge des Projekts ein SchülerIn an Sie gewandt? Waren Sie darauf vorbereitet?.
- Nachdem Sie die Erfahrung mit dem Projekt gemacht haben, werden Sie das Medienpaket auch zukünftig im Unterricht benutzten? Welche Unterstützung wünschen Sie sich darüber hinaus?
- Skizzieren Sie aus Ihrer Sicht positive als auch negative Effekte des Projekts
- Wie sieht Ihre Gesamtbeurteilung des Projektes aus?

Die Lehrer:innen werden einmal nach Beendigung des Projektes befragt. Die SchülerInnen werden im Rahmen einer prä-, post- sowie follow-up-Befragung mittels Fragebogen befragt. Die Ergebnisse der Evaluation werden Ende 2023 vorgelegt.

Ab 2023 sollen FestivalbesucherInnen durch die Präsenz des Projekts auf den Festivals angesprochen werden. Dazu werden Werbematerialien mit dem Logo der Homepage verteilt. Durch das Angebot an die TeilnehmerInnen, das Handy am Promotionstand über Solarpowerbanks zu laden wird ein Anreiz zum Aufsuchen gegeben. Dort wird das Werbematerial angeboten. Darüber hinaus ist es das Ziel, das Präventionsvideo auf den Festivals zu zeigen. Die SecuritymitarbeiterInnen sollen im Vorfeld beschult werden.

---

20   Frevel, Miesner, Voelzke 2010: 104

Quellenangaben

Armborst, Andreas (2018): Einführung: Merkmale Abläufe evidenzbasierter Kriminalprävention, in: Walsh, Pniewski, Kober, Armbrost (Hrsg.): Evidenzorientierte Kriminalprävention in Deutschland. Ein Leitfaden für Politik und Praxis. Wiesbaden, S. 3-20.

Balschmiter, P., Bley, R, Bläsing, D., Fischbach, J., Rasch D. (2019): Befragung zu Sicherheit und Kriminalität in Mecklenburg- Vorpommern, Abschlussbericht zur zweiten Befragung in 2018, Schriftenreihe der FHÖVPR Güstrow, www. fh-guestrow.de

Barthel, Christian, Lorei, Clemens (2010) (Hrsg.): Empirische Forschungsmethoden, Frankfurt.

Beelmann, Andreas (2018): Enwicklungsorientierte Kriminalprävention: Wissenschaftliche Fundierung und Ergebnisse der Evaluation, in: Walsh, Pniewski, Kober, Armbrost (Hrsg.): Evidenzorientierte Kriminalprävention in Deutschland. Ein Leifaden für Politik und Praxis. Wiesbaden, S. 387-406.

Bergmann Marie Christine, Kliem Sören, Krieg Yvonne, Beckmann Laura (2019): Jugendliche in Niedersachsen, Ergebnisse des Niedersachsensurveys 2017, KFN-Forschungsbericht Nr. 144, Hannover, www. kfn.de

Bley, Rita (2019) Dunkelfeldbefragung MV 2018, Sonderauswertung Anzeigebereitschaft nach Alter, www.fh-guestrow.de.

Bubenitschek, Günther, Gneulich, Melanie, Wegel, Reiner (2014): Kriminalprävention in der Praxis, Heidelberg.

Bundesministerium des Innern, Bundesministerium der Justiz (2006): 2. Periodischer Sicherheitsbericht, Berlin.

Daniel, Stefan (2018): Die Stiftung Deutsches Forum für Kriminalprävention (DFK) und ihre Arbeitsstelle Nationales Zentrum für Kriminalprävention (NZK) –Entstehungsgeschichte, Aufgaben und Perspektiven, in: Walsh, Pniewski, Kober, Dollinger, Bernd (2018): Die Konstruktion von Evidenz in der Polizeiarbeit. Implikationen und Perspektiven einer wirkungsorientierten Kriminalprävention, in: Walsh, Pniewski, Kober, Armbrost (Hrsg.): Evidenzorientierte Kriminalprävention in Deutschland. Ein Leifaden für Politik und Praxis. Wiesbaden, S. 187-204.

Frevel, Bernhard, Miesner, Christian, Voelzke, Nils (2018): Das leitfadengestützte Experteninterview, in: Barthel, Christian, Lorei, Clemens (Hrsg.): Empirische Forschungsmethoden, Frankfurt.

Gysi, Jan, Rüegger (Hrsg.) (2018): Handbuch sexualisierte Gewalt, Therapie, Prävention und Strafverfolgung, Hogrefe, Bern.

Haas, Ute Ingrid (Hrsg.) (2008): Tertiäre Kriminalprävention durch Sport? Die Polizei als Akteur kommunaler Kriminalprävention, Frankfurt.

Heinz, Wolfgang (2017): Das kriminalstatistische System in Deutschland, Notwendigkeit einer Optimierung; in: Kriminalistik 2017, 7 S. 427-435.

Heinzel, Friederike, Prengel, Annedore (2018): Sexualisierte Gewalt und Schulen, in: Retkowski, Alexandra, Treibel, Angelika, Tuider, Elisabeth (Hrsg.): Handbuch Sexualisierte Gewalt und pädagogische Kontexte, Theorie, Forschung, Praxis, Beltz Juventa, Weinheim Basel, S. 415-423.

Kerner, Hans-Jürgen (2018): Entwicklung der Kriminalprävention in Deutschland, in: Walsh, Pniewski, Kober, Armbrost (Hrsg.): Evidenzorientierte Kriminalprävention in Deutschland. Ein Leifaden für Politik und Praxis. Wiesbaden, S., 21-36.

Klotter, Gerhard, Mayer, Andreas (2018): Evidenzorientierte Qualitätssicherung in der Polizeiarbeit. Am Beispiel des Programms Polizeiliche Kriminalprävention der Länder und des Bundes, in: Kriminalistik 5/2018, S. 286 – 292.

Knott, Marcel (2016): Tatort Sexting: Viktimisierungsrisiken für Jugendliche durch die unbedachte Verbreitung von Bilddateien, Verlag für Polizeiwissenschaft, Frankfurt.

Krüger, Andreas (2018): Sexualisierte Gewalt gegen Kinder und Jugendliche, in: Gysi, Jan, Rüegger (Hrsg.): Handbuch sexualisierte Gewalt, Therapie, Prävention und Strafverfolgung, Hogrefe, Bern, S. 565-584.

Kube, Edwin, Koch, Karl-Friedirch (1996): Kriminalprävention, Lehr- und Studienbriefe Kriminologie, Bd. 3, 2. Aufl. Hilden/Rhld., S. 5 – 15.

Medienpädagogischer Forschungsverband Südwest (2020): JIM-Studie, www.mpfs.de

Meier, Bernd-Dieter (2016): Kriminologie, 5. Aufl., München.

Maschke, Sabine, Stecher, Ludwig (2018): Sexuelle Gewalt: Erfahrungen Jugendlicher heute, Beltz, Weinheim, Basel.

Programm polizeiliche Kriminalprävention der Länder und des Bundes (Hrsg.): Qualitätssicherung Polizeilicher Präventionsprojekte. Eine Arbeitshilfe für die Evaluation, Stuttgart; abrufbar: www.propk.de.

Raab-Steiner, Elisabeth, Benesch, Michael (2015): Der Fragebogen - Von der Forschungsidee zur SPSS-Auswertung, 4. Aufl., Wien.

Retkowski, Alexandra, Treibel, Angelika, Tuider, Elisabeth (Hrsg.) (2018): Handbuch Sexualisierte Gewalt und pädagogische Kontexte, Theorie, Forschung, Praxis, Beltz Juventa, Weinheim Basel.

Rusack, Tanja (2018): Peer Violence, in: Retkowski, Alexandra, Treibel, Angelika, Tuider, Elisabeth (Hrsg.): Handbuch Sexualisierte Gewalt und pädagogische Kontexte, Theorie, Forschung, Praxis, Beltz Juventa, Weinheim Basel, S. 315-324 .

Stiftung DFK (2018). Entwicklungsförderung und Gewaltprävention für junge Menschen. Impulse für die Auswahl & Durchführung wirksamer Programme. Ein Leitfaden für die Praxis. Bonn

Vogelsang, Verena (2017): Sexuelle Viktimisierung, Pornografie und Sexting im Jugendalter. Ausdifferenzierung einer sexualbezogenen Medienkompetenz, Springer VS, Wiesbaden.

Walsh, Pniewski, Kober, Armbrost (2018) (Hrsg.): Evidenzorientierte Kriminalprävention in Deutschland. Ein Leitfaden für Politik und Praxis. Wiesbaden.

Katharina Bremer, Ricarda Brender, Frederick Groeger-Roth, Ulla Walter

Grüne Liste Prävention: wirksame Verhältnisprävention stärken

1. Einleitung

Beim Übergang von der Kindheit bis hin zum jungen Erwachsensein müssen Kinder und Jugendliche entwicklungsspezifische Herausforderungen bewältigen. Für die psychische Gesundheit, positive Entwicklung und erfolgreiche Lebensführung sind die Bewältigung von Entwicklungsaufgaben prägend. Maßnahmen der Prävention und Gesundheitsförderung (PGF) zielen in diesem Kontext auf die Minimierung der Vulnerabilität, die Vermeidung von Risiken sowie die Verbesserung oder Optimierung von Resilienz und Ressourcen (vgl. RKI, 2021).

Die Maßnahmen können zum einen auf die Verhaltensänderung des Individuums ausgerichtet sein (Verhaltensprävention), zum anderen auf strukturelle Veränderungen der Lebenswelten hinwirken (Verhältnisprävention) (ebd). In den verschiedenen Diskursen zur Prävention ist in den letzten Jahren erneut darauf hingewiesen worden, dass sowohl verhaltens- als auch verhältnispräventive Ansätze für eine wirksame Prävention wichtig sind (z.B. für die Gewaltprävention: vgl. Voß et al., 2019; für die Suchtprävention: vgl. DHS, 2014). In Deutschland existiert vor allem eine Vielzahl von verhaltenspräventiv orientierten Programmen zur Förderung der psychosozialen Gesundheit und zur Vorbeugung bzw. Reduzierung von Problemverhaltensweisen (vgl. Beelmann et al., 2014). Die Forschung bietet inzwischen zahlreiche weiterführende Erkenntnisse dazu, was wirkt oder was nicht wirkt; PGF-Programme ohne empirisch stichhaltige Wirkungsnachweise sollten nicht eingesetzt werden, um wirkungslose oder gar schädliche Maßnahmen zu vermeiden und Ressourcen zielgerichtet zu verwenden (vgl. Beelmann et al., 2018). Evidenzregister mit wirksamkeitsgeprüften Programmen bieten die Möglichkeit, dass sich Akteurinnen und Akteure sowie Interessierte über nachweislich wirksame PGF-Programme und -Maßnahmen informieren können (vgl. Means et al., 2015, Rossmann et al., 2021, Axford et al., 2022). Auf diese Weise soll der Einzug von evidenzbasierten Präventionsprogrammen in die Präventionspraxis erleichtert werden (vgl. Mihalic & Elliott, 2015). Das webbasierte Evidenzregiste „Grüne Liste Prävention" (www.gruene-liste-praevention.de) ermöglicht bundesweit verfügbare, evaluierte und effektive Präventionsprogramme zielgerichtet zu identifizieren. Mit 100 gelisteten Programmen (Stand 01/2023) bietet dieses Register einen Überblick über wirksamkeitsgeprüfte Programme zur Förderung der psychosozialen Gesundheit von Kindern und Jugendlichen (vgl. Brender et al., 2023). Bisher sind überwiegend Programme mit verhaltenspräventiver Ausrichtung gelistet (z.B. „Faustlos", „Papilio", „Trampolin", „Triple P") und einzelne Programme, die zusätzlich einen verhältnispräventiven Anteil aufweisen (z.B. „Buddy", „HaLT", „Olweus", „Rebound") (vgl. Brender et al., 2022, Bremer et al., 2022). Seit Herbst 2022 ist ein erster ausschließlich verhältnispräventiver Eintrag gelistet, der Kommunen eine Übersicht zu wirksamen kontextbezogenen Maßnahmen der Alkoholprävention für Kinder und Jugendliche gibt und im Folgenden näher vorgestellt wird.

2.   Theoretische Grundlagen

Die Globale Strategie zur Reduzierung des schädlichen Alkoholkonsums (vgl. WHO, 2010) und der Global Alcohol Action Plan 2022-2030 (vgl. WHO, 2021) untermauern die Bedeutung von wirksamen, kommunalen verhältnispräventiven Maßnahmen zur Alkoholprävention.

Ziel der Verhältnisprävention ist, die Exposition gegenüber ungesunden oder riskanten Verhaltensmöglichkeiten zu begrenzen und die Verfügbarkeit gesünderer Möglichkeiten zu fördern (vgl. FINDER Akademie, 2019). In Übereinstimmung mit der Ottawa Charter der WHO geht es bei der Verhältnisprävention darum, die gesunde Option zur einfacheren Option zu machen (vgl. WHO, 1986). Dabei umfasst die Verhältnisprävention Methoden wie materiell-strukturelle Umweltveränderungen (z.B. Entfernung von Verfügbarkeitsstrukturen), ökonomische Anreiz- und Sanktionssysteme (z.B. Verteuerung) und normativ-regulatorische Verfahren (z.B. Jugendschutzgesetz). Aber auch sozio-edukative Methoden (z.B. kommunale

Aktivierungsprozesse) können eingesetzt werden, so dass ein Übergang zu den individuell pyscho-eduaktiven Verfahren der Verhaltensprävention fließend ist (vgl. Franzkowiak, 2022). Der von Rosenbrock & Michel (2007) geprägte Begriff "verhältnisgestützte Verhaltensprävention" verdeutlicht, wie eng die Begriffe miteinander verknüpft sind und wie fließend die Übergänge von Verhaltens- zu Verhältnisprävention bzw. von Verhältnis- zu Verhaltensprävention sein können (vgl. Franzkowiak, 2022).

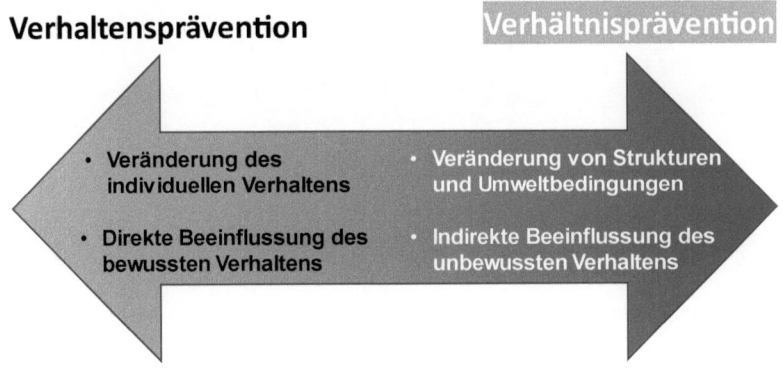

Abb. 1: Kontinuum von Verhaltens- und Verhältnisprävention (eigene Darstellung)

Verhaltens- und Verhältnisprävention stehen in einer Wechselbeziehung zueinander. Veränderungen der Verhältnisse können gesundheitsförderliches Verhalten unterstützen (vgl. Walter et al., 2023). Zudem können durch Verhältnisprävention insbesondere jene vulnerablen Gruppen erreicht werden, bei denen eine Verhaltensmodulation schwierig ist (wie z.B. Jugendliche in der Adoleszenz; einer Übergangsphase mit starken hormonellen und neuropsychologischen Veränderungsprozessen) (vgl. Burkhart et al., 2022). Beispielsweise können Maßnahmen zur Alkoholprävention bei Kindern und Jugendlichen im unmittelbar an den Individuen, in deren persönlichem Umfeld (z.B. Eltern, Peers) oder im weiteren sozialen Umfeld (z.B. Schule, Kommune) angesiedelt sein. Studien zeigen, dass sowohl Präventionsprogramme mit Erziehungsberechtigten (vgl. Vaca et al., 2020), als auch Veränderungen im alkohol-konsumierenden sozialen Umfeld (vgl. Fell et al., 2016, Pascall et al., 2014, Lipperman-Kreda et al., 2010) sowie schulpolitische und –strukturelle Maßnahmen zum Umgang mit Alkohol (vgl. Tancred et al., 2018, Bonell et al., 2013, Desoursa et al., 2008) einen Einfluss auf das Konsumverhalten von Jugendlichen haben. Insbesondere in der Adoleszenz kann jedoch die emotionale Nähe zu den

Bereichen des sozialen Umfeldes stark variieren und somit der Einfluss individuell verschieden sein.

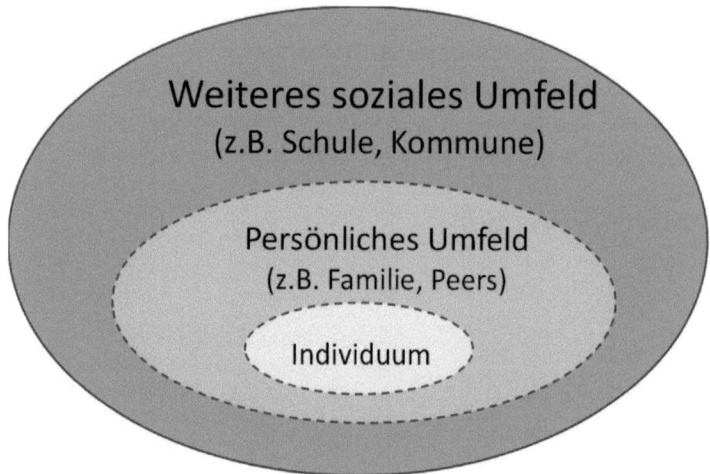

Abb.2: Das soziale und strukturelle Umfeld des Individuums (eigene Darstellung)

Da soziale und institutionelle Umgebungen das individuelle Verhalten beeinflussen, ist im Präventionsgesetz (PrävG) 2015 der gesetzlichen Krankenversicherung ein Auftrag zur Verhältnisprävention erteilt worden (§ 20a SBG V: Leistungen zur Gesundheitsförderung und Prävention in Lebenswelten) (vgl. Walter et al., 2023). Bei jugendlichem Problemverhalten (z.B. in Zusammenhang mit Alkohol- oder Drogenkonsum) können strukturelle Veränderungen der Umwelt wesentlich zur Reduktion der Problemsituation beitragen (vgl. FINDER Akademie, 2019).

Für Kommunen in Deutschland sind die Möglichkeiten zur Reduktion der Alkoholverfügbarkeit aufgrund der rechtlichen Rahmenbedingungen eingeschränkter als z.B. in den USA. Das Grundgesetz umfasst das Freiheitsrecht des Einzelnen Alkohol zu besitzen und zu konsumieren, das Recht auf Berufsfreiheit umfasst den Handel mit Alkohol und die Werbefreiheit in den Medien erlaubt Alkoholwerbung, sofern diese nicht gegen das Jugendschutzgesetz verstößt (vgl. Albrecht, 2020). Landesspezifische Gaststätten- und Ladenschlussgesetze regeln Öffnungszeiten und Ausschankvorgaben, das Straßenverkehrsgesetz gibt Promillegrenzen und Blutalkoholwerte vor und staatliche Verkehrsbetriebe des ÖPNV sind an das Grundrecht gebunden (ebd.). Damit steht deutschen Kommunen ein vergleichsweise eingeschränktes Spektrum an verhältnispräventiven

Maßnahmen zur Alkoholprävention zur Verfügung. Deshalb ist es jedoch besonders sinnvoll von den möglichen Maßnahmen jene auszuwählen, die sich als effektiv erwiesen haben.

Bei der Suche nach wirksamen verhältnispräventiven Maßnahmen können Übersichtsarbeiten (Meta-Analysen und systematische Reviews) im Allgemeinen gute Hinweise geben. Allerdings beziehen sich die Übersichtsarbeiten zu verhältnispräventiven Maßnahmen häufig auf internationale Studien, weil die deutsche Studienlage gering ist (vgl. Bühler et al., 2020). Dementsprechend umfassen die eingeschlossenen Studien häufig Maßnahmen, die im deutschen kommunalen Kontext nicht umsetzbar sind. Folglich ist eine Übersicht zu wirksamen und zugleich kommunal umsetzbaren Maßnahmen hierzulande weder schnell noch einfach erstellt und insbesondere angesichts knapper Personalressourcen in Kommunen besonders herausfordernd für die Praxis.

Vor diesem Hintergrund stellen öffentlich zugängliche Evidenz-Register anwendungsfreundlich aufbereitetes Wissen zu Wirksamkeitsnachweisen bereit (vgl. De Bock et al., 2021). Internationale Beispiele hierfür sind die US-amerikanischen "Blueprints for Healthy Youth Development" und die europaweite "Xchange"-Datenbank der Europäischen Beobachtungsstelle für Drogen und Drogensucht (EMCDDA). In Deutschland existiert zu diesem Zweck die „Grüne Liste Prävention". Sie wurde 2011 vom Landespräventionsrat Niedersachsen initiiert und wird seit 2016 in Kooperation mit der Medizinischen Hochschule Hannover geführt und gepflegt. In Frage kommende Präventionsprogramme werden hinsichtlich ihrer Konzept-, Umsetzungs- und Evaluationsqualität begutachtet und einer von drei Evidenzstufen zugeordnet: (1) Effektivität theoretisch gut begründet, (2) Effektivität wahrscheinlich und (3) Effektivität nachgewiesen (vgl. Groeger-Roth & Hasenpusch, 2011). Die Aufnahme- und Bewertungskriterien sind definiert und auf der Webseite www.gruene-liste-praevention.de veröffentlicht. Ursprünglich wurde das Register im Rahmen des kommunalen Präventionssystems „Communities That Care" (CTC) (www.ctc-info.de) aufgebaut, um Kommunen die Suche und Auswahl von evidenzbasierten Präventionsprogrammen zu erleichtern (vgl. Groeger-Roth, 2016). CTC unterstützt Kommunen mittels Tools und Schulungen bei Evidenzbasierung, Monitoring, Qualitätsentwicklung und Netzwerkbildung, um zur Förderung einer gesunden Entwicklung von Kindern, Jugendlichen und deren Familien sowie zur Reduktion von Problemverhalten beizutragen (vgl. Walter et al., 2023).

US-amerikanische Studien haben gezeigt, dass Kommunen, die CTC anwenden, Problemverhalten von Jugendlichen gegenüber Kommunen, die CTC nicht anwenden, reduzieren können und dass diese Effekte auf den verstärkten Einsatz von wirkungsüberprüften Programmen zurückzuführen sind (vgl. Fagan et al., 2011). Ob dies im deutschen Kontext gleichermaßen gilt, wird aktuell in einem kontrollierten Studiendesign mit 42 Kommunen untersucht (vgl. Röding et al., 2022). CTC-Kommunen erfassen die Problemverhaltensweisen von Kindern und Jugendlichen systematisch und kleinräumig mittels einer Kinder- und Jugendbefragung in den örtlichen Schulen (vgl. Soellner et al., 2018). Zeigen die Befragungsergebnisse sowie weitere Daten der Kommune eine besondere Relevanz eines Risiko- oder Schutzfaktors und wurde dieser von der kommunalen Steuerungsgruppe priorisiert, werden geeignete Maßnahmen ausgewählt. Speziell für den Risikofaktor „Verfügbarkeit von Alkohol und Drogen in der Nachbarschaft" wurde dem Landespräventionsrat Niedersachsen gegenüber immer wieder das Bedürfnis nach einer verhältnispräventiven Maßnahmenübersicht geäußert.

Um diesem Bedürfnis nachzukommen, ist ein Ziel der „Grünen Liste Prävention" die Erstellung eines ersten verhältnispräventiven Registereintrags, der eine Übersicht zur Auswahl wirksamer verhältnispräventiver Maßnahmen bietet, sowie weitere Hilfestellungen für die Anwendung kontextbezogener Maßnahmen. Zielgruppe dieses Eintrags sind insbesondere Kommunen, die mit jugendlichesm Problemverhalten beim Alkoholkonsum reduzieren wollen.

3.   Methodik

Zur Identifizierung der verhältnispräventiven, kommunalen Maßnahmen zur Reduzierung der Verfügbarkeit von Alkohol wurde eine Literatur- und Datenbankrecherche durchgeführt. Ausgangspunkt der Recherche war eine von CTC-Kommunen erstellte Übersicht mit verhältnispräventiven Maßnahmen zur Reduktion von Alkoholkonsum, die auf kommunaler Ebene im Rahmen eigener Zuständigkeiten umsetzbar waren. Diese Maßnahmen wurden zur besseren Übersicht in einer Excel-Matrix aufgeführt und in Ober- und Unterkategorien differenziert (deduktives Vorgehen).

Da die Literaturrecherche in der einschlägigen Fachliteratur und mit Google Scholar sowie die Datenbankrecherche in PubMed nach Evaluationen aus dem deutschen Kontext nur wenige Treffer ergab, wurde die Recherchestrategie auf Evaluationen aus dem europäischen und internationalen Kontext ausgeweitet. Es wurden überwiegend Evaluationen aus den USA gefunden. Einbezogen wurde deutsch- und englischsprachige Studien, zu den Schlagworten „alcohol", „environmental prevention", „youth", "community", ab dem Jahr 2000 bis zum Jahr 2022, mit verschiedenen Studiendesigns (z.B. Ökologische Studien, natürliche Experimente mit Zeitreihenmessung, Querschnittstudien). Die in den Studien identifizierten Maßnahmen wurden in vier Gruppen untergliedert („in Deutschland nicht durchführbar", „auf nationaler Ebene durchführbar", „auf Landesebene durchführbar" und „kommunal durchführbar"). Die „kommunal durchführbaren Maßnahmen" wurden in die Excel-Matrix eingepflegt, d.h. den vorhandenen Ober- und Unterkategorien zugeordnet bzw. neue Kategorien ergänzt (induktives Vorgehen). Schließlich sind sieben Oberkategorien mit insgesamt 78 Studien entstanden (s. Tab. 1).

Tabelle 1: verhältnispräventive, kommunale Maßnahmen zur Reduzierung der Verfügbarkeit von Alkohol

„Anwendungsbereich" (Oberkategorie)	„Maßnahme" (Unterkategorie)	Zahl der Studien	Studien gesamt
Einzelhandel	Reduktion der Anzahl der Verkaufsstellen	7	23
	Bestimmung der Lage von Verkaufsstellen	3	
	Beschränkung der Verkaufszeiten	4	
	Testkäufe im Einzelhandel	5	
	Schulungen des Managements/ Personals	4	
Gastronomie/ Nachtleben	Durchsetzung der vorhandenen Regelungen	5	25
	Testkäufe in der Gastronomie	4	
	Schulungen des Managements/Personals	6	
	Spezielle Service-Praktiken, die einem übermäßigem Konsum entgegenwirken	6	
	Preissteigerung von alkoholischen Getränken/ Preissenkung von alkoholfreien Getränken	4	
Sportvereine/-veranstaltungen	Verzicht auf Werbung/ Sponsoring von Alkoholprodukten	5	8
	Durchsetzung von Jugendschutzregelungen und Personalschulungen	2	
	Verschiebung der Spielzeiten	1	
Öffentlicher Raum	Reduktion von Alkoholwerbung	4	6
	Durchsetzung von Richtlinien	2	
Straßenverkehr/ ÖPNV	Durchsetzung der bestehenden Regelungen	4	5
	Schulung von Polizei und Sicherheitspersonal	1	
Medien	Kampagnen in lokalen Medien / sozialen Medien	3	3
Kommunale Mehr-Ebenen-Programme	Kombination verschiedener verhältnispräventiver Maßnahmen	8	8

4. Ergebnisse

Die Rechercheergebnisse wurden in einem verhältnispräventiven Sammeleintrag aufgeführt und sind seit dem 15.09.2022 auf der Webseite der „Grünen Liste Prävention" öffentlich zugänglich https://www.gruene-liste-praevention.de/nano.cms/datenbank/programm/145. Der Sammeleintrag ist auf Evidenzstufe 2 (Wirksamkeit wahrscheinlich) eingruppiert. Zwar verfügt der überwiegende Teil der Studien über eine hohe Beweiskraft, jedoch ist eine Übertragbarkeit der internationalen Studienergebnisse auf den deutschen Anwendungskontext wegen kultureller und anwendungsbezogener Unterschiede nicht uneingeschränkt möglich. Aufgrund dieser Einschränkung der Beweiskraft können die Evaluationen der verhältnispräventiven Maßnahmen nicht die Evidenzstufe 3 (Wirksamkeit nachgewiesen) erreichen.

Die Evaluationen erfassen in den jeweiligen Anwendungsbereichen (z.B. Einzelhandel, Gastronomie, Sportvereine) verschiedene Maßnahmen (z.B. Durchsetzungsmaßnahmen, Kampagnen) und zum Teil auch Kombinationen mehrerer Maßnahmen. Dabei differieren die Ergebnisparameter (z.B. Verkaufszahlen, Krankenhauseinweisungen, Autounfälle) und die Studiendesigns (z.B. Zeitreihenstudien, ökologische Studien, natürliche Experimente, quasi-experimentelle Studien, systematische Übersichtsarbeiten). Um trotz dieser Unterschiede einen strukturierten Überblick zu bieten und die Auffindbarkeit einzelner verhältnispräventiver Maßnahmen zu erleichtern, ist der Beschreibungstext des Eintrags nach Anwendungsbereichen gegliedert. Um eine praxisrelevante Darstellung zu geben, werden im Beschreibungstext die als wirksam identifizierten Maßnahmen in Bezug auf die deutschen Rahmenbedingungen und die hiesigen Umsetzungsmöglichkeiten erläutert.

Die Referenzen zu den einbezogenen Evaluationen sind im Eintrag aufgelistet; zur besseren Nachvollziehbarkeit den Anwendungsbereiche und jeweiligen Maßnahmen zugeordnet. Zudem wurden für jede Studie stichwortartig die wesentlichen Merkmale des Untersuchungsdesigns und die zentralen Ergebnisse aufgeführt, um einen schnellen Einblick zu ermöglichen. Als Hilfestellung für die Maßnahmenumsetzung werden beispielhaft einige praxisrelevante Materialien und Instrumente aufgeführt, z.B. ein Konzept zur Umsetzung von Testkäufen von der Hansestadt Hamburg, eine Arbeitshilfe zum Jugendschutz bei Veranstaltungen des

Landkreis Rosenheim und ein deutsches Manual zu einem kommunalen Mehr-Ebenen-Programm. Für den interessierten Leser sind weiterführende Literaturhinweise im Eintrag verlinkt: die Expertise zur Suchtprävention der Bundeszentrale für gesundheitliche Aufklärung (BZgA) (vgl. Bühler & Thrul, 2013, Bühler et al., 2020), das Rechtsgutachten der BZgA zu Handlungsspielräumen der kommunalen Alkohol-Verhältnisprävention (vgl. Albrecht, 2020) und das Manual des europäischen Präventionscurriculums - Edition psychoaktive Substanzen (vgl. FINDER Akademie, 2019). Des Weiteren ist vermerkt und z.t. verlinkt, wo verhältnispräventive Maßnahmen bereits umgesetzt wurden, um an bundeslandspezifische Erfahrungen, z.B. mit Alkoholkonsumverboten in der Öffentlichkeit, anknüpfen zu können.

4. 1 Einzelhandel

Als wirksame Maßnahmen im Einzelhandel wurde eine Reduktion der Anzahl der Verkaufsstellen (vgl. Huckle et al., 2008, Campbell et al., 2009, Maheswaren et al., 2018, Foster et al., 2019, Noel, 2019, Slutske et al., 2019, Vocht et al., 2020), die Festlegung der Lage von Verkaufsstellen (vgl. Young et al., 2013, Noel, 2019, Martín-Turrero et al., 2022) und die Beschränkung der Verkaufszeiten (vgl. Sherk et al., 2018, White et al., 2018, Noel, 2019, Baumann et al., 2020) identifiziert. Allerdings sind diese Maßnahmen für Kommunen in Deutschland nur unter bestimmten Voraussetzungen, wie z.B. bei wiederholten Verstößen gegen das Jugendschutzgesetz, einsetzbar (vgl. Albrecht, 2020). Eine Studie zur Beschränkung der Alkoholverkaufszeiten in Baden-Württemberg evaluierte diese Maßnahme als wirksam (vgl. Baumann et al., 2020).

Als weitere wirksame Maßnahmen wurden Testkäufe mit Jugendlichen im Einzelhandel und Schulungen des Personals identifiziert. Testkäufe mit Minderjährigen dienen der Durchsetzung und Kontrolle bestehender Jugendschutzgesetze und reduzieren die Verfügbarkeit von Alkohol für Jugendliche (vgl. van Hoof et al., 2013, Suchert et al., 2015, Fell et al., 2016, Grube et al., 2018, Duch et al., 2020). Testkäufe können in Deutschland erfolgen, sofern die Minderjährigen freiwillig teilnehmen, die Erziehungsberechtigten einwilligen, ein öffentlich-rechtliches Dienst- und Treueverhältnis besteht und nicht übermäßig zum Alkoholverkauf animiert wird (vgl. Albrecht, 2020). Bildungsmaßnahmen des Managements und des Verkaufspersonals im Einzelhandel können ebenfalls die Verfügbarkeit von

Alkohol reduzieren (vgl. Wagenaar et al., 2005, Wolff et al., 2010, Fell et al., 2016, Duch et al., 2020). Eine Umsetzung in Deutschland ist z.B. in Form von Schulungen zur Einhaltung des im Jugendschutzgesetz definierten Mindestverkaufsalters (Alterskontrollen) möglich.

4. 2 Gastronomie/Nachtleben

In der Gastronomie bzw. im Nachtleben sind als wirksame Maßnahmen identifiziert: die Durchsetzung vorhandener Regelungen (vgl. Wagenaar et al., 2005, Bolier et al., 2011, Schelleman-Offermans et al., 2014, Lenk et al., 2021, Quigg et al., 2022), Testkäufe mit Minderjährigen (vgl. Lenk et al., 2006, Gosselt et al., 2007, Grube et al., 2018, Quigg et al., 2022) und Schulungen des Personals (vgl. Holder et al., 2000, Hingson et al., 2005, Bolier et al., 2011, Fell et al., 2016, Fell et al., 2017).

Die Durchsetzung von vorhandenen Regelungen (z.B. Jugendschutzgesetz, Gaststättengesetz) ist für Kommunen in Deutschland durch Testkäufe mit Minderjährigen unter den in Kap. 4.1 genannten Voraussetzungen möglich. Außerdem sind Schulungen des Managements sowie des Ausschank- und Sicherheitspersonals einsetzbar, z.B. zum Gaststättengesetz § 6 (mindestens ein alkoholfreies Getränk muss preiswerter sein als das günstigste alkoholische Getränk) und § 20 (2) (kein Ausschank von Alkohol an erkennbar betrunkene Personen).

Es bestehen darüber hinaus Hinweise auf die Wirksamkeit von speziellen Service-Praktiken, die einem übermäßigen Konsum entgegenwirken. Bei kleinerer Portionsgröße oder hohem, schmalen Glas wurde weniger Alkohol konsumiert (vgl. Caljouw & van Wijck, 2014, Pechey et al., 2016, Troy et al., 2017, Kersbergen et al., 2018, Clarke et al., 2019, Codling et al., 2020). Allerdings ist die Aussagekraft der Evaluationen hierzu geringer, da diese meist nur kleine Gruppen von Probandinnen und Probanden erfassten. Eine Umsetzung dieser Maßnahme kann in Deutschland bislang nur auf freiwilliger Basis mit den Gastronomen erfolgen.

Die Wirkung von Preissteigerungen beim Alkoholverkauf ist eine häufig evaluierte Maßnahme. Studien zeigen, dass ein höherer Preis auch bei der Zielgruppe der Jugendlichen zur Verringerung des Alkoholkonsums führt (vgl. Toomey et al., 2005, Elder et al. 2010, Feltmann et al. 2019, Noel 2019). Für Kommunen in Deutschland ist mittelbar zumindest eine Senkung des Preises von alkoholfreien Getränken bei lokalen Veranstaltungen mit Alkoholverkauf an Ort und Stelle möglich, wie z.B. bei Festivals (vgl. Albrecht, 2020). Bei der Umsetzung ist besonders auf landesspezifische Gast(stätten)- und Ausschankgesetze zu achten.

4. 3 Sportvereine/-veranstaltungen

In Sportvereinen und bei Sportveranstaltungen ist vor allem der Verzicht auf Alkoholwerbung und -sponsoring eine relevante und wissenschaftlich belegte Maßnahme (vgl. Sawyer et al., 2012, de Bruijn et al., 2016, Noel, 2019, Gonzalez et al., 2020, Martino et al., 2021). In Deutschland kann dies auf kommunaler Ebene im Rahmen von freiwilligen Vereinbarungen mit Vereinen und Veranstaltenden umgesetzt werden, z.B. zur Reduzierung des Alkoholsponsorings oder zur Erhöhung der Verfügbarkeit von alkoholfreien/ alkoholarmen Produkten.

Einzelne wissenschaftliche Belege bestehen zur Durchsetzung, Kontrolle und Schulungen von Jugendschutzregelungen in Stadien und Sportvereinen (vgl. Jerusalem et al., 2014, Kingsland et al., 2015) sowie zur Verschiebung der Spieltermine (vgl. Lloyd et al., 2013). Für Schulungen des Personals ist eine deutsche Studie (vgl. Jerusalem et al., 2014), jedoch mit geringem Evidenzniveau (Stufe 1) aufgeführt. Eine Verschiebung der Spieltermine vom Wochenende auf die Wochentage (bzw. von abends auf tagsüber) kann für Kommunen eine weitere Maßnahme sein, um auf alkoholbedingte Probleme bei Sportveranstaltungen Einfluss zu nehmen. Allerdings ist hierzu die Evidenzlage aktuell gering.

4. 4 Öffentlicher Raum

Im öffentlichen Raum kann die Durchsetzung von Alkoholkonsumverboten eine wirksame Maßnahme sein (vgl. Fell et al., 2017, Pascall et al., 2014). Kommunen in Deutschland haben hierzu die Befugnis, wenn die Alkoholkonsumverbote mittels Rechtsverordnungen für einzelne öffentliche Areale beschlossen wurden. Voraussetzung hierfür ist der umfassende Nachweis einer abstrakten Gefahr für die öffentliche Sicherheit oder Ordnung („drohende Schäden durch übermäßigen Alkoholkonsum"), der dann zum Beschluss einer gefahrenabwehrrechtlichen Rechtsverordnung durch den Gemeinderat führt (vgl. Albrecht, 2020). Im Datenbankeintrag werden beispielhaft Orte mit Alkoholkonsumverboten aufgeführt.

Außerdem bestehen Belege zur Wirkung von Alkoholwerbung im öffentlichen Raum (vgl. de Bruijn et al., 2016, Noel, 2019, Jernigan et al., 2017, Sargent & Babor, 2020). Ein Ansatzpunkt auf kommunaler Ebene kann die Verhinderung von Werbeverträgen für Alkoholwerbung unmittelbar vor Kindergärten und Schulen oder an besonders von Kindern und Jugendlichen genutzten Bus- und Bahnhaltestellen sein.

4. 5 Straßenverkehr/ÖPNV

Im Straßenverkehr gelten die Promillegrenzen der Straßenverkehrsordnung und in einigen Verkehrsbetrieben des ÖPNV gilt inzwischen ein absolutes Alkoholverbot während der Fahrt. Für die Durchsetzung von bestehenden Regelungen mit sichtbaren und regelmäßig wiederholten Kontrollen bestehen Wirksamkeitsnachweise (vgl. Fell et al., 2014, Fell et al., 2016, Johnson et al., 2016, Saltz et al., 2021). Es wurde auch ermittelt, dass die Kontrollen mindestens alle drei Monate erfolgen müssen, um eine protektive Wirkung zu erzielen (vgl. Wagenaar et al., 2005). Eine geringe Evidenzlage besteht zur Wirksamkeit von Schulungen für Verkehrspolizistinnen und -polizisten bzw. für Sicherheitspersonal im ÖPNV, diese wurden in Kombination mit anderen Maßnahmen durchgeführt (vgl. Goss et al., 2008).

4. 6 Medien

Medien können für öffentlichkeitswirksame Kampagnen gegen den Alkoholkonsum genutzt werden. Wirksamkeitsnachweise bestehen für die Anwendung von Kampagnen zusammen mit anderen Maßnahmen (vgl. Elder et al., 2004, Young et al., 2018, George et al., 2018). Auf kommunaler Ebene sind Kampagnen in den lokalen und in den sozialen Medien denkbar, z.B. in Form von zielgruppenspezifischen Hinweisen zum Jugendschutzgesetz im Vorfeld von kommunalen Veranstaltungen.

4. 7 Kommunale Mehr-Ebenen-Programme

Bei kommunalen Mehr-Ebenen-Programmen werden verschiedene verhältnispräventive Maßnahmen kombiniert (Maßnahmen zu Verfügbarkeit, Preis, Durchsetzung, Kontrolle, Medien und Bildung) und die Kommunen werden zum Thema aktiviert. Ein Beispiel für ein europaweit umgesetztes kommunales Mehr-Ebenen-Programm zur Alkoholprävention ist STAD (Stockholm Prevents Alcohol and Drug Problems). Die Ergebnisse zu verschiedenen Mehr-Ebenen-Programmen zeigen, dass die Kombination verschiedener Maßnahmen die Gesamtwirkung steigert (vgl. Holder et al., 2000, Treno et al., 2007, Shults et al., 2009, Bolier et al., 2011, Jones et al., 2011, Fell et al., 2017, Wagenaar et al., 2018, Quigg et al., 2022).

5. Diskussion

Der verhältnispräventive Eintrag zur „Reduktion der Verfügbarkeit von Alkohol in der Kommune" führt eine Vielzahl an wirksamen verhältnispräventiven Maßnahmen in der Kommune auf. Der Eintrag soll interessierten Personen einen Überblick bieten und anhand von Beispielen die bundesweiten Umsetzungsmöglichkeiten aufzeigen. Es werden kommunale Handlungsspielräume zur Realisierung verhältnispräventiver Maßnahmen aufgezeigt, deren Potentiale aktuell noch nicht ausgeschöpft werden.

Allerdings erschweren bundeslandspezifische Gesetze und Rechtsauslegungen die Formulierung von allgemeingültigen Aussagen zu verhältnispräventiven Maßnahmen in Deutschland. Hier wurde der unmittelbare Zusammenhang von Verhältnisprävention mit rechtlichen Aspekten sehr deutlich. Für die konkrete Umsetzung der verhältnispräventiven Maßnahmen im jeweiligen Bundesland müssen föderale Spezifika beachtet werden. Aus Gründen des Umfangs konnte jedoch auf bundeslandspezifische Darstellungen nicht eingegangen werden.

Aufgrund der rechtlichen Rahmenbedingungen in Deutschland sind die positiv evaluierten, verhältnispräventiven, kommunalen Maßnahmen hierzulande zum Teil weniger umfangreich umsetzbar als im ursprünglichen Kontext. Folglich ist zu erwarten, dass die Wirkung ebenfalls geringer ausfällt. Allerdings zeigen die Studien auch, dass die Kombination mehrerer Maßnahmen die Gesamtwirkung erhöht (Mehr-Ebenen-Programm). Demnach kann die Kombination verschiedener verhältnispräventiver Maßnahmen als generelle Empfehlung zur wirksamen Reduktion des Alkoholkonsums von Jugendlichen gelten. Es sollte sowohl eine Vernetzung der kommunalen Akteurinnen und Akteure als auch eine systematische Planung der kombinierten verhältnispräventiven Maßnahmen stattfinden.

Die identifizierten Maßnahmen verdeutlichen erneut, dass Verhaltens- und Verhältnisprävention nicht trennscharf gegeneinander abzugrenzen, sondern die Übergänge fließend sind. Denn z.b. Schulungen des Personals zielen auf eine Verhaltensänderung des Verkaufenden oder des Ausschenkenden, aber dies kann -insbesondere in Kombination mit anderen Maßnahmen- zu einer strukturellen Veränderung führen und die Verfügbarkeit von Alkohol für Jugendliche reduzieren.

Zugleich umfassen die verhältnispräventiven Maßnahmen ein breites Spektrum an Methoden. Verhältnispräventive Maßnahmen -insbesondere bei der Umsetzung von Alkoholkonsumverboten- können einen restriktiven Charakter aufweisen. Dann erfordern sie in besonderem Maße eine ethische Begründung, bei der Nutzen und Bevormundung sorgfältig gegeneinander abzuwägen sind (vgl. Burkhart et al., 2022).

Der Eintrag wurde als „Sammeleintrag" in der „Grünen Liste Prävention" erstellt und insgesamt auf Evidenzstufe 2 bewertet. Die Verwendung eines einzigen Eintrags für viele verschiedene Maßnahmen sollte eine gute Übersicht gewährleisten und somit einen anwenderfreundlichen Eintrag für die Praxis sicherstellen. Ein direkter Vergleich der Maßnahmenwirkungen ist allerdings aufgrund der verschiedenen Studiendesigns und der unterschiedlichen Ergebnisparameter nicht möglich.

Der Eintrag zu verhältnispräventiven Maßnahmen in Kommunen in Deutschland sollte möglichst auch deutsche Studien einbeziehen. Aufgrund des Mangels an aussagekräftigeren, nationalen Studien wurde entschieden, dass im Sammeleintrag vereinzelt auch Studien der Evidenzstufe 1 aufgeführt werden, jedoch auf deren Einschränkungen in der Beweiskraft im Text hingewiesen wird. Zugleich konnten internationale Studien mit einem aussagekräftigen Studiendesign durch eventuelle Einschränkungen in der Übertragbarkeit auf den hiesigen kulturellen und strukturellen Kontext in der Beweiskraft reduziert sein. Aufgrund dessen wurde eine Malus-Regelung verwendet, mit der auch hochwertige Studiendesigns keine Stufe 3-Bewertung erlangen konnten. Auf diese Regelung wird ebenfalls im Eintrag hingewiesen, um ein transparentes, nachvollziehbares Bewertungsverfahren zu gewährleisten.

6. Fazit und Ausblick

Stehen Kinder und Jugendliche im Fokus der Prävention, dann geht es darum, die Entwicklung von Kindern und Jugendlichen positiv zu verändern und dabei insbesondere die vulnerablen Zielgruppen zu erreichen. Verhältnispräventive Maßnahmen bieten die Chance speziell die vulnerablen Zielgruppen nachhaltig zu erreichen (vgl. Franzkowiak, 2022). Zugleich stellt die Verhältnisprävention vor Herausforderungen: Strukturen und Umweltbedingungen zu verändern ist anspruchsvoll. Es braucht Überblick, Weitsicht, Know-how, Vernetzung, Motivation.

Der hier vorgestellte, erste ausschließlich verhältnispräventive Eintrag in der „Grünen Liste Prävention" soll einen Beitrag zur Bewältigung dieser Herausforderungen leisten, indem eine Übersicht zu evidenzbasierten Maßnahmen für die Alkoholprävention anwendungsbezogen bereitgestellt wird. Diesem Eintrag sollen zukünftig weitere Übersichten zu wirksamen verhältnispräventiven Maßnahmen bei anderen Problemverhaltensweisen von Kindern und Jugendlichen folgen (z.B. Cannabiskonsum).

Insbesondere angesichts der stetig zunehmenden Programmanzahl im Evidenzregister, sollte die „Grüne Liste Prävention" zukünftig deutlicher herausstellen, welche Programme einen verhältnispräventiven Anteil haben. Auf diese Weise sollte es in Zukunft für Interessierte leicht möglich sein, verhältnispräventive Maßnahmen oder verhaltenspräventive Maßnahmen mit einem verhältnispräventiven Anteil herauszufiltern und anzuwenden. Eine Umsetzung über erweiterte, praxisrelevante Suchfunktionen ist anzustreben.

Einer verstärkten Umsetzung verhältnispräventiver Maßnahmen stehen derzeit gesetzliche Regelungen auf Bundes- und Landesebene entgegen. Der hier besprochene Eintrag beschränkt sich daher auf Maßnahmen, die schon jetzt in Kommunen umsetzbar sind. Die aufgeführten Beispiele zeigen eindrucksvoll, dass verhältnispräventive Maßnahmen ergriffen werden können, um problematischem Alkoholkonsumverhalten von Jugendlichen entgegen zu wirken und dass vorhandene Potentiale aktuell noch nicht ausgeschöpft werden. Die Maßnahmen mit der größten Evidenz für Wirksamkeit sind aber immer noch auf der Ebene der Preispolitik zu finden (vgl. Wagenaar et al., 2010) oder beim Verbot von Alkoholwerbung, die nicht von Kommunen selbst umsetzbar sind. Seit Jahren werden von

Seiten der Fachpraxis und der Wissenschaft entsprechende Regelungen gefordert (vgl. DHS, 2020), die von politischer Seite bisher nicht aufgegriffen wurden. Hier können wir uns nur der Forderung anschließen, dass politische Entscheidungen stärker die wissenschaftliche Evidenzlage berücksichtigen sollten.

Literatur

Albrecht, F.C., Bundeszentrale für gesundheitliche Aufklärung (BZgA) (Hrsg) (2020). Rechtliche Handlungsspielräume der kommunalen Alkohol-Verhältnisprävention. BZgA, Köln.

Axford, N., Morpeth, L., Bjornstad, G., Hobbs, T. & Berry V. (2022). "What works" registries of interventions to improve child and youth psychosocial outcomes: A critical appraisal. Children and Youth Services Review, 137: 106469.

Baumann, F., Buchwald, A., Friehe, T., Hottenrott, H. & Mechtel M. (2020). Beschränktes Alkoholverkaufsverbot in Baden-Württemberg: wirksames Gesetz abgeschafft. Wirtschaftsdienst, (1): 60-63. Verfügbar unter: https://www.wirtschaftsdienst.eu/inhalt/jahr/2020/heft/1/beitrag/ beschraenktes-alkoholverkaufsverbot-in-baden-wuerttemberg-wirksames-gesetz-abgeschafft.html, Zugriff zuletzt: 30.01.2023

Beelmann, A., Böhm, C., Görgen, T., Groeger-Roth, F., Lösel, F., Marks, E., Preiser, S., Scheithauer, H., Spiel, C., Wagner, U. & Zick, A. (2018). Entwicklungsförderung und Gewaltprävention für junge Menschen. Impulse des DFK-Sachverständigenrates für die Auswahl & Durchführung wirksamer Programme – Ein Leitfaden für die Praxis. Stiftung Deutsches Forum für Kriminalprävention: Bonn.

Beelmann, A., Pfost, M. & Schmitt, C. (2014). Prävention und Gesundheitsförderung bei Kindern und Jugendlichen. Eine Meta-Analyse der deutschsprachigen Wirksamkeitsforschung. Zeitschrift für Gesundheitspsychologie, 22 (1): 1–14. https://doi.org/10.1026/0943-8149/a000104

Bolier, L., Voorham, L., Monshouwer, K., van Hasselt, N. & Bellis, M. (2011). Alcohol and drug prevention in nightlife settings: a review of experimental studies. Subst Use Misuse, 2011; 46 (13), 1569-1591.

Bonell, C., Parry, W., Wells, H., Jamal, F., Fletcher, A., Harden, A., Thomas, J., Campbell, R., Petticrew, M., Murphy, S., Whitehead, M., & Moore, L. (2013). The effects of the school environment on student health: A systematic review of multi-level studies. Health & Place, 21(null), 180–191. https://doi.org/10.1016/j.healthplace.2012.12.001

Bremer, K., Brender, R., Groeger-Roth, F. & Walter U. (2022). Grüne Liste Prävention – Eine Datenbank evidenzbasierter Präventionsprogramme. Gesundheitswesen, 84: 864. DOI 10.1055/s-0042-1753992

Brender, R., Bremer, K., Groeger-Roth, F. & Walter, U. (2022). Datenbank Grüne Liste Prävention – Was steckt drin? Systematische Charakterisierung der Programme in der Grünen Liste Prävention. Gesundheitswesen, 84: 749. DOI 10.1055/s-0042-1753676

Brender, R., Bremer, K., Groeger-Roth, F. & Walter, U. (2023). Evidenzregister Grüne Liste Prävention –Systematische Analyse der enthaltenen wirksamkeitsgeprüften Programme. Gesundheitswesen (angenommen, noch nicht veröffentlicht)

Bühler, A., Thrul, J. & Gomes de Matos, E. (2020). Expertise zur Suchtprävention 2020: Aktualisierte Neuauflage der „Expertise zur Suchtprävention 2013". Forschung und Praxis der Gesundheitsförderung. Band 52 (BZgA). Verfügbar unter: https://shop.bzga.de/band-52-expertise-zur-suchtpraevention-2020-60640052/ ,Zugriff zuletzt: 30.01.2023.

Bühler, A. & Thrul, J. (2013). Expertise zur Suchtprävention 2013: Aktualisierte und erweiterte Neuauflage der „Expertise zur Prävention des Substanzmissbrauchs". Forschung und Praxis der Gesundheitsförderung. Band 46 (BZgA). Verfügbar unter: https://shop.bzga.de/band-46-expertise-zur-suchtpraevention-60640046/, Zugriff zuletzt: 30.01.2023.

Burkhart, G., Tomczyk, S., Koning, I. & Brotherhood, A. (2022). Environmental Prevention: Why Do We Need It Now and How to Advance It? Journal of Prevention: 149-156. https://doi.org/10.1007/s10935-022-00676-1

Caljouw, S.R. & van Wijck, R. (2014) Is the Glass Half Full or Half Empty? How to Reverse the Effect of Glass Elongation on the Volume Poured. PLoS ONE, 9(10): e109374. https://doi.org/10.1371/journal.pone.0109374

Campbell, C. A., Hahn, R. A., Elder, R., Brewer, R., Chattopadhyay, S., Fielding, J., Naimi, T. S., Toomey, T., Lawrence, B., & Middleton, J.

C. (2009). The effectiveness of limiting alcohol outlet density as a means of reducing excessive alcohol consumption and alcohol-related harms. American Journal of Preventive Medicine, 37(6), 556–569. https://doi.org/10.1016/j.amepre.2009.09.028

Clarke, N., Pechey, R., Pilling, M. et al. (2019) Wine glass size and wine sales: four replication studies in one restaurant and two bars. BMC Res Notes, 12, 426. https://doi.org/10.1186%2Fs13104-019-4477-8

Codling, S., Mantzari, E., Sexton, O. et al. (2020) Impact of bottle size on in-home consumption of wine: a randomized controlled cross-over trial. Addiction, 115 (12): 2280-2292. https://doi.org/10.1111/add.15042

De Bock, F., Dietrich, M. & Rehfuess, E. (2021). Evidenzbasierte Prävention und Gesundheitsförderung – Memorandum der Bundeszentrale für gesundheitliche Aufklärung. BZgA: Köln.

De Bruijn, A., Tanghe, J., Leeuw, R. et al. (2016). European longitudinal study on the relationship between adolescents' alcohol marketing exposure and alcohol use. Addiction, 111(10), 1774–1783. https://doi.org/10.1111/add.13455

Desousa, C., Murphy, S., Roberts, C., & nderson, L. (2008). School policies and binge drinking behaviours of school-aged children in Wales-a multilevel analysis. Health Education Research, 23(2), 259–271.

DHS - Deutsche Hauptstelle für Suchtfragen e.V. (2014). Suchtprävention in Deutschland. Stark für die Zukunft, DHS: Hamm. Verfügbar unter: www.dhs.de, Zugriff zuletzt: 30.01.2023.

DHS - Deutsche Hauptstelle für Suchtfragen e.V. (2020). Sucht wirksam vorbeugen: Gesundheitsfördernde und präventive Verhältnisse gestalten. DHS: Hamm. Verfügbar unter: www.dhs.de, Zugriff zuletzt: 30.01.2023.

Duch, M., Gervilla, E., Juan, M. et al. (2020) Effectiveness of a Community-Based Intervention to Increase Supermarket Vendors´Compliance with Age Restrictions for Alcohol Sales in Spain: A Pilot Study. Int.J.Environ.Res.Public Health, 17, 5991; https://doi.org/10.3390%2Fijerph17165991

Elder, R.W., Shults, R.A., Sleet, D.A. et al. (2004) Task Force on Community Preventive Services. Effectiveness of mass media campaigns for reducing drinking and driving and alcohol-involved crashes: a systematic review. Am J Prev Med, 27(1):57-65. https://doi.org/10.1016/j.amepre.2004.03.002

Elder, R. W., Lawrence, B., Ferguson, A. et al. (2010) The effectiveness of tax policy interventions for reducing excessive alcohol consumption and related harms. Am J Prev Med, 38 (2), 217-229.

EMCDDA -European Monitoring Centre for Drugs and Drug Addiction (2018). Environmental Substance Use in Prevention Intervention in Europe. Technical Report. Verfügbar unter: https://www.emcdda.europa.eu, Zugriff zuletzt: 30.01.2023

Fagan, A.A., Arthur, M.W., Hanson, K., Briney, J.S., Hawkins, J.D. (2011) Effects of communities that care on the adoption and implementation fidelity of evidence-based prevention programs in communities: results from a randomized controlled trial. Prev Sci, 12(3): 223–34.

Fell, J.C., Fisher, D.A., Yao, J., Scott McKnight, A. (2017) Evaluation of a responsible beverage service and enforcement program: Effects on bar patron intoxication and potential impaired driving by young adults, Traffic Injury Prevention, 18 (6): 557-565, https://doi.org/10.1080/15389588.2017.1285401

Fell, J.C., Scherer, M., Thomas, S., Voas, R.B. (2016) Assessing the Impact of Twenty Underage Drinking Laws. J Stud Alcohol Drugs, 77(2): 249-60. https://doi.org/10.15288%2Fjsad.2016.77.249

Fell, J.C., Waehrer, G., Voas, R.B., et al. (2014) Effects of enforcement intensity on alcohol impaired driving crashes. Accid Anal Prev, 73:181-6. https://doi.org/10.1016/j.aap.2014.09.002

Feltmann, K., Elgán, T.H., Gripenberg, J. (2019) High levels of alcohol intoxication and strong support for restrictive alcohol policies among music festival visitors. Subst Abuse Treat Prev Policy, 14 (1):15. https://doi.org/10.1186%2Fs13011-019-0203-8.

FINDER Akademie (2019). Verhältnisprävention. Europäisches Präventionscurriculum: Handbuch zur wissenschaftsbasierten Prävention für Entscheidungsträger, Meinungsbildner und Politiker. Edition Psychoaktive Substanzen, 87-94. Berlin. Verfügbar unter: https://finder-akademie.de, Zugriff zuletzt: 26.01.2023.

Foster, S., Gmel, G., & Mohler-Kuo, M. (2019). Light and heavy drinking in jurisdictions with different alcohol policy environments. International Journal of Drug Policy, 65, 86–96. https://doi.org/10.1016/J.DRUGPO.2019.01.014

Franzkowiak, P. (2022). Prävention und Krankheitsprävention. In: BZgA Leitbegriffe. Alphabetisches Verzeichnis. Verfügbar unter: https://leitbegriffe.bzga.de/alphabetisches-verzeichnis/praevention-und-krankheitspraevention/ Zugriff zuletzt am: 26.01.2023

George, M.D., Bodiford, A., Humphries, C., Stoneburner, K.A., Holder, H.D. (2018) Media and Education Effect on Impaired Driving Associated With Alcohol Service. J Drug Educ, 48 (3-4):86-102. https://doi.org/10.1177%2F0047237919859658

Gonzalez, S., Kingsland, M., Hall, A., et al (2020) Alcohol and fast food sponsorship in sporting clubs with junior teams participating in the ‚Good Sports' program: a cross-sectional study. Aust N Z J Public Health, 44(2): 145-151. https://doi.org/10.1111/1753-6405.12954

Goss, C.W., Van Bramer, L.D., Gliner, J.A. et al (2008) Increased police patrols for preventing alcohol-impaired driving. Cochrane Database Syst Rev, 8 (4):CD005242. https://doi.org/10.1002/14651858.cd005242.pub2

Gosselt, J.F., van Hoof, J.J., de Jong, M.D., Prinsen, S. (2007) Mystery shopping and alcohol sales: do supermarkets and liquor stores sell alcohol to underage customers? J Adolesc Health, 41 (3):302-8. https://doi.org/10.1016/j.jadohealth.2007.04.007

Groeger-Roth, F. (2016). Verfügbarkeit von evaluierten Präventionsprogrammen für Verhaltensprobleme von Kindern und Jugendlichen – die „Grüne Liste Prävention". In: Klauber, J., Günster, C., Gerste, B., Robra B.-P., Schmacke, N. (Hrsg.) Versorgungs-Report 2015/2016, 297-306, Schattauer: Stuttgart.

Groeger-Roth, F. & Hasenpusch, B. (2011). Grüne Liste Prävention – Auswahl- und Bewertungskriterien für die CTC-Programm-Datenbank. Landespräventionsrat Niedersachsen: Hannover.

Grube, J. W., Dejog, W., Delong, M. et al. (2018). Effects of a responsible retailing mystery shop intervention on age verification by servers and clerks in alcohol outlets: A cluster randomised cross-over trial. Drug and Alc, 37 (6): 774-781 https://doi.org/10.1111/dar.12839

Hingson, R. W., Zakocs, R.C., Heeren T. et al. (2005) Effect on alcohol related fatal crashes of a community based initiativeto increase substance abuse treatment and reduce alcohol availability. Injury Prevention, 1 (2): 84-90. https://pubmed.ncbi.nlm.nih.gov/15805436/

Holder, H.D., Grunewald P. J., Ponicki W. R., et al. (2000) Effect of community-based interventions on high-risk drinking and alcohol-related injuries. JAMA 284, (18):2341-2347. https://pubmed.ncbi.nlm.nih.gov/11066184/

Huckle, T., Huakau, J., Sweetsur, P. et al. (2008). Density of alcohol outlets and teenage drinking: living in an alcogenic environment is associated with higher consumption in a metropolitan setting. Addiction, 103(10), 1614–1621. https://doi.org/10.1111/j.1360-0443.2008.02318.x

Jernigan, D., Noel, J., Landon, J., Thornton, N., Lobstein, T. (2017) Alcohol marketing and youth alcohol consumption: a systematic review of longitudinal studies published since 2008. Addiction, 112:7–20. https://doi.org/10.1111/add.13591

Jerusalem, M., Kröske, B., Küper, C., Vierling, A. (2014) TrainerPlus. Alkoholprävention im Jugendfussball. Endbericht. Humboldt-Universität zu Berlin. Verfügbar unter: https://www.erziehungs-wissenschaften.hu-berlin.de/de/paedpsych/forschung/projekte/trainerplus_endbericht.pdf

Johnson, M. (2016) A successful high-visibility enforcement intervention targeting underage drinking drivers. Addiction, 111 (7): 1196-1202. https://doi.org/10.1111/add.13346

Jones, L., Hughes, K., Atkinson, A. M., & Bellis, M. a. (2011). Reducing harm in drinking environments: a systematic review of effective approaches. Health & Place, 17(2), 508–518. https://doi.org/10.1016/j.healthplace.2010.12.006

Kersbergen, I., Oldham, M., Jones, A. et al. (2018). Reducing the standard serving size of alcoholic beverages prompts reductions in alcohol consumption. Addiction, 113(9): 1598-1608. https://doi.org/10.1111/add.14228

Kingsland, M., Wolfenden, L., Tindall, J. et al. (2015). Improving the implementation of responsible alcohol management practices by community sporting clubs: A randomised controlled trial. Drug Alcohol Rev, 34 (4):447-457. https://doi.org/10.1111/dar.12252

Lipperman-Kreda, S., Grube, J. W., & Paschall, M. J. (2010). Community norms, enforcement of minimum legal drinking age laws, personal beliefs and underage drinking: an explanatory model. Journal of Community Health, 35(3), 249–257. https://doi.org/10.1007/s10900-010-9229-6

Lloyd, B., Matthews, S., Livingston, M. et al. (2013) Alcohol intoxication in the context of major public holidays, sporting and social events: a time-series analysis in Melbourne, Australia, 2000-2009. Addiction, 108(4):701-9. https://doi.org/10.1111/add.12041

Lenk, K.M., Erickson, D.J., Joshi, S. et al. (2021). An examination of how alcohol enforcement strategies by sheriff and police agencies are associated with alcohol-impaired-driving fatal traffic crashes. Traffic Inj Prev, 22 (6): 419-424. https://doi.org/10.1080/15389588.2021.1934829

Lenk, K., Toomey, T., Erickson, D. (2006) Propensity of alcohol establishments to sell to obviously intoxicated patrons. Alcoholism: Clinical and Experimental Research, 30 (7): 1194-1199. https://pubmed.ncbi.nlm.nih.gov/16792567/

Maheswaran, R., Green, M. A., Strong, M. et al. (2018). Alcohol outlet density and alcohol related hospital admissions in England: a national small-area level ecological study. Addiction, 113(11), 2051–2059. https://doi.org/10.1111/add.14285

Martín-Turrero, I., Valiente, R., Molina-de la Fuente, I. et al. (2022)
Accessibility and availability of alcohol outlets around schools: An
ecological study in the city of Madrid, Spain, according to socioeconomic area-level, Environmental Research, 204: C. https://doi.
org/10.1016/j.envres.2021.112323

Martino, F., Chung, A., Potter, J. et al. (2021) A state-wide audit of
unhealthy sponsorship within junior sporting clubs in Victoria,
Australia. Public Health Nutr, 24 (12): 3797-3804. https://doi.
org/10.1017/s1368980021002159

Means, S. N., Magura, S., Burkhardt, J. T. et al. (2015). Comparting
rating paradigms for evidence-based program registers in behavioral health: evidentiary criteria and implications for assessing program. Eval Program Plann 48: 100–116. https://doi.org/10.1016/j.
evalprogplan.2014.09.007

Mihalic, S. F. & Elliot, D. S. (2015). Evidence-based programs registry:
Blueprints for Healthy Youth Development. Evaluation and Program Planning 48: 124–131. https://doi.org/10.1016/j.evalprog-
plan.2014.08.004

Noel, J. K. (2019). Associations Between Alcohol Policies and Adolescent Alcohol Use: A Pooled Analysis of GSHS and ESPAD Data. Alcohol and
Alcoholism, 54(6), 639–646. https://doi.org/10.1093/alcalc/agz068

Pascall, M., Lipperman- Kreda, S., Grube J.W. (2014) Effects of the
local alcohol environment on adolescents' drinking behaviors
and beliefs. Addiction, 109 (3): 407-16. https://doi.org/10.1111/
adj.12397

Pechey, R., Couturier, D.L., Hollands, G.J. et al. (2016) Does wine glass
size influence sales for on-site consumption? A multiple treatment reversal design. BMC Public Health, 16, 390. https://doi.
org/10.1186/s12889-016-3068-z

Quigg, Z., Butler, N., Hughes, K., Bellis, M.A. (2022) Effects of mul-
ti-component programmes in preventing sales of alcohol to
intoxicated patrons in nightlife settings in the United Kingdom.
Addict Behav Rep, 15: 100422. https://doi.org/10.1016%2Fj.
abrep.2022.100422

RKI- Robert-Koch-Institut (Hrsg.) (2021). Psychische Gesundheit in
Deutschland. Erkennen – Bewerten – Handeln. Schwerpunktbe-
richt Teil 2 – Kindes- und Jugendalter. Fokus: Psychische Auffälligkeiten gemäß psychopathologischem Screening und Auf-
merksamkeitsdefizit-/Hyperaktivitätsstörung (ADHS). RKI: Berlin.
Verfügbar unter: www.rki.de

Röding, D., Reder, M., Soellner, R., Birgel, V., Stolz, M., Groeger-Roth, F.
& Walter, U. (2022). Evaluation des wissenschaftsbasierten kom-

munalen Präventionssystems Communities That Care: Studien-design und Baseline-Äquivalenz intermediärer Outcomes. Präv Gesundheitsf. https://doi.org/10.1007/s11553-022-00972-y.

Rosenbrock, R. & Michel, C. (2007). Primäre Prävention – Bausteine für eine systematische Gesundheitssicherung. MWV, Berlin.

Rossmann, C., Bußkamp A. & de Bock, F. (2021). Aufbau von Interventionsdatenbanken für mehr Evidenzbasierung in Prävention und Gesundheitsförderung – methodische Überlegungen. Bundesgesundheitsbl 64: 544–551.

Saltz, R.F., Paschall, M.J., O'Hara, S.E. (2021) Effects of a Community-Level Intervention on Alcohol-Related Motor Vehicle Crashes in California Cities: A Randomized Trial. Am J Prev Med, 60 (1):38-46. https://doi.org/10.1016/j.amepre.2020.08.009

Sargent, J.D. & Babor, T.F. (2020) The Relationship Between Exposure to Alcohol Marketing and Underage Drinking Is Causal. J Stud Alcohol Drugs, 19: 113-124. https://doi.org/10.15288/jsads.2020.s19.113

Sawyer, A.L., Wolfenden, L., Kennedy, V.J., Kingsland, M., Young, K.G., Tindall, J., Rowland, B.C., Colbran, R.W., Wiggers, J.H. (2012)Alcohol sponsorship of community football clubs: the current situation. Health Promot J Austr, 23(1):70-2. https://doi.org/10.1071/HE12070

Schelleman-Offermans, K., Knibbe, R.A., Kuntsche, E. Preventing adolescent alcohol use: effects of a two-year quasi-experimental community intervention intensifying formal and informal control. J Adolesc Health, 2014; 54 (3):326-32. https://doi.org/10.1016/j.jadohealth.2013.09.001

Sherk, A., Stockwell, T., Chikritzhs, T. et al. (2018) Alcohol Consumption and the Physical Availability of Take-Away Alcohol: Systematic Reviews and Meta-Analyses of the Days and Hours of Sale and Outlet Density. Journal of Studies on Alcohol and Drugs, 2018, 79(1), 58–67.

Shults, R.A., Elder, R.W., Nichols, J.L. et al. (2009) Task Force on Community Preventive Services. Effectiveness of multicomponent programs with community mobilization for reducing alcohol-impaired driving. Am J Prev Med, 37 (4):360-71. https://doi.org/10.1016/j.amepre.2009.07.005

Slutske, W. S., Deutsch, A. R., & Piasecki, T. M. (2019). Neighborhood density of alcohol outlets moderates genetic and environmental influences on alcohol problems. Addiction, 2019; 114(5), 815–822. https://doi.org/10.1111/add.14534

Soellner, R., Reder, M., Frisch, J.U. (2018) Communities That Care: Schülerbefragung in Niedersachsen 2017. Hildesheim: Universität Hildesheim.

Suchert, V., Hanewinkel, R., Morgenstern, M. (2014) Wahrgenommene Verfügbarkeit und Alkoholkonsum Jugendlicher im Längsschnitt. Sucht, 2014; 60: 279–287. https://doi.org/10.1024/0939-5911. a000323

Tancred, T., Paparini, S., Melendez-Torres, G. J., Thomas, J., Fletcher, A., Campbell, R., & Bonell, C. (2018). A systematic review and synthesis of theories of change of school-based interventions integrating health and academic education as a novel means of preventing violence and substance use among students. Systematic Reviews, 7(1), 190. https://doi.org/10.1186/s13643-018-0862-y

Toomey, T.L., Erickson, D.J., Patrek, W. et al. (2005) Illegal alcohol sales and use of alcohol control policies at community festivals. Public Health Rep, 120 (2): 165-73. https://doi.org/10.1177% 2F003335490512000210.

Treno, A.J., Gruenewald, P.J., Lee, J.P., Remer, L.G. (2007) The Sacramento Neighborhood Alcohol Prevention Project: outcomes from a community prevetrial. J Stud Alcohol Drugs. 68(2): 197-207. https://doi.org/10.15288/jsad.2007.68.197

Troy, D.M., Attwood, A.S., Maynard, O.M., et al. (2017) Effect of glass markings on drinking rate in social alcohol drinkers. European Journal of Public Health, 27 (2): 352–356, https://doi. org/10.1093%2Feurpub%2Fckw142.

Vaca, F. E., Li, K., Luk, J. W., Hingson, R. W., Haynie, D. L., & Simons-Morton, B. G. (2020). Longitudinal Associations of 12th-Grade Binge Drinking With Risky Driving and High-Risk Drinking. Pediatrics, 145(2). Available from: https://doi.org/10.1542/peds.2018-4095

van Hoof, J.J.& Gosselt, J.F. (2013) Underage alcohol sales--it only takes a minute: a new approach to underage alcohol availability. J Stud Alcohol Drugs, 74(3): 423-7. https://doi.org/10.15288/ jsad.2013.74.423

Vocht, F., McQuire, C., Brennan, A., et al. (2020). Evaluating the causal impact of individual alcohol licensing decisions on local health and crime using natural experiments with synthetic controls. Addiction, 115(11), 2021–2031. https://doi.org/10.1111/add.15002

Voß, S., Bohne, S., Cornel, H., Kahl, W., Marks, E., Rau, A., Schlack, R., Schröttle, M., Wahl, K.- Initiative Gesamtgesellschaftliche Gewaltprävention (IGG) (2019). Neuköllner Aufruf- Sicherheit, Gesundheit, respektvolles Zusammenleben: mehr Lebensqualität durch gesamtgesellschaftliche und nachhaltige Gewaltprävention. Berlin. Verfügbar unter: www.gewalt-praevention.info, Zugriff zuletzt: 30.01.2023.

Wagenaar, A.C., Livingston, M.D., Pettigrew, D.W. et al. (2018) Communities mobilizing for change on alcohol (CMCA): secondary analyses of a randomized controlled trial showing effects of community organizing on alcohol acquisition by youth in the Cherokee nation. Addiction, 113(4):647-655. https://doi.org/10.1111/add.14113

Wagenaar, A.C., Toomey, T.L., Erickson, D.J. (2005) Preventing youth access to alcohol: outcomes from a multi-community time-series trial. Addiction, 100(3): 335-45. https://doi.org/10.1111/j.1360-0443.2005.00973.x

Wagenaar, A.C. et al. (2010). Effects of Alcohol Tax and Price Policies on Morbidity and Mortality: A Systematic Review. American Journal of Public Health. 100 (11): 2270-2278.

Walter, U., Robra, B.-P. & Schwartz, F. W. (2023). Prävention. In: Schwartz, F.W., Walter, U., Siegrist, J., Kolip, P., Leidl, R., Busse, R., Amelung, V., Dierks, M.-L. (Hrsg.) (2023). Public Health. Gesundheit und Gesundheitswesen. 4. Auflage. 336- 365. Elsevier, München.

Walter, U., Groeger-Roth, F. & Röding, D. Evidenzbasierte Prävention für die psychische Gesundheit von Kindern und Jugendlichen: Der Ansatz „Communities That Care" (CTC) für Deutschland. Bundesgesundheitsbl 66, 774–783 (2023). https://doi.org/10.1007/s00103-023-03725-0

White, V., Azar, D., Faulkner, A. et al. (2018) Adolescents' alcohol use and strength of policy relating to youth access, trading hours and driving under the influence: findings from Australia. Addiction, 113(6), 1030-1042. https://doi.org/10.1111/add.14164

WHO Europe- (World Health Organisation) (1986). Ottawa Charter for Health Promotion. Verfügbar unter: https://www.euro.who.int/__data/assets/pdf_file/0004/129532/Ottawa_Charter.pdf, Zugriff zuletzt: 26.01.2023.

WHO – World Health Organisation (2010) Global strategy to reduce the harmful use of alcohol. WHO Press, Geneva.

WHO – World Health Organisation (2021) Global alcohol action plan 2022-2030 to strengthen implementation of the Global Strategy to Reduce the Harmful Use of Alcohol. Second Draft, unedited. Verfügbar unter: https://www.who.int/teams/mental-health-and-substance-use/alcohol-drugs-and-addictive-behaviours , Zugriff zuletzt: 17.07.2023

Wolff, L.S., El Ayadi, A.M., Lyons, N., Herr-Zaya, K., Noll, D., Perfas, F.B., & Rots, G. (2010). Journal of Community Health, 36: 357-366. https://doi.org/10.1007/s10900-010-9316-8

Young, B., Lewis, S., Katikireddi, S.V., Bauld, L., Stead, M., Angus, K., Campbell, M., Hilton, S., Thomas, J., Hinds, K., Ashie, A., Langley, T. (2018) Effectiveness of Mass Media Campaigns to Reduce Alcohol Consumption and Harm: A Systematic Review. Alcohol, 1;53(3): 302-316. https://doi.org/10.1093/alcalc/agx094

Young, R., Macdonald, L., & Ellaway, A. (2013). Associations between proximity and density of local alcohol outlets and alcohol use among Scottish adolescents. Health & Place, 19(0), 124–130. https://doi.org/10.1016/j.healthplace.2012.10.004

Vera Dittmar, Anja Herrmann[1]

Systemische Beratung für Kinder und deren inhaftierte Eltern

1. Einleitung

> *„Einmal, als ich ganz traurig war, hab ich Papa einen Brief geschrieben. Ich konnte ihn ja nicht im Gefängnis anrufen. Später können wir mit ihm sprechen, hat Mama gesagt, nur eben jetzt noch nicht. (...) Also habe ich ihm geschrieben: ‚Hallo Papa! Ich vermisse dich und Ferkelchen auch. Ich finde das unfair, das [sic!] man als Kind seinen Papa weggenommen kriegt, nur weil der Papa was Blödes gemacht hat. Ich kann doch gar nichts dafür und werde trotzdem mitbestraft.'"*
> (Engelhardt & Osberghaus, 2018, S. 33)

Phasen des Traurigseins, des Vermissens und des sich mitbestraft Fühlens– so oder so ähnlich wie in diesem Kinderbuch aus Sicht des Kindes eines Inhaftierten beschrieben – werden viele Kinder während der Zeit der Inhaftierung ihrer Eltern(-teile) kennen. Über die räumliche Trennung und die begrenzten und zeitlich engen Kontaktmöglichkeiten während einer Haftstrafe werden die Kinder zu „Mitbestraften" und können ihr Recht auf Umgang (§ 1684 Absatz 1 BGB) nur sehr eingeschränkt wahrnehmen. Die UN-Kinderrechtskonvention legt für den Fall einer (temporären) Trennung von Eltern(-teilen) als Recht des Kindes fest, „regelmäßige persönliche Beziehungen und unmittelbare Kontakte zu beiden Elternteilen zu pflegen, soweit dies nicht dem Wohl des Kindes widerspricht" (Artikel 9 Absatz 3 UN-KRK).

---

1 Bei dem vorliegenden Beitrag handelt es sich um eine wissenschaftliche Arbeit. Sie wurde gefördert durch das Bundesamt für Migration und Flüchtlinge (BAMF). Die Veröffentlichung stellt keine Meinungsäußerung des Bundesamts für Migration und Flüchtlinge (BAMF) oder des Bundesministeriums des Innern und für Heimat (BMI) dar. Für inhaltliche Aussagen tragen die Autorinnen die Verantwortung.

Das Ministerkomitee des Europarates spezifizierte dies für Kinder inhaftierter Eltern in ihren Empfehlungen an die Mitgliedsstaaten 2018.[2]

Um diese rechtlichen Rahmenbedingungen und -empfehlungen auch in den meist wenig an den Rechten und Bedürfnissen der Kinder von Insass*innen orientierten Strukturen des Justizvollzugs in eine lebensalltagspraktische Umsetzung zu bringen, haben sich in den letzten Jahren viele Akteur*innen aus Praxis und Forschung der besonderen Situation dieser Kinder gewidmet und ihre Arbeit(-sergebnisse) in die Verbesserung der Umstände des Kontakts, des Wohlergehens dieser Kinder und der Zusammenarbeit der Beteiligten gesteckt.

Die Arbeitsweise und -erfahrungen eines dieser Projekte[3] werden im Folgenden dargestellt. Nach der Beschreibung der Zielgruppe wird am Beispiel der Kinder von Rückkehrer*innen aus dem sogenannten „Islamischen Staat" aufgezeigt, wie die Beratung und Begleitung von Kindern, deren Mütter und weiteren Bezugspersonen nach der Inhaftierung der Mütter mit einem systemischen Ansatz gestaltet werden kann und welche Lösungsansätze sich für die besonderen Herausforderungen dieser Kinder anbieten.

2. Beschreibung der Zielgruppe

Die Inhaftierung eines Elternteils ist für die Familienangehörigen und insbesondere die Kinder eine einschneidende Erfahrung. Sie kann u.a. mit dem Auseinanderbrechen der Familie, mit dem Verlust von sozialen Kontakten, mit finanziellen Einschränkungen sowie mit Diskriminierung und Stigmatisierung einhergehen. Eine Untergruppe dieser Kinder Inhaftierter sind die Kinder von IS-Rückkehrer*innen aus dem sogenannten „Islamischen Staat".

---

2 Wörtlich heißt es: „1. Kinder inhaftierter Eltern sind unter Wahrung ihrer Menschenrechte und unter gebührender Berücksichtigung ihrer besonderen Situation und Bedürfnisse zu behandeln. Diesen Kindern ist Gelegenheit zu geben, ihre Meinung in Bezug auf Entscheidungen, die sie betreffen können, unmittelbar oder mittelbar zu Gehör zu bringen. Maßnahmen zur Gewährleistung des Kinderschutzes, unter anderem die Wahrung des Kindeswohls, des Familienlebens und der Privatsphäre, sind fester Bestandteil dessen, ebenso wie Maßnahmen zur Unterstützung der Rolle des inhaftierten Elternteils von Beginn der Haft an bis zur Entlassung" (Empfehlung CM/Rec(2018)5 des Ministerkomitees an die Mitgliedsstaaten, 2018, S. 6).

3 Für anregende Diskussionen und praxisnahe Informationen möchten wir den Berater*innen danken, die das Forschungsprojekt „Systemische Beratung in der Extremismusprävention" (Dittmar, 2023) unterstützt haben. Unser besonderer Dank geht an die systemischen Berater*innen und Traumatherapeut*innen von Grenzgänger ProKids (IFAK e.V. / Bochum).

Von den seit dem Jahr 2011 zum IS, d.h. in dschihadistische Krisengebiete, ausgereisten 1.150 Personen sind laut dem Bundesamt für Verfassungsschutz (2023) bis Januar 2021 148 Männer und Frauen nach Deutschland zurückgekehrt. Zu diesem Zeitpunkt wurde gegen 90,5 % von ihnen wegen Straftaten in der Zeit nach der Ausreise nach Syrien oder in den Irak ermittelt, 28,4 % befinden sich zurzeit bereits in Haft (Bundesregierung, 2021, S. 9). Neueren Zahlen zufolge sind von den bis Juni 2022 Zurückgekehrten 106 Frauen. Darüber hinaus wurden in diesem Kontext 121 Kinder unter 14 Jahren nach Deutschland gebracht (Röhmel, Beres & Neuwert, 2022). Diese Zahlen legen nahe, dass es aktuell eine beträchtliche Zahl an „Rückkehrer*innen-Kindern" gibt, deren Mütter sich in Untersuchungs- oder Strafhaft befinden.[4]

Stellt die Inhaftierung eines Elternteils für die meisten Kinder einen großen Einschnitt in ihr bisheriges Leben dar, gehen dem bei der Gruppe der Kinder von inhaftierten IS-Rückkehrer*innen – bereits durch die Zugehörigkeit zu dieser Gruppe – weitere gravierende Einschnitte und Brüche voraus: Ältere Kinder sind in Deutschland geboren und haben einen Teil ihrer Kindheit dort gelebt, bevor die Ausreise aus Deutschland in Jihad-Gebiete und das Zurücklassen des bekannten Lebens und sozialen Umfelds erste Einschnitte markierten. Weitere folgten durch das neue Leben im Ausland, im Umfeld des IS. Bei den größeren und den im Ausland geborenen Kindern spielt im besonderen Maße auch das Aufwachsen unter Kriegsbedingungen eine Rolle. Später erlebten sie den Zusammenbruch des IS und eine mitunter lange Zeit in Lagern unter ungewisser Perspektive. Was aber über all diese Extremsituationen und Brüche im Leben der meisten dieser Kinder konstant und stabil da war, ist ihre Mutter. Denn diese Kinder teilten ihren Alltag, ihr Leben unter allen Widrigkeiten und mit allen Brüchen, auf die sie keinerlei Einfluss hatten, vor allem mit ihren Müttern. Wenn also, wie in vielen Fällen, die Rückkehr nach Deutschland mit der Inhaftierung der Mutter einhergeht, ändert sich nicht nur (wieder) das gesamte Leben der Kinder durch einen ihnen unbekanntes oder unbekannt gewordenes (Heimat-)Land mit einer ihnen teilweise unbekannten Sprache und einem unbekannten oder kaum bekannten sozialen Umfeld, sondern es kommt jetzt auch zur Trennung von ihrer stabilen Bindungsperson. Somit ändern sich alle das Kind umgebenden Systeme.

---

4 Nur einige dieser Kinder können selbst als Zurückkehrende beschrieben werden, denn die anderen wurden erst nach der Ausreise der Eltern bzw. des Elternteils aus Deutschland im Ausland geboren.

Neben allen anderen Folgen der Inhaftierung sind diese Kinder durch die Zugehörigkeit sowohl zur Gruppe der Kinder von Inhaftierten als auch der der IS-Rückkehrer*innen dem doppelten Risiko der Stigmatisierung und Diskriminierung ausgesetzt. Daher sind für sie Deradikalisierungs- und Distanzierungsprogramme wichtig, die (mithilfe eines systemischen Beratungsansatzes) nicht nur mit den inhaftierten Müttern, sondern auch mit den Kindern und deren neuem sozialem Umfeld arbeiten. Zur Vermeidung langfristiger negativer Konsequenzen des oben Beschriebenen für die Kinder sollten die Interventionen möglichst frühzeitig ansetzen und sich am Kindeswohl orientieren. Der besondere Fokus des Folgenden liegt daher auf den Möglichkeiten der Begleitung und Unterstützung dieser Kinder im Rahmen der Distanzierungsarbeit mit einem systemischen Ansatz.

3. Systemische Methoden in der Beratung von Kindern inhaftierter IS-Rückkehrer*innen

3. 1 Systemische Beratung

Um die Eignung der systemischen Beratung für die Deradikalisierungsarbeit zu verdeutlichen, bietet es sich an, zunächst den Ansatz der systemischen Beratung zu skizzieren. Die Kernidee der systemischen Beratung ist es, das Problem eines Klienten*einer Klientin im Kontext zu verstehen, sprich unter Berücksichtigung seiner*ihrer Systeme. Dabei werden Systeme hier verstanden als ein Ensemble von Personen und ein Netz von Beziehungen (Brunner, 2014; Schwing & Fryszer, 2017). Des Weiteren geht die systemische Beratung von den Grundbedürfnissen der Klient*innen aus und orientiert sich an der Frage, wie diese Bedürfnisse durch die sozialen Systeme erfüllt werden können. Denn zu Beratungsbeginn werden die Grundbedürfnisse oft nur rudimentär oder sogar gar nicht erfüllt. Zu den Grundbedürfnissen gehören nach Grawe (2004) u.a. Zugehörigkeit und Anerkennung. Hier wird schon deutlich, dass man diese Bedürfnisse schlecht alleine und für sich erfüllen kann, sondern dass die sozialen Systeme um einen Menschen herum dafür notwendig sind (Dittmar, 2023).

Das systemische Denken

Ein wesentliches Element der systemischen Beratung ist das systemische Denken. Diese spezifische Form des Denkens wird sehr gut veranschaulicht durch das Modell sozialer Systeme nach Bronfenbrenner (1989), weshalb dieses Modell nun vorgestellt wird, und zwar bewusst heruntergebrochen auf das Fallbeispiel eines Kindes einer Rückkehrerin aus den Gebieten des IS. Im Folgenden sehen Sie eine dafür entwickelte Grafik, die wesentliche Elemente aus dem Modell von Bronfenbrenner mit weiteren Konzepten kombiniert.

Diese Abbildung 1 (Dittmar, 2023) zeigt im Mittelpunkt das Kind der zurückkehrten Familie (oder weiter gefasst: der islamistisch geprägten Familie) als Persönlichkeitssystem und von ihm ausgehend die es umgebenden Systeme: das Mikrosystem (Familie, Freund*innen, Erzieher*innen, Lehrer*innen), das Mesosystem (Nachbarschaft, religiöses Umfeld), das Exosystem (Jugendamt, Sicherheitsbehörden, Schule) und das Makrosystem (politische, soziale und ökonomische Strukturen, Stigmatisierung des Islam). Das Chronosystem befindet sich als Pfeilsymbolik unterhalb des Kreisgebildes und stellt Veränderungen im Zeitverlauf dar. Dies können Ereignisse wie die Einschulung, die Ausreise aus Deutschland oder auch die Rückkehr sein, die große Auswirkungen auf das Kind und die es umgebenden Systeme gehabt haben (Dittmar, 2023).

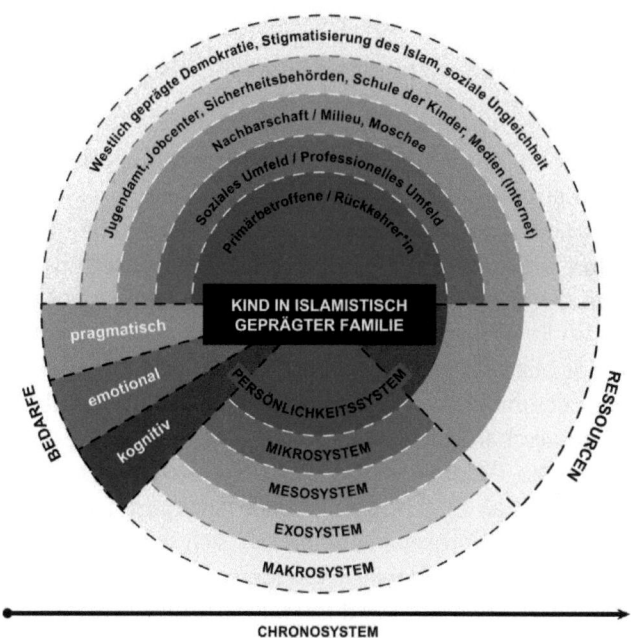

Abbildung 1: Denken im System: Ein exemplarisches Beispiel in Anlehnung an das Modell von Bronfenbrenner (1989) (Quelle: eigene Darstellung in Anlehnung an Dittmar, 2023, S. 90)

Für die Beratungen hat es sich als wesentlich herausgestellt, die Bedarfe des Klienten*der Klientin zu reflektieren. In der Grafik werden sie auf der linken Seite in Form von „Kuchenstücken" symbolisiert. Es gibt pragmatische, emotionale und kognitive Bedarfe, für eine Beratung kann es allerdings sinnvoll sein, mit den pragmatischen Bedarfen zu starten, bspw. wäre das bei eines Kindes die (erstmalige) Integration in eine Schule (Exosystem). Sie sehen hier schon, wie eng die Erfüllung von Bedarfen mit sozialen Systemen verknüpft ist (Dittmar, 2022, 2023).

Auf der rechten Seite sehen Sie die Ressourcen. Ein wesentlicher Punkt jeder systemischen Beratung ist die Suche nach Ressourcen und deren Entwicklung und Förderung. Dabei sind nicht nur die Ressourcen des Kindes selbst von Belang, sondern vor allem auch diejenigen seines sozialen Umfeldes, also bspw. diejenigen der Freund*innen…der Nachbarschaft oder auch der anderer Akteur*innen. Auch hier wird deutlich, wie eng die persönlichen Ressourcen mit sozialen Systemen verknüpft sind (Dittmar, 2023; Nicolai, 2018).

3. 2 Potenziale der systemischen Beratung als Ansatz zur Deradikalisierung

Die systemische Beratung hat sich in vielen Punkten als geeigneter Ansatz in der Distanzierungs- und Ausstiegsbegleitung gezeigt. Ein Vorteil ist, dass die Hinwendungsmotive vielfach in der Biografie der Betroffenen verankert sind und die Beratung genau dort ansetzen kann. Des Weiteren werden durch den Blick auf die Systeme immer auch Radikalisierungsrisiken im sozialen Kontext genau beobachtet und miteinbezogen, sei es im Mikrosystem bei den Menschen ganz nahe an der*dem Betroffenen oder in darüber liegenden Systemen wie dem Makrosystem mit seinen gesellschaftlichen Phänomenen wie beispielsweise dem Radikalisierungsrisiko Diskriminierung. Zudem kann durch diesen Ansatz das soziale Umfeld als Zugangsmöglichkeit hinzugezogen werden, was besonders dann zum Vorteil wird, wenn eine sich radikalisierende Person den Kontakt zur Beratungsstelle verweigert, oder wenn dieser direkte Kontakt wie bei Ausgereisten und ihren Kindern im Ausland zuerst gar nicht oder nur sehr eingeschränkt möglich ist. Denn zu diesen Familien besteht teilweise schon über Jahre vor der Rückkehr ein indirekter Kontakt über die Angehörigen, und dieser laufende Kontakt zu den Berater*innen schafft bereits vor der Rückkehr einen gewissen Vertrauensaufbau und Möglichkeiten der aktiven Vorbereitung auf diesen wichtigen Schritt im Leben der Familien (Dittmar, 2021, 2023).

Grenzen von Beratung

Jede Strategie zur Deradikalisierung bzw. Distanzierung und zum Ausstieg sowie jeder Ansatz von Beratung hat spezifische Nachteile und Grenzen. Bei Beratungen gibt es verschiedene Punkte, an denen sie scheitern können. Zunächst muss es gelingen, einen Zugang zur radikalisierten Person zu gewinnen. In der systemischen Beratung ist allerdings, wie oben schon angeklungen ist, ein erweiterter Zugang möglich, da auch über Beziehungen gearbeitet werden kann. Daher reicht es aus, wenn im Mikrosystem eine Person zur Beratung bereit ist, sodass dann bspw. über die Mutter und ihre Beziehung zu ihrem Sohn der Sohn „indirekt" beraten werden kann. Gelingt das nicht, gibt es keine Beratung und damit auch keine Wirkung (Dittmar, 2023).

Danach muss es gelingen, eine tragfähige Arbeitsbeziehung zu etablieren, über die auch schwierige Themen bearbeitet werden können. Auch hier kann eine Beratung scheitern. Wenn diese Beziehung aber vorhanden ist, dann ist es wesentlich, angemessene Beratungsimpulse zu geben. Dabei wird in der systemischen Beratung nicht zwischen richtig und falsch unterschieden, sondern zwischen nützlich und nicht nützlich. Ein Impuls ist bspw. dann nützlich, wenn daraufhin eine Klärungserfahrung stattfindet. Denn die Wirksamkeit einer Beratung hängt u.a. von solchen Klärungserfahrungen ab.

Darüber hinaus, und insbesondere im Zwangskontext, muss es gelingen, die Klientin*den Klienten zu motivieren. Denn gerade hinsichtlich der Motivation sind große Unterschiede zwischen den Klient*innen beobachtbar (Dittmar, 2023).

3. 3 Systemische Beratung am Fallbeispiel

Die Möglichkeiten des systemischen Ansatzes werden im nun an einem Fallbeispiel aufgezeigt. Der Klient ist ein siebenjähriger Junge, dessen Mutter sich als angeklagte IS-Rückkehrerin zu diesem Zeitpunkt in

Untersuchungshaft befindet.[5] Im Rahmen der Beratung kommt die Methode des Familienbretts (bzw. Systembretts) zum Einsatz. Diese Methode eignet sich, um einen ersten Einblick in die Möglichkeiten einer Beratung zu erlangen, wobei festzuhalten ist, dass zunächst und zuvörderst eine tragfähige Beratungsbeziehung bestehen muss, damit Methoden wirksam sein können (von Schlippe & Schweitzer, 2016).

Bei der Methode des Familienbretts werden nun von dem kleinen Klienten zwei Konstellationen gestellt: eine zur aktuellen Situation aus der Perspektive des Kindes und eine Wunschkonstellation.[6] Die folgende Grafik zeigt die aktuelle Situation, wie sie durch den Jungen gestaltet wurde.

Abbildung 2:   Familienskulptur der aktuellen Situation (Quelle: Dittmar, 2023, S. 210)

Im ersten Schritt erstellt der Junge seine Familienskulptur zur aktuellen Situation, wie sie in der Abbildung 2 aus zwei Perspektiven zu sehen ist (zur Familienskulptur siehe Schwing & Fryszer, 2017). Er beginnt damit, sich selbst und dann seine Familie um sich herum aufzustellen. Er entscheidet, welche Figuren er wählt, wer einen Platz in der Skulptur bekommt und wo diese Figuren platziert werden. Der Junge benennt die Figur links oben in der Ecke als seinen Vater. An der gewählten Position fällt auf, dass dieser

---

5   Um die Möglichkeiten der Beratungsarbeit zu zeigen und dabei trotzdem die Anonymität der Klient*innen zu gewährleisten, wurde dieses Fallbeispiel aus Anteilen verschiedener realer Fälle konstruiert.

6   Die folgenden Schilderungen des Fallbeispiels finden sich auch in Dittmar (2023).

außerhalb des Schachbretts steht. Neben der geografischen Entfernung zum Vater durch dessen Zurückbleiben im Haftlager im Ausland lässt sich also die Hypothese aufstellen, dass der Junge sich emotional vom Vater entfernt fühlt. Dies wird in der Wunschskulptur noch deutlicher, in der der Vater keinen Platz findet (siehe unten).

Betrachtet man das Bild weiter von oben nach unten, so ist nun die Figur der Mutter zu sehen. Das Gefängnis hat der Junge mit Holzblöcken dargestellt, die die Mutter im Halbkreis umstellen. Diese Mauer trennt die Mutter vom Jungen und den sich weiter unten befindlichen Familienmitgliedern. Die Mutter sieht in Richtung ihres Sohnes und der Familie und streckt ihre Hand nach ihnen aus, aber kann sie nicht erreichen.

Die nächste Figur ist diejenige, die der Junge für sich selbst ausgewählt und positioniert hat. Er hat sich mit dem Rücken zu seiner Mutter aufgestellt, wobei er mit einer Hand hinter sich greift, ohne sie aber erreichen zu können. Er steht zwischen seiner Mutter und einem engen Kreis von vier Figuren, die seine Geschwister und seine Großeltern verkörpern, mit denen er seit der Inhaftierung der Mutter zusammenlebt. Innerhalb dieses Kreises sind sich alle zugewandt. Beim gemeinsamen Betrachten der Skulptur beschreibt er das Leben in seiner Familie insgesamt als warmherzig und sagt, dass er seine Mutter vermisst. Weitere Familienangehörige – Erwachsene und Kinder – sehen wir links unten im Bild. Sie stehen weiter entfernt als die Kernfamilie der Zusammenlebenden, aber sind anscheinend für den Jungen doch auch dazugehörend.

Die folgende Abbildung 3 zeigt die Wunschskulptur des Jungen und damit seine Antwort auf die Frage, wie er sich seine Familie wünsche.

Abbildung 3: Wunschskulptur (Quelle: Dittmar, 2023, S. 210)

Im Vergleich zur ersten Skulptur des IST-Zustandes sind deutliche Veränderungen feststellbar. Die trennenden Gefängnismauern sind verschwunden, seine Mutter ist demnach nicht mehr inhaftiert. Sie steht nun direkt hinter ihm und umarmt ihn. Und auch die anderen Familienmitglieder sind deutlich zusammengerückt. Durch die Wunschskulptur wird deutlich, dass der Klient sich ein engeres Verhältnis zu seinen weiteren Familienangehörigen (Cousinen, Cousins, Tante und Onkel) wünscht. Auffällig ist, dass er seinen leiblichen Vater nicht mehr mit aufstellt.

Über die Aufstellung an sich und das dazugehörige begleitende Gespräch können nun Themen in die Beratung kommen, die vorher nicht artikuliert wurden oder nicht artikulierbar waren, obwohl sie eine große Relevanz für das Kind und seine Familie haben, und es zeigen sich Veränderungsprozesse, die die Berater*innen positiv begleiten können (Schwing & Fryszer, 2017). Auch die Prinzipien der systemischen Beratung werden beim Einsatz dieser Methode deutlich. So zeigt sich, wer für das Kind in diesem methodenspezifisch begrenzten Ausschnitt[7] wichtige Mitglieder des Mikrosystems sind (Prinzip der kontextualisierten Problembetrachtung), und es kann im weiteren Verlauf an der Frage gearbeitet werden, wie die Beteiligten ihre Ressourcen so kombinieren können, dass sie für das Kind ein gutes Ergebnis erzielen (Prinzip der Kooperation von Systemangehörigen). Gerade der Junge im Zusammenhang mit der IS-Zugehö-

---

7   Die Methode des Familienbretts nimmt das soziale Nahumfeld der Familie und der Verwandten in den Fokus. Durch andere Methoden wie die Familien-Helfer*innen-Map oder die Acht-Felder-Netzwerkkarte können weitere Systembeteiligten visualisiert werden.

rigkeit oder/und der Inhaftierung der Mutter Erfahrungen mit Stigmatisierung, Ausgrenzung und Schuldzuschreibungen machen musste oder diese in der Gesellschaft antizipiert hat oder noch antizipiert, kann zudem die Einstellung der Berater*innen nach dem Prinzip der Wertschätzung aller Systemangehöriger – auch des inhaftierten Elternteils – für ihn eine wichtige Gegenerfahrung darstellen (Dittmar, 2023). Für die Begleitung solcher Prozesse ist es aufseiten der Berater*innen allerdings notwendig, interkulturelle Kompetenzen sensibel einzubringen (Gaitanides, 2014).

4. Herausforderungen und Lösungsansätze

Kinder, deren Eltern(-teile) sich wegen Straftaten im Zusammenhang mit einer Ausreise und dem Leben in dschihadistischen Kampfgebieten in Untersuchungshaft befinden oder bereits verurteilt sind und ihre Haftstrafe verbüßen, sind mit einer Vielzahl an Herausforderungen konfrontiert. So kommt zu der oft plötzlichen Trennung vom Elternteil gerade bei Kindern von Rückkehrerinnen hinzu, dass sie die Personen, in deren Obhut sie übergeben werden und bei denen sie danach leben, kaum kennen, selbst wenn dies im besten Falle die Großeltern oder andere Verwandte sind. Und auch eigene traumatische Erfahrungen (Abdi, 2023, S. 249 – 251) oder die Scham (Marks, 2019) über die Inhaftierung und die damit zusammenhängende Geheimhaltung können Herausforderungen für diese Kinder sein, ebenso wie Stigmatisierungen (Kury et al., 2020, 286 – 295).

Die empirische Forschung im Themenfeld Kinder inhaftierter Eltern zeigt vielfach dass der Kontakt zum inhaftierten Elternteil wichtig für die Kinder ist (siehe z.B. Robertson et al., 2012; Halbhuber-Gassner et al., 2017; Feige, 2020). So fassen beispielsweise Robertson et al. (2012, S. 103) die Ergebnisse der COPING-Studie wie folgt zusammen: „Insbesondere wenn der Elternteil eine wichtige Rolle im Leben des Kindes gespielt hat, haben Kinder ein emotionales Bedürfnis, die Beziehung aufrechtzuerhalten, wobei der Kontakt dazu beiträgt, die durch die Inhaftierung entstandene Kluft zu mildern und das Gefühl des Verlassenseins auf Seiten des Kindes zu minimieren."[8]

---

8 Bei dem Zitat handelt es sich um die eigene Übersetzung aus dem Englischen. Das Original lautet im Wortlaut: „Especially where the parent played an important role in the child's life, children have an emotional need to maintain the relationship, with contact helping to ease the gap caused by imprisonment and minimising feelings of abandonment on the part of the child."

Wie in Kapitel 2 ausgeführt, haben diese Mütter vor der Inhaftierung eine sehr wichtige Rolle im Leben ihrer Kinder gespielt. Ein wichtiger Ansatz, mit dieser Trennungsherausforderung umzugehen, ist es daher, die Beziehungsarbeit von Mutter und Kind(ern) zu unterstützen. Je nach Haftphase und -anstalt – und in den letzten Jahren darüber hinaus auch pandemiebedingt – sind die Kontaktmöglichkeiten allerdings unterschiedlich und reichen vom Briefeschreiben über Videotelefonie bis zu persönlichen Treffen in der Justizvollzugsanstalt. Darüber, dass systemische Berater*innen sowohl mit dem inhaftierten Elternteil als auch mit den Kindern und den sie betreuenden Verwandten arbeiten, ergeben sich jedoch für alle Kontaktszenarien stärkende Ausgestaltungsmöglichkeiten, als es bei anderen Beratungsformaten der Fall wäre. So kann es sogar in Phasen ohne persönlichen Kontakt gelingen, den abwesenden Elternteil in den Alltag der Kinder miteinzubeziehen. Eine Beraterin schildert dies am Beispiel einer Bastelaktion (eigene Datenerhebung[9], 2022):

> *„Die Idee kam von der inhaftierten Mutter. Die betreuende Großmutter hat das benötigte Material besorgt und die Geschwister haben dann gemeinsam im Namen der Mutter gebastelt. Fotos der gebastelten Werke haben die Berater*innen dann anschließend beim nächsten JVA-Besuch der Mutter mitgebracht, die so auch ein Stück weit am Erleben ihrer Kinder teilhaben konnte und gesehen hat, wie ihre Idee umgesetzt wurde."*

Auch ganz alltägliche Dinge können hier eine große Bedeutung für die Aufrechterhaltung und Stärkung der Beziehung haben, wie das folgende Zitat einer Beraterin (eigene Datenerhebung, 2022) zeigt:

> *„Auch gegenseitig Briefe zu schreiben und darin Teile des eigenen Tagesablaufs zu beschreiben oder aufzumalen. Das muss nichts Großes sein, da kann auch stehen, was die Mutter zu Mittag gegessen hat, das Kind malt das Lieblingsspielzeug im Kindergarten, einfach alltägliche Dinge dokumentieren. Das bindet das geschlossene System in der JVA, in dem die Mutter lebt, mit dem offenen System, in dem die Kinder leben."*

Auch wenn Mutter und Kind(er) ihren Alltag getrennt voneinander leben müssen, lässt sich also eine Verbindung herstellen und die Beziehung stärken (Dittmar, 2023).

---

9   Dies und das folgende Zitat stammen aus einer Gruppendiskussion, die die Autorinnen im Rahmen der Datenerhebung zu einem laufenden Forschungsprojekt zum Thema Kinder in salafistisch geprägten Familien durchgeführt haben.

Eine weitere Herausforderung können Besuchskontakte und deren Vor- und Nachlauf sein. So können ambivalente Gefühle und die Entfremdung es für Kinder schwierig machen, zu entscheiden, ob sie die Mutter besuchen möchten oder nicht. Auch die kurze Zeit des Sehens und die Erwartungen daran können die Kinder unter Druck setzen. Findet ein persönlicher Kontakt statt – auf den die Kinder ein Anrecht haben – können die Berater*innen und die Mutter jedoch im Vorfeld überlegen, wie sie den Kontakt im engen Rahmen der gegebenen Möglichkeiten so gestalten können, dass es dem Kind oder den Kindern dabei möglichst gut geht und dass die Treffen die Beziehung stärken.

Wichtig ist, dass die Kontakte immer mit besonderem Blick auf eine mögliche andauernde Ideologisierung der Mutter stattfinden. Zudem ist stets das Wohl des Kindes bzw. der Kinder der leitende Gedanke bei der Kontaktausgestaltung und -aufrechterhaltung. Und hierbei ist auch zu beachten: Aber auch wenn im Hinblick auf die genannten Punkte alles für den Kontakt spricht und der Besuch ideal verläuft, kann es neben allen positiven Effekten auch schmerzhaft für die Kinder sein, eine erneute Trennungssituation am Ende des Besuchskontakts zu erleben und wieder in ein Alltagsleben ohne die Mutter zurückzukehren. Aus einem Schutzgedanken heraus kann das betreuende Umfeld daher auf den Gedanken kommen, den Kindern diesen erneuten Trennungsschmerz zu ersparen und den Kontakt zu unterbinden. Hier hilft die systemische Grundhaltung und Arbeitsweise, das Mikrosystem mit in die Beratung einzubeziehen und diese betreuenden Familienangehörigen immer wieder zu stärken, mit diesen schwierigen Umständen umzugehen und den Kontakt – wenn es im Sinne des Kindeswohls ist und bspw. dessen Ressourcen stärkt – weiter zu ermöglichen.

Auch die Zusammenarbeit der Berater*innen mit Akteur*innen aus den das Kind weiter umgebenden Systemen – wie der Jugendhilfe – kann dazu beitragen, eine gute Grundlage für die Beziehungserhaltung zwischen der inhaftierten Mutter und ihrem Kind bzw. ihren Kindern zu ermöglichen.

5.   Zusammenfassung

Zusammenfassend lässt sich konstatieren, dass sich systemische Beratungsansätze auch zur Beratung von Kindern mit inhaftierten Eltern eignen. Eine der besonderen Herausforderungen für Mütter und Kinder ist
die Aufrechterhaltung und Gestaltung der Beziehung unter Haftbedin-
gungen. Der systemische Ansatz eignet sich hier in besonderem Maße,
weil er die das Kind und die Mutter umgebenden Systeme in die Lö-
sungsfindung miteinbezieht. Es werden relevante Akteur*innen aus den
verschiedenen sozialen Systemen identifiziert und soweit möglich miteinbezogen und in diesem Sinne die Arbeitsressourcen zusammengetragen
und gebündelt, um die bestmöglichen Ergebnisse für Kind(er) und Mutter
zu erzielen. Darüber hinaus lassen sich durch die Einzelarbeit mit Mutter,
Kind(ern) und betreuenden Angehörigen oder Pflegefamilien schwierige
Situationen individuell auffangen und ressourcenorientiert und einzelfall-
orientiert stabilisieren und stärken.

Oftmals sind die äußeren Strukturen und Bedingungen des Kontakts der
Kinder zu ihren inhaftierten Müttern nach wie vor wenig kindgerecht und
schwerfällig in der Veränderung in Richtung der vorhandenen Empfehlungen und Forschungsergebnisse. Umso wichtiger sind jedoch die Angebote, die diese Familien und vor allem ihre Kinder in den Mittelpunkt
nehmen und für das Kindeswohl und die Wünsche und Bedürfnisse der
Kinder als Maßstab nehmen, um die vielfältigen Belastungen und Be-
nachteiligungen ihrer Lebenssituation aufzufangen.

6.   Literaturverzeichnis

Abdi, A. (2023): Systemische Traumatherapie. In Dittmar, V. (2023). Sys-
        temische Beratung in der Extremismusprävention: Theorie, Praxis
        und Methoden. S. 249 – 251 Stuttgart: Kohlhammer.
Bronfenbrenner (1989): Die Ökologie der menschlichen Entwicklung: Na-
        türliche und geplante Experimente. Stuttgart: Klett-Cotta Verlag.

Brunner, E. (2014). Systemische Beratung. In F. Nestmann, F. Engel & U. Sickendiek (Hrsg.) Das Handbuch der Beratung. Band 2, 3. Auflage. S. 655-662. Tübingen: dgvt-Verlag..

Bundesamt für Verfassungsschutz (2023). Zahlen und Fakten. In https://www.verfassungsschutz.de/DE/themen/islamismus-und-islamistischer-terrorismus/zahlen-und-fakten/zahlen-und-fakten_node.html (23.01.2023)

Bundesregierung (2021). Drucksache 19/25921 2021, Antwort der Bundesregierung auf eine Kleine Anfrage. In https://dserver.bundestag.de/btd/19/259/1925921.pdf (24.01.2023).

Dittmar, V. (2021). Systemische Beratung als Ansatz zur Deradikalisierung im Kontext des religiös begründeten Extremismus. In C. Emser et al. (Hrsg.). SCHNITT:STELLEN - Erkenntnisse aus Forschung und Beratungspraxis im Phänomenbereich islamistischer Extremismus. Beiträge zu Migration und Integration 8, S. 127-139. Nürnberg: Bundesamt für Migration und Flüchtlinge.

Dittmar, V. (2022). Rückkehrerinnen und ihre Kinder: Herausforderungen, Ressourcen und systemische Beratungsstrategien. In C. Emser et al. (Hrsg.). SCHNITT:STELLEN 2.0 - Erkenntnisse aus Forschung und Beratungspraxis im Phänomenbereich islamistischer Extremismus. Beiträge zu Migration und Integration 8, S. 70-84. Nürnberg: Bundesamt für Migration und Flüchtlinge.

Dittmar, V. (2023). Systemische Beratung in der Extremismusprävention: Theorie, Praxis und Methoden. Stuttgart: Kohlhammer.

Engelhardt, T. & Osberghaus, M. (2018). Im Gefängnis. Ein Kinderbuch über das Leben hinter Gittern. Köln: Klett Kinderbuch.

Europarat Ministerkomitee (2018). Empfehlung CM/Rec(2018)5 des Ministerkomitees an die Mitgliedstaaten zu Kindern inhaftierter Eltern. In https://rm.coe.int/empfehlungen-europarat-kinder-inhaftierter-eltern-traduction-en-allema/16808edc9b (23.01.2023).

Feige, J. (2019). Kontakt von Kindern zu ihren inhaftierten Eltern: Einblicke in den deutschen Justizvollzug. Berlin: Deutsches Institut für Menschenrechte, Monitoring-Stelle UN Kinderrechtskonvention.

Feige, J. (2020). Die besten Interessen von Kindern von inhaftierten Eltern. In Forum Strafvollzug. Zeitschrift für Strafvollzug und Straffälligenhilfe, 69 (1), SEITEN.

Gaitanides, S. (2014). Interkulturelle Kompetenzen in der Beratung. In F. Nestmann, F. Engel, & U. Sickendiek (Hrsg.). Das Handbuch der Beratung. Band 1: Disziplinen und Zugänge. 3. Auflage, S. 313-326. Tübingen: dgvt-Verlag.

Grawe, K. (2004): Neuropsychotherapie. Göttingen: Hofgrefe

Halbhuber-Gassner, L. et al. (Hrsg.) (2017). Wenn Inhaftierung die Lebenssituation prägt. 2. Auflage. Freiburg im Breisgau: Lambertus-Verlag.

Kury, H. et al. (2020). Zu den Auswirkungen der Inhaftierung Straffälliger auf Familienangehörige. Monatsschrift für Kriminologie und Strafrechtsreform. Band 103, Heft 4. Berlin etc.: De Gruyter. S. 285 – 299.

Marks, S. (2019). Scham, die tabuisierte Emotion. 8. Auflage. Düsseldorf: Patmos Verlag.

Nicolai, L. (2018). Ressourcenaktivierung und positive Umdeutung. In K. von Sydow & U. Borst (Hrsg.). Systemische Therapie in der Praxis, S.182-193. Weinheim, Basel: Beltz.

Robertson, O. et al. (2012). Stakeholder perspectives on the needs of children of prisoners in Europe. Analele Ştiinţifice ale Universităţii» Alexandru Ioan Cuza «din Iaşi. Sociologie şi Asistenţă Socială. 97-114.

Röhmel, J., Beres, E. & Neuwert, K. (2022). Kinder von IS-Rückkehrern: Herausforderung Integration. In https://www.br.de/nachrichten/deutschland-welt/kinder-von-is-rueckkehrern-herausforderung-integration,T84gDyK (10.01.2023).

Schwing, R. & Fryszer, A. (2017). Systemisches Handwerk. Werkzeug für die Praxis. 9., unveränderte Auflage. Göttingen: Vandenhoeck & Ruprecht.

von Schlippe, A. & Schweitzer, J. (2016). Lehrbuch der systemischen Therapie und Beratung. Das Grundlagenwissen. unveränderte Auflage. Göttingen: Vandenhoeck & Ruprecht.

Stephan Eckl

Theater als hochwirksames Medium in der Prävention

Theater EUKITEA ist ein freies, professionelles Theater mit dem Schwerpunkt Kinder- und Jugendtheater. Mit seinen mobilen Theaterproduktionen für Kinder und Jugendliche ist EUKITEA international unterwegs an Schulen, Kindergärten oder pädagogischen Einrichtungen. Theater, wie EUKITEA es versteht und praktiziert, ist eine hochwirksame ganzheitliche Methode, den Menschen in seiner Selbstentfaltung zu fördern und seine Lebenskompetenzen zu stärken. EUKITEA Theaterstücke sind spannend, lebensbejahend, erfrischend und führen auf sensible und humorvolle Weise in verschiedene Themen, wie beispielsweise (Cyber)Mobbing, Gewalt, Resilienz, Ernährung, Friedensbildung, Radikalisierung etc. ein. Die Stücke werden in Kooperation mit Fachinstitutionen entwickelt und garantieren so ein hohes Niveau sowohl auf fachlich-pädagogischer als auch ästhetischer Ebene. Begleitende Workshops, Elternabende und vertiefendes Material stärken die Wirkung nachhaltig. Stammsitz ist das internationale Theaterhaus EUKITEA in Diedorf bei Augsburg, mit festem Spielteam und Organisationsbüro, sowie seit 2004 einer Zweigstelle in Berlin mit ebenfalls festem Spielteam und Organisationsbüro. EUKITEA besteht mit der Vorläufer-Organisation Spielwerk e.V. seit 1984.

Auslöser für unser präventives Kinder- und Jugendtheater war der Zuruf einer Schule, die EUKITEA kannte: *„Macht doch mal was zum Thema Gewalt unter Kindern, eure Theaterproduktionen sind so sensibel, so spannend, ihr könnt das!"* Daraufhin entstand das Theaterstück „Eigentlich wollte ich fliegen", das mittlerweile deutschlandweit über 2500-mal gespielt worden ist und sehr viele Kinder- und Erwachsene Zuschauer erreichte.

Seither entstanden über 30 Präventions-Theaterstücke und Projekte, z.B. zu den Themen Gewaltprävention, Drogenprävention oder Prävention von Missbrauch. In der letzten Zeit standen die Themen Resilienzförderung, Stücke zur Friedensbildung sowie zur Mobbing-Prävention im Fokus.

Die EUKITEA Stücke werden alljährlich ca. 450-mal mit etwa 70 000 Zu-schauer*innen deutschlandweit und international gezeigt. Zudem finden etwa 800 begleitende Workshops für Kinder und Jugendliche statt.

Diese Theater-Aufführungen werden zum größten Teil für und an Schulen realisiert, weitere Aufführungen finden auch im Theater, in öffentlichen Räumen oder in Kindertagesstätten statt. Soweit die Historie und die Zahlen.

„Theater als hochwirksames Medium in der Prävention"

Hierzu muss vorneweg geschickt werden: Theater als Ausdrucksform ist in seiner Wirkung neutral, es ist entscheidend, wie man es anwendet. Die Hochwirksamkeit kann in beide Richtungen gehen, man kann Positives bewirken, aber auch Negatives. Man kann fördern, öffnen, entlasten, oder aber auch verschließen und belasten. Gelingende Prävention vermeidet die Wunde zu verstärken, sonst verschließt sich das Kind oder der Jugendliche, um sich zu schützen.

So muss man mit höchster Behutsamkeit vorgehen und belastete Kinder hoch sensibel durch das Thema hindurchführen. Wenn man nicht achtsam ist, bewirkt man das Gegenteil. Man muss sich bei jeder Inszenierung, bei jeder Aufführung bewusst sein, dass im Publikum, das man vor sich hat, z.B. zum Thema Sexuelle Grenzverletzung an Kindern, ein Prozentsatz der Kinder direkt betroffen ist. Das Spiel darf niemals sentimental, sondern sollte stets wohldosiert sein, ähnlich wie in der Heilkunde „die Dosis macht das Gift."

Es kann wie ein Schock sein, der das oft traumatische Erleben vertieft, die Wunde schmerzt umso mehr.

Eine achtsame Aufführung kann zu einem Rettungsanker werden, damit das Kind sich öffnen, sich vielleicht anvertrauen und beginnen kann, Frieden mit sich selbst zu schließen. Für die anderen Zuschauer geht es um Prävention und Vorbeugung, der Alltag wird beleuchtet. Wichtige Impulse werden gesetzt, um gut und sicher durchs Leben zu gehen.

Warum Theater?

Die Bühne, der Theaterraum ist ein hoch energetischer Raum, ein heiliger Raum, in dem Leben exemplarisch praktiziert wird. Theater führt ins Leben und durchs Leben. Theater führt in Gefühle und durch die Gefühle, bildet ab und kann Wandlungsmöglichkeiten aufzeigen.

Theater muss spannend sein, muss schön sein, muss berühren, Spaß machen. Man muss sich im Theater wiederfinden können. Es ist eine Begegnung: Schauspieler und Publikum... im gleichen Raum!

Die Theaterstücke müssen natürlich als Theaterstück überzeugen, sprich gut gemacht sein: dramaturgisch, inszenatorisch und im Schauspiel. Nur dann kann sich auch die oben genannte Kraft, der Zauber von Theater, entfalten.

Wie?

Der Begriff Prävention - etwas soll verhindert werden - ist nur ein Aspekt, an dem EUKITEA sich auch immer ein bisschen reibt. Prävention heißt letztendlich Vorbeugung, Verhinderung, aber EUKITEAs Form des Theaters geht weiter, es möchte etwas öffnen. EUKITEA möchte Kindern und Jugendlichen neue Räume erschließen, damit sie sich weiter entfalten können auf der Grundlage der Stärkung und des Entdeckens in den verschiedenen Theaterproduktionen. Dies ist Theater EUKITEA eine Herzensangelegenheit.

Damit Theater in stärkender, verwandelnder, lösender, heilender Weise wirken kann, sind **folgende Aspekte**, basierend auf langjähriger Erfahrung, grundsätzlich zu beachten:

Eine **positive, lebensbejahende Grundeinstellung** bei den Theatermachern: ganz grundsätzlich, eine optimistische Sicht auf das Leben und darauf, dass jede Aufgabe im Leben, letztendlich eine Fragestellung ist. Jedes Problem, dem man begegnet, ist wie eine Frage und jede Frage trägt auch die Antwort in sich.

Verantwortungsbewusstsein: Die Schauspieler*innen sind dafür verantwortlich, dass es dem Publikum während der Aufführung gut geht.

Die EUKITEA Schauspieler*innen spielen v.a. an Schulen, das bedeutet, die Kinder kommen nicht aus eigenem Antrieb dorthin, sondern sie kommen, weil es auf dem Stundenplan steht. EUKITEA ist verantwortlich, dass die Kinder gut durch die Aufführung geführt werden, Kinder und Jugendliche haben ein Recht auf eine gute und bereichernde Aufführung!

EUKITEA ist wichtig, Kinder und Jugendliche ernst zu nehmen in ihren Ängsten, Bedürfnissen in ihren Wünschen und Visionen.

Stückerarbeitung

Im Folgenden wird die Herangehensweise behandelt, wie EUKITEA Präventionstheater gestaltet. Oft ist es so, dass EUKITEA eine Anregung, einen Zuruf erhält, wie beispielsweise bei der Theaterproduktion „Marco, bist Du stark?". Damals kam eine Anfrage vom Bayerischen Sozialministerium *„Macht doch mal etwas zur Radikalisierungsprävention."* Darauf folgten im Team eine intensive Recherchephase sowie Gespräche mit Fachkräften. Anschließend trifft sich das Spielteam zu einer sehr persönlichen Improvisationsphase. Im nächsten Schritt entsteht eine Textfassung und in weiteren Probeneinheiten entfaltet sich das entsprechende Stück. Wichtig ist, darauf zu achten, dass Inhalte nicht plakativ und vereinfacht dargestellt werden. Es braucht eine Klarheit, die sich im gesamten Stückprozess und auch in den Protagonisten wiederfindet. Man muss ganz bewusst eine Spielgrundlage schaffen, auf der die klaren Aussagen stehen können.

Wichtig ist zudem, dass die Schauspieler*innen in den Entwicklungsprozess intensiv mit eingebunden sind, die Theaterproduktion wird „ihr" Stück.

Theater als hochwirksames Medium in der Prävention

Bei der Entwicklung eines Theaterstücks mit präventivem Inhalt, gibt es folgende Aspekte: das Thema wird angesprochen. Das Thema wird dargestellt und anschließend in eine Bildersprache verwandelt. Es wird aus dem festen Wort-Zusammenhang, der Vorstellung herausgenommen und in ein Bild, in Leben umgewandelt. Es wird durch Wort-Bild und Musik durchdrungen und uns dadurch nahegebracht als lebendige Wirklichkeit.

Das Thema geht im Spiel durch Gefühle hindurch: Gefühle werden ausgelöst (ganz wichtig), aber es bleibt nicht im Gefühl hängen, sondern es geht zum Wesen des Menschen, zum Herzen. Nur wenn es durch die Emotionen hindurchgeführt wird und zum Herzen, zum inneren Wesen kommt, kann der Mensch das Thema auch tief verstehen, es akzeptieren und es kann gewandelt werden. Daraufhin setzt der kognitive Prozess ein, es wird verstanden, abgespeichert und es können Handlungsimpulse entstehen.

Wichtig ist, dass das Erfahrene als Theatererlebnis frei bleiben kann und nicht gleich in Schubladen gesteckt wird. Keine Moral, kein Soll, kein Muss – stattdessen ist emphatisches Lernen wichtig. Das Lernen entsteht ganz nebenbei, in dem sich das Herzwesen öffnet, der Zuschauer sich wirklich wiederfinden kann. Zudem werden Lösungen aufgezeigt, die sich natürlich und aus dem Stück heraus entwickelt haben.

Spielweise und Aufführungspraxis

EUKITEA spielt vor allem an Schulen und dieses Spiel ist frei gewählt. An Schulen erreicht man alle Kinder, alle Schultypen, somit ist EUKITEAs Spielweise nicht elitär, sondern an alle Kinder gerichtet. Außerdem besteht an Schulen üblicherweise die Möglichkeit, ebenerdig im Raum und somit inmitten der Kinder und Jugendlichen auf der gleichen Ebene zu spielen. Sehr ungern spielt EUKITEA auf Theaterbühnen, da die Aufführungspraxis dann überhöht ist.

Ein positiver Einstieg in die Aufführung ist wichtig. Der Prozess beginnt, wenn die Schauspieler*innen an die Schule kommen in Form eines freundlichen Kontaktes mit dem Hausmeister, der Sekretärin, mit den Lehrkräften, den Jugendsozialarbeiter*innen.

Der Theaterraum, der häufig eine Turnhalle oder eine Aula ist, wird mit einer klar definierten, einfachen Spielfläche gestaltet. Klarheit ist wichtig. Der Boden wird mit einem Bodentuch abgedeckt oder mit einer klaren Abgrenzung durch ein Klebeband oder Gegenstände, womit deutlich wird, das ist die Spielfläche, das ist der magische Raum, der hoch-energetische Theaterraum, der geschützt werden muss. Hier dürfen keine Lehrkraft oder Kinder unachtsam drüber laufen. Es ist der Theaterraum, auf dem das Wandeln, Erkennen und Verstehen stattfindet. Der Bühnenraum wird installiert, es ist ein entscheidender Akt. Zudem benötigt das

Publikum eine gute Sicht, EUKITEA baut den Publikumsraum mit verschieden Höhen auf, möglichst im Halbkreis, nah an der Bühne, damit Interaktion zwischen Schauspieler*innen und Publikum möglich wird.

Was passiert auf der Bühne, was sind die Ziele, die Ausrichtung?

Was möchte EUKITEA bei der Aufführung bewirken? Vier zentrale Aspekte sind wichtig:

Zentrieren: Die Kinder sollen wieder bei sich ankommen, in die eigene Mitte zurückfinden, mit sich in Einklang kommen.

Erheben: Heraus heben aus ihren Alltäglichkeiten, inneren Bedrängnissen, in neue Räume, wo Veränderung stattfinden kann.

Verwandlung: Wandlung kann in diesem Spielraum passieren, weil man auf ein energetisches Level kommt, auf dem Erkenntnis und somit Herzensverstehen beim Publikum einsetzten kann.

Heilung: Wenn das Thema Wunden hinterlassen hat, wenn dieser klärende, zentrierte Raum entstanden ist, können Heilungsimpulse gegeben werden, dass Kinder in einem anderen Zustand nach Hause gehen können. Dies wurde häufig in Feedbacks gemeldet.

Die Mittel
Ehrliches, authentisches Schauspiel

Vertrauen schaffen auf der Bühne, das heißt ehrlich sein, verlangt authentisches Spiel der Akteure. Immer auf Augenhöhe mit den Zuschauer*innen. Das Publikum kann erleben „die sind ehrlich, die meinen wirklich mich". Es fühlt sich gesehen, ernst genommen und sicher. Authentizität bewirkt wahre Gefühle, wahre Einsichten und wahre Wandlungen.

Das Spiel ist energievoll, spannend, dynamisch, doch nie hektisch, nie chaotisch. Es ist einfach, Kinder und Jugendliche zu emotionalisieren … darum geht es nicht. Wichtig ist die Kunst des natürlichen Spiels, Intensität, Heiterkeit und Schönheit stehen im Fokus, aber keine Künstlichkeit.

Theater EUKITEA arbeitet nicht mit Angst, Schreck oder Schock - ohne zu verharmlosen. In EUKITEAs Theaterproduktionen gibt es Klarheit statt Überemotion.

Die Kinder und Jugendlichen werden durch die Bilder, durch die Emotionen, hindurch begleitet. Je nach Altersstufe immer frei lassender - Halt gebend, aber nicht festhaltend.

Heftige, bedrängende Situationen werden wohl dosiert und in für die Zuschauer*innen tragbare Bilder und Szenen geformt. Die Protagonist*innen sind Figuren, die für das Publikum sympathisch und miterlebbar sind. Bei schmerzlichen Themen ist die Einbettung in einen tragenden, positiven zu einer Lösung führenden Kontext Grundvoraussetzung. Die Problematik wird gezeigt und Lösungsmöglichkeiten ergeben sich aus dem gespielten Zusammenhang.

Heiterkeit

Heiterkeit ist dabei ein zentraler Schlüssel, um auch schwere Inhalte zu vermitteln. Heiterkeit und Ernst bilden einen befruchtenden Gegensatz. Heiterkeit ist wie ein lichtvoller Scheinwerfer, er erleichtert, durchdringt die Schwere. Das Thema wird tragbar, ertragbar, erträglich. Es entsteht eine Herzstärkung, die für den Wandlungsvorgang hilfreich und sogar notwendig ist. Somit entsteht ein Tonus, der aufnehmen kann, wenn schwierige Probleme im Stück behandelt werden.

Die Musik

Eine große Helferin in den EUKITEA Theaterstücken ist die Musik, die entweder live gespielt wird oder vom Tonband kommt. Am besten ist die Musik, wenn sie nicht mehr auffällt, sondern eins wird mit dem Bildgeschehen. Die Musik in den EUKITEA Theaterproduktionen schafft farbige Klangräume, in denen sich die Bilderwelt entfaltet. Musik ist ein Türöffner in das Seelische, in die inneren Räume. Musik verwandelt die Stimmungen, die Gestimmtheit der Umgebung. Musik lässt den Menschen Tanzen, bringt in Bewegung.

Die Stille, das Lauschen

Die EUKITEA Stücke beginnen immer in Stille, die Schauspieler*innen warten, bis das Publikum still ist. Stille ist wie der Boden, die Basis der Aufführung. Atempausen- und Innehalten ermöglichen, dass das Gesehene sinken kann. Eine kurze Pause ein Innehalten. Es ist, wie wenn der Boden geklärt wird. Den Raum für Stille schaffen. Die Stille wird zu Beginn „gesetzt" und kann dann im Stück immer wiederkehren.

In allen EUKITEA Stücken hat das Innehalten, das Lauschen seinen Raum, seine Zeit.

Das Heraustreten aus dem Getriebe, dem getrieben werden, ist gerade auch für Kinder und junge Menschen von zentraler Bedeutung. Kinder erleben es intensiv, Maria Montessori sagte: „Kinder brauchen Stille". Das ist auch unsere Erfahrung. Nur wenn Stille sein darf, kann auch Wandlung geschehen.

Gerade auch für Jugendliche ist diese Botschaft so wichtig. In einer Lebenszeit, in der die Gruppe, das „mit dabei sein", wichtig und fordernd ist, ist diese Botschaft so entlastend.

Stille und Rückzug sind bedeutend, allein zu sein ist gut. Jeder Mensch braucht das, um bei sich anzukommen, zu verdauen, um zu wachsen, um reifen zu können und dann wieder in die Welt zu gehen.

So sind alle EUKITEA Produktionen immer auch getragen aus der nährenden Stille. EUKITEA Stücke machen Mut, sich diese Zeiträume zu schaffen und geben praktische Anregungen dies anzuwenden. z.B. beim Friedenskreis im EUKITEA Theaterstück „Viola und das magische Friedensalphabet".

„Wo, Wie findest du deine Stille, deinen Abstand, dein dich wieder Aufladen."

Achtsamer Umgang mit dem Wort, mit der Sprache

Das Wort ist eine wirkende Kraft. Die in den Stücken verwendete Sprache ist frisch, altersgemäß hochsprachlich, nie anbiedernd oder „kindelnd", sondern natürlich und sehr bewusst angewendet. EUKITEA ist eine Sprache wichtig, die von Herz zu Herz geht. Klare Darstellung des Konflikts, aber keine Überlastung durch niederziehende Sprache. Die Akteur*innen/Protagonist*innen in den EUKITEA Stücken dürfen Worte und Sätze aussprechen, die sich Jugendliche im Alltag nicht trauen zu sagen, aber eigentlich auf dem Herzen liegen. Mut zur Empfindsamkeit, Mut zur Ehrlichkeit, die Maske der Coolness darf fallen … die Sprache des Herzens steht im Vordergrund. Und die Zielrichtung der Sprache der Schauspieler*innen ist das Herz des Publikums. Damit Verwandlung stattfinden kann, muss das innere Wesen, das Herzwesen angesprochen werden.

Die Einfachheit

Einfachheit, ist die bewusste Reduktion auf das Förderliche. Klarheit, Raum für individuelle Phantasie, Raum für Neues, Raum für Wandlung-Schönheit wird möglich.

- Die Objekte auf der Bühne, die Bühnenraumgestaltung,
- die szenische Inszenierung, die Spielweise, die Texte,
- die Musik, sind auf die Wirksamkeit der Aufführung
- ausgerichtet, in den Dienst der wohltuenden, entlastenden
- Wirkung des Stücks. „Kein Bühnen Ego…"
- Schönheit durch Klarheit auf der Bühne.

Das Verwandelnde, das Herz

Damit Verwandlung stattfinden kann, muss das innere Wesen- das Herzwesen angesprochen werden- ansonsten bleibt es reine Emotion. Vieles wird aufgerüttelt, aufgewirbelt, aber nicht verwandelt und nicht erlöst. Das Herz muss Ja sagen können zu dem Geschehen, zur Wandlung, zur Lösung. Das Erlebte wird tragbar, es ist begeistert, es macht Mut und Lust zur Wandlung zu neuen Schritten.

Die Sicht auf unser Publikum, auf Kinder und Jugendliche:

„Gut so" lautet der Titel einer EUKITEA Theaterproduktion – „Gut so" bedeutet auch, dass jeder Mensch einmalig ist, einzigartig, ein Kind Gottes und genau richtig so wie er ist, das Wesen ist absolut richtig, Handlungen sind wandelbar. Der liebende Blick öffnet die Sicht in den Hintergrund der Dinge, der Menschen. Der liebende Blick ist nicht sentimental und verharmlosend. Der liebende Blick ist der Blick, der wie ein Brennglas Vorurteile oder Pessimismus durchdringt, wegschmelzt und dadurch in tiefe Schichten eindringt, zum Wesen, zur Essenz kommt.

Das Gegenüber erlebt sich als gesehen als erkannt. Dieser Blick öffnet das Herz und überwindet Angst.

Dunya Elemenler

Präventionsarbeit mit und für Frauen und Mädchen

Um ein Konzept für eine erfolgreiche Präventionsarbeit zu formulieren, gilt es zuerst, dass Problem, vor welchem präventiv geschützt werden soll, zu erörtern. In diesem Beitrag geht es daher zum einen um die Radikalisierungsverläufe von jungen Frauen und Mädchen im radikal-islamistischen Spektrum und zum anderen um ein davon abgeleitetes Präventionskonzept sowie dessen konkreter Anwendung im Projekt des Sozialdienst muslimischer Frauen e.V. „Frauen stärken Frauen – gegen Radikalisierung".

Der Sozialdienst muslimischer Frauen e.V. (SmF) wurde 2016 von Frauen muslimischen Glaubens gegründet. Als Bundesverband hat sich der SmF inzwischen als Wohlfahrtsverband etabliert. In Zusammenarbeit mit den Mitgliedsvereinen, die auf sechs Bundesländer verteilt sind, verfolgt der SmF das Ziel, die soziale, politische und gesellschaftliche Teilhabe zu verbessern. Zudem bekämpft der SmF jegliche Form von Diskriminierung und gruppenbezogener Menschenfeindlichkeit. Die Angebote richten sich an Frauen und Männer, Kinder, Jugendliche, Familien, Geflüchtete und Zugewanderte, Senior:innen und Angehörige, Menschen mit Behinderungen und Menschen in besonderen Lebenslagen. In diesem Rahmen wurde 2021 auch das Präventionsprojekt „Frauen stärken Frauen – gegen Radikalisierung" ins Leben gerufen, welches von der Beauftragten der Bundesregierung für Migration, Flüchtlinge und Integration und Antirassismusbeauftragte gefördert wird. An zehn Projektstandorten deutschlandweit wurden Safe Spaces für junge Frauen und Mädchen muslimischen Glaubens oder die als solche wahrgenommen werden, eingerichtet. Im weiteren Verlauf soll näher auf das Projekt und die Erfahrungen daraus eingegangen werden.

Innerhalb der wissenschaftlichen Forschung zu religiös motivierten Radikalisierungsverläufen von Frauen existieren bis heute nur wenige Arbeiten (u.a. Behr, Kulaçatan 2016, Fritzsche 2018). Oftmals sind es kurze

Beiträge in Sammelbänden, die noch einmal auf den Genderaspekt hinweisen. Eine tiefer gehende Analyse wie es unter anderem Kepel (2015), Roy (2016) oder auch Benslama (2017) zu Radikalisierungsverläufen von Männern getan haben, lässt immer noch auf sich warten. Das bedeutet aber nicht, dass die Rolle von Frauen in radikal-islamistischen Gruppierungen von geringerer Bedeutung wäre. Innerhalb der Szene übernehmen Frauen eine zentrale Rolle in der Anwerbung und Weitergabe der Ideologie, was entscheidend ist für die Szenebildung und -bindung (Fritzsche 2018, S.4). Insofern sind Frauen für das Fortbestehen und die Stabilität der Gruppen relevant. Im Folgenden soll nun dargestellt werden, warum sich junge Frauen und Mädchen im Alter von 15 bis 25 Jahren überhaupt radikal-islamistischen Gruppen anschließen und was die Attraktivität dieser Gruppen ausmacht.

In der Medienlandschaft wurden meist romantische Motive hervorgehoben, die Frauen dazu bewegen, sich radikal-islamistischen Gruppen anzuschließen. Die Vorstellung einen Ehemann zu bekommen, ist als einziges Motiv zu kurz gegriffen und greift auf veraltete Stereotype von der leicht verführbaren Frau zurück (Behr, Kulaçatan 2017, S.109). Die eigentliche Situation ist um ein Vielfaches komplexer und sicherlich gibt es nicht den einen Grund, sondern eine Vielzahl an Komponenten, die zusammenkommen, um eine Radikalisierung auszulösen.

Zum einen sind es normale juvenile Faktoren, die zum Tragen kommen können. Die jungen Frauen und Mädchen in der betreffenden Altersgruppe befinden sich mitten in der Adoleszenz. Das heißt, sie entwickeln sich geistig wie körperlich stark, was mit vielen Veränderungen einhergeht. Weiterhin ist dieses Alter geprägt durch Rebellion gegenüber den Eltern und anderen Autoritäten. Dies geht einher mit einer jugendlichen Suchbewegung nach Halt, Gemeinschaft und vor allem der eigenen Identität (vgl. Fritzsche 2018, 7).

Dies alles passiert in einem Umfeld größer oder kleinerer familiärer Probleme. Die Jugendlichen sind konfrontiert mit der Frage, was sie mit ihrem Leben anfangen. Das heißt, welchen Lebensweg sie für sich wählen: Ob sie studieren wollen oder eine Ausbildung anstreben etc. Daraus entsteht schnell Druck. Hinzu kommen Gruppenzwänge durch Freundeskreise, zu denen sie dazugehören wollen. Für junge Frauen und Mädchen muslimischen Glaubens kommen kulturelle Unterschiede hinzu, wenn sie zuhause vielleicht ein eher traditionell geprägtes Elternhaus und gleichzeitig einen eher offenen Freundeskreis haben, kann das dazu führen, dass sie quasi ein Doppelleben führen. Die erlebte Ungleichbehandlung aufgrund des Geschlechts im Elternhaus, wird häufig als Grundlage für die Offenheit junger Frauen und Mädchen für die Argumentation radikal-islamistischer Gruppen beschrieben. Zudem haben die jungen Frauen und Mädchen teilweise eigene Diskriminierungserfahrungen gemacht oder identifizieren sich mit Personen, die zum Beispiel in den Sozialen Medien über ihre Diskriminierungserfahrungen berichten (vgl. Fritzsche 2018, 7, Behr, Kulaçatan 110).

Kurzgefasst ist es eine unsichere Lage, in welcher sich die jungen Frauen und Mädchen befinden, was sie grundsätzlich anfälliger machen kann für die Propaganda radikal-islamistischer Gruppen. Die Methoden, die radikal-islamistische Gruppen anwenden, sind zudem auf die Situation junger Menschen abgestimmt. Unter anderem über die Sozialen Medien nehmen sie Kontakt auf und bauen in einem ersten Schritt eine Beziehung auf. Dabei werden alltägliche Themen wie Freundschaft, Familie, Beziehungen und Sexualität, das Körperbild und anderes angesprochen, was einen Lebensweltbezug zu den Jugendlichen hat. Dadurch wird Vertrauen aufgebaut (vgl. Fritzsche 2018, 6).

Darüber hinaus wird den Jugendlichen dann Wissen über den Islam aber auch gesellschaftliche Ereignisse in sehr vereinfachter Form vermittelt. Dabei werden auch Verschwörungstheorien verwendet, um die jungen Menschen weiter aus ihren sozialen wie auch gesellschaftlichen Strukturen zu lösen und stattdessen an die radikal-islamistische Gruppe zu binden. Dadurch wird ihnen Orientierung und Halt gegeben. In diesen Gruppen wird jungen Menschen Rollenklarheit geboten, die auf traditionellen und patriarchalen Vorstellungen beruhen. Gleichzeitig werden diese idealisiert und ausgeschmückt. Es wird eine Gemeinschaft geboten, die Halt verspricht und dabei auch ein elitäres Gefühl vermittelt. Man hat eine Aufgabe, eine „Mission auf dem Weg Gottes" sozusagen, wie es radikale Gruppierungen ausdrücken würden. Das stiftet auch Identität und Zugehörigkeit. Zu guter Letzt ist es auch eine Möglichkeit Protest auszuüben (vgl. Plan P).

Für junge Frauen und Mädchen kommen weitere Faktoren hinzu, die für eine Radikalisierung relevant sind. Zum einen sind es genderspezifische Faktoren. Durch die Aufgaben, welche die jungen Frauen innerhalb der Gruppen übernehmen, erfahren sie eine Form von Selfempowerment und Selbstwirksamkeit. Zum Beispiel machen sie aktiv Werbung in den Sozialen Medien, in den Kindergärten und Schulen ihrer Kinder etc. Gerade junge Frauen, die in ihrer Entwicklung teilweise noch unsicher sind in Bezug auf ihre eigenen Fähigkeiten und Stärken, fühlen sich dadurch in den Gruppen gesehen und gestärkt. Hinzu kommt häufig eine Ungleichbehandlung zwischen Jungen und Mädchen in eher traditionell konservativen Familien, die von den jungen Frauen und Mädchen als unfair empfunden wird. Während von ihnen eine starke Zurückhaltung und Einschränkungen verlangt wird, dürfen Jungen deutlich mehr und sind freier. In den radikal-islamistischen Gruppen sind diese Restriktionen für beide Geschlechter gleich. Dies wird von den jungen Frauen als emanzipatorischen Moment wahrgenommen. Gleichzeitig wird durch radikal-islamistische Gruppen propagiert, dass das westliche Versprechen einer weiblichen Emanzipation eine reine Doppelbelastung sei. Denn hier werde von Frauen sowohl die Haushaltsführung als auch eine berufliche Betätigung erwartet, was als unfair und als Überbelastung dargestellt wird. Dahingegen wird innerhalb dieser Gruppen die Rolle der Frau als Mutter und Ehefrau sehr stark hervorgehoben und glorifiziert. In ihrer Identitätssuche und Auseinandersetzung mit den eigenen körperlichen Veränderungen sind dies oftmals unterschätzte Faktoren, mit denen radikal-islamistische Gruppen junge Frauen und Mädchen locken (Behr, Kulaçatan 2018, 110).

Qualitative Studien, wie die von Laura Dickmann-Kaskovic, und andere wissenschaftliche Arbeiten wie die von Nora Fritzsche haben gezeigt, dass junge Frauen, die sich radikal-islamistischen Gruppen angeschlossen haben, zuvor Gewalt in der Familie erfahren haben und ein sehr schlechtes Verhältnis zu ihren Vätern aufweisen (Fritzsche 2018). Insbesondere Frauen, die unter Restriktionen in konservativen Familien gelitten haben, tendieren dazu, nach Lösungen innerhalb dieses patriarchalen Systems zu suchen. Das heißt, sie befreien sich von einer gewaltvollen Familie durch die Heirat und dem Wechsel in eine neue Familie. (Behr, Kulaçatan 2018).

Als weitere Faktoren, die Radikalisierungsverläufen von Frauen verursachen können, sind Erfahrungen gesellschaftlicher Ausgrenzung zu sehen. Gerade eigene Diskriminierungserfahrungen im Alltag führen dazu, dass sich junge Frauen nicht sicher fühlen und es fördert das Bedürfnis nach einer Abgrenzung von der sogenannten nicht-muslimischen Gesellschaft (Behr, Kulaçatan 2018, 110). Im Zusammenhang mit einer instabilen familiären Situation führt diese gesellschaftliche Ausgrenzung dazu, dass die jungen Frauen keinen Halt haben. Dieser wird ihnen dann von den radikal-islamistischen Gruppen geboten. Letztendlich sind die angewandten Methoden aber auch auf andere extremistische Gruppierungen übertragbar. In diesem Sinne stellen radikal-islamistische Gruppen keinen Sonderfall in der Anwerbung von neuen Mitgliedern dar.

Eine erfolgreiche Präventionsarbeit sollte daher einen ganzheitlichen Ansatz verfolgen. Im Projekt „Frauen stärken Frauen gegen Radikalisierung" wird dies seit August 2021 an 10 Standorten deutschlandweit umgesetzt. Über einen intergenerationalen Austausch wird die gesamte Familie in die Präventionsarbeit eingebunden. Konkret wurden zu Beginn eigene Väter- und später auch Müttergruppen eingerichtet. In diesen Gruppen sprechen die Väter und Mütter getrennt voneinander über Themen wie Gleichberechtigung, Lebensrealität ihrer Töchter und ähnliches. Die Väter werden dabei noch einmal in besonderer Weise sensibilisiert, sich in die Erziehung ihrer Töchter einzubringen. Gleichzeitig erhalten die jungen Frauen und Mädchen eigene Angebote wie Gesprächskreise, Workshops und Freizeitaktivitäten. Dadurch wird ein sicherer Ort geschaffen, an dem sich die jungen Frauen frei äußern, diskutieren und entfalten können. Außerdem funktioniert die Gruppe gerade in religiösen Fragen als Diskursort. Denn durch die Diskussion religiöser Fragen lernen sie andere Meinungen und Sichtweisen kennen. Dies wird in radikal-islamistischen Gruppen abgelehnt, die nur ihre eigene Auslegung gelten lassen. Durch die Ermöglichung einer selbstbestimmten Auseinandersetzung mit religiösen Fragen werden die jungen Frauen dahingehend gestärkt, dass sie nicht auf die Ansprachen im Internet durch radikal-islamistische Gruppen reagieren.

Neben diesen getrennten Gruppen für Väter, Mütter und junge Frauen im Präventionsprojekt „Frauen stärken Frauen" werden auch Gemeinschaftsveranstaltungen durchgeführt, bei welchen die Mütter, Väter und Töchter zusammengebracht werden. Zum Beispiel wurden gemeinsame Ausflüge unternommen, Sommerfeste gefeiert oder auch gemeinsam gekocht. Dadurch verfolgt der Präventionsansatz neben dem Austausch in eigenen Gruppen auch die Auseinandersetzung miteinander, um die Familien als Ganzes zu stärken.

Die Erfahrungen des Projektes sprechen für den Ansatz. Zum einen wurden kulturelle Herausforderungen deutlich, die in den Angeboten angesprochen werden konnten. Darunter fällt zum Beispiel die unterschiedlichen Lebenswelten der jungen Frauen im Elternhaus und im

Freundeskreis. Dies wird als Doppelleben empfunden, was eine große Belastung darstellt. Insbesondere was das Themenfeld Sexualität angeht, können sich die jungen Frauen schwer mit ihren Eltern austauschen, weil das Thema als schambehaftet tabuisiert wird. Hier konnte im Projekt zumindest ein Raum für einen offenen Austausch geboten werden, was ein erster Schritt für eine Problemlösung darstellt. Die Eltern selbst haben sich an einzelnen Standorten an die Mitarbeiterinnen gewandt und diese darum gebeten, die sexuelle Aufklärung ihrer Töchter zu übernehmen. Dies zeigt die Unsicherheit der Eltern mit der Thematik auf der einen Seite. Gleichzeitig wird aber auch ein Bewusstsein für das Thema und dessen Relevanz deutlich, dass die Eltern im Vertrauen an den SmF und die Mitarbeiterinnen weitergeben wollen.

Weiterhin berichten die jungen Frauen von eigenen Diskriminierungserfahrungen oder identifizieren sich mit Personen, die in den Sozialen Medien über Diskriminierung berichten. In den Erzählungen wird ein gesellschaftliches Bild von Mehrheit vs. Minderheit dargestellt, wobei man selbst der Minderheit angehört. Allein die Möglichkeit der Teilnahme an Angeboten, die durch öffentliche Fördergelder finanziert wurden, hat für die Teilnehmenden eine hohe Bedeutung gehabt. Denn das Projekt wird als Wertschätzung gewertet und hat damit eine große Bedeutung. Zudem konnten sich die jungen Frauen in den Gesprächskreisen über ihre Erfahrungen austauschen. Über diese Auseinandersetzung und das Feedback anderer Frauen, dass das Erlebte nicht in Ordnung ist, konnten die jungen Frauen darüber reflektieren und einen besseren Umgang finden.

Gleichzeitig haben die Teilnehmerinnen einen Ort und eine Gruppe gefunden, die ihnen Halt und Struktur gibt. Durch die Auseinandersetzung mit unterschiedlichen Themen wie Selbstliebe, Identität und viele mehr. In den Gesprächskreisen wurde auch eine positive Charakterentwicklung in Gang gesetzt, was teilweise auch von den Eltern beobachtet werden konnte.

Die schnelle Etablierung des Projektes und den leichten Zugang zu der Zielgruppe durch den Sozialdienst muslimischer Frauen e.V. hat gezeigt, wie wichtig es ist, dass diese Präventionsarbeit von Menschen durchgeführt wird, mit denen sich die Zielgruppe identifizieren kann und die sie als Gleiche wahrnimmt. Zum einen wurde von den Eltern gegenüber den Mitarbeiterinnen Vertrauen gezeigt. Das äußert sich darin, dass sie ihre Töchter an den Angeboten teilnehmen lassen und sich auch selbst einbringen. Zum anderen nehmen die jungen Frauen die Mitarbeiterinnen als Vorbilder wahr, die sie verstehen können, weil sie aus einem ähnlichen Kulturkreis kommen. Damit einhergehen kulturelle Codes und eine optische Identifikation, die für den Erfolg des Projektes wichtig ist.

Mit Blick auf die Präventionsarbeit mit jungen Frauen und Mädchen muslimischen Glaubens muss bedacht werden, dass die Radikalisierung als Reaktion auf eine vorhandene Situation passiert und nicht eine Veranlagung bei Menschen aus einem bestimmten Kulturkreis oder Ähnlichem ist. Dementsprechend ist es die Aufgabe der Gesamtgesellschaft hier gegenzusteuern und die oben genannten Ursachen für eine Radikalisierung aufzuheben. Gleichzeitig müssen demokratische Werte von allen gelernt werden. Es braucht ein Bewusstsein dafür, dass grundsätzlich jede und jeder aus dem gesellschaftlichen Auffangnetz fallen kann. Dementsprechend müssen die Angebote auch möglichst passgenau sei. Außerdem fühlen sich gerade junge Menschen nicht automatisch als Teil der Gesellschaft. Das Gefühl der Zugehörigkeit entwickelt sich erst und muss entsprechend auch gefördert werden. Aber auch Gendersterotype und rassistische Vorurteile müssen stärker in den Fokus genommen werden. Insbesondere im Umgang mit Frauen in Radikalisierungsverläufen führt dies zu Fehleinschätzungen. Die Korrelation von Diskriminierungserfahrungen und Radikalisierungsverläufen muss selbstkritisch durch die Gesellschaft reflektiert und angegangen werden. Ein letzter wichtiger Punkt für eine erfolgreiche Präventionsarbeit ist eine kultursensible Jugendarbeit, die die Jugendlichen nicht stigmatisiert. Das Projekt des Sozialdienst muslimischer Frauen e.V. „Frauen stärken Frauen- gegen Radikalisierung" spricht für einen Ansatz, der durch Menschen umgesetzt wird, die mehrheitlich dem Kulturkreis der Zielgruppe angehören und die Familien als Ganzes in den Blick nimmt und stärkt. Hier braucht es langfristig eine flächendeckende Jugendarbeit und Angebote, die nicht auf einzelne Standorte begrenzt sind.

Zuletzt soll auf die Gefahr der Stigmatisierung von bestimmten Gruppen hingewiesen werden. Muslimische Frauen und Mädchen sind nicht mehr oder weniger in Gefahr sich zu radikalisieren, als dass es andere Frauen und Mädchen sind. In der Präventionsarbeit darf dieser Grundgedanke nicht in den Hintergrund rücken, da es schnell auf die Zielgruppe ausstrahlen und diese dann abschrecken kann.

Literatur

Behr, Harry; Kulaçatan, Meltem: Religious Orientation of Muslim Girls and Young Women between Particularism and Universalism. Frankfurter Zeitschrift für Islamisch-Theologische Studien Heft 3 2016: Universalität und Universalismus im Islam. Frankfurt am Main 2016, Seite 107-120

Benslama, Fethi: Der Übermuslim, MSB Matthes & Seitz Berlin Verlagsgesellschaft mbH 2017 Berlin

Frauen stärken Frauen gegen Radikalisierung - https://smf-verband.de/projekte/frauen-staerken-frauen-gegen-radikalisierung/

Fritzsche, Nora: Mädchen und Frauen im Salafismus, 2018, https://www.bpb.de/themen/infodienst/281785/maedchen-und-frauen-im-salafismus/, Zugriff 10.01.2023, 10:27 Uhr

Kepel, Gilles: Terror in Frankreich – Der neue Dschihad in Europa, Verlag Antje Kunstmann GmbH 2016 München

Plan P: Herausforderung Salafismus, AJS NRW

Roy, Oliver: „Ihr liebt das Leben, wir lieben den Tod" - Der Dschihad und die Wurzeln des Terrors, Bundeszentrale für politische Bildung 2018 Bonn

Sozialdienst muslimischer Frauen e.V. https://smf-verband.de/ , Zugriff 16.01.2023, 15:43Uhr

Sabeth Eppinger

Beratung von Familien in hochkonflikthaften Trennungsprozessen

1. Definitionen und Abgrenzungen

Um Möglichkeiten der Beratung von Eltern und Kindern in einem hochkonflikthaften Trennungsverlauf aufzeigen zu können, soll im Folgenden zunächst darauf eingegangen werden, wie hochkonflikthafte Trennungspaare von anderen Trennungspaaren abgegrenzt werden können. Hochstrittige, eskalierte Trennungs-, Sorge- und Umgangsrechtskonflikte sowie eskalierte Partnerschaftskonflikte und (physische und psychische) Gewalt zwischen den Eltern betreffen etwa 5-10 Prozent der Trennungs- und Scheidungsfälle, stellen Sonderformen der psychischen Misshandlung von Kindern dar, beanspruchen in der Beratungsarbeit in einem unverhältnismäßig hohen Maße Arbeitskapazität und –kraft und mehr als herkömmliches Wissen sowie bewährte Methoden aus der Arbeit mit Trennungs- und Scheidungsfamilien (Dietrich, Fichtner, Halatcheva & Sandner, 2010; Kinderschutz-Zentrum Berlin, 2009; Menne, 2015; Normann, 2012). In der Regel arbeiten verschiedene Institutionen und Fachkräfte mit einer hochkonflikthaften Familie – das Gericht, die Anwaltschaft, Verfahrensbeistände, psychologische und/oder (sozial-)pädagogische Fachkräfte, Mitarbeitende des Jugendamts, Umgangspfleger:innen, Gutachter:innen oder therapeutisches Fachpersonal (Voß, 2022). Eine Definition von Hochkonflikthaftigkeit ist grundsätzlich schwierig, da hochkonflikthafte Trennungs- und Scheidungsfamilien eine heterogene Gruppe sind, die zwar durch folgende Aspekte gekennzeichnet werden können, jedoch nicht alle Aspekte auf jede Familie zutreffen und sich die Aspekte je nach Familie in ihrer Intensität stark unterscheiden (Bröning, Krey, Normann, & Walper, 2012; Bundeskonferenz für Erziehungsberatung, 2013; Dietrich et al., 2010; Dietrich & Paul, 2006; Kelly, 2003; Menne, 2015; Retz, 2015):

- Die Familien werden häufig von anderen Institutionen (Beratungs-stellen, Familiengerichte, Jugendämter) verwiesen oder werden bei Gericht zu einer Beratung verpflichtet, die Beratung erfolgt in einem kooperativen Hilfs- und Unterstützungs-Netzwerk

- Rechtsstreitigkeiten über das Sorge- und Umgangsrecht wiederholen sich und werden begleitet von der Vorstellung der Eltern, der Kontakt zum anderen Elternteil sei schädlich für das Kind, u.U. stehen sogar nicht bewiesene Vorwürfe der Kindeswohlgefährdung im Raum. (Gerichtliche) Vereinbarungen werden nicht eingehalten

- Hochkonflikthafte Elternteile suchen in der Beratung häufig keinen Rat, sondern eine:n Koalitionspartner:in für die Streitigkeiten mit dem anderen Elternteil. Der ungelöste Paarkonflikt ist dabei der Auslöser der Konflikte. Beratungsfachkräfte können in die emotionale Dynamik einbezogen werden, die fachliche Neutralität im Beratungsprozess kann damit gefährdet sein

- Auch andere Außenstehende (Freunde, Familie, Richter:innen, Anwälte etc.) werden in die Streitigkeiten einbezogen

- Wut, Misstrauen, feindseliges Verhalten sowie eskalierte Streitigkeiten prägen die Beziehung der Eltern zueinander, teilweise kam oder kommt es zu körperlicher und/oder verbaler Gewalt. Die Beziehung des Kindes zum anderen Elternteil wird nicht akzeptiert. Es kommt zu Machtkämpfen, in denen Eltern sich gegenseitig abqualifizieren und es darum geht, wer das Kind gewinnt bzw. verliert

- Das Konfliktniveau bleibt über lange Zeit hinweg konstant hoch. Konflikte, die andere Paare selbständig lösen, können nicht ohne gerichtliche Hilfe gelöst werden, Versuche außergerichtlicher Einigungen über Beratung und/oder Mediation scheitern häufig

- Kinder werden in einem deutlichen Maß in die Streitigkeiten einbezogen und instrumentalisiert, die Bedürfnisse der Kinder geraten aus dem Blick, wodurch die Wahrscheinlichkeit für Kinder steigt, emotionale oder physische Störungen davonzutragen. Zusätzliche Belastungen der Kinder durch (häusliche) Gewalt, psychische Erkrankungen oder Substanzmissbrauch seitens der Eltern können vorhanden sein.

- Fehlende Fähigkeiten zur Perspektivübernahme führen dazu, dass die Elternteile jeweils der Meinung sind, „Recht zu haben", keinen Korrekturbedarf bei der eigenen Person sehen und Änderungen beim jeweils anderen einfordern. In der häufig nicht freiwilligen Beratung zeigen sie deshalb wenig Offenheit für die Erarbeitung von einvernehmlichen Lösungen.

2.   Ziele der Beratungsarbeit

Bei streitigen, das Kind betreffende Entscheidungen werden in der Beratung in der Regel zwei Ziele verfolgt werden: Die Reduzierung der elterlichen Konfliktdynamik, sodass eine einvernehmliche Regelung getroffen werden kann und der Aufbau bzw. Erhalt einer konstruktiven Beziehung des Kindes zu beiden Elternteilen, sodass das Recht des Kindes auf Umgang mit beiden Elternteilen (§ 1684 Abs. 1 BGB) umgesetzt werden kann.

Bei der Entwicklung von Beratungskonzepten für Hochkonflikt-Familien sind dabei vier Dimensionen von Bedeutung (Bundeskonferenz für Erziehungsberatung, 2013):

a.)   Die Entwicklung einer Beratungspraxis mit Hochkonflikt-Eltern

b.)   Erläuterungen zur Situation betroffener Kinder sowie Möglichkeiten des Einbezugs von Kindern in die Beratung

c.)   Die Zusammenarbeit der am Fall beteiligten Institutionen und Professionen

d.)   Rahmenbedingungen der Beratungsarbeit mit Hochkonflikt-Familien

Im Folgenden sollen zu zwei dieser Dimensionen, der Entwicklung einer Praxis der Beratungsarbeit mit Hochkonflikt-Eltern sowie der Beratungsarbeit mit Kindern im Hochkonflikt, einige wichtige Kernaspekte sowie Beispiele aus der Praxis aufgeführt werden.

2. 1   Entwicklung einer Praxis der Beratungsarbeit mit Hochkonflikt-Eltern

Für die Beratung von hoch konflikthaften Eltern ist generell ein hohes Maß an Strukturierung, klarer Führung sowie Regel- und Grenzsetzung notwendig. Daneben spielen auch empathische und verstärkende Interventionen eine große Rolle. Die Eltern müssen mit ihren erlittenen Verletzungen verständnisvoll aufgefangen werden, da so eine Akzeptanz für die Beratung geschaffen werden kann und ein Erfolg damit wahrscheinlicher wird (Behrend, 2022; Bundeskonferenz für Erziehungsberatung, 2013; Jacob, 2019). Hierfür sollten Einzelsitzungen genutzt werden und/oder eine Co-Beratung herangezogen werden, wobei die Co-Beratung auch beim Einbezug der Kinder helfen kann, wenn sie für die Belange der Kinder zuständig ist (Bundeskonferenz für Erziehungsberatung, 2013).

Im Zusammenhang mit verstärkenden Interventionen, insbesondere um Hochkonflikthafte für die Beratung zu motivieren, kann die ressourcenorientierte Arbeit (Winkelmann, 2013) hilfreich sein. Ressourcen in der Beratungsarbeit mit hoch strittigen Eltern können aktiviert werden, indem explizit auch Fähigkeiten hoch konflikthafter Elternteile herausgestellt werden. Zu Beginn der Beratung könnte so beispielsweise darauf eingegangen werden, dass die Elternteile wegen der Kinder in die Beratung gekommen und ganz besonders wichtig für ihre Kinder seien. Bekräftigt werden könnte dies mit der Fokussierung auf die Motivation der Eltern, dem Wunsch einer guten Elternschaft nachzukommen (Spengler, 2006). Fähigkeiten hochkonflikthafter Elternteile, die positiv herausgehoben werden können, sind eine hohe Einsatzbereitschaft, die die Eltern bei der Verfolgung ihrer Anliegen zeigen, das hohe Engagement für das Wohlergehen der Kinder, die Lebendigkeit und die Emotionalität hochkonflikthafter Eltern, eine hohe Standfestigkeit sowie die Fähigkeit, mit Kränkungen umzugehen und dabei die Ziele nicht aus den Augen zu verlieren (Winkelmann, 2013).

Lohmeier (2013) betont im Zusammenhang mit der Beratung hoch strittiger Eltern die besondere Relevanz von Humor in der Beratung. Humor erleichtert die Herstellung eines Arbeitsbündnisses, da sich Eltern schneller auf konstruktive Lösungssuche mit einem/er freundlich heiteren, gelassenen Berater:in einlassen. Zudem hilft Humor, sich Gefühlen zu öffnen und bringen eine emotionale Entlastung mit sich. So kann er dabei helfen, Probleme zu relativieren und einen inneren Abstand zu den eigenen Problemen zu fördern und ist damit gut geeignet, die tragische Weltsicht, die radikalisierten Probleme, die scheinbar unlösbaren Dilemmata und die emotionale Anspannung hochstrittiger Elternteile aufzulösen. Manchmal werden so Auswege aus einer Situation sichtbar, die zunächst ausweglos erschienen.

Eine entsprechende Gestaltung der Räumlichkeiten der Beratungsstelle sind in diesem Zusammenhang ratsam (Lohmeier, 2013) – so werden offene, lichtdurchflutete Gänge und Wartebereiche, Kinderbilder, Cartoons und Witzen an den Wänden und lustige Medien im Wartebereich empfohlen.

Neben der Vermittlung von Empathie für die erfahrenen Kränkungen und die Frage nach Positionen, Sorgen und Erwartungen der Eltern können die Einzelsitzungen in einem ersten Schritt dazu genutzt werden, das Ausmaß der Konflikte einzuschätzen sowie Informationen über den rechtlichen Rahmen und die Funktion der Beratung zu geben (Dietrich et al., 2010). Dabei sollten die Ziele der Beratung an den momentanen Ressourcen der Klient:innen ausgerichtet werden (Normann, 2012). Um Fachkräften bei der Einordnung von Fällen hinsichtlich einer möglichen Hochstrittigkeit zu helfen, wurde von Dietrich et al. (2010) ein insgesamt zweiseitiger Kurzfragebogen zur Situation nach Trennung und Scheidung für betroffene Eltern sowie für beteiligte Fachkräfte entwickelt.

Auch eine Klärung der Rolle der Beratungsfachkraft in Abgrenzung zum:r Richter:in, Mitarbeiter:in des Jugendamts oder der gesetzlichen Vertretung in Rechtsfragen kann zu Beginn der Beratung sinnvoll sein, wird jedoch im gesamten Beratungsprozess immer wieder eine Rolle spielen (Schlund, 2013).

In einem zweiten Schritt können in der Beratung im Rahmen der Einzelsitzungen

(1) Folgen von Scheidung bzw. Trennung für Kinder aufgezeigt werden

(2) die Voraussetzungen und Bedingungen verschiedener Betreuungsarrangements angesprochen werden und

(3) auf Möglichkeiten der Stärkung der Erziehungsfähigkeit eingegangen werden (Dietrich et al., 2010).

Dabei sollte die Darstellung, wie sich Belastungen auf die Kinder auswirken, nicht zu früh durch ein Anbieten von Hilfen unterbrochen werden, da die Not der Kinder unbedingt sicht- und spürbar für die Eltern werden muss und ein gewisser Druck immer auch eine produktive Funktion für Veränderungen hat (Schlund, 2013). Vermieden werden sollte auch eine anklagende Haltung gegenüber den Eltern, vielmehr sind die Botschaft der Sorge um die Kinder in der momentanen Situation und die zu erwartenden Schwierigkeiten in der Entwicklung möglichst in den Vordergrund zu stellen (Schlund, 2013).

Da es hochkonflikthaften Paaren nicht gelingt, sich voneinander zu distanzieren und sie daher von emotionalen Problemen miteinander bestimmt sind, stellt es eine Überforderung für diese Eltern dar, wenn sie als getrenntlebende Eltern gut miteinander kooperieren und kommunizieren sollen (Behrend, 2022). Daher ist es bei der Beratung von Hochkonflikt-Elternteilen sinnvoll, den Abgrenzungsprozess voneinander zu unterstützen und die Eltern gleichzeitig dafür zu sensibilisieren, dass die Kinder beide El-

ternteile brauchen, dass ein Kind ein Recht auf Umgang mit beiden Elternteilen hat und ein Kind die Möglichkeit bekommen sollte, eine stabile und
positive Beziehung zu beiden Elternteilen zu entwickeln. Umgangskontakte sind dabei grundsätzlich ein geeignetes Mittel, um diese Ziele zu erreichen, das Recht des Kindes zu wahren und dem Kind die Möglichkeit zu
geben, ein realistisches Bild von beiden Elternteilen zu entwickeln. Nichtsdestotrotz wird es unter Umständen Konstellationen geben, bei denen die
elterliche Konfliktdynamik durch Umgangskontakte verschärft wird und/
oder starke Belastungen des Kindes entstehen können, weshalb es sinnvoll sein kann, in der Beratung hochstrittiger Paare mehr auf die Folgen
der elterlichen Konfliktdynamik auf das Kind als auf die Umgangskontakte
zu fokussieren (Bundeskonferenz für Erziehungsberatung, 2013).

In einem dritten Schritt können dann in gemeinsamen Sitzungen die
Streitfragen bearbeitet und ggf. eine Elternvereinbarung abgeschlossen
werden. Vorgehensweisen, die dazu in der Beratung mit hochkonflikthaften Eltern angewandt werden können, sind beispielsweise die Ergrün-
dung von den hinter Positionen von Eltern stehenden Interessen und die
Vermittlung dieser Interessen, das Umdefinieren von Problemen und Be-
schuldigungen der Eltern in Wünsche und Bedürfnisse, die Trennung von
Sichtweisen der Eltern auf Probleme von den dahinterstehenden negativen Emotionen, das Aufzeigen von Reizen, die beim anderen Elternteil
negative Emotionen auslösen und Möglichkeiten, diese zu vermeiden sowie das Setzen von klaren Grenzen bei der Gestaltung von Elternverein-
barungen, wenn die Gefahr besteht, dass die kindlichen Bedürfnisse aus
dem Blick geraten (Baris et al., 2001).

Dabei ist es im gesamten Prozess wichtig, schon kleinste positive Veränderungen im Konfliktverhalten zu registrieren und dies den Eltern positiv
rückzuspiegeln, um auf lange Sicht das Konfliktverhalten zu ändern. Denn
schon kleinste Einsichten bezüglich des eigenen Verhaltens können ein
großer Erfolg für eine beginnende Veränderung sein (Normann, 2012).

2. 2 Erläuterungen hinsichtlich der Situation der Kinder sowie Möglichkeiten des Einbezugs von Kindern in die Beratung

Hochstrittige Konflikte bergen ein hohes Risiko für Belastungen von Kindern (Beelmann & Schmidt-Denter, 2003). In eskalierten Elternkonflikten
besteht die Gefahr, dass Kinderinteressen im Streit der Eltern funktiona-

lisiert werden und die Kinder in Loyalitätskonflikte bis hin zu „trauma-tisierenden Schiedsrichterpositionen" (Menne, 2015, p. 112) gebracht werden, womit Kinder deutlich überfordert werden. Mit Loyalitätskon-flikten ist gemeint, dass Kinder in der Regel beide Elternteile lieben und daher kritische Aussagen eines Elternteils über den anderen die Kinder in eine schwierige Lage bringen, da sie einerseits den kritisierten Elternteil in Schutz nehmen möchten und andererseits nicht in Konflikt mit dem kritisierenden Elternteil treten möchten, sie befinden sich also in der Mitte zwischen den elterlichen Konflikten. Manche Kinder werden deshalb den Ausweg nehmen, im Kontakt mit den Elternteilen jeweils verschiedene Aussagen zu machen, sodass sie mit keinem der Elternteile in eine kon-flikthafte Situation geraten (Weber, 2006). Kinder können auch Zeugen und Opfer von innerfamiliärer Gewalt werden, wobei das Risiko von Be-lastungsreaktionen und Traumasymptomen mit dem Schweregrad und der Dauer der Gewalt wächst (Kindler, 2011). Die Situation, in der sich das Kind befindet, zwingt es, eigene Verarbeitungsmechanismen zu ent-wickeln, um innere Spannungen auszuagieren (z.B. Aggressivität, Delin-quenz, Depressivität, Ängstlichkeit oder Rückzug), die eine gesunde Ent-wicklung gefährden und zu Störungen des Selbstbewusstseins und des Selbstwerts führen können. Jedes Kind reagiert unterschiedlich – manche werden ihre Bedürfnisse auf ein Minimum reduzieren, manche werden mit einem Elternteil eine Allianz bilden, manche werden sich von der Fa-milie abwenden und in Schule und/oder Sport erfolgreich sein, wieder an-dere bilden somatische Schmerzen wie Kopf-/Bauchschmerzen, Ein- oder Durchschlafprobleme, Einnässen usw. (Gillner, 2013). In manchen Situa-tionen kann das kindliche Befinden erst dann erfasst werden, wenn das Kind die Möglichkeit hat, eine vertrauensvolle Beziehung zu einer außen-stehenden Person aufzubauen. Deshalb wird vielfach empfohlen, den Kin-dern in der Trennungs- und Scheidungsberatung hochkonflikthafter Fälle eine Stimme zu geben oder ihnen beispielsweise im Spiel die Möglichkeit zu geben, sich zu äußern, denn oftmals sind Kinder im Trennungsprozess mit ihren Gefühlen und Gedanken allein und haben zu wenig Raum, sich auszudrücken (Hahlweg & Walper, 2020; Loschky & Koch, 2013).

Beratung in Zusammenhang mit familiengerichtlichen Verfahren bedeutet für Beratungsstellen deshalb die Herausforderung, in hoch konflikthaften Familiensituationen für eine Entlastung der Kinder zu sorgen, entwick-lungsfördernde Bedingungen für das Kind zu schaffen und gleichzeitig die Beziehungen des Kindes und deren Qualität im Blick zu behalten, wobei hier eine nachhaltige Unterstützung auch nach Abschluss eines gerichtlichen Verfahrens gemeint ist (Bundeskonferenz für Erziehungsberatung, 2013; Loschky & Koch, 2013; Scheuerer-Englisch, 2012).

Optimalerweise gibt es in diesen Fällen Angebote für Kinder, in denen Kinder herausfinden können, wie sie die Trennungssituation für sich praktisch bewältigen können und bei welchen Prozessen sie Unterstützung brauchen. Kinder empfinden dabei Einzelsitzungen, in denen nicht auf die Trennungs- und Konfliktsituation, sondern auf die Stärkung der Persönlichkeit der Kinder fokussiert wird, als angenehm (Dietrich et al., 2010). Mit dem Einbezug der Kinder in die die Beratung wird nicht darauf abgezielt, den Willen der Kinder zu ergründen und ihn dann in die Elternberatung einzubringen oder durchzusetzen (Gillner, 2013). Vorrangig geht es beim Einbezug der Kinder in den Beratungsprozess um eine Entlastung des Kindes, ein Abholen der Kinder mit ihren Ängsten und Sorgen, eine Begleitung im Trennungsprozess und die Möglichkeit einer (Weiter-) Entwicklung in einem geschützten Raum. Kindern sollen Wege aufgezeigt werden, wie sie Gefühle erkennen, akzeptieren und damit umgehen, wie sie eine Belastung nicht mit sich selbst ausmachen müssen, sondern aussprechen können sowie eine Problemlösekompetenz zu erlernen, zu üben und zu verbessern (Bundeskonferenz für Erziehungsberatung, 2013; Dietrich et al., 2010; Gillner, 2013). In der Beratung soll den Kindern die Möglichkeit gegeben werden, das Trennungsgeschehen zu bewältigen, ungehindert und unbeeinflusst Fragen stellen zu können und „mit Achtsamkeit und klarem Blick auf die kindliche Entwicklung" (Loschky & Koch, 2013, p. 177) unterstützt zu werden.

Das kann mit folgenden Mitteln erreicht werden (Gillner, 2013; Hinger & Meixner, 2006):

- Aufbau und Stärkung einer positiven Selbstwahrnehmung des Kindes, Stärkung der Selbstwirksamkeit, Erwerb neuer Bewältigungsstrategien
- Aufklärung: Kennenlernen verschiedener Familiensituationen, Leben in zwei Lebenswelten
- Ausüben von Konflikten, sowohl in der Realität als auch in der Fantasiewelt oder mittels einer spielerischen Auseinandersetzung damit
- Befähigung zur Entwicklung von Zukunftswünschen
- Trauerarbeit (welche meiner Wünsche lassen sich verwirklichen? Von was muss ich mich verabschieden und wie gelingt das?)

Selbstwirksamkeit bei Kindern kann insbesondere durch verstärkende Interventionen aufgebaut werden (Bandura, 1977). Dabei ist es in der Beratungsarbeit mit den Kindern im Kontext Hochkonflikthaftigkeit wichtig, verschiedene Problemlösestrategien zur Stressvermeidung zu lernen, denn je mehr verschiedene Strategien das Kind anwenden kann, desto eher kann es sich in zunächst ausweglos scheinenden (Streit-)Situationen als machtvoll erleben und so sein Selbstvertrauen stärken.

Götting (2013) weist in diesem Zusammenhang darauf hin, dass Kinder in einer hoch konflikthaften Situation häufig damit konfrontiert sind, dass Eltern von Freund:innen entspannter mit der Trennung umgehen, weshalb es hilfreich sein kann, mit Kindern und aus Hochkonflikt-Familien altersangemessene „Fachgespräche" über Hochkonflikthaftigkeit zu führen, wobei die Hochstrittigkeit als Phase beschrieben werden sollte, die überwunden werden kann. Als Einstieg ist es dabei möglich, Entlastung zu schaffen, indem darüber aufgeklärt wird, dass in der Einrichtung, in der sich die Kinder befinden, jeden Tag mit Kindern gearbeitet wird, die etwas Ähnliches erlebt haben. Zusätzlich sind „Gefühlskarten", Brettspiele, Bilderbücher, ein Familien-Brett, Tierfiguren oder auch Stift und Papier zum Zeichnen geeignet, um den Kindern zu helfen, über Themen im Zusammenhang mit der Trennung der Eltern ins Sprechen zu kommen und darüber zu reflektieren – allerdings „ausdrücklich nicht zur Beantwortung bestimmter Fragestellungen" (Götting, 2013, p. 285). Um den Kindern dabei zu helfen, ihre Situation (besser) zu verstehen, kann in kindgerechter Sprache erklärt werden, wie eine Trennung/Scheidung abläuft, welche Hintergründe sie hat, wie sich das Aufwachsen in zwei Haushalten gestalten kann und welchen Aufgabenbereich der Verfahrensbeistand bzw. die Umgangspflegschaft übernimmt. Das Kind sollte dabei die Gelegenheit haben, alle Fragen zu stellen und entsprechende Antworten zu erhalten (Gillner, 2013).

Die kindliche Sicht auf Konflikte innerhalb der Familie kann beispielsweise mit Hilfe von Tierfiguren in Erfahrung gebracht werden, indem das Kind aus einer Tiersammlung für jedes Familienmitglied ein Tier aussucht und die Tiere dann so anordnet, wie es seinem Erleben der Familiensituation entspricht. In einem nächsten Schritt können die Jungtiere der entsprechenden ausgewachsenen Tiere dazugestellt und dazu genutzt werden, verschiedene Aspekte zu verbalisieren, die für das Erleben des Kindes von Bedeutung sein könnten. Die Gefühle, die das Kind in sich trägt, können so über die Jungtiere leichter differenziert und verbalisiert werden, was zu einer Entlastung des Kindes und mehr innerer Orientierung führt (Alfes, 2013).

Das innere Erleben der elterlichen Konflikte und Lösungen für diese Konflikte können darüber hinaus auch im freien Spiel mit den Tieren und der Fachkraft erarbeitet werden, indem mittels weiterer Materialien (Bausteine, Tücher, Naturmaterialien etc.) Szenen geschaffen werden, in denen das Kind mit selbst gewählten Tieren spielen kann. Die Beratungsfachkraft kann das Kind durch die aktive Teilnahme am Spiel dabei unterstützen, das innere Gefühlschaos zu ordnen und das eigene Erleben zu reflektieren. Dabei können Kinder über die Wahl der Tiere und das Spiel die realen Machtverhältnisse umkehren, indem sie den starken, (über-) mächtigen Part übernehmen, während die Beratungsfachkraft den schmerzhaften Part des Kindes in Konfliktsituationen einnimmt. Solche Inszenierungen können Kindern dabei helfen, sich vor den eigenen schmerzhaften Gefühlen zu schützen und gleichzeitig Lösungsmöglichkeiten für die Konfliktsituationen zu erspielen, während es der Fachkraft die Möglichkeit bieten, Aspekte des kindlichen Erlebens anzusprechen, ohne dies direkt mit dem Kind in Verbindung zu setzen. Das Kind kann sich durch den Kontakt mit seinen eigenen kreativen Fähigkeiten als machtvoll erleben in seiner Fähigkeit, belastende Situationen zu meistern und etwas bewirken zu können – Selbstwirksamkeits-Qualitäten, die durch Bewunderung und Lob seitens der Fachkraft verstärkt werden können (Alfes, 2013).

Kinder ab dem Schulalter, die im Hinblick auf Spiele weniger aufgeschlossen sind, können vielleicht mittels eines Kinder-Interviews (Bernhardt, 2013) mit ihren Bedürfnissen und Ängsten erreicht werden. Dabei werden Kinder aufgefordert, direkt zu erzählen, wer zur Familie gehört, wo es wohnt, wie das bzw. die Kinderzimmer aussehen, welche Hobbys und Freunde es hat, wo es zur Schule geht, wie mobil es ist, was es macht, um sich zu entspannen usw. Daraus können emotionale und lebenspraktische Angelegenheiten sowie Informationen zu den Sozialkontakten des Kindes gesammelt werden (Bernhardt, 2013).

Die in solchen Sitzungen generierten Bilder und Informationen können hilfreich sein, um die kindliche Perspektive auf die Konflikte im Gespräch mit den Eltern einzubringen, wobei das Kind vorab sein Einverständnis dazu geben sollte und es zum Schutz des Kindes vor weiteren Manipulationen der Eltern sinnvoll sein kann, lediglich die Informationen aus der

Sitzung bezüglich der Befindlichkeiten des Kindes und nicht die Wahl der Tiere, die Aufstellungen o.ä. einzubringen, zumal es schwierig sein kann, insbesondere das kindliche Spiel in die Sprache der Erwachsenen zu übersetzen. Vielleicht könnte es in diesem Zusammenhang auch sinnvoll sein, den Eltern die Methode vorzustellen und gemeinsam zu überlegen, wie das Kind die Figuren gestellt hat, welches Bild das Kind gezeichnet hat, wie es sich mit Hilfe der Gefühlskarten geäußert hat o.ä. Über einen solchen Zugang können Eltern, die in ihrer Wahrnehmung bezüglich der Befindlichkeit des Kindes stark beeinträchtigt sind, auf einer anderen Ebene erreicht werden (Alfes, 2013).

Als Möglichkeiten, wie Kinder ihre Fähigkeiten trainieren und so ihren Selbstwert steigern – vorausgesetzt, sie erfahren hierbei positive Aufmerksamkeit und/oder erleben sich als wertvoll - können auch das Erlernen von Zaubertricks, das Einstudieren eines Tanzes, die Gestaltung eines Kunstprojekts, das Einüben eines Gedichts o.ä. mit anschließender Präsentation oder die Zusammenarbeit bei einem Gesellschaftsspiel, das man nur gemeinsam gewinnen kann, genannt werden. Vielleicht kann es (älteren) Kindern auch helfen, Ressourcen und positive Eigenschaften durch sie selbst und/oder andere nahe Bezugspersonen in Erfahrung zu bringen, die dann auf einer Ressourcenkarte gesammelt werden können (Gillner, 2013). Auch soziale Ressourcen (Verwandte, Bekannte, Personen, die das Kind über die Betreuungseinrichtung oder die Freizeitaktivitäten kennt) können im Gespräch gesammelt werden, um gemeinsam zu überlegen, wie diese Ressourcen (vorausgesetzt, diese Menschen sind nicht in Konflikte der Eltern verwickelt) (noch) besser eingesetzt werden können, um dem Kind zu helfen.

Mittels eines Stressfragebogens für Kinder können die Stressanfälligkeit, die Verhaltensweisen von Kindern bei Stress und das Ausmaß der momentanen Belastung durch Stress erhoben werden. In einem Auswertungsgespräch können Bewältigungsstrategien thematisiert werden, die als Reaktion auf Anspannung möglich sind (wie z.B. eine nach außen gerichtete Ärgerreaktion, ein Vermeidung-, Schon- oder Trostverhalten oder das Suchen nach sozialer Unterstützung) und Kinder und Jugendliche so lernen, dass es viele Möglichkeiten gibt, auf Anspannung zu reagieren und welche Strategien in welchen Situationen helfen können. Darauf aufbauend können sie ermutigt werden, neue Strategien auszuprobieren und so in den eigenen „Methodenkoffer" mitaufzunehmen. Den Eltern des Kindes kann die Rückmeldung der Ergebnisse helfen, die Belastungen des Kindes sehr differenziert wahrzunehmen, Möglichkeiten zur Weiterentwicklung zu nutzen sowie über ihre eigenen Stressbelastungen nachzudenken (Götting, 2013).

Im Rahmen der Trauerarbeit könnte es beispielsweise helfen, unabänderliche Tatsachen zu akzeptieren und im Alltag trotzdem neue, eigene Wünsche zu entwickeln. Das beinhaltet beispielsweise die Ablösung von der Vorstellung, die Eltern würden sich wieder vertragen, die Abgabe der Verantwortung für die Konfliktlösung der Eltern, aber auch die bewusste Konservierung schöner Gefühle in Verbindung mit der Familie und die Ablösung von einengenden Gedanken bezüglich der Optimal-Familie, der Optimal-Trennung, der Optimal-Entwicklung etc. und die Entwicklung eigener Ziele, die zukünftig erreicht werden sollen. Das können beispielsweise frühere Träume oder Ideen sein, die vergessen oder verdrängt worden sind und die wieder aufgeweckt werden können (Götting, 2013).

Literatur

Alfes, C. (2013). Wie es dem kleinen Elefanten in der Kuhherde geht: Kinder in hoch eskalierten Elternkonflikten wahrnehmen und unterstützen. In M. Weber, U. Alberstötter, & H. Schilling (Eds.), Beratung von Hochkonflikt-Familien: Im Kontext des FamFG. Weinheim und Basel: Beltz Juventa.

Bandura, A. (1977). Self-efficacy: Toward a unifying theory of behavioral change. Psychological Review, 84(2), 191–215. https://doi.org/10.1037/0033-295X.84.2.191

Baris, M. A., Coates, C. A., Duvall, B. B., Garrity, C., Johnson, E. T., & LaCrosse, E. R. (2001). Working with high-conflict families of divorce: A guide for professionals. Jason Aronson.

Beelmann, W., & Schmidt-Denter, U. (2003). Auswirkungen von Scheidung. In I. Grau & H.-W. Bierhoff (Eds.), Springer eBook Collection Humanities, Social Science. Sozialpsychologie der Partnerschaft (pp. 505–530). Berlin, Heidelberg, s.l.: Springer Berlin Heidelberg.

Behrend, K. (2022, October 13). Hochstrittige Trennungsfamilien in der Beratung. Ministerium für Soziales, Gesundheit und Integration Baden-Württemberg, & Ministerium der Justiz und für Migration Baden-Württemberg. Bundeskongress Elternkonsens, Stuttgart.

Bernhardt, H. (2013). Das themenzentrierte Kinder-Interview als Intervention bei hoch konflikthafter Scheidung. In M. Weber, U. Alberstötter, & H. Schilling (Eds.), Beratung von Hochkonflikt-Familien: Im Kontext des FamFG (pp. 205–231). Weinheim und Basel: Beltz Juventa.

Bröning, S., Krey, M., Normann, K., & Walper, S. (2012). Kinder im Blick: Ein Gruppenangebot für Familien in Trennung. In K. Menne, H. Scheuerer-Englisch, & A. Hundsalz (Eds.), Jahrbuch für Erziehungsberatung: Band 9 (pp. 222–242). Weinheim, Basel: Beltz Juventa.

Bundeskonferenz für Erziehungsberatung (2013). Beratung von Hochkonflikt-Familien im Kontext des FamFG: Fachliche Standards. In M. Weber, U. Alberstötter, & H. Schilling (Eds.), Beratung von Hochkonflikt-Familien: Im Kontext des FamFG (pp. 432–450). Weinheim und Basel: Beltz Juventa.

Dietrich, P. S., Fichtner, J., Halatcheva, M., & Sandner, E. (2010). Arbeit mit hochkonflikthaften Trennungs- und Scheidungsfamilien: Eine Handreichung für die Praxis. Retrieved from https://www.dji.de/fileadmin/user_upload/bibs/458_12244_scheidungsfamilien.pdf

Dietrich, P. S., & Paul, S. (2006). Hoch strittige Elternsysteme im Kontext Trennung und Scheidung: Differentielle Merkmale und Erklärungsansätze. In M. Weber & H. Schilling (Eds.), Eskalierte Elternkonflikte. Beratungsarbeit im Interesse des Kindes bei hoch strittigen Trennungen (pp. 13–28). Weinheim: Juventa.

Gillner, M. (2013). Über die Notwendigkeit der Entlastung von Kindern bei esaklierten Elternkonflikten. In M. Weber, U. Alberstötter, & H. Schilling (Eds.), Beratung von Hochkonflikt-Familien: Im Kontext des FamFG (pp. 195–204). Weinheim und Basel: Beltz Juventa.

Götting, G. (2013). Rosenkriegskind, Scheidungsopfer, Resilienzwunder...? Was Kinder in hoch konflikthaften Systemen lernen, was sie nicht lernen - und was sie besser wieder verlernen sollten. In M. Weber, U. Alberstötter, & H. Schilling (Eds.), Beratung von Hochkonflikt-Familien: Im Kontext des FamFG (pp. 273–290). Weinheim und Basel: Beltz Juventa.

Hahlweg, K., & Walper, S. (2020). Beratungs- und Unterstützungsangebote für Paare vor, während und nach einer Trennung bzw. Scheidung. Sozialer Fortschritt, 69(8-9), 611–625. https://doi.org/10.3790/sfo.69.8-9.611

Hinger, O., & Meixner, B. (2006). Gruppen-Interventions-Programm für Scheidungskinder: GIPS: Ein Unterstützungsangebot zur Meinungsbildung und Meinungsäußerung. In M. Weber & H. Schilling (Eds.), Eskalierte Elternkonflikte. Beratungsarbeit im Interesse des Kindes bei hoch strittigen Trennungen. Weinheim: Juventa.

Jacob, K. (2019). Zum Wohle der Kinder: gerichtlich angeordnete Beratung von Hochkonflikt-Eltern in der Erziehungs- und Familienberatung. Praxis der Kinderpsychologie und Kinderpsychiatrie, 68(4), 305–315.

Kelly, J. B. (2003). Parents with Enduring Child Disputes: Multiple Pathways to Enduring Disputes 1. Journal of Family Studies, 9(1), 37–50. https://doi.org/10.5172/jfs.9.1.37

Kinderschutz-Zentrum Berlin (2009). Kindeswohlgefährdung - Erkennen und helfen. Retrieved from https://www.kinderschutz-zentrum-berlin.de/download/Kindeswohlgefaehrdung_Aufl11b.pdf

Kindler, H. (2011). Äpfel, Birnen oder Obst? Partnerschaftsgewalt, Hochstrittigkeit und die Frage nach snnvollen Interventionen. In S. Walper, J. Fichtner, & K. Normann (Eds.), Juventa-Materialien. Hochkonflikthafte Trennungsfamilien: Forschungsergebnisse, Praxiserfahrungen und Hilfen für Scheidungseltern und ihre Kinder (pp. 111–130). Weinheim, München: Juventa-Verl.

Lohmeier, A. (2013). Wie man mit Hochstrittigen lacht.: Humor in der Beratung bei eskalierten Elternkonflikten. In M. Weber, U. Alberstötter, & H. Schilling (Eds.), Beratung von Hochkonflikt-Familien: Im Kontext des FamFG. Weinheim und Basel: Beltz Juventa.

Loschky, A., & Koch, A. (2013). Kinder aus getrenntlebenden Familien: Was müssen sie bewältigen? In M. Weber, U. Alberstötter, & H. Schilling (Eds.), Beratung von Hochkonflikt-Familien: Im Kontext des FamFG. Weinheim und Basel: Beltz Juventa.

Menne, K. (2015). Fachliche Grundlagen der Beratung: Empfehlungen, Stellungnahmen und Hinweise für die Praxis (Materialien zur Beratung). Fürth: Bundeskonferenz für Erziehungsberatung

Normann, K. (2012). Hochkonfliktberatung: Impulse aus der Praxis. In K. Menne, H. Scheuerer-Englisch, & A. Hundsalz (Eds.), Jahrbuch für Erziehungsberatung: Band 9 (pp. 210–221). Weinheim, Basel: Beltz Juventa.

Retz, E. (2015). Hochstrittige Trennungseltern in Zwangskontexten. Wiesbaden: Springer Fachmedien Wiesbaden. https://doi.org/10.1007/978-3-658-07458-6

Scheuerer-Englisch, H. (2012). Bindungen stärken und Resilienz fördern in der Erziehungsberatung. In K. Menne, H. Scheuerer-Englisch, & A. Hundsalz (Eds.), Jahrbuch für Erziehungsberatung: Band 9 (pp. 37–68). Weinheim, Basel: Beltz Juventa.

Schlund, M. (2013). Beziehungsgestaltung mit hoch strittigen und zu-gewiesenen Eltern: Haltung, Beratung und Selbstsorge. In M. Weber, U. Alberstötter, & H. Schilling (Eds.), Beratung von Hoch-konflikt-Familien: Im Kontext des FamFG. Weinheim und Basel: Beltz Juventa.

Spengler, P. (2006). Wieder auf die Kinder schau'n: Arbeit mit dem Le-bensflussmodell bei hoch strittigen Elternkonflikten. In M. Weber & H. Schilling (Eds.), Eskalierte Elternkonflikte. Beratungsarbeit im Interesse des Kindes bei hoch strittigen Trennungen (pp. 53–72). Weinheim: Juventa.

Voß, H.-G. W. (2022). Eltern vor dem Familiengericht: Ein Leitfaden zur Regelung von Sorge- und Umgangsrecht (1st ed. 2022). Springer eBook Collection. Wiesbaden: Springer Fachmedien Wiesbaden; Imprint Springer. https://doi.org/10.1007/978-3-658-35848-8

Weber, M. (2006). Beteiligung und Schutz von Kindern bei der Beratung hoch strittiger Eltern. In M. Weber & H. Schilling (Eds.), Eskalierte Elternkonflikte. Beratungsarbeit im Interesse des Kindes bei hoch strittigen Trennungen (pp. 93–102). Weinheim: Juventa.

Winkelmann, A. (2013). Ressourcenorientierte Arbeit mit hoch strittigen Trennungseltern: Möglichkeiten und Grenzen. In M. Weber, U. Alberstötter, & H. Schilling (Eds.), Beratung von Hochkonflikt-Fa-milien: Im Kontext des FamFG (pp. 77–91). Weinheim und Basel: Beltz Juventa.

Matthias Franz, Daniel Hagen, Ida Helga Oster

Familiäre Trennung als Gesundheitsrisiko: Was tun?

Jedes sechste Kind in Deutschland wächst nach – zumeist konflikthafter – Trennung der Eltern in einer Einelternfamilie auf. Die Mehrfachbelastungen und vielfach nachgewiesenen Gesundheitsrisiken alleinerziehender Eltern teilen sich auch den betroffenen Kindern mit. So zeigen Kinder und Jugendliche aus Einelternfamilien – zum Teil bis ins Erwachsenenalter – häufiger Beeinträchtigungen ihrer Gesundheit sowie ihrer sozialen und kognitiven Entwicklung als Kinder aus Zweielternfamilien. Dies lässt sich nur teilweise durch das Zusammentreffen von Alleinerziehendenstatus mit ungünstigen sozioökonomischen Faktoren wie Armut oder geringer Schulbildung erklären. Weitere Einflussfaktoren sind das Ausmaß elterlicher Konflikte, das elterliche Erziehungsverhalten und die elterliche psychische Gesundheit. Insbesondere unter Depressionen leiden Alleinerziehende zwei- bis dreimal häufiger. Diese gehen mit eingeschränkter Emotionsverarbeitung und Empathiefähigkeit einher und stellen einen gesicherten Risikofaktor für die kindliche kognitive, emotionale und soziale Entwicklung dar. Deswegen fokussiert das Elterntraining wir2 auf die Verbesserung der emotionalen Elternkompetenzen und der Feinfühligkeit sowie auf die Deeskalation des Paarkonfliktes. Das wir2 Bindungstraining wirkt nachhaltig und wird inzwischen in drei unterschiedlichen Settings je nach Belastungsschwere angeboten und durchgeführt.

Erhöhte Gesundheitsrisiken von Alleinerziehenden und ihren Kindern

Die Zahl der Alleinerziehenden steigt seit Jahrzehnten entgegen dem demografischen Trend an. Derzeit leben 1,43 Alleinerziehende mit 2,03 Millionen minderjährigen Kindern in Deutschland (Statistisches Bundesamt, 2021), obwohl die Anzahl der Familien mit Kindern unter 18 Jahren insgesamt deutlich abgenommen hat. Demnach ist inzwischen rund jede fünfte Familie in Deutschland alleinerziehend, wobei 85 % der Alleinerziehenden Mütter sind. Der Anteil der Einelternfamilien ist in Städten und den östlichen Bundesländern teils erheblich höher.

Einer Fülle übereinstimmender Studien zufolge sind Alleinerziehende und ihre Kinder im Vergleich zu Paarfamilien einer Vielzahl sozioökonomischer und gesundheitlicher Risiken ausgesetzt (Calmbach, Flaig & Roden, 2014; Lenze, 2021; Rattay, Lippe & Lampert, 2017). Bei alleinerziehenden Müttern bestehen z. B. erhöhte Prävalenzraten für chronische somatische Erkrankungen, Schmerzen, Befindlichkeitsstörungen und psychische Störungen (Calmbach et al., 2014; Helfferich, Hendel-Kramer & Klindworth, 2003). Vor allem Depressionen, Angststörungen oder Substanzmissbrauch treten bei alleinerziehenden Müttern zwei- bis dreimal so häufig auf wie bei Müttern in Partnerschaften (Calmbach et al., 2014; Helfferich et al., 2003; Rattay et al., 2017; Sperlich, 2014; Wade, Veldhuizen & Cairney, 2011). Auch bei alleinerziehenden Vätern sind die gesundheitsbezogenen Risiken erhöht (Rattay et al., 2017). Die höheren Prävalenzen der Alleinerziehenden gegenüber Eltern in Paarhaushalten können in erster Linie nicht mit der häufig prekären finanziellen Lage der Alleinerziehenden erklärt werden. Denn die Befunde bezüglich erhöhter gesundheitlicher Risiken für Alleinerziehende bestehen auch nach Kontrolle des sozioökonomischen Status und des Erwerbsstatus (Rattay et al., 2017).

Bei Kindern alleinerziehender Eltern ist die Befundlage entsprechend. Sie weisen mehr emotionale oder Verhaltensprobleme als Kinder aus Zweielternfamilien auf (Franz, Lensche & Schmitz, 2003; Hagen & Kurth, 2007; Rasmussen, Nielsen, Petersen, Christiansen & Bilenberg, 2014), sind häufiger chronisch krank (Rattay, Lippe & Lampert, 2014) und zeigen bereits im Einschulungsalter gesundheitliche und Verhaltensauffälligkeiten (Schäfer et al., 2019). Auch Schulprobleme (Hagen & Kurth, 2007), delinquentes Verhalten (Burt, Barnes, McGue & Iacono, 2008) und erhöhter Alkohol- und Tabakkonsum (Kristjansson, Sigfusdottir, Allegrante & Helgason, 2009) treten bei Kindern aus Einelternfamilien häufiger auf. Ebenso steigt das Risiko, eine psychische Störung zu entwickeln (Kim et al., 2005). Selbst als Erwachsene leiden ehemalige Trennungskinder noch häufiger unter psychischen Störungen wie Depressionen und Substanzmissbrauch (Afifi, Boman, Fleisher & Sareen, 2009; Gilman, Kawachi, Fitzmaurice & Buka, 2003) und haben selbst ein höheres eigenes Scheidungsrisiko (Huurre, Junkkari & Aro, 2006).

Elterliche Depressivität und kindliche Gesundheit

Der Zusammenhang zwischen der Ausprägung der Depressivität der Mutter und dem Ausmaß kindlichen Problemverhaltens bzw. einer gesundheitlich beeinträchtigten kindlichen Entwicklung ist statistisch belegt (Franz et al., 2003; Kouros & Garber, 2010; Wachs, Black & Engle, 2009). Depressive Mütter wenden vermehrt ungünstige Erziehungspraktiken an (McLearn, Minkovitz, Strobino, Marks & Hou, 2006) und sind in der Emotionsverarbeitung und in ihren elterlich-empathischen Fähigkeiten eingeschränkt (Coyne, Low, Miller, Seifer & Dickstein, 2007). Dabei ist nicht nur die Primärdiagnose Depression bedeutsam, sondern auch die häufig komorbide auftretende Depressivität im Rahmen anderer psychischer Störungen wie Angststörungen, Somatoformen Störungen, Substanzmissbrauch oder PTSD (Kessler et al., 2010; Paykel, Brugha & Fryers, 2005).

Die Mutter-Kind-Beziehung kann beispielsweise dadurch beeinträchtigt werden (Martins & Gaffan, 2000), wenn Mütter depressionsbedingt intuitiv nicht mehr ohne weiteres in der Lage sind, die Affektsignale des Kindes und dessen dahinterstehende Bedürfnisse feinfühlig wahrzunehmen und angemessen zu regulieren (Gergely, 2007). Bei Bestehen einer mütterlichen Depression ist häufig auch die affektgesteuerte mimische Responsivität sowie die Wahrnehmung und Spiegelung kindlicher Affektsignale beeinträchtigt (Stanley, Murray & Stein, 2004). Diese Beeinträchtigung wird von vielen betroffenen Müttern durchaus registriert und zusätzlich schuldhaft verarbeitet, was sich zusätzlich depressiogen auswirken kann. Dementsprechend kann eine anhaltende Depression die emotionale Erreichbarkeit und Feinfühligkeit der Mutter beeinträchtigen und bei Fortbestehen zu anhaltenden Entwicklungsstörungen des betroffenen Kindes beitragen (Field, 2010; Netsi et al., 2018).

Da alleinerziehende Mütter u. a. ein erhöhtes Risiko für depressionstypische Beeinträchtigungen aufweisen, stellt diese Befundlage eine erhebliche Risikokonstellation auch für die Entwicklung von Kindern in Trennungsfamilien dar. Eine erfolgreiche Behandlung der mütterlichen Depressivität reduziert zwar das elterliche Stressempfinden, führt aber nicht automatisch auch zu einer Verbesserung der Mutter-Kind-Beziehung (Forman et al., 2007). Außerdem belastet nicht in erster Linie die Familienform, sondern das Fehlen elterlicher Kompetenzen und das Ausmaß der Gewalt die Kinder (Gilman et al., 2013). Deshalb sollten

Interventionen für psychisch beeinträchtigte alleinerziehende Mütter auch auf eine Verbesserung der Elternkompetenzen und der Feinfühligkeit fokussieren (Nyamekye, 2022). Eine entsprechende psychologischbasierte Unterstützung wünschen sich auch die Alleinerziehenden selbst (Institut für Demoskopie Allensbach, 2017).

wir2: ein präventives Bindungstraining für Alleinerziehende

Mit dieser Zielsetzung wurde das Programm wir2 am Klinischen Institut für Psychosomatische Medizin und Psychotherapie des Universitätsklinikums Düsseldorf in interdisziplinärer Zusammenarbeit von Ärzt*innen, Psycholog*innen und Pädagog*innen entwickelt und als Manual veröffentlicht (Franz, 2014). wir2 ist ein bindungsorientiertes Elterntraining für psychosozial bzw. psychosomatisch belastete Alleinerziehende. Das strukturierte Gruppenprogramm basiert auf entwicklungspsychologischen, psychodynamischen und bindungswissenschaftlichen Grundlagen und fokussiert auf das emotionale Erleben und den feinfühligen Umgang mit kindlichen Affektsignalen. Die Gesundheit der teilnehmenden Alleinerziehenden, ihre Beziehung zu sich selbst und ihren Kindern wird gefördert durch einen individuell erlebniszentrierten Lernzyklus innerhalb eines affektmobilisierenden, selbstwertregulativ positiv rückgekoppelten Gruppenprozesses, wodurch das Erlebte und Gelernte besonders gut verarbeitet und langfristig beibehalten werden kann.

Durchgeführt werden die wir2-Gruppen mit Alleinerziehenden auf der Basis eines detaillierten Manuals (Franz, 2014) von einem Gruppenleitungspaar, das vom wir2-Team in einer strukturierten und qualitätsgesicherten dreitägigen Intensivschulung ausgebildet wird. Die zu wir2-Gruppenleiter*innen geschulten Multiplikator*innen sind professionelle Fachkräfte und stammen aus sozialen, pädagogischen und therapeutischen Berufen. Das wir2-Training für die Alleinerziehenden selbst umfasst im kommunalen Setting 20 wöchentliche Gruppensitzungen von jeweils 90 Minuten. Die 20 Sitzungen gliedern sich in vier aufeinander aufbauende Module: I. Selbstbild und Gefühlswahrnehmung, II. Einfühlung in das emotionale Erleben und die Bedürfnisse des Kindes, III. Trennung von Elternverantwortung und Paarkonflikt, bewusstes Erleben und Bewältigung der damit zusammenhängenden Gefühle sowie Bedeutung des anderen Elternteils, IV. Konflikt- und Alltagsbewältigung auf Verhaltensebene.

Entscheidend und besonders an wir2 ist die Fokussierung auf typische Konfliktfelder Alleinerziehender, der sehr emotionszentrierte Gruppenprozess, der von beziehungsstärkenden Feinfühligkeits-Übungen mit dem Kind zuhause begleitet wird, in denen das zuvor von den Eltern in der Gruppe affektiv selbst erlebte und kognitiv konsolidierte Thema zusammen mit dem Kind erprobt und erlebt wird. Die dabei gemachten intensiven Beziehungserfahrungen berichten die Eltern in der nächsten Gruppesitzung und werden dabei im Sinne einer wertschätzenden Kompetenzbestätigung von der Gruppe gespiegelt. Dies fördert sowohl die Gruppenkohäsion, die Vertrauensbildung und Öffnungsbereitschaft wie auch das elterliche Selbstwertgefühl.

Das wir2 Bindungstraining wird in kommunalen Lebenswelten zumeist in Kitas, Bildungseinrichtungen oder Familienzentren angeboten, da hier die Zielgruppe der Alleinerziehenden wohnortnah und niederschwellig gut erreicht werden kann. Es richtet sich in diesem Setting an Alleinerziehende mit Kindern im Vor- und Grundschulalter, die in ihrer Alltagsbewältigung beeinträchtigt und psychosozial belastet sind. Während des wir-Programms wird eine Kinderbetreuung sichergestellt, die wie das gesamte wir2-Angebot für die Alleinerziehenden kostenlos ist. Seit 2015 bietet die gemeinnützige Walter Blüchert Stiftung das Programm wir2 im Rahmen eines Kooperationsmodells interessierten Institutionen und öffentlichen Trägern an.

Die nachhaltige Wirksamkeit des wir2 Bindungstrainings im kommunalen Setting wurde in einer methodisch aufwendigen RCT-Studie mit 58 alleinerziehenden, mittelgradig psychisch belasteten Müttern aus Neuss und Hilden nachgewiesen (Weihrauch, Schäfer & Franz, 2014). Sowohl unmittelbar nach der Intervention (t2) als auch 6 Monate später (t3) zeigten sich bei den Müttern der Interventionsgruppe (IG) im Vergleich zu ihren Ausgangswerten und zur Kontrollgruppe (KG) signifikante Verbesserungen ihrer psychischen Gesundheit: Ihre mit der SCL-90-R (Franke, 2002) erfasste depressive Belastung sank im Mittel von 1,42 (SD = 0,79) zum ersten Messzeitpunkt vor der wir2-Gruppe (t1) um etwa die Hälfte auf einen Mittelwert von 0,69 (SD = 0,58) nach der Intervention (t2) und blieb auch in der Follow-up-Untersuchung sechs Monate nach der Intervention (t3) im Vergleich zum Ausgangswert stark reduziert (M = 0,78, SD = 0,72). In der unspezifisch betreuten Kontrollgruppe kam es zwar ebenfalls zu einem allmählichen Absinken der depressiven Symptome (von M

= 1,11 (SD = 0,76) zu t1 auf M = 0,91 (SD = 0,66) zu t2 und M = 0,71 (SD = 0,56) zu t3), unter Berücksichtigung des höheren Ausgangsniveaus der IG fiel die Verbesserung in der IG aber stärker aus (signifikanter Gruppe x Messzeit-Interaktionseffekt, partielles Eta^2 beim t1-t2-Vergleich (n^2) =.09, beim t1-t2-t3-Vergleich =.08). Weitere Konstrukte wie die psychosomatische Belastung, das psychische Wohlbefinden oder die emotionalen elterlichen Kompetenzen zeigten vergleichbare Effekte. Ebenso nahm das Problemverhaltens der Kinder ab. Die Effektstärken des wir2-Elterntrainings lagen beim Prä-Post-Vergleich in einem mittleren bis hohen Bereich und waren vergleichbar mit denen anderer englischsprachiger Elterntrainings (Weihrauch et al., 2014) oder gingen sogar darüber hinaus.

Im kommunalen Setting ist das wir2 Bindungstraining ein passgenaues Präventionsprogramm im Sinne des Präventionsgesetzes, der Bundesrahmenempfehlung der Nationalen Präventionskonferenz und des Leitfadens Prävention des GKV-Spitzenverbandes. Im Leitfaden Prävention des GKV-Spitzenverbandes, der den Rahmen für primärpräventive Interventionen auf Grundlage Präventionsgesetzes vorgibt, ist eine stärkere Berücksichtigung von Alleinerziehenden als Zielgruppe bei settingbezogenen Präventionsprogrammen explizit vorgesehen. Darauf basierend wurde erstmals in Kassel in Kooperation mit der Kommune (Sozialdezernat), dem Verband der Ersatzkassen e. V. (vdek) Hessen und der Walter Blüchert Stiftung eine kommunale Gesamtstrategie für Alleinerziehende entwickelt und komplementär vom vdek und der Kommune Kassel finanziert, deren Kernstück das wir2 Bindungstraining ist. Dieses Modell wurde auch im ersten Präventionsbericht der Nationalen Präventionskonferenz empfohlen. Inzwischen besteht zudem eine Kooperation mit der BARMER Krankenkasse, die präventive Strategien für Alleinerziehende und insbesondere wir2 in kommunalen Settings fördert.

Dreigestuftes Versorgungsmodell je nach Belastungsgrad

Für stärker belastete Alleinerziehende wurden zusätzlich zum wohnortnahen wir2-Angebot in Kommunen zwei weitere wir2-Varianten für die stationäre psychosomatische Rehabilitation entwickelt. Zunächst wurde das Programm in die psychosomatische Rehabilitation der Deutschen Rentenversicherung (DRV) transferiert („wir2Reha"). Es richtet sich an psychosozial hoch belastete Alleinerziehende, deren Arbeitsfähigkeit aufgrund psychosomatischer Beschwerden auf Dauer in Frage gestellt ist. Innerhalb eines sechswöchigen stationären Aufenthaltes werden Alleinerziehenden zusammen mit ihren Begleitkindern in bislang zwei psychosomatischen Rehabilitationsfachkliniken (Celenus-Klinik in Schömberg und Median-Klinik in Bad Gottleuba) alle 20 Sitzungen angeboten, allerdings drei bis vier Sitzungen pro Woche (statt eine Sitzung pro Woche wie beim Setting in kommunalen Lebenswelten). Der Bundesverband alleinerziehender Mütter und Väter (VAMV) befürwortet dieses Angebot im Rahmen einer BMBF-geförderten Studie und weist Betroffene darauf hin. Darüber hinaus wurde auch der Transfer in psychosomatische Rehabilitationskliniken der gesetzlichen Krankenkassen (GKV) vollzogen. Hier beträgt die Aufenthaltsdauer jedoch nur drei Wochen, so dass eine konzeptionelle Verdichtung des Trainings auf 13 Sitzungen erfolgte („wir2kompakt", Klinik Maximilian in Scheidegg, Silberberg Klinik in Bodenmais, Alpenblick Klinik Hotzenplotz in Rickenbach). Diese Programmvariante richtet sich an Alleinerziehende, die aufgrund psychosomatischer Beschwerden krankgeschrieben wurden.

In einer naturalistischen Evaluationsstudie wurde die Wirksamkeit des gestuften Modells des wir2 Bindungstrainings untersucht. Hierzu wurde unter anderem das Selbstbeurteilungsinstrumente HEALTH-49 (Rabung et al., 2009) Erfassung bestehender psychosomatischer Beeinträchtigungen bei den alleinerziehenden Eltern (HEALTH-49, wir2: N = 167, wir2kompakt: N= 250, wir2Reha: N = 215) in den Institutionen, welche das wir2 Bindungstraining anbieten, verwendet. Der Erhebungszeitraum lag in den Jahren von 2013 bis 2021. Die Fragebögen wurden unmittelbar vor (t1) und unmittelbar nach (t2) dem jeweiligen wir2-Programm von den Teilnehmer*innen ausgefüllt. Für den Vergleich einzelner Skalen der genannten Erhebungsinstrumente wurde ein t-Test für verbundene Stichproben mit Messwiederholung zwischen t1-und t2-Messpunkt berechnet.

In allen drei Settings kam es zu einer signifikanten Abnahme der HEALTH-49-Belastungswerte im Vergleich vom t1-Messpunkt (zu Beginn des wir2-Programms im jeweiligen Setting) zum t2-Messpunkt (bei Beendigung des wir2-Programms im jeweiligen Setting). Mit dem HEALTH-49 wurde u. a. die Depressivität erfasst. Die höchste Ausgangsbelastung wurde – wie zu erwarten – für die wir2Reha-Gruppe gemessen (M = 2,02; SD = 1,00). Die Ausgangswerte der ebenfalls stationären wir2kompakt- und der ambulanten wir2-Gruppen lagen zum t1-Messpunkt jeweils abgestuft etwas geringer (wir2kompakt: M = 1,67; SD = 0,83; wir2: M = 1,54; SD = 0,89). Nach der Intervention sanken die Belastungswerte in der wir2kompakt-Gruppe am stärksten (Mdiff t1-t2 = 0,89; t(249) = 19,47; p<.001). In den beiden anderen Gruppen war eine Abnahme von Mdiff t1-t2 = 0,60 (wir2: t(166) = 9,25; p<.001) und Mdiff t1-t2 = 0,85 (wir2Reha: t(214) = 13,89; p<.001) zu verzeichnen. Die Mittelwertunterschiede zwischen t1- und t2-Messpunkt waren in allen Gruppen signifikant. Die Effektstärke nach Cohen (Cohen, 1988) belief sich in der wir2-Gruppe auf d = 0,73, in der wir2Reha-Gruppe auf d = 0,88 und in der wir2kompakt-Gruppe auf d = 1,20. In den HEALTH-49-Skalen „Somatoforme Beschwerden" konnte eine vergleichbare Stufenform in den Ausgangsbelastungen beobachtet werden und eine Abnahme der Belastung mit hohen (wir2, wir2Reha) bis extrem hohen (wir2kompakt) Effektstärken). Für wir2Reha läuft derzeit eine randomisierte-kontrollierte Studie inklusive Katamnese, um hier Langzeiteffekte analog zum ambulanten wir2-Training nachzuweisen.

Mit dem ambulanten wir2-Programm steht eine wissenschaftlich evaluierte psychosoziale Intervention zur Verfügung, die das Wohlbefinden und die psychische Gesundheit von Alleinerziehenden und ihren Kindern deutlich verbessern kann. wir2 erfüllt dabei alle Qualitätskriterien eines modernen, auch präventiv einsetzbaren Interventionsprogramms für die wachsende und besonders vulnerable Gruppe der Alleinerziehenden und ihrer Kinder. Das gestufte Versorgungsmodell von wir2 berücksichtigt dabei die breit gefächerten Belastungsgrade in Einelternfamilien. Insofern stellt das bindungsorientierte wir2-Elterntraining eine nachhaltig wirksame und zielgenaue Unterstützungsmöglichkeit für die viel zu häufig noch allein gelassene Bevölkerungsgruppe der Alleinerziehenden dar – nachhaltig wirksam bei geringem Mitteleinsatz.

Literaturverzeichnis

Afifi, T. O., Boman, J., Fleisher, W. & Sareen, J. (2009). The relationship between child abuse, parental divorce, and lifetime mental disorders and suicidality in a nationally representative adult sample. *Child abuse & neglect, 33 (3)*, 139–147. https://doi.org/10.1016/j.chiabu.2008.12.009

Burt, S. A., Barnes, A. R., McGue, M. & Iacono, W. G. (2008). Parental divorce and adolescent delinquency: ruling out the impact of common genes. *Developmental psychology, 44 (6)*, 1668–1677. https://doi.org/10.1037/a0013477

Calmbach, M., Flaig, B. B. & Roden, I. (2014). *AOK-Familienstudie 2014.* Heidelberg: SINUS Markt- und Sozialforschung GmbH.

Cohen, J. (1988). *Statistical power analysis for the behavioral sciences.* Hillsdale, NJ u.a.: Erlbaum.

Coyne, L. W., Low, C. M., Miller, A. L., Seifer, R. & Dickstein, S. (2007). Mothers' Empathic Understanding of their Toddlers. Associations with Maternal Depression and Sensitivity. *Journal of Child and Family Studies, 16 (4)*, 483–497. https://doi.org/10.1007/s10826-006-9099-9

Field, T. (2010). Postpartum depression effects on early interactions, parenting, and safety practices: a review. *Infant behavior & development, 33 (1)*, 1–6. https://doi.org/10.1016/j.infbeh.2009.10.005

Forman, D. R., O'Hara, M. W., Stuart, S., Gorman, L. L., Larsen, K. E. & Coy, K. C. (2007). Effective treatment for postpartum depression is not sufficient to improve the developing mother-child relationship. *Development and psychopathology, 19 (2)*, 585–602. https://doi.org/10.1017/S0954579407070289

Franke, G. (2002). *Symptom-Checklist von Derogatis – Deutsche Version (SCL-90-R) (2. Aufl.).* Weinheim: Beltz Verlag.

Franz, M., Lensche, H. & Schmitz, N. (2003). Psychological distress and socioeconomic status in single mothers and their children in a German city. *Social Psychiatry and Psychiatric Epidemiology, 38 (2)*, 59–68. https://doi.org/10.1007/s00127-003-0605-8

Franz, M. (2014). *wir2. Bindungstraining für Alleinerziehende.* Göttingen: Vandenhoeck & Ruprecht.

Gergely, G. (2007). The social construction of the subjective self: The role of affect-mirroring, markedness, and ostensive communication in self-development. In Mayes, L., Fonagy, P., Target, M. (Hrsg.), *Developments in psychoanalysis. Developmental science and psychoanalysis: Integration and innovation* (S. 45–88). Karnac Books.

Gilman, S. E., Kawachi, I., Fitzmaurice, G. M. & Buka, S. L. (2003).
Family disruption in childhood and risk of adult depression. *The
American journal of psychiatry, 160 (5)*, 939–946. https://doi.
org/10.1176/appi.ajp.160.5.939
Hagen, C. & Kurth, B.-M. (2007). Gesundheit von Kindern alleinerziehender Mütter. *Aus Politik und Zeitgeschichte (42)*, 25–31.
Helfferich, C., Hendel-Kramer, A. & Klindworth, H. (2003). Gesundheit
alleinerziehender Mütter und Väter. *Gesundheitsberichterstattung
des Bundes, Heft 14.* Berlin: Robert-Koch-Institut.
Huurre, T., Junkkari, H. & Aro, H. (2006). Longterm psychosocial effects
of parental divorce: a follow-up study from adolescence to adulthood. *European archives of psychiatry and clinical neuro-science,
256 (4)*, 256–263. https://doi.org/10.1007/s00406-006-0641-y
Institut für Demoskopie Allensbach (2017). *Gemeinsam getrennt er-
ziehen. Kernergebnisse einer Befragung von Trennungseltern im
Auftrag des BMFSFJ. Untersuchungsbericht.* www.ifd-allens-bach.
de/fileadmin/studien/Abach_Trennungseltern_Bericht.pdf
Kessler, R. C., Birnbaum, H., Bromet, E., Hwang, I., Sampson, N. &
Shahly, V. (2010). Age differences in major depression: results
from the National Comorbidity Survey Replication (NCS-R). *Psychological medicine, 40 (2)*, 225–237. https://doi.org/10.1017/
S0033291709990213
Kouros, C. D. & Garber, J. (2010). Dynamic associations between
maternal depressive symptoms and adolescents' depressive and
externalizing symptoms. *Journal of abnormal child psychology, 38
(8)*, 1069–1081. https://doi.org/10.1007/s10802-010-9433-y
Kristjansson, A. L., Sigfusdottir, I. D., Allegrante, J. P. & Helgason, A. R.
(2009). Parental divorce and adolescent cigarette smoking and
alcohol use: assessing the importance of family conflict. *Acta
paediatrica (Oslo, Norway : 1992), 98 (3)*, 537–542. https://doi.
org/10.1111/j.1651-2227.2008.01133.x
Lenze, A. (2021). *Alleinerziehende weiter unter Druck. Bedarfe, rechtliche Regelungen und Reformansätze.* Gütersloh: Bertelsmann-
Stiftung.
Martins, C. & Gaffan, E. A. (2000). Effects of early maternal depression
on patterns of infant-mother attachment: A Metaanalytic Investi-
gation. *Journal, 41 (6)*, 737–746.
McLearn, K. T., Minkovitz, C. S., Strobino, D. M., Marks, E. & Hou, W.
(2006). The timing of maternal depressive symptoms and mothers' parenting practices with young children: implications for
pediatric practice. *PEDIATRICS, 118 (1)*, e174-82. https://doi.
org/10.1542/peds.2005-1551

Netsi, E., Pearson, R. M., Murray, L., Cooper, P., Craske, M. G. & Stein, A. (2018). Association of Persistent and Severe Postnatal Depression With Child Outcomes. *JAMA psychiatry, 75 (3)*, 247–253. https://doi.org/10.1001/jamapsychiatry.2017.4363

Nyamekye, H. (2022). The Role of Attachment and Stress in the Intergenerational Transmission of Depression (Doctoral dissertation, City University of Seattle).

Paykel, E. S., Brugha, T. & Fryers, T. (2005). Size and burden of depressive disorders in Europe. *European neuropsychopharmacology: the journal of the European College of Neuropsychopharmacology, 15 (4)*, 411–423. https://doi.org/10.1016/j.euroneuro.2005.04.008

Rabung, S., Harfst, T., Kawski, S., Koch, U., Wittchen, H.-U. & Schulz, H. (2009). Psychometrische Überprüfung einer verkürzten Version der „Hamburger Module zur Erfassung allgemeiner Aspekte psychosozialer Gesundheit für die therapeutische Praxis" (HEALTH-49). *Zeitschrift fur Psychosomatische Medizin und Psychotherapie, 55 (2)*, 162–179. https://doi.org/10.13109/zptm.2009.55.2.162

Rasmussen, C. S., Nielsen, L. G., Petersen, D. J., Christiansen, E. & Bilenberg, N. (2014). Adverse life events as risk factors for behavioural and emotional problems in a 7-year followup of a population-based child cohort. *Nordic journal of psychiatry, 68 (3)*, 189–195. https://doi.org/10.3109/08039488.2013.794473.

Rattay, P., Lippe, E. von der & Lampert, T. (2014). Gesundheit von Kindern und Jugendlichen in Eineltern-, Stief- und Kernfamilien. Ergebnisse der KiGGS-Studie - Erste Folgebefragung (KiGGS Welle 1). *Bundesgesundheitsblatt, Gesundheitsforschung, Gesundheitsschutz, 57 (7)*, 860–868. https://doi.org/10.1007/s00103-014-1988-2

Rattay, P., Lippe, E. von der & Lampert, T. (2017). Gesundheit von alleinerziehenden Müttern und Vätern in Deutschland. *Journal of Health Monitoring, 2 (4)*, 24–44. https://doi.org/10.17886/RKI-GBE-2017-112

Schäfer, R., Roth, A., Klapdor-Volmar, B., Albrecht, B., Bollmeier, N. & Franz, M. (2019). Gesundheit von Schulneulingen alleinerziehender Eltern. *Monatsschrift Kinderheilkunde, 48, 98*. https://doi.org/10.1007/s00112-019-0712-6

Sperlich, S. (2014). Gesundheitliche Risiken in unterschiedlichen Lebenslagen von Müttern. Analysen auf der Basis einer Bevölkerungsstudie. *Bundesgesundheitsblatt, Gesundheitsforschung, Gesundheitsschutz, 57 (12)*, 1411–1423. https://doi.org/10.1007/s00103-014-2066-5

Stanley, C., Murray, L. & Stein, A. (2004). The effect of postnatal depres-
    sion on motherinfant interaction, infant response to the Stillface
    perturbation, and performance on an Instrumental Learning task.
    Development and psychopathology, 16 (1), 1–18. https://doi.
    org/10.1017/s0954579404044384
Statistisches Bundesamt (2021). Haushalte und Familien - Ergebnisse des
    Mikrozensus - Fachserie 1 Reihe 3 - 2020.
Wachs, T. D., Black, M. M. & Engle, P. L. (2009). Maternal Depression: A
    Global Threat to Children's Health, Development, and Behavior
    and to Human Rights. Child Development Perspectives (3, 1),
    51–59.
Wade, T. J., Veldhuizen, S. & Cairney, J. (2011). Prevalence of psychiatric
    disorder in lone fathers and mothers: examining the intersec-
    tion of gender and family structure on mental health. *Canadian
    journal of psychiatry. Revue canadienne de psychiatrie, 56 (9)*,
    567–573. https://doi.org/10.1177/070674371105600908
Weihrauch, L., Schäfer, R. & Franz, M. (2014). Longterm efficacy of an
    attachment-based parental training program for single mothers
    and their children. A randomized controlled trial. *Journal of Public
    Health, 22 (2)*, 139–153. https://doi.org/10.1007/s10389-013-
    0605-4

Astrid Helling-Bakki, Flavia Klingenhäger und Judith Bader

Das Childhood-Haus-Konzept: Das Kind im Mittelpunkt

Einleitung

Wie das Bundeskriminalamt im vergangenen Jahr berichtete, werden durchschnittlich 49 Kinder und Jugendliche in Deutschland täglich Opfer von sexualisierter Gewalt. Kinder, die sich Jemandem anvertrauen und gehört werden, durchlaufen nach Anzeige in der Regel einen Behörden-, Ärzt*innen- und Befragungsmarathon mit vielen Schritten. Kommt es zu einem Verfahren, zieht sich dieses meist über Monate oder sogar Jahre hin und die Betroffenen werden immer wieder mit dem Erlebten konfrontiert. Das führt bei vielen zu einer wiederholten Retraumatisierung – eine Retraumatisierung, die nicht nötig sein sollte. Genau an dieser Stelle setzt das Konzept Childhood-Haus, das die World Childhood Foundation Deutschland in Deutschland initiiert hat, an: Durch das Bündeln aller involvierten Professionen unter einem Dach, bietet es Opfern von (sexualisierter) Gewalt eine ambulante Anlaufstelle, in der alle nötigen Schritte durchgeführt werden können. Um einer wiederholten Retraumatisierung vorzubeugen, geschieht jede Handlung in einem Childhood-Haus basierend auf dem Prinzip, dass die Bedürfnisse und Position des betroffenen Kindes zu jedem Zeitpunkt im Mittelpunkt stehen. Dieser Artikel veranschaulicht, weshalb das Childhood-Haus Konzept unbedingt notwendig ist und wie dieses in der Praxis funktioniert.

Gewalt an Kindern in Deutschland: Zahlen und Fakten

Gewalt an Kindern lässt sich grob in vier Kategorien unterteilen: körperliche, sexualisierte, seelische und psychische Gewalt. Bedeutend hierbei ist, dass diese nicht immer klar getrennt voneinander stattfinden – häufig bildet die eine Art von Gewalt eine Grundlage für die andere. Sind Kinder beispielsweise bereits durch seelische Gewalterfahrungen verunsichert und damit in einer besonders vulnerablen Position, haben es Täter*innen in vielen Fällen leicht, ihnen andere Formen der Gewalt zuzufügen (Neutze & Osterheider, 2015). Alle oben genannten Arten von Kindesmisshandlung sind in Deutschland weit verbreitet, Tendenz steigend. Statistisch gesehen sind ein bis zwei Kinder einer deutschen Schulklasse betroffen von sexualisierter Gewalt, wie aus der MIKADO-Studie hervorgeht. Für 2021 berichtete das Deutsche Kriminalamt 15.507 angezeigte Fälle von sexuellem Missbrauch an Kindern. Und weist gleichzeitig auf die folgende Problematik hin: die angezeigten Fälle belaufen sich auf 15.507. Das Dunkelfeld, also die Anzahl an tatsächlichen Übergriffen, ist weitaus höher als das, was die Statistik abbildet: Die WHO schätzt, dass sich die Zahl an minderjährigen Opfern von sexueller Gewalt in Deutschland auf etwa 1.000.000 beläuft – also knapp 985.000 mehr, als strafrechtlich verfolgt werden. Was aber beinahe noch schwerer wiegt als die Tatsache, dass über 85 Prozent der Täter*innen niemals zur Rechenschaft gezogen werden, ist, dass über 85 Prozent der Betroffenen nicht geholfen wird. Die meisten Kinder, die Gewalt erfahren, bekommen also weder die nötige Unterstützung, um das Erlebte zu verarbeiten, noch können sie besonders geschützt werden, um nicht Opfer zukünftiger Übergriffe zu werden.

Was unterscheidet sexualisierte Gewalt an Kindern von anderen Formen der Gewalt?

Vor einer Erläuterung der Folgen, die sexualisierte Gewalt auf das Leben von Kindern haben kann, ist es hilfreich, ihre speziellen Charakteristika zu beleuchten. Sexualisierte Kindesmisshandlungen sind besonders in der Art des Einflusses, den sie auf Kinder und deren Entwicklung nehmen - persönlich, sexuell und sozial. Viele Kinder haben vor allem in jüngerem Alter wenig bis gar keine Vorstellung davon, was Sexualität per Definition bedeutet und welche Handlungen genau unter "sexuelle Handlungen" fallen. Diese Tatsache, kombiniert mit dem Fakt, dass sexualisierte Gewalt oft sehr subtil beginnt, resultiert darin, dass Kinder das, was ihnen zugefügt wird, oft nicht als das einordnen können, was es ist: Gewalt. Sie sind zutiefst verunsichert und trauen sich aus dieser Verunsicherung heraus oft nicht, sich einer dritten Person anzuvertrauen und das Erlebte anzusprechen, wenn sie denn überhaupt Worte für das Erlebte finden können. Darüber hinaus zeichnet sich die spezielle Dynamik dieser Art von Gewalt dadurch aus, dass gerade jüngere Kinder gegenüber den Täter*innen eine besondere Vulnerabilität haben. Weil die Täter*innen in den meisten Fällen keine fremde Person, sondern Personen aus dem engen Umfeld des Kindes und so eine Vertrauensperson sind, fühlen sich viele Kinder, als dürften sie die Täter*innen gar nicht anzeigen – schließlich sind es Personen, denen sie vertrauen oder für die sie sogar Zuneigung oder Liebe empfinden. In vielen Fällen ist das Verhältnis zwischen Täter*in und Opfer nicht nur von Vertrauen und Nähe geprägt, sondern auch von Abhängigkeit: Es besteht ein deutliches Machtgefälle. Das macht das Aussagen gegenüber einer dritten Person für die Betroffenen oft scheinbar unmöglich. Sie fühlen zwar – wie im Rückblick häufig erkennbar ist – dass etwas an dem, was mit ihnen passiert, nicht in Ordnung ist, spüren gleichzeitig jedoch eine solche Ambivalenz oder Hilflosigkeit, dass es schwerfällt, sich jemandem zu offenbaren, geschweige denn die Täter*innen anzuzeigen.

Eine weitere Dimension der Problematik von sexualisierter Gewalt an Kindern ist, dass die Beweislage, gerade bezüglich der Strafermittlung, in der Regel äußerst mangelhaft ist. Meist steht die Aussage eines*einer Minderjährigen gegen die Aussage eines*einer Erwachsenen, Zeug*innen gibt es oft gar keine. Beweismaterial, das vor Gericht als beweiskräftig anerkannt wird und somit bei Verurteilung eines*einer Angeklagten helfen kann, gibt es ebenfalls kaum. Die Sicherung medizinischer Beweise, d.h. nachweisbarer Veränderungen oder Spuren am Körper, ist in der Mehrzahl der Fälle nicht möglich. Nur circa zehn Prozent der Betroffenen zeigen nachweisbare körperlichen Veränderungen oder Spuren auf und weniger als fünf Prozent dieser sind beweiskräftig bzw. einer geschilderten Verletzung zuordenbar (Adams, 2018).

Eine in den letzten Jahren rapide ansteigende Facette dessen, was den Umgang mit sexualisierter Gewalt an Kindern so speziell macht, ist die der Missbrauchsabbildungen im Clearnet und Darknet. Das Bundeskriminalamt verzeichnet beim Handel mit Missbrauchsabbildungen von Minderjährigen allein im vergangenen Jahr einen Anstieg von 108 Prozent – also mehr als das Doppelte zum Vorjahr.

Sexualisierte Gewalt an Kindern und mögliche Folgen

Sexualisierte Gewalt kennt keine Altersbeschränkung. Was wie eine reißerische Zeitungsüberschrift klingt, ist leider Realität – vom jüngsten Säugling bis hin zum*zur Abiturient*in erfahren alle Altersgruppen sexualisierte Gewalt. Die Folgen, die durch sexualisierte Gewalterfahrungen bei Kindern auftreten können, variieren je nach Altersgruppe und wirken sich unterschiedlich auf die weitere Entwicklung der Betroffenen aus (Münzer et al., 2015). Das heißt jedoch nicht, dass das Alter eines betroffenen Kindes oder Jugendlichen eine moderierende Variable darstellt. In jedem Alter, in dem Menschen sexualisierte Gewalt erleben, kann dies erhebliche Auswirkungen auf ihre Lebensrealität nehmen. Diese Folgen können chronisch oder akut sein, manchmal kann sich auch eine akute Einschränkung zu einer chronischen entwickeln. Diese können sich physisch und/oder psychisch äußern, oft erleben Kinder auch beide Arten von Folgen gleichzeitig. Darüber hinaus sind klare biologische Veränderungen durch sexualisierte Gewalt und Traumata möglich und haben zum Beispiel Konsequenzen bezüglich Wahrnehmung und Veränderung stressbezogener Parameter. Neben langfristigen biologischen Veränderungen können die Folgen sexualisierter Gewalt auch massiven Einfluss auf das weitere soziale Leben und Erleben des Kindes haben. Sexualisierte Gewalt im Kindesalter zu durchleben, kann außerdem die Anfälligkeit für psychische Störungen bei Betroffenen signifikant erhöhen: Opfer von sexualisierter Gewalt im Kindesalter erkranken circa viermal so häufig an Persönlichkeits-, Angst- oder affektiven Störungen als Personen, die im gleichen Alter keine sexualisierte Gewalt erlebt haben (Münzer et al., 2015). Über ein Drittel der Betroffenen hat bis ins Erwachsenenalter oder sogar lebenslänglich mit diesen zu kämpfen und erfährt so eine dauerhafte Einschränkung in der Gestaltung ihres Lebens.

Während die direkten Folgen sexualisierter Gewalt auf das Leben von Betroffenen in allen Fällen immens sind, ist an dieser Stelle wichtig zu erwähnen, dass fast ein Drittel der Opfer keine langfristigen psychischen Störungen davonträgt. Die Resilienz auch von jüngeren Kindern ist enorm. Ungefähr 30 Prozent der Kinder, die in ihrem Leben sexualisierte Gewalt erfahren haben, sind in der Lage, ein erfülltes und glückliches Leben zu führen, und zwar ohne langfristige Folgen. Ein weiteres Drittel kann mit entsprechender therapeutischer Unterstützung in ihrer Verarbeitung so gestärkt werden, dass dauerhafte psychische Folgestörungen vermieden werden können. Es ist wichtig, dieses besondere Resilienz-Potential als solches zu erkennen und entsprechend zu fördern.

Wenn Kinder Gewalt erleben: Bisheriges Vorgehen

Um die Vorteile des Konzeptes „Childhood-Haus" später mit mehr Klarheit überblicken zu können, ist es hilfreich, zunächst die gängige Vorgehensweise zu beleuchten, mit der Gewalt an Kindern in Deutschland begegnet wird.

Aktuell sind an dieser Vorgehensweise eine Vielzahl an Professionen und Behörden beteiligt, alle mit unterschiedlichen Aufträgen. Ähnlich wie in vielen anderen Bereichen im deutschen System, stellen die komplexen, teils sehr versäulten Systeme und die Besonderheiten von regionalen und föderalen Strukturen in Deutschland die Beteiligten auch hier in der Praxis vor signifikante Herausforderungen bezüglich Vernetzung und Schnittstellenarbeit. Das wiederum heißt für die Betroffenen eine Vielzahl, statistisch gesehen durchschnittlich bis zu acht, Befragungen zum Vorfall, alle mit ähnlichen Fragen, die das Kind immer wieder aufs Neue mit dem Erlebten belasten. Durch die hohe Anzahl an Befragungen, kombiniert mit den sich sehr ähnelnden Fragen, entsteht darüber hinaus ein hohes Level an Suggestibilität für die Betroffenen. Dazu kommt, dass diese Befragungen nicht immer von Personal durchgeführt werden, das für die spezielle Situation, in der sich ein Kind nach einem sexuellen Übergriff und hinsichtlich seiner entwicklungsspezifischen Fähigkeiten befindet, geschult ist. Ähnlich wie die Befragungen werden auch die mehrfachen medizinischen Untersuchungen, denen sich Opfer unterziehen müssen, häufig von nicht spezialisierten Mediziner*innen geleistet, die ebenfalls nicht mit den Besonderheiten vertraut sind, (sexualisierte) Gewalt an Kindern mit sich bringt. Häufig zieht sich das Verfahren, das auf die Anzeige eines sexuellen Übergriffs folgt, über einen viel zu langen Zeitraum, je nach örtlichen Strukturen und Verantwortlichkeiten. Die Zeit, die durch dieses vermeidbare Verlängern des Prozesses verstreicht, bedeutet für die Betroffenen in den meisten Fällen eine, eigentlich vermeidbare, Verlängerung ihres Leids. Darüber hinaus werden durch das sich in die Länge ziehende Verfahren wichtige Möglichkeiten für eine nötige und adäquate psychologische Behandlung zur Unterstützung des Heilungsprozesses der Betroffenen minimiert oder gar komplett zunichtegemacht. Ein weiteres

Merkmal des aktuellen Vorgehens, welches sich zutiefst retraumatisierend auf die Opfer auswirken kann, ist, dass sie in vielen Fällen im Laufe des Prozesses vor Gericht erscheinen müssen und so erneut auf den/die Täter*in treffen.

All die oben genannten Vorgehensweisen, an denen Opfer von sexualisierter Gewalt am meisten leiden, resultieren vor allem daraus, dass weder der individuellen Situation noch dem Alters- und Entwicklungsstand der Betroffenen ausreichend Rechnung getragen wird und eine Vielzahl von Prozessen meist unabgestimmt ohne eine Zentralisierung und Kompetenzbündelung der involvierten Professionen geschieht. Ein Umdenken und ein alternatives Konzept werden also dringend gebraucht.

Eine dringend notwendige Alternative: Das Childhood-Haus Konzept

Die aktuelle Vorgehensweise, mit der in Deutschland sexualisierte Gewalt an Minderjährigen begegnet wird, ist stark ausbaufähig. Die wohl eklatanteste Problematik der bisherigen Vorgehensweise stellt die zu wenig zentralisierte Sorge für das Kind, die fehlende Kindzentrierung in den Abläufen und das daraus folgende sehr hohe Risiko für dessen Retraumatisierung dar – gleichzeitig birgt es enormes Verbesserungspotenzial. Kern des Childhood-Haus Konzeptes ist, dass in jeglicher Hinsicht und zu jedem Zeitpunkt zum Wohle des Kindes und dessen Retraumatisierung entgegenwirkend gedacht und gehandelt wird. Dies ist vor allem durch die interdisziplinäre Arbeitsweise in den Childhood-Häusern möglich. Das Konzept des Childhood-Hauses ersetzt die dezentrale Mechanik der verschiedenen Systeme durch ein gebündeltes, zentralisiertes Zusammenarbeiten unter einem Dach: In einem Childhood-Haus finden betroffene Kinder eine ambulante Anlaufstelle sowie ein altersgerechtes und kinderfreundliches Versorgungsangebot an einem Ort. Im Laufe des Ermittlungsverfahrens und dem möglicherweise folgenden Gerichtsprozess, die auf eine Anzeige von sexualisierter Gewalt folgen, können alle notwendigen Schritte im Childhood-Haus durchgeführt werden: von medizinischen und forensischen Untersuchungen über polizeiliche Befragungen, ermittlungsrichterliche Vernehmung bis hin zur psychologischen und sozialpädagogischen Beratung und Unterstützung sowie wenn notwendig Abstimmung mit dem Jugendamt zu Hilfen und Schutz des Kindes. Alle involvierten

Fachleute kommen zu den Kindern, und nicht – wie es in der Regel der Fall ist – umgekehrt. Jede Handlung, die im Childhood-Haus erfolgt, stellt die Perspektive und Bedürfnisse des betroffenen Kindes in den Mittelpunkt. Das langfristige Ziel ist ein professioneller, trauma-informierter Umgang mit Blick auf die Gesamtsituation des Kindes, anstelle bürokratischer Verstrickungen und Einzelprozessen in den verschiedenen Systemen. Gleichzeitig wird ein kinderfreundliches und kindgerechtes Verfahren gewährleistet, in dem die Bedürfnisse des Kindes stets bedacht werden.

Die Implementierung des Childhood-Haus Konzeptes bietet nicht nur einen immensen Mehrwert für Betroffene, sondern auch eine signifikante Verbesserung in der täglichen Zusammenarbeit des involvierten Fachpersonals: Die Kommunikationswege sind klarer und die Arbeitswege direkter. Dazu kommt, dass jegliche benötigte Fachkompetenz, zeitnah verfügbar ist und durch die direkte Nähe zu weiterem Fachpersonal besser über die konkrete Situation der Betroffenen informiert ist. Darüber hinaus stärkt die zentralisierte Arbeitsweise das Verständnis der unterschiedlichen Professionen unter- und füreinander und erhöht so die Transparenz für alle Beteiligten inklusive und an erster Stelle für die Betroffenen.

Childhood-Häuser in Deutschland

In den vergangenen Jahren ist das Interesse und somit auch die Anzahl an Childhood-Häusern in Deutschland stetig gewachsen. Gemeinsam mit lokalen Trägern, Kooperationspartnern, weiteren Stiftungen, Kommunen und Landesregierungen konnte die World Childhood Foundation Deutschland seit 2018 insgesamt acht Häuser in verschiedenen Bundesländern eröffnen. Das längerfristige Ziel ist, in jedem deutschen Bundesland mindestens ein Modellprojekt zu implementieren, an dem sich weitere Projekte auf regionaler Ebene orientieren und in den verschiedenen Bundesländern fortentwickeln können. Ein weiteres Ziel besteht darin, die Interkonnektivität und Kooperation zwischen den verschiedenen Landesregierungen bezüglich des Umgangs mit (sexualisierter) Gewalt an Kindern und das Potenzial des Childhood-Haus Konzeptes auszubauen und somit den Kinderschutz auf nationaler Ebene zu stärken.

Das Childhood-Haus Konzept ist inspiriert vom skandinavischen Barna-hus-Konzept (zu Deutsch "Kinder-Haus"), welches sich beginnend in Is-land schon seit den 1990er Jahren als wegweisend bewährt hat, in der Arbeit zur Verbesserung des Kinderschutzes und kindgerechter Verfah-ren, insbesondere für von sexualisierter Gewalt betroffenen Kindern und Jugendlichen. Wie das Barnahus-Konzept folgt auch das Konzept Child-hood-Haus in seiner Umsetzung in Deutschland bestimmten Qualitäts-standards, die einen kontinuierlichen Mindeststandard der Versorgung von Betroffenen garantieren und dabei stets eine möglichst ideale Um-setzung zum Wohle der Kinder anstreben sollen.

Qualitätsstandards im Childhood-Haus

Alle Qualitätsstandards haben folgende Kerngrundsätze gemeinsam, die eine Kontinuität bezüglich der Qualität der Versorgung und Behandlung der Betroffenen garantieren sollen. Im Zentrum aller Handlungen und Prozesse, die im Childhood-Haus stattfinden, steht zu jeder Zeit das Wohl des zu behandelnden Kindes im Mittelpunkt. Dazu gehört auch, dass das Kind jederzeit alle Informationen in altersgerechter Form erhalten kann, die es erfragt, und diese Nachfragen ebenfalls mit der größten Aufmerk-samkeit behandelt werden. Es gilt darüber hinaus, unangemessene Ver-zögerungen zu vermeiden und das Kind in den verschiedenen Prozessen effizient und effektiv zu unterstützen und zu befähigen. Grundlegend ist ein traumainformiertes Gesamtverständnis.

Um die genannten Kerngrundsätze garantieren zu können, gilt es, die Zusammenarbeit zwischen den involvierten Akteur*innen im Childhood-Haus zu priorisieren. Damit diese Zusammenarbeit gut funktioniert, sind die Rollen und Verantwortlichkeiten innerhalb des Childhood-Hauses und der kooperierenden Behörden klar definiert. Die Zusammenarbeit zwischen den Bereichen basiert auf Multi- und Interdisziplinarität und ressortübergreifendem Handeln. Darüber hinaus ist dieser formale Sta-tus der involvierten Professionen durch eine Kooperationsvereinbarung festgelegt.

Um möglichst vielen minderjährigen Betroffenen helfen zu können, ist die Zielgruppe so breit und inkludierend wie möglich definiert. Ebenso wird stets reflektiert, wie diese am effektivsten erreicht und somit unterstützt werden kann. Damit sich die Betroffenen befähigt fühlen, das Angebot des Childhood-Hauses in Anspruch zu nehmen, müssen Transparenz und Verlässlichkeit kontinuierlich garantiert werden.

Um sicherzustellen, dass das Wohl des zu behandelnden Kindes zu jedem Zeitpunkt im Mittelpunkt steht, gehört darüber hinaus ein kinderfreundlicher Innenbereich, der die Bedürfnisse der verschiedenen Altersgruppen erkennt und erfüllt; wie zum Beispiel in Form von ständig verfügbaren, reizarmen Rückzugsorten. Der Befragungsraum im Childhood-Haus ist mit der nötigen audiovisuellen Vernehmungstechnik ausgestattet, damit das Kind möglichst nicht persönlich vor Gericht erscheinen muss. Das hilft wiederum, einen erneuten/weiteren Kontakt zwischen dem*der Betroffenen und dem*der vermutete*n Täter*in zu verhindern.

Die Vorgänge, die ein Kind im Childhood-Haus durchläuft, werden von koordinierenden, meist sozialpädagogischen, Fachkräften begleitet, die einen ständigen Überblick über die anstehenden Abläufe und die Situation des Kindes behalten. Gleichzeitig wird über das sogenannte Case Management eine kontinuierliche Ansprechbarkeit für alle Beteiligten gewährleistet, das hinsichtlich logistischer, organisatorischer und insb. Schnittstellenarbeit zwischen den verschiedenen Systemen einen möglichst reibungslosen Ablauf ermöglicht. Die Fachkräfte sind sich der multidisziplinären Natur der Herangehensweisen bewusst und tragen zu einer Verbesserung der Handlungssicherheit und koordinierten Zusammenarbeit unter stetigem Einbezug der Perspektive des Kindes wesentlich bei.

Gerade forensische Befragungen von Opferzeug:innen, bergen die Gefahr einer potentiellen Retraumatisierung. Um dieses Risiko so gering wie möglich zu halten, basieren diese im Childhood-Haus auf evidenzbasierter Praxis und Protokollen und werden nur von speziell geschultem Fachpersonal von Polizei und Justiz durchgeführt. Darüber hinaus ist es jederzeit möglich, Sachverständige für spezielle Situationen unkompliziert und schnell hinzuzuziehen. Ebenfalls muss das Recht auf eine faire Verhandlung des*r Angeklagten sichergestellt sein und eine rechtssichere Umgebung und Umsetzung stets gewährleistet werden. Es muss außerdem zu jedem Zeitpunkt der individuelle Entwicklungsstand des Kindes berücksichtigt und die Befragung daran angepasst werden.

Neben den forensischen Befragungen können sich auch medizinische Untersuchungen retraumatisierend auf Betroffene auswirken. Um dies zu vermeiden, erfolgt die medizinische und forensische Diagnostik und Behandlung im Childhood-Haus niederschwellig und der AWMF-Kinderschutzleitlinie folgend. Gleichzeitig werden die Untersuchungen ausschließlich von speziell geschulten medizinischen Mitarbeiter*innen, die Qualifikationen im Bereich Kinderschutzmedizin, forensischer Spurensicherung/ Rechtsmedizin und Kinder- und Jugendgynäkologie haben, durchgeführt.

Wie bei den medizinischen Untersuchungen wird auch beim psychologischen Angebot im Childhood-Haus größten Wert auf das Kindeswohl gelegt. Die Beratung und Einleitung von ggf. nötigen Behandlungen erfolgt ohne Verzögerung und wird ebenfalls von speziell im Umgang mit Kindern geschulten Mitarbeiter*innen durchgeführt. Befindet sich das Kind in einer besonders kritischen psychischen Verfassung, ist eine Krisenintervention für die Betroffenen und ggf. die Bezugspersonen möglich. Darüber hinaus soll das Childhood-Haus ein verlässliches Angebot an Frühinterventionsmaßnahmen schaffen bzw. die Überleitung gewährleisten.

Um die Qualität der Versorgung von Betroffenen (sexualisierter) Gewalt auch zukünftig gewährleisten zu können, gehört zum Childhood-Haus Konzept ebenfalls die kontinuierliche Schulung von Fachkräften und ständige Reflektion der aktuellen Maßnahmen zur Qualitätssicherung. Darüber hinaus konzentriert sich das Konzept auch auf den Aufbau deutschlandweiter Netzwerkstrukturen.

Die letzte Anforderung, die das Childhood-Haus Konzept einschließt, ist der Bereich der Prävention, wobei sich der Großteil der verfügbaren Ressourcen auf die Versorgung Betroffener fokussiert und im Bereich der Sekundärprävention zu verstehen ist Ziel ist auch darüber hinaus aus dem reichhaltigen Erfahrungswissen dieser komplexen multidisziplinären Alltagsarbeit, Ansätze für primäre Präventionsmaßnahmen zu schaffen.

Wirkung – Feedback von Betroffenen

Die Bedürfnisse und Erfahrungen von betroffenen Kindern stehen im Zentrum der Arbeit der World Childhood Foundation Deutschland. Bisher sind die Erfahrungsberichte von Kindern und Jugendlichen, die in einem der acht Childhood-Haus Projekte versorgt und begleitet wurden und werden, und den dortigen Akteur:innen aus den verschiedenen Professionen, höchst positiv. Gerade die mit Absicht nicht klinisch gedachte, sondern kinderfreundliche Gestaltung der Childhood-Häuser hilft vielen Betroffenen, im ersten Moment nach dem Übergriff (oder der Offenbarung des Übergriffes) Ruhe zu finden und sich sicher zu fühlen. Zu diesem Gefühl der Sicherheit und Geborgenheit tragen zudem auch der direkte Austausch mit dem sozialpädagogischen Fachpersonal und das daraus resultierende Gefühl des Informiert-Seins bei. Die Betroffenen fühlen sich nicht als „Objekt", das examiniert wird, sondern aufgeklärt über die einzelnen Schritte, die sie durchlaufen. Wie wertvoll dies für die weitere Klärung, den Verfahrensprozess und hinsichtlich einer möglichen Verurteilung der/des Angeklagten sein kann, zeigt sich beispielsweise darin, dass Kinder, die in einem Childhood-Haus gesehen werden, sehr gewillt sind, sich einer gynäkologischen Untersuchung zu unterziehen und diese auch für ihren eigenen Verarbeitungsprozess hilfreich erleben. Unter anderen Umständen, beispielsweise in einer Notaufnahme, beim Jugendamt, oder andernorts, verwehren sich Kinder dieser häufig oder sie wird unter großem zeitlichem Druck und als sehr belastend erlebt. Insgesamt empfinden Kinder den gesamten Prozess, inklusive forensischer Befragungen durch Polizei oder Ermittlungsrichter*in im kindgerechten und sicheren Umfeld des Childhood-Hauses, durchgeführt und begleitet von gut ausgebildeten Fachkräften, als Möglichkeit der Bewältigung des Erlebten und der Wahrnehmung ihrer eigenen Rechte. Gleichzeitig berichten die Fachkräfte von einer sehr hohen Qualität und guten Verwertbarkeit der videotechnisch aufgezeichneten Befragungen und durchgeführten Untersuchungen. Dieses Feedback ist der beste Beweis, dass das Childhood-Haus Konzept sein Ziel nicht nur theoretisch und auf dem Papier erreichen kann, sondern dass es im Leben der Opfer sexualisierter Gewalt einen realen positiven Unterschied macht.

Quellen

Neutze, J., & Osterheider, M. (2015). MIKADO Studie. http://www.
mikado-studie.de/tl_files/mikado/upload/MiKADO%20_%20Er-
gebnisse.pdf

Adams, J. A., Farst, K. J., & Kellogg, N. D. (2018). Interpretation of medical findings in suspected child sexual abuse: an update for 2018.
Journal of pediatric and adolescent gynecology, 31(3), 225-231.

Domhardt, M., Münzer, A., Fegert, J. M., & Goldbeck, L. (2015). Resi-
lience in survivors of child sexual abuse: A systematic review of
the literature. Trauma, Violence, & Abuse, 16(4), 476-493.

Dinah Huerkamp[1]

Der Fluch und Segen eines präventiven Internetstrafrechts am Beispiel des Cybergroomings unter Berücksichtigung alternativer Regelungsansätze

„Einst lebten wir auf dem Land, dann in den Städten und von nun an im Netz." (Mark Zuckerberg, The Social Network)

Man mag nicht alle Auffassungen von Mark Zuckerberg teilen. Nahezu unbestreitbar dürfte jedoch seine Aussage sein, dass sich unser Leben in den vergangenen Jahren immer mehr in den virtuellen Raum verlagert hat. Nimmt man dann noch die Aussage »Das Internet schafft keine neue Gesellschaft, es spiegelt nur die Gesellschaft« hinzu, die dem Aphoristiker Roger Pfaff zugeschrieben wird, dann wird deutlich, wie die gesetzgeberische Reaktion auf die Verlagerung unseres Lebens in den digitalen Raum aussehen musste: Da nicht alle Verhaltensweisen, die sich im Netz zeigten, neu waren, waren gesetzliche Neuregelungen vielfach entbehrlich und es konnte vielmehr auf bestehende Regelungen aus der analogen Welt zurückgegriffen werden[2]. Andere Phänomene waren demgegenüber so internetspezifisch, dass auf sie mit Neuregelungen reagiert werden musste[3]. Und so entwickelte sich in kürzester Zeit eine neue Rechtsmaterie, das sogenannte Internetstrafrecht[4], an dem sich aktuelle rechtspolitische Trends besonders gut ablesen lassen.

---

1 Dinah Huerkamp ist Justiziarin der nordrhein-westfälischen Arbeitsgemeinschaft für Kinder- und Jugendschutz (AJS NRW). Dieser Artikel ist eine Fortentwicklung der Veröffentlichung von Englerth & Huerkamp, 2015, S. 313 ff. und findet sich überdies in JMS-Report 2/23, S. 2 ff.

2 Beispielhaft lässt sich hier das Phänomen des Cybermobbings nennen. Viele Tathandlungen ähneln klassischen Mobbinghandlungen und lassen sich mit den bestehenden Rechtsnormen erfassen, eingehend hierzu Huerkamp, 2015, S. 130 ff.

3 Englerth & Huerkamp, 2015, S. 313.

4 Nach hM versteht man unter dem Internetstrafrecht alle Delikte, die mittels Netzwerken begangen werden oder sich gegen solche richten, während eine mM dieses als Gesamtheit von Spezialregelungen definiert, mit denen auf internetspezifische Kriminalität reagiert werden soll, vgl. Englerth & Huerkamp, 2015, S. 313 mwN.

I.   Aktuelle rechtspolitische Tendenzen....

Unterzieht man das Internetstrafrecht einer genaueren Untersuchung, dann lassen sich folgende Regelungstrends feststellen[5]:

1. *Es werden neue Rechtsgüter geschaffen, denen primär soziale oder institutionelle Funktionen zukommen.*
2. *Es kommt zu Vorverlagerungen der Strafbarkeit.*
3. *Tatbestände werden versubjektiviert, indem die Strafbarkeit an neutrale oder stark interpretationsbedürftige Tathandlungen geknüpft wird. Der nachfolgende Artikel soll insbesondere die unter 2 und 3 genannten Tendenzen nachzeichnen, die zur Folge haben, dass das Strafrecht eine zunehmend präventive Ausrichtung erfährt.*

II.   ... verdeutlicht am Beispiel des Cybergroomings

Die Tendenz zur Vorverlagerung der Strafbarkeit und der Versubjektivierung von Tatbeständen lässt sich am Beispiel des Cybergroomings, § 176b StGB, gut illustrieren.

---

§ 176b StGB Vorbereitung des sexuellen Missbrauchs von Kindern

(1) Mit Freiheitsstrafe von drei Monaten bis zu fünf Jahren wird bestraft, wer auf ein Kind durch einen Inhalt (§ 11 Absatz 3) einwirkt, um

    1.   das Kind zu sexuellen Handlungen zu bringen, die es an oder vor dem Täter oder an oder vor einer dritten Person vornehmen oder von dem Täter oder einer dritten Person an sich vornehmen lassen soll, oder

    2.   eine Tat nach § 184b Absatz 1 Satz 1 Nummer 3 oder nach § 184b Absatz 3 zu begehen.

(2) Ebenso wird bestraft, wer ein Kind für eine Tat nach Absatz 1 anbietet oder nachzuweisen verspricht oder wer sich mit einem anderen zu einer solchen Tat verabredet.

(3) Bei Taten nach Absatz 1 ist der Versuch in den Fällen strafbar, in denen eine Vollendung der Tat allein daran scheitert, dass der Täter irrig annimmt, sein Einwirken beziehe sich auf ein Kind.

---

5   Englerth & Huerkamp, 2015, S. 313 ff., zeigen dies am Beispiel des Hackings, des Cybergroomings, der Anfertigung von Bildaufnahmen mit kommerzieller Absicht, des Zugänglichmachens von Bildaufnahmen mit Eignung zur erheblichen Ansehensschädigung und der Schaustellung Hilfloser durch Bildaufnahmen.

1) Versubjektivierung

§ 176b Abs. 1 StGB stellt das »Einwirken« auf ein Kind, also eine Person unter 14 Jahren, unter Strafe, um dieses zur Vornahme oder Erduldung sexueller Handlungen zu bringen oder um kinderpornografische Inhalte herzustellen bzw. zu versuchen, diese abzurufen, sich in ihren Besitz zu bringen oder diese zu besitzen.

Was unter einem »Einwirken« zu verstehen ist, ist in Einzelheiten umstritten[6] . Die wohl überwiegende Meinung geht jedoch davon aus, dass bereits eine objektiv harmlose Kommunikation ohne Sexualbezug ausreichen soll, wenn sie in der Absicht erfolgt, mit dem Kind in der Folge die genannten sexuellen Handlungen bzw. die oben ausgeführten, in Zusammenhang mit Kinderpornografie stehenden Handlungen vorzunehmen[7]. Somit ist denkbar, dass der Täter sich bereits dann strafbar machen kann, wenn er völlig unverfängliche Nachrichten verschickt – gefordert wird zum Teil lediglich, dass der Täter mit einer gewissen Hartnäckigkeit auf das Opfer eingewirkt hat[8]. Strafrechtlich relevant wird ein solches Verhalten somit in dem Moment, in dem eine beschriebene Absicht des Täters hinzutritt. Ein strafrechtlicher Vorwurf resultiert in derartigen Konstellationen also ganz maßgeblich aus dem, was sich in der Gedankenwelt des Täters abspielt. Dies gilt noch einmal mehr dann, wenn in derartigen Konstellationen die Scheinkind-Variante, § 176b Abs. 3 StGB, greift: Danach kommt es zu einer Bestrafung wegen Versuchs, wenn eine Vollendung der Tat allein daran scheitert, dass der Täter irrig davon ausgeht, sein Einwirken beziehe sich auf ein Kind. Eine Strafbarkeit könnte in diesem Fall also aus einer neutralen Tathandlung resultieren, die sich nicht auf ein Kind bezieht, sondern beispielsweise auf Ermittlungsbeamte oder die das Handy ihres Sprösslings kontrollierenden Eltern.

---

6 Zum Streitstand: Baumhöfener, 2021, S. 30 f., vgl. auch Huerkamp, 2015, S. 144 und 2021, S. 7.

7 Hoven/Obert, 2021, S. 447; Hube, 2011, S. 72 m.w.N.

8 Hoven/Obert, 2021, S. 447; Baumhöfener, 2021, S. 30 weist darauf hin, dass als Mittel „wiederholtes Drängen, Überreden, Versprechungen, Wecken von Neugier, Einsatz von Autorität, Täuschung, Einschüchterung, Drohung oder auch Gewalteinwirkung" in Betracht kommen.

2) Vorverlagerung

§ 176b StGB sieht eine zeitliche Vorverlagerung gleich in mehrfacher Hinsicht vor: Sie wird nicht nur durch das Tatbestandsmerkmal des »Einwirkens« bewirkt, sondern auch die in § 176b Abs. 2 StGB normierten Tathandlungen (wer ein Kind für eine Tat nach Abs. 1 anbietet oder nachzuweisen verspricht oder wer sich mit einem anderen zu einer solchen Tat verabredet) haben eine weitere Vorverlagerung der Strafbarkeit zur Folge.

Gerade auch an § 176b Abs. 1 Nr. 2 StGB iVm § 184b Abs. 3 StGB lässt sich die Vorverlagerungstendenz des § 176b StGB gut nachzeichnen: Danach macht sich strafbar, wer auf ein Kind einwirkt, um es zu unternehmen, einen kinderpornografischen Inhalt, der ein tatsächliches oder wirklichkeitsnahes Geschehen wiedergibt, abzurufen oder sich den Besitz an einem solchen Inhalt zu verschaffen oder diesen zu besitzen. Da § 184b StGB als Unternehmensdelikt ausgestaltet ist, bei dem Versuch und Vollendung gleichgesetzt sind[9], macht sich folglich strafbar, wer ein Kind im Tonfall mehrfach unverbindlich, aber mit der Absicht anschreibt, zu versuchen, eine kinderpornografische Schrift abzurufen oder sich den Besitz daran zu verschaffen oder diese zu besitzen. Macht man sich dann noch klar, dass § 176b Abs. 2 StGB auch für diese Konstellationen das Angebot, das Versprechen eines Nachweises oder auch die Verabredung zur Tat unter Strafe stellt, dann wird deutlich, wie weit die Strafbarkeit hier zeitlich vorverlagert wird.

Auch mit Einführung der Scheinkindvariante in § 176b Abs. 3 StGB ist es zu einer weiteren Vorverlagerung der Strafbarkeit gekommen: Bei Taten nach § 176 Abs. 1 StGB ist der Versuch in den Fällen strafbar, in denen eine Vollendung der Tat allein daran scheitert, dass der Täter irrig annimmt, sein Einwirken beziehe sich auf ein Kind. Eine Strafbarkeit ist somit denkbar, wenn der Täter unmittelbar dazu ansetzt, auf die für ein Kind gehaltene Person einzuwirken. Dies wäre beispielsweise schon dann der Fall, wenn er die ersten Zeichen der Unterhaltung zu tippen beginnt.

---

9   Englerth & Huerkamp, 2015, S. 322.

III.   Warum ein präventiv ausgerichtetes Strafrecht Fluch und Segen zugleich ist

Die Vorteile eines präventiv ausgerichteten Strafrechts liegen auf der Hand: Eine zeitliche Vorverlagerung der Strafbarkeit hat immer zur Folge, dass man Sexualstraftäter frühzeitig aus dem Verkehr ziehen und der Strafverfolgung zuführen kann. Auch wenn sich mit durchaus gewichtigen rechtstheoretischen Argumenten generell gegen eine präventive Ausrichtung des Strafrechts argumentieren lässt[10], so scheint diese gerade aus kinderschutzrechtlicher Sicht im Zusammenhang mit Missbrauchstaten, die schwerstes Unrecht darstellen und ganze Leben zerstören können, vertretbar[11].

Tritt – wie beim Cybergrooming-Tatbestand – neben die Vorverlagerung der Strafbarkeit noch eine Versubjektivierung des Tatbestandes, dann ergeben sich hieraus jedoch vielfältige Herausforderungen. Denn lässt man es ausreichen, dass neutrale oder stark interpretationsbedürftige Tathandlungen einen Tatvorwurf begründen können, dann wird der Tatvorwurf in einigen Konstellationen maßgeblich auf das, was in der Gedankenwelt der Täter vorgeht, gestützt. Grund für Strafe ist nach modernem Strafrechtsverständnis jedoch ein bestimmtes kriminalisiertes Verhalten. Das konkurrierende Konzept des Täterstrafrechts, das die delinquente Persönlichkeit des Täters oder seine Gesinnung in den Blick nimmt, gilt als historisch diskreditiert[12]. Eine Versubjektivierung von Tatbeständen birgt aufgrund von Beweisschwierigkeiten überdies die Gefahr von Fehlurteilen, die im Falle eines unberechtigten Freispruchs mit einer erneuten Traumatisierung des Opfers einhergehen können.

Ein Abstellen auf neutrale oder zumindest stark interpretationsbedürftige Tathandlungen kann zudem dazu führen, dass sich Unschuldige in dem vom Gesetzgeber weit ausgeworfenen Netz verstricken. Dies gilt im Zusammenhang mit dem Cybergrooming-Tatbestand insbesondere auch für die im Netz sehr aktiven Jugendlichen: Gerade weil die Verlagerung ihres Lebens in den virtuellen Raum nicht vor ihrer Sexualität Halt macht und

---

10   van Endern, 2020, S. 1033 f. mwN; ein guter Überblick findet sich bei: Naucke, 2010, S. 129.

11   Das Argument, dass wenn der Messerkauf beim Mord keine strafbare Vorbereitungshandlung darstelle, dasselbe auch für die Vorbereitung des sexuellen Missbrauchs gelten müsse, Hube, 2011, S. 73, verfängt insofern nicht unbedingt.

12   vgl. Englerth & Huerkamp, 2015, S. 314.

sie sich dort sexuell ausprobieren, können sie nur allzu leicht in Konflikt mit dem Cybergrooming-Paragrafen geraten. Dies ist nicht falsch zu verstehen: Selbstverständlich gibt es sexualisierte Gewalt von Jugendlichen, die ganz klar als strafwürdig einzustufen ist und auf die auch mit Strafe reagiert werden sollte. Wir sehen im virtuellen Raum jedoch auch jugendliche Verhaltensweisen, die eher einer normalen Sexualentwicklung als dem Strafrecht zuzuordnen sind, bei denen der weitgefasste Tatbestand des § 176b StGB jedoch greift. Dies muss Jugendschützer besorgen, zumal sie aktuell bereits im Zusammenhang mit den Kinderpornografie-Regelungen beobachten können, dass sich Jugendliche zunehmend mit alterstypischem Sexualverhalten in dem ursprünglich zu ihrem Schutz weit ausgeworfenen Regelungsnetz verfangen und strafbar machen[13]. Ein Blick in die Polizeiliche Kriminalstatistik scheint diese Sorge zu bestätigen: 2020 waren 45,2 Prozent der Tatverdächtigen im Zusammenhang mit § 176 Abs. 4 Nr. 3 u. 4 StGB a. F. Minderjährige (dort war früher das Cybergrooming geregelt), 2021 lag der Anteil mit 43,9 Prozent ähnlich hoch[14]. Ob dies alles die Sexualstraftäter sind, die der Gesetzgeber bei seiner Gesetzgebung ursprünglich im Blick hatte, darf zumindest bezweifelt werden.

Knüpft ein Tatbestand an neutrale bzw. stark wertungsbedürftige Tathandlungen an, dann kommt es auch regelmäßig zu sogenannten »chilling effects«: Personen unterlassen im »vorauseilenden Gehorsam« bestimmte Verhaltensweisen, um auch sicher nicht in Konflikt mit dem Gesetz zu geraten[15]. Schult man Fachkräfte zu § 176b StGB, so beobachtet man regelmäßig Rückfragen der meist männlichen Fachkräfte, die sich angesichts der tatbestandlichen Fassung des § 176b StGB um eine eigene Strafbarkeit sorgen, wenn sie regelmäßig mit Minderjährigen, mit denen sie arbeiten, kommunizieren und beispielsweise für Terminver-

---

13 Dies kann beispielsweise bereits dann der Fall sein, wenn Kinder Influencern nacheifern, hierbei leichtbekleidet vor der Kamera posieren und diese Fotos an Jugendliche geschickt werden. Dementsprechend hat das Land Brandenburg eine Initiative eingebracht, die auf eine Änderung des § 184b StGB abzielt und der die Justizministerkonferenz einstimmig zugestimmt hat, vgl. https://mdj.brandenburg.de/mdj/ de/presse/pressemitteilungen/ansicht/~10-11-2022-brandenburginitiative-zur-korrektur-der-strafvorschrift-zurkinderpornographie-erfolgr. Der Justizminister hat jüngst angekündigt, bis Ende des Jahres einen Reformvorschlag vorlegen zu wollen. Die beschriebene Problematik, dass Jugendliche zunehmend in die Strafbarkeit »rutschen«, stellt sich im Zusammenhang mit dem Abruf und Besitz von Kinderpornografie jedoch in verschärfter Weise, da § 184b StGB im Zuge der Reform des Sexualstrafrechts zu einem Verbrechen hochgestuft wurde und somit – anders als beim Cybergrooming – keine Einstellung wegen Geringfügigkeit nach §§ 153, 153a StPO mehr möglich ist.

14 abrufbar unter: https://www.bka.de/DE/AktuelleInformationen/StatistikenLagebilder/PolizeilicheKriminalstatistik/pks_node.html.

15 Marthews & Tucker, 2017, S. 1 ff.; Englerth & Huerkamp, 2015, S. 330.

einbarungen ihr Mobiltelefon nutzen. Wer eine eigene Strafbarkeit befürchtet, wird in der Regel entsprechende Verhaltensweisen lieber unterlassen. Der Cybergrooming-Tatbestand kann also potentiell unmittelbare Auswirkungen auf unseren Umgang mit Minderjährigen haben. Für die weite tatbestandliche Fassung des § 176b StGB, die den positiven Effekt hat, Täter schon zu einem extrem frühen Zeitpunkt aus dem Verkehr ziehen zu können, zahlen wir also möglicherweise den Preis, dass sich unser Kommunikationsverhalten mit Minderjährigen ändert. Dies sollten wir uns zumindest bewusst machen und auch angesichts der oben beschriebenen Schwierigkeiten zumindest in die Diskussion darüber eintreten, ob im Zusammenhang mit § 176b StGB eine gewisse Sexualbezogenheit der Kommunikation tatbestandlich vorausgesetzt werden sollte, wie dies beispielsweise in anderen Ländern der Fall ist[16]. Dies gilt umso mehr, als in naher Zukunft weitgehende Cybergrooming-Offensiven geplant sind, die angesichts des starken Anstiegs der Cybergrooming-Übergriffe und der hiermit verbundenen, weitgehenden Probleme grundsätzlich jedoch selbstverständlich absolut zu begrüßen sind.

Abschließend sei noch angemerkt, dass sich im Zusammenhang mit § 176b StGB die Gefahr, dass Minderjährige wegen alterstypischem Sexualverhalten verurteilt werden, nicht in der gleichen Schärfe wie bei § 184b StGB stellt: Der Cybergrooming-Tatbestand stellt – anders als § 184b StGB – kein Verbrechen dar, sodass die Möglichkeit einer Einstellung des Verfahrens wegen Geringfügigkeit bereits nach §§ 153, 153a StPO besteht. Dennoch möchte man selbstverständlich jeder Person, der letztlich kein strafwürdiges Verhalten zur Last gelegt werden kann, den Vorwurf, gegen Sexualstrafrecht verstoßen zu haben und Post von der Staatsanwaltschaft zu erhalten, möglichst ersparen. Insofern lohnt es, darüber nachzudenken, wie auf die geltende Rechtslage reagiert werden kann.

IV. Möglichkeiten, Alternativen und Ausblick

Der dargestellten Problematik kann auf ganz unterschiedliche Weise begegnet werden. Die Möglichkeiten reichen von der Einrichtung von Stellen zur Sachverhalts-Vorprüfung über die Änderung des Cybergrooming-Tatbestandes bis hin zur Vermittlung von Medienkompetenz.

---

16 Zu alternativen Regelungsmöglichkeiten in England und Frankreich s. unten.

1) Stellen zur Vorprüfung

Die Anzahl der Strafverfahren wegen Cybergroomings gegen Jugendliche lässt sich zum einen durch Einrichtung von Stellen zur Vorprüfung reduzieren, die – anders als Polizei und Staatsanwaltschaft – nicht an das Legalitätsprinzip gebunden sind und bei weniger schwerwiegenden Fällen auch andere Lösungsansätze als die Strafverfolgung anregen können[17]. Diese Möglichkeit ist gerade auch im Zusammenhang mit alterstypischem, digitalem Sexualverhalten Minderjähriger interessant. In Nordrhein-Westfalen existiert beispielsweise das Angebot »Frag Zebra« der Landesanstalt für Medien, bei dem Cybergrooming-Sachverhalte niedrigschwellig gemeldet und einer Vorprüfung unterzogen werden können, bevor eine Meldung an die Zentral- und Ansprechstelle Cybercrime der Staatsanwaltschaft Köln erfolgt[18]. Auch auf europäischer Ebene sind künftig im Zusammenhang mit Cybergrooming Stellen zur Vorprüfung geplant[19]. Neben ihren unbestrittenen Vorteilen sind jedoch auch ihre Nachteile offenkundig: Für Außenstehende ist schwer ersichtlich, nach welchen Kriterien eingereichte Sachverhalte vorgeprüft werden. Zu mehr Rechtssicherheit würde daher möglicherweise eine Anpassung des § 176b StGB führen.

2) Anpassung von § 176b StGB

Für eine Änderung des § 176b StGB ließe sich über ganz unterschiedliche Optionen diskutieren: Man könnte eine Regelung formulieren, die sich an den Voraussetzungen des § 176 Abs. 2 StGB orientiert. Alternativ könnte man aber auch auf das Tatbestandsmerkmal des »Einwirkens« verzichten und für eine Strafbarkeit an andere Tathandlungen anknüpfen. Der Blick nach England und Frankreich zeigt, dass sich ein Cybergrooming-Tatbestand durchaus auch anders fassen lässt.

a) Regelung entsprechend § 176 Abs. 2 StGB

Eine Option bestünde darin – ähnlich wie beim sexuellen Kindesmissbrauch mit Körperkontakt (§ 176 StGB) – für einvernehmliche Handlun-

---

17   Das Legalitätsprinzip verpflichtet die Strafverfolgungsbehörden dazu, jedem auf zureichenden Tatsachen beruhenden Verdacht einer Straftat nachzugehen und entsprechende Ermittlungen anzustellen, vgl. §§ 152 Abs. 2, 160, 163 StPO.

18   Nähere Informationen unter https://www.fragzebra.de/cybergrooming.

19   vgl. Verordnung zur Festlegung von Vorschriften zur Prävention und Bekämpfung des sexuellen Missbrauchs von Kindern (COM/2022/209) abrufbar unter: https:// eur-lex. europa.eu/legal-content/DE/ TXT/?uri=CELEX:52022PC0209.

gen zwischen Kindern und Jugendlichen entsprechend § 176 Abs. 2 StGB von einer Bestrafung absehen zu können, wenn der Unterschied der Beteiligten sowohl im Alter als auch im Entwicklungsstand oder Reifegrad gering ist und der Täter nicht eine fehlende Fähigkeit des Kindes zur sexuellen Selbstbestimmung ausnutzt. Anders als bei § 176 StGB bedarf es einer solchen Regelung jedoch nicht zwingend: Da § 176b StGB anders als § 176 StGB als Vergehen ausgestaltet ist, ließe sich das Verfahren auch wegen Geringfügigkeit einstellen. Man könnte alternativ auch darüber nachdenken, die Regelung des § 176 Abs. 2 StGB in Form eines Tatbestandsausschlusses für § 176b StGB vorzusehen. Dem läge der Gedanke zugrunde, dass es der Erhebung eines rechtlichen Unwerturteils – grundsätzliche Folge einer Straftatbestandsverwirklichung – in Konstellationen, in denen die Tathandlung eher alterstypischem Sexualverhalten als dem Strafrecht zuzuordnen ist, nicht bedarf.

b) Änderung des Tatbestandsmerkmals des „Einwirkens"

Eine weitere Alternative könnte darin bestehen, auf das sehr weitgefasste Tatbestandsmerkmal des »Einwirkens« zu verzichten und den Tatbestand enger zu formulieren. Denn gerade auch ein Blick in andere Länder zeigt, dass eine so weite Fassung wie in Deutschland keineswegs zwingend ist.

aa) Regelung in Frankreich: Artikel 227-22-1 Code Pénal[20]

»Cybertoilettage« (franz. für Cybergrooming) ist in Frankreich nach Artikel 227-22-1 Code Pénal strafbewehrt.

Article 227-22-1 Code Pénal	Artikel 227-22-1 Code Pénal
Le fait pour un majeur de faire des propositions sexuelles à un mineur de quinze ans ou à une personne se présentant comme telle en utilisant un moyen de communication électronique est puni de deux ans d'emprisonnement et de 30 000 euros d'amende.	Mit einer Freiheitsstrafe von 2 Jahren/30.000 Euro Geldstrafe wird ein Erwachsener bestraft, der mittels elektronischer Kommunikationsmittel einer Person unter 15 Jahren oder einer Person, die sich als solche ausgibt, sexuelle Angebote unterbreitet.
Ces peines sont portées à cinq ans d'emprisonnement et 75 000 euros d'amende lorsque les propositions ont été suivies d'une rencontre.	Wenn auf die sexuellen Angebote ein Treffen folgt, erhöht sich die Freiheitsstrafe auf fünf Jahre/75.000 Euro Geldstrafe.

---

20 Übersetzung durch die Verfasserin.

Tathandlung ist in Frankreich das »sexuelle Angebot«. Folgt auf ein sexuelles Angebot ein Treffen, dann erhöht sich das angedrohte Strafmaß. Täter kann nur eine volljährige Person sein.

bb) Regelung in England: Section 15 und 15A Sexual Offences Act 2003[21]

In England pönalisieren Section 15 und 15A des Sexual Offences Act das Treffen mit einem Kind infolge Cybergroomings (Section 15) und die sexuelle Kommunikation mit einem Kind (Section 15A)[22].

Section 15: Meeting a child following sexual grooming etc.

15 Meeting a child following sexual grooming etc.	15 Treffen mit einem Kind nach Grooming etc.
(1) A person aged 18 or over (A) commits an offence if- (a) A has met or communicated with another person (B) on one or more occasions and subsequently – (i) A intentionally meets B (ii) A travels with the intention of meeting B in any part of the world or arranges to meet B in any part of the world, or (iii) B travels with the intention of meeting A in any part of the world, (b) A intends to do anything to or in respect of B during or after the meeting metioned in paragraph (a) (i) to (iii) and in any part of the world, which if done involves the commission of A of a relevant offence, (c) B is under16 and, (d) A does not reasonably believe that B is 16 or over (2) In subsection (1) – (a) the reference to A having met or communicated with B is a reference to A having met B in any part of the world or having communicated with B by any means from, to or in any part of the world; (b) „relevant offence" means- (i) an offence under this Part, (ii) ... (iii) anything done outside England and Wales... which is not an offence within sub-paragraph (i)... but would be an offence within sub-paragraph (i) if done in England and Wales (3) ...	(1) Eine Person über 18 Jahren (A) macht sich strafbar, wenn (a) A sich bei einer oder mehreren Gelegenheiten mit einer anderen Person (B) getroffen oder mit ihr kommuniziert hat und anschließend – (i) A absichtlich B trifft (ii) A mit der Absicht reist, B in irgendeinem Teil der Welt zu treffen oder Vorbereitungen trifft, um B in irgendeinem Teil der Welt zu treffen, oder (iii) B mit der Absicht reist, um A in irgendeinem Teil der Welt zu treffen (b) A beabsichtigt, während oder nach dem in Paragraph (a) (i) bis (iii) genannten Treffen und in irgendeinem Teil der Welt etwas mit oder in Bezug auf B zu tun, was die Begehung einer relevanten Straftat bedeuten würde (c) B ist jünger als 16 Jahre und (d) A nicht vernünftigerweise glaubt, dass B 16 Jahre oder älter ist (2) In Unterabschnitt (1) - (a) ist die Bezugnahme auf A, der B getroffen oder mit B kommuniziert hat gleichzusetzen damit, dass A den oder die B in irgendeinem Teil der Welt getroffen hat oder A mit B auf irgendeine Weise von irgendeinem Teil der Welt, in irgendeinem Teil der Welt oder innerhalb irgendeines Teils der Welt kommuniziert hat (b) bedeutet „relevante Straftat" (i) ein Verstoß nach diesem Teil [Anmerkung: dieser Teil ist mit „Sexuelle Übergriffe" übertitelt] (ii) ....

---

21 Übersetzung durch die Verfasserin.
22 Section 15A wurde durch Section 67 Serious Crimes Act im Jahr 2015 in den Sexual Offences Act 2003 eingefügt.

(4) A person guilty of an offence under this section is liable –
(a) on summary conviction, to imprisonment for a term not exceeding 6 months or a fine not exceeding the statutory maximum or both;
(b) on conviction on indictment, to imprisonment for a term not exceeding 10 years.

(iii) alles, was außerhalb von England und Wales getan wird.... und was nicht einen Verstoß nach Unterparagraph (i) darstellt... aber einen Verstoß nach Unterparagraph (i) darstellen würde, wenn es in England oder Wales getan würde

Tathandlung ist hier, dass der Täter sich mit dem Opfer getroffen oder mit diesem kommuniziert hat und sich anschließend entweder absichtlich mit diesem trifft, Täter bzw. Opfer zueinander reisen oder der Täter Vorbereitungen für eine solche Reise trifft. Der Täter muss hierbei die Absicht haben, während oder nach dem Treffen gegen eine Strafrechtsnorm aus dem Teil »Sexuelle Übergriffe« zu verstoßen. Täter kann jede Person über 18 Jahren sein, das Opfer muss unter 16 Jahren sein und der Täter darf auch nicht vernünftigerweise davon ausgehen, dass das Opfer 16 Jahre oder älter ist. Die Norm stellt überdies Taten mit Auslandsbezug unter Strafe.

Section 15A: Sexual communication with a child

15A Sexual communication with a child
(1) A person aged 18 or over (A) commits an offence if –
(a) for the purpose of obtaining sexual gratification A intentionally communicates with another person (B)
(b) the communication is sexual or is intended to encourage B to make (whether to A or to another) a communication that is sexual, and
(c) B is under 16 and A does not reasonably believe that B is 16 or over
(2) For the purpose of this section a communication is sexual if –
(a) any part of it relates to sexual activity, or
(b) a reasonable person would in all the circumstances but regardless of any person's purpose consider any part of the communication to be sexual;
and in paragraph (a) „sexual activity" means an activity that a reasonable person would in all the circumstances but regardless of any person's purpose consider to be sexual.
(3) A person guilty of an offence under this section is liable –
(a) on summary conviction to imprisonment for a term not exceeding 12 months or a fine or both;
(b) on conviction on indictment, to imprisonment for a term not exceeding 2 years.

15A Sexualisierte Kommunikation mit einem Kind

(1) Eine Person ab 18 Jahren (A) begeht eine Straftat, wenn
 (a) sie (A) absichtlich mit einer anderen Person (B) zum Zwecke der sexuellen Befriedigung kommuniziert
 (b) die Kommunikation sexualisiert ist oder eine andere Person (B) dazu ermutigen soll (sei es mit A oder einem Dritten) sexualisiert zu kommunizieren, und
 (c) B unter 16 Jahren ist und A nicht vernünftigerweise davon ausgeht, dass B 16 Jahre oder älter ist.
(2) Im Sinne dieses Abschnitts handelt es sich um eine sexualisierte Kommunikation, wenn
 (a) sie zumindest in Teilen sexuelle Aktivität betrifft oder
 (b) wenn eine vernünftige Person nach den Gesamtumständen aber ungeachtet irgendwelcher Absichten die Kommunikation zumindest in Teilen als sexualisiert auffassen würde;

und in Paragraph (a) beschreibt „sexuelle Aktivität" eine Aktivität, die eine vernünftige Person unter den Gesamtumständen aber ungeachtet irgendwelcher Absichten als sexuell auffassen würde.

[...]

Tathandlung ist hier eine sexualisierte Kommunikation bzw. eine Kommunikation, die das Opfer zu sexualisierter Kommunikation mit dem Täter oder einer dritten Person ermutigen soll, sofern die Kommunikation absichtlich zum Zwecke der sexuellen Befriedigung erfolgt. Eine Kommunikation ist ausweislich der Legaldefinition in Abs. 2 sexualisiert, wenn sie zumindest in Teilen sexuelle Aktivität betrifft oder wenn eine vernünftige Person diese angesichts der Gesamtumstände ungeachtet irgendwelcher Absichten zumindest in Teilen als sexualisiert auffassen würde. Anders als in Deutschland muss der Täter hier nicht die Absicht verfolgen, einen sexuellen Missbrauch des Kindes vorzubereiten, sondern es ist ausreichend, dass er aus der Kommunikation eine sexuelle Befriedigung zu ziehen beabsichtigt. Täter können in England nur volljährige Personen sein, das Opfer muss jünger als 16 Jahre sein und der Täter darf auch nicht vernünftigerweise davon ausgehen, dass das Opfer 16 Jahre oder älter ist.

cc) Resumée

Sowohl in England als auch in Frankreich ist für eine Strafbarkeit mehr erforderlich, als auf das Opfer »einzuwirken«. Anknüpfungspunkt für die Strafbarkeit ist hier entweder eine sexualisierte Kommunikation oder ein Treffen bzw. ein »Sich-Auf-den-Weg-machen« oder Vorbereitungen des Täters für eine Reise nach erfolgter Kontaktaufnahme. Überdies kommen sowohl in England als auch in Frankreich Minderjährige nicht als Täter in Betracht: Vielmehr müssen die Täter in beiden Jurisdiktionen erwachsen sein. Auch die Schutzaltersgrenze liegt sowohl in Frankreich als auch in England höher als in Deutschland: Das Opfer wird in Frankreich bis 15 Jahre geschützt, der Täter macht sich überdies strafbar, wenn sich das Opfer als Person unter 15 Jahren ausgibt. In England liegt die Schutzaltersgrenze bei 16 Jahren. Der Täter macht sich jedoch nur dann strafbar, wenn der Täter nicht vernünftigerweise glaubt, dass das Opfer 16 Jahre oder älter ist[23]. Eine Regelung wie in Deutschland ist somit keineswegs zwingend. Ob man allerdings Jugendliche grundsätzlich von einer Strafbarkeit ausnehmen möchte, sollte man sich gut überlegen: Denn es gibt durchaus Jugendliche, die sexuelle Grenzen eindeutig verletzen und strafwürdiges Verhalten an den Tag legen. Wie der Tatbestand des § 176b

---

23 Eine Regelung, die eine Strafbarkeit daran knüpft, dass der Täter nicht vernünftigerweise davon ausgehen darf, dass das Opfer 16 Jahre oder älter ist, bewegt sich gefährlich nah in Richtung „victim blaming", also der Schuldzuschreibung an das Opfer und ist daher kritisch zu sehen.

StGB künftig präziser gefasst werden kann, sollte jedoch Gegenstand der juristischen Debatte werden, um in Zukunft für mehr Rechtssicherheit zu sorgen.

c) Medienkompetenz

Die Zahl der Ermittlungsverfahren gegen Jugendliche wegen Cybergroomings ließe sich in einem ersten Schritt selbstverständlich auch dadurch reduzieren, dass man diese – und auch ihre Erziehungsberechtigten – über den Rechtsrahmen, den § 176b StGB aktuell vorgibt, flächendeckend aufklärt[24]. Vielen Jugendlichen dürfte gar nicht bewusst sein, dass sie sich möglicherweise in strafrechtlich gefährliches Fahrwasser begeben, wenn sie mit Personen unter 14 Jahren im digitalen Raum in einer Weise kommunizieren, die auf ihre sexuelle Absicht schließen lässt. Auch Kinder sollten frühzeitig dafür sensibilisiert werden, wie sie sich sicher im digitalen Raum bewegen. Und selbst wenn man nicht alle Aussagen Mark Zuckerbergs teilt, so darf man ihnen guten Gewissens folgende Aussage mit auf den Weg geben: »Das Internet ist nicht unbedingt ein guter Ort, um Freunde zu finden. Aber ein gutes Hilfsmittel, um Freundschaften zu pflegen, die man hat.« – sofern man sich ausreichend damit auseinandergesetzt hat, wie man sich mit Blick auf § 176b StGB verhalten sollte.

Literatur

Baumhöfener, 2021, Versuchtes Cybergrooming, Grenzbereich des polizeilichen Gefahrenabwehrrechts und Legitimation des „Präventionsstrafrechts", Zeitschrift für IT-Recht und Recht der Digitalisierung, S. 30 ff.

Englerth & Huerkamp, 2015, Der Feind im Netz – die Erosion des freiheitlichen Strafrechts im Spiegel der Internetdelikte, in: Jahrbuch für Recht und Ethik, Bd. 23, Themenschwerpunkt: Recht und Ethik im Internet, Duncker & Humblot, S. 313 ff.

---

24 Dass diese Maßnahme nicht gleichermaßen effektiv ist wie eine Neufassung des § 176b StGB bedarf wohl keiner weiteren Erläuterung.

Hoven & Obert, 2021, Kindesmissbrauch – ein Übersichtsbeitrag, Juristische Arbeitsblätter, S. 441 ff.

Hube, 2011, Die Strafbarkeit des „Cyber-Groomings" – eine Betrachtung im Lichte gesellschaftspolitischer Forderungen, Kriminalistik Heft 2, S. 71 ff.

Huerkamp, 2015, (Cyber-)Mobbing – Altbekanntes Phänomen oder juristisches Neuland?, in: „Gewalt im Netz", Sexting, Cybermobbing & Co, BAJ, S. 130 ff.

Huerkamp, 2015, Wenn der Prinz ein Frosch ist - Rechtliche Aspekte des Cybergroomings, in: „Gewalt im Netz", Sexting, Cybermobbing & Co, BAJ, S. 142 ff.

Huerkamp, 2021, Der Bräutigam im Schafspelz – Zur Strafbarkeit des Cybergroomings nach § 176b StGB, JMS-Report, S. 7 ff.

Marthews & Tucker, 2017, Government Surveillance and Internet Search Behavior, S. 1 ff., abrufbar unter: SSRN: https://ssrn.com/abstract=2412564 or http://dx.doi.org/10.2139/ssrn.2412564.

Nauke, 2010, Die robuste Tradition des Sicherheitsstrafrechts, Kritische Vierteljahresschrift für Gesetzgebung und Rechtswissenschaft, S. 129 ff.

van Endern, 2020, Sexueller Missbrauch von Kindern ohne Einwirken auf ein Kind, Zur Versuchsstrafbarkeit des Cybergroomings, Neue Juristische Wochenschrift, S. 1033 ff.

Michael Laumer

Auswirkungen partnerschaftlicher Gewalt auf anwesende Kinder – Eine Untersuchung im Kontext der Pandemie

1. Einleitung

Im Zentrum dieser Untersuchung stehen weniger die Opfer und Tatverdächtigen häuslicher Gewalt als vielmehr deren Kinder, die zwar nicht direkt von der Gewalt betroffen sind, diese aber bewusst wahrnehmen. Eine Sonderauswertung des Bayerischen Landeskriminalamts (2021) zu häuslicher Gewalt ergab, dass im Corona-Jahr 2020 insgesamt 20.234 Fälle von der Polizei registriert wurden. Dabei waren in 41,6 % der Fälle zum Zeitpunkt der Tat Kinder anwesend (8.415 Fälle). Im Vergleich zum Vorjahr (20.045 Fälle) ergibt sich damit eine minimale Steigerung der anwesenden Kinder um +1,8 % (+145 Fälle). Das tatsächliche Ausmaß häuslicher Gewalt und damit die Anzahl der hiervon betroffenen Kinder dürfte um einiges größer sein, da bei häuslicher Gewalt, die meist im eigenen Zuhause und somit im Verborgenen stattfindet, generell von einer hohen Dunkelziffer auszugehen ist. Es gibt Erkenntnisse, wonach etwa 75 bis 80 Prozent der Fälle von häuslicher Gewalt nicht aktenkundig werden, weil sich die Opfer von Partnergewalt nicht trauen Anzeige zu erstatten (BMFSFJ, 2020).

Im Folgenden wird nach einer kurzen Begriffsbestimmung zu häuslicher Gewalt zunächst die Relevanz der genaueren Betrachtung von entsprechenden Fällen mit anwesenden Kindern erläutert. Hierbei wird anhand wissenschaftlicher Erkenntnisse veranschaulicht, wie sich die Wahrnehmung von Gewalt zwischen beiden Elternteilen bzw. den direkten Bezugspersonen dauerhaft auf die gesundheitliche Entwicklung von Kindern auswirken kann. Im weiteren Verlauf werden auf Basis polizeilicher Datenbestände die Untersuchungsergebnisse zu Umfang und Ausprägung häuslicher Gewalt im Zusammenhang mit anwesenden Kindern dargestellt. Als Ergänzung zu den Hellfelddaten werden Experteninterviews zu häuslicher Gewalt im Kontext der Covid-19-Pandemie zusammengefasst präsentiert. Im Fokus steht dabei zum einen ein Interview mit Frau Prof. Steinert (20.11.2020), die eine Online-Studie zu häuslicher Gewalt in Verbindung mit den pandemiebedingten Kontakt- und Ausgangsbeschränkungen durchführte. Zum anderen werden die zentralen Aspekte der Befragungen zweier Münchener Beratungsstellen für Frauen und Kinder, die Opfer von häuslicher Gewalt wurden, angeführt. Am Ende wird der Frage nachgegangen, durch welche unterschiedlichen Präventionsansätze die Situation von Opfern und ihren Kindern nachhaltig verbessert werden kann.

2.   Begriffsbestimmung häuslicher Gewalt bzw. Partnerschaftsgewalt

Nach der Definition der Bayerischen Polizei umfasst der Begriff „Häusliche Gewalt" alle Fälle von körperlicher und psychischer Gewalt innerhalb von ehelichen oder nichtehelichen Lebensgemeinschaften. Insbesondere fallen darunter Nötigungs-, Bedrohungs- und Körperverletzungsdelikte, auch wenn sie sich nach einer Trennung ereignen und noch im direkten Bezug zur früheren Lebensgemeinschaft stehen. Denn gerade in oder kurz nach Trennungssituationen werden häufig Gewalttätigkeiten oder Einschüchterungen als Druckmittel benutzt. Häusliche Gewalt impliziert also gemäß Definition nicht unmittelbar alle Fälle von Gewalt in der Familie, sondern ausschließlich (Ex-) Partnerschaftsgewalt.

Um klar hervorzuheben, dass sich die Analyse ausschließlich mit partnerschaftlicher Gewalt beschäftigt hat, werden im gesamten Bericht weitestgehend anstelle von „häuslicher Gewalt" die Termini „Partnerschaftsgewalt" und „partnerschaftliche Gewalt" verwendet.

3.   Folgen von Partnerschaftsgewalt für anwesende Kinder

Lange Zeit blieben sowohl in der Forschung als auch in der Praxis im Bereich der Partnerschaftsgewalt die Auswirkung auf Kinder unbeachtet (Meier, 2011). Auch heutzutage gibt es nur wenige aussagekräftige Forschungsergebnisse zum Thema gesundheitliche Folgen, die Kinder durch häusliche Gewalt erleben, obwohl sie häufig davon mitbetroffen sind (Kindler, 2013).

Es deutet aber sehr viel darauf hin, dass sowohl die unmittelbare Gewalterfahrung als auch das Miterleben von Gewalt innerhalb der Familie erhebliche Auswirkungen auf nahezu alle Bereiche der kindlichen Entwicklung haben können (Stiller & Neubert, 2020, Kindler, 2006). Neben Depressionen, Stresssymptomen, Angststörungen, posttraumatischen Belastungsstörungen wie beispielsweise Essstörungen bis hin zu Suizidalität können Gewalterfahrungen die kognitive und emotionale Entwicklung erheblich beeinträchtigen (Kindler, 2006, Eidgenössischen Büros für die Gleichstellung von Mann und Frau EBG, 2020). Dabei stehen Defizite in der Sprachentwicklung sowie Lern- und Konzentrationsstörungen im Vordergrund (ebd.) Hinzu kommen Integrationsschwierigkeiten in der Gruppe der Gleichaltrigen bei Kindern mittleren Alters und eine erhöhte Aggressionsbereitschaft bei der Bewältigung von Konfliktsituationen (ebd.).

Nicht zu unterschätzen ist die transgenerationale Gewalt, die in der Forschung breit belegt ist (Eidgenössischen Büros für die Gleichstellung von Mann und Frau EBG, 2020). Wenn das Kind häufig beobachten muss, wie innerhalb der Familie in Konfliktsituationen Gewalt angewendet wird, kann beim Kind ein aggressives Verhaltensrepertoire und ein entsprechendes Rollenverständnis aufgebaut werden, dass später in der eigenen Familie reproduziert wird (ebd., Frey & Bierhoff, 2011).

4.   Quantitative Untersuchung für Bayern 2019/2020

Die genauere Betrachtung von häuslicher Gewalt mit anwesenden Kindern stellt sich aufgrund der skizzierten wissenschaftlichen Datenlage als unerlässlich heraus. Eine wichtige Ausgangsbasis hierfür stellen die Fälle dar, die der Polizei bekannt werden, da sie Informationen über Tatzeiträume, Anzahl der Kinder in von häuslicher Gewalt betroffenen Familien, Tatverdächtige und Opfer, Art und Umfang partnerschaftlicher Gewalt mit im Haushalt lebenden Kindern und Anzahl, Altersverteilung und Gewalterfahrungen anwesender Kinder liefern.

4. 1 Methode und Datenbasis

Als Datenquelle für die vorliegende Untersuchung dient der Datenbestand aus dem Vorgangssystem der Bayerischen Polizei – Integrationsver-
fahren Polizei (IGVP). Beim IGVP handelt es sich um eine Eingangsstatistik
mit einem dynamischen Datenbestand, der im Verlauf der polizeilichen
Ermittlungen ständig aktualisiert wird. Auswertungen und Analysen geben damit stets nur den aktuellen Erfassungsstand zum Zeitpunkt der
Abfrage wieder, der sich auch auf rückwirkende Zeiträume durch neue
Erkenntnisse und Qualitätssicherungsmaßnahmen kontinuierlich ändern
kann. Gleichwohl lassen sich anhand der jeweiligen Entwicklungen Tendenzen feststellen und zueinander in Verhältnis setzen.

Um tiefergehende Daten zu erhalten, die über den Erkenntnisstand der
jährlichen „Sonderauswertung zu häuslicher Gewalt in Bayern" hinaus-
gehen, bezieht die Analyse polizeiliche Sachverhalte und Kurzberichte
mit ein. In einigen Fällen werden zudem Informationen aus Zeugenver-
nehmungen herangezogen, um den Datenbestand zu ergänzen. Bereits
im Verlauf des Jahres 2020 wurden sowohl in den Medien als auch in
Fachkreisen Befürchtungen laut, dass durch die pandemiebedingten
Lockdown-Phasen und der damit in Verbindung stehenden Kontaktbeschränkungen und Heimquarantäne die Fallzahlen von partnerschaftlicher Gewalt ansteigen würden. Vor diesem Hintergrund wurden als
Untersuchungszeiträume die Jahre 2019 und 2020 ausgewählt, um bei
einer Gegenüberstellung bestimmter Datenfelder mögliche Lockdown-Ef-
fekte ermitteln zu können.

Die Zufallsstichprobe pro Auswertejahr führte zunächst zu 381 (2019)
und 340 (2020) Fällen partnerschaftlicher Gewalt mit im Haushalt lebenden Kindern als Zeugen, wovon mindestens ein Kind unter 14 Jahre alt
ist. Da es sich in einigen dieser Fälle um Gegenanzeigen, identische Fallak-
tenzeichen aufgrund von Zeitraumüberschneidungen oder Sachverhalte
handelte, bei denen der Informationsgehalt zu gering war, reduzierte sich
der auszuwertende Datenbestand im jeweiligen Jahr auf 290 (2019) und
249 (2020) Fälle.

4. 2 Zentrale Ergebnisse

4.2.1 Polizeiliche Erfassung von Tatzeiträumen

Im Rahmen der Anzeigenerstattung (2019 und 2020) berichten die Opfer in 248 von 539 Fällen (46,0 %) von wiederholter partnerschaftlicher Gewalt innerhalb eines bestimmten Tatzeitraums, der sich von mindestens zwei Tagen bis hin zu mehreren Jahren erstrecken kann. Damit lässt sich einerseits veranschaulichen, dass partnerschaftliche Gewalt in vielen Familien mit Kindern nicht auf einen Einzelfall beschränkt bleibt und sich größtenteils über mehreren Monaten und Jahren erstrecken kann (s. Abb. 1).

Abb. 1: Verteilung der Tatzeiträume in Prozent – beide Auswertejahre zusammengefasst (n=248)

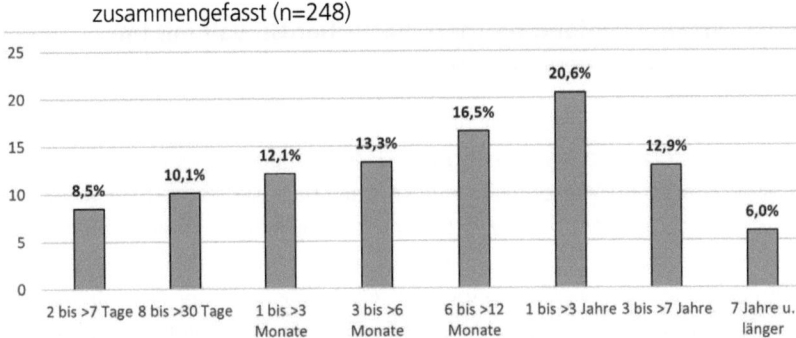

4.2.2 Struktur der Tatverdächtigen

In der überwiegenden Mehrheit der Fälle von partnerschaftlicher Gewalt, bei denen Kinder im Haushalt leben, sind die Tatverdächtigen (TV) männlich. Werden beide Auswertejahre zusammengefasst, liegt ihr Anteil bei 85,3 % (460 von 539 TV). Betrachtet man die Geschlechterverteilung der Tatverdächtigen getrennt für 2019 (290 TV) und 2020 (249 TV), liegt der Anteil der männlichen Tatverdächtigen im Corona-Jahr mit 90,0 % (224 TV) deutlich höher als im Jahr zuvor mit 81,4 % (236 TV). Dementsprechend werden Frauen 2020 seltener wegen Partnerschaftsgewalt polizeilich registriert als noch in 2019 (10,0 % vs. 18,6 % bzw. 25 TV vs. 54 TV).

Alkohol spielt bei Gewalt zwischen den Partnern für beide Jahre eine nicht zu unterschätzende Rolle. Von den insgesamt 241 bekannten Fällen sind knapp die Hälfte der Tatverdächtigen zum Zeitpunkt der Tat nachweislich alkoholisiert (44,4 % bzw. 107 TV). Selten jedoch stehen die Tatverdächtigen unter Drogeneinfluss: 93,2 % von ihnen weisen bei der Tatausübung keinen entsprechenden Substanzkonsum auf (137 von 147 TV).

Ein Großteil der Tatverdächtigen ist bereits vor der Tat aufgrund verschiedener Straftaten polizeilich in Erscheinung getreten, sowohl in 2019 als auch in 2020. Werden beide Auswertejahre zusammengefasst, betrifft das gut zwei Drittel aller Tatverdächtigen (67,7 % bzw. 365 TV). Wiederum fast die Hälfte davon ist als „Wiederholungstäter" erfasst (47,7 % bzw. 174 TV). Dabei handelt es sich um Tatverdächtige, hinsichtlich derer die Polizei nicht das erste Mal wegen dem Vorwurf partnerschaftlicher Gewalt tätig werden musste.

4.2.3 Art und Umfang partnerschaftlicher Gewalt mit im Haushalt lebenden Kindern

Die Opfer von partnerschaftlicher Gewalt sind verschiedenen Gewaltformen ausgesetzt, die sich anhand der Untersuchungsergebnisse für beide Auswertejahre im Wesentlichen in körperliche, psychische und sonstige Gewalt voneinander abgrenzen lassen. Die körperliche Gewalt reicht von bloßem Schubsen über Würgen bis hin zu Prügelattacken und Vergewaltigungen. Demgegenüber handelt es sich bei psychischer Gewalt häufig um Beleidigungen, Stalking, Kontrollverhalten (z. B. in Wohnung einsperren oder Überwachung der Telekommunikation), Drohung mit Bezug auf Kinder (z. B. angedrohte Kindesentziehung), Drohung mit Gewalt (z. B. „ich schlage dir gleich ins Gesicht") oder Morddrohungen.

Zur psychischen Gewalt zählen auch wirtschaftliche Gewalt, wie das Einbehalten der EC-Karte oder das Verbot einer eigenen Arbeit nachzugehen, und sexualisierte Gewalt ohne körperlichen Kontakt, wie z. B. die Aufforderung zu Oralsex. Gewalthandlungen, die sich gegen Sachen richten, wie das Eintreten der Wohnungstüre oder Geschirr gegen die Wand werfen, fallen unter sonstige Gewaltformen.

Auf Basis von Mehrfachantworten können für 2019 insgesamt 370 verschiedene Unterkategorien von Gewaltformen identifiziert werden. Dagegen liegt ihre Anzahl in 2020 mit 401 etwas höher. Die absoluten und relativen Häufigkeiten der Gewaltformen sind in folgender Tabelle für

2019 und 2020 gegenübergestellt (s. Tab. 1).

Tab.1: Häufigkeiten der Gewaltformen auf Basis von Mehrfachantworten für 2019 u. 2020

Gewaltformen	2019 (n=370)		2020 (n=401)	
körperliche Gewalt	188	64,8 %	191	76,7 %
psychische Gewalt	139	47,9 %	152	61,0 %
sonstige Gewalt	43	14,8 %	58	23,3 %
Gesamt	370	127,5 %	401	161,0 %

Körperliche Übergriffe stellen im Rahmen der partnerschaftlichen Gewalt in beiden Jahren die dominierende Gewaltform dar. Grundsätzlich ist die Anzahl an Mehrfachantworten von 2019 bis 2020 auf allen Ebenen prozentual deutlich gestiegen: Körperliche Gewalt um +11,9, psychische Gewalt um +13,1 und sonstige Gewalt um +8,5 Prozentpunkte.

Betrachtet man die verschiedenen Unterkategorien körperlicher Gewalt, wird deutlich, dass die Opfer in 2019 und 2020 sehr häufig angeben (63,3 % bzw. 67,0 %), dass sie von ihren Partner*innen mit Händen oder Fäusten geschlagen und/oder mit Füßen getreten werden (s. Abb. 2).

Abb. 2: Unterkategorien v. körperl. Gewalt auf Basis v. Mehrfachantworten; 2019 und 2020 in %

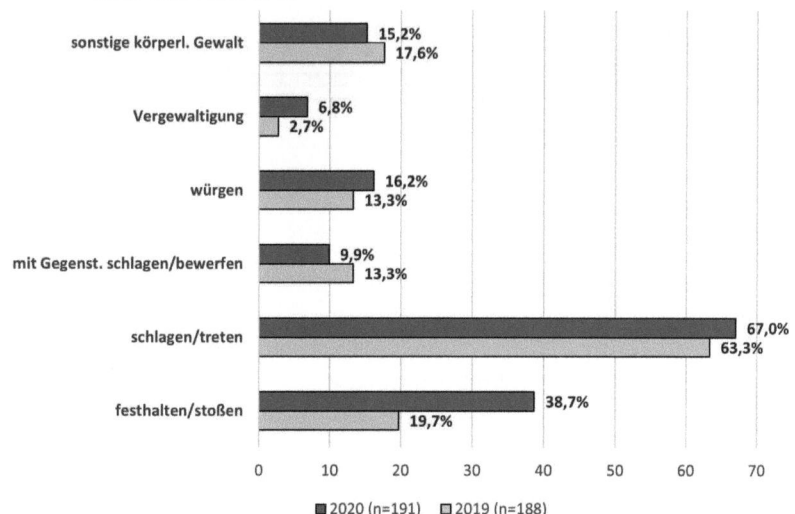

Weiterhin fällt auf, dass die Tatverdächtigen ihre Opfer in 2020 fast doppelt so häufig stoßen und/oder festhalten als in 2019 (38,7 % vs. 19,7 %). Seltener geben die Opfer an, in beiden Auswertejahren gewürgt (13,3 % bzw. 16,2 %), mit Gegenständen geschlagen oder beworfen, z. B. mit einem Baseballschläger, Mobiltelefon oder Kinderstuhl (9,9 % bzw. 13,3 %) und/oder in sonstiger Weise körperlich misshandelt worden zu sein, z. B. in Form von Finger verbiegen, kratzen oder anspucken (15,2 % bzw. 17,6 %). Die niedrigste Häufigkeit weist in beiden Auswertejahren die Unterkategorie Vergewaltigung auf.

Die psychische Gewalt hat von allen Gewaltformen im Untersuchungszeitraum den stärksten Anstieg zu verzeichnen. Bei genauerer Betrachtung der Unterkategorien ist zu erkennen, dass die Opfer vor allem einem qualitativen Anstieg partnerschaftlicher Gewalt ausgesetzt sind (s. Abb. 3). Morddrohungen (z. B. „ich bringe dich um", „ich werde dir die Kehle durchschneiden und dein Blut an die Wände schmieren", „ich werde dich erschießen", „ich werde dich mit Säure übergießen und dich zerstückeln" usw.) und/oder Drohungen in Bezug auf die Kinder (z. B. „ich werde dir die Kinder wegnehmen" oder „ich werde die Kinder töten") werden von den Opfern in 2020 wesentlich häufiger genannt als noch in 2019 (42,1 % vs. 25,9 % bzw. 30,3 % vs. 10,1 %).

Abb. 3:   Unterkategorien v. psych. Gewalt auf Basis v. Mehrfachantworten;
          2019 und 2020 in %

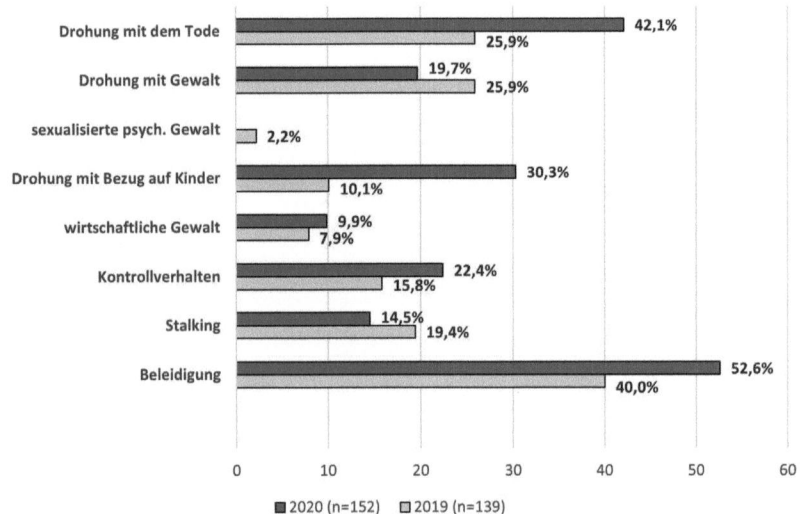

Weiterhin ist bei der psychischen Gewalt zu erkennen, dass die meisten Opfer angeben, beleidigt worden zu sein. Dies gilt für beide Auswertejahre, wobei der Wert in 2020 um 12,6 Prozentpunkte höher liegt als in 2019 (52,6 % vs. 40,0 %). Ebenso steigt die Überwachung des Opfers (Kontrollverhalten) und die wirtschaftliche Gewalt an (22,4 % vs. 15,8 % bzw. 9,9 % vs. 7,9 %). Ein Rückgang von 2019 auf 2020 ist hingegen in den Bereichen „Drohung mit Gewalt", „Stalking" und „sexualisierte psychische Gewalt" zu verzeichnen, wobei letztere 2020 gar nicht angegeben wird.

Der eben skizzierte Anstieg bestimmter Gewaltkategorien, insbesondere in Bezug auf die psychische Gewalt, kann mit den vorliegenden Daten nicht hinreichend erklärt werden. Jedoch lässt sich mutmaßen, dass die verordneten Corona-Maßnahmen während der ersten Lockdown-Phase die Intensität der Gewalt in Partnerschaften mit Kindern, die bereits zuvor von partnerschaftlicher Gewalt betroffen waren, zugenommen hat.

4.2.4 Anzahl und Altersverteilung anwesender Kinder

Nachdem bisher der Fokus auf die Opfer partnerschaftlicher Gewalt gerichtet war, konzentriert sich die Untersuchung im Folgenden auf die Kinder, die Zeugen der Gewalttaten wurden, ohne selbst direkt davon betroffen zu sein. Dabei werden beide Auswertejahre zusammengefasst, da sich 2020 gegenüber 2019 keine pandemiebedingten Unterschiede ergaben.

Von den insgesamt 866 im Haushalt lebenden Kindern im Alter von 0 bis unter 14 Jahren waren 78,9 % bei den Tathandlungen anwesend (683 Kinder). Davon waren 56,4 % sicher anwesend (488 Kinder). Bei weiteren 22,5 % wird eine wahrscheinliche Anwesenheit angenommen (195 Kinder). Hierbei handelt es sich um Fälle partnerschaftlicher Gewalt, die sich über mehrere Wochen bis hin zu einigen Monaten und Jahren erstreckten, bei denen sich aber im polizeilichen Datenbestand keine genauen Informationen bzgl. der Anwesenheit von Kindern finden lassen. Somit wird die letzte Gruppe mit 21,1 % aller im Haushalt lebenden Kindern durch die eindeutig nicht anwesenden und jene Kinder gebildet, deren Anwesenheitsstatus unbekannt ist.

Der Altersschwerpunkt der betroffenen Kinder liegt gemäß folgender Abbildung 4 bei den zwei bis unter sechs Jährigen (32,2 % bzw. 220 Kinder). Danach folgen Grundschulkinder von sechs bis unter zehn Jahren (25,2

% bzw. 172 Kinder) und Kleinkinder im Alter bis unter zwei Jahren (23,3 % bzw. 159 Kinder). Den kleinsten Teil aller anwesenden Kinder bildet die Altersgruppe der 10- bis unter 14-Jährigen (19,3 % bzw. 132 Kinder).

Abb. 4: Altersverteilung anwesender Kinder (0 bis <14 Jahre) – 2019/2020 (n=683)

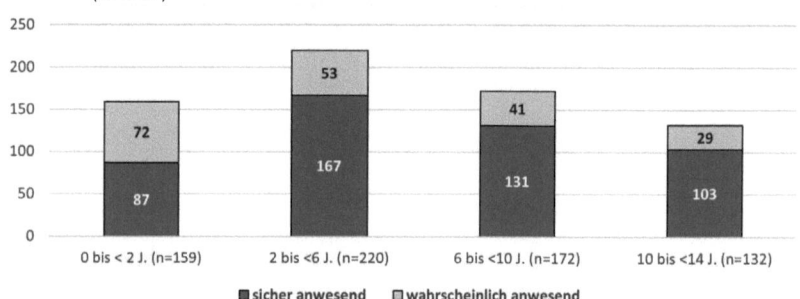

Wie sich gezeigt hat, sind sehr junge Kinder von Partnerschaftsgewalt betroffen. Unter Berücksichtigung aktueller Forschungsergebnisse, wonach die psychophysischen Folgen für Kinder, die indirekt Gewalt erleben, umso gravierender ist, je jünger sie zum Zeitpunkt der Gewaltausübung sind, muss daher die Zeugenschaft von partnerschaftlicher Gewalt als kindswohlgefährdender Faktor betrachtet werden (Kindler, 2013).

5. Zusammenfassung der Experteninterviews zu den Folgen des 1. Lockdowns

Da partnerschaftliche Gewalt, wie bereits zuvor erläutert, ein großes Dunkelfeld aufweist, wurden zusätzlich zur Untersuchung der polizeilichen Daten Experteninterviews geführt, die sich vor allem auf die Entwicklung während und nach dem ersten Lockdown im Frühjahr 2020 beziehen.

Die Ergebnisse der Online-Studie von Steinert und Ebert (2020), in der eine repräsentative Stichprobe von knapp 4.000 Frauen in Deutschland im Zeitraum zwischen 22. April und 8. Mai 2020 zu häuslicher Gewalt[1] befragt wurde, zeigen nachteilige Entwicklungen, die mit den Covid-19 bedingten Ausgangsbeschränkungen im Zusammenhang stehen.

---

1 In der Studie fällt unter dem Begriff „häusliche Gewalt" auch die Gewalt an Kindern durch Eltern.

Den Autorinnen zufolge stieg das Risiko von Gewalt an Frauen und Kindern während der Heimquarantäne an, was mit unterschiedlichen Faktoren zusammenhängt. So sei es laut Prof. Dr. Steinert anzunehmen (Interview v. 20.11.2020), dass aufgrund der Ausgangsbeschränkungen und Schulschließungen Kinder im Haus waren, wenn Konflikte zwischen den Eltern auftraten. Diese Konflikte seien dann wahrscheinlicher, wenn sich die psychische Gesundheit eines oder beider (Ehe-)Partner verschlechtere oder junge Kinder bis zu einem Alter von zehn Jahren im Haushalt leben würden, da diese eine umfassendere Betreuung erfordern und sich weniger gut selbstständig beschäftigen können. Durch die unsichere Kinderbetreuung, die Berufstätigkeit, aber auch Veränderungen dieser, wie in Form von Kurzarbeit oder Arbeitsplatzverlust und damit assoziierten finanziellen Sorgen seien Prof. Dr. Steinert zufolge viele Eltern in dieser Zeit einer starken Mehrfachbelastung ausgesetzt gewesen. Diese gehe wiederum mit einem erhöhten Konflikt- und Gewaltrisiko im Haushalt einher.

Weitere Interviews wurden mit Frau Hanke von der Beratungsstelle der IMMA e. V. (10.12.2020) und mit Frau Bergmayr von der Frauenhilfe München (07.12.2020) geführt. Bei IMMA e. V. ging während des Lockdowns eine geringere Anzahl gemeldeter Auffälligkeiten ein, was nach Einschätzung von Frau Hanke auf die Schulschließungen und Kontaktbeschränkungen in dieser Zeit und die dadurch reduzierten außerfamiliären Sozialkontakte wie beispielsweise zum Freundeskreis oder zu Lehrkräften zurückzuführen sei. Auch die Beratungsstelle der Frauenhilfe München berichtete von geringeren Zahlen zu Beginn des Lockdowns. Grund dafür sei der Umstand gewesen, dass die betroffenen Frauen vermutlich anderweitig zu beschäftigt gewesen seien, sodass sie erst mit der schrittweisen Lockerung Beratungsstellen aufsuchen und Hilfe in Anspruch nehmen konnten. Die Zahlen seien jedoch im Mai 2020 wieder angestiegen, sodass es insgesamt 25,0 % mehr Anfragen gegeben habe als im vergleichbaren Vorjahreszeitraum.

Gleichsam berichtete auch die Beratungsstelle der IMMA e. V. von ihrer Wahrnehmung, dass sich während des Lockdowns – außer in Extremsituationen – kaum jemand an sie gewandt habe. Eine mögliche Erklärung dafür sei, dass vor allem alleinerziehende Elternteile durch die Sicherstellung der Kinderbetreuung und ihrer Berufstätigkeit keine Kapazitäten hatten, aktiv Hilfe zu suchen. Weiterhin sei festgestellt worden, dass in diesen Situationen auch bereits früher gewalttätig gewordene

Partner*innen trotz Kontakt- und Näherungsverboten aufgesucht wurden, da für die Betroffenen keine andere Möglichkeit bestand, ihre Kinder zu betreuen. Grundsätzlich ließe sich aber vermuten, dass Home-Schooling bzw. -Office und mit dem Lockdown verbundene Existenzängste starke Stressfaktoren darstellten, welche wiederum gewalttätige Strukturen verstärkten. Der dadurch erwartete Anstieg der Anzahl von Hilfegesuchen würde sich, laut Aussage der IMMA e. V., vermutlich erst erheblich später zeigen, sobald sich die Situation wieder weitestgehend normalisiert habe.

6.   Prävention

6. 1   Präventive Ansätze aus Sicht der interviewten Expertinnen

Laut Prof. Dr. Steinert seien die komplexen Abhängigkeits- und Beziehungsmodelle innerhalb von häuslicher Gewalt betroffener Partnerschaften die Ursache dafür, dass die Opfer keine Anzeige erstatten oder Strafanträge zurückgezogen oder gar nicht erst gestellt werden. Einerseits würden die betroffenen Frauen oft dazu neigen, ihre Partner*in zu schützen, lange Jahre mit Gewalt zu leben und diese zu akzeptieren bzw. auch die Schuld bei sich zu suchen. Da sich die Gewalt in sehr intimen Beziehungen und Räumen abspiele, sei das Thema andererseits auch sehr schambehaftet und somit schwer an die Öffentlichkeit zu tragen. Des Weiteren bestünden oftmals finanzielle Abhängigkeitsverhältnisse, die durch die Anwesenheit von Kindern zusätzlich verstärkt würden. Problematisch sei in diesem Zusammenhang, dass viele betroffene Personen nicht wüssten, welche unterschiedlichen Arten von Unterstützung und Hilfestellung ihnen zur Verfügung stünden, wodurch die Inanspruchnahme dieser Angebote sehr gering sei (Steinert & Ebert, 2020).

Die mangelnden Kenntnisse über bestehende Hilfsangebote sowie die geringe Anzeigenbereitschaft führen nach Meinungen der Expertinnen zum Schluss, dass es primär wichtig und notwendig sei, Aufklärungskampagnen und Werbung im öffentlichen Raum intensiver zu betreiben. Nur so ließen sich Stigmatisierung und Tabuisierung des Themas weiterhin reduzieren, sodass Betroffene eher bereit wären, Hilfsangebote in Anspruch zu nehmen und bei der Polizei Anzeige zu erstatten. Auch die Beratungsstellen hätten durch die Einrichtung von Online-Angeboten wie

Chat- und Email-Beratungen auf die veränderten Umstände während der Ausgangsbeschränkungen reagiert. Während eine telefonische Kontakt-aufnahme in diesen Zeiten für die Betroffenen oft nur schwer möglich gewesen sei, bestünde die Hoffnung, dass die neu geschaffenen On-line-Angebote vermehrt genutzt und eine sinnvolle Alternative darstellen werden. Diese Hilfsangebote werden unter anderem durch Plakate an U-Bahnstationen beworben und sichtbar gemacht.

Zudem ist hervorzuheben, dass sich Prävention nicht nur auf Aufklä-rungskampagnen und Hilfestellungen für die Opfer und deren Kinder be-schränken darf, sondern auch die Täterschaft miteinschließen muss. Die-ser holistische Ansatz sei Prof. Dr. Steinert zufolge zwar keine Garantie für ein zukünftiges gewaltfreies Zusammenleben in Familien, scheine aber zunächst am erfolgversprechendsten zu sein.

6. 2 Polizeiliche Prävention

Bei partnerschaftlicher Gewalt sind Kinder gleichermaßen betroffen, da sie in ihrer Familie Gewalt als Konfliktlösungsmuster kennen lernen. Um zu verhindern, dass Kinder dadurch selbst gewalttätig oder Opfer von Partnergewalt werden, muss partnerschaftliche Gewalt umgehend ge-stoppt werden. Der Polizei kommt hierzu eine herausragende Rolle zu, da sie vor Ort erste entscheidende Maßnahmen treffen kann, die dem Wohl der Opfer und ihrer Kinder dienen. Allerdings kann partnerschaft-liche Gewalt nicht allein durch die Polizei bekämpft werden. Das gelingt nur, wenn zusätzlich weitere Behörden und Institutionen miteinbezogen werden. Gerade im Hinblick auf Kinder ist eine qualifizierte Unterstüt-zung bei der Bewältigung von Gewalterfahrungen notwendig, wie sie z. B. bei Fachberatungen in Jugendämtern, Erzieherinnen in Frauenhäusern oder speziellen Angeboten von Traumazentren für Kinder und Jugend-liche zu finden sind.

Wie aus der Broschüre des Bayerischen Innenministeriums zur häuslichen bzw. partnerschaftlichen Gewalt zu entnehmen ist[2], sind die Polizei sowie alle beteiligten Stellen in besonderem Maße auf die Mithilfe und Mitwir-kung der Opfer angewiesen. Deshalb ist es in der akuten Bedrohungs-situation primär erforderlich, dass die Opfer baldmöglichst Kontakt mit

---

2 Siehe hierzu unter www.innenministerium.bayern.de

der Polizei aufnehmen. Auf diese Weise können zeitnah, neben strafverfolgenden Maßnahmen gegen die Tatverdächtigen, auch vorläufige Schutzmaßnahmen für Opfer und Kinder eingeleitet werden. Die Schutzmaßnahmen reichen dabei von einer Belehrung der Tatverdächtigen zu strafrechtlichen Konsequenzen bei Nichtbeachtung der polizeilichen Anweisungen über einen mehrtägigen Verweis der Tatverdächtigen aus der Wohnung bis hin zu einem vorübergehenden Kontaktverbot. Dadurch wird die Möglichkeit geschaffen, dass die Opfer mit ihren Kindern zunächst zur Ruhe kommen und klare Gedanken fassen können. Parallel dazu werden die Opfer noch vor Ort von der Polizei über ihre Rechte und über Beratungs- und Hilfeeinrichtungen informiert und bekommen ein Informationskärtchen mit den dazugehörigen Adressen und Telefonnummern.

Neben der intensiveren Bewerbung und dem Ausbau von Hilfs- und Online-Angeboten kommt der proaktiv ausgerichteten Beratung eine große Bedeutung zu. Diese wird beispielsweise im Bereich des Polizeipräsidiums München auf Initiative des Kommissariats 105 durch das Projekt „Münchner Unterstützungsmodell gegen Häusliche Gewalt" (MUM) mit verschiedenen Kooperationspartnern[3] seit 01.07.2004 erfolgreich praktiziert. Ziel ist es, den Opfern möglichst zeitnah ein Beratungsangebot zu machen, indem die Einsatzkräfte vor Ort über eine Einwilligungserklärung der Opfer sachdienliche Angaben an einen der Kooperationspartner übermitteln. Mittlerweile ist der proaktive Beratungsansatz flächendeckend in ganz Bayern eingeführt. Bei allen Polizeipräsidien gibt es entsprechende Kooperationsvereinbarungen mit regional ansässigen Beratungs- und Hilfeeinrichtungen. So erhalten alle Opfer, die eine Einverständniserklärung unterschreiben, in der Regel innerhalb von drei Tagen ein Beratungsangebot. Die Ergebnisse einer wissenschaftlichen Begleitung zeigen, dass von denjenigen Betroffenen, die durch eine proaktive Kontaktaufnahme erreicht werden konnten, nur ein Bruchteil eine Beratung ablehnte (Kavemann, 2005, S. 8).

---

3 Zu den Kooperationspartnern gehören: Frauen helfen Frauen (Frauenhaus München), Beratungsstelle Frauenhilfe, Frauennotruf München, Interventionsstelle Landkreis München, Sozialdienst katholische Frauen, Münchner Informationszentrum für Männer e. V.

Literaturverzeichnis

Bayerisches Landeskriminalamt (2021). Häusliche Gewalt in Bayern im Jahr 2020. Sonderauswertung aus IGVP.

Bergmayr, A. (2020). Telefoninterview mit der Leiterin der Beratungsstelle der Initiative für Münchner Mädchen (IMMA) e. V. im Bayerischen Landeskriminalamt, 07.12.2020, durchgeführt von Weiß, E. und Laumer, M.

Bundesministerium für Familie, Senioren, Frauen und Jugend (10.11.2020). Häusliche Gewalt. Online verfügbar unter: https://www.bmfsfj.de/bmfsfj/themen/gleichstellung/frauen-vor-gewalt-schuetzen/haeusliche-gewalt/haeusliche-gewalt-80642 (zuletzt abgerufen am 23.09.2021)

Eidgenössisches Büro für Gleichstellung von Mann und Frau (2020). Definition, Formen und Folgen häuslicher Gewalt. Bern: Eidgenössisches Departement des Innern EDI. Online verfügbar unter: file:///tmp/mozilla_vm0/a1_definition-formen-und-folgen-haeuslicher-gewalt.pdf (zuletzt abgerufen am 21.09.2021)

Frey, D. & Bierhoff H. W. (2011). Sozialpsychologie – Interaktion und Gruppe. Hogrefe-Verlag: Göttingen.

Hanke, B. (2020). Telefoninterview mit der Leiterin der Elternberatung der Frauenhilfe München bei häuslicher Gewalt im Münchner Modell im Bayerischen Landeskriminalamt, 10.12.2020, durchgeführt von Weiß, E. und Laumer, M.

Kavemann, B. (2006). Zusammenhang von häuslicher Gewalt gegen die Mutter mit Gewalt gegen Töchter und Söhne - Ergebnisse neuerer deutscher Untersuchungen. In B. Kavemann & U. Kreyssig (Hrsg.), Handbuch Kinder und häusliche Gewalt (S. 13-35). Wiesbaden: Springer Verlag für Sozialwissenschaften.

Kindler, H. (2006). Partnergewalt und Beeinträchtigung kindlicher Entwicklung: Ein aktualisierter Forschungsüberblick. In B. Kavemann & U. Kreyssig (Hrsg.), Handbuch Kinder und häusliche Gewalt (S. 36-53). Wiesbaden: Verlag für Sozialwissenschaften.

Kindler, H. (2013). Partnergewalt und Beeinträchtigungen kindlicher Entwicklung: Ein aktualisierter Forschungsüberblick. In B. Kavemann & U. Kreyssig (Hrsg.), Handbuch Kinder und häusliche Gewalt (S. 27-47). Wiesbaden: Springer Verlag für Sozialwissenschaften.

Meier, K. (2011). Kinder als Mitbetroffene von Partnerschaftsgewalt: eine Bestandsaufnahme von Unterstützungsangeboten im Kanton Solothurn und deren Bewertung durch lokale Fachpersonen. Masterthesis, Universitäten Basel, Bern und Zürich. Online ver-

fügbar unter: https://www.zora.uzh.ch/id/eprint/152540/1/2011-
        MeierKatrin.pdf (zuletzt abgerufen am 21.09.2021)
Steinert, J. (2020). Telefoninterview mit der Co-Autorin der Online-Stu-
        die zur „Gewalt an Frauen und Kindern in Deutschland während
        Covid-19-bedingten Ausgangsbeschränkungen" von der Techni-
        schen Universität München, 20.11.2020, durchgeführt von Weiß,
        E. und Laumer, M.
Steinert, J. & Ebert, C. (2020). Gewalt an Frauen und Kindern in
        Deutschland während COVID-19-bedingten Ausgangsbeschrän-
        kungen: Zusammenfassung der Ergebnisse. Unveröffentlichtes
        Manuskript, Technische Universität München.
Stiller, A. & Neubert, C. (2020). Partnerschaftliche Gewalt in Familien mit
        Kindern – Was passiert nach einer polizeilichen Wegweisungsver-
        fügung? – Forschungsbericht Teil I. (KFN-Forschungsbericht Nr.
        159). Hannover: Kriminologisches Forschungsinstitut Niedersach-
        sen e. V. Online verfügbar unter: https://kfn.de/publikationen/kfn-
        forschungsberichte/ (zuletzt abgerufen am 21.09.2021)

Michael Otten

Paternalismus und Kinderrechte vertragen sich nicht – das Kinderrecht auf Privatsphäre in der digitalisierten Welt

Die Gesellschaft hat sich in den letzten Jahren vielseitig verändert, auch die digitale Lebenswelt von Kindern. Aus diesem Grund ist es lohnenswert, mit Kindern selbst über ihre Rechte nachzudenken, die unmittelbar dadurch betroffen sind. Ein Auftrag der UN-Kinderrechtskonvention ist es per definitionem, dass Kinder sich informieren können, ihnen dafür kindgerechte Medien und Zugänge bereitgestellt werden und sie Gehör für ihre Belange finden, die Erwachsene dann angemessen berücksichtigen. Damit Kinderrechte umgesetzt werden, ist es aber daher von essentieller Bedeutung, Erwachsene aufzuklären und zu sensibilisieren, dass sie die Verantwortungsträger:innen für die Gewährleistung der Rechte von Kindern sind. Paternalismus und Kinderrechte vertragen sich nicht, d. h. herrschaftliche und bevormundende Sicht- und Handlungsweisen von Erwachsenen sind nicht geeignet, um Kinder als Träger:innen eigener Rechte und als Subjekte anzuerkennen. Im Zentrum des Beitrags steht exemplarisch das Kinderrecht auf Schutz der Privatsphäre, welches anhand von ausgewählten Phänomenen diskutiert wird.

Menschenrechtliche Perspektive: Kinder haben Rechte

Pädagogisches Denken und Handeln orientiert sich oft an der UN-Kinderrechtskonvention (siehe dazu z. B. Deutsches Institut für Menschenrechte et al., 2017). Dass Kinder und Rechte haben, wird zumindest öffentlich kaum mehr bestritten. Dennoch gibt es viele öffentliche und private Bereiche, in denen sie in ihrer Handlungsfähigkeit und ihren Partizipationsmöglichkeiten eingeschränkt sind. Kinder sind nicht nur von (politischer) Mitbestimmung ausgeschlossen, sondern ihre Stellung ist – sowohl in öffentlichen Institutionen wie Krippen, Kindertagespflege, Kindertagesstätten und Schulen als auch in vielen Familien – nach wie vor von traditionellen, paternalistischen Denkweisen und Gewohnheiten beeinflusst.

(vgl. Ammann, 2020, S. 14f.). Ob und welche Freiheiten Kindern gewährt werden, wie ihre Rechte respektiert und interpretiert werden und wie ihr Recht auf Partizipation umgesetzt wird, steht mit den jeweiligen Erziehungsvorstellungen der Erwachsenen in einem engen Zusammenhang (vgl. Andresen, 2022, S. 114).

Das „Übereinkommen der Rechte des Kindes" aus dem Jahr 1989, zumeist als UN-Kinderrechtskonvention bezeichnet, differenziert das Menschenrechtssystem so aus, dass besondere, nur oder insbesondere Kinder betreffende Rechte formuliert werden. Kinder sind nicht vermindert menschenrechtsberechtigt oder ein „Weniger" als Erwachsene (vgl. Fremuth, 2019, S. 57). Kinder sind Träger:innen eigener Rechte. Diese müssen nicht erworben oder verdient werden, sie sind nicht abhängig von bestimmten Pflichten, sondern unmittelbarer Ausdruck der jedem Kind innewohnenden Würde (vgl. Maywald, 2018, S. 968). Laut Kinderrechtskonvention haben Kinder Schutz-, Förder- und Beteiligungsrechte, die gewährleistet werden müssen, damit sie gut aufwachsen können. Kinder sind Rechtssubjekte. Mit dem Prinzip der Kinder als Träger:innen eigener Rechte korrespondiert die Pflicht der Erwachsenen, Verantwortung für die Umsetzung zu übernehmen (vgl. ebd., S. 967 u. 983).

Befunde aus der Forschung zeigen auf, dass Kinder auf die Anerkennung und Umsetzung von Rechten bislang einen eher geringen Einfluss haben. Sie sind aber darauf angewiesen, dass ihnen Erwachsene z. B. zuhause, in pädagogischen Einrichtungen und in der Kommune Rechte gewähren und ihnen echte Handlungsmöglichkeiten bieten. Nur dann werden Rechte für Kinder in ihrem Alltagsgeschehen erfahrbar, da sie ihnen Räume und Erfahrungen selbst- bzw. mitbestimmten Entscheidens und Handelns eröffnen. Für Kinder ist die Entwicklung von Selbstwirksamkeit und Autonomie durch Begrenzungen geprägt – zunächst vor allem durch die elterliche Erziehung (vgl. Andresen, 2022, S. 100f.).

Kinder sind „Seiende" und „Werdende" zugleich: Sie sind in Abhängigkeit von ihrer jeweiligen Entwicklungsphase kompetent und können mitentscheiden. Das Verhältnis zwischen Erwachsenen und Kindern ist asymmetrisch: Erwachsene tragen Verantwortung für Kinder, nicht jedoch umgekehrt Kinder in gleicher Weise für Erwachsene (vgl. Maywald, 2018, S. 968). „Eltern besitzen ihre Kinder nicht, sie herrschen nicht über sie, sondern sie tragen die Pflicht, ihre Kinder nach besten Fähigkeiten zu begleiten" (Töpler, 2022, S. 240).

Digitale Lebenswelten von Kindern

Unter digitaler Welt wird mehr als nur das Internet subsumiert. Gemeint ist das Zusammenspiel der sich stetig entwickelnden Angebote – also Inhalte, Programme und Dienstleistungen – kommerzieller, öffentlicher und anderer Anbieter:innen in digitaler Form. Dies umfasst alle Computer- und digital vernetzte Technologien und Dienstleistungen (auch als Informations- und Kommunikationstechnik bezeichnet), das World Wide Web, mobile Endgeräte, Apps, Soziale Medien, elektronische Datenbanken, Big Data, Online-Spiele und alle Entwicklungen, die Zugang zu oder Dienste für die digitale Lebenswelt ermöglichen (vgl. Stiftung Digitale Chancen 2019). Diese Möglichkeiten prägen bereits die Gesellschaft und werden weiterhin erheblich an Bedeutung zunehmen. Die neuen technischen Möglichkeiten können Kommunikation, Fantasie, kreative Nutzung und Produktivität fördern. Es sind aber auch Gefahren damit verbunden, wenn Kinder ungeschützt und unvorbereitet im Internet spielen, lernen und kommunizieren. Eltern und andere Erwachsene haben zudem eine wichtige Vorbildrolle, wenn sie sich daran messen lassen müssen, wie verantwortlich sie mit Daten und der öffentlichen Inszenierung von Kindern umgehen.

Fast alle Kinder im Grundschulalter haben bereits die Möglichkeit, das Internet zu Hause und auch unterwegs zu nutzen. Über 30 Prozent der Kinder haben ein eigenes Smartphone. 20 Prozent der Erst- bis Viertklässler*innen nutzen Messenger-Dienste ohne Aufsicht (vgl. mpfs 2019). In sozialen Netzwerken (z. B. Facebook, Twitter) und mithilfe von Messengern (z. B. WhatsApp oder Telegram) oder Content Communities (z. B. der Kurzvideodienst TikTok) dürfen Kinder und Jugendliche (mit eigenen Accounts) zumeist ab 13 Jahren offiziell unterwegs sein. Klar ist aber, dass viele über Geschwister, Freund:innen und Eltern bereits früher Zugang haben und Teil von digitalen Familienaktivitäten sind.

„Kinder unterscheiden heute nicht mehr, wie Generationen zuvor, zwischen analoger und digitaler Lebenswelt. Sie sind mittendrin, entdecken und vernetzen beide über ihre Tätigkeiten – vor allem sobald sie das erste Smartphone haben. Es gibt also keine „digitale Welt" abseits der „analogen Welt", da beide aufeinander bezogen sind" (Stapf, 2021, S. 263).

Kinder und ihr Recht auf Schutz der Privatsphäre in einer digitalisierten Welt

Die Privatsphäre von Kindern zu respektieren, äußert sich z. B. darin, nicht einfach ungefragt Spielsachen wegzugeben oder Kinder ungefragt in die Backe zu kneifen. Der Wunsch nach Privatsphäre kann sich bei einem Kind auch so äußern, dass es einfach träumen möchte, ohne gestört zu werden. Im Rahmen von Social-Media-Kommunikation die Privatsphäre zu achten, kann bedeuten, keine Fotos und Videos der Kinder schlafend, beim Baden, auf dem Töpfchen oder im Krankenhaus zu verbreiten.

Junge Kinder haben aufgrund ihrer Persönlichkeitsentwicklung mitunter gar keine Bedenken, wenn Eltern für fast alles zuständig sind und kontrollieren. Sie stören sich vermutlich nicht daran, wenn Eltern ohne zu klopfen das Zimmer betreten. Bei älteren Kindern kann das aber ganz anders sein, wenn zunehmende Autonomiebestrebungen sichtbar werden.

In der Kinderrechtskonvention findet sich folgende deutsche Übersetzung des Artikels 16:

> „(1) Kein Kind darf willkürlichen oder rechtswidrigen Eingriffen in sein Privatleben, seine Familie, seine Wohnung oder seinen Schriftverkehr oder rechtswidrigen Beeinträchtigungen seiner Ehre und seines Rufes ausgesetzt werden.
>
> (2) Das Kind hat Anspruch auf rechtlichen Schutz gegen solche Eingriffe oder Beeinträchtigungen." (Übereinkommen über die Rechte des Kindes, Kinderrechtskonvention im Wortlaut 1989)

In für Kinder verfassten Versionen ist z. B. zu lesen: „Du hast das Recht auf eine Privatsphäre. Niemand darf ungefragt Deine Briefe lesen, Dein Zimmer durchsuchen oder ähnliches tun. Niemand darf Dich beschämen oder beleidigen." (Deutsches Komitee für UNICEF, o. J.)

Die vom Deutschen Kinderhilfswerk formulierte Fassung (2018b) beinhaltet: „Jedes Kind hat ein Recht auf Privatsphäre. Das gilt für sein Privatleben, seine Familie, seine Wohnung oder seine Briefe oder E-Mails oder auch sein Handy. Dasselbe gilt auch für die Ehre des Kindes: Niemand darf über ein Kind Behauptungen verbreiten, die dem Kind schaden können. Es muss Gesetze in jedem Land geben, die das Recht auf Privatsphäre und Ehre von Kindern schützen."

Das in der UN-Kinderrechtskonvention verankerte Recht auf Schutz der Privatsphäre, demzufolge kein Kind willkürlichen oder rechtswidrigen Eingriffen in sein Privatleben oder rechtswidrigen Beeinträchtigungen seiner Ehre und seines Rufes ausgesetzt werden darf, muss auch im digitalen Raum gelten (vgl. Croll et al., 2018, S. 30). Im Folgenden werden anhand von drei Phänomenen Problembereiche skizziert, in denen Kinderrechtsverletzungen regelmäßig vorkommen (können).

Phänomen 1: Digitaler Fußabdruck von Kindern und Sharenting

Wenn sich Kinder im Internet bewegen, hinterlassen sie ihre persönlichen Daten. Jede Nutzung vernetzter Geräte ist unweigerlich mit der (un-) wissentlichen Preisgabe von Daten verbunden. Demgegenüber stellt der Datenschutz ein Grundrecht dar. Unabhängig vom Alter ist es erforderlich, die notwendigen Kompetenzen zu erwerben, um mit den Folgen der Digitalisierung umzugehen, Chancen zu nutzen sowie Risiken bewältigen zu können. Kinder können die Fähigkeit zur Reflexion der Konsequenzen ihres digitalisierten Handelns schrittweise entwickeln (vgl. Croll et al., 2018, S. 29).

Jedes Mal, wenn ein Kind ein Bild postet, im Internet surft oder nach Informationen sucht, erzeugt es Daten. Ihm (und vielen Erwachsenen) ist nicht bewusst, was mit diesen Daten gemacht wird bzw. werden kann. Eine Befragung ergab: 81 Prozent der Kinder haben bereits vor ihrem zweiten Geburtstag einen digitalen Fußabdruck, weil u. a. Eltern Daten verbreiten (vgl. UNICEF, 2017). Schon in der Schwangerschaft werden Fotos von Ultraschallaufnahmen gepostet und Vorschläge für mögliche Namen und die Kinderzimmerausstattung geteilt.

Eltern 3- bis 8-Jähriger zeigen eine ausgeprägte Unsicherheit hinsichtlich einer frühen Internet-Nutzung ihrer Kinder. Die Risiken überwiegen aus ihrer Sicht. Eine der größten Sorgen sind Gewaltdarstellungen oder sexuell freizügige Inhalte im Netz, denen Kinder schutzlos ausgesetzt sein können. Sie befürchten auch, dass Kinder zu viel von sich preisgeben und möglicherweise fremde Personen Kontakt zu ihnen aufnehmen oder sie gemobbt werden. Insbesondere der unkontrollierte Umgang ihrer Kinder mit Online-Communitys stellt ein unüberschaubares Gefahrenfeld für sie dar (vgl. DIVSI, 2015, S. 135).

Trotz dieser Unsicherheit sind es oft Erwachsene, die unbedarft Informationen von Kindern preisgeben und Fotos oder Videos verbreiten. Influencer:innen und Vloger:innen präsentieren ihr (gestelltes) Familienleben, nehmen Klarnamen ihrer Kinder, zeigen Ihre Gesichter. Auch Nicht-Prominente teilen zum Teil sehr schnell Fotos (z. B. Familienfeier, Urlaubsbilder, Alltagssituationen) und geben persönliche Daten von sich und ihren Kindern allzu offen preis. Dieses Phänomen wird als Sharenting bezeichnet. Es ist oft bereits familiale Netzwerkpraxis geworden. Darunter versteht man die gewohnheitsmäßige und übermäßige Nutzung von Social Media um Informationen, Bilder etc. seiner Kinder zu posten und teilen (vgl. Deutsches Kinderhilfswerk, 2018a, S. 10). Mitunter entstehen so öffentliche digitale Familienalben, die ggf. lieber privat geblieben wären. Sharenting kann das Ansehen von Kindern beschädigen, Bilder können ungewollt in öffentliche und kriminelle Netzwerke (z. B. pädokriminelle Netzwerke im Darknet) gelangen (vgl. UNICEF, 2017). Werden Kinder bei einer solchen Inszenierung (permanent) auf Rollen- und Geschlechterklischees reduziert, vermittelt dies ein verzerrtes Bild der Realität. Dies kann ihre Entwicklung einer unabhängigen Identität negativ beeinträchtigen (vgl. jugenschutz.net, 2019, S. 10).

Es ist zu bezweifeln, dass alle Eltern sich im Klaren darüber sind, dass nicht nur sie gefragt werden müssen, wenn es um Daten ihrer Kinder geht, sondern, dass auch sie selbst ihre Kinder unter Gewährleistung der Kinderrechte fragen müssen und das Wohl des Kindes im Blick haben, wenn sie über Soziale Medien, Messenger etc. etwas verbreiten (wollen).

Phänomen 2: Spielzeug – smart und privat?

Einige Spielzeuge wurden bereits aus dem Handel gezogen, weil sie das akustische oder visuelle Geschehen (Videoaufnahmen) im Kinderzimmer an fremde Server übermittelten. Technisches Spielzeug und Unterhaltungselektronik, also z. B. Smart-Toys wie Spielkonsolen, Puppen, mit denen man kommunizieren kann, Schnuller mit Bluetooth, smarte Uhren, Sprachassistenten und (vermeintlich) lernfördernde Tablets werden von Verbraucherzentralen und anderen Akteur:innen hinsichtlich der Wahrung der Privatsphäre und Datensicherheit immer wieder infrage gestellt. Gleiche Kritik ernten neue Smart-TV-Geräte oder sogenannte Smarte Digitale Assistenten. Viele Geräte besitzen keinen oder einen kompliziert erreichbaren Schutz vor ungewollter Datenübertragung. Rechtlich gesehen, dürfen Daten eines Kindes nur mit Zustimmung der Eltern verarbeitet werden. Dies wurde zuletzt durch Art. 8, Absatz 1 der Datenschutz-Grundverordnung (DSGVO) bestätigt.

In die Kategorie Smart-Toys fallen grundsätzlich: Spielzeug mit GPS-Funktion, Sensoren, Bluetooth, WLAN, Kamera und Mikrofon. Solche Geräte, die dazugehörigen Apps und die Online-Registrierung sind zum Teil problematisch, da über die Geräte oder NutzerID Nutzungsverhalten zusammengetragen wird. Das dient zu personalisierter Werbung. Oft werden auch Name, Geburtstag, Email, usw. bei der Registrierung verlangt. Solche Daten können weiterverkauft und für verschiedene Zwecke ausgewertet werden. Ein SmartToy darf aber kein Abhörgerät sein. Da die Spielsachen sich mit dem Internet verbinden, sind alle Aspekte von Sicherheit und Privatsphäre relevant, die grundsätzlich bei der Internetnutzung angezeigt sind. Durch Sicherheitslücken auf den Servern von Herstellern können Daten gehackt und gestohlen werden. Über ungeschützte Funkverbindungen von Bluetooth oder WLAN kann ein Zugriff auf Kamera oder Mikrofon von Spielzeugen hergestellt werden, die ausspionieren oder mit Kindern in Kontakt treten. Da das Spielzeug harmlos wirkt, können Kinder dazu verleitet werden, Persönliches preiszugeben (vgl. BMFSFJ, 2018, S. 12). Unrühmliche Bespiele aus den letzten Jahren dafür sind Kuscheltiere von „CloudPets", die Sprachnachrichten offen ins Netz stellten und Nutzer:innenkonten hackten, und die Puppe „My Friend Cayla", die verboten wurde, weil versteckte Sendeanlagen und Spionagegeräte enthalten waren.

Phänomen 3: Kinder als Marketing-Influcener:innen – Wenn das Kinderzimmer zum Arbeitszimmer wird

„Mileys Welt", „Alles Ava", „Mavi Noelle", „Familienkanal Luisa", „Spielzeugtester" oder „Johann Loop" - alles Namen, die für erfolgreiche YouTube-Kanäle stehen. Ihre Gemeinsamkeit: Die Hauptdarsteller:innen der Video-Blogs sind Kinder, die (scheinbar) fröhlich in die Kamera winken, eine Familienchallenge, ihre neuesten Do-it-yourself-Projekte vorstellen oder Spiele testen. In solchen Konstellationen sind Kinderrechte im Allgemeinen (z. B. Recht auf Privatsphäre, auf einen bestmöglichen Gesundheitszustand, auf eine gute Entwicklung, auf ein sicheres Zuhause, auf Ruhe, Freizeit und Erholung) und Arbeitsschutzregelungen im Besonderen relevant (vgl. Lemmert, 2022, S. 115ff.). Baby-Influencer:innen und ältere Kinder dürfen kein „willenloses Werkzeug" im Einsatz ihrer Eltern sein (Holsten, 2020; zitiert nach Lemmert, 2022, S. 120). In einschlägigen Accounts gibt es ausreichend Beispiele, in denen Kinder ihre Ablehnung für das Filmen deutlich zeigen, die Eltern dies dennoch übergehen, lustig finden oder absurderweise mit Tipps für die „Trotzphase" verbinden. Zu beachten, ist z. B. immer Freiwilligkeit, keine heimlichen oder überraschenden Aufnahmen, kein Überrumpeln der Kinder durch Ankündigungen neuer Videos, keine Preisgabe des Wohn- und Schulortes und keine Videoclips im Badezimmer oder unzureichender Bekleidung (vgl. Lemmert, 2022, S. 120). Interessenskonflikte sind vorprogrammiert, wenn Kinder und Jugendliche von ihren Eltern verpflichtet werden, für ihre Follower:innen regelmäßig neuen Content zu produzieren. Es ist zu befürchten, dass Freizeitaktivitäten, Ruhe- und Erholungsphasen, das Pflegen von Freundschaften und Kontakt zu Gleichaltrigen sowie Zeit für schulische Verpflichtungen wie Hausaufgaben und Prüfungen zu kurz kommen (könnten).

Lösungsansätze: Aufklärung, Reflexion und intergenerationelle Gespräche zur Befähigung, Aushandlung und Sensibilisierung von Erwachsenen und Kindern

1. Die Ideen von Schützen, Entwickeln, Fördern und Partizipieren werden nur dann gelebte Realität, wenn Erwachsene und Kinder die in der UN-Kinderrechtskonvention verankerten Rechte kennen und angemessen interpretieren und wertschätzen. Kinder sind die ersten Träger: innen von Menschenrechten, die ersten Adressat:innen der Menschenrechtsbildung und die anfälligsten Opfer von Menschenrechtsverletzungen (vgl. Fritzsche, 2005, S. 14). Menschenrechtsbezogene und medienpädagogische Perspektiven sollten in Bildungsangeboten für Kinder immer aufeinander bezogen werden (vgl. Otten, 2020).

2. Förderung von Medienkompetenz: „Risikoausschluss" ist das Ziel für die unter Sechsjährigen, weil hier das höchste Maß an Sicherheit erreicht werden muss. Kinder dieser Altersgruppe sind bereits eigenständige Akteur:innen im Umgang mit Medien. Ihre Fähigkeiten

sollen zwar durch die Förderung von Medienkompetenz entwickelt werden, aber sie können noch keinen verlässlichen Beitrag für das Erreichen dieses Ziels leisten. Erwachsene müssen eine aktive Rolle der bei der Begleitung medialen Handelns einnehmen.

„Risikovermeidung" lautet das Ziel für Kinder ab sechs Jahren: Mit dem Erwerb der Lesefähigkeit beginnen Kinder, das Internet zunehmend eigenständig zu nutzen. Elementare Medienkompetenzen umfassen, dass Kinder lernen, Strategien zu entwickeln, sich selbst vor Risiken zu schützen. Die Kinder erweitern ihr soziales Umfeld, knüpfen über die familiären Beziehungen hinaus Kontakte und erschließen sich neue Handlungsräume.

Ab etwa neun Jahren ist ein allmählicher Übergang von der Risikovermeidung zur „Risikoreduzierung" vorgesehen. Dabei handelt sich um einen Prozess der schrittweisen Ablösung von Schutzfunktionen durch Dritte hin zur Selbstbefähigung der Kinder. (Vgl. Croll, 2021, S. 180f.).

3. Als Grundprinzip in der Kinderrechtskonvention ist verankert, dass ein Kind nicht nur Objekt von Gesetzen ist, sondern ihm zusteht, dass seine Äußerungen mit angemessenem Gewicht einbezogen werden. Angemessen kann dabei eine Spanne aufweisen von: Die Position des Kindes wird voll übernommen, modifiziert, revidiert, bis abgelehnt – aber immer sind Erwachsene aufgefordert transparent und zugewandt in klärender Rede und Gegenrede mit dem Kind in Interaktion zu treten (vgl. Krappmann, 2022, S. 101f.).

4. Ausgehend von der Frage „Was ist das Recht am eigenen Bild?" kann mit den Kindern besprochen werden, welche Rechte sie beim Verbreiten von Fotos haben, auf denen sie deutlich zu erkennen sind. Damit klar herausgestellt werden kann, dass niemand ungefragt ein Bild posten und veröffentlichen darf, können folgende Fragen gemeinsam fokussiert werden (vgl. Leitzgen, 2017, S. 102):

- Magst du das Bild von dir?
- Ist dir das Bild peinlich?
- Bist du angemessen angezogen?
- Möchtest du, dass dich Menschen so sehen, auch noch in ein paar Jahren?
- Wer kann das Bild sehen?
- Kennst du die Person gut, die ein Bild von dir veröffentlichen möchte?

- Vertraust du dieser Person?
- Sind deine Eltern mit einer Veröffentlichung einverstanden?
- Hast du deinen Eltern oder anderen Personen erlaubt, ein Bild oder Video zu veröffentlichen?

5. Kinder und Erwachsene können gemeinsam auf die Suche nach Smart-Toys und anderen internetfähigen Geräten im Kinderzimmer gehen. Gemeinsam könnten Bedienungsanleitungen und Sicherheitseinstellungen gesichtet, seriöse Online-Bewertungsplattformen ausgewertet und Erfahrungsberichte von Nutzer:innen einbezogen werden. Für zukünftige Anschaffungen können Eltern gemeinsam mit den Kindern ihre Wunschzettel besprechen. Orientierung bieten dabei u. a. Landeszentralen für Verbraucherschutz und die Stiftung Warentest.

Fazit

„Mit der Orientierung an den Kinderrechten ist zugleich die Absage an paternalistische Haltungen verbunden. Kinder sind nicht bloß Objekt des Schutzes und der Fürsorge," sondern Subjekte, die in ihrer jeweiligen Gegenwart zu beteiligen sind (vgl. Maywald, 2018, S. 967f.). Dabei ist wichtig, Kindern keine „Schein-Partizipation" anzubieten. Mit zunehmenden Fähigkeiten der Kinder wird es zu Konflikten kommen, wenn sie mitentscheiden. Diese Konflikte sind aber keine störende Begleiterscheinung, die möglichst verhindert werden sollten, sondern ein wichtiger Bestandteil des Aufwachsens in einer demokratischen Gesellschaft: Familien, Kitas und Schulen sind entscheidende demokratische Lernorte (vgl. Töpler, 2022, S. 246f.). Die Rechte von Kindern sind nicht ohne intergenerationales Gespräch zu verwirklichen. Diese Gespräche sind aber produktive Lernsituationen für Erwachsene und Kinder, zumal die den Kindern zugesicherte Beteiligung an ihren Angelegenheiten nicht voraussetzt, dass Kinder über ein elaboriertes Maß an kommunikativen Fähigkeiten verfügen müssen. Verstehen und Urteilskraft entwickeln sich durch Gespräche und Aushandlungen (vgl. Krappmann, 2022, S. 106). Es sollte nicht um Schuldzuweisungen gehen, aber Unwissenheit, Bequemlichkeit und Leichtfertigkeit von Erwachsenen dürfen kein Hinderungsgrund sein, Kinderrechte wie das Recht auf Schutz der Privatsphäre zu achten und zu gewährleisten.

Literatur

Ammann, K. (2020): Kinderrechte und Bildsamkeit. Ein kritisches Plädoyer aus erziehungswissenschaftlicher Perspektive. Weilerswist: Velbrück Wissenschaft.

Andresen, S. (2022): Universelle Rechte im Blick der Familien- und Kindheitsforschung. Eltern, Kinder und Jugendliche und ihre Bezüge. In: Rollmann, O. et al. (Hrsg.): Moral – Menschenrechte – Demokratie. Wiesbaden: Springer VS, S. 99-115.

Bundesministerium für Familie, Senioren, Frauen und Jugend (BMFSFJ) (2018): Gutes Aufwachsen mit Medien. Smart Home clever vernetzt - Infos und Tipps für Eltern und pädagogische Fachkräfte zur Medienerziehung. www.bmfsfj.de/bmfsfj/service/publikationen/gutes-aufwachsen-mit-medien/86410.

Croll, J. (2021): Zwischen Schutz, Befähigung und Teilhabe. Kinderrechte im Kontext der Digitalisierung – Konsequenzen für die Bildungsarbeit. In: Pirner, M. L. et al. (Hrsg.): Menschenrechte von Kindern und Jugendlichen im Kontext Schule. Frankfurt am M.: Wochenschau, S. 275-288.

Croll, J. et al. (2018): Stopp! Geheim – Das Kinderrecht auf Datenschutz und Privatsphäre in der digitalen Welt. In: MERZ (Medien + Erziehung). Zeitschrift für Medienpädagogik 6, S. 29-40.

Deutsches Institut für Menschenrechte et al. (2017): Reckahner Reflexionen zur Ethik pädagogischer Beziehungen. Berlin et al.

Deutsches Kinderhilfswerk (2018a): Kinder. Bilder. Rechte. Persönlichkeitsrechte von Kindern im Kontext der digitalen Mediennutzung in der Familie. Studie. www.dkhw.de/fileadmin/Redaktion/1_Unsere_Arbeit/1_Schwerpunkte/6_Medienkompetenz/6.13._Studie_Kinder_Bilder_Rechte/DKHW_Schriftenreihe_4_KinderBilderRechte.pdf.

Deutsches Kinderhilfswerk (2018b): UN-Kinderrechtskonvention. Artikel 16: Recht auf Privatsphäre. https://www.kindersache.de/bereiche/kinderrechte/un-kinderrechtskonvention/artikel-16-recht-auf-privatsphaere.

Deutsches Komitee für UNICEF e.V (o. J.): Konvention über die Rechte des Kindes. https://www.unicef.de/informieren/materialien/konvention-ueber-die-rechte-des-kindes/50774.

Deutsches Institut für Vertrauen und Sicherheit im Internet (DIVSI) (2015): DIVSI U9-Studie. Kinder in der digitalen Welt. www.divsi.de/wp-content/uploads/2015/06/U9-Studie-DIVSI-web.pdf.

Fremuth, M. L. (2019): Menschenrechte. Grundlagen und Dokumente. Bonn: bpb.

Fritzsche, K. P. (2005): Die Macht der Menschenrechte und die Schlüsselrolle der Menschenrechtsbildung. In: Der Bürger im Staat 55 (1/2), S. 64-70.

jugendschutz.net (2019): Kinder im Netz. Mehr Anstrengung für sichere Nutzung und Teilhabe nötig. Bericht 2019. www.jugendschutz. net/fileadmin/download/pdf/Bericht_2019_Kinder_im_Netz.pdf.

Krappmann, L. (2022): Über die Würde des Kindes in Erwachsenen-Kind-Beziehungen – eine kinderrechtliche Perspektive. In: Bernd, C. et al. (Hrsg.): Ethik in pädagogischen Beziehungen. Bad Heilbrunn: Klinkhardt, S. 97-109.

Leitzgen, A. M. (2017): Das sind deine Rechte. Weinheim u. Basel: Beltz u. Gelberg.

Lemmert, M.(2022): Die Vermarktung des Kindes im Influencer-Marketing. Kinderrechte in Sozialen Netzwerken. Baden-Baden: Nomos.

Maywald, J. (2018): Kinderrechte – Der Kinderrechtsansatz in der Kinder- und Jugendhilfe. In: Böllert, K. (Hrsg.): Kompendium Kinder- und Jugendhilfe. Wiesbaden: Springer VS, S. 967-990.

Medienpädagogischer Forschungsverbund Südwest (mpfs) (2019): KIM 2018 Kindheit, Internet, Medien Basisuntersuchung zum Medienumgang 6- bis 13-Jähriger in Deutschland. www.mpfs.de/fileadmin/files/Studien/KIM/2018/KIM-Studie_2018_web.pdf.

Otten, M. (2020): Smart und privat? Kinder für ihr Recht auf Privatsphäre in einer digitalisierten Lebenswelt sensibilisieren. In: Grundschule Sachunterricht 86, S. 29-35.

Stapf, I. (2021): Zwischen WhatsApp-Klassenchat, Cybermobbing und individualisierter Lernsoftware: Kinderrechte und digitale Mündigkeit im Kontext Schule. In: Pirner, M. L. et al. (Hrsg.): Menschenrechte von Kindern und Jugendlichen im Kontext Schule. Frankfurt am M.: Wochenschau, S. 261-274.

Stiftung Digitale Chancen (2019): Kinderschutz und Kinderrechte in der digitalen Welt. Berlin. https://kinderrechte.digital/einstieg/.

Töpler, M. (2022): Kinderrechte aus Elternsicht. Das eigenartige Spannungsfeld von Kinderrechten und Elternrechten. In: Bartz, A. et al. (Hrsg.): Praxis der Kinderrechte an deutschen Schulen: Eine Zwischenbilanz. Frankfurt am M.: Wochenschau, S. 240-250.

UNICEF (2017): Der UNICEF-Bericht „Zur Situation der Kinder in der Welt 2017". Kinder in der digitalen Welt. www.unicef.de/download/155348/3ba93a642c1ff027de0b9aa299f9c193/kinder-in-der-digitalen-welt---zusammenfassung-data.pdf.

Vereinte Nationen (UN) (1989): Übereinkommen über die Rechte des Kindes vom 20. November 1989 mit der Resolutionsnummer A/RES/44/25. www.un.org/Depts/german/uebereinkommen/ar44025.pdf.

Helmolt Rademacher

Bedeutung der Kinderrechte für Demokratielernen und Gewaltprävention

1. Aktuelle Herausforderungen

Momentan haben wir es mit einer Vielzahl von Herausforderungen und Krisen zu tun, wie wir sie in den letzten Jahren nicht erlebt haben. Insbesondere der russische Angriffskrieg auf die Ukraine erschüttert viele, insbesondere junge Menschen, denn Krieg war uns noch nie so nah auch durch die vielen Geflüchteten aus der Ukraine. Zwar haben wir in den 90er Jahren den Jugoslawienkrieg erlebt, aber die Bedrohungsszenarien waren damals nie so drastisch wie sie es heute sind. Der Krieg in der Ukraine erschüttert bisherige Gewissheiten und stellt durch den Aggressor Putin demokratische Werte und Rechtssysteme in Frage. Wie schon 2015/2016 sind Geflüchtete eine Herausforderung für Deutschland und Europa; Populisten missbrauchen sie für Ihre Agitation.

Aufgabe unserer Gesellschaft ist insbesondere den geflüchteten Kindern, die teilweise sehr traumatisiert sind, Unterstützung und einen besonderen Schutz anzubieten.

Was Kinder und Jugendliche auch sehr tangiert ist die Klimakatastrophe, die allenthalben schon sehr spürbar ist. Dies betrifft insbesondere die Zukunft, auf die sie nicht sehr optimistisch blicken können. Die Corona-Pandemie hat diesen Pessimismus noch verstärkt, da Kinder und Jugendliche in dieser Zeit durch Schließungen der Kindergärten und Schulen keinen Kontakt miteinander hatten und ihre Sorgen und Nöte nicht mit Gleichaltrigen teilen konnten. Dies zeigt sich in der deutlichen Zunahme von psychischen Problemen. Auch wurden Kinder und Jugendliche in dieser Zeit nicht gehört. Ihr Recht auf Partizipation wurde missachtet.

Weitere Verstärker dieser Entwicklungen sind Digitalisierung und Globalisierung. Auch wenn die Digitalisierung eine Reihe Vorteile bietet und einen sehr schnellen Zugriff auf Informationen ermöglicht, so sind die negativen Auswirkungen durch Cyber-Mobbing, aber auch die veränderte Form der Kommunikation sichtbar. Kinder und Jugendliche die nicht mehr miteinander sprechen, sondern kollektiv auf ihre Smartphones starren, verändern so ihr Kommunikationsverhalten und den sozialen Austausch. In Zukunft werden die Auswirkungen auch durch die künstliche Intelligenz noch drastischer spürbar werden.

Ferner hat die Gesellschaft mit Populismus und Demokratiefeindlichkeit zu kämpfen sowie auch mit Rassismus und gruppenbezogener Menschenfeindlichkeit. Auch dies tangiert Kinder und Jugendliche.

Grundsätzlich lässt sich einerseits feststellen, dass Kinder und Jugendliche eine Belastung in Hinblick auf die Zukunft erleben, andererseits gibt es aber auch ein großes Engagement junger Menschen wie wir es bei den Aktionen von Fridays for Future und anderer Klimaaktivisten sehen. (vgl. Hafeneger 2022)

2.   Auswirkungen auf Schule und Jugendarbeit

Wie bereits einleitend beschrieben wirken sich die verschiedenen Herausforderungen auch in den Institutionen der Kinder und Jugendlichen aus. Interkulturelle Konflikte z.B. zwischen ukrainischen und russischen Kindern, aber auch zwischen türkischen und kurdischen bleiben nicht aus. Rassismus, Antisemitismus und andere Formen der Ausgrenzung gibt es in der Schule und in sozialpädagogischen Einrichtungen. Sie richten sich nicht nur gegen Gleichaltrige sondern auch gegen Erwachsene, wobei durchaus auch Erwachsene rassistisch und abwertend gegenüber Kindern und Jugendliche agieren können.

Politische Entwicklungen wie Populismus, Demokratiefeindlichkeit und Rechtsextremismus haben auch Einfluss auf pädagogische Einrichtungen. Durch Falschinformationen und das Abschotten in Filterblasen werden diese Tendenzen verstärkt. Die Entwicklungen der letzten Jahre – insbesondere während der Corona-Pandemie – haben zu einer starken Belastung von Pädagoginnen und Pädagogen beigetragen. Lehrkräfte fühlen sich verunsichert und überfordert und sie haben oft keine angemessene Strategie der Bewältigung.

Es gibt zwar eine ganze Reihe von Pädagoginnen und Pädagogen die diesen schwierigen Tendenzen in der Gesellschaft ihr Engagement entgegensetzen, aber Demokratielernen spielt angesichts der gesellschaftlichen Herausforderungen nicht die Rolle, die sie spielen müsste. Gerade nach der Pandemie sind viele solcher Initiativen zum Erliegen gekommen und es bedarf neuer Anstrengungen, dass sich Kindergärten und Schulen wieder auf den Weg zu einer demokratischen Organisations- und Schulentwicklung machen und zwar im Sinne eines ganzheitlichen Ansatzes.

3. Grundlagen: Im Zentrum die Kinderrechte

Um die oben genannten Herausforderungen zu bewältigen bedarf es bestimmter Grundlagen, eines „Kompasses", also Ideen, an denen sich das Handeln der Erziehungspersonen orientiert. Hierbei geht es zunächst um rechtliche Bezugsgrößen wie

- die Menschenrechte (AEMR von 1948)
- das Grundgesetz (GG von 1949) und
- die Kinderrechte (UN-Kinderrechtskonvention von 1989)

Zur Umsetzung dieser Rechte kommen noch Kompetenzen der handelnden Akteure, wie sie beispielsweise vom Europarat formuliert wurden. Diese Kompetenzen umfassen Werte, Haltungen, Fähigkeiten und Wissen sowie kritisches Denken. (vgl. Rademacher, S. 88 ff.)

Die Kinderrechte umfassen im Kern vier Prinzipien:

Gleichheit – Schutz – Förderung – Partizipation

In Rechten drückt sich das dann so aus:
- Recht nicht diskriminiert zu werden
- Recht auf Schutz (körperliche und seelische Unversehrtheit, Privatautonomie) (§38 Schutz vor Krieg)
- Recht auf Förderung und Bildung
- Recht auf Beteiligung (das meint mehr als Verantwortung für bestimmte Aufgaben zu übernehmen, sondern das Recht aktiv zu gestalten)

Es gilt so zu handeln, dass es im besten Interesse für das Kind ist, wobei die Kinderrechte die Jugendlichen einschließen, d.h. sie gelten bis zum 18. Lebensjahr.

Pädagogisches Handeln hat immer einen klaren Menschenrechtsbezug. Insofern sollten die Kinder- und Menschenrechte als Bezugsrahmen für Aushandlungsprozesse, Entscheidungsfindung, Konfliktlösung und Regelbildung dienen.

Drei Ebenen der Bildung für Kinderrechte sind wichtig: Es geht darum Wissen über die Kinderrechte im Kindergarten und in der Schule zu vermitteln, dass sie im Alltag gelebt werden, d.h. dass Beteiligung ein fester Bestandteil in der Einrichtung ist und dass sie durch Aktionen anderen vermittelt und dafür gehandelt wird beispielsweise durch Spendenläufe für Kinder in anderen Teilen der Welt.

Die Unabgeschlossenheit der Kinderrechte bedeutet, dass sie erweitert werden können und es eine beständige Aufgabe ist sie mit Leben zu füllen.

In diesem Zusammenhang kommt der Demokratiepädagogik, eine noch relativ junge Disziplin, eine wichtige Rolle zu. Demokratiepädagogik ist umfassender als politische Bildung, denn sie sieht es als Aufgabe an, dass in möglichst allen Lebensbereichen Demokratie gelebt wird.

Nach Himmelmann kann man die Demokratie unter drei Aspekten sehen nämlich als

- Lebensform
- Gesellschaftsform und
- Herrschaftsform

Mit der Lebensform ist die unmittelbare Praxis der Beteiligung von Kindern und Jugendlichen in allen sie betreffenden Belangen gemeint. Die Gesellschaftsform weist über die unmittelbare Institution hinaus indem beispielsweise demokratische Ideen in die Gemeinde oder in zivilgesellschaftliche Institutionen hineintragen und so wirksam werden (z.B. Naturschutzprojekte). Mit der Herrschaftsform ist das demokratische System gemeint, wobei es nicht nur um das Wissen über sondern auch um das Einwirken auf demokratische Institutionen geht.

„Die Demokratiepädagogik findet bisher ihre stärkste Resonanz in der Demokratie als Lebensform, aber auch Demokratie als Gesellschaftsform wird in verschiedenen Schulen realisiert. Projekte der Demokratie als Herrschaftsform sind noch relativ selten und daher ausbaufähig. Die Bewegung Fridays for Future ist aber ein hoch aktuelles Beispiel wie Schülerinnen und Schüler auf den öffentlichen Diskurs in Hinblick auf den Klimaschutz Einfluss nehmen und auch Gehör finden, zwar nicht mit den Konsequenzen wie von ihnen gewünscht, aber sie erfahren ein hohes Maß an Aufmerksamkeit." (ebd., 2021, S. 66)

Demokratie muss gelernt und gelebt werden; die Kinderrechte sind dabei zentraler Bezugspunkt für Demokratielernen, da es das Recht auf Beteiligung gibt. Durch Selbst- und Mitbestimmung können sich Schüler*innen als autonom und kompetent erleben.

Dadurch werden Kinder und Jugendlichen auf ihre Rolle als Bürger in einer Demokratie vorbereitet. Es kommt allerdings darauf an, dass die Erwachsenen durch ihre Haltung das Demokratielernen ernst nehmen und es keinen Widerspruch zwischen Lernzielen und Lernformen gibt, d.h. dass Demokratie zwar gepredigt aber nicht realisiert wird. Die Haltung der Lehrkräfte ist entscheidend für eine positive Identifikation mit demokratischen Werten. Durch ständige Reflexion beispielsweise in Gruppen kollegialer Beratung kann die Haltung geschult werden.

Selbst- und Mitbestimmung ist ein Wert an sich, der allen Kindern und Jugendlichen als grundlegendes Recht zugestanden werden muss. Dabei muss klar definiert sein, worüber Schüler*innen mitentscheiden können und worüber nicht.

Auch für die Gewaltprävention spielen die Kinderrechte eine wichtige Rolle. Die Realisierung der Kinderrechte ist eine primäre Prävention. In diesem Sinne ist konstruktive Konfliktbearbeitung von Bedeutung. Hierzu gehört im weiteren Sinne nicht nur die Abwehr von Mobbing, Cybermobbing, physischer, verbaler und psychischer Gewalt, sondern ebenso von Rassismus, Antisemitismus und gruppenbezogener Menschenfeindlichkeit.

Schulen, in denen eine demokratische Schulkultur herrscht, sind deutlich weniger von allen Formen von Gewalt betroffen.

4. Gute Praxis

Um eine demokratische Schulkultur zu entwickeln gibt es verschiedene
Instrumente und Ansätze. Es sind Folgende:

- Der Klassenrat
- Einrichtung bzw. Aktivierung von Schülervertretungen
- Kinder- oder Schulparlamente
- Entwicklung des moralischen Urteils, „Just-community-Ansatz"
- Systematische Einbindung von Schülerinnen und Schülern in Planung
  von Schulbauten, Renovierungen und Schulhofgestaltung
- Schülerstreitschlichtung/Schülermediation
- Bundeswettbewerb Demokratisch Handeln

Ein gutes und erfolgreiches Beispiel ist der Klassenrat. Ziel ist es eine
demokratische Klassenkultur zu entwickeln. Dabei gelten folgende
Grundsätze:

- Respekt vor den Rechten anderer
- Äußern und Hören von Gefühlen und Bedürfnissen
- Anerkennung der Gleichwertigkeit aller
- Übernahme von Verantwortung

Der Klassenrat ist so organisiert, dass es möglichst wöchentliche Bespre-
chungen in der Klasse zur Bearbeitung aktueller Themen und Probleme gibt. Hierzu zählen beispielsweise die Organisation von Ausflügen,
Besprechung von zukünftigen Unterrichtsthemen und Ideen der Schüler*innen dazu, die Lösung von Gruppenkonflikten (aber nicht Konflikte
zwischen einzelnen Schüler*innen), ggf. Konflikte mit Lehrpersonen. Die
Schüler*innen übernehmen die Organisation und Leitung des Klassenrats
in wechselnden Rollen. Die wichtigsten Rollen sind Moderation, Proto-
kollführung, Regel- und Zeitwächter.

Die Lehrkraft nimmt eine zurückhaltende Rolle ein, hat wie alle Schüler*innen ein Stimmrecht und greift nur ein, falls die Schüler*innen
überfordert sein sollten. Wenn eine Schule dieses Konzept gut umsetzen möchte ist eine schulinterne Lehrkräftefortbildung nicht nur sinnvoll,
sondern notwendig.

Auch im Kindergarten und in der Jugendarbeit kann Beteiligung gut umgesetzt werden. Im Kindergarten kann dies in Form eines Morgenkreises erfolgen, in dem Kinder ihre Spielbedürfnisse äußern und Vorschläge für die Tagesgestaltung machen.

Sowohl in der Schule als auch im Kindergarten und in der Jugendarbeit ist die Thematisierung der Bildung für nachhaltige Entwicklung sehr sinnvoll und unterstützt Prozesse des Demokratielernens.

5. Schlussfolgerungen und Hinweise

- Kindern Gehör schenken, sie schützen und Beteiligungsmöglichkeiten bieten
- Kinderrechte bekannt machen und mit Leben füllen
- Demokratielernen, Kinderrechte und global goals als verbindende Elemente denken (Bildung für nachhaltige Entwicklung)
- Kinderrechte als Grundlage für Gewaltprävention nehmen und mit demokratischer Organisations- und Schulentwicklung verknüpfen

Anregungen und Unterstützung gibt es bei:

- dem Netzwerk von Kinderrechteschulen Rhein-Main *www.kinderrechteschulen.de* und *www.makista.de*
- dem Bündnis Bildung für eine demokratische Gesellschaft
- der Deutschen Gesellschaft für Demokratiepädagogik/DeGeDe: *www.degede.de*

Literatur:

Altenburg, Marion (2018). Klassenrat in Hessen, in: Markus Gloe/Helmolt Rademacher (Hg.) (2019), 6. Jahrbuch Demokratiepädagogik, Frankfurt, S. 215 ff.

Edelstein, Wolfgang/Krappmann, Lothar/Student, Sonja (Hrsg.) (2014): Kinderrechte in die Schule – Gleichheit, Schutz, Förderung, Partizipation, Schwalbach/Ts.

Hafeneger, Benno (2022), Generation Krise, in: FAZ v. 29.7.22

Kaletsch, Christa/Rech, Stefan (2015), Heterogenität im Klassenzimmer – Methoden, Beispiele und Übungen zur Menschenrechtsbildung, Schwalbach/Ts.

Krappmann, Lothar/Petry, Christian (2016), Worauf Kinder und Jugendliche ein Recht haben - Kinderrechte, Demokratie und Schule: Ein Manifest, Schwalbach/Ts.

Rademacher, Helmolt (2021), Konfliktkultur in der Schule entwickeln – Wie Demokratiebildung gelingt, Stuttgart

Marc Reinelt

Prävention von Gefahren im digitalen Alltag von Kindern. Das polizeiliche Präventionsprogramm „Klasse im Netz" der Polizei Baden-Württemberg

Die Polizei Baden-Württemberg entwickelt ein neues Programm zur universellen Prävention von Gefahren im digitalen Alltag von Kindern und Jugendlichen. Das allein rechtfertigt keinen Beitrag zum Deutschen Präventionstag – die selbstkritische Neuausrichtung auf der Grundlage von Erkenntnissen aus mehr als zehn Jahren präventiver Praxis in diesem Themenfeld und die Orientierung am modernen medienpädagogischen und –didaktischen Diskurs hingegen können auch für andere Präventionsakteure interessant sein. Dieser Beitrag erläutert die Hintergründe und Entstehungsbedingungen des Programmes „Klasse im Netz", erörtert die vier Prämissen, unter denen das Programm entwickelt wurde und skizziert dessen tatsächliche Umsetzung.

Kinder und Jugendliche im digitalen Raum

Die Risiken und Gefahren, denen Kinder und Jugendliche im Internet begegnen respektive die sie erfahren können, sind vielfältig – und dynamisch. Zu zeitlosen Problemen der digitalen Welt wie Cybermobbing und -grooming oder Verletzung von Persönlichkeitsrechten, gesellten sich beispielsweise in den 2000-er Jahren illegale Downloads von Filmen und Musik oder in jüngster Zeit das unbedachte Versenden von pornografischen Schriften über Instant Messenger. Während illegale Downloads mittlerweile durch die große Ausbreitung etablierter Streamingdienste nur noch ein geringes Problem darstellen, so ist die dahinterstehende Problematik doch dieselbe: Die Ursachen vieler Probleme von Kindern und Jugendlichen im Internet liegen nicht immer in deren technischer Natur, sondern häufiger in Leichtsinn, Unkenntnis und Fahrlässigkeit. Junge Internetnutzende sind sich den Risiken und Gefahren ihres Mediennutzungsverhaltens oftmals nicht bewusst. Erschwert wird dies dadurch, dass die Grenzen zwischen dem, was nach deutschem Rechtsverständnis, legal und illegal im globalen Internet ist, verschwimmen und dadurch teilweise nicht einfach zu durchschauen sind. Als Beispiel seien hier sogenannte „Memes" genannt: Diese sind meistens Ausschnitte aus Comics, Filmen oder Bildern, die Internetnutzende mit einem markanten Spruch versehen, um so Aufmerksamkeit zu erzeugen. In Deutschland ist dies urheberrechtlich problematisch, in den Vereinigten Staaten von Amerika hingegen rechtlich durch die Rechtsdoktrin des „Fair Use" abgedeckt. Diese rechtlichen Unebenheiten im digitalen Raum können verwirrend für Kinder und Jugendliche sein. Das hat auch Auswirkungen auf das analoge Leben – nicht alles was im Internet passiert, bleibt auch im Internet.

Kinder und Jugendliche wachsen in Haushalten mit einem breiten Medienrepertoire auf; ein Smartphone, und ein Computer (oder Laptop) waren 2022 in fast allen deutschen Haushalten vorhanden (vgl. mpfs, 2022, S. 5). Mehr als neun von zehn Kindern und Jugendlichen besitzen dabei selbst ein Smartphone (vgl. mpfs, 2022, S. 8). Praktisch jeder Jugendliche ist täglich im Internet (vgl. mpfs, 2022, S 14), verbringt durchschnittlich mehr als drei Stunden täglich online (vgl. mpfs, 2022, S. 26).

Es ist also nicht vermessen zu behaupten, dass die digitale Welt für Kinder und Jugendliche allgegenwärtig ist, deren Alltag begleitet und teilweise auch strukturiert.

Jede dritte Schülerin / jeder dritte Schüler gibt an, bereits Opfer von Cybermobbing geworden zu sein (vgl. Bündnis gegen Cybermobbing, 2022, S. 106.); mehr als ein Fünftel gibt in unterschiedlichen Dunkelfeldstudien an, schon einmal Kontakt mit Cybergroomenden gehabt zu haben (z. B. Wachs et al., 2012, S. 631f.) und fast 60 % aller Jugendlichen gaben 2021 gegenüber dem Medienpädagogischen Forschungsverbund Südwest an, schon einmal Hate Speech im Netz begegnet zu sein. (vgl. mpfs, 2021, S. 61ff.). Die Notwendigkeit das kriminalpräventive Auge also auch auf die digitale Welt von Schülerinnen und Schülern zu richten, erscheint daher naheliegend.

Der polizeiliche Auftrag

Mit dem Abschnitt 2.1 in der Polizeidienstvorschrift 100 verpflichtet sich die Polizei dazu einen Beitrag zur gesamtgesellschaftlichen Prävention zu leisten, unter anderem um Straftaten vorzubeugen, aber auch um Entstehen und Verfestigen kriminogener Faktoren zu verhindern (PDV 100, 2022, S. 35ff).

Kriminalprävention soll dabei nicht isoliert sein, sondern vernetzt stattfinden. Für die Kriminalprävention an Schulen bietet sich eine solche Vernetzung mit dem Kultusbereich an. Das baden-württembergische Kultusministerium hat passenderweise schon 2016 die sogenannte Leitperspektive Medienbildung fest in den Lehrplänen verankert und führt folgendermaßen in eben jene ein:

„Die Entwicklung unserer Gesellschaft zu einer Mediengesellschaft macht Medienbildung zu einem wichtigen Bestandteil allgemeiner Bildung. Ziel von Medienbildung ist es Kinder und Jugendliche so zu stärken, dass sie den neuen […] Herausforderungen dieser Mediengesellschaft selbstbewusst und mit den erforderlichen Fähigkeiten begegnen können." (*Leitperspektive Medienbildung*)[1] Weiter konkretisiert wird die Leitperspektive mit u.a. folgenden Begriffen: Jugendmedienschutz und Informationelle Selbstbestimmung und Datenschutz.

Die Polizei Baden-Württemberg unterstützt diese Leitgedanken folglich insbesondere hinsichtlich des Jugendmedienschutzes: Originäre polizeiliche Handlungsfelder in der Prävention sind unter anderem Normenverdeutlichung, Stärkung von Zeugen- und Helferverhalten sowie Minimierung des Viktimisierungsrisikos. Aus diesem Rahmen, bestehend aus schulischer Selbstverpflichtung zur Förderung des Jugendmedienschutzes und polizeilicher Präventionstätigkeit, generiert sich der polizeiliche Auftrag zur Prävention von Mediengefahren.

Seit mehr als zehn Jahren ist die Polizei Baden-Württemberg mittlerweile in diesem Themenkomplex aktiv und in einer Kooperation zwischen Kultusbereich und Polizei, der Vereinbarung „Prävention auf dem Stundenplan", wurde die Prävention von Mediengefahren als einer von vier

---

1 Leitperspektive Medienbildung, auf: http://www.bildungsplaene-bw.de/,Lde/LS/BP2016BW/ALLG/LP/MB

elementaren Bausteinen der polizeilichen Präventionsaktivitäten an Schulen identifiziert und festgelegt. Die Polizei Baden-Württemberg verpflichtet sich hier, bei Schülerinnen und Schülern der Klassen 5-7 präventiv tätig zu sein. Der erste Impulsvortrag der Polizei zur Prävention von Mediengefahren, unter dem Namen „Kids online" firmierend, erschien bereits 2008 und wurde 2013 durch das vom Programm der Polizeilichen Kriminalprävention der Länder und des Bundes erdachte Film- und Medienpaket „Verklickt" ergänzt. Diese Konzepte erfuhren mehr als zehn Jahre lang rege Anwendung in Baden-Württemberg, offenbarten mit der Zeit jedoch auch einige Schwächen in Ihrer konzeptionellen Ausrichtung.

Vier Erkenntnisse aus der Praxis

Teilnehmende Beobachtungen bei Präventionsveranstaltungen von Polizeibeamtinnen und –beamten über einen längeren Zeitraum hinweg ermöglichten im Vorfeld der Entwicklung des neuen Programmes einige interessante Erkenntnisse.

Die meist 90-minütigen Unterrichtsveranstaltungen in der Sekundarstufe 1 waren *inhaltlich sehr dicht gefüllt*: 15 Minuten sprachen die Polizeibeamtinnen und –beamten mit den Kindern über Cybermobbing, eine weitere Viertelstunde über Cybergrooming und weitere Aspekte im Themenkomplex. Im Endeffekt wurden so deutlich mehr als fünf Problematiken in jeder Veranstaltung angeschnitten, jede versehen mit einem halben Dutzend an präventiven Verhaltenshinweisen oder Informationen, die nach Opferwerdung relevant sein könnten. Aus einschlägiger Standardliteratur zur Didaktik (vgl. Meyer, 2014, S. 17) ist bekannt, dass guter Unterricht einen roten Faden braucht, der angestrebte Unterrichtsziele strukturiert und stimmig anstrebt. Die große Vielfalt der Gefahren und Risiken für Kinder und Jugendliche in der digitalen Welt lässt sich in 45 oder 90 Minuten Unterricht nicht sinnvoll abbilden, konstruktivistisches Lernen ist damit nicht möglich. Speziell komplexe Problematiken, die gruppendynamische Prozesse adressieren, wie beispielsweise Cybermobbing, müssen im Klassenverbund vor- und nachbereitet werden und erzielen frontal vermittelt wohl nur schwer vorstellbar präventive Effekte.

Die digitale Welt ist zudem sehr *schnelllebig*: Ein soziales Netzwerk, das gestern noch sehr beliebt war (im Kontext von Jugendlichen z. B. Facebook), kann morgen bereits wieder massiv an Popularität verloren haben. Polizeiliche Präventionsprodukte zu den Gefahren des digitalen Raums zeichneten sich üblicherweise nicht durch ihre dynamische Anpassbarkeit aus, Änderungen waren aufwändig und mit hoher Zeitinvestition verbunden. Die polizeiliche Präventionsarbeit in der baden-württembergischen Fläche wird durch mehrere Hundert engagierte Polizeibeamtinnen und –beamte getragen: Diese müssen jedoch auch adäquat fortgebildet und somit befähigt werden, anspruchsvolle Präventionsveranstaltungen an Schulen durchzuführen. Und schließlich erscheint logisch, dass es, um didaktisch sinnstiftenden Unterricht (vgl. Meyer, 2014, S. 14), der direkten Bezug auf den Alltag von Schülerinnen und Schülern nimmt, zu gestalten, der Möglichkeit einer dynamischeren Anpassung bedarf. Nur so kann man der sich ständig verändernden digitalen Lebenswelt von Kindern und Jugendlichen gerecht werden.

Frontalunterricht ist, so sind sich auch Verteidigende dieser Sozialform im Unterricht einig, als alleinstehende Unterrichtsform nicht geeignet (vgl. Gudjohns, 2021, S. 36). Die bisherigen Präventionsangebote der Polizei Baden-Württemberg nutzten zwar das Medium Film zur Informationsvermittlung, eine darüber hinaus gehende methodische Varianz war jedoch nicht vorgesehen. So geschah zwar stets Wissensvermittlung, Handlungskompetenz und Einübung kamen jedoch zu kurz. Methodische Vielfalt wirkt jedoch lernförderlich (vgl. Mayer, 2014, S. 14) und macht den Unterricht für Schülerinnen und Schüler interessanter.

Der polizeiliche Auftrag für die Kriminalprävention an Schulen ist klar, doch die Prävention von Gefahren im digitalen Alltag benötigt *Vorwissen und eine gut vorbereitete Lernumgebung*: Allzu oft war bei Praxisbesuchen feststellbar, dass notwendige technische und administrative Bedingungen entweder gar nicht oder lediglich mangelhaft vorhanden waren. Dies reichte von dysfunktionalen Beamern bis hin zur Abwesenheit einer pädagogisch betreuenden Fachkraft, die in Zusammenarbeit mit der Polizei durch den Unterricht führen sollte. Gleichzeitig war ebenso häufig feststellbar, dass etwaiges medienkompetentes Vorwissen bei den Schülerinnen und Schülern kaum vorhanden war, was schlussendlich das Vermitteln von kriminalpräventiven Botschaften erschwerte.

Lösungsansätze

Für diese praktischen Probleme galt es, adäquat umsetzbare und unkomplexe Lösungen zu finden. Es erscheint naheliegend, dass 90-minütige Präventionsveranstaltungen mit 15 Leit- und Lernzielen Schülerinnen und Schüler mit Informationen überfrachten und wohl nur schwer vorstellbar messbare Effekte erzielen können. Um dem großen Problem der *Inhaltsfülle* zu begegnen, ist es logisch Inhalt zu reduzieren, zu vereinfachen, zusammenzufassen.

All die verschiedenen Risiken und Gefahren der digitalen Welt lassen sich per Wissenstransfer nicht in 90 Minuten abbilden. Was abbildbar ist und dem universellen Präventionsziel der Polizei in diesem Themenfeld („Schülerinnen und Schüler verhalten sich im Internet sicherheitsbewusst, kompetent und zivilcouragiert") zuarbeitet, sind konkrete Lernziele. Hieraus generiert sich schließlich auch unser Ansatz: Vier Lernziele, verpackt als Merksätze, die in jeder Präventionsveranstaltung in diesem Themenfeld direkt benannt werden, auf die die Inhalte des Programmes gezielt zuarbeiten und die letztlich bei den Schülerinnen und Schülern nachhaltig Wirkung erzielen sollen. Grob skizziert sind diese:

1. **Schütze Deine persönlichen Daten und gehe vorsichtig mit Deinem digitalen Ich um.** Angriffsvektoren bei vielen Gefahren im Internet sind frei verfügbare persönliche Daten von Kindern und Jugendlichen. Als Beispiel sei hier Cybergrooming genannt, ein Phänomen bei dem bekannt ist, dass Täterinnen und Täter gezielt nach Bildern, Beschreibungen und Nicknames suchen, die auf ein Kind schließen lassen.

2. **Rede mit einem Erwachsenen über Probleme und Schwierigkeiten im Internet.** Baden-Württembergs Schulen verfügen in der Regel über Schulsozialarbeit, die kompetent mit Problemen von Schülerinnen und Schülern umgehen kann. Indem die Kinder und Jugendlichen bestärkt werden, bei Problemen einen Erwachsenen (explizit nicht ausschließlich Erziehungsberechtigte) hinzuzuziehen, wird das Angebot der Schulen beworben und vermittelt, dass Probleme nicht alleine bewältigt werden müssen.

3. **Nur weil etwas technisch möglich ist, darf man es rechtlich noch lange nicht.** Mit modernen Smartphones kann innerhalb eines Augenblicks ein Foto geschossen werden, mit

zwei Taps eine Sprachaufnahme aufgenommen und mit einfach bedienbaren Apps können Bilder kindesleicht verfälscht werden. Schülerinnen und Schüler sollen verstehen, dass es in Deutschland Normen gibt, die dank moderner Technik einfach verletzt werden können.

4. **Respektiere die Privat- und Intimsphäre anderer.** Schülerinnen und Schüler sollen verstehen, dass es im Zusammenleben im digitalen Raum auch darauf ankommt, die Rechte und Wünsche andere Teilnehmender zu respektieren, z. B. im Kontext des Rechtes am eigenen Bild („Frage immer zweimal: Bevor du ein Foto machst und bevor du es versendest").

Die einzelnen Phänomene betrachten wir in „Klasse im Netz" als Vehikel, mit denen wir mittels didaktischer Reduktion auf die zuvor beschriebenen Merksätze hinarbeiten möchten. Gleichzeitig war es uns in der Konzeption des Programmes wichtig, den einzelnen Phänomenen mehr Zeit einzuräumen und Grundformen des Unterrichts abseits von Wissensvermittlung zu implementieren. Eine Schulstunde sehen wir als notwendig an, um strukturiert, zielgerichtet und methodisch variabel mittels eines Phänomens auf die Merksätze hinzuarbeiten. Gleichzeitig wissen wir, dass die digitale Welt *schnelllebig* ist und ein Angebot agil adaptierbar sein muss.

Unsere Lösung: Ein modulares Baukastensystem mit den Phänomenen der Prävention von Mediengefahren. Für die Phänomene Cybermobbing, Cybergrooming, Sexting, Urheber- und Persönlichkeitsrechte, Hass und Hetze und Verbotene Inhalte auf Smartphones bietet die Polizei Baden-Württemberg jeweils ein Modul an, von denen letztlich zwei in 90 Minuten durchgeführt werden können. All diese Module eint, dass mit ihnen zielgerichtet die vier Merksätze erarbeitet werden können. Dieser modulare Aufbau bietet auch den großen Vorteil, einzelne Teile des Programmes fachlich oder methodisch überarbeiten zu können, falls sich Veränderungen in Phänomenologie oder didaktischen Standards ergeben sollten. So versucht das Programm die Problematik der hohen Dynamik der digitalen Welt zu beheben.

Die skizzierte Problematik der *Frontalität* polizeilicher Angebote kann in jedem Modul gesondert gelöst werden: So werden im Modul „Cybergrooming" mittels auf realen Beispielen basierenden Beispiel-Interaktionen zwischen Groomenden und Kindern Sensibilität und sinnvolles Verhalten spielerisch eingeübt und am Schluss der Stunde zusammen mit den Schülerinnen und Schülern resümiert, dass es sinnvoll ist vorsichtig mit dem digitalen Ich umzugehen – man erinnere sich an Merksatz 1. Das Modul „Urheber- und Persönlichkeitsrechte" konfrontiert die Schülerinnen und Schüler mit fiktiven Sachverhalten und fordert sie interaktiv auf zu reflektieren, wie sie sich als Opfer fühlen würden und vermittelt das notwendige Hintergrundwissen. Das Medium Film hat in anderen Modulen seinen Platz und freies Arbeiten wird für das Phänomen „Cybermobbing" gefordert. Jedes Modul hat eine andere Methode als Umsetzungsgrundlage und bietet Möglichkeiten zur Individualisierung mit lokalen oder kontemporären Beispielen.

Um den ungleichmäßigen Voraussetzungen an Schulen entgegenzuwirken, muss realistisch eingeschätzt werden, dass einige Defizite nicht von Seiten der Polizei lösbar sind. Defekte Beamer oder fehlende Computerausstattung können nur durch die veranstaltende Schule repariert bzw. beschafft werden. Die Teilnahme einer pädagogisch betreuenden Fachkraft, die das in der polizeilichen Veranstaltung gelernte vor- und nachbereitet, ist jedoch unserer Auffassung nach verpflichtend notwendig. Deswegen gibt „Klasse im Netz" den referierenden Polizeibeamtinnen und –beamten mittels eines simplen Buchungsformulars das Rüstzeug an die Hand, um diese und weitere elementare Gelingensbedingungen formulieren zu können. Polizeiliche Präventionsarbeit rund um die digitale Welt an Schulen kann nur dann funktionieren, wenn sichergestellt ist, dass die Schulen selbst analog der Leitperspektive Medienbildung medienerzieherisch tätig sind.

Drei Herausforderungen

Das Programm „Klasse im Netz" ist grundsätzlich so ausgelegt, dass es regelmäßig überarbeitet werden kann und muss. Die Arbeit daran ist demnach fortlaufend. Zum gegenwärtigen Zeitpunkt sind drei Herausforderungen identifizierbar, die die kontinuierliche Arbeit am Programm beeinflussen werden.

Über 100.000 Schülerinnen und Schüler müssen in Baden-Württemberg Jahr für Jahr erreicht werden, dafür stehen in den regionalen Polizeipräsidien einige Hundert Polizeibeamtinnen und -beamte zur Verfügung. Diese *aus- und fortzubilden* ist eine der Kernaufgaben des Landeskriminalamtes. Wer bislang wenig Anknüpfungspunkte zur digitalen Welt hatte, der muss umfassender fortgebildet werden, muss die sozialen Netzwerke und ihre Funktionen erst kennenlernen, muss verstehen, was Kinder und Jugendliche beispielsweise dazu antreibt, mit fremden Menschen im Internet Kontakt aufzunehmen. Das erfordert ein vielfältiges Fortbildungskonzept, das mehrmals jährlich auch Anwendung finden muss und dennoch gleichzeitig Eigeninitiative der eingesetzten Polizeibeamtinnen und -beamten voraussetzt.

Die digitale Welt von Schülerinnen und Schülern in Stuttgart kann eine andere sein als auf der eher ländlich geprägten Schwäbischen Alb. Dieses *Stadt-Land-Gefälle* erfordert Kenntnis über die regionalen Kriminalitätsschwerpunkte und einen guten Überblick über die digitalen Gegebenheiten vor Ort. Aus einer Landesoberbehörde heraus, wie es das Landeskriminalamt eines ist, erscheint es schwer vorstellbar, flexibel auf diese Unterschiede reagieren zu können. Folglich erfordert dieses landesweit verfügbare Programm Anpassungen vor Ort, die einen nicht zu unterschätzenden Mehraufwand für die regional verantwortlichen Polizeibeamtinnen und –beamten bedeuten.

Der *Digitalisierung* hat sich der Bildungssektor nicht zuletzt mit der COVID-19-Pandemie verschrieben. Das Angebot der Polizei Baden-Württemberg funktioniert grundlegend nur über analoge Vermittlung vor Ort, in der direkten Zusammenarbeit mit Schülerinnen und Schülern. Vor allem in Sachen Vor- und Nachbereitung des im präventiven Unterricht vermittelten besteht jedoch noch Potential oder sogar Handlungsbedarf. Flipped und Blended Learning sind auch bei der Polizei keine Fremdwörter mehr, die Einsatzmöglichkeiten dieser Lernformen, deren Aufzählung diesen Rahmen sprengen würde, sind vielfältig und bieten allerhand Chancen und Möglichkeiten Risiken und Gefahren für Schülerinnen und Schüler im Internet noch nachhaltiger und wirksamer zu präventieren.

Literatur

Bündnis gegen Cybermobbing e.V.: Cyberlife IV. Spannungsfeld zwischen Faszination und Gefahr. Cybermobbing bei Schülerinnen und Schülern. Karlsruhe, 2022.

Gudjohns, Herbert: Frontalunterricht – neu entdeckt. Integration in offene Unterrichtsformen. Bad Heilbrunn, 2021.

Meyer, Hilbert: Was ist guter Unterricht? Berlin, 2014.

Ministerium für Kultus, Jugend und Sport Baden-Württemberg: Leitperspektive Medienbildung, auf: http://www.bildungsplaene-bw.de/,Lde/LS/BP2016BW/ALLG/LP/MB [Stand: 31.01.2023]

mpfs (Medienpädagogischer Forschungsverbund Südwest) (hg.): JIM-Studie 2021. Stuttgart, 2021.

mpfs (Medienpädagogischer Forschungsverbund Südwest) (hg.): JIM-Studie 2022. Stuttgart, 2022.

Polizeien der Länder und des Bundes: PDV (Polizeidienstvorschrift) 100, unveröffentlicht, Ausgabe 2022.

Wachs, Sebastian/Wolf, Karsten /Pan, Ching-Ching: Cybergrooming: Risk factors, coping strategies and associations with cyberbullying. In: Psicothema, 24(4), S. 628–633.

Jördis Schüßler

Die Kinder von inhaftierten Eltern im Fokus der Prävention

Einleitung

Am 31. März 2022 waren 42.492 Menschen in Deutschland inhaftiert (Statista 2023). Geht man davon aus, dass die Hälfte aller Gefangenen mindestens ein Kind hat, so sind ca. 21.000 Familien in Deutschland von einer Inhaftierung betroffen. Schätzungen gehen davon aus, dass in Deutschland ca. 100.000 Kinder von der Inhaftierung eines Elternteils betroffen sind. In der EU sind es sogar mehr als 2 Millionen Kinder.

Auswirkungen der Inhaftierung auf Kinder

Die negativen Auswirkungen der von Inhaftierung eines Elternteils betroffenen Kinder sind vielfältig: Sie erleben, wie ein Elternteil festgenommen und abgeführt wird. Oft werden die Kinder von der Inhaftierung überrumpelt. Auf einmal fällt eine elterliche Identifikationsperson weg. Das – oft vor der Inhaftierung schon problemgeladene – Verhältnis zum Elternteil wird mit den Besuchen in der JVA noch schwieriger. Die künstliche Situation wird von Angehörigen als belastend empfunden. Die Kinder erfahren finanzielle Einschränkungen, weil eine Person im Haushalt fehlt. Sie erleben soziale Stigmatisierung und Ausgrenzung. Die Kinder haben das Gefühl, für die Inhaftierung mitbestraft zu werden. Nicht selten zeigen sie psychische Auffälligkeiten. Sie leiden unter einem schlechteren Wohlbefinden im Vergleich zur normalen Bevölkerung. Die Kinder inhaftierter Menschen fühlen sich nicht ernstgenommen und können sich niemandem anvertrauen. Ihr Risiko, physisch und psychisch zu erkranken oder suchtmittelabhängig zu werden, ist wesentlich höher. Sie sind anfälliger für Depressionen, Suizidalität und unterbrochene Schullaufbahnen.

Die Wahrscheinlichkeit, dass betroffene Kinder selbst kriminell oder inhaftiert werden, ist um ein Sechsfaches höher als bei Kindern ohne inhaftierte Eltern. Damit gehören die betroffenen Kinder zu einer Hochrisikogruppe. (s. Schüßler 2022)

Entwicklungen – Was wurde schon getan?

UN-Kinderrechtskonvention

1992 trat in Deutschland die UN-Kinderrechtskonvention in Kraft. Sie gilt seit 2010 ohne Einschränkungen. Die Konvention legt grundsätzliche Standards zum Schutz der Kinder auf der ganzen Welt fest. Darin heißt es:

> Artikel 3
> Wohl des Kindes
>
> (1) Bei allen Maßnahmen, die Kinder betreffen, gleichviel ob sie von öffentlichen oder privaten Einrichtungen der sozialen Fürsorge, Gerichten, Verwaltungsbehörden oder Gesetzgebungsorganen getroffen werden, ist das Wohl des Kindes ein Gesichtspunkt, der vorrangig zu berücksichtigen ist.
>
> (2) Die Vertragsstaaten verpflichten sich, dem Kind unter Berücksichtigung der Rechte und Pflichten seiner Eltern, seines Vormunds oder anderer für das Kind gesetzlich verantwortlicher Personen den Schutz und die Fürsorge zu gewährleisten, die zu seinem Wohlergehen notwendig sind; zu diesem Zweck treffen sie alle geeigneten Gesetzgebungs- und Verwaltungsmaßnahmen.

Artikel 3 legt fest, dass die Beachtung des Kindeswohls Vorrang hat, wenn der Staat (z. B. durch eine Inhaftierung) in die Eltern-Kind-Beziehung eingreift. Daraus ergibt sich, dass bei jeder Inhaftierung gefragt werden muss, ob der Eingriff in die Rechte des Kindes gerechtfertigt ist oder ob auch andere Maßnahmen in Betracht kommen.

> Artikel 9
> Trennung von den Eltern; persönlicher Umgang
>
> (3) Die Vertragsstaaten achten das Recht des Kindes, das von einem oder beiden Elternteilen getrennt ist, regelmäßige persönliche Bezie-

hungen und unmittelbare Kontakte zu beiden Elternteilen zu pflegen, soweit dies nicht dem Wohl des Kindes widerspricht.

Der Artikel 9 der UN-Kinderrechtskonvention verankert das Recht eines jeden Kindes, dass „zeitnaher, regelmäßiger und stabiler Kontakt" (Bieganski et al. 2013) zum inhaftierten Elternteil stattfindet. Der unmittelbare physische Kontakt zum Elternteil wird als protektiver Faktor gesehen, um den eben genannten negativen Folgen entgegenzuwirken.

COPING-Studie

Da es kaum wissenschaftliche Ergebnisse über die Zusammenhänge zwischen der Inhaftierung eines Elternteils und dem psychischen Gesundheitszustand von betroffenen Kindern gab, wurde ab 2009 die COPING-Studie (Children of Prisoners, Interventions and Mitigations to Strengthen Mental Health) durchgeführt. Das EU-geförderte Forschungsprojekt wurde nach dreijähriger Laufzeit im Dezember 2012 abgeschlossen. Die Erhebungen fanden in Deutschland, England, Rumänien, Schweden, Frankreich und der Schweiz statt. Die Schwerpunkte des Projekts lagen bei der Untersuchung der psychischen Gesundheitszustände der Kinder, der Sichtbarmachung ihres spezifischen Hilfebedarfs und der Erhebung der aktuellen Versorgungssituation. Das Ausmaß der psychischen Probleme wurde analysiert, die Anfälligkeit, aber auch die Widerstandsfähigkeit und die Bewältigungsstrategien. COPING nutzte einen ausdrücklich kindzentrierten Ansatz, so dass die Forschungsergebnisse durch die Perspektiven der Kinder gekennzeichnet waren. Die Ergebnisse der COPING-Studie sind auf 336 Seiten zusammengefasst und im Internet einsehbar. Eine wunderbare Zusammenfassung bietet die Informationsbroschüre des Treffpunkt e.V. in Zusammenarbeit mit der Universitätsklinik der TU Dresden. (s. Bieganski/Starke/Urban 2013)

Folgende Empfehlungen sind aus der COPING-Studie erwachsen:

1. Es braucht ein gesellschaftliches Bewusstsein und die Sensibilisierung der politischen Entscheidungsträger.

2. Das Strafrechtssystem muss kinder- und familienfreundlicher werden.

3. Die Kontakte des betroffenen Kindes zum inhaftierten Elternteil müssen sichergestellt und aufrechterhalten werden.

4. Den Kindern muss – ihren Bedürfnissen entsprechend – Beratung und Unterstützung angeboten werden.

5. Die Rolle der Schule als Ort der Sozialisation muss in den Blick genommen werden.(s. ebd.: 34)

Empfehlung des Europarates zu Kindern von inhaftierten Eltern

Im April 2018 knüpfte der Europarat mit seiner Empfehlung (Recommendation CM/Rec (2018)5) an die UN-Kinderrechtskonvention und die bis dahin vorhandenen wissenschaftlichen Ergebnisse an. In der Empfehlung wird die Situation der Kinder mit inhaftierten Eltern in den Vordergrund gerückt und ihre Rechte gestärkt. Es wird auf die große Anzahl der betroffenen Kinder verwiesen und bekräftigt, dass sie die gleichen Rechte wie andere Kinder haben. Kurzum besagt die Empfehlung, dass Kinder nicht mitbestraft werden sollen, wenn ein Elternteil inhaftiert wird. Auch Deutschland hat – neben anderen Mitgliedsstaaten – die Empfehlung angenommen und ist damit eine politische Verbindlichkeit eingegangen. Das Ministerkomitee könnte also nachfragen, wie die Empfehlung umgesetzt wurde oder Visitationen vor Ort durchführen.

Beschluss der JuMiKo (Herbstkonferenz 07. Nov. 2019)

Zwei Monate nachdem der Europarat die Empfehlung veröffentlichte, wurde das Thema von der 89. Konferenz der Justizministerinnen und Justizminister (JuMiKo) aufgegriffen. Zuerst wurde beschlossen, dass der Strafvollzugsausschuss die für den Justizvollzug relevanten Empfehlungen prüfen solle. Gute Praxisbeispiele im Sinne des „best practice" sollten beschrieben und ggf. Vorschläge für die Umsetzung der Empfehlungen abgegeben werden. Eine Länderarbeitsgruppe unter der Federführung Mecklenburg-Vorpommerns wurde gegründet. Nordrhein-Westfalen und das Saarland schlossen sich an. Die Länderarbeitsgruppe setzte sich anderthalb Jahre intensiv mit dem Thema auseinander und diskutierte jede der 56 Einzelempfehlungen des Europarates. Der Fokus bei der Suche nach konkreten Umsetzungsstrategien lag auf dem Kindeswohl sowie den Rechten und Perspektiven der Kinder. Zu jeder Einzelempfehlung gab die Gruppe einen Vorschlag ab. Die Ergebnisse können im 41-seitigen „Abschlussbericht Kinder von Inhaftierten" (LAG 2019) eingesehen werden. Die Innovation bestand darin, dass zu den Vorschlägen der Länderarbeitsgruppe in der 90. Herbstkonferenz der JuMiKo ein Beschluss gefasst wurde, wonach zur Verbesserung der Situation von Kindern Inhaftierter die Justizministerien und die für Kinder, Jugend, Familien und Soziales zuständigen Ministerien gemeinsam Lösungen für die Umsetzung der Europarat-Empfehlung erarbeiten sollten. (s. Schüßler 2022)

Was hat sich seither getan?

Der gemeinnützige Verein *Treffpunkt e. V.* ist dabei, ein bundesweites Netzwerk aus Akteuren der Jugendhilfe, Straffälligenhilfe, Verbänden, Politik, Wissenschaft und freien Trägern aufzubauen, um so Strukturen für eine bestmögliche Unterstützung für die Kinder von Inhaftierten zu gewährleisten. Der Verein klärt mit den Bundesländern, ob diese bereit sind, Kooperationsprojekte umzusetzen und berät dazu die zuständigen Ministerien sowie freie Träger. Ziel ist es, mit dem *Netzwerk Kinder von Inhaftierten* nachhaltige Strukturen und Kooperationen zwischen den Einrichtungen der Kinder- und Jugendhilfe sowie den Gefängnissen zu schaffen. Dazu wurde das Auridis-Projekt ins Leben gerufen. In den sechs beteiligten Bundesländern soll mit finanzieller Unterstützung der Auridis-Stiftung jeweils eine Koordinierungsstelle zugunsten der Kinder von Inhaftierten eingerichtet werden.

Kooperationen zwischen den Ministerien

Die BAG-S hat bei den zuständigen Ministerien angefragt, welche Kooperationen es seit dem JuMiKo-Beschluss 2019 zwischen den Justiz- und denen für Familie, Kinder, Jugendliche und Soziales zuständigen Ministerien gegeben hat. Elf Ministerien haben geantwortet. Es stellte sich heraus, dass jedes Bundesland sehr unterschiedlich mit dem Thema umgeht.

Berlin

Das Justizministerium in Berlin steht im Austausch mit der Senatsverwaltung für Jugend und Familie sowie der Senatsverwaltung für Integration, Arbeit und Soziales. Es werden verschiedene Projekte zur Stärkung der Elternrolle und Verbesserung der Beziehung zwischen Kindern und ihren Eltern in Haft gefördert. Zudem ist geplant, ein flächendeckendes und nachhaltiges, ressortübergreifendes Unterstützungssystem zu etablieren. Berlin nimmt am Auridis-Projekt teil.

Hamburg

Hier gibt es bereits eine Kooperation zwischen dem Justizressort und der Behörde für Arbeit, Gesundheit, Soziales, Familie und Integration. Vor allem besteht Interesse an sachgerechten Angeboten innerhalb und außerhalb der Haftanstalten. Man hat die Weiterentwicklung der Bereiche Justiz, Jugendhilfe und Resozialisierung im Blick und arbeitet behördenübergreifend an einem Konzept. Auch Hamburg nimmt am Auridis-Projekt teil.

Hessen

In Hessen besteht ein enger Austausch zwischen dem Ministerium für Soziales und Integration und dem Hessischen Ministerium der Justiz. Unter Beteiligung der Landesbeauftragten für Kinder- und Jugendrechte wurde eine ressortübergreifende Arbeitsgruppe mit folgenden Zielen eingerichtet:

- Entwicklung von Vernetzungsstrukturen und Angeboten, um die Situation von Kindern inhaftierter Eltern zu verbessern
- Gesamtstrategie: Einrichtung einer Koordinierungsstelle (Beratung, Lotsenfunktion und Vermittlung zwischen den Systemen)

Die Maßnahmen sollen zunächst in einer größeren Modellregion Hessens entwickelt und dann auf andere Regionen übertragen werden. Weil die Justizressorts den Wunsch geäußert haben, mit denen für Familien, Kinder und Jugendliche zuständigen Ministerien der Länder enger zusammen zu arbeiten, haben sich verschiedene Sozial- und Familienressorts in den Ländern zusammengeschlossen, um eine Beschlussvorlage für die Jugend- und Familienkonferenz vorzubereiten, um Kindern den Umgang mit dem inhaftierten Elternteil im und nach dem Strafvollzug zu erleichtern, „kindgerechte" Besuchs- und Kontaktregelungen zu erarbeiten und entsprechende Besuchsräume zur Verfügung zu stellen sowie familienfreundliche Maßnahmen im Strafvollzug zu etablieren. Das Personal soll besser ausgebildet und sensibilisiert werden. Auch Hessen nimmt am Auridis-Projekt teil.

Mecklenburg-Vorpommern

Seit Oktober 2019 läuft das Modellprojekt „Zaungast – Kinder inhaftierter Eltern" in der JVA Waldeck. In drei Jahren konnte dort die Umgangsgestaltung und die Sensibilisierung für das Thema bei betroffenen Kindern, Jugendlichen, Vätern und Müttern sowie Bediensteten erheblich gesteigert werden. Das Ministerium für Soziales, Gesundheit und Sport setzt sich dafür ein, die Bedingungen für Kinder und Jugendliche mit inhaftierten Eltern in Kooperation mit dem Justizministerium kontinuierlich zu steigern. Die gewonnenen Erkenntnisse sollen auf weitere JVAs übertragen werden. Im Rahmen des Auridis-Projektes soll ab Anfang 2023 eine Landeskoordinierungsstelle zur Optimierung der Schnittstellen zwischen Justiz und Kinder- und Jugendhilfe etabliert werden. Ziel ist es, möglichst vielen Kindern ihr Recht auf angemessenen Umgang mit einem inhaftierten Elternteil zu ermöglichen. Die Fachkräfte in den verschiedenen Systemen sollen für das Thema sensibilisiert werden.

Niedersachsen

Aufgrund der Pandemielage wurde das Thema hier nicht prioritär behandelt. Das Schreiben der BAG-S hat das Niedersächsische Ministerium für Soziales, Gesundheit und Gleichstellung jedoch motiviert, mit dem Niedersächsischen Justizministerium in Verbindung zu treten, um den JuMiKo-Beschluss (2019) in den Fokus zu nehmen.

Nordrhein-Westfalen

Hier war es schwierig, die Zuständigkeiten zu klären. Die Beantwortung der Frage nach der Kooperation wurde beim Justizministerium und dem Ministerium für Kinder, Familie, Flüchtlinge und Integration gesehen. Es wurde ein Hinweis auf die Antwort der Landesregierung auf eine „Kleine Anfrage 6274 vom 22. Dezember 2021" (Landtag NRW 2022) zum Thema „Familiensensibler Vollzug" gegeben. Auch Nordrhein-Westfalen nimmt am Auridis-Projekt teil.

Rheinland-Pfalz

Die Beantwortung des Schreibens wurde an die für den Justizvollzug zuständige Abteilung im Ministerium der Justiz übergeben.

Saarland

Hier wurde der Kontakt vom Ministerium für Arbeit, Soziales, Frauen und Gesundheit zum Justizressort des Saarlandes bereits hergestellt. Verschiedene Maßnahmen, um die Umgebung für Besuche bestmöglich familien- und insbesondere kinderfreundlich zu gestalten, wurden schon umgesetzt. Das Saarland bietet in den Regelbesuchsräumen kindgerechte Spiel- und Beschäftigungsmöglichkeiten an. Daneben besteht die Möglichkeit, zusätzliche Besuchstermine für die Kinder sowie Besuche in einem geschützteren Rahmen unter Begleitung von Fachdiensten einzuräumen. Jugendhilfe und Justiz im Saarland wollen gemeinsam die belastende Situation für Kinder und Jugendliche mit einem inhaftierten Elternteil abmildern.

Sachsen

Das Sächsische Staatsministerium der Justiz und für Demokratie, Europa und Gleichstellung (SMJusDEG) ist mit dem Sächsischen Staatsministerium für Soziales und Gesellschaftlichen Zusammenhalt in Verbindung getreten. Gemeinsam wird das Thema unter dem Arbeitstitel „Familienorientierung im sächsischen Justizvollzug – Beschluss 90. JuMiKo ‚Kinder von Inhaftierten'" bearbeitet. Die Oberste Landesjugendbehörde und das Landesjugendamt sollen mit ihrer Fachexpertise eingebunden werden. Die anvisierten Maßnahmen zur Vernetzung und Zusammenarbeit von Justizvollzugsanstalten und örtlicher Jugendhilfe laufen ausschließlich auf kommunaler Ebene ab. Die Initiative muss von den JVAen ausgehen – es handelt sich i.d.R. um konkrete, einzelfallbezogene Zusammenarbeit (z.B. Besuchsbegleitung durch den Leistungserbringer der Jugendhilfe bei Ausfall anderer Angehöriger). Seit 2012 gibt es einen Koordinator der Landesarbeitsgruppe „Familienorientierter Vollzug". Die Landesarbeitsgruppe befasst sich mit den Bedarfen der betroffenen Familien in Verbindung mit bundes- und europaweiten Impulsen und entwickelt Angebote und Strukturen für eine familienorientierte Vollzugsgestaltung. Folgende familienorientierte Angebote sind bereits etabliert:

- Familienfreundliche Besuchsbereiche mit kindgerechter Ausgestaltung der Räume, spezielle Familienzimmer sowie ehe- und familienfreundliche Besucherwohneinheiten in bisher vier JVAs.
- In allen JVAs gibt es mehrstündige kindzentrierte Sonderbesuchsformen (Angebote für die Familie, Mutter-Kind-Tage, speziell konzipierte Vater-Kind-Zeiten).
- In neun von 10 JVAs können Inhaftierte mittels Haftraumtelefonie mit ihren Angehörigen kommunizieren.
- Im Rahmen der Corona-Pandemie wurden bis zu drei Plätze für Besuche über Videotelefonie zur Verfügung gestellt.

- Es werden anerkannte Elternkurse („Starke Eltern – starke Kinder") oder ein eigens entwickeltes Kompetenztraining für inhaftierte Väter und Mütter durchgeführt.
- In einigen JVAs werden Wohngruppen mit dem Thema Familie und Kinder (Schwerpunkt auf der Kontaktaufrechterhaltung und Elternbildung) etabliert.

Ein erstes Arbeitsgespräch zwischen SMJusDEG und dem Sozialressort fand im September 2022 statt. Der Fachtag 2015 unter dem Motto „Kinder von Inhaftierten – unschuldig mitbestraft" war ein erster Impuls für die Kinder- und Jugendhilfelandschaft. Seit 2018 gibt es einzelne Arbeitstreffen zum Austausch. Seit Juni 2022 besteht eine konkrete lokale Kooperation zwischen der JVA Dresden und der Erziehungsberatungsstelle der Diakonie-Stadtmission Dresden e.V. mit der Schnittstelle zwischen Justiz- und Sozialressort (hier wird Beratung für inhaftierte Väter der JVA Dresden und betroffene Kinder und deren nichtinhaftierte Angehörige angeboten).

Schleswig-Holstein

Das Ministerium für Soziales, Gesundheit, Jugend, Familie und Senioren steht in Kontakt mit dem Ministerium für Justiz, Europa und Verbraucherschutz (MJEV). Es bestehen ambulante Maßnahmen in Zusammenarbeit mit dem MJEV für Kinder Inhaftierter, meist über freie Träger. Man entwickelt freizeit-, erlebnis- oder gruppenpädagogische Angebote, um den betroffenen Kindern einen Austausch zu ermöglichen. Im Rahmen der aufsuchenden Sozialarbeit werden Gespräche mit dem nichtinhaftierten Elternteil geführt und die Bedarfe der Familien und Kinder ermittelt (kindgerechte Erklärung der Inhaftierung, Veränderungen in der Familie, Vorbereitung der Entlassung, Vorbereitung und Begleitung von Besuchen etc.). Auf die Beratungs- und Freizeitangebote wird mit Flyern hingewiesen, auch Haftberatungsgespräche und Anstaltszeitungen werden zur Bekanntmachung genutzt. Die Beratungsflyer werden jeder Ladung vor dem Strafantritt beigelegt. In den JVAen sind sowohl begleitete als auch alleinige Besuche (ab dem 14. Lebensjahr) möglich. Die Besuchszeiten sollen – in Hinblick auf den JuMiKo-Beschluss – möglichst außerhalb der Schulzeiten ermöglicht werden. Es gibt zusätzliche Kontaktmöglichkeiten wie Sonderbesuche (Begleitung durch die Straffälligenhilfe etc.) sowie Langzeitbesuche. Zusätzlich zu den Besuchen gibt es gemeinsame

Aktivitäten für Familien, an denen die Kinder von Inhaftierten teilnehmen können. Zudem wird die Video- und Haftraumtelefonie weiter ausgebaut. In einer Anstalt gibt es ein Modellprojekt mit einer regelmäßigen telefonischen Angehörigenberatung. Die Besuchsräume verfügen über Spielecken. Im Langzeitbesuchsraum in Lübeck gibt es eine „Magic Wall" mit einem integriertem Lern- und Spielcomputer. In zwei Anstalten sind Fotobücher vorhanden, in denen der Haftalltag kindgerecht dargestellt wird. Zwei Anstalten haben einen gesonderten Besuchsraum für Kinder. In den Wartebereichen gibt es Unterstände für Kinderwagen und es sind Kinderbücher und Malutensilien ausgelegt.

Thüringen

Stabile familiäre Beziehungen werden in Thüringen als maßgeblicher Einflussfaktor für die emotionale und soziale Wiedereingliederung des Inhaftierten gesehen, zu denen auch positive und stabilisierte Familienbeziehungen gehören, da sie eine entscheidende Auswirkung auf die Resilienz haben. Aus diesem Grund gibt es im Thüringer Justizvollzug seit Jahren familienorientierte Angebote: In allen JVAen sind Kinderbesuchsbereiche eingerichtet. Es besteht die Möglichkeit der Besuchsüberstellung in eine andere JVA, wenn z. B. ein Vater aus finanziellen oder geografischen Gründen keine Besuche der Familie empfangen kann. In den meisten JVAen finden regelmäßig Familienseminare oder sog. „Family Days" statt. Daran können mehrere Inhaftierte teilnehmen und ihre Kinder mit deren Begleitperson treffen. Es gibt auch Bastelangebote für Väter und Kinder. Im Rahmen von Kreativprogrammen können Väter Präsente für ihre Kinder gestalten und diese beim Besuch übergeben oder per Post versenden. Überwiegend besteht die Möglichkeit der Videotelefonie für die Inhaftierten mit ihren Angehörigen. Einzelne Justizvollzugseinrichtungen haben eine Koordinationsstelle für Familienorientierung eingerichtet. Hier stehen Ansprechpartner:innen für Familienbelange zur Verfügung. In den vergangenen Monaten wurde eine Bestandsanalyse vorgenommen zu den Lebenswelten der Angehörigen, insbesondere der Kinder von Inhaftierten. Anhand dieser Datengrundlage soll ein Konzept zur praktischen und bedürfnisorientierten Umsetzung der familienorientierten Ausrichtung des Justizvollzuges (basierend auf der CM/Rec. (2018) 5) mit folgenden Zielen erarbeitet werden:

- Es sollen Angebote und Maßnahmen für verschiedene Zielgruppen (inhaftierte Väter, Kinder inhaftierter Väter, Eltern (junger) inhaftierter Personen sowie Partner:innen von Inhaftierten und weitere mögliche familiäre Bezugspersonen) geschaffen bzw. weiter ausgebaut werden. Die Fokussierung auf Männer hängt damit zusammen, dass Frauen in der JVA Chemnitz (also in Sachsen) untergebracht sind.

- Aus- und Fortbildung der Justizvollzugsbediensteten
- Kooperation und Vernetzung mit den interdisziplinären fachlichen Institutionen

Für die Konzeptualisierung und Umsetzung der Empfehlung des Ministerkomitees wurden Anfang 2022 zwei Sozialarbeiterinnen eingestellt.

Zukunftsperspektive: Was ist zu tun?

Das Thema „Kinder von inhaftierten Eltern" ist eine gesamtgesellschaftliche Aufgabe. Dafür braucht es eine fachgebietsübergreifende Zusammenarbeit. Eine Vernetzung von „drinnen" (Justizvollzug) und „draußen" (Nachbarschaft, Jugendhilfe und Schule) ist enorm wichtig. Die Institutionen sind gefordert, zum Wohl der Kinder zu kooperieren. Anstatt einzelner „Leuchtturmprojekte" muss es einen strukturellen Überbau geben und eine sichere Finanzierung. Kinder sollten bei einer Festnahme nicht dabei sein. Es müssen geeignete Kanäle gefunden werden, um Kinder über die Haft zu informieren und sie (vor, während und nach der Haft) zu betreuen. Aus Datenschutzgründen ist es (noch) nicht möglich, Informationen austauschen. Dafür müssen Strukturen geschaffen werden. Z. B. könnte bei einer Inhaftierung nicht nur die Anzahl der Kinder abgefragt werden, sondern auch, ob und welcher Unterstützungsbedarf besteht.

Beziehungspflege und Aufrechterhaltung der Bindung des Kindes zum inhaftierten Elternteil müssen sichergestellt sein. Vor allem durch physischen Kontakt, aber auch durch Haftraum- und Videotelefonie.

Die Kernaufgabe des Justizvollzugs ist die erfolgreiche Wiedereingliederung der Gefangenen. Dazu gehören die Aufrechterhaltung und Förderung der Bindungen. In einigen europäischen Gefängnissen werden nun Kurse für Väter und Mütter angeboten, um ihre Erziehungskompetenz zu fördern und ein Bewusstsein für die Bedeutsamkeit familiärer Bindungen zu schaffen. Erfolgreiche Bindungen tragen wiederum dazu bei, die Motivation für Kriminalität abzuschwächen.

Wichtig ist ein gesellschaftliches Bewusstsein für das Thema. Kinder können nichts dafür, wenn ein Elternteil inhaftiert wird. Trotzdem sind sie von den Entbehrungen und Vorurteilen stark betroffen. Hier zeigt sich, wie wichtig Aufklärung über die Hintergründe von Kriminalität und Straffälligkeit ist. Die Gesellschaft trägt in erheblichem Maße dazu bei, dass Opfer und Täter wieder in die Gesellschaft eingegliedert und nicht ausgegrenzt werden.

Literatur:

Bieganski, J./Starke, S./Urban, M. (2013): Informationsbroschüre. Kinder von Inhaftierten – Auswirkungen. Risiken. Perspektiven, unter: https://www.netzwerk-kvi.de/wp-content/uploads/2021/06/Broschuere.pdf / (Abruf am: 30.01.2023)

Deutsches Institut für Menschenrechte (2019): Kontaktmöglichkeiten für Kinder mit ihrem inhaftierten Elternteil, unter: https://www.juki-online.de/wp-content/uploads/2019/05/Pr%C3%A4sentation_Kittel_Kontaktm%C3%B6glichkeiten-f%C3%BCr-Kinder-mit-Ihrem-inhaftierten-Elternteil-eine-kinderrechtliche-Perspektive.pdf / (Abruf am: 30.01.2023)

Europarat (2018): Recommendation CM/Rec (2018)5, unter: https://rm.coe.int/cm-recommendation-2018-5-concerning-children-with-imprisoned-parents-e/16807b3438 / (Abruf am: 30.01.2023)

Jones, A./ Wainaina-Wozna, A. (2012): Children of Prisoners. Interventions and mitigations to strengthen mental health (COPING-Studie), unter: https://childrenofprisoners.eu/wp-content/uploads/2013/12/COPINGFinal.pdf / (Abruf am: 30.01.2023)

LAG-Länderoffene Arbeitsgruppe des Strafvollzugsausschusses (2019): Abschlussbericht Kinder von Inhaftierten, unter: https://www.netzwerk-haftentlassung-berlin.de/images/211208_Korrekturen/2019-12-19-Abschlussbericht-LAG-Kinder-von-Inhaftierten.pdf / (Abruf am: 30.01.2023)

Landtag NRW (2022): Antwort der Landesregierung auf die Kleine Anfrage 6274 vom 22. Dezember 2021, unter: https://gruene-fraktion-nrw.de/wp-content/uploads/2021/12/Antwort-17-16296-Familiensensibler-Justizvollzug.pdf / (Abruf am: 30.01.2023)

Schüßler, Jördis (2022): „Bahnbrechender Beschluss – und nun?" in: Informationsdienst Straffälligenhilfe Ausgabe 1/2022 „Kinder inhaftierter Eltern", S. 29-31, unter: https://www.bag-s.de/fileadmin/user_upload/Infodienst_1-2022_fuer_Online-Veroeffentlichung.pdf / (Abruf am: 30.01.2023)

Statista (2023): Anzahl der Strafgefangenen und Sicherungsverwahrten in den Justizvollzugsanstalten in Deutschland von 2014 bis 2022, unter: https://de.statista.com/statistik/daten/studie/225/umfrage/gefangene-und-verwahrte-seit-dem-jahr-2000/ (Abruf am: 30.01.2023)

UNICEF (1989): UN-Kinderrechtskonvention, unter: https://www.unicef.de/_cae/resource/blob/194402/3828b8c72fa8129171290d-21f3de9c37/d0006-kinderkonvention-neu-data.pdf / (Abruf am: 30.01.2023)

Birte Steinlechner

PräGe – Prävention von häuslicher Gewalt an Schulen – warum dieser Baustein der Präventionsarbeit so unglaublich wichtig ist

Der vorliegende Artikel beschäftigt sich mit der Notwendigkeit der Präventionsarbeit zum Thema häusliche Gewalt an Schulen. Im Folgenden wird speziell das Konzept PräGe des Sozialdienstes katholischer Frauen (SkF) Landesverbandes Bayern e.V. vorgestellt. Die Ausführungen richten sich an Fachkräfte, die sich für Präventionsarbeit mit Kindern zum Thema häusliche Gewalt interessieren, in diesem Bereich arbeiten, oder im Kontext Schule tätig sind. Im folgenden Text werden Kinder und Jugendliche unter dem Begriff Kinder wiedergegeben, da nach der klassischen Definition alle Minderjährigen als Kinder geführt werden. Auch wenn in manchen Modulen des PräGe Konzeptes bewusst mit geschlechterstereotypen gearbeitet wird, ist uns eine gendersensible Grundhaltung zu eigen. Es kommt uns in der Präventionsarbeit genau darauf an bewusste und unbewusste geschlechtsspezifische stereotype Rollenbilder und Rollenerwartungen auch mit dem Blick unterschiedlicher kultureller Hintergründe zu reflektieren und die daraus resultierenden Wahrnehmungs- und Bewertungsmuster von Menschen bewusst zu machen und für die Bedeutung dieser Aspekte zu sensibilisieren. Uns ist bewusst, dass Geschlecht etwas Mehrdimensionales und Komplexes ist (englisch „sex") und dessen genetische und organische Aspekte als auch das soziale Geschlecht (englisch „gender"), sowie der Geschlechtsausdruck und die Geschlechtsidentität umfasst. Auch diese Aspekte fließen in die Präventionsarbeit mit ein.

Hintergründe

Das Übereinkommen des Europarats zur Verhütung und Bekämpfung von Gewalt gegen Frauen und häusliche Gewalt, die sogenannte Istanbul-Konvention, soll alle Frauen und Mädchen vor jeglicher Form von Gewalt schützen. Sie ist als völkerrechtlicher Vertrag für diejenigen Staaten, die sie ratifiziert haben, rechtlich bindend. In der Istanbul-Konvention wird im Kapitel III, Artikel 12 die Verpflichtung zur Prävention häuslicher Gewalt festgehalten. (Die Istanbul-Konvention - UN Women Deutschland)

„Häusliche Gewalt bezeichnet Gewalttaten zwischen Menschen, die in einer häuslichen Gemeinschaft leben oder lebten, beispielsweise in einer Ehe, Lebenspartnerschaft oder intimen Beziehung. Zu häuslicher Gewalt zählen nicht nur Schläge. Körperliche Gewalt ist nur eine Facette eines komplexen Verhaltensmusters, das umfassend auf Macht und Kontrolle zielt. Betroffene sind häufig auch psychischer Gewalt wie Demütigungen, Drohungen, Einschüchterungen, sozialer Isolation oder wirtschaftlichem Druck durch den Täter oder die Täterin ausgesetzt." (BMFSFJ - Häusliche Gewalt)

Kinder sind dabei (mit)betroffen, indem sie diese Gewalt als Zeug:innen miterleben oder/und gleichzeitig Opfer direkter Gewalt werden.

Eine vom Bundesministerium für Familie, Senioren, Frauen und Jugend in Auftrag gegebene Studie hat im Jahr 2004 ergeben, dass rund 25 Prozent der in Deutschland lebenden Frauen mindestens einmal in ihrem Leben körperliche oder/und sexuelle Gewalt durch aktuelle oder frühere Beziehungspartner erlebt haben.

Die Studie der Bundesregierung zum Ausmaß von Gewalt gegen Frauen in Deutschland bestätigt auch die Diskussion zum Thema Anwesenheit und Betroffenheit von Kindern in Gewaltsituationen: 60 Prozent der befragten Frauen gaben an, dass sie in den gewaltgeprägten Paarbeziehungen mit Kindern zusammengelebt haben. Nahezu derselbe Prozentsatz (57 Prozent) gab an, dass die Kinder die Gewalt mitangehört oder gesehen haben oder sogar selbst davon betroffen waren. (www.bmfsfj/service/publikationen/gewalt-gegen-frauen-in -paarbeziehungen-80614)

Die Agentur der Europäischen Union für Grundrechte veröffentlichte im März 2014 die Ergebnisse der weltweit größten Erhebung über Gewalt gegen Frauen. Aus dieser Veröffentlichung geht hervor, dass ein Drittel der Frauen (33 Prozent) seit ihrem 15. Lebensjahr körperliche und/oder sexuelle Gewalt erfahren hat. Deutschland liegt mit 35 Prozent der Betroffenen sogar über dem EU-Durchschnitt. Neben Scham und Unsicherheit ist auch die Unkenntnis über die Hilfe- und Beratungssysteme der

Grund dafür, dass zwei Drittel der Frauen mit schwerwiegenden Gewalterfahrungen sich weder an die Polizei noch an eine andere Einrichtung wenden.

Gewalt zwischen Eltern/Partner:innen hat immer auch negative Auswirkungen auf die Kinder. Studien haben gezeigt, dass das Miterleben häuslicher Gewalt in der Regel eine erhebliche Belastung für die betroffenen Kinder darstellt. Als Folge der miterlebten Gewalt kann es zu Schlafstörungen, Konzentrationsstörungen und daraus resultierenden Lern- und Schulschwierigkeiten kommen. Auch psychosomatische Beschwerden, wie Bauchschmerzen oder Kopfschmerzen sind häufig zu beobachten. Zudem besteht ein höheres Risiko später gesundheitliche Einschränkungen zu erleiden (vgl. KFN 2020, Forschungsbericht Nr. 159, S. 27 f.). Hierbei kann es sich um physische Krankheiten, aber auch um Depressionen und andere psychische Störungen handeln. Mehr als die Hälfte der Kinder, die partnerschaftliche Gewalt miterlebt haben, entwickelt außerdem eine posttraumatische Belastungsstörung (PTBS) (vgl. Brisch (Hrsg.) 2017, S. 181 f.).

Das Miterleben partnerschaftlicher Gewalt kann die gleichen Auswirkungen wie das Erleben von physischer und psychischer Gewalt mit sich bringen. Dabei hängt die Schwere der Folgen von der Schwere der erlebten/beobachteten Gewalt ab. Es kann zu „Verhaltensauffälligkeiten, unangemessene Konfliktverarbeitung, Gewalt- und Aggressionsbereitschaft, Gewaltanwendung im Konfliktfall; Störungen des Sozialverhaltens und der Emotionen, fehlende Sozialkompetenz; Störungen im Selbstvertrauen und im Selbstbild; Beziehungs- und Bindungsschwierigkeiten, Bindungsstörungen; sowie langfristig zu Delinquenz, Alkohol- und Suchtmittelgebrauch" (Kindler 2006, Kap. 5 und Engfer 2005) kommen.

Zusätzlich problematisch ist, dass sich das (Mit) Erleben häuslicher Gewalt häufig als Modell für das eigene Verhalten erweisen kann. Kinder verarbeiten die Gewalterfahrungen unterschiedlich. Generell gilt, dass betroffene Kinder durch das Erleben häuslicher Gewalt für Täter- und Opferrollen in ihrem späteren Leben eine Prädisposition entwickeln können.

Im Hinblick auf eine effektive Prävention ist es daher notwendig, Kinder frühzeitig Begleitung und Unterstützung anzubieten, wenn sie häusliche Gewalt erleben. Sie sind gefährdet, die Verhaltensmuster der Eltern zu wiederholen und andere, gewalt-freie Lebensentwürfe aus eigener Kraft nicht realisieren zu können. Das Durchbrechen der transgenerationalen

Aspekte der Gewaltspirale, spielt hierbei eine wichtige Rolle, damit die Gewalterfahrungen, sowie Täter- und Opfermuster nicht an die nächste Generation weitertradiert werden.

Kinder müssen darin gestärkt werden, sich vor Gewalt zu schützen und konfliktlösungsorientierte Handlungsmuster zu erlernen. Dazu brauchen sie Angebote außerhalb der Familie, möglichst an Orten, an denen sie sich regelmäßig aufhalten. Die Schule ist ein solcher Ort.

Schulen haben mit ihrem Bildungs- und Erziehungsauftrag die Pflicht, zu einer umfassenden Persönlichkeitsbildung ihrer Schüler:innen beizutragen. Dazu gehören auch das soziale Lernen, die Entwicklung von Empathie und Mitgefühl für andere und die Fähigkeit zur gewaltfreien Konfliktlösung.

Schulen erreichen aufgrund der Schulpflicht alle Kinder.

Von häuslicher Gewalt betroffene Kinder besuchen in der Regel trotz ihrer familiären Schwierigkeiten weiter die Schule. Dies ermöglicht eine hohe Erreichbarkeit von betroffenen Kindern und deren Familien und entsprechende Hilfsangebote können im Bedarfsfall vermittelt werden. Die Präventionsarbeit mit einer gesamten Klasse hat keinen stigmatisierenden Charakter für Betroffene und kann von allen Schüler:innen wahrgenommen werden.

Das bedeutet aber nicht, dass Schulen diese Problemlagen alleine bearbeiten sollten. Angesichts der Herausforderungen, die sich für von Gewalt betroffene Kinder stellen, erscheint es sinnvoll zu sein, dass sich Schulen Unterstützung holen und die Zusammenarbeit z. B. mit Frauenschutzeinrichtungen suchen, da diese im Feld der häuslichen Gewalt über entsprechendes Fachwissen verfügen, Hilfeangebote kennen und als externe Gesprächspartner:innen mit einer Schweigepflicht den betroffenen Schüler:innen vertrauensvoll zur Verfügung stehen können.

Es ist wichtig, dass Betroffene erfahren, dass häusliche Gewalt nicht als „normal" angesehen und toleriert werden kann und dass es viele andere Kinder gibt, die dieselben Erfahrungen machen.

Das Konzept PräGe, das vom Landesverband Sozialdienst katholischer Frauen Bayern entwickelt wurde, ist nichts Statisches, sondern wird immer wieder den aktuellen Erfordernissen angepasst, weitere Bereiche aus dem Themenkomplex Partnerschaftsgewalt werden aufgegriffen und das vorliegende Schulungskonzept wird kontinuierlich um entsprechenden Module erweitert.

Aus verschiedenen Untersuchungen ist bekannt, dass es bereits in sog. Teenagerbeziehungen körperliche Übergriffe und Grenzverletzungen gibt.

So hat auch die Hochschule Fulda in ihrer repräsentativen Umfrage 2013 mit Schüler:innen festgestellt, dass zwei Drittel der deutschen Jugendlichen von körperlicher und seelischer Gewalt in eigenen intimen Beziehungen betroffen waren.

Die Projektleitung, der Studie, Prof. Dr. Beate Blättner sagt, dass zur Verhinderung der Chronifizierung von Gewalt, Jugendliche lernen müssen miteinander respektvoll in ihren Dates und Beziehungen umzugehen. Erste Erfahrungen werden schon spätestens in der 8. oder 9. Jahrgangsstufe gemacht. Einen entscheidenden Einfluss haben hier die Peer-Groups, die wiederum über die Präventionsarbeit in den Schulen Orientierung finden können.

Teen Dating Violence (TDV) ist ein Phänomen, das zunehmend in den Blick genommen werden muss und wozu ebenfalls eigene präventive Konzepte erforderlich sind. Aus diesem Grund findet Teen Dating Violence, Gewalt in Teenagerbeziehungen, als ein weiterer Schwerpunkt in dem vorliegenden Präventionskonzept, Berücksichtigung.

Das Konzept

Zielgruppe und Klärung der Rahmenbedingungen

Zielgruppe der PräGe Arbeit sind Schüler:innen ab der 6. Jahrgangsstufe aller Schulformen. Das Konzept kann sowohl in gemischtgeschlechtlichen wie auch gleichgeschlechtlichen Gruppen umgesetzt werden. Wichtig sind im Vorfeld die Absprachen mit der Schule/ der Lehrkraft, die die Veranstaltung angefragt hat. Es muss im Vorfeld geklärt seien, welche Themen als Schwerpunkte gesetzt werden sollen und welcher zeitliche Rahmen gegeben ist. Durch die modulare Ausgestaltung des Konzeptes können von zwei Schulstunden (90 Minuten) bis zu einem ganzen Projekttag durch die Refernt:innen gestaltet werden. Wichtig ist auch die

Klärung der Einbettung des Themas in den Schulalltag. Findet die Veranstaltung im Rahmen einer Projektwoche, eines Projekttages oder einer Einzelveranstaltung statt. Falls die durchführende Stelle nicht explizit für die Durchführung von Präventionsangeboten finanziert wird, gilt es auch die Kosten mit der jeweiligen Schule zu klären.

Damit die Freiwilligkeit der Teilnahme gewährleistet werden kann, muss es ein Alternativangebot für die Schüler:innen geben, die nicht an der Veranstaltung teilnehmen möchten. Zudem ist für den Fall einer Krisenintervention im Vorfeld zu klären, ob und wenn wo ein freier Raum zur Verfügung steht, der im Bedarfsfall von einer der Referent:in genutzt werden kann, während die zweite Referent:in die Veranstaltung weiterführt. Es gilt auch zu klären, ob eine Lehrkraft oder die Schulsozialarbeit an der Veranstaltung teilnimmt und ob die Möglichkeit der Ergebnissicherung, z.B. in Form von aufhängen der erarbeiteten Plakate im Klassenzimmer, besteht.

Qualitätsmerkmale des Konzeptes

Das PräGe Konzept wird bisher nur durch Fachkräfte aus dem Gewaltschutzsystem an Schulen umgesetzt, da diese über die Fachkenntnisse zu Gewaltdynamiken, deren physischen und psychischen Auswirkungen und das Hilfesystem verfügen. Dieses Fachwissen wird in der Schulung des PräGe Konzeptes vorausgesetzt. Die Schulung des Konzeptes erfolgt durch den Sozialdienst katholischer Frauen Landesverband Bayern e.V., der dieses Konzept erarbeitet und kontinuierlich weiterentwickelt hat. Die Durchführung vor Ort muss immer im zweier Team erfolgen, damit bei Bedarf eine Krisenintervention gewährleistet werden kann. Die Evaluation des Präventionsangebotes findet mit Hilfe von standardisierten Fragebögen statt.

Ablauf und Durchführung der Präventionseinheit

Zu Beginn der Präventionseinheit sollten die Referent:innen die Anrede der Schüler:innen auf „Du" oder „Sie" mit Vor- oder Nachnamen klären. Im Rahmen der Begrüßung und Einführung stellen sich die beiden die beiden Referent:innen mit ihrem beruflichen Lebenslauf und ihrer aktuellen Tätigkeit vor. Es werden der Ablauf und die Inhalte, sowie Evaluation am Ende durch einen Fragebogen angesprochen. Wichtig ist auch der Hinweis zur Schweigepflicht der Referent:innen, genauso der wichtige Hinweis, dass Schüler:innen nicht zur Verschwiegenheit verpflichtet werden können und jede/r für den Schutz der Privatsphäre Sorge tragen muss. Das Aushändig der Visitenkarte mit dem Hinweis sich jederzeit bei den Referent:innen melden zu können erfolgt auch zu Beginn der Einheit, bevor im nächsten Schritt die Freiwilligkeit der Teilnahme und der Hinweis auf das Alternativangebot, welches von Seiten der Schule zur Verfügung steht, geklärt wird. Der Punkte der Wahlfreiheit und Freiwilligkeit der Teilnahme ist entscheiden für einen gelingenden Gruppenprozess.

Nachdem der Klärungsprozess abgeschlossen ist, führen die Referent:innen in die Inhalte des ausgewählten Modules ein und setzen dieses mit unterschiedlichen Methoden und interaktiven Übungen, die im Rahmen der PräGe Fortbildung vermittelt und erlebbar gemacht wurden, in der Klasse um.

Um die Präventionseinheit gut abzuschließen ist es wichtig, dass die Schüler:innen in einer „Blitzlicht-Runde" äußern können, welche Botschaft sie aus dem heutigen Präventionsangebot mit nach Hause nehmen werden. Wichtig ist auch eine schriftliche Abfrage mit Hilfe des Rückmeldebogens, da häufig aufgrund der anonymen Befragung mehr Themen, Kritik und Wünsche angesprochen werden. Für die Ergebnissicherung werden mit den Schüler:innen noch Vereinbarungen getroffen z.B. dass die erarbeiteten Plakate im Klassenzimmer aufgehängt werden. Es erfolgt noch der Hinweis auf die ausgelegten Broschüren und Flyer, die mitgenommen werden können, sowie auf die Kontaktdaten auf den zu Beginn ausgegebenen Visitenkarten für weitere Rückfragen.

Zur Qualitätssicherung und kontinuierlichen Verbesserung sind die Referent:innen angehalten eine Nachbereitung der Präventionseinheit vorzunehmen. Es sollte am selben oder am Folgetag eine Reflexion der beiden durchführenden Referent:innen bzgl. Inhalte, Ablauf, Gruppendynamik und besonderen Auffälligkeiten erfolgen. Eine Rückmeldung bzgl. der Gruppendynamik, des Ablaufes und der Inhalte wird an die zuständige Lehrkraft unter Berücksichtigung der Schweigepflicht gegeben. Die Auswertung der Rückmeldebögen dient der kontinuierlichen Weiterentwicklung des Angebotes.

Themen der modularen Einheiten des PräGe Konzeptes

1. Modul: Behandelt das Thema Rollenbilder, Rollenerwartungen und Rollenverständnis unter dem gender- und kultursensiblen Gesichtspunkten der geschlechterspezifischen Unterschiede. Es wird unter Betrachtung von stereotypen Wesensmerkmalen und Verhaltensweisen geschlechterspezifische Rollenverständnisse herausgearbeitet und diskutiert. Ziele des Moduls sind das Erkennen und Akzeptieren der Unterschiede zwischen den Geschlechtern, die Sensibilisierung für die individuellen und gruppenspezifischen Rollenvorstellungen, die Auseinandersetzung mit gesellschaftlichen Rollenbildern, das Erkennen von geschlechtsspezifischen Rollenunterschieden über Selbst- und Fremdwahrnehmung, sowie das Erkennen der Bedeutung der Gleichwertigkeit von Menschen unabhängig von ihrem Geschlecht und ihrer Genderidentität.

2. Modul: Im zweiten Modul wird das Thema Beziehung und Freundschaft aufgegriffen und ein Vergleich der Werte von Mädchen und Jungs angestellt. Es werden die unterschiedlichen Erwartungen und Wünsche an Beziehung und Freundschaft gemeinsam herausgearbeitet und die Beziehungs- und Bindungsfähigkeit reflektiert. Die Ziele der Einheit sind der Austausch zwischen den Kindern zu fördern, das Erkennbarmachen welche individuellen Erwartungen an Freundschaften und Beziehungen bestehen und welche unterschiedlichen Vorstellungen darüber existieren. Weitere Ziele sind das Erkennen von Werten in einer Beziehung und der Austausch über einen respektvollen Umgang in Freundschaften und Beziehungen.

3. Modul: Der Inhalt des dritten Moduls befasst sich mit dem Thema Grenzverletzungen. Es werde eigene körperliche und seelische Grenzen, sowie körperliche und seelische Grenzen anderer in Erfahrung gebracht. Es findet ein Austausch zum Thema Grenzverletzungen statt und darüber was jede/r für die Akzeptanz von den eigenen Grenzen und der Grenzen anderer. Die Ziele sind das Spüren und das Kommunizieren der eigenen Grenzen und das rechtzeitige Erkennen dieser Grenzen, das Erkennen der Grenzen bei anderen und Respektieren dieser Grenzen, sowie das Verbalisieren von individuellen Erfahrungen aus den Übungen, um eine Sprachfähigkeit zu dem Thema zu erlangen.

4. Modul: Das vierte Modul beschäftigt sich mit dem Gewaltbegriff. Es werden jeweils eine Definition von häuslicher Gewalt und einer zu

Stalking gegeben. In den Übungen mit den Schüler:innen wird an dem individuellen Verständnis von Gewalt und den unterschiedlichen Gewaltformen gearbeitet.

Ziele sind das Wahrnehmen des eigenen Konfliktverhaltens und das von Freunden oder der Partner:innen zu schärfen. Das Sensibilisieren der Schüler:innen für Alltagsgewalt und grenzüberschreitendes Verhalten, sowie das Wahrnehmen der verschiedenen Gewaltformen. Dabei werden die individuellen Grenzen in Bezug auf Gewalt verdeutlicht.

5. Modul: Im fünften Modul wird der Gewaltkreislauf in einer von partnerschaftlicher Gewalt geprägten Beziehung aufgezeigt. Die Phasen und Dynamik eines Gewaltkreislaufes genau skizziert und es wird besprochen wie dieser Kreislauf durchbrochen und gestoppt werden kann.

Ziele sind das Erkennen wie eine Gewalteskalation abläuft, das Verstehen der Gewaltdynamik und das Aufzeigen von Möglichkeiten den Gewaltkreislauf zu durchbrechen.

6. Modul: Das sechste Modul beschäftigt sich mit den Auswirkungen der Gewalt. Es werden die gesundheitlichen Folgen und Abhängigkeiten bei häuslicher Gewalt und Stalking sichtbar gemacht, sowie die Auswirkungen häuslicher Gewalt auf das soziale Umfeld z.B. auf Freunde und Angehörige.

Ziele sind das Erkennen, dass Gewalt keine Privatsache ist, sondern nach außen wirkt. Es sollen Kenntnissen über gesundheitliche Folgen häuslicher Gewalt vermittelt und die massive Außenwirkung häuslicher Gewalt auf Kinder dargestellt werden.

7. Modul: Das siebte Modul beschäftigt sich allgemein mit dem Thema Konfliktlösungsstrategien. Es werden gemeinsam mit den Schüler:innen Möglichkeiten der gewaltfreien Konfliktlösungen und alternative Verhaltensstrategien erarbeitet.

Ziel ist das Wahrnehmen von Konflikten, das Stärken der Zivilcourage, das Erkennen von Handlungsmöglichkeiten in Konflikten, das Erarbeiten von Verhaltensalternativen in Konflikten und die Steigerung der Kommunikationsfähigkeit.

8. Modul: Im achten Modul werden Zahlen, Daten und Fakten, sowie Hilfseinrichtungen rund um das Thema häusliche Gewalt vermittelt. Dies dient zur Information über Häufigkeiten und Ausmaß von Gewalt. Es werden statistische Zahlen und Untersuchungen über Gewalt an Frauen und Kindern, sowie häusliche Gewalt an Männern

vorgestellt. Es wird auf die Entstehungsgeschichte und die Aufgaben der Frauenhäuser und Fachberatungsstellen eingegangen und mit Fallbeispiele aus der Praxis untermalt.

Ziel ist das Erkennen von Möglichkeiten zur Selbsthilfe, das Erkennen der Gewalt an Frauen und Kinder als gesellschaftliches Phänomen, die Vermittlung der Bedeutung einer Inanspruchnahme von Hilfe, die Vermittlung der Bedeutung der Wahrnehmung und Ansprechen von häuslicher Gewalt von außen und die Vermittlung der Kenntnisse von Hilfseinrichtungen vor Ort

9. Modul: Das neunte Modul geht nochmal näher auf das Thema Kinder und häusliche Gewalt ein. Es werden die Folgen von unmittelbarer und mittelbarer Gewalt auf die Kinder aufgezeigt und das Thema Vorbildfunktion, Verhaltensübernahme und Bindungsfähigkeit näher beleuchtet. Zudem wird auf die Besonderheiten der Arbeit mit Kindern im Frauenhaus eingegangen und die pädagogischen Grundsätze und Angebote vorgestellt.

Ziel ist die Vermittlung der Kenntnis über die Folgen häuslicher Gewalt für Kinder, das Wissen um die Bedeutung der gewaltfreien Vorbildfunktion und das Erkennen von Beziehungsfähigkeit und erlebter Gewalt.

Resümee

Aufgrund der hohen Zahlen der von Teen Dating Violence oder häuslicher Gewalt betroffenen Kindern ist ein Präventionsangebot an Schulen ein wichtiger Baustein, um niedrigschwellige Hilfsangebote den Betroffenen zu unterbreiten, eine Sensibilisierung für die Thematik herbei zu führen, sowie eigenes Verhalten und die individuellen Grenz- und Rollenverständnisse zu reflektieren. Wegen der Schulpflicht werden in diesem Rahmen auch Kinder erreicht, die sich aufgrund ihrer Gewalterfahrungen bereits sozial zurückgezogen und isoliert haben und über andere Kinder- und Jugendangebote im Freizeitbereich nicht mehr erreicht werden können. Das eigene Schamgefühl, die erlebte Hilflosigkeit, die Frage nach den eigenen Anteilen die Situation mit zu verschulden bzw. nicht beenden zu können, der Loyalitätskonflikt den Eltern gegenüber, sowie das in der Regel von den Eltern auferlegte Schweigegebot, führen dazu, dass betroffene Kinder häufig nicht in der Lage sind, sich aus eigener Kraft Hilfe zu suchen. Daher sind ein niedrigschwelliger Zugang zum Hilfesystem und eine

Enttabuisierung des Themas häuslicher Gewalt für Betroffene ein notwendiger Bestandteil, um die ersten Schritte aus der Gewaltdynamik der Eltern machen zu können.

Studien zu den Folgen häuslicher Gewalt bei Kindern (Kavemann 2006, Kindler 2006) belegen die transgenerationale Weitergabe von Gewalt in der Familie. Um diesen Kreislauf durchbrechen und ihre traumatisierenden Erlebnisse aufarbeiten zu können, benötigen Kinder frühzeitig systemische, altersentsprechende, pädagogische und traumsensible Angebote.

Die Durchführenden der Präventionsangebote benötigen ein hohes fachliches Wissen zum Thema Gewaltformen, Gewaltdynamik in Beziehungskontexten und ihre Auswirkungen auf die Betroffenen, sowie Wissen über Täterstrategien, das Hilfesystem und dem gender-; kultur- und traumasensibelen Arbeiten im Gruppenkontext. Eine Vernetzung von Lehrkräften, der Schulsozialarbeit und den Fachkräften im Bereich der häuslichen Gewalt, wäre ein weiteres Qualitätsmerkmal im Bereich der Präventionsarbeit an Schulen.

Aus fachlicher Sicht sehen wir eine flächendeckende Einführung von Präventionsangeboten an Schulen zum Thema Tenn Dating Violence und häusliche Gewalt als dringend gegeben an. Allerdings gilt es vor der Umsetzung noch einige Fragen zu klären: Wer trägt die Kosten für die Durchführung der Präventionsarbeit? Wer trägt die Kosten für die Schulung der Fachkräfte? Wie und mit welchen Konzepten können die Schulsozialarbeit in die Präventionsarbeit eingebunden werden? Wie kann eine flächendeckende Präventionsarbeit koordiniert und sichergestellt werden?

Die Istanbul Konvention sieht in Kapitel III, Artikel 12 die Verpflichtung zur Prävention häuslicher Gewalt vor. Da sich Deutschland uneingeschränkt zur Umsetzung der Istanbul Konvention bekennt, muss die Politik auf die oben genannten Fragen Antworten finden, damit sie ihrer Verpflichtung zur Umsetzung der Präventionsarbeit nachkommen kann.

Literaturverzeichnis:

BIG-Präventionsprojekt: Kooperation zwischen Schule und Jugendhilfe bei häuslicher Gewalt, Berlin, 2008

BMFSFJ (Hrsg.): Prävention von häuslicher Gewalt im schulischen Bereich, Empfehlungen der Bund-Länder-Arbeitsgruppe „Häusliche Gewalt", Nr.15/2007

Kindler, Heinz: Partnerschaftsgewalt und Kindeswohl, Folgerungen für die Praxis, Bundesministerium für Familie, Senioren, Frauen und Jugend, 2002, (Download unter www.dji.de)

www.unwomen.de/die-istanbul-konvention

www.bmfsfj.de/bmfsfj/themen/gleichstellung/frauen-vor-gewalt-schuetzen/haeusliche-gewalt

www.bmfsfj/service/publikationen/gewalt-gegen-frauen-in -paarbeziehungen-80614

BMFSFJ – Bundesministerium für Familie, Senioren, Frauen und Jugend (Hrsg.) (2004): Lebenssituation, Sicherheit und Gesundheit von Frauen in Deutschland. Eine repräsentative Untersuchung zu Gewalt gegen Frauen in Deutschland. Berlin.

BKA – Bundeskriminalamt (2021): Partnerschaftsgewalt. Kriminalstatistische Auswertung – Berichtsjahr 2020. Wiesbaden. Online verfügbar unter: www.bka.de/SharedDocs/Downloads/DE/Publikationen/JahresberichteUndLagebilder/Partnerschaftsgewalt/Partnerschaftsgewalt_2020.html.

Herman, Judith: Die Narben der Gewalt, Traumatische Erfahrungen verstehen und überwinden, Junfermann Verlag, 2003

Kavemann, Barbara, Kreyssig, Ulrike (Hrsg.): Handbuch Kinder und häusliche Gewalt, Verlag für Sozialwissenschaften, 2007

Springer VS. Kavemann, B. (2013): Häusliche Gewalt gegen die Mutter und die Situation der Töchter und Söhne. Ergebnisse deutscher Untersuchungen. In:

Kavemann, B./Kreyssing, U. (Hrsg.): Handbuch Kinder und häusliche Gewalt. (3. Aufl.). Wiesbaden: Springer VS, S. 15–26.

Kindler, H. (2006): Partnergewalt und Beeinträchtigungen kindlicher Entwicklung. Ein Forschungsüberblick. In: Kavemann, B./Kreyssing, U. (Hrsg.): Handbuch Kinder und häusliche Gewalt. Wiesbaden: Springer VS, S. 36–53.

Brisch, K.H. (2018): Bindungstraumatisierung- Wenn Bindungspersonen zu Tätern werden (2. Aufl.)

Blättner, B. Prof. Dr. Schultes K., Hehl L., Brzank P.(2015) Grenzüberschreitungen und Gewalt in Teenagerbeziehungen- Risiken und

Folgen für Präventionsstrategien Erschienen in: Prävention und Gesundheitsförderung | Ausgabe 2/2015
Prävention von häuslicher Gewalt – Konzept für Schulen Themen Methoden Materialien, Leimig, U., Murnau bis 2010, Mendler-Härtl, C. Landshut, Merk, G. Kaufbeuren bis 2009, Wallner-Moosreiner, S. München bis 2013, Halbhuber-Gassner, L. München, bis 2021, Steinlechner, B. München seit 2021 (Herg.): Sozialdienst katholischer Frauen, Landesverband Bayern e.V. Bavariaring 48, 80336 München, www.skfbayern.de

Praxisimpulse

Rainer Becker

Mütter als Anzeigeerstatterinnen bei sexuellem Missbrauch

Problembeschreibung

Die Unabhängige Beauftragte für sexuellen Missbrauch an Kindern, die Polizei pp. raten Eltern, die den Verdacht haben, dass ihr Kind sexuell missbraucht wurde/wird, diesen Verdacht anzuzeigen. Elternteile, die einen derartigen Verdacht nicht anzeigen, setzen sich sogar dem Risiko aus, dass dies Dritte tun und dass sie sich strafrechtlichen Ermittlungen wegen des Verdachts der Verletzung ihrer Fürsorgepflicht gemäß § 171 Strafgesetzbuch ausgesetzt sehen. Sie laufen weiterhin Gefahr, dass ihnen in diesem Zusammenhang wegen Erziehungsunfähigkeit die elterliche Sorge entzogen wird.

Müttern, die ihren (ehemaligen) Partner wegen des Verdachts auf sexualisierte Gewalt anzeigen, müssen allerdings damit rechnen, dass Beschuldigte in über 90 % der Fälle nicht verurteilt werden. Und ihnen wird nach einer Anzeige in Zusammenhang mit einer Trennung fast regelhaft unterstellt, sie wollten sich am ehemaligen Partner rächen, Vorteile im Sorgerechts verschaffen usw. Vätern wird dies ebenfalls fast ausnahmslos nicht unterstellt. Die Wahrscheinlichkeit, dass es keiner Verurteilung des Beschuldigten kommt, ist deswegen so hoch, weil

- Kinder unter 4 Jahren als nicht aussagetüchtig gelten
- DNA-Spuren am Körper betroffener Kinder in aller Regel durch übliche Körperkontakte während Umgängen erklärt werden können
- es gewöhnlich keine Tatzeugen gibt
- weil Täter nicht immer Beweise in Form von Bild- und Tonaufzeichnungen gefertigt haben und diese bei sich aufbewahren
- weil Täter ohne Beweise in aller Regel die Tat nicht gestehen

- Weil Jugendämter und Familiengerichte sogar bereits vor Abschluss der strafrechtlichen Ermittlungen verlangen, dass die betroffenen Kinder weiterhin Umgang mit dem Beschuldigten haben – was einen Ermittlungserfolg gegen null laufen lässt

Ein wesentliches Problem der Anzeigeerstatterinnen und -erstatter ist, dass Familiengerichte und Jugendämter oft fälschlich daraus folgern, dass die Anzeige zu Unrecht erfolgt war. So sehen sich die Anzeigeerstatterin/ der Anzeigeerstatter sich nicht selten dem Vorwurf ausgesetzt, sie/er sei „bindungsintolerant" und habe die Beziehung des Kindes zum anderen nicht mehr zur Familie gehörenden Elternteil hintertrieben und somit das Kind entfremden wollen.

Dramatisch ist hierbei ist, dass Anzeigeerstatterinnen und -erstatter deswegen nicht selten die elterliche Sorge verlieren und dass das betroffene Kind dann beim ehemals beschuldigten Elternteil leben muss.

Entweder besteht für anzeigende Elternteile das Risiko, die elterliche Sorge zu verlieren, weil sie keine Anzeige erstattet haben, oder gleichermaßen, weil ihnen wegen der Anzeige ohne Verurteilung des Beschuldigten dann Bindungsintoleranz unterstellt wird.

Bemerkenswert in diesem Zusammenhang ist, dass Untersuchungen in Deutschland und eine Studie aus den USA darauf hindeuten, dass Frauen, also Mütter, bei einem Vergleich bis zu viermal so häufig die elterliche Sorge entzogen zu werden scheint, wie Männern.

Das Problem in unserem Land ist schließlich, dass es hierzu in Deutschland bislang keine validen Studien gibt.

Hintergründe

Eine Studie der George Washington University Law School aus den USA aus dem Jahr 2019 geht auf die angeführten Fragestellungen ein. Zudem gibt dieses Projekt Hinweise darauf, dass es sich bei allen Unterschiedlichkeiten der Rechtssysteme um ein internationales und ein eher weibliches Problem zu handeln scheint.

So fanden die Forschenden (Joan Meier et al) bei einer Analyse von fast 2000 Fällen heraus, dass Mütter, die den Vorwurf der Kindesmisshandlung gegen den Vater erhoben, in einem von vier Fällen das Sorgerecht an den mutmaßlichen Täter verloren.

Selbst wenn es sich um nachgewiesene Fälle der Kindesmisshandlung handelte, bekamen trotzdem in 19 % aller Fälle die Väter das alleinige Sorgerecht. Wenn dagegen Mütter gemischte Formen der Gewalt vorwarfen, also bspw. körperliche und sexualisierte Gewalt, stieg das Risiko für sie, das Sorgerecht zu verlieren, sogar auf 50%.

Hintergründe

Besonders signifikant war hier das Geschlechter-Ungleichgewicht. Erhoben Väter Gewaltvorwürfe gegen die Mutter, verloren sie in 12 % aller Fälle das Sorgerecht. Erhoben Mütter die Vorwürfe, verloren sie in 28 % der Fälle das Sorgerecht.

Bei nachgewiesener Gewalt war der Unterschied noch größer. Während 4% der Väter das Sorgerecht an gewalttätige Mütter verloren, verloren 13% der Mütter das Sorgerecht an einen nachgewiesen gewalttätig gewesenen Vater. Nahezu dramatisch wurde es, wenn die Gegenseite den Vorwurf der „Entfremdung" einbrachte und das Familiengericht dem folgte. Wurde Müttern vorgeworfen, das Kind vom Vater entfremdet zu haben, verloren sie selbst bei nachgewiesener häuslicher Gewalt in 63% der Fälle das Sorgerecht an den gewalttätigen Vater.

Offenbar handelt es sich aber nicht nur um ein rein amerikanisches, sondern auch um ein deutsches Phänomen. Der Soziologe Dr. Wolfgang Hammer kommt in seiner im April 2022 veröffentlichten studienähnlichen Untersuchung „Familienrecht in Deutschland –Eine Bestandsaufnahme" zu einem in die gleiche Richtung gehenden Ergebnis.

Bei seiner Durchsicht der Akten war auffällig, dass in der Mehrzahl der Fälle (412) Vorwürfe von Vätern den Ausgangspunkt bildeten. Die Anschuldigungen der Väter und der Angehörigen ihres Bezugssystems wurden in 362 Fällen ohne Prüfung als Fakt zu den Akten genommen. Auf dieser Grundlage wurde dann die Kindeswohlgefährdung durch die Mütter begründet und stufenweise auf eine Inobhutnahme oder zumindest auf großzügige Besuchsregelungen zugunsten der Väter hingewirkt.

Hinweise der Mütter auf Übergriffe der Väter anlässlich von Besuchskontakten in 126 Fällen wurden ausnahmslos als Falschaussagen – ebenfalls ohne Prüfung – den Müttern zur Last gelegt.

Forderungen

Wir brauchen Jugendämter und Familiengerichte, die sich bewusst sind, dass es um das Kindeswohl zu gehen hat und nachrangig um das Wohl betroffener Eltern.

Wir brauchen Jugendämter und Familiengerichte, die die Istanbul Konvention und die UN-Kinderrechtskonvention leben.

Es darf nicht sein, dass ein (auch nur zeitweiliger) Kontaktabbruch zu einem gefährlichen Elternteil als schwerwiegendere Kindeswohlgefährdung gilt als die Gefahr (sexualisierter) Gewalt gegen ein Kind.

Familienrechtliche Entscheidungen und sozialpädagogische Arbeit dürfen Gefahrenabwehr und Strafverfolgung nicht überlagern oder unterlaufen.

Der Umgang mit dem Umgang ist ausnahmslos zwischen Familiengericht, Staatsanwaltschaft, Jugendamt und Polizei abzustimmen.

Zwischen dem Beschuldigten und dem betroffenen Kind darf es keinen Umgang geben, solange die strafrechtlichen Ermittlungen noch nicht abgeschlossen sind.

Müttern, die ihr Kind zu schützen haben, darf die von Amts wegen geforderte Bindungsintoleranz bei Sorge- und Umgangsrechtsfragen nicht zum Nachteil gereichen.

Handlungsempfehlungen

Sexualisierte Gewalt auch gegen das eigene Kind ist eine schwere Kindeswohlgefährdung

Sexualisierte Gewalt gegen ein Kind ist schwere Eltern-Kind-Entfremdung gegenüber dem anderen Elternteil, da dieses mit dem Täter das Geheimnis der sexualisierten Gewalt teilt und dies verschweigen muss.

Im Regelfall ist es dem gewaltbetroffenen Elternteil nicht zuzumuten, zu dem gewaltausübenden Elternteil Kontakt aufzunehmen und seine Mitwirkung in das Kind betreffende Angelegenheiten einzufordern. Diese Forderung des Deutschen Vereins aus 2022 bezogen auf häusliche Gewalt hat erst recht oder zumindest gleichermaßen für sexualisierte Gewalt gegen des Kind gelten.

Der Verdacht auf sexualisierte Gewalt gegen das eigene Kind ist von dem wahrnehmenden Elternteil immer anzuzeigen. Denn ein Elternteil, das den Verdacht auf sexualisierte Gewalt nicht anzeigt, verstößt gegen seine Fürsorgepflicht und macht sich u. U. deswegen nach § 171 Strafgesetzbuch „Verletzung der Fürsorge oder Erziehungspflicht strafbar.

Bindungsintoleranz gegenüber dem verdächtigen anderen Elternteil ist normales schützendes Verhalten und Pflicht des Sorgeberechtigten, um das eigene Kind zu schützen und darf nicht mit einem Entzug der elterlichen Sorge sanktioniert werden.

Artikel 21 der Istanbul Konvention lautet:

1 „Die Vertragsparteien treffen die erforderlichen gesetzgeberischen oder sonstigen Maßnahmen, um sicherzustellen, dass in den Geltungsbereich dieses Übereinkommens fallende gewalttätige Vorfälle bei Entscheidungen über das Besuchs- und Sorgerecht betreffend Kinder berücksichtigt werden".

2 „Die Vertragsparteien treffen die erforderlichen gesetzgeberischen oder sonstigen Maßnahmen, um sicherzustellen, dass die Ausübung des Besuchs- oder Sorgerechts nicht die Rechte und die Sicherheit des Opfers oder der Kinder gefährdet".

Nach einer glaubhaften Anzeige wegen sexualisierter Gewalt sollte daher der Beschuldigte bis zum Abschluss der Ermittlungen erst einmal keinen Umgang mit dem betroffenen Kind und ggf. auch mit nicht betroffenen Geschwisterkindern haben.

Umgänge und familienrechtliche Entscheidungen sind ausnahmslos zwischen dem handelnden Jugendamt, dem örtlichen Familiengericht und der die Ermittlungen führenden Staatsanwaltschaft abzustimmen.

Strafrechtliche Ermittlungen sind so zu führen, dass spätestens 3 Monate nach Anzeigeerstattung das Verfahren eingestellt oder ein Urteil gefällt wird (vgl. hierzu die diesbezügliche gesetzliche Vorgabe in Israel).

Kinderschutzsachen mit familienrechtlichen Bezügen (die in der Regel vorliegen) sind bei Polizei und Staatsanwaltschaft ausnahmslos als Sofortsachen zu bearbeiten. Die Einstellung strafrechtlicher Ermittlungen oder auch ein Freispruch haben dabei nichts damit zu tun, dass dem betroffenen Kind keine Gefahr mehr von dem ehemaligen Beschuldigten/Angeklagten oder aus seinem sozialen Umfeld droht. Jeder Einzelfall ist hiernach neu zu bewerten. Und sie dürfen nicht obligatorisch dazu führen, dass Anzeigeerstattern nahezu regelhaft ein Missbrauch des Ermittlungsverfahrensunterstellt wird.

Das Jugendamt hat sich für die Kinder und Jugendlichen und erst nachrangig für ihre Eltern einzusetzen.

Kinder dürfen nicht für Experimente missbraucht werden, ob Umgänge mit bestimmten Personen, die im Verdacht stehen, gegen sie sexuell übergriffig werden zu können, „funktionieren" oder nicht. Sie haben keinen Einfluss auf derartige Experimente von Gerichts- oder von Amts wegen und würden hierdurch zum bloßen Objekt staatlichen Handelns. Dies verstieße gegen ihre Menschenwürde.

Sowohl im Strafverfahren als auch im familienrechtlichen Verfahren sind alle Möglichkeiten auszuschöpfen, dass Befragungen und Untersuchungen so schonend wie möglich für die betroffenen Kinder vorgenommen werden. Maßnahmen sind so zu bündeln, dass Wiederholungen zu Lasten der Kinder vermieden werden.

Ein eingesetzter Verfahrensbeistand ersetzt keine umfangreichen persönlichen Befragungen von Personen aus dem sozialen Umfeld eines betroffenen Kindes. Dies gilt insbesondere, wenn es keine Beweise für die Tat außer den Anhaltspunkten des anzeigeerstattenden Elternteils gibt.

Das Instrument der richterlichen Videovernehmung sollte in Strafverfahren zukünftig obligatorisch zu Anwendung kommen.

Deutschlandweit sollten zu diesen Zwecken flankierend flächendeckende Kinderschutzhäuser (wie z. B. Childhoodhäuser) eingerichtet werden.

Jugendämter nehmen nur auf eigenen Antrag oder bei Gefahr im Verzuge Kinder und Jugendliche zu ihrem Schutz in Obhut.

Herausnahmen durch Gerichtsbeschluss oder auf Entscheidung eines Vormundes sind ausnahmslos durch Gerichtsvollzieher vorzunehmen.

Die Polizei leistet Amtshilfe für Jugendämter und Gerichtsvollzieher bei Inobhutnahmen/Herausnahmen von Kindern,

- wenn Gefahr im Verzuge besteht,
- ansonsten nur, wenn die Gefahr besteht, dass ein Mitarbeiter des Jugendamtes/ein Gerichtsvollzieher tätlich angegriffen wird, um Angriffe zu verhindern.

Darüber hinaus gibt es kein Erfordernis, sich aktiv in den Prozess mit einzubringen.

Unmittelbarer Zwang gegen Kinder oder Jugendliche zur bloßen Durchsetzung von Umgängen ist gemäß § 90 Absatz 2 FamFG verboten.

Die Weigerung eines Kindes, mit einem Elternteil Umgang haben zu wollen, darf auf keinen Fall pauschal zu einer Kindeswohlgefährdung „umdefiniert" werden, um so das Verbot des § 90 Absatz 2 FamFG zu umgehen,

Für die Polizei gilt, dass jeder Einzelfall angeforderter Amtshilfe genau zu prüfen und ggf. zu verweigern ist.

Fazit

Es kann und darf nicht abgewogen werden, ob eine Kindeswohlgefährdung durch einen Beziehungsabbruch zu einem Elternteil schwerer wiegt als sexualisierte Gewalt. Eine Kindeswohlgefährdung durch einen (zeitweiligen) Bindungsabbruch zum Beschuldigten wiegt in aller Regel weniger schwer als eine solche durch die Folgen sexualisierte Gewalt.

Die Theorie des Parental Alienation Syndrome von R. A. Gardener ist weltweit verbreitet, obwohl sie wissenschaftlich längst widerlegt wurde. Allein das Merkmal, dass der Vorwurf symbiotischer Beziehungen nie widerlegbar ist, verweist diese in vielen Ländern bei Gericht nicht zugelassene Beweisführung einer erzieherischen Überforderung ins Reich der Dogmen. R.A. Gardner wurde des Weiteren durch seine befürwortenden Stellungnahmen zum positiven Wert sexueller Beziehungen zwischen Kindern und Erwachsenen bekannt. 1991 veröffentlichte er hierzu Sex-Abuse Hysteria: Salem Witch Trials Revisited im Selbstverlag. 1992 verfasste er das Buch True and False Accusations of Child Sex Abuse. Nach Gardner ist sexueller Missbrauch von Kindern in Familien eine Erfindung der Mütter und deren Kampfmittel, um Vätern den Zugang zu ihren Kindern zu verweigern. Auf dieser Argumentationsbasis wurden und werden weiterhin Kinder zu Kontakten mit ihren missbrauchenden Vätern gezwungen. Die daraus entwickelt PAS-Theorie ist aktuell in Deutschland dennoch Gegenstand zahlreicher Fortbildungen für Fachkräfte der Jugendämter, Familienrichterinnen und -richter sowie Verfahrensbeistände. Trotz der wissenschaftlich und rechtsstaatlich unhaltbaren Grundlage der PAS-Theorie zeigen sich deren Begründungsmuster auch ohne formalen Bezug zu PAS durchgängig in der Argumentation der Jugendämter und Gerichte in den ausgewerteten Fällen.

Dem Grunde nach ist Gardner in seinem Wirken mit dem zuletzt in Berlin aktiv gewesenen Helmut Kentler vergleichbar, dessen so genanntes Kentler-Experiment keiner weiter gehenden Erläuterungen bedarf.

Das PAS ist nicht eigenständig im Diagnostic and Statistical Manual of Mental Disorders der American Psychiatric Association oder in der Internationalen statistischen Klassifikation der Krankheiten und verwandter Gesundheitsprobleme der WHO als Störung erfasst. Anders lautende Behauptungen, Parental Alienation sei in die ICD-11 aufgenommen worden, müssen als nichtzutreffend angesehen werden. In der aktualisierten Version der ICD-11 wurde der Suchbegriff ‚Parental Alienation', der keine Diagnose war, inzwischen entfernt. Der Eintrag in der ICD-11 unter QE52.1, Loss of love relationship in childhood, stellt keine Beschreibung von PA(S) dar, sondern lediglich eine Beeinträchtigung des Kindes aufgrund eines Verlustes einer engen emotionalen Beziehung.

Franziska Böndgen, Michael Wörner-Schappert

Nazisymbole und Holocaust-Leugnung in Schüler:innen-Chats – Konzept für Präventions-Fachtage

Wenn in Schüler:innen-Chats der 7. und 8. Jahrgangsstufen Inhalte geteilt werden, die antisemitisch, rassistisch oder den Nationalsozialismus und seine Verbrechen verharmlosend oder leugnend sind, stehen Lehrer:innen meist vor einer großen Herausforderung. In den Lehrplänen der weiterführenden Schulen sind das Dritte Reich und dessen Verbrechen erst ab der 9. Klasse vorgesehen (*Die Verankerung Des Themas Nationalsozialismus Im Schulunterricht in Deutschland, Österreich, Polen Und Frankreich Sachstand Wissenschaftliche Dienste*, n.d., S. 7; vgl. *Holocaust und Nationalsozialismus.* (n.d.).). Wie also Jugendliche über die Problematiken von Inhalten aufklären, wenn sie bislang aus dem schulischen Kontext heraus keine Aufklärung erhalten haben? Ende 2019/ Anfang 2020 hat sich eine betroffene Schule an jugendschutz.net gewandt. Im Folgenden wird ein gemeinsam mit Schüler:innen und Lehrer:innen der Schule erarbeitetes Fachtage-Konzept für eine vierzügige Jahrgangsstufe (vgl. *Vorgaben Für Die Klassenbildung*, n.d.) vorgestellt, das altersgerecht über den Nationalsozialismus und über die unterschiedlichen problematischen Ebenen geteilter Inhalte aufklären soll.

Werden antisemitische, rassistische und den Nationalsozialismus verherrlichende Inhalte geteilt, sind mehrere Ebenen betroffen. Zum einen sollten die entsprechenden Schüler:innen zur Rechenschaft gezogen werden, aber auch aufgeklärt werden. Ihnen können schulrechtliche als auch jugendstrafrechtliche Konsequenzen drohen. Ebenso müssen potenzielle Belastungssituationen für Beteiligte durch die Strafen als auch für Unbeteiligte durch die Konfrontation mit den Inhalten aufgefangen werden. Zum anderen müssen sich die Schule und Lehrer:innen ggf., je nach Ort des Sharings, mit der Aufsichtspflicht und der Einhaltung und Durchsetzung der Schulordnung auseinandersetzen. Als dritte Ebene kommen die Schulreputation und das öffentliche Interesse hinzu: werden solche Vorfälle bekannt, muss die Schule sich mit den Folgen befassen.

Im vorliegenden Fall haben Schüler:innen und einige Lehrer:innen Wünsche und Bedarfe gesammelt und daraus den Wunsch nach einem Projekttag zu Nationalsozialismus und Hass formuliert. jugendschutz.net wurde hierfür als möglicher Partner angefragt. In einem intensiven Austausch wurde aus dem eintägig vorgesehenen Projekttag eine dreitägige Konzeption mit jeweils verschiedenen Schwerpunkten: Nationalsozialismus, Geschichte vor Ort und Empowerment. Die Schwerpunkte würden durch Lehrer:innen und durch Partner:innen jeweils koordinierend gestaltet.

Tag 1: Nationalsozialismus

Der erste Projekttag steht unter dem Motto der grundlegenden Informations- und Wissensvermittlung zum Nationalsozialismus und den damit verbundenen Gewaltverbrechen im Klassen- oder Stufenverband. Es soll ein einheitliches Grundverständnis des Themenbereichs geschaffen werden, das als Grundlage für die nächsten Projekttage dient. Die Lehrer:innen würden die Inhalte in einer Art Geschichts-"Crash-Kurs" altersgerecht aufbereiten und in der Schule vermitteln. Dabei ist wichtig, entsprechend auf die zuvor geäußerten Wünsche und Fragestellungen der Schüler:innen einzugehen. Ebenso kann ein Eingehen auf die problematischen und von den Schüler:innen geteilten Inhalte eingeplant werden, um explizit an den historischen Gegebenheiten die Problematiken der Inhalte erarbeiten oder erläutern zu können.

Tag 2: Geschichte vor Ort

Um das eher abstrakt wirkende Wissen des ersten Projekttags auf die Lebenswelt der Schüler:innen zu übertragen, erfolgt am zweiten Projekttag eine Auseinandersetzung mit der Geschichte des Dritten Reichs vor Ort. Das Ziel ist die Erkenntnis, dass der Nationalsozialismus und dessen Verbrechen auch in der eigenen Umgebung stattgefunden haben – nicht nur weit entfernt in den Hochburgen des Nationalsozialismus wie Nürnberg, Obersalzberg oder Berlin. Durch verschiedene Methoden soll Geschichte etwas Nahes und Erkennbares werden.

Zur Durchführung gibt es unterschiedliche Ideen, wie der Lebenswelt-bezug hergestellt werden kann. Wichtig ist, dass die Schüler:innen betreut werden in dem Sinne, dass sie sich jederzeit an Lehrer:innen oder pädagogische Begleitung wenden können. Die Konfrontation mit der Ausgrenzung und den systematischen Gewaltverbrechen der Zeit, vor allem wenn diese direkt vor Ort stattgefunden haben, kann verschiedene Emotionen und Belastungen bei den Schüler:innen hervorrufen, die in einem geschützten Rahmen aufgefangen werden müssen. Da einige der Projekttag als Kleingruppenarbeit vorgesehen ist, ist diese Begleitung der Gruppen unabdingbar.

Insgesamt wurden im Austausch vier Ansätze überlegt, die beliebig variiert oder ergänzt werden können:

Stadtrundgang zu Gedenkstätten vor Ort

Entweder durch Vorarbeit der Lehrer:innen oder mithilfe von Organisationen/ Stellen vor Ort kann ein Stadtrundgang zu Gedenkstätten des Faschismus organisiert werden. Verschiedene Vereine oder Referent:innen (bspw. Vereine für Sozialgeschichte, die Landeszentralen für politische Bildung, usw.) bieten alternative Stadtführungen an, bei Bedarf könnte ein Schwerpunkt angefragt werden. Der Vorteil hier wäre die Möglichkeit, als größere Gruppe gemeinsam den Stadtrundgang erleben könnte.

Stolpersteine und Lokalgeschichte

Innerhalb dieses Moduls, das sich auch mit den anderen kombinieren lässt, würden die Schüler:innen in Kleingruppen eine Präsentation zu Personen vor Ort vorbereiten. Diese könnte man im Klassenverband vortragen oder mit einem Stadtrundgang zu den verschiedenen Stolpersteinen verbinden.

Berichte von Zeitzeug:innen

Da mittlerweile ein direktes Gespräch mit Zeitzeug:innen nicht mehr möglich ist, könnte mit den verschiedenen existierenden Ton- und Videodokumenten eben jener gearbeitet werden. In Kleingruppen könnten die Schüler:innen sich mit unterschiedlichen Aspekten des Lebens der Zeug:innen im Nationalsozialismus befassen und diese abschließend im Klassenverband zu einem Gesamtbild zusammenfügen.

Geschichte an Schule(n)

Sofern die Schule bereits in/vor der Zeit des Nationalsozialismus existiert hat, können sich die Schüler:innen direkt vor Ort mit der Rolle dieser in den Jahren 1933-1945 auseinandersetzen. Untersuchbare Aspekte wären beispielsweise die Rolle der Schule selbst für die Bildung, mögliche Ausgrenzung jüdischer Mitschüler:innen und Lehrer:innen, ein Blick in den Lehrplan oder ähnliches. In Kleingruppenarbeit können die Schüler:innen sich damit auseinandersetzen, wie ihre Schule in den Jahren agiert hat – und ggf. auch, inwiefern aufgearbeitet wurde.

Gedenkstättenfahrt

Eine weitere Möglichkeit böte die Fahrt zu einer Gedenkstätte in der näheren Umgebung. Verschiedene Stellen, beispielsweise Landeszentralen für politische Bildung oder Gedenkstättenvereine, bieten Unterstützung für die Planung und Umsetzung, seitens der Schule wäre der Transport zu organisieren. Der Besuch einer Stätte sowie die genauere Beschäftigung mit dem Leben dort vermittelt den Schüler:innen einen direkten Eindruck des Alltags ausgegrenzter Menschen im Nationalsozialismus.

Tag 3: Empowerment

Am dritten Projekttag soll noch mal stärker auf die Bedarfe der Schüler:innen eingegangen werden. Während die ersten beiden Projekttage unter den Aspekten der Wissensvermittlung und -vertiefung standen, können hier Interessen zu den Bereichen Rechtsextremismus, Hate Speech, Fake News und weiteren Themenfeldern abgedeckt werden. Diese Bedarfe sollen durch externe Expert:innen abgedeckt werden, um in Kleingruppen auch auf individuelle Erfahrungen eingehen zu können. Zudem besteht bei Externen weniger Angst vor "Fehlern" oder Zurückhaltung durch schulbetriebsbedingten Konformitätsdruck.

Bereits im Vorhinein sollte durch die Schule ein Clustern von Themenwünschen stattfinden, sodass der Tag entsprechend mit und durch die Expert:innen geplant werden kann. Auch die Anzahl der Schüler:innen muss im Vorhinein klar sein, um die Gruppengrößen sowie die davon abhängige Anzahl der Teamenden planen zu können. Angedacht ist eine Mischung aus Input- und Workshopphasen, die in einer finalen Runde enden. Insgesamt wäre der Tag dann in verschiedene Abschnitte gegliedert:

Auftakt

Der Auftakt soll den Schüler:innen zum einen vermitteln, was sie über den Tag hinweg erwartet, zum anderen aber auch für sie selbst wie auch den Expert:innen die Möglichkeit darstellen, erste Erfahrungen abzufragen, zu sammeln und entsprechend in den Modulen einbinden zu können. Diese Fragerunde kann, je nach Dynamik, auf verschiedene Weisen stattfinden: durch direkte Fragen nach Erfahrungen, Abfragen mit gruppendynamischen (bspw. Flipcharts mit Erwartungszielscheiben oder Nähe-Distanz-Einschätzungen) und bewegungsorientierten (bspw. Akklamation, Einschätzungslinien oder soziometrische Übungen) Antwortmöglichkeiten oder die Nutzung digitaler Abstimmungsmöglichkeiten. Zu beachten ist auch hier, dass für die Schüler:innen jederzeit Ansprechpartner:innen für individuelle Belastungen und Verletzungen vor Ort sein müssen.

Sessions I

In arbeitsfähigen Gruppengrößen würde nach dem Auftakt die erste Input- und Workshopphase mit zwei Blöcken/ Workshops starten. Die im Vorhinein abgeklärten Bedarfe würden in verschiedenen Workshops aufgefangen und vertieft werden. Mögliche Themen wären hier beispielsweise grundlegende Informationen über Hass im Netz, Grenzen von Ironie und schwarzem Humor, Erkennen von Fake News und Falschinformationen, Handlungsstrategien gegen Hass im Netz oder Argumentationstrainings. Diese Sammlung dient lediglich als Inspiration und kann, je nach gestaltenden Expert:innen, entsprechend erweitert und angepasst werden. Wichtig ist, dass die Schüler:innen die Möglichkeit haben, ihre größtmöglichen Interessen abdecken zu können.

Ergebnissammlung I

Da es voraussichtlich nicht immer möglich ist, dass jede:r Schüler:in jeden Workshop besucht, ist eine kurze Sammlung der Ergebnisse aus den Workshops sinnvoll. Diese Sammlung kann durch verschiedene Methoden erfolgen, wichtig ist hier vor allem die Nachhaltigkeit - für alle Schüler:innen sollen die wichtigsten Aspekte auch nach langer Zeit noch nachvollziehbar sein. Dies kann in Form von Flipcharts, Plakaten, Präsentationen oder ähnlichem erfolgen. Eine direkte Präsentation der Ergebnisse ist nicht geplant, jedoch sollen im Plenum am Ende des Tages zumindest die Sammlung kurz gezeigt, die wichtigsten Ergebnisse genannt und diskutiert werden können.

Mittagspause

Die Mittagspause hat vielfältige Funktionen und bedarf einer ausreichenden Länge. Sie muss einerseits genug Zeit für Mittagessen und Erholen vom Vormittag und Inhalten bieten, andererseits soll sie individuell nutzbarer Sozialraum sein, um neben anderem auch bisherige Inhalte kommunikativ oder für sich selbst verarbeiten und besprechen zu können, mit anderen in freien Austausch zu kommen und so auch über bisheriges und kommendes ins Gespräch zu kommen.

Sessions II

In einem zweiten Session-Block werden die Workshops des Vormittages zumindest teilidentisch angeboten, um möglichst vielen Schüler:innen ihre Interessenabdeckung zu ermöglichen. Stark nachgefragte Workshops können in einem weiteren Durchgang durchgeführt werden. Weitere Themen sind entsprechend den Bedarfen möglich. Die Schüler:innen können hier noch einmal gezielt ihre Fragen und Anmerkungen einbringen, die sich aus den vorherigen Workshops oder der Ergebnissammlung ergeben haben.

Ergebnissammlung II

Auch in der zweiten Ergebnissammlung gibt es die Möglichkeit des Austauschs sowie der Vertiefung der gehörten und erarbeiteten Inhalte, um eine möglichst hohe Nachhaltigkeit zu erzielen.

Plenum und Ausklang

Am Ende des Tages finden sich alle Schüler:innen, ggf. betreuende Lehrer:innen und die Expert:innen zu einem Plenum zusammen. Hier sollen die Ergebnisse des Tages vorgestellt werden, die Form ist dabei offen. Es bietet sich die Möglichkeit, noch offene Fragen zu klären und einen Ausblick zu geben. Ebenso kann Feedback eingeholt werden, um die Projekttage noch einmal präventiv für andere Klassenstufen durchzuführen.

Personelle Ressourcen

Die Anzahl benötigter Teamender für den dritten Projekttag ist abhängig von der Anzahl der parallel stattfindenden Workshops und der Schüler:innen. In der Konzeption wurde von einer Teilnehmendenzahl von bis zu fünfzehn Schüler:innen pro Workshop und einer maximalen Obergrenze von 20 ausgegangen. Bei einer vierzügigen Jahrgangsstufe mit 100 – 120 Schüler:innen (vgl. *Vorgaben für die Klassenbildung*. (n.d.)) wären das sechs bis zehn Workshops pro Phase – mit entsprechend benötigten Teamenden sowie kriseninterventionserfahrenen Menschen, die in möglicherweise belastenden Situationen zur Seite stehen können.

Quellenverzeichnis

Die Verankerung des Themas Nationalsozialismus im Schulunterricht in Deutschland, Österreich, Polen und Frankreich Sachstand Wissenschaftliche Dienste. (n.d.). https://www.bundestag.de/resource/blob/577838/057659f45ba3ae2fc1ba10aca4f1da91/WD-8-091-18-pdf-data.pdf

Holocaust und Nationalsozialismus. (n.d.). Www.kmk.org. https://www.kmk.org/themen/allgemeinbildende-schulen/weitere-unterrichtsinhalte-und-themen/holocaust-und-nationalsozialismus.html

Vorgaben für die Klassenbildung. (n.d.). Retrieved January 19, 2023, from https://www.kmk.org/fileadmin/Dateien/pdf/Statistik/Dokumentationen/2019-09-16_Klassenbildung_2019.pdf

Eike Bösing, Yannick von Lautz, Margit Stein, Mehmet Kart

Möglichkeiten der Prävention islamistischer Radikalisierung bei Jugendlichen. Ausgewählte Ergebnisse der wissenschaftlichen Begleitung des Projekts CHAMPS

1. Das Projekt CHAMPS als Teil einer ganzheitlichen Extremismusprävention

Demokratieförderung und Radikalisierungsprävention sind wichtige gesamtgesellschaftliche Aufgaben. Ein wegweisendes Projekt, das sich diesen Zielen verschrieben hat, ist das *Projekt CHAMPS*[1] aus Köln. In dem Integrations- und Gleichberechtigungsprojekt werden pro Jahrgang etwa 20 Jugendliche zwischen 16 und 26 Jahren zu Multiplikator*innen ausgebildet. Nach einem einjährigen Training erhalten sie ein CHAMPS-Zertifikat mit dem sie selbst im Sinne eines Peer-to-Peer Ansatzes Bildungsarbeit im Kontext von Integration, Toleranz und Demokratieförderung im weitesten Sinne leisten können. Die Jugendlichen und jungen Erwachsenen befassen sich im Rahmen von wöchentlich stattfindenden Trainings mit den Themen Demokratie, Rassismus, Diskriminierung, Gleichberechtigung, Wertevermittlung, Weltreligionen und Extremismus-Prävention.

Das Projekt wurde im Jahr 2018 gegründet und wird durch das Land Nordrhein-Westfalen gefördert. Träger ist der Verein HennaMond e.V. Im Folgenden werden nach einer theoretischen Einführung ausgewählte Ergebnisse der wissenschaftlichen Begleitung durch das Forschungsprojekt Distanz[2] („Strukturelle Ursachen der Annäherung an und Distanzierung von islamistischer Radikalisierung – Entwicklung präventiv-pädagogischer Beratungsansätze") vorgestellt.

---

1 http://champs-projekt.de/.
2 https://www.forschungsverbund-deradikalisierung.de/.

2.   Theoretische Einführung und Forschungsstand zu Radikalisierung und Prävention

In Wissenschaft und Praxis existiert zwar kein einheitliches Verständnis von Radikalisierung; sie wird jedoch überwiegend als Prozess verstanden, in dem sich das Denken und/oder Handeln von Personen oder Gruppen verändert (Neumann 2013; Zimmer et al. 2022; 2023). Entsprechend des prozesshaften Verständnisses gehen auch gängige Radikalisierungsmodelle meist von mehr oder weniger linearen Prozessen aus, an deren Ende dann in der höchsten Eskalationsstufe Gewalthandlungen stehen (siehe etwa Moghaddam 2005; Silber & Bhatt 2007). Entgegen diesen heuristischen Modellierungen plädieren Abay Gaspar et al. (2018, S. 5) für einen weiter gefassten Radikalisierungsbegriff, in dem Radikalisierung als „die zunehmende Infragestellung der Legitimation einer normativen Ordnung und/oder die zunehmende Bereitschaft, die institutionelle Struktur dieser Ordnung zu bekämpfen" verstanden wird. Somit wird Radikalisierung hier nicht normativ verstanden, sondern relational zu geltenden Verhältnissen. Darüber hinaus ist sie nicht notwendigerweise mit Gewaltanwendung und/oder -Legitimation verbunden – die Autor*innen konzeptualisieren drei Formen der Radikalisierung: „(A) Radikalisierung in die Gewalt, (B) Radikalisierung in der Gewalt und (C) Radikalisierung ohne Gewalt." (ebd., S. 7f.).

Auch *Islamismus* ist kein einheitlich definiertes Phänomen und muss abhängig von historischen und politischen Kontexten eingeordnet werden. Es handelt sich um einen Sammelbegriff für verschiedene Ideologien, „die im Namen des Islam die Einrichtung einer allein religiös legitimierten Gesellschafts- und Staatsordnung anstreben" (Pfahl-Traughber 2011, o.S.). Entsprechend dieser weit gefassten Definition unterscheiden sich islamistische Akteur*innen zum Teil deutlich in ihren Zielen und Methoden – klar definierte bzw. allgemeingültige Indikatoren dafür, was islamistisch ist und was nicht, lassen sich nicht ausmachen. Im Zentrum steht eine gesellschaftspolitische Zielsetzung, die strikte Religionsauffassung allein ist somit kein ausreichendes Indiz für Islamismus (Fouad & Said 2020).

Für die Hinwendung zum Islamismus lassen sich Risikofaktoren identifizieren. Diese liegen auf der individuellen Ebene beispielsweise in persönlichen Krisen und biographischen Brüchen. Auf der Mesoebene sind unter anderem Bedingungen des sozialen Nahraums und jugendkulturelle

Dimensionen relevant. Auf der Makroebene liegen Risikofaktoren in sozialer Ungleichheit, (kollektiven) Diskriminierungserfahrungen und können im Zusammenhang mit politischen Ereignissen und internationalen Konflikten stehen (Akkuş et al. 2020; Aslan et al. 2018; Frindte et al. 2011; Logvinov 2017; Wiktorowicz 2005; Zimmer et al. 2022; 2023).

Zur *Prävention* von Radikalisierung hat sich in Deutschland eine vielfältige Präventionslandschaft etabliert, in der sowohl zivilgesellschaftliche als auch staatliche Akteur*innen mit pädagogischen und sicherheitsorientierten Zielsetzungen tätig sind. Allgemein zielt Radikalisierungsprävention darauf, Prozesse der Hinwendung zu verhindern bzw. möglichst frühzeitig zu unterbrechen. Das Projekt CHAMPS verfolgt dabei einen Ansatz, der in den Bereich der universellen Prävention eingeordnet werden kann. Universelle Prävention zeichnet sich – im Gegensatz zur selektiven und indizierten Prävention – durch keine bzw. nur geringe Zielgruppenspezifika aus und ist damit noch vor dem Auftreten möglicher Radikalisierungserscheinungen verortet. Die Ziele universeller Prävention sind die Reduktion von Risikofaktoren und die Stärkung von Schutzfaktoren. Dabei sollen sowohl demokratische Grundüberzeugungen als auch psychische Persönlichkeitseigenschaften gestärkt werden (Ceylan & Kiefer 2018; Groeger-Roth 2020). Sie wirkt also phänomenübergreifend.

3.   Wissenschaftliche Begleitung des Präventionsprojekts Champs

Das Projekt CHAMPS wird durch das BMBF geförderte Verbundprojekt Distanz wissenschaftlich begleitet. Die Ziele des Forschungsprojekts sind die wissenschaftliche Aufarbeitung insbesondere strukturell-gesellschaftlicher Faktoren der Abwendung vom Islamismus sowie die (Weiter)Entwicklung von Fortbildungen und präventiv-pädagogischen Ansätzen. Die wissenschaftliche Begleitung fokussiert auf das einjährige Training des Jahrgangs 2022/23 und verfolgt einen formativen Ansatz. Forschungsleitend sind dabei die Fragen nach der Zielgruppe und deren Ausgangslage, dem Gelingen der Umsetzung gemäß Projektkonzept sowie Herausforderungen und potenziellen Änderungsbedarfen. Zudem erfolgt eine themenbezogene Bewertung mit der Frage, inwiefern sich tendenzielle Veränderungen bei den Teilnehmenden bzgl. der im Projekt thematisierten Schwerpunkte nach Abschluss des einjährigen Trainings erkennen lassen.

Zu Beginn der Begleitung wurde mit einem Logic Model eine verein-
fachte Programmlogik erstellt; auf Basis des Logic Models wurden die
Strukturen und Handlungslogiken rekonstruiert und die Datenerhebung
geplant. Die Datenerhebung umfasst zwei teilnehmende Beobachtungen während der Gruppenstunden, ein Fokusgruppeninterview mit Mitarbeitenden des Projektes zu Beginn des Jahrgangs, ein Fokusgruppeninterview mit Teilnehmenden sowie zwei Fragebogenerhebungen zu
Beginn (2022) und nach Ende (2023) des Trainings. Letztere umfassen
aufgrund der geringen Anzahl an Projektteilnehmenden (n=19) einen
größeren qualitativen Anteil sowie einen vollstandardisierten Teil zur Erhebung von Einstellungen zu in dem Projekt behandelten Themenbereichen. Entsprechend der nur geringen Anzahl an Befragten sind auch
die nachfolgend dargestellten Ergebnisse entsprechend vorsichtig zu
interpretieren.

Zum Thema Demokratie werden Items der Shell Jugendstudie verwendet
(Shell Deutschland Holding 2019). Die Items zum Thema Sexismus sind
angelehnt an Endrikat (2003), die Items zur Gewaltprävention (Gewaltbereitschaft und Gewaltakzeptanz) orientieren sich an Ulbrich-Hermann
(1995). Zum Thema Wertevermittlung werden Items einer Skala zur Mes-
sung von Diversitätsakzeptanz verwendet (Kolb, Stein & Zimmer 2023).
Die Items wurden jeweils zum Zwecke der wissenschaftlichen Begleitung
angepasst und ergänzt.

4.   Ausgewählte Ergebnisse der Befragungen der am Projekt CHAMPS Beteiligten

Im Folgenden werden zunächst ausgewählte Ergebnisse der ersten Fragebogenerhebung sowie anschließend des Fokusgruppeninterviews mit
Mitarbeitenden des Projektes vorgestellt.

4. 1 Ergebnisse der Fragebogenerhebung

Ausgangslage der Teilnehmenden

Die Teilnehmenden des begleiteten Projektdurchlaufes sind zwischen 15
und 24 Jahre alt (n=19; 11 weiblich, 7 männlich, 1 ohne Angabe). Sie
besuchen überwiegend eine Realschule oder Gesamtschule (jeweils 8

Personen). Erfasst wurde zudem der Migrationshintergrund erster Generation (selbst eingewandert; 7 Personen) und der Migrationshintergrund zweiter Generation (ein oder beide Elternteile im Ausland geboren; 8 Personen). Die anderen Teilnehmenden geben an, keinen entsprechenden Migrationshintergrund zu haben. Bezüglich der Religionszugehörigkeit gibt mit 9 Personen knapp die Hälfte an, dem Islam anzugehören, gefolgt vom Christentum (5 Personen) und dem Ezidentum (3 Personen). Ein*e Teilnehmer*in gibt an, keiner Religion anzugehören, eine Person macht diesbezüglich keine Angabe. Neben der formalen Religionszugehörigkeit wurden die Jugendlichen zu ihrer Religiosität und zur Bedeutung von Religion im sozialen Umfeld befragt (Tabelle 1). Viele der Teilnehmenden verstehen sich als gläubig (15 Personen) und zeigen ein hohes Interesse für Religion (14 Personen).

Tabelle 1: Religiosität nach Religionszugehörigkeit

Zustimmung (Antwortkategorien 4-6 zusammengefasst, Skalierung 1 = „stimme überhaupt nicht zu" bis 6 = „stimme voll und ganz zu")	Gesamt (n=19)	Christentum (n=5)	Islam (n=9)	Ezidentum (n=3)	Keine (n=1)
Ich interessiere mich für Religion	14 (74%)	5 (100%)	8 (89%)	1 (33%)	0
Ich verstehe mich selbst als religiös/gläubig	15 (79%)	4 (80%)	9 (100%)	2 (67%)	0
Religion hat eine wichtige Bedeutung in meinem Leben	12 (63%)	3 (60%)	7 (78%)	2 (67%)	0
In meiner Familie ist Religion ein wichtiges Thema	13 (68%)	4 (80%)	6 (67%)	3 (100%)	0
In meinem Freundeskreis ist Religion ein wichtiges Thema	9 (47%)	2 (40%)	6 (67%)	1 (33%)	0

Bezüglich der Motivation zur Teilnahme am CHAMPS-Projekt überwiegt das Interesse an den angebotenen Themen (10 Personen), Spaß und Freizeitbeschäftigung (7 Personen). Außerdem geben 5 Teilnehmende an, am Kontakt mit anderen Teilnehmer*innen interessiert zu sein.

Neben der Teilnahmemotivation wurde mittels einer teiloffenen Fragestellung erhoben, was den Jugendlichen und jungen Erwachsenen im Projekt besonders wichtig ist. Hier zeigt sich, dass insbesondere ein offener Austausch und gegenseitige Akzeptanz, sowie eine positive Gruppenatmosphäre im Zentrum stehen. Neben den sozialen Faktoren benennen die Befragten die Erarbeitung der Themen als wichtig.

Tabelle 2: Wichtige Elemente im Projekt

Was ist dir für das Projekt CHAMPS besonders wichtig? (Teiloffene Fragestellung; Mehrfachantworten möglich; *kodierte Freitextantwort)	
Andere Sichtweisen kennenlernen*	5,3%
Spaß in der Gruppe*	10,5%
Vielfältige Methoden kennenlernen	36,8%
Eigene Themen einbringen	57,9%
Guter Kontakt zu den Gruppenleiter:innen	63,2%
Das CHAMPS-Zertifikat	63,2%
Gemeinsame Freizeitaktivitäten	68,4%
Spannende Themen kennenlernen	68,4%
Positive Gruppenathmosphäre	73,7%
Offener Austausch und Akzeptanz verschiedener Meinungen	78,9%

Werteinstellungen der Teilnehmenden

Im zweiten Teil des Fragebogens wurden die Teilnehmenden zu ihren Einstellungen zu im Projekt behandelten Themenbereichen befragt. Die deskriptiven Auswertungen zeigen, dass unter den Teilnehmenden bereits zu Beginn des Projektes sehr hohe Zustimmungswerte bezüglich Demokratiezufriedenheit und Demokratienormen bestehen. Dennoch ist etwa ein Fünftel (22,1%) der Befragten tendenziell mit der Art und Weise der Demokratie in Deutschland (eher) unzufrieden. 7,1% sind in politischen Fragen nicht kompromissbereit und 17,7% glauben zumindest tendenziell, dass es Konflikte gibt, die nur eine gewaltsame Lösung erlauben. Einzig bezüglich eines Items zur Autoritarismus-Affinität bestehen abweichende Tendenzen; so stimmen über die Hälfte der Befragten der Aussage zu, eine starke Hand müsste mal wieder Ordnung in unseren Staat bringen (Tabelle 3).

Tabelle 3: Einstellungen zu Demokratiezufriedenheit und Demokratienormen

Zustimmung auf Item-Ebene	Stimme voll und ganz zu 6	5	4	3	2	Stimme überhaupt nicht zu 1
Demokratiezufriedenheit						
Ich bin mit der Art und Weise, wie unsere Demokratie funktioniert zufrieden	31,6%	26,3%	21,1%	5,3%	15,8%	0%
Demokratienormen und Bezug auf Politik						
In der Politik sollten mehr junge Leute was zu sagen haben	63,2%	10,5%	10,5%	5,3%	10,5%	0%
Auch wer sich in einer politischen Auseinandersetzung im Recht sieht, sollte einen Kompromiss suchen	42,9%	21,4%	28,6%	7,1%	0%	0%
Autoritarismus						
In jeder Gesellschaft gibt es Konflikte, die nur mit Gewalt ausgetragen werden können	0%	11,8%	5,9%	11,8%	23,5%	47,1%
Eine starke Hand müsste mal wieder Ordnung in unseren Staat bringen	16,7%	16,7%	27,8%	16,7%	11,1%	11,1%

Bezüglich Gewaltakzeptanz und Gewaltbereitschaft, sowie modernem und klassischem Sexismus zeigen sich teils deutliche Ablehnungen der Teilnehmenden. So lehnen Sie zu nahe 90% ab, ihre Interessen mit körperlicher Gewalt durchzusetzen. Der Aussage, dass Ungleichbehandlung von Frauen in Deutschland ein Problem ist, stimmen knapp 90% der Befragten zu. Bedenklich ist jedoch, dass eine Minderheit von jeweils 16,7% uneingeschränkt (Zustimmung „voll und ganz") Gewalt in manchen Situationen für legitim hält und ebenso stark eine klare Rollenzuweisung für Frauen hinsichtlich einem Fokus auf Ehe und Mutterschaft befürwortet (Tabelle 4).

Tabelle 4: Einstellungen zu Gewalt und Sexismus

Zustimmung auf Item-Ebene	Stimme voll und ganz zu 6	5	4	3	2	Stimme überhaupt nicht zu 1
Gewaltakzeptanz und Gewaltbereitschaft						
Ich selbst würde keine Gewalt anwenden, aber es ist in bestimmten Situationen in Ordnung, wenn andere das tun	16,7	0	5,6	11,1	22,2	44,4
Ich bin bereit dazu, meine Interessen mit körperlicher Gewalt durchzusetzen	0	0	11,1	5,6	16,7	66,7
Moderner und klassischer Sexismus						
Die Ungleichbehandlung von Frauen ist ein Problem in Deutschland	44,4	27,8	16,7	5,6	5,6	0
Frauen sollten sich vor allem auf ihre Rolle als Ehefrau und Mutter konzentrieren	16,7	0	11,1	5,6	5,6	61,1

4. 2 Ergebnisse des Fokusgruppeninterviews

Das Projekt CHAMPS orientiert sich an einem Peer-to-Peer Ansatz, der in vier Phasen eingeteilt werden kann: zunächst wird eine Gruppe von Freiwilligen akquiriert, die dann von Professionellen themenbezogen geschult wird. Anschließend wird ein Vermittlungskonzept erarbeitet und durch die Peer-Educators gemeinsam mit den Professionellen durchgeführt (Rohr et al. 2016). Gemäß den Ergebnissen der qualitativ-inhaltsanalytischen Auswertung (Mayring 2015) des Fokusgruppeninterviews mit Mitarbeitenden des Projektes wird im CHAMPS-Projekt ein besonderer Schwerpunkt auf der Bildung und Integration der zukünftigen Peer-Educators gelegt. Methodisch wird die Sachebene durch Input und Reflexion von Filmen, Vorträgen durch externe Referent*innen und Bildungsreisen bedient. Darüber hinaus sollen die Themen möglichst nah an persönlichen Erfahrungen der Mitarbeitenden und Teilnehmenden vermittelt werden:

> *„Das ist auch ‚Woher komme ich?' ‚Wo stehe ich gerade?' ‚Wo will ich hin und warum ticke ich so?' […] Dass man erstmal an uns arbeitet: ‚Warum sind wir so?' […] Dass wir uns kennenlernen und wissen, diese Traditionen oder alles Mögliche was ich von Zuhause mitbekommen habe, das in Frage zu stellen irgendwann."* (Gruppentrainer*in_2)

Somit setzt das Projekt neben Rollenspielen sowie theater- und kunstpädagogischen Übungen auf lebensweltnahe und biographische Aufbereitung. In Abgrenzung zu herkömmlichen Peer-to-Peer Projekten leisten die Mitarbeitenden im Rahmen des Projekts CHAMPS umfassende psychosoziale Unterstützung, die sich beispielsweise in Form von Einzelarbeit, Beratung und Elternarbeit sowie schulischer und bürokratischer Hilfe äußert. Dementsprechend unterstreichen die Fachkräfte die Relevanz der Beziehungsarbeit mit den Teilnehmenden, die sich sowohl auf psychosozialer als auch Sachebene als wichtig erweist:

> *„Weil wir gesagt haben, wir müssen diese Beziehungsarbeit leisten, […] dass sie sich dann trauen über die Problematik, die auf die zukommt, dass die dann auch mit uns darüber reden […], wir kennen die Jugendlichen so gut, dass wir auch schon wissen, wenn etwas nicht in Ordnung ist."* (Gruppentrainer*in_1)

Beziehungsarbeit bildet damit eine Grundlage der psychosozialen Unterstützung der Jugendlichen. Darüber hinaus wird eine stabile Beziehung als notwendig für die Bearbeitung sensibler Themen angesehen:

> *„Durch die Beziehung öffnen sie sich und dann sind die auch/ die können auch über schwere Themen reden. Wenn die sagen: ‚Wir vertrauen den Menschen die hier sind. Das ist hier unser Raum. Ich kann hier alles sagen und denken, was ich will, ich werde nicht direkt bewertet.'"*
> (Gruppentrainer*in_1)

Analog zu den Ergebnissen der Fragebogenerhebung mit den Teilnehmenden wird auch seitens der Mitarbeitenden besonderer Wert auf ein positive Gruppenatmosphäre gelegt. Die Gruppenstunden werden als Schutzraum für die Jugendlichen verstanden, in dem auch kontroverse Meinungen offen thematisiert werden können.

5.   Fazit

Das Projekt CHAMPS vereint Jugend(sozial)arbeit und Jugendbildung im Rahmen eines Peer-to-Peer Ansatzes. Es zeichnet sich durch eine hybride Struktur aus und unterscheidet sich insbesondere durch die intensive psychosoziale und Beziehungsarbeit sowie die zusätzliche Begleitung durch professionelle Fachkräfte von klassischen Peer-Projekten. Als universelle Präventionsmaßnahme adressiert CHAMPS sowohl die Mikroebene durch Vorurteilsbekämpfung, sozial-kognitive Kompetenzsteigerung und politische Bildung als auch die Mesoebene durch Gruppenarbeit, Förderung von Teilhabe und dem Erleben von Zugehörigkeit (Groeger-Roth et al. 2020). Die Bedeutung der Jugend- und Gruppenarbeit spiegelt sich auch bei den Teilnehmenden wieder. Hier zeigt sich, dass das einjährige Training weniger Mittel zum Zweck der Peer-Arbeit ist, als vielmehr als eigenständiges soziales Angebot zur Freizeitbeschäftigung und Jugendbildung wahrgenommen wird.

Literaturverzeichnis

Abay Gaspar, H.; Daase, C.; Deitelhoff, N.; Junk, J.; Sold, M. (2018): Was ist Radikalisierung? Präzisierung eines umstrittenen Begriffs. PRIF Report 5/2018. Frankfurt am Main: Leibniz-Institut Hessische Stiftung Friedens- und Konfliktforschung (HSFK).

Akkuş, U.; Toprak, A.; Yılmaz, D.; Götting, V. (2020): Zusammengehörigkeit, Genderaspekte und Jugendkultur im Salafismus. Wiesbaden: Springer VS.

Aslan, E.; Erşan Akkılıç, E.; Hämmerle, M. (2018): Islamistische Radikalisierung. Biografische Verläufe im Kontext der religiösen Sozialisation und des radikalen Milieu. Wiesbaden: Springer VS.

Ceylan, R.; Kiefer, M. (2018): Radikalisierungsprävention in der Praxis. Antworten der Zivilgesellschaft auf den gewaltbereiten Neosalafismus. Wiesbaden: Springer VS.

Endikrat, K. (2003): Ganz normaler Sexismus. Reizende Einschnürung in ein Rollenkorsett. In: Heitmeyer, W. (Hrsg.) Deutsche Zustände. Folge 2. Frankfurt am Main: Suhrkamp, S. 120-141.

Fouad, H.; Said, B. (2020): Islamismus, Salafismus, Dschihadismus. Hintergründe zur Historie und Begriffsbestimmung. In: Hößl, S.E.; Jamal, L.; Schellenberg, F. (Hrsg.): Politische Bildung im Kontext von Islam und Islamismus. Bonn: Bundeszentrale für politische Bildung, S. 74-98.

Frindte, W.; Dietrich, N.; Geschke, D.; Holtz, P.; Möllering, A.; Schiefer, D.; Schurz, K. (2011): Zusammenfassungen der Befunde aus den Teilstudien. In: Frindte, W.; Boehnke, K.; Kreikenbom, H.; Wagner, W. (Hrsg.): Lebenswelten junger Muslime in Deutschland. Ein sozial- und medienwissenschaftliches System zur Analyse, Bewertung und Prävention islamistischer Radikalisierungsprozesse junger Menschen in Deutschland. Berlin: Bundesministerium des Inneren, S. 594-629.

Groeger-Roth, F.; Heinzelmann, C.; Marks, E.; Minder, K.; Müller, T.; Preuschaft, M. (2020): Universelle Extremismusprävention. In: Ben Slama, B.; Kemmesies, U. (Hrsg.): Handbuch Extremismusprävention. Gesamtgesellschaftlich Phänomenübergreifend. Wiesbaden: Bundeskriminalamt, S. 453-470.

Kolb, C.; Stein, M.; Zimmer, V. (erscheint 2023): Jugendlicher Umgang mit Diversität - erste Ergebnisse zweier Jugendbefragungen im Überblick. In: David, K. et al. (Hrsg): Soziale Arbeit und gesellschaftliche Transformation zwischen Exklusion und Inklusion. Springer VS.

Logvinov, M. (2017): Salafismus, Radikalisierung und terroristische Gewalt. Erklärungsansätze – Befunde – Kritik. Wiesbaden: Springer Fachmedien.

Mayring, P. (2015): Qualitative Inhaltsanalyse. Grundlagen und Techniken. Weinheim/Basel: Beltz.

Moghaddam, F.M. (2005): The Staircase to Terrorism. A Psychological Exploration. American Psychologist 60(2), 161-169.

Neumann, P. (2013): Radikalisierung, Deradikalisierung und Extremismus. Aus Politik und Zeitgeschichte 63(29-31), 3-10.

Pfahl-Traughber, A. (2011): Islamismus - Was ist das überhaupt? Definition - Merkmale – Zuordnungen. Online unter: https://www.bpb.de/politik/extremismus/islamismus/36339/islamismus-was-ist-das-ueberhaupt (abgerufen am: 24.06.2021).

Rohr, D.; Strauß, S.; Aschmann, S.; Ritter, D. (2016): Der Peer-Ansatz in der Arbeit mit Jugendlichen und jungen Erwachsenen: Projektbeschreibungen und –evaluationen. Weinheim/Basel: Beltz Juventa.

Silber, M.D.; Bhatt, A. (2007): Radicalization in the West. The Homegrown Threat. New York: New York Police Department.

Shell Deutschland Holding (2019): Jugend 2019. Eine Generation meldet sich zu Wort. Weinheim: Beltz.

Ulbrich-Hermann, M. (1995): Zur Verbreitung von gewaltbefürwortenden Einstellungen und Gewaltverhalten. In: Heitmeyer, W. u.a. (Hrsg.): Gewalt. Schattenseiten der Individualisierung bei Jugendlichen aus unterschiedlichen Milieus. Weinheim/München: Juventa, S. 127-141.

Wiktorowicz, Q. (2005): Radical Islam rising. Muslim extremism in the West. Rowman & Littlefield: Lanham.

Zimmer, V.; Stein, M.; Kart, M.; Bösing, E.; Ayyildiz, C.; von Lautz, Y. (2022): Islamistische Radikalisierung. Ein Überblick über Verbreitung, Definition, Erscheinungsformen, Ursachen und Handlungsansätze. IU Discussion Papers, Reihe: Sozialwissenschaften, Vol. 2, Issue 1.

Zimmer, Veronika; Stein, Margit; Kart, Mehmet; Bozay, Kemal (erscheint 2023): Islamistische Radikalisierung - Ein Überblick über Erklärungsansätze auf Mikro-, Meso- und Makroebene. In: Aslan et al. (Hrsg): Radikalisierung und Prävention im Fokus der Sozialen Arbeit. Beltzt Juventa.

Christiane Honer, Renate Schwarz-Saage

„Herausforderung Gewalt" – (Jugend)Gewalt am Präventionsort Schule wirksam begegnen

1. Was ist ProPK

Das Programm Polizeiliche Kriminalprävention der Länder und des Bundes (ProPK) ist ein Bund-Länder-finanziertes Programm, welches seit 1972 in den bestehenden Strukturen existiert.

Die Gremien der Polizeilichen Kriminalprävention der Länder und des Bundes wurden auf Basis eines Beschlusses des Arbeitskreises „Innere Sicherheit" (AK II) vom Oktober 1996, abschließend von der „Ständigen Konferenz der Innenminister und -senatoren der Länder" (IMK) im November 1996 mit Wirkung zum 01.07.1997 neu geregelt. Unterhalb des AK II wurde der Bereich „Polizeiliche Kriminalprävention der Länder und des Bundes", bestehend aus Projektleitung, Kommission und Geschäftsstelle, eingerichtet. Diese Struktur soll klare Zuständigkeiten der Gremien im Bereich der Polizeilichen Kriminalprävention, kürzere Geschäftswege und eine bessere Koordination der länderübergreifenden Kooperation sowie der Bund- Länder-Zusammenarbeit gewährleisten.

Die Zentrale Geschäftsstelle mit Sitz in Stuttgart koordiniert als Anlaufstelle alle länderübergreifenden Aktivitäten der Polizeilichen Kriminalprävention im Gremienverbund und im Zusammenwirken mit außerpolizeilichen Präventionsträgern. Sie steuert das Programm Polizeiliche Kriminalprävention und führt die Geschäfte der Projektleitung sowie der Kommission. Darüber hinaus hält die Geschäftsstelle Kontakt zu anderen polizeilichen Gremien. ProPK informiert die Bevölkerung, Organisationen, Medien sowie Funktionsträger und Berufsgruppen, die präventionsorientiert arbeiten, über Erscheinungsformen der Kriminalität und Möglichkeiten der Vorbeugung. Dies geschieht unter anderem durch die Herausgabe von Informationsmedien und anderen Maßnahmen, welche die örtlichen

Polizeidienststellen in ihrer Präventionsarbeit unterstützen, sowie durch kriminalpräventive Presse- und Öffentlichkeitsarbeit. Es werden Konzepte, Medien und Initiativen entwickelt, die über Kriminalität aufklären und Schutzempfehlungen vermitteln. Die zu erreichenden Zielgruppen sind die Bevölkerung in allen Altersstrukturen, Multiplikatoren, Medien und andere Präventionsträger

Zahlen, Daten und Fakten zum ProPK

ProPK bietet Spezialisten für Themen von Arzneimittelkriminalität bis Zivilcourage an und liefert seine Medien an fast 600 Stellen in Deutschland oder direkt zum Bürger nach Hause.

ProPK kooperiert mit vielen Bundes- und Länderbehörden, anderen bundesweiten Präventionsträgern, Universitäten und Hochschulen. ProPK berät neutral und in der Regel kostenlos zu allen Themen der Kriminalprävention. Es ist uns wichtig, da zu sein, wo Sie sind – in Ihrer nächstgelegenen Polizeidienststelle oder kriminalpolizeilichen Beratungsstelle.

polizei-beratung.de polizeiintern auf EXTRAPOL

ProPK ist durch seine Hauptinternetpräsenz www.polizei-beratung.de bundesweit sowie über den polizeiinternen Zugang über EXTRAPOL sichtbar und alle verfügbaren Medien dort abrufbar.

Es gibt eine Besonderheit des internen Bereichs, dieser verfügt über erweiterte Inhalte für Polizeibeschäftigte. Auch im eingebundenen Medienportal finden sich zusätzliche Informationen für Polizeibeschäftigte.

2. Entstehung von Medien bei und mit ProPK

Medien, die bei und mit ProPK entwickelt werden, werden professionell durch ein Redaktionsteam erstellt. Anfallende Kosten sind dabei immer nach dem Königsteiner Schlüssel verteilt. Zu den unterschiedlichsten Themen und für die Erstellung von Medien oder Kampagnen erfolgt die Arbeit in Bund-Länder Projektgruppen, in welche die jeweilige Landesexpertise eingebracht werden kann. So ist gegeben, dass alle ProPK-Medien einen Konsens aller Bundesländer darstellen.

3. Handreichung „Herausforderung Gewalt"

A) Historie

Laut Beschluss auf der 81. Arbeitstagung der KPK 2019 wurde die Umsetzung des Schwerpunktthemas 2021 „Gewalt an Schulen/Jugendgewalt" angestoßen und die Projektgruppe „Gewalt an Schulen" installiert.

Die Themenwahl ergab sich aus der verstärkten Wahrnehmung, dass sich Gewaltdelikte in den virtuellen Raum verlagern und nicht, weil PKS-Zahlen gestiegen sind. Es wird im Allgemeinen von einer hohen Dunkelziffer bei diesem Phänomen ausgegangen. Zudem gibt es ein verzerrtes Lagebild von „Gewalt an Schulen", da es keine bundesweit einheitliche Erfassung in der PKS gibt. Es war notwendig, Schule als einen bewährten Ort von Prävention in den Fokus zu rücken.

Phänomenbereich Jugendgewalt/Gewalt an Schulen

Wie oben bereits gehört, gibt es bisher keine bundeseinheitliche Erfassung zu „Gewalt an Schulen" in der PKS. Es existieren unterschiedliche Definitionen und Kriterien, wie die Taten mit dem Merkmal „Tatort Schule" in der PKS zu erfassen sind. So ist es schwierig, Entwicklungen und Verläufe bei schulischen Gewaltdelikten bundesweit verlässlich nachzuweisen, zu vergleichen und zu bewerten.

Problematisch sind vor allem die unterschiedlichen Regelungen in den einzelnen Ländern, wann entsprechende Delikte seitens der Schulen bei der Polizei verpflichtend anzuzeigen sind. Es gibt eine Bandbreite von überhaupt keiner expliziten Regelung (vier Bundesländer) bis dahin, dass alle Straftaten -auch ohne Kontext zum Schulbetrieb - mit dem Merkmal „Tatort Schule" erfasst werden.

Vorarbeit zur Handreichung „Herausforderung Gewalt"

Die bereits bestehende Handreichung ist seit vielen Jahren eine bewährte und stark nachgefragte Arbeitshilfe für die schulische Präventionsarbeit. Nun war es angezeigt, sie inhaltlich zu aktualisieren, neu zu strukturieren und optisch neu zu gestalten und dem veränderten Corporate Design anzupassen.

Als Grundlage für die Überarbeitung hat die Projektgruppe eine bundesweite Befragung von Präventionsakteuren aus dem schulischen und polizeilichen Bereich zu wichtigen Themen/Problematiken durchgeführt und ausgewertet.

Die Auswertung erfolgte durch die Bund-Länder-Projektgruppe selbst und konnte einen Konsens mit allen Länderpolizeien erreichen.

Die Auswertung ergab, dass das inhaltliche Format als Anleitung, wie Präventionsarbeit an Schulen umgesetzt werden kann, gewünscht ist und mit Blick auf die Zielgruppen befüllt werden sollte.

Umsetzung der Handreichung „Herausforderung Gewalt"

Im Ergebnis entstand eine wesentlich kürzere Handreichung als vorher, der wissenschaftliche Teil wurde bewusst herausgefiltert. Inhaltlich kam es unter anderem zur Einbeziehung der kriminologischen und juristischen Expertise des BKA. Um dem Wunsch der Zielgruppen zu entsprechen, wurde die Handreichung an Fallkonstellationen orientiert.

Das Resultat ergab pragmatische Tipps, wie Schulbeteiligte mit den unterschiedlichsten Situationen mit dem Thema Gewalt im schulischen Bereich umgehen können.

Auf folgende Fragen gibt die HR Antworten

Die Kapitel der Handreichung orientieren sich an folgenden Fragen:

- Wann sind strafrechtliche Grenzen überschritten, wie gehe ich damit um und was passiert, wenn ich eine Anzeige erstatte?
- Wie kann ich Opferwerdung verhindern und wie kann ich helfen, wenn etwas passiert ist?
- Wie finde ich das für meine Situation passende Präventionsprogramm und wie erkenne ich wirksame Konzepte?
- Wie finde ich Mitstreiterinnen und Mitstreiter, Ansprechpersonen und Zugang zu Netzwerken?

Diese und weitere Fragen beantwortet das neue Format in übersichtlicher Form.

Der Projektgruppe war wichtig, nicht erst anlassbezogen zu reagieren und ausschließlich Risikofaktoren in den Fokus zu nehmen, sondern Schutzfaktoren zu stärken und diese in verbindlichen Präventionsstrukturen in einem kontinuierlichen Prozess dauerhaft zu hinterlegen.

Ziele der Handreichung

Das neue bzw. erneuerte Produkt soll nützliche Unterstützung für pädagogisches Schulpersonal bieten, welches Prävention in der Schule umsetzen möchte. Es bietet Anleitung zur Erstellung von wirksamen Präventionskonzepten an Schulen. Zudem zielt es darauf ab, interne sowie externe Partnerinnen und –partner zur langfristigen und nachhaltigen Etablierung von Präventionsstrategien und –maßnahmen zu gewinnen, indem die angesprochenen Zielgruppen die Anregungen zur Netzwerkbildung annehmen und dementsprechend agieren. Es war der Projektgruppe wichtig, Verständnis für eine wirksame Präventionsarbeit an Schulen (Evidenzbasierung) zu wecken und das Verständnis für Prävention als gemeinschaftliche Aufgabe aller Beteiligten (Gesamtstrategie) zu etablieren.

Warum Präventionsuniversum?

Netzwerken ist ein unverzichtbarer Baustein bei der Präventionsarbeit an der Schule. Es soll den Präventionsakteuren an der Schule aufgezeigt werden, was möglich ist und wie es gelingen kann und vor allem, wen man „mit ins Boot" nehmen kann.

Den Nutzenden der Handreichung sollte klar werden, dass ein Gesamtkonstrukt aus Netzwerkpartnern institutionalisiert sein sollte, um regelmäßige Austauschmöglichkeiten mit dauerhaften Partnern, je nach Delikt, auf kurzem Wege nutzen zu können.

Und so muss es auch fest verankert sein, im sogenannten peer to peer-Ansatz – mit den Schülern zusammen.

Prävention erfordert Zusammenwirken vieler Fachkräfte aus unterschiedlichsten Bereichen und ein übergreifendes Gesamtkonzept.

Ausblick

Derzeit ist die Projektgruppe in der Vorbereitung des Medienpaketes „Gewaltig daneben" für den bundesweiten Einsatz. Dazu bestehen bereits Clips bzw. das Medienpaket für Online- und Präsenzunterricht in den Klassenstufen 6 bis 8, welche nun adaptiert werden.

Die Kurzclips behandeln die Themen Provokation, körperliche Gewalt, (Cyber-)Mobbing und Erpressung. Die Clips im Smartphone-Format wurden von Mitarbeitenden der Prävention des Landeskriminalamtes Baden-Württemberg entwickelt und durch die Filmakademie Ludwigsburg umgesetzt. Sie sind bislang nur in Baden-Württemberg verfügbar, werden aber für den bundesweiten Einsatz vorbereitet.

Melanie Jagla-Franke, Leonard Konstantin Kulisch, Charlotte Sievert, Kerstin Kowalewski & Christa Engelhardt-Lohrke

Sind Präventionsangebote für Geschwister von Kindern/ Jugendlichen mit chronischer Erkrankung und/ oder Behinderung –in Deutschland– wirksam?

Hintergrund

Das Aufwachsen mit einem chronisch kranken und/ oder behinderten Geschwister kann für die gesunden Geschwister mit Einschränkungen und Belastungen einhergehen, es können sich aus dieser Lebenslage aber auch Ressourcen entwickeln. Anhand des Risiko- und Schutzfaktorenmodells von Scheithauer und Petermann (1999) sollen diese Faktoren vorgestellt werden, in Anlehnung an Bengel, Meinders-Lücking und Rottmann (2009) differenziert nach familiären, personalen und sozialen Aspekten (siehe Abb. 1)

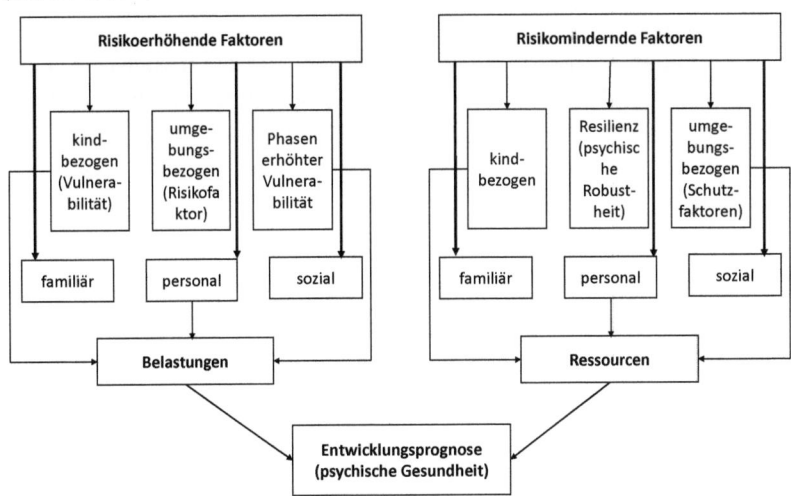

Abbildung 1: Risiko- und Schutzfaktorenmodell nach Scheithauer und Petermann (1999, S. 4), ergänzt um die familiäre, soziale und personale Ebene nach Bengel et al. (2009); entnommen aus Jagla (2019, S. 25)

Als risikoerhöhende familiäre Faktoren werden Einschränkungen der Freizeit (Achilles, 2018) und weniger gemeinsame Zeit mit den Eltern (Alderfer et al., 2010), die Übernahme von Verpflichtungen und Verantwortung (Achilles, 2018) sowie eine Geschwisterbeziehung, die durch Sorgen und Ängste (Callio & Gustafsson, 2016), Gefühle von Schuld (Achilles, 2018; Williams et al., 2009) und Scham (Callio & Gustafsson, 2016) sowie durch Eifersucht (Haukeland et al., 2015) und Ärger bzw. Wut (Haukeland et al., 2015) geprägt ist, beschrieben. Diskriminierungserfahrungen (Moyson & Roeyers, 2011) und Loyalitätskonflikte in der Peergroup (Benderix & Sivberg, 2007) werden als soziale Risikofaktoren beschrieben. Als personale Risikofaktoren werden psychische Auffälligkeiten (Alderfer et al., 2010; Thomas et al., 2016), schulische Probleme (Long et al., 2018) und eine herabgesetzte Lebensqualität (Long et al., 2018) genannt. Die risikomindernden Faktoren im familiären Bereich sind eine gute bis überdurchschnittliche familiäre Lebensqualität (Gundlach et al., 2006) und das Gefühl von Verbundenheit (Callio & Gustafsson, 2016). Soziale Unterstützung (Canary, 2008) gilt ebenso als Ressource wie auf personaler Ebene das psychische Wohlbefinden der gesunden Geschwister (Cianfaglione et al., 2015; Humphrey et al., 2015) und weitere Protektivfaktoren wie Empathie (Perenc & Peczkowski, 2018), Verantwortungs- und Hilfsbereitschaft (Mulroy et al., 2008) und die Wertschätzung der eigenen Gesundheit (Mulroy et al., 2008). Zusammenfassend zeigt sich, dass sich aufgrund des Aufwachsens in einer solchen Lebenssituation sowohl positive als auch negative Folgen entwickeln können. Um die negativen Folgen zu reduzieren, sollten die gesunden Geschwister Unterstützung erhalten. Auch Geschwister, bei denen keine negativen Folgen vorliegen, sollten im Sinne der Primärprävention unterstützt werden, um ihre Ressourcen auszubauen.

Das Projekt „Starke Geschwister!" (Laufzeit Herbst 2019 bis Herbst 2024) hat zum Ziel, Präventionsprogramme, die sich am Interventionsmodell von Spilger und Möller (2013) orientieren und deren Grundlage das Risiko- und Schutzfaktorenmodell nach Scheithauer und Petermann (1999) ist, zu implementieren und zu evaluieren.

Die primärpräventive Intervention „Supporting Siblings (SUSI)" von Kowalewski und Kolleg*innen (2017) wurde für gesunde Geschwister im Alter von acht bis 12 Jahren konzipiert und soll die Stressbewältigungskompetenzen der Kinder und Jugendlichen sowie deren Sozialkompetenzen und Selbstwertgefühl fördern. In sechs aufeinander aufbauenden Modulen wird anhand von verschiedenen kognitiven Aufgaben, dem Erlernen einer Entspannungsmethode sowie spielerischen Kooperationsaufgaben ein positiver Umgang mit Alltagsbelastungen erprobt. Das Programm GeschwisterTREFF „Jetzt bin ICH mal dran!" (Spilger, Engelhardt, Kowaleski & Schepper, 2015) kann bei Geschwistern im Alter von sieben bis 14 Jahre zum Einsatz kommen und soll die Resilienz der Kinder und Jugendlichen stärken, in dem sozial-emotionale Lebenskompetenzen, Bewältigungsstrategien und Ressourcen gefördert werden. In acht Modulen setzen sich die Kinder anhand von verhaltensorientierten, erlebnispädagogischen Gruppen- und Einzelaufgaben mit den Themen Psychoedukation, emotionale Kompetenz, Selbst- und Fremdwahrnehmung, soziale Unterstützung sowie Problemlösekompetenz auseinander. Gemeinsam finden sie kreative Lösungen und erfahren Unterstützung, diese in den Alltag zu transferieren. Die GeschwisterCLUB-Angebote SuSi und GeschwisterTREFF sind neben ModuS-Geschwisterworkshops (Ernst, Klein, Kowalewski & Szczepanski, 2020) deutschlandweit die einzigen standardisierten Programme für gesunde Geschwister.

Methode

Die hier vorgestellten ersten Ergebnisse beziehen sich auf Datenerhebungen zwischen Februar 2020 und April 2022. Es konnte Daten von insgesamt 88 Kindern und Jugendlichen berücksichtigt werden; 59 (im Alter von durchschnittlich 11 Jahren, 55% waren weiblich) von ihnen erhielten entweder die Intervention SUSI oder GeschwisterTREFF, 27 (ebenfalls 11 Jahre, 53% weiblich) dienten als Kontrollgruppe, die aber in den hier vorgestellten Ergebnissen nicht berücksichtigt wurde.

Die gesunden Geschwister bearbeiteten eigenständig das KIDScreen-10 (KIDScreen-Group Europe, 2006) zur Beurteilung der gesundheitsbezogenen Lebensqualität, den Fragebogen zur Erfassung von Ressourcen im Kindes- und Jugendalter (FRKJ 8-16; Lohaus & Nussbeck, 2016). Zur Ermittlung von Stärken und Schwächen, d.h. prosozialem Verhalten bzw. emotionalen Problemen, Verhaltensproblemen, Problemen mit Peers sowie Hyperaktivität wurde das SDQ (Lohbeck, Schultheiß, Petermann & Petermann, 2015) eingesetzt. Die Stressbewältigungsstrategien wurden mit dem Stressverarbeitungsfragebogen für Kinder und Jugendliche von Hampel und Petermann (2016) erhoben. Die Datenerhebung fand zu Beginn der Intervention, bis spätestens eine Woche nach Ende sowie 12 Wochen nach Ende statt. Im Rahmen der Fremdbeurteilung sollten die Eltern die Stärken und Schwächen (SDQ, Lohbeck et al., 2015) und die Lebensqualität der gesunden Geschwister (KIDScreen-Group Europe, 2006) einschätzen, weiterhin wurden ein Bogen zur Familienanamnese und der Familien-Belastungs-Fragebogen (Ravens-Sieberer et al., 2001) eingesetzt.

Die Auswertung der Fragebogen erfolgte nach Manual, für die weitere Datenanalyse wurde ausschließlich die Interventionsgruppe genutzt. Mit Hilfe von t-Tests wurde geprüft, ob sich die psychologischen Parameter im Sinne einer Verbesserung verändert haben.

Ergebnisse

Die deskriptiven Ergebnisse vor der Intervention (T0) zeigten, dass die gesunden Geschwister der Interventionsgruppe eine durchschnittliche gesundheitsbezogene Lebensqualität (KIDScreen-Group Europe, 2006) angaben. Ebenso war der Gesamtwert der Ressourcen (FRKJ; Lohaus & Nussbeck, 2016) unauffällig. Hinsichtlich der Beschreibung ihrer Stärken und Schwächen im SDQ (Gesamtwert) zeigten sie im Vergleich zur Stichprobe von Lohbeck et al. (2015) sowie im Vergleich zu Becker et al. (2018) keine Auffälligkeiten. Der Stressverarbeitungsfragebogen (Hampel & Petermann, 2016) erlaubt die Differenzierung in vier übergeordnete Bewältigungsstrategien (positive, emotionsorientierte, problemorientierte und negative Bewältigung, wobei emotions- und problemorientierte Bewältigung der positiven Bewältigung zugeordnet werden); alle vier Bereiche beschrieben die Geschwister als unauffällig. Die Eltern gaben in der Fremdbeurteilung ebenfalls eine durchschnittliche Lebensqualität (KIDScreen-Group Europe, 2006) an. Hinsichtlich der Stärken und Schwächen wurde der SDQ-Gesamtwert mit der Elternstichprobe von Woerner, Becker und Rothenberger (2004) verglichen; auch hier zeigten sich keine Auffälligkeiten. Im Familien-Belastung-Fragebogen beschrieben die Eltern der vorliegenden Stichprobe mit M=2.26 (±0.57 vs. M=1.93 ±0.54) einen statistisch signifikant höheren Summenwert (t(293)=3.529, p<.0002, d=0.58) als die Vergleichsstichprobe von Ravens-Sieberer und Kolleg*innen aus dem Jahr 2001.

Der Prä-Post-Vergleich zeigte bei den Kindern und Jugendlichen keine statistisch signifikanten Veränderungen zwischen Beginn (T0) und Ende (T1) der jeweiligen Intervention. Zwischen T0 und dem Follow-up-Zeitpunkt (T2) ergaben sich statistisch signifikante Verbesserungen hinsichtlich der erfassten Ressourcen (Gesamtwert Ressourcen: $t(21)= -2.51$, $p=.020$, $d=-0.53$ sowie hinsichtlich der einzelnen Skalen: Integration Schule [$t(24)= -3.10$, $p=.005$, $d=-0.62$] und Integration Peers [$t(25)= -2.38$, $p=.025$, $d=-0.47$]) sowie der Stärken und Schwächen (Gesamtproblemwert: $t(11)= 2.41$, $p=.037$, $d=-0.73$). Die Einschätzung der Eltern zeigte auf, dass sich aus ihrer Sicht der Gesamtproblemwert des SDQ während der Intervention verringerte ($t(26)= 2.54$, $p=.017$, $d=0.49$); zwischen Interventionsbeginn und Follow-up-Zeitpunkt nahmen sie keine Veränderung wahr.

Diskussion

Aus der Literatur ist bekannt, dass das Aufwachsen mit einem chronisch kranken und/ oder behinderten Geschwister herausfordernd sein und zu Belastungen führen (Tröster, 1999; Vermaes et al., 2012), aber auch positive Seiten haben kann. Um aus den Belastungen entstehende Probleme zu reduzieren und die Ressourcen der gesunden Geschwister zu stärken, können primärpräventive Interventionen gut eingesetzt werden. Die Zwischenevaluation des Projekts „Starke Geschwister!" liefert hierfür erste Ergebnisse, die aber aufgrund des geringen Stichprobenumfangs nicht generalisierbar sind. Kowalewski und Kolleg*innen (2014) konnte in einer ebenfalls kleinen Stichprobe positive Effekte für SuSi finden. Engelhardt-Lohrke und Kolleg*innen (2020) konnten in einer Überprüfung des Angebots GeschwisterTREFF an knapp 100 gesunden Geschwistern positive Effekte zeigen.

Aufgrund der Covid-19-Pandemie konnten nicht alle Angebote wie geplant durchgeführt werden, was einerseits zu der kleinen Stichprobe und andererseits zu einer hohen Rate fehlender Werte führte. Neben der weiteren Durchführung und Evaluation von primärpräventiven Angeboten gilt es im Forschungszusammenhang zu prüfen, ob es neben den pandemiebedingten Einschränkungen weitere Gründe für die niedrigen Fragebogenrücklaufquoten gab. Hier soll eine Drop-out-Analyse Aufschluss geben. Weiterhin sollte in diesem Rahmen genauer geprüft werden, ob die Angebote im Rahmen des Projekts „Starke Geschwister!" auch wirklich die Zielgruppe erreichen; die Durchführung einer Risikoanalyse brachte hier richtungsweisende Ergebnisse (Sievert et al., 2023).

Zusammenfassend ist festzuhalten, dass primärpräventive Interventionen für gesunde Geschwister zur Reduktion von Belastungserleben sowie zur Stärkung und Stabilisierung von Ressourcen gut eingesetzt werden können.

Literatur

Achilles, I. (2018). …und um mich kümmert sich keiner! Die Situation der Geschwister behinderter und chronisch kranker Kinder (6. Auflage). München: Reinhardt.

Alderfer, M.A., Long, K.A., Lown, E.A., Marsland, A.L., Ostrowski, N.L., Hock, J.M. et al. (2010). Psychosocial adjustment of siblings of children with cancer: A systematic review. Psycho-Oncology, 19, 789-805.

Becker, A., Wang, B., Kunze, B., Otto, C., Schlack, H., Hölling, H., Ravens-Sieberer, U., Klasen, F., Rogge, J., Isensee, C., Rothenberer, A. & the BELLA study group. (2018). Normative data of the Self Report Version of the German Strengths and Difficulties Questionnaire in an epidemiological setting. Zeitschrift für Kinder- und Jugendpsychiatrie und Psychotherapie, 46(6), 523-533.

Benderix, Y. & Sivberg, B. (2007). Siblings' experiences of having a brother or sister with autism and mental retardation: A case study of 14 siblings from five families. Journal of Pediatric Nursing, 22(5), 410-418.

Bengel, J., Meinder-Lückinger, F. & Rottmann, N. (2009). Schutzfaktoren bei Kindern und Jugendlichen – Stand der Forschung zu psychosozialen Schutzfaktoren für Gesundheit. Köln: BzgA.

Callio, C. & Gustafsson, S.A. (2016). Living with a sibling who suffers from an eating disorder: A pilot interview study. Journal of Multidisciplinary Healthcare, 9, 615-622.

Canary, H.E. (2008). Creating supportive connections: A decade of research on support for families of children with disabilities. Health Communication, 23, 413-426.

Cianfaglione, R., Hastings, R.P., Felce, D., Clarke, A. & Kerr, M.P. (2015). Psychological well-being of mothers and siblings in families of girls and women with Rett Syndrome. Journal of Autism and Developmental Disorders, 45, 2939-2946.

Engelhardt-Lohrke, C., Schepper, F., Herrmann, J., Kowalewski, K., Spilger, T., Weiß, C., & Martini, J. (2020). Evaluation eines manualisierten Gruppenprogrammes für Geschwister von erkrankten oder behinderten Kindern. Praxis der Kinderpsychologie und Kinderpsychiatrie(69), S. 203-217.

Ernst, G., Klein, L., Kowalewski, K. & Szczepanski, R. (2020). Ich bin auch noch da – Schulung für Geschwister von chronisch kranken oder behinderten Kindern. Klinische Pädiatrie, 232(06), 300-306.

Gundlach, S., Würz, J., Schmutzer, G., Hiermann, P., Kapellen, T., Galler, A. et al. (2006). Gesundheitsbezogene Lebensqualität von Geschwistern an Diabetes mellitus Typ 1 erkrankter Kinder und Jugendlicher. Deutsche Medizinische Wochenschrift, 131, 1143-1148.

Jagla, M. (2019). "Und was ist mit mir?" Belastungen, Ressourcen und Persönlichkeitsmerkmale bei Geschwistern von Menschen mit chronischen Erkrankungen und/ oder Behinderungen. (Dissertation). Flensburg: Europa-Universität.

Hampel, P. & Petermann, F. (2016). SVF-KJ Stressverarbeitungsfragebogen nach Janke und Erdmann angepasst für Kinder und Jugendliche (2., vollständig überarbeitete und neu normierte Auflage). Göttingen: Hogrefe.

Haukeland, Y.B., Fjermestad, K.W., Mossige, S. & Vatne, T.M. (2015). Emotional experiences among siblings of children with rare disorders. Journal of Pediatric Psychology, 40(7), 712-720.

Humphrey, L.M., Hill, D.L., Carroll, K.W., Rouke, M., Kang, T.I. & Feudtner, C. (2015). Psychological well-being and family environment of siblings of children with life threatening illness. Journal of Palliative Medicine, 18(11), 981-984.

KIDSCREEN Group Europe. (2006). The KIDSCREEN Questionnaires – Quality of life questionnaires for children and adolescents. Handbook. Lengerich: Pabst.

Kowalewski, K., Spilger, T., Jagla, M., Podeswik, A. & Hampel, P. (2014). „Supporting Siblings" Evaluation eines Lebenskompetenztrainings für Geschwister von chronisch kranken und/ oder behinderten Kindern. Prävention und Gesundheitsförderung, 9, 312-320.

Kowalewski, K., Spilger, T., Podeswik, A. & Hampel, P. (2017). SuSi. Supporting Siblings. Der Präventionskurs für Geschwister chronisch kranker, schwerkranker und/ oder behinderter Kinder. Handbuch mit Arbeitsmaterialien (2., überarbeitete Auflage). Augsburg: Bundesverband Bunter Kreis e.V.

Lohbeck, A., Schultheiß, J., Petermann, F. & Petermann, U. (2015). Die deutsche Selbstbeurteilungsversion des Strengths and Difficulties Questionnaire (SDQ-Deu-S). Psychometrische Eigenschaften, Faktorenstruktur und Grenzwerte. Diagnostica, 61(4), 222-235.

Lohaus, A. & Nussbeck, F.W. (2016). FRKJ 8-16 Fragebogen zu Ressourcen im Kindes- und Jugendalter (1. Auflage). Göttingen: Hogrefe.

Long, K.A., Lehmann, V., Gerhardt, C.A., Carpenter, A.L., Marsland, A.L. & Alderfer, M.A. (2018). Psychosocial functioning and risk factors among siblings of children with cancer: An updated systematic review. Psycho-Oncology, 27(6), 1467-1479.

Moyson, T. & Roeyers, H. (2011). The quality of life of siblings of children with autism spectrum disorder. Exceptional Children, 78, 41-55.

Mulroy, A., Robertson, L., Aiberti, K., Leonard, H. & Bower, C. (2008). The impact of having a sibling with an intellectual disability: Parental perspectives in two disorders. Journal of Intellectual Disability Research, 52(3), 216-229.

Perenc, L. & Peczkowski, R. (2018). Cognitive and affective empathy among adolescent siblings of children with a physical disability. Disability and Health Journal, 11, 43-48.

Ravens-Sieberer, U., Morfeld, M., Stein, R.E.K., Jessop, D.J., Bullinger, M. & Thyen, U. (2001). Der Familien-Belastungs-Fragebogen (FaBel-Fragebogen). Testung und Validierung der deutschen Version der „Impact on Family Scale" bei Familien mit behinderten Kindern. Psychother Psychosom med Psychol, 51. 384-393.

Scheithauer, H. & Petermann, F. (1999). Zur Wirkungsweise von Risiko- und Schutzfaktoren in der Entwicklung von Kindern und Jugendlichen. Kindheit und Entwicklung, 6, 3-14.

Sievert, C., Kulisch, L.K., Engelhardt-Lohrke, C., Kowalewski, K. & Jagla-Franke, M. (2023). Risikofaktoren bei Geschwistern chronisch kranker/ behinderter Kinder. Prävention und Gesundheitsförderung. https://doi.org/10.1007/s11553-023-01044-5

Spilger, T., Engelhardt, C., Kowaleski, K. & Schepper, F. (2015). Der GeschwisterTREFF „Jetzt bin ICH mal dran!" – Förderung der Resilienz von Geschwistern chronisch kranker, schwer kranker und/ oder behinderter Kinder. Handbuch mit Arbeitsmaterialien. Augsburg: Bundesverband Bunter Kreis e.V.

Spilger, T. & Möller, B. (2013). Teil 1: Von der Theorie zum praktischen Versorgungsmodell. Begleiten der Geschwister chronisch kranker und behinderter Kinder. Kinder- und Jugendmedizin, 6, 1-2.

Thomas, S., Reddy, N.K. & Sagar, K.J.V. (2016). Review on psychosocial interventions for siblings of children with Autism Spectrum Disorder (ADS). Journal of Psychosocial Rehabilitation and Mental Health, 50, 101-107.

Tröster, H. (1999). Sind Geschwister behinderter oder chronisch kranker Kinder in ihrer Entwicklung gefährdet? Ein Überblick über den Stand der Forschung. Zeitschrift für Klinische Psychologie und Psychotherapie, 28, 101-107.

Vermaes, I.P.R., van Susante, A.M.J. & van Bakel, H.J.A. (2012). Psychological functioning of siblings in families of children with chronic health conditions: A meta-analysis. J Pediatr Psychol, 37, 166-184.

Williams, P.D., Ridder, E.L., Karlin Setter, R., Liebergen, A., Curry, H., Piamjariyakul, U. et al. (2009). Pediatric chronic illness (cancer, cystic fibrosis) effects on well siblings: Parents' voices. Issues in Comprehensive Pediatric Nursing, 32(2), 94-113.

Woerner, W., Becker, A. & Rothenberger, A. (2004). Normative data and scale properties of the German parent SDQ. European Child and Adolescent Psychiatry, 13(2), 3-10.

Leo Keidel

„ISL AKTIV - Durchstarten nach Corona"
Ein interdisziplinäres Präventionsangebot für die Post-Corona-Zeit nicht nur für Erwachsene

Unser Präventionsprojekt zeigt auf, wie ein bundesweites Förderprogramm zur Förderung der Zivilgesellschaft auch dem Anspruch „Kinder im Fokus der Prävention" gerecht werden kann.

Anlass

Wie kam es zu dem Projekt?

Die Initiative Sicherer Landkreis Rems-Murr e.V. ist seit 1996 aktiv, um das Sicherheitsgefühl unserer Bürger*innen positiv zu beeinflussen und damit auch einen konstruktiven Beitrag für den Zusammenhalt unserer Zivilgesellschaft zu leisten.

Die aktuelle Corona-Pandemie war unstrittig eine der schwersten Krisen für unsere Gesellschaft. Sie gefährdete nicht nur Menschenleben, sondern drohte auch unsere demokratische Gesellschaft zu spalten. Durch die erheblichen Einschränkungen in der Corona-Pandemie verspürten viele Menschen Frust und Isolation. Insbesondere in Kommunen im ländlichen Raum und ohne Jugendarbeit führten die fehlenden Kontakte und Einschränkungen in den Bereichen Schule/Beruf und Freizeit zu einschneidenden Veränderungen im Alltag. Die Menschen sehnten sich nach der Rückkehr in die Normalität und es entstand ein „Nachholbedarf" über die staatlichen und kommunalen Angebote hinaus. Wir wussten, dass z.B. während Corona viele versuchten, die Bedürfnisbefriedigung durch legale und illegale Suchtmittel (Soziale Medien im Internet, Alkohol, Tabak, Cannabis, Frustessen) zu kompensieren. Dazu gehörte auch die Bevölkerungsgruppe der Schüler*innen, insbesondere während der Zeit des Lockdowns mit Schließung der Schulen. Frustration im sozialen Nahraum (Stichworte: Familie im Home office/Home schooling/fehlende sportliche

Aktivitäten) führte neben dem Anstieg des geänderten Konsumverhaltens auch zu einer höheren Zahl von Fällen häuslicher Gewalt.

Obwohl es in unserem Landkreis bereits seit vielen Jahren bewährte Netzwerke mit Hilfs- und Interventionsangeboten gegen Häusliche Gewalt oder Suchtkrankheiten gibt, mussten wir aber feststellen, dass sich eine nicht geringe Anzahl von Schüler*innen während des aufgezwungenen Lockdowns bzw. den Phasen des Home schooling völlig zurückzogen. Deshalb überlegten wir ein spezielles Angebot für Kinder und Jugendlichen und lobten als Verein im 2. Jahr der Pandemie einen kreisweiten Kreativ-Wettbewerb „Corona – Krise oder Chance?" für Schulklassen aus, um den betroffenen Schüler*innen eine Plattform und die Möglichkeit zur Partizipation zu geben. Die Resonanz war überwältigend:

30 Klassen (750 Schüler und 30 Lehrer) aus 13 Schulen aus dem Rems-Murr-Kreis nahmen daran teil und reichten 200 Exponate incl. 30 Videos ein. Dazu kamen noch 40 Plakate von Grafik-Design-Schüler*innen. 6 Schulklassen erhielten Preisgelder von 500,- € bis zu 1.000, - € für die Durchführung einer Gemeinschaftsveranstaltung. Der Wettbewerb ermöglichte den teilnehmenden Schüler*innen eine intrinsische Motivation, aus der Passivität und dem Rückzugsverhalten, in eine aktive Rolle zu wechseln. Es entstand eine vielbeachtete Ausstellung, die mittlerweile als zeitgenössisches Werk vom Haus der Geschichte in Stuttgart übernommen wurde. Weitere Informationen zur Ausstellung sind auf der Internetseite www.haus-der-praevention.de eingestellt.

Dieses Ergebnis überzeugte uns, auch in der Post-Corona-Zeit, weitere (kriminalpräventive) Angebote für die Bevölkerung, insbesondere mit Blickwinkel auf besondere Personengruppen des Rems-Murr-Kreises, zu entwickeln. Das daraus entstandene Präventionsprojekt bezieht deutlich unterschiedliche Zielgruppen wie Senioren bzw. Kinder und Jugendliche ein.

Die Projektidee

Eine konkrete Möglichkeit ergab sich aus dem bundesweiten Förderprogramm „Ehrenamt gewinnen. Engagement binden. Zivilgesellschaft stärken" (ZukunftsMUT – Handlungsfeld B) der Deutschen Stiftung für Engagement und Ehrenamt.

Trotz seiner Lage im Einzugsgebiet der Landeshauptstadt gibt es im Rems-Murr-Kreis eine Anzahl von kleineren Kommunen, die noch immer ländlich strukturiert sind und z.B. über keine mobile Jugendarbeit bzw. nur über eine Schulsozialarbeit vor Ort verfügen. In diesen Kommunen sollten zusätzliche individuelle Angebote an Kinder, Jugendliche und deren Familien zur Verfügung stehen. Unser ehrenamtlicher Verein wollte mit dieser Förderung des eigenen Projekts „ISL-Aktiv – Durchstarten nach Corona" die Möglichkeit zur schnellen Umsetzung von Angeboten erreichen. Die erfolgreichen Projektmodule sollten nachhaltig auch nach Abschluss der Projektlaufzeit in den Kommunen weiterhin angeboten werden. Das Projekt war sozialraumorientiert und hatte einen interdisziplinären Vor-Ort-Ansatz. Vorhandene Ressourcen und Akteure vor Ort („Kümmerer") wie z.B. örtliche Vereine, andere Initiativen oder einfach engagierte Bürger sollten eingebunden und in die kommunalen Netzwerke implementiert werden.

Ziel war, unter kriminalpräventiven Aspekten, das bürgerliche Engagement und das Sicherheitsgefühl vor Ort zu stärken.

EINZELPROJEKTE / MASSNAHMEN

Nachstehend einige der geplanten Einzelmodule

- Ausbildung von Gewaltpräventions- bzw. Coolnesstrainer*innen für die Zielgruppe Mädchen und Jungen
- Angebot von Kursen zur Selbstbehauptung und Zivilcourage für Schulklassen
- Aufklärungsangebote zur Suchtprävention (Suchtberatung und Polizei)
- Workshops der Polizei für den Schulunterricht (Zivilcourage, Hate Speech-Zivilcourage im Netz, Respekt ist ein Bumerang – Gewalt gegen Polizeibeamte)
- „Streiten lernen" Bilderbox für Kindertagesstätten (incl. Pädagogisches Material) im Rahmen von KITA 2020 und polizeilichen Schulwegtrainings
- Medien: Film- und Theaterveranstaltungen (pädagogisch sinnvolle Filme und interaktives Theater mit Moderation, z.B. ELENORE und Q-Rage)

- Veranstaltungen zum Thema Trickbetrug zum Nachteil der Großeltern: hier wird die gesamte Familie in die Aufklärung / Vorbeugung eingebunden
- Ausbildung von Multiplikatoren für Freizeitangebote für Kinder und Großeltern (Spielenachmittag incl. Gedächtnistraining zum Schutz vor Enkeltrick)
- Wanderausstellung Plakatwettbewerb Corona des Vereins, ggf. kombiniert mit dem Thema EXTREMISMUS (Theater ACHTUNG!?)
- Alternatives offenes Sportangebot für Jugendliche (Jungen und Mädchen als Mannschaften unter Fairplay-Regeln)
- Foto / Filmwettbewerb „Mein Ort" als „Rallye" für ein Memory-Spiel, erstellt durch die Schulkinder (als Geschenk an die Großeltern, für Neubürger der Gemeinde und Flüchtlingskinder)

Die Umsetzung

Wir wollten also so richtig nach der Krise „durchstarten", wie der Projekttitel auch ankündigt. Dies wurde aber durch mehrere gravierende Probleme bei der Realisierung beeinträchtigt: neue Krisen durch Krieg in Europa, neue Flüchtlingswellen, Energieknappheit und Inflation.

Dazu kam noch die erhebliche zeitliche Einschränkung durch die vorgegebene extrem kurze Projektlaufzeit vom 01.05. – 31.12.2022.

Deshalb wurde mit den „bewährten" Präventionsmaßnahmen begonnen, die bereits kreisweit durchgeführt wurden und nun einfach ergänzt werden konnten.

Hierzu ein paar konkrete Beispiele:

- Alkohol-/Suchtprävention bei Jugendlichen
  Seit über 10 Jahren ist die Polizei und der Verein fest in das Beratungsnetzwerk in der Suchtprävention eingebunden. Das Suchtberatungsangebot HaLt ist hierbei kreisweit etabliert, allerdings beschränkt es sich auf Jugendliche und Kinder, die wegen einer entsprechenden Diagnose ins Krankenhaus eingeliefert wurden. Im Rahmen des Projekts erfolgte die Erweiterung dieses Suchtberatungsangebots auf alkoholisierte Jugendliche im öffentlichen Raum. Eine Informationsveranstaltung für die Polizeibeamten der 5 Polizeireviere des Rems-

Murr-Kreises mit einem Verhaltenstraining zum Umgang mit alko-
holisierten Jugendlichen bildete den Auftakt für die Vermittlung des
zusätzlichen Beratungsangebots durch die Polizei.

- Schutz vor (sexualisierter) Gewalt für Mädchen und Jungen

  Das seit 2006 bestehende Seminarangebot für Mädchen „Schutz vor
  Gewalt" sowie der durch den Verein finanzierte Präventionsfilm „Elenore" zur Thematik Loverboy bilden die Grundlage für ein neues Seminar
  für den Klassenunterricht. Der finanzielle Schwerpunkt in der Projektförderung lag in der Überarbeitung des Konzepts, um auch die Zielgruppe der Jungen einzubeziehen und neue Trainerteams auszubilden.
  Diese wurden aus den Berufen Schulsozialarbeit, Jugendarbeit und Prä-
  ventionsbeamte der Polizei akquiriert- Ziel ist eine selbstständige Durchführung des Seminars kreisweit an den Schulen vor Ort im Jahr 2023.

- Workshops der Polizei für Schulklassen

  Die neuen polizeilichen Präventionsangebote für Schulklassen zur Zivilcourage im Netz „Hate Speech" bzw. „Respekt ist ein Bumerang"
  zum Thema Gewalt gegen Polizeibeamte und Rettungskräfte sowie
  der eigene Präventionsfilm „Elenore" wurden im Rahmen des Projekts aktiv beworben und durch die durchgeführten Workshops auf
  die anfragenden Schulen inhaltlich angepasst.

- Schutz vor Telefonbetrug bei Senioren

  Seit 2003 bietet der Verein durch Pensionäre der Polizei Vorträge für
  Senioren an. Die hohen Fallzahlen an Telefonstraftaten (Falscher Polizeibeamter, Enkeltrick, Schockanruf) erforderte zusätzliche Maßnahmen. Die Projektförderung sollte dazu dienen, interaktive Theaterstücke anzubieten, das Gütersloher Modul zum Gedächtnistraining
  umzusetzen und neue Multiplikatoren (außerhalb der Polizei) vor Ort
  auszubilden. Neben den 20 Standardvorträgen für Senioren wurden
  im Projektzeitraum zusätzlich 3 Theateraufführungen mit polizeilicher
  Beteiligung sowie eine erste Infoveranstaltung für Multiplikatoren angeboten. Auf Grund der sehr guten Resonanz sind weitere Veranstaltungen für das Jahr 2023 fest eingeplant.

- Integrationsmodul Memory „Mein Ort" für Grundschulen

  Als neue Überlegung im Zusammenhang mit der Flüchtlingswelle
  und den damit verbundenen Integrationsproblemen entstand die

Idee, das Thema „Mein Ort" aus der 4. Klasse mit der Erstellung eines Memoryspiels der Gemeinde zu verknüpfen. Die Schüler*innen fotografierten die aus ihrer Sicht wichtigen „Sehenswürdigkeiten" und versahen sie mit einem einfachen erklärenden Begleittext als Vorlage für ein „Begrüßungs-Memory-Spiel", welches dann professionell gedruckt an der Schule Verwendung fand.

Verbunden mit einem finanziellen Anreiz über einen Vergleichswettbewerb „Ring-Torwandschießen" parallel zur Fußball-WM 2022 wurden die beteiligten Grundschüler*innen auch zu einer sportlichen Aktivität animiert, an der sie begeistert teilnahmen.

Einen zusätzlichen (kriminal-)präventiven Nutzen erhält das kommunale Memory-Spiel, wenn die Schüler*innen ihr selbst erstelltes Gedächtnisspiel mit den Großeltern ausprobieren und unterschwellig die polizeiliche Präventionsarbeit i.S. Gedächtnistraining unterstützen. Auch hierzu gibt es ein passendes polizeiliches Comicblatt für die Enkel.

Ergebnis:

Zielausmaß waren die Anzahl der Veranstaltungen und die dadurch erreichten Personen, insbesondere die Anzahl der neu gewonnenen Multiplikatoren sowie die nach dem Projektende geplanten Fortsetzungen.

Leider beschränkte sich die offizielle Projektlaufzeit effektiv auf nur 8 Monate und erschwerte insofern massiv die Realisierung der Maßnahmen in diesem Zeitraum. Hinzu kamen neue Restriktionen wie z.B. die Umwidmung von Sporthallen für die Unterbringung von Flüchtlingen, die geplante größere Sportangebote vor Ort im Projektzeitraum einschränkten. Alle anderen Module konnten tatsächlich durchgeführt bzw. gestartet werden.

Durch die Einzelmodule konnten mit 57 Veranstaltungen/Aktionen insgesamt ca. 1.730 Personen aus den unterschiedlichen Zielgruppen erreicht werden.

Zielgruppe Multiplikatoren-Ausbildung

- 20 Trainer*innen in der Ausbildung für die neuen Seminare „Schutz vor Gewalt"

- 15 ehrenamtliche Multiplikatoren Gedächtnistraining „Telefonbetrug"
- 22 Altenpfleger*innen in der Ausbildung Modul „Zivilcourage"

Zielgruppe Erwachsene/Senioren*innen

- 800 erreichte Senioren*innen/Erwachsene (20 Vorträge, 8 Infostände)
- 300 Senioren*innen (3 Theateraufführungen), davon 30 Ehrenamt-liche aus den Bereichen Seniorenvereine und Lokalpolitik

Zielgruppe Jugendliche/Schüler*innen

- 120 Schüler*innen aus 3 Grundschulen (Integrationsmodul)
- 140 Schüler*innen in 5 weiterführenden Schulen (polizeiliche Work-shops Hate Speech, Elenore und Respekt ist ein Bumerang)
- 90 Schüler*innen aus 6 weiterführenden Schulen (Corona-Ausstellung)

Zielgruppe Kita/Kinder

- 120 Kinder und 12 Erzieher*innen (Sicherer Schulweg und Streiten lernen)

Zielgruppe Pädagogen*innen

- 20 Präventionsbeauftragte der Schulen
- 50 Pädagogen*innen von Krisenteams

Zielgruppe Polizeibeamte

- 30 Jugendsachbearbeiter*innen aus den 5 Polizeirevieren des Rems-Murr-Kreises
- 6 Polizeipensionäre als Sicherheitsberater*innen für Senioren

Die kreisweite Fortführung im Jahr 2023 ist durch den Verein mit seinen Kooperationspartnern vereinbart worden und es sind bereits eine Viel-zahl von Folgeveranstaltungen geplant, darunter weitere Schulungen von Multiplikatoren, Workshops in Schulklassen und eine Ausweitung des Memoryspiels für die Grundschulen in allen Kommunen des Rems-Murr-Kreis.

Quintessenz

Ausschreibungen von Förderprojekten mit einer Laufzeit von weniger als 1 Jahr können eine Nachhaltigkeit nur dann entwickeln, wenn bereits ein gutes Netzwerk mit bewährten Angeboten vorhanden ist. Deshalb wird das Förderprojekt nicht zum 31.12.2022 beendet, sondern im Rahmen der Kommunalen Kriminalprävention fortgeführt.

Diese Option ist nur durch das Vorhandensein eines kompetenten Vereins wie die Initiative Sicherer Landkreis Rems-Murr e.V. möglich.

Kooperationspartner:

- Initiative Sicherer Landkreis Rems-Murr e.V.
- Polizeipräsidium Aalen, Referat Prävention, Außenstelle Fellbach
- Landratsamt Rems-Murr-Kreis, Kreisjugendamt, Fachstelle DeRex und Koordinierungsstelle Kommunale Kriminalprävention
- Staatliches Schulamt Backnang
- Zentrum für Schulqualität und Lehrerbildung - Regionalstelle Schwäbisch Gmünd - Regionalteam Rems-Murr-Kreis
- Berufskolleg für Grafik-Design Stuttgart
- Partnerschaft für Demokratie Rems-Murr-Kreis
- Kreisseniorenrat Rems-Murr-Kreis
- Kreis-Landfrauenverband Rems-Murr
- DRK-Kreisverband Rems-Murr e. V.

Elke Pop

Kindermusical „Schlamperjan" – ein Beitrag zur kriminalpräventiven Kinder- und Jugendarbeit

Vorwort

„Schlamperjan" ist kein „Spaßmusical" wie viele andere Musicals, sondern ist eines der etwas anderen Art. Bis dahin gab es einige Präventionsprogramme für Teenager, sowie die Verkehrspuppenbühne für Vorschulkinder, aber kaum Präventionsmaterial für Grundschüler, und schon gar nicht in Form eines Musicals. Es ist für Schüler von 6 bis 12 Jahren konzipiert, ein Gemeinschaftsprojekt von Schule und Polizei zur Gewaltprävention, ein Stück über Jugendgewalt, Abzocke, Missverständnisse und Angst, aber auch über Freundschaft, Vertrauen und Zivilcourage. Text und Musik von Elke Pop. Das Stück eignet sich gut als Einführung, Ergänzung, Bereicherung zum Thema „Antigewalt – Projekte" an Schulen.

Zwei Lieder eignen sich gut zum Mitsingen. Sie können im Vorfeld im Musikunterricht oder Chor eingeübt werden. Das Musical kann auch in den Schulen selbst, z. B. in der eigenen Theatergruppe, geprobt werden. Bei der Organisation und Durchführung ist die Autorin mit ihrem Team gern behilflich. Damit die Konzentration der jungen Zuschauer nicht leidet, wurde die Aufführungsdauer auf etwa 40 Minuten beschränkt.

Schirmherr

Schirmherr des Projekts ist der Bundestagsabgeordnete, ehemals Bundesvorsitzender und Landesvorsitzender NRW des BDK (Bund Deutscher Kriminalbeamter), Kriminalhauptkommissar Sebastian Fiedler.

Handlung

Der kleine Jan wird von einer Gruppe Jugendlicher, die sich selbstherrlich „Killerbande" nennt, drangsaliert und eingeschüchtert. Von der ahnungslosen Umwelt missverstanden, gehänselt und zu Unrecht des schlampigen Umgehens mit seinen Sachen bezichtigt, wird er immer einsamer und verzweifelter. Doch alles nimmt ein gutes Ende, und Jan erfährt, dass man mit echten Freunden an seiner Seite stark genug ist, einem vermeintlich überlegenen Gegner zu entgegenzutreten, und dass es wichtig ist, sich mit seinen Problemen vertrauensvoll an die Erwachsenen und vor allem rechtzeitig an die Polizei zu wenden.

Idee

Das Projekt entstand im Jahr 2010, in Anlehnung an den Erlass AZ 42 - 62.02.01 vom 28.09.2006 des Innenministeriums NRW über Polizeiliche Kriminalprävention.

Bei der Entwicklung des Projekts kam folgende Idee auf, die dank der Mithilfe der Essener Polizei verwirklicht werden konnte:

Der Torhüter der deutschen Nationalmannschaft, Manuel Neuer, übrigens Sohn eines Gelsenkirchener Polizeibeamten, spielte zur Zeit der Uraufführung des Musicals, im Juni 2011, noch beim FC Schalke04 und hatte, zusammen mit dem Fotografen Jochen Tack, Fotos für das NRW-Innenministerium zum Thema „Sicherheitsgurt" erstellt. In dem Musical spielt ein blau-weißer Fußball eine Rolle, den die „Killerbande" dem kleinen Jan gewaltsam wegnimmt. Originalbälle des Bundesligisten mit seinem Autogramm wurden bei der Uraufführung für einen guten Zweck (Opferschutzorganisationen „Weißer Ring" und „David + Goliath") versteigert.

Die Aufführungen sind kostenfrei. Alle Spenden und Zuwendungen gehen an karitative Einrichtungen.

Verwirklichung

In dem Musical tritt ein echter Polizeibeamter auf. Er nimmt, eingebettet in die Handlung, seine Aufgabe als zuständiger Beamter für den Bereich Kinder- und Jugendprävention wahr. Er „verhaftet" die kriminelle Jugendbande symbolisch und erarbeitet interaktiv mit den Kindern im Zuschauerraum richtiges Verhalten in Mobbing-Situationen, mit Fragen wie:

- Was habt ihr aus dem Stück gelernt?
- Was hat euch gefallen oder nicht gefallen?
- Wie hättet ihr euch an Jans Stelle verhalten?
- Was hätte er anders machen können?
- Was macht Mobbing mit einem Menschen?
- An wen könnt ihr euch wenden, wenn ihr gemobbt werdet?
- Welche Straftaten hat die Jugendbande begangen?
- Mit welcher Strafe und welchen Konsequenzen haben die Jungs zu rechnen?

Das Stück für Kinder wird von Kindern gespielt und gesungen. Das Ensemble setzt sich flexibel zusammen: teils aus einem festen Stamm, teils aus Kindern und Jugendlichen der Schulen, wo das Musical aufgeführt wird. Im Prinzip kann jeder mitspielen. Die Wechsel ergeben sich daraus, dass die Kids irgendwann erwachsen werden, aus der Rolle herauswachsen. Der derzeitige Hauptdarsteller Jan ist nun schon die vierte Generation. Einer der „Jans" spielte zuletzt bereits den Bandenanführer Andy.

Wirkung

Durch aktives Mitspielen erfahren die Kinder hautnah, wie verletzend Mobbing und wie angsteinflößend Bedrohungen für die Betroffenen sind.

Von Anfang an kam das Stück beim Publikum besser an als erwartet. Die Lehrerinnen und Lehrer bauen es in Form von Vor- und Nachbereitung in den Unterricht ein, es ist Teil von Anti-Mobbing-Projektwochen in den Schulen. Seit 2011 wird es regelmäßig, mehrmals im Jahr, aufgeführt, in verschiedenen Städten in NRW und auch in anderen Bundesländern. Nach den Aufführungen werden die Lehrkräfte mit einem Fragebogen um eine Evaluation gebeten, der folgende Fragen enthält:

- Welchen Eindruck machte das Stück auf die Schüler?
- Wie haben Sie Ihre Schüler im Vorfeld auf die Aufführung vorbereitet?

- Gab es Ihrerseits eine Einführung in die Thematik?
- Gab es an Ihrer Schule eine Nachbesprechung über die im Stück gezeigte Thematik?
- Gab oder gibt es Parallelen zu realen Situationen an Ihrer Schule?
- Gibt es Momente in dem Stück, die Ihrer Meinung nach noch detaillierter berücksichtigt werden müssten bzw. noch aussagekräftiger sein könnten?
- Welches Fazit zog jeder einzelne Schüler für sich persönlich?

Die Rückmeldungen sind überaus positiv.

Der Erfolg spiegelt sich auch in spontanen emotionalen Reaktionen der Kinder wider, die oft zum Schmunzeln sind. Ein kleiner Zuschauer identifizierte sich einmal während einer Aufführung mit dem Stück mit folgenden entrüsteten Worten zu seinem Nebenmann: „Ich hab' auch so 'ne doofe große Schwester!"

Die Spielhandlung kann aber auch Betroffenheit auslösen. Eine Erstklässlerin fing bitterlich an zu weinen, weil ihr Freund, der den Jan spielte, im Stück verprügelt wurde und seine Nase blutete. Sie wusste nicht, dass es Theaterblut war, wurde dann aber aufgeklärt.

Ein beeindruckendes Beispiel über gelebte Solidarität im Kontext mit dem Musical, aber trotzdem außerhalb, sozusagen „aus dem Leben", erlebte das Team bei einer Aufführung in Haltern am See:

Bei der Aufführung wirkten auch Schülerinnen und Schüler einer Förderschule mit. Irgendein Unterschied zu anderen Darstellern war in keinem Moment zu bemerken, im Gegenteil: Sie meisterten ihre Rollen großartig und mit viel Hingabe. Eine Mitwirkende war an ihrer früheren Schule massiv gemobbt worden und aus seelischer Verzweiflung an die Förderschule gekommen, wo sie zum ersten Mal Anerkennung und Solidarität von Lehrern und Mitschülern erfuhr.

Sie brauchte viel Mut, um in dem Stück mitzuwirken, wissend, dass viele Schülerinnen und Schüler ihrer früheren Schule unter den Zuschauern sitzen würden. Aber sie hatte einen großartigen Fanclub dabei: ALLE Schüler ihrer Schule waren geschlossen zur Aufführung gekommen, sogar die ältesten und „coolsten", für deren Altersgruppe das Stück selbst gar nicht mehr geeignet war. Und der mitspielende Polizeibeamte versprach:

Sollte auch nur einer im Saal ausfällig werden, mache er von seiner beruflichen Autorität Gebrauch! Aber das war nicht nötig: Sie spielte und sang
ihre Rolle souverän und begeisterte das Publikum mit ihrem schauspiele-
rischen und musikalischen Talent.

Unglück

Keine 4 Wochen nach der Aufführung in der Aula, die die Alexander-
Lebenstein-Realschule mit dem Joseph-König-Gymnasium verbindet. Am
24. März 2015 geschah der fürchterliche Flugzeugabsturz in den franzö-
sischen Alpen, bei dem u.a. 16 Schüler und 2 Lehrerinnen dieser Schule
ums Leben kamen. Die Aula verwandelt als Trauerhalle mit den Fotos aller
18 Opfer, die Stelle vor der Schulhoftür, wo vom Polizeibulli noch kurz
zuvor die Kulissen verladen wurden, in den Medien wiederzusehen, jetzt
von einem Kerzen- und Blumenmeer bedeckt. Einige der Darsteller und
Opfer kannten sich. Die Lehrkräfte, die das Musicalteam so wunderbar
unterstützt hatten, aufgelöst in unbeschreiblicher Trauer. Es war erschüt-
ternd, nicht in Worte zu fassen!

Medien

Im Rahmen des Schülerprojekts „Zeus" der WAZ (Westdeutsche Allgemeine Zeitung) schrieben Schülerreporter folgende Artikel über das
Musical:

„Der Schlamperjan

[…] Drei ältere Jugendliche, die sich die Killerbande nennen, bedrohen
den Grundschüler Jan. Sie schüchtern ihn ein und stehlen ihm viele Sachen wie z.B. einen Schalke- Fußball mit dem Autogramm von Manuel
Neuer, sein Handy, seine neue Jacke, seine Schuhe. Außerdem erpressen
sie Geld von ihm, das Jan seiner Mutter stiehlt.

Weil Jan aus Angst seiner Mutter sagt, dass er seine Sachen vergessen
oder verloren hat, glaubt sie, dass Jan nachlässig, schlampig mit seinen
Sachen umgeht. Sie schimpft mit Jan.

Als einige Mädchen zufällig beobachten, wie Jan erneut von der Bande angegriffen wird, wenden sie sich an den Schulleiter, der die Polizei einschaltet.

Der Rektor und die Polizei hören dem verzweifelten Jungen zu, gewinnen sein Vertrauen und nehmen ihm seine Sorgen. Die Killerbande wird verhaftet.

Glücklicherweise gibt es an unserer Schule keine Jugendgewalt. Dennoch ist sehr wichtig, den Kindern zu vermitteln, dass sie sich an ihre Eltern oder an andere vertraute Personen wie z. B. Lehrer oder die Polizei wenden können, wenn ihnen so etwas widerfährt.

Für unsere Kinder war diese Aufführung besonders gut nachvollziehbar, weil die ihnen bekannten Polizisten der Wache Essen-Katernberg und Frau Hecker, die Klassenlehrerin der Klasse 4a, tragende Rollen spielten.

Gewaltprävention gehört zu den wichtigen Aufgabenbereichen unserer Schule. Unser Streitschlichterprogramm und die Ausbildung vieler Kinder unserer 4. Schuljahre zu Streitschlichtern, die in den Pausen bei aufkommenden Streitereien eingreifen, hat sich bewährt.

Wir danken allen Akteuren, die somit auch unsere Arbeit unterstützen."

-18.05.2012
Essen. Die Zeus-Reporterinnen Lena Zirkel und Julia Kummer haben sich unter anderem in einem Musical damit beschäftigt, wie Mobbing die Menschen verändert:

„Mobbing - Die schleichende Angst, der Nächste zu sein"

Leider ist Gewalt unter Kindern und Jugendlichen nichts Ungewöhnliches mehr. Deshalb gibt es schon viele Maßnahmen dagegen, eine davon ist ein Kindermusical, das die schwierige Problematik erklärt.

Mobbing ist leider immer ein Thema, überall, ob in der Schule oder außerhalb, doch leider wissen sich viele „Opfer" nicht zu wehren. Die meisten „Mobber" suchen sich einen wunden Punkt desjenigen aus, der gemobbt werden soll. „Beliebt" sind Schüchternheit oder Gewichtsprobleme. Mit diesem Punkt ziehen sie denjenigen dann immer wieder auf. Viele dieser Personen haben selbst Probleme, entweder im familiären Umfeld oder im weiteren sozialen Umfeld. Sie mobben andere, damit es ihnen besser geht. Nur leider wird das von Eltern und Lehrern oftmals nicht rechtzeitig wahrgenommen. Von anderen Mitschülern ist auch keine Hilfe zu erwarten, da die Mobber meistens sehr beliebt sind, so ist das Opfer den Mobbern hilflos unterlegen.

Um diesem großen Problem vorzubeugen, gibt es Spezialisten, die Hilfsprojekte anbieten. Das von Elke Pop verfasste Musical „Schlamperjan" handelt von dem Grundschüler Jan. Er wird in dem Stück mehrmals von älteren Schülern, der sogenannten „Killerbande", überfallen, doch er traut sich nicht, seine Probleme anderen zu erzählen, weil die Killer drohen, ihm oder seiner Familie etwas anzutun. Als wären die Probleme, die die Killerbande ihm bereitet, nicht genug, kommt er wegen der vermeintlichen Schlampereien auch noch mit seiner Mutter in Konflikt.

Das Musical wurde nach einem halben Jahr Probenzeit vor einem Jahr zum ersten Mal aufgeführt. Trotz ständig wechselnder Besetzung ist dieses Musical für die Grundschüler immer ein sehr emotionales Erlebnis. So fragten die Schüler der Stadthafen Schule in Essen-Vogelheim begeistert nach Autogrammen.

Es rührte uns als Darsteller sehr, dass unser Stück solche Eindrücke bei ihnen hinterlassen hat. In der Grundschule Josefschule in Essen-Kupferdreh folgten die Kinder dem Stück so gespannt, dass sie die Killerbande mit wütenden, ängstlichen und entsetzten Blicken bedachten.

Elke Pop ist es wichtig, dass Opfern Mut gemacht wird und dass sie sich nicht einschüchtern lassen, auch wenn sie in noch so großen Schwierigkeiten stecken. Sie möchte ihren kleinen Beitrag zur Bekämpfung des Mobbings leisten.

Lena Zirkel und Julia Kummer, Klasse 8a, Albert-Einstein-Realschule, Essen

Zukunft

Im Jahr 2020 war die Verfilmung des Musicals geplant, die beim 26. DPT präsentiert werden sollte. Somit würden in Zukunft Bühnenaufführungen mit ihren immensen organisatorischen, logistischen und finanziellen Umständen mit Proben, Fahrgemeinschaften, Kulissen- und Requisitenbau, Transporten, Saalmieten, Freistellungen für Schulen und Arbeitsstellen wegbleiben, und die Polizeibeamten, die in der Prävention tätig sind, wie z.b. Bezirksbeamte, hätten ein jederzeit verfügbares Instrument bei der Hand, das sie in Schulen und Jugendeinrichtungen ohne großen Aufwand einsetzen können. Leider musste das Projekt aufgrund des strengen Lockdowns während der Corona-Pandemie verschoben werden. Die Hoffnung bleibt, den Plan künftig umsetzen zu können. Bis dahin werden Live-Mitschnitte von den Aufführungen gezeigt, die natürlich nie die Perfektion eines eigens gedrehten Films haben, aber dennoch einen Einblick in die Arbeit geben.

Das Projekt soll weiterhin möglichst viele Kinder frühzeitig erreichen, denn Prävention heißt: so früh wie möglich das Entstehen und den Nährboden von Straftaten zu verhindern durch Aufklärung.

Stefan Schlang

Plan P. – Jugend stark machen gegen islamistische Radikalisierung

„Plan P. – Jugend stark machen gegen islamistische Radikalisierung" ist ein Projekt der Arbeitsgemeinschaft Kinder- und Jugendschutz Nordrhein-Westfalen (AJS-NRW). Die AJS ist eine landesweit tätige Fachstelle zur Förderung des erzieherischen und gesetzlichen Kinder- und Jugendschutzes. Sie versteht sich als Servicestelle für Fachkräfte und Erziehende. Sie unterstützt die Arbeit der Jugendämter, freien Träger, Bildungseinrichtungen, Beratungsstellen, Polizei, Ordnungsämter und Fachverbände zu aktuellen Themenfeldern des Kinder- und Jugendschutzes.

Das Projekt „Plan P." wird von der Landeskoordinierungsstelle gegen Rechtsextremismus und Rassismus in der Landeszentrale für politische Bildung Nordrhein-Westfalen (Ministerium für Kultur und Wissenschaft NRW) gefördert.

Die Anfänge des Projektes gehen zurück auf das Jahr 2015, als die Öffentlichkeit, aber auch die Politik beunruhigt war, weil eine verhältnismäßig große Zahl junger Menschen in den Nahen Osten ausreisten, um in den Reihen des sog. „Islamischen Staats" zu kämpfen bzw. ihn zu unterstützen. Auf diese Weise wurde deutlich, dass sich auch in Deutschland eine jugendliche Subkultur gebildet hatte, in der religiös begründete extremistische Einstellungen vorherrschten. Es war damals schon klar, dass diese Herausforderung für Staat und Gesellschaft auch nach dem Ende der kriegerischen Auseinandersetzungen in Syrien und im Irak weiter bestehen würde.

Aus diesem Grund wurde im Herbst 2015 das Projekt Plan P. vom Jugendministerium NRW ins Leben gerufen, damals noch mit dem Untertitel „Jugend stark machen gegen salafistische Radikalisierung" und zunächst auch gefördert im Rahmen des Bundesprogramms „Demokratie leben!". Seit 2020 befindet sich das Projekt in der schon genannten Landesförderung.

Ziel des Projektes ist es, die primäre Prävention islamistischer Radikalisierung langfristig in den Strukturen der Jugendhilfe zu verankern, um auf diese Weise Nachhaltigkeit zu sichern. Als Träger des Projektes wurde die Arbeitsgemeinschaft Kinder- und Jugendschutz NRW ausgewählt, weil sie seit vielen Jahren gute und belastbare Arbeitsbeziehungen vor allem in die öffentliche Jugendhilfe, aber auch zu vielen freien Trägern unterhält. Vorrangige Zielgruppe sind daher die Fachkräfte für erzieherischen Kinder- und Jugendschutz in den Jugendämtern des Landes. Da sich aber sehr schnell herausstellte, dass diese Kolleg*innen in vielen Kommunen nur über sehr begrenzte Ressourcen für die Aufgabe verfügen, wurde die Zielgruppe bald auf andere Jugendhilfefachkräfte erweitert. Seit 2018 werden auch explizit Schulsozialarbeiter*innen angesprochen.

Das Leitziel des Projekts ist die Schaffung eines landesweiten Kompetenz- und Beratungsnetzwerks in den Strukturen der Jugendhilfe. D.h. im Idealfall sollen in allen Kommunen bzw. Jugendamtsbezirken Jugendhilfefachkräfte als zentrale Ansprechpersonen qualifiziert sein, die in der Lage sind, beratend zu Fragen der Prävention islamistischer Radikalisierung tätig zu werden und bei Bedarf an geeignete Partner weiter zu vermitteln. Dazu müssen vor Ort Netzwerk- bzw. Kooperationsstrukturen aufgebaut werden, in denen relevante Akteur*innen innerhalb und außerhalb der Jugendhilfe zusammenarbeiten. Adressaten der Beratung können Kolleg*innen innerhalb der eigenen Behörde oder Einrichtung sein, aber auch in anderen Bereichen der kommunalen Verwaltung, in der Jugendhilfe, in Schulen und darüber hinaus weitere zivilgesellschaftliche Akteur*innen z.B. in Vereinen oder Moscheegemeinden. Ziel ist es, auf diese Weise präventive Angebote und Strukturen vor Ort zu schaffen, die langfristig Bestand haben.

Zur Umsetzung dieses Ziels führt das Projektteam sechstägige Weiterbildungsreihen für Fachkräfte der Jugendhilfe durch, die im Anschluss die Funktion einer zentralen Ansprechperson in ihrer jeweiligen Kommune übernehmen sollen. An mittlerweile 12 Weiterbildungsreihen haben insgesamt etwa 215 Fachkräfte aus 86 Jugendamtsbezirken teilgenommen, von denen aktuell etwa 170 am Netzwerk beteiligt sind.

Die Weiterbildung besteht aus drei zweitägigen Modulen, die unter den Überschriften „Erkennen", „Verstehen" und „Handeln" stehen und im Abstand von wenigen Wochen durchgeführt werden.

In Modul 1 ERKENNEN wird den Teilnehmenden zunächst Grundlagenwissen zum Islam vermittelt. Dies entspricht einem ausdrücklichen Wunsch vieler Fachkräfte, die nicht selbst muslimischen Glaubens sind oder einen muslimischen Hintergrund haben. Darüber hinaus erhalten sie Einblicke in die Lebenswelten muslimischer Jugendlicher in der deutschen Gesellschaft.

Anschließend geht es um Begrifflichkeiten, um „Islamismus" und „Salafismus", ihre Bedeutung und Abgrenzung gegeneinander und gegenüber „Extremismus", „Fundamentalismus" oder „Wahhabismus". Es ist wichtig, den Fachkräften zu vermitteln, dass diese Begriffe keine homogenen Gruppierungen bezeichnen. So kann man allein in der salafistischen Szene noch einmal unterscheiden zwischen Puristen, politischen Salafisten und Dschihadisten. Die Übergänge können fließend sein, müssen es aber nicht. Es handelt sich ausdrücklich nicht um ein Phasenmodell. Die Kenntnis der Unterschiede zwischen den verschiedenen Strömungen und ihren unterschiedlichen Konfliktpotentialen ist notwendig, um in konkreten Situationen erkennen zu können, was problematisch oder gar gefährlich oder was lediglich frommes Verhalten ist, das von Artikel 4 des Grundgesetzes gedeckt ist.

In Modul 2 VERSTEHEN geht es um die problematischen Aspekte der islamistischen Szenen. Hier erhalten die Teilnehmenden einen Überblick über Gruppen und Netzwerke, bekannte Persönlichkeiten, szenetypische Sprache und Symbolik sowie ihre Anwerbe- und Rekrutierungsstrategien (Mission, Gefangenenhilfe, Hilfsorganisationen, Seminare, Musik). Ein besonderes Augenmerk wird hierbei auf das Internet und die Sozialen Medien als wesentliche Aspekte jugendlicher Lebenswelten gelegt. Thematisiert werden Ursachen für Radikalisierung, Attraktivitätsmomente islamistischer Angebote (online und offline), Radikalisierungsverläufe und Interventionsmöglichkeiten.

In Modul 3 HANDELN schließlich werden bereits bestehende Präventionsmaterialien und – projekte vorgestellt. Hierzu werden Mitarbeitende aus verschiedenen Projekten eingeladen, die von ihrer jeweiligen Arbeit berichten. Thematisiert werden auch mögliche Fallstricke der Präventionsarbeit in diesem Feld, z. B. bei geplanten Kooperationen mit Moscheegemeinden oder anderen muslimischen Organisationen. Außerdem reflektieren die Teilnehmenden ihre Rolle als zentrale Ansprechperson, entwickeln eigene Konzepte und Projekte und stellen sie vor.

Die Inhalte der Weiterbildungsreihe werden vom Projektteam laufend aktualisiert. Außerdem werden Fragen und Bedarfe der Teilnehmenden aufgegriffen und soweit wie möglich ebenfalls berücksichtigt. Bei alle dem geht es weniger um inhaltliche Tiefe, sondern vielmehr darum, die Fachkräfte für die besondere Problematik zu sensibilisieren und ihnen Handlungssicherheit zu vermitteln. Denn in der Regel verfügen sie durch Ausbildung und berufliche Praxis über die notwendigen Kompetenzen, um in der Primärprävention tätig zu werden. Vielfach haben sie auch schon Erfahrungen in anderen Problemfeldern, z. B. Rechtsextremismus. Einiges davon – sicherlich nicht alles – lässt sich auf das Feld der Prävention islamistischer Radikalisierung übertragen. Die in der Weiterbildung vermittelten Kenntnisse sollen bei diesem Transfer helfen.

Wichtiger Bestandteil des Projektes ist auch der kollegiale Austausch. Dazu dienen halbjährlichen Netzwerktreffen, zu denen alle Absolvent*innen der bisherigen Weiterbildungsreihen eingeladen werden. In den ersten Jahren fanden sie ausschließlich in Präsenz in Köln statt. Um die Treffen in Zeiten der Corona-Pandemie nicht ausfallen lassen zu müssen, fanden sie in den Jahren 2020 und 2021 in digitaler Form statt. Für Vernetzungsarbeit sind face-to-face-Begegnungen zwar besser geeignet. Doch angesichts der Größe von NRW haben auch digitale Formate Vorteile, was uns auch von den Kolleg*innen im Netzwerk zurückgemeldet wurde. Für etliche von ihnen ist die Teilnahme an Netzwerktreffen ressourcenmäßig leichter zu realisieren, wenn sie nicht mit einer längeren Anreise verbunden ist.

Die Netzwerktreffen haben neben dem Austausch in der Regel noch einen thematischen Schwerpunkt, durch den die Inhalte der Weiterbildung vertieft oder erweitert werden und für den meist externe Referent*innen gewonnen werden. Themen vergangener Netzwerktagungen (zuletzt online) waren u. a.:

- „Aufwachsen in salafistischen Familien"
- „Junge Geflüchtete // Radikalisierung"
- „Theologie vs. Sozialarbeit – Welche Rolle spielt Religion in der Präventionsarbeit?"
- „Psychologie der Radikalisierung – Dispositionen, Pathologie und Präventionsansätze
- Verwandt im Geiste? Extremismen im Vergleich. Gemeinsamkeiten und Unterschiede rechter und islamistischer Radikalisierung

- „...den Antisemitismus bei den ‚Anderen' suchen?"
- Rückkehrer*innen als neue Herausforderung für die Präventionsarbeit
- Online Streetwork im Themenfeld Islamismus

Über die Netzwerktreffen hinaus werden die Fachkräfte durch 3-4 Newsletter im Jahr über neue Entwicklungen, über Projekte, Literatur etc. auf dem Laufenden gehalten. Außerdem gibt es einen Kurzinformationsdienst per E-Mail, in dem die Netzwerkteilnehmenden über kurzfristigere Veranstaltungen informiert werden. So wird gewährleistet, dass die Fachkräfte auch nach der Weiterbildung über einen aktuellen Wissensstand verfügen.

Zur Intensivierung des Austauschs und bei Bedarf zur Verteilung der Aufgabe der zentralen Ansprechperson auf mehrere Schultern regt das Projektteam die Weiterbildungsteilnehmer*innen dazu an, sich auch auf regionaler Ebene zu vernetzen. Verschiedene Vernetzungsprozesse haben bereits 2018 und 2019 begonnen, wurden dann allerdings durch die Pandemie-bedingten Kontaktbeschränkungen unterbrochen. Um diese Prozesse wieder zu beleben und in anderen Regionen anzustoßen hat das Projektteam das Format Plan P.-Regional aufgesetzt. Ursprünglich war das als zweitägiges Veranstaltungsformat geplant. Es hat sich aber gezeigt, dass ein zweitägiges Vernetzungstreffen für viele Kolleg*innen im Netzwerk ressourcenmäßig nur schwer zu realisieren ist. Daher finden die regionalen Netzwerktreffen jetzt eintägig statt. Teilnehmende sind die Absolvent*innen der Weiterbildung aus der jeweiligen Region, aber auch Fachkräfte aus verwandten Handlungsfeldern, mit denen eine Vernetzung bereits besteht oder angestrebt wird, z. B. mit Fachkräften aus dem Landesprogramm „Wegweiser", aus dem Schulpsychologischen Dienst und mit den Respekt-Coaches der Jugendmigrationsdienste. Bei diesen Treffen sollen Kontakte geknüpft, bestehende Vernetzung vertieft und Möglichkeiten der Kooperation ausgelotet werden. Dazu gibt es Input vor allem zum Themenfeld „Radikalisierung und digitale Medien" (z.B. Verschwörungsideologien, Hate speech, Fake News, etc.) und Hilfestellung zum Umgang damit (Methoden, Gegennarrative, bestehende Projekte, Materialien).

Ein zweites Veranstaltungsformat, das 2022 vom Projektteam neu aufgesetzt und viermal sehr erfolgreich durchgeführt wurde, ist „Plan P.-Digital". Dabei handelt es sich um etwa 3- stündige Online-Seminare, in denen schwerpunktmäßig islamistische Ansprachen in digitalen Medien behandelt werden. Anders als bei anderen Plan P.-Veranstaltungen wird

hierbei eine über das Plan P.-Netzwerk hinausgehende Zielgruppe angesprochen. Auf diese Weise sollen weitere Fachkräfte für das Problemfeld
islamistische Radikalisierung sensibilisiert und im Idealfall für die Weiterbildung und das Netzwerk gewonnen werden, insbesondere aus Kommunen und Jugendamtsbezirken, die bisher nicht im Plan P.- Netzwerk
vertreten sind. Dieses Veranstaltungsformat ist auf so großes Interesse
gestoßen, dass es auch weiterhin viermal im Jahr angeboten werden soll.

Wie eingangs bereits erwähnt, hat sich der Untertitel des Projekts zu Beginn des Jahres 2022 geändert, von „Jugend stark machen gegen salafistische Radikalisierung" zu „Jugend stark machen gegen islamistische Radikalisierung". Diese Änderung ist der Tatsache geschuldet, dass sich die
islamistisch/salafistische Szene geändert hat und die Unterschiede häufig
nur sehr schwer erkennbar sind. Es treten jetzt Gruppierungen, vor allem
online, in Erscheinung, die nicht als salafistisch zu bezeichnen, aber nicht
weniger konflikthaft und problematisch sind. Deswegen ist aus präventiver Sicht der weitere Fokus „islamistisch" dem engeren „salafistisch" vor-
zuziehen. Und wie auch schon angemerkt, haben die Fachkräfte häufig
Erfahrungen und Kenntnisse zu anderen Formen von Extremismus und
Radikalisierung und bringen sie zur Sprache. Auf diese Weise entsteht
nach und nach ein landesweites Netzwerk zur universellen Radikalisierungsprävention, mit der in Art 1 SGB 8 verankerten Zielsetzung, jungen Menschen zur Verwirklichung einer selbstbestimmten und gemeinschaftsfähigen Persönlichkeit zu verhelfen.

Tuğba Tekin

Frauen stärken Frauen – gegen Radikalisierung

Das Präventionsprojekt „Frauen stärken Frauen – gegen Radikalisierung" (FsF) ist ein Projekt des Sozialdienst muslimischer Frauen e.V. (SmF e. V.) gegen religiös-begründete Radikalisierung und für gesellschaftlichen Zusammenhalt, welches von der Beauftragten der Bundesregierung für Migration, Flüchtlinge und Integration und der Antirassismusbeauftragten gefördert wird.

Der Sozialdienst muslimischer Frauen (SmF e.V.)

Der Sozialdienst muslimischer Frauen e.V. (SmF) wurde im Jahr 2016 von muslimischen Frauen gegründet, die in Deutschland leben. Als Bundesverband hat sich der SmF inzwischen als muslimische Wohlfahrtsorganisation etabliert. In Zusammenarbeit mit den Mitgliedsvereinen wird das Ziel verfolgt, die soziale, politische und gesellschaftliche Teilhabe zu verbessern. Außerdem bekämpft der SmF jegliche Form von Diskriminierung und gruppenbezogener Menschenfeindlichkeit.

Die Angebote richten sich an: Frauen und Männer, Kinder, Jugendliche, und Familien, Geflüchtete und Zugewanderte, Senior:innen und Angehörige, Menschen mit Behinderungen und Menschen in besonderen Lebenslagen.

Im Rahmen der freien Wohlfahrtspflege ist der SmF in den folgenden Arbeitsbereichen aktiv: Empowerment und Partizipation, Inklusion und Integration, Gewaltschutz und Gewaltprävention. Ungeachtet der religiösen, ethnischen, kulturellen und weltanschaulichen Zugehörigkeit richten sich seine Dienstleistungen an alle Menschen.

Zudem ist der SmF Mitglied bei zahlreichen Organisationen und Vereinen, wie dem deutschen Frauenrat, dem Bundesforum Männer, der CLAIM (Allianz gegen Islam- und Muslimfeindlichkeit) und der Neuen deutschen Organisationen.

Frauen stärken Frauen – gegen Radikalisierung (FsF)

FsF wird an den folgenden 10 Standorten des SmF in Deutschland durchgeführt und umgesetzt: Backnang, Delmenhorst, Freiburg, Kempten, Köln, Krefeld, München, Neumünster, Sindelfingen und Stuttgart.

„Frauen und Mädchen wurden in der Präventionsarbeit bisher übersehen. Dennoch sind sie unsere wichtigsten Partnerinnen in der Präventionsarbeit. Ihre Potenziale, wie etwa die Gesellschaft aktiver mitzugestalten, müssen noch stärker in den Fokus gerückt werden", sagte Ayten Kılıçarslan, Bundesvorsitzende des SmF in der ersten Schulung für die Mitarbeiterinnen des FsF-Projektes. Der Fokus auf Frauen bei der Präventionsarbeit ist ein Alleinstellungsmerkmal des Projektes und macht das Projekt zu etwas Besonderem.

Die Ziele hierbei sind, den Dynamiken der Radikalisierung entgegenzuwirken, zur gesellschaftlichen Partizipation von jungen Menschen beizutragen und junge Mädchen und Frauen ganzheitlich zu stärken und zu empowern.

Im Fokus stehen jungen Mädchen zwischen 15 und 25 Jahren, vor allem muslimischen Glaubens. Diese werden gefördert und gestärkt, damit sie eine Resistenz gegen die Ansprachen von radikalen Gruppen entwickeln. Außerdem sollen sie Selbstwirksamkeit erfahren, Raum für Entfaltung und Austausch bekommen und eine Anlaufstelle haben. Weitere Maßnahmen wie Mütter- oder Vätertreffen sollen in erster Linie dazu dienen, die Eltern zu sensibilisieren und dadurch, die Töchter zu ermächtigen. Außerdem soll den Familien ein örtlicher und zeitlicher Raum gegeben werden, um sich auszutauschen und sich gegenseitig zu stärken.

Maßnahmen von FsF

Gestartet hat „Frauen stärken Frauen" im August 2021. Als erste Maßnahme wurden für die Mädchen, Räume als Safe Spaces eingerichtet, die die Grundlage für die weiteren Maßnahmen des Projektes bilden. In diesen Räumen finden Maßnahmen, wie Gesprächskreise und Workshops, statt. Die Räume wurden zu Beginn von den Standortleitungen und Teilnehmerinnen gemeinsam eingerichtet. Durch die aktive Mitbestimmung wurden demokratische Entscheidungsprozesse trainiert und die Mädchen entwickelten eine Bindung zu den Räumen und somit auch zu FsF. Das Bedürfnis nach Zugehörigkeit, welches vor allem Menschen in der Adoleszenz verspüren, wurde erlebt. Da radikale Gruppen häufig mit dem Versprechen der Zugehörigkeit werben, um die Jugendlichen an sich zu binden, ist es wichtig, dass junge Menschen sichere Räume haben, in denen sie ein Gefühl von Zugehörigkeit erleben.

In Gesprächskreisen, die wöchentlich oder alle zwei Wochen in den Mädchenräumen stattfinden, werden Themen wie zum Beispiel Identität, Geschlechtergleichheit, Frausein - in - meiner Religion, Diskriminierung und Social Media behandelt. Inhaltliche Gespräche werden begleitet von gemeinsamen Aktivitäten wie Kochen oder Basteln. Die jungen Mädchen bekommen hier einen Raum, wo sie ihre Gedanken und Gefühle frei äußern können, ohne Bedenken haben zu müssen, dass sie verurteilt oder nicht verstanden werden. Besonders in jungen Jahren ist es von großer Bedeutung, dass die Frauen einen Platz haben, wo sie sich verstanden, aber auch geborgen und angenommen fühlen. Die Suche nach Anerkennung, wird von radikalen Gruppen genutzt, um junge Menschen für sich zu gewinnen.

In Workshops werden die Themen methodisch und selbstständig erarbeitet. Die Themen, die in den Workshops behandelt werden, welche regelmäßig an allen Standorten durchgeführt werden, sind zum Beispiel: Rassismus und Antidiskriminierung, Freundschaft, gesunde Ernährung, Selbst- und Fremdwahrnehmung, Frauenbilder, Geschlechterrollen, Selbstliebe, Identität und Medienkompetenz. Durch das methodische Arbeiten haben die Jugendlichen die Möglichkeit sich tiefgehend mit einem Thema zu beschäftigen und somit neue Erkenntnisse für sich zu gewinnen und für ihr Leben mitzunehmen.

Eine weitere Maßnahme, die mit der Mädchengruppe durchgeführt wird, sind Freizeitaktivitäten. Die Art der Freizeitgestaltung wird von der jeweiligen Standortleitung mit den Mädchen gemeinsam entschieden. Dadurch erleben sie demokratische Entscheidungsprozesse und lernen, wie solche Prozesse ablaufen. Außerdem bekommen viele der Mädchen die Chance, Dinge auszuprobieren, wofür sie sonst nicht die Möglichkeit haben. Die Teilnehmerinnen machen neue Erfahrungen und stärken ihre Persönlichkeit. Zu den Aktivitäten gehören Bowling, Töpfern, Filmabende, Selbstbehauptungskurse, Schneewanderungen und zahlreiche Besuche, wie der einer Keramikwerkstatt, einer Veranstaltung des Medienpädagogischen Zentrums Delmenhorst, und des Frauenturms in Köln.

Die Väter der jungen Frauen übernehmen eine wichtige Rolle im Leben ihrer Töchter und haben einen großen Einfluss auf sie. Es ist ein Ziel des Projektes Väter für Themen wie Geschlechtergleicheit zu sensibilisieren und die Relevanz für Gleichberechtigung näher zu bringen, damit sie einen positiven Einfluss in das Leben ihrer Töchter haben und diese wichtigen Aspekte in ihrer Erziehung einbringen und ihre Töchter dementsprechend fördern und unterstützen können. Durch die familiäre Unterstützung werden die jungen Frauen und Mädchen ganzheitlich gestärkt und dadurch weniger anfällig für frauenabwertende Ideologien der radikalen Gruppen sind.

Um die Familie als Ganzes zu stärken, wurde im zweiten Projektjahr, neben den Vätergruppen, auch Müttergruppen eingeführt, die sich regelmäßig treffen.

Um den Zusammenhalt der Gesellschaft zu demonstrieren und das Gemeinschaftsgefühl, dass die jungen Frauen in ihren Mädchengruppen bereits erhalten haben, in einer größeren und heterogeneren Gruppe, auch mit den Familienmitgliedern zu spüren, werden Gemeinschaftsveranstaltungen an den einzelnen Standorten organisiert. Radikale Ideologien lehnen diverse Gesellschaften ab und versprechen in einer homogenen, muslimischen Gesellschaft ein besseres Leben. Durch die Nachstellung einer diversen Gesellschaft in einer Gemeinschaftsveranstaltung soll dieser Haltung entgegengewirkt werden. Diese Art der Veranstaltung haben zu Beginn des Projektes als Kennenlernveranstaltung für die Eltern stattgefunden, wobei das Projekt vorgestellt wurde und ein Vertrauensverhältnis sich bilden konnte. Im weiteren Verlauf des Projektes fanden die Gemeinschaftsveranstaltungen vor allem als Vater-Tochter Veranstaltungen statt. Die Väter kochten gemeinsam mit ihren Töchtern für die Mütter oder gingen bowlen, um in einer unbeschwerten Atmosphäre die Beziehung zueinander zu stärken.

Ein zentraler Teil von radikalen Anwerbestrategien ist es, den Eindruck einer gesellschaftlichen Isolation und Außenseiterrolle zu vermitteln. Durch die Einbindung in lokale Netzwerke und den kommunalen Strukturen wird dem, durch Beispiele widersprochen und die Einbindung in die Stadtgesellschaft verstärkt. An einigen Standorten wurden Kontakt zu Schulsozialarbeiter:innen aufgebaut, Gespräche mit Integrationsbeauftragten geführt und Kontakte zu Sportvereinen und anderen lokalen Organisationen hergestellt. Insgesamt gab es eine sehr positive Resonanz auf das Projekt und es wurde ein großes Interesse geäußert, auf lokaler Ebene zusammen zu arbeiten.

Eine weitere wichtige Projektmaßnahmeist das Mentoring, bei welchem jüngere Mädchen mit älteren und erfahrenen Mentorinnen zusammengebracht werden, damit sie Betreuung und Unterstützung erfahren. Um das effektiv und professionell zu gewährleisten wurden seitens der Projektzentrale zehn Fortbildungen für Mentorinnen an allen Standorten durchgeführt und dabei 41 Mentorinnen ausgebildet. Weitere neun Mentorinnen wurden bei einer Online-Schulung weitergebildet. Es sind insgesamt 50 Mentorinnen-Mentee Paare entstanden, die sich regelmäßig treffen. Die Mentorin unterstützt ihr Mentee mit ihren Erfahrungen und bietet Hilfe zur Selbsthilfe an. Mentorinnen unterstützen ihre Mentees in Alltagsangelegenheiten, haben ein offenes Ohr etwa bei Problemen im Umfeld, vermitteln bei Bedarf an Beratungsstellen oder helfen bei schulischen Angelegenheiten. Des Weiteren vermitteln die Mentorinnen Informationen über das Bildungssystem, leisten Hilfestellungen bei der beruflichen Orientierung oder zeigen ihren Mentees auf, welche Möglichkeiten sie haben sich aktiver für die Gesellschaft zu engagieren und darin Halt zu finden.

Gerade schwierige Lebensphasen sind Momente, die von extremistischen Gruppen ausgenutzt werden, um Jugendliche anzusprechen und ihnen in ihren Strukturen einen Halt zu bieten. In Bezug auf radikale Ideologien stellt die Mentorin ein direktes Gegengewicht dar, da sie eine Anlaufstelle bei unterschiedlichen Lebensfragen ist und in schwierigen Phasen unterstützt.

In diesem Rahmen fand Vom 09.12. bis 11.12.2022 fand das erste Mentorinnennetzwerktreffen statt. Mentorinnen aus ganz Deutschland kamen zusammen, um sich über ihre Erfahrungen auszutauschen, eine Bilanz aus ihrem bisherigen ehrenamtlichen Engagement zu ziehen und sich fortzubilden. Es fand ein großer Austausch statt, Fallbeispiele wurden besprochen und gemeinsam nach Lösungsansätzen gesucht. Durch diese Netzwerktreffen hatten die Mentorinnen die Möglichkeit sich zu vernetzen und weiterhin mit anderen Mentorinnen deutschlandweit in Austausch zu bleiben.

Eine weitere Maßnahme ist die Sekundärberatung. Um einer Entwurzelung von Jugendlichen vorzubeugen, ist es wichtig ihre Eltern mit in die Projektarbeit einzubeziehen. Die Eltern werden darin unterstützt, ihre Töchter besser zu verstehen. Damit soll ein möglicher Bruch innerhalb der Familie vermieden werden. An allen Standorten gibt es daher ein offenes Angebot, bei welchem Eltern in einem Erstgespräch beraten und bei Bedarf an Beratungsstellen vermittelt werden

Ein Highlight des ersten Projektzeitraum war die Berlin-Reise, die vom 26.-29. Mai 2022 stattgefunden hat. 55 Frauen erhielten die Möglichkeit, Berlin kennen zu lernen. In diesem Zusammenhang wurden Themen wie parlamentarische Demokratie und Pluralität anhand von Rollenspielen behandelt. Die Teilnehmerinnen bekamen eine Führung durch das parlamentarische Viertel und besichtigten den Deutschen Bundestag. In Kleingruppen entdeckten sie einige der zahlreichen Sehenswürdigkeiten und beantworteten im Rahmen einer interaktiven Stadtrallye Wissensfragen. Im Jüdischen Museum nahmen die Teilnehmerinnen an einem Workshop teil. Das Gespräch mit Frau Honey Deihimi, Leiterin des Referats „Gesellschaftliche Integration" der Beauftragten der Bundesregierung für Migration, Flüchtlinge und Integration im Bundeskanzleramt, stellte für die jungen Frauen eine wichtige und motivierende Erfahrung dar.

Eine weitere besondere Aktion im Projekt ist die „Postkarten- und Poster-Aktion „Starke Frauen – Sichtbar machen". Im Vorfeld wurden mit einigen der Teilnehmer:innen leitfadengesteuerte Interviews geführt. Die Aussagen der jungen Mädchen, Müttern, Vätern und Mentorinnen wurden im Anschluss auf Postkarten und Postern gedruckt um die Teilnehmer:innen sichtbar zu machen und so Vorbilder für andere junge Frauen zu schaffen.

Die Postkarten und Poster zeigen eine Auswahl an Antworten auf gesellschaftspolitischen Fragestellungen. In Einzelinterviews wurden Vorstellungen von Teilhabe, gesellschaftlicher Verantwortung und persönliche Ziele abgefragt. Ausgewählte Portrait-Fotos in schwarz-weiß unterstreichen die Aussagen der Projektteilnehmerinnen und zeigen, welcher Mensch hinter dieser Aussage steckt. Jede dieser Aussagen vermittelt eine positive Haltung gegenüber den Partizipationsmöglichkeiten, der eigenen Zukunft oder dem eigenen Selbstwert. Sie zeigen auch, wie groß die Bereitschaft ist, sich für die Mitmenschen einzusetzen und den gesellschaftlichen Herausforderungen zu begegnen. Den Aussagen sind offene Fragen nachgestellt, welche die Leser:innen zum Nachdenken und Reflektieren des eigenen Handelns anregen und dazu auffordern für die Gesellschaft selbst aktiv zu werden.

Schulungen

Neben den Angeboten, die von den Standorten an die Teilnehmer:innen gerichtet sind, gab es seitens der Projektzentrale viele Angebote um die Standortleitungen zu schulen und weiterzubilden. Bisher wurden vier Mitarbeiterinnenschulungen durchgeführt, wobei drei in Präsenz stattfanden und eine online durchgeführt wurde. Dort wurden sämtliche Themen behandelt, die relevant für das Projekt sind.

Die erste Auftaktschulung hat am 20. September 2021 online stattgefunden. Die Projektzentrale stellte dabei den Projektstandortleitungen die Projektinhalte vor. Zudem hat ein gegenseitiges Kennenlernen stattgefunden. Die Standortleitungen erhielten eine Einführung in das Thema „Radikalisierung". Zum Schluss wurde der Projektfahrplan mit seinen Zielen, Maßnahmen und Indikatoren im Detail vorgestellt und besprochen.

Vom 11. bis 13. Oktober 2021 hat die erste Präsensschulung in Bad Breisig stattgefunden. Hier trafen die Mitarbeiterinnen des Projektes das erste Mal aufeinander und hatten die Gelegenheit gemeinsam ihre Projektarbeit zu planen und sich zu vernetzen. Es wurden pädagogische Methoden der Präventionsarbeit eingeübt und erprobt, ein Fahrplan für die Maßnahmen des Projektes erstellt und Systemverwaltung eingeübt. In ihrer Vorbereitung erhielten die Mitarbeiterinnen unter anderem Input von Herrn Florian Endres, Leiter der Beratungsstelle beim Bundesamt für Migration und Flüchtlinge (BAMF). Dieser war live zugeschaltet und hielt einen Impulsvortrag zum Forschungsstand der Prävention und Radikalisierungsprozesse.

Die zweite Mitarbeiterinnenschulung hat vom 13. bis zum 15. Dezember 2021 in Troisdorf stattgefunden. In dieser Schulung haben die Teilnehmerinnen ein Zwischenfazit gezogen offene Fragen besprochen und neue Projektideen diskutiert. Der thematische Fokus lag dabei auf der Gesprächsführung und den Strategien im Umgang mit themenspezifischen Argumenten radikalisierter Gruppen. Die gängigen Methoden der Sozialen Arbeit wurden mit Hilfe konkreter Beispiele von Argumentationsweisen radikaler Gruppen sowie aus dem Alltag von Mädchen und jungen Frauen muslimischen Glaubens an die Thematik des Projekts angepasst. Die Teilnehmerinnen setzten sich mit dem Thema Mediation auseinander und erhielten unter dem Motto „Wo es Menschen gib, gib es auch Konflikte" entsprechende Techniken, damit sie in Konfliktsituationen methodisch reagieren können.

Mit Impulsen aus den Bereichen Politik und Wissenschaft und einem abschließenden Podiumsgespräch erfolgte die Einbettung des Projekts in einen größeren, gesellschaftspolitischen Rahmen. Zu den Gästen des Podiumsgespräches gehörten Frau Gonca Türkeli-Dehnert, Staatssekretärin für Integration des Landes Nordrhein-Westfalen, Frau Dr. Meltem Kulaçatan, Erziehungs- und Politikwissenschaftlerin und Lehrbeauftragte an der Goethe-Universität Frankfurt und Frau Ayten Kiliçarslan, Bundesvorsitzende des SmF.

Unter der Überschrift „Frauenempowerment im Kontext von Präventionsarbeit" haben die Teilnehmerinnen gemeinsam mit den Gästen über die Herausforderungen der islamistische Radikalisierungsprozesse bei Mädchen und jungen Frauen debattiert.

Im zweiten Projektjahr hat vom 24. bis 26. Oktober 2022 die dritte Mitarbeiterinnenschulung stattgefunden. Mit Methoden des Teambuildungs konnte das Teamgefühl der Mitarbeiterinnen gestärkt und neue Methoden für die Arbeit mit den Teilnehmerinnen erarbeitet werden. Des Weiteren wurde der neue Ansatz der intergenerationalen Verständigung vertieft, ein Workshop zum Thema Öffentlichkeitsarbeit und der Verfassung von Sachberichten durchgeführt. Auch das Thema „Gewaltfreie Kommunikation" wurde behandelt. Das neu erworbene Wissen konnten die Teilnehmerinnen in Kleingruppen anhand von realen Fallbeispielen aus den jeweiligen Standorten anwenden.

Vor dem Hintergrund der Proteste im Iran seit September 2022 hat im Rahmen einer Podiumsdiskussion mit verschiedenen Expertinnen, ein Gespräch zum Thema Selbstbestimmungsrechte der Frau und gesellschaftlicher Machtstrukturen unter dem Titel „ Frauen-kein Spielball gesellschaftlicher Moralvorstellungen" , stattgefunden.

Unter den eingeladenen Podiumsgästen waren Frau Dalal Mahra, Gründerin des Medien-Startups „Kopftuchmädchen", Frau Sümeyra

Kılıç-Bellikli, Theologin, Frau Sebiha Küman, Sexualpädagogin und Frau Ayten Kılıçarslan, Bundesvorsitzende des SmF, die das Thema aus verschiedenen Paradigmen beleuchteten.

Neben den Mitarbeiterinnenschulungen finden wöchentlich Teamsitzungen statt. Seitens der Projektzentrale werden neue Informationen weitergegeben, die aktuelle Situation an den einzelnen Standorten thematisiert, ein Raum für Austausch im Team gegeben und bei Bedarf Hilfestellungen angeboten.

Außerdem werden regelmäßig Inputs, Schulungen und Fortbildungen im Format der „Donnerstags-Inputs" angeboten. Dort haben die Standortleitungen bisher unterschiedliche Netzwerkpartner:innen kennen gelernt und erfahren, wie andere Organisationen in dem Bereich arbeiten.

Das Projekt entwickelt sich stetig weiter und ist je nach gesellschaftlichen Gegebenheiten einem Wandel ausgesetzt. In der zweiten Projektlaufzeit lag der Fokus auf dem intergenerationalen Ansatz, welcher sehr relevant ist und weitergeführt wird.

Hierbei geht es darum, dass muslimische Frauen aus unterschiedlichen Generationen ins Gespräch kommen und sich gegenseitig empowern können. Dieser Ansatz wird unter dem Namen „Generationen im Gespräch" so umgesetzt, dass weibliche Vorbilder muslimischen Glaubens in die Gesprächskreise oder Workshops eingebunden werden und ihre Geschichten und ihren Werdegang erzählen können. Da diese Vorbilder aus demselben sozialen Milieu kommen, wie die Teilnehmerinnen der Gesprächskreise ist die Identifikation seitens der Teilnehmerinnen wahrscheinlicher. Vorbilder haben einen großen Einfluss auf junge Menschen. Damit nicht die Menschen als Vorbild gesehen werden, die radikale Meinungen verbreiten, ist es wichtig, dass junge Menschen die Gelegenheit bekommen Vorbilder kennenzulernen, die aus einer ähnlichen sozioökonomischen Lage kommen und sich in die Gesellschaft einbringen konnten. Diese können den Teilnehmerinnen zeigen, dass auch sie etwas schaffen und in der Gesellschaft bewirken können. Unter diesem Ansatz wurden auch die Vätergruppen auf die Müttergruppen erweitert und somit die gesamte Familie in die Arbeit miteinbezogen, um die Teilnehmerinnen ganzheitlich zu stärken.

Im Juni 2022 wurde für das Projekt ein Instagram Kanal gegründet, der seitdem aufgebaut und gepflegt wird. Der Kanal dient unter anderem als Informationsquelle über das Projekt. Durch die Sichtbarkeit wird das Gefühl, Teil dieser Gesellschaft zu sein, bei den Teilnehmerinnen bestärkt. Überdies wird regelmäßig projektbezogener Content produziert, um die Zielgruppe auch über die sozialen Medien zu empowern. Mit den Social Media Aktivitäten konnten Teilnehmerinnen für die Online-Gesprächskreise akquiriert werden, die keinen Standort in ihrer Nähe haben und online ein Safe Space benötigen. Im Oktober 2022 ist FsF mit den Online-Gesprächskreisen unter dem Namen „Meet and Talk" gestartet, die regelmäßig stattfinden. Während dieser Gesprächskreise wird ein Thema vorgestellt, welches dann methodisch behandelt wird. Die Teilnehmerinnen haben dieses online Format als stärkend und motivierend empfunden. Langfristiges Ziel ist es, der Onlinepropaganda von extremistischen Gruppen entgegenzuwirken und weitere junge Frauen zu erreichen, die zur Zielgruppe von FsF gehören.

Die bisher geleistete Arbeit wird mit großer Motivation weitergeführt und jedes Jahr durch innovative Ideen erweitert.

Quellenangaben

https://smf-verband.de/
https://smf-verband.de/projekte/frauen-staerken-frauen-gegen-radikalisierung/

Stella Valentien

Das Programm START ab 2: Stärkung der Persönlichkeit und Förderung der Entwicklung sozial-emotionaler Kompetenzen. Eine Maßnahme der Primären Prävention für Kinder ab zwei Jahren in Kitas und Kindertagespflegestellen.

Die Deutsche Liga für das Kind setzt sich für die Chancen und Rechte von Kindern ein. Mit **Kindergarten** *plus* hat sie ein wirksames und erfolgreiches Bildungs- und Präventionsprogramm für die Förderung sozial-emotionaler Kompetenzen von vier- und fünfjährigen Kindern in Kindertageseinrichtungen entwickelt. Mehr als 2.400 Kitas in Deutschland arbeiteten Ende 2022 mit den Programmaterialien und -methoden. **Kindergarten** *plus* wird in der Grünen Liste Prävention als „effektiv" eingestuft („Grüne Liste Prävention – CTC - Datenbank empfohlener Präventionsprogramme", 2021). Das Programm wurde von der Leuphana Universität Lüneburg evaluiert. Es wurden in einer Pre-Post-Erhebung signifikante Verbesserungen bei den Kindern der Interventionsgruppe im Vergleich zur Kontrollgruppe festgestellt (vgl. Klinkhammer et al., 2021). Entsprechen der Empfehlungen aus der externen Evaluation wurde von der Deutschen Liga für das Kind 2012 ein Vertiefungsmodul für den Schulübergang entwickelt sowie 2019 ein Programmbereich für Kinder ab zwei Jahren aufgesetzt: **START ab 2**.

Theoretische Fundierung und Konzepte von Kindergarten plus und START ab 2

Der Implementierung beider Programme ging jeweils eine Pilotphase mit 10 Einrichtungen (**Kindergarten** *plus*) bzw. 12 Einrichtungen (**START ab 2**) in verschiedenen Bundesländern und Sozialräumen voraus. An die Evaluation der Piloten schloss eine Nachsteuerungsphase an. Beide Programme sind Angebote im Rahmen der Primären Prävention. Sie sind im

Setting-Ansatz konzipiert, wenden sich an alle Kinder in Einrichtungen der Kindertagesbetreuung und beziehen die Eltern mit ein.

Kindergarten *plus* und **START ab 2** haben die Zielsetzung, die kindliche Persönlichkeit durch gezielte Förderung der individuellen, emotionalen und sozialen Kompetenzen, zum Schutz vor Gewalt und Suchtabhängigkeit zu stärken. Dazu gehört die Förderung der Basisfähigkeiten, die für den späteren Lernerfolg unverzichtbar sind: Selbst- und Fremdwahrnehmung, Einfühlungsvermögen, Kommunikations- und Konfliktfähigkeit, Wahrnehmung von Selbstwirksamkeit und Eigenkompetenz, Motivations-, Leistungs- und Beziehungsfähigkeit.

Die Programme basieren auf der Erkenntnis, dass die entscheidenden Grundlagen emotionaler Intelligenz im frühen Kindesalter gelegt werden und jedem geistigen Lernschritt ein sozial-emotionaler voraus geht. Sie sind mit unterschiedlichen pädagogischen Handlungskonzepten und Ansätzen (u.a. Montessori, Reggio Pädagogik, Situationsansatz) kompatibel. Weitere wichtige Prinzipien sind die (Vor)strukturierung von Lernsituationen sowie ein ausgewogenes Verhältnis von Anleitung und freiem Spiel. Die Programme geben vielfältige Alltagsimpulse sowie, für die Arbeit mit den älteren Kindern, Ideen für eine intensive Projektarbeit. Effektive Methoden und hochwertige Materialien gehören dazu. Beide Programme bieten ein Manual und werden ausschließlich von eigens für die Umsetzung geschulten Fachkräften einer Einrichtung durchgeführt.

Die systematische Herangehensweise bei der Entwicklung und Ausgestaltung der Programme, eine Orientierung an anerkannten entwicklungspsychologischen Modellen zu risikoerhöhenden und -mildernden Bedingungen von Gewalt, der Nachweis der Wirksamkeit, die Berücksichtigung des Einflusses von wichtigen Entwicklungsaufgaben und Entwicklungsübergängen, des Alters und der psychosozialen Entwicklung des Kindes, die Betonung der risikomildernden Bedingungen, ein Ansatz der kognitive, behaviorale und affektive Aspekte einbezieht sowie die Ausführung der Maßnahmen über längere Zeiträume zeigt, dass wichtige Aspekte berücksichtig werden, die zur Wirksamkeit von Präventionsmaßnahmen zur Verhinderung und Reduktion von Gewalt beitragen. (vgl. Scheithauer et al., 2012, Auswertung von Wirksamkeitsstudien, Metaanalysen und Effektivitätskontrollen).

Struktur und Inhalte von START ab 2

START ab 2 unterstützt mit alltagsintegrierten Methoden die Persönlichkeitsbildung zwei- und dreijähriger Kinder in der Kindertagesbetreuung und versteht sich als bereichernde, Impuls gebende Ergänzung im pädagogischen Konzept einer Einrichtung. In **START ab 2** geht es um körperlich-seelisches Wohlbefinden, Wahrnehmung und Perspektivwechsel, um die Entwicklung sozial-emotionaler Kompetenzen sowie um Sprachanregung und -förderung. Zudem zielt **START ab 2** auf eine gute Zusammenarbeit mit den Eltern, für die es viele Möglichkeiten gibt, sich ohne Hürden einzubringen. Pädagog:innen bekommen Hinweise dafür, wie sie Eltern auf ganz praktische Art für die Entwicklungsthemen und das seelische Wohlbefinden ihrer Kinder sensibilisieren können. Ausgehend von einer interessenszentrierten Beobachtung der Kinder lädt **START ab 2** auch zur Überprüfung und Verbesserung von etablierten Strukturen und Abläufen des pädagogischen Alltags ein. Die Gestaltung von täglich wiederkehrenden Schlüsselsituationen und Übergängen stehen dabei im Fokus. Auch das Wohlbefinden der Pädagoginnen und Pädagogen wird mit Anregungen zur Selbstreflexion und in kleinen Übungen berücksichtigt. START ab 2 unterstützt somit die Weiterentwicklung der Prozessqualität in den teilnehmenden Einrichtungen insgesamt und bereichert den gemeinsamen Alltag in Kitas und Kindertagespflegestellen.

Themen und Aufbau

Die acht Themen von **START ab 2** orientieren sich an den Interessen, Alltagssituationen und Entwicklungsaufgaben der Kinder. Wobei vier übergeordneten Entwicklungs-Kategorien (körperlich-seelisches Wohlbefinden, Wahrnehmung, emotionale Kompetenzen, soziale Kompetenzen) jeweils zwei Themen mit verschiedenen Schwerpunkten zugeordnet werden:

1. Körperlich-seelisches Wohlbefinden:
   a. „Ich fühle mich wohl"
   b. „Meinen Raum erweitern"

2. Wahrnehmung:
    a. „Meine Sinne"
    b. „Was mich berührt"

3. Emotionale Kompetenzen:
    a. „Meine Gefühle"
    b. Meine Gefühlswörter"

4. Soziale Kompetenzen:
    a. „Wir gemeinsam"
    b. „Meine Familie"

Strukturen und Inhalte von **START ab 2** werden im Programm-Manual „LOGBUCH" (Valentien, 2022) beschrieben, das zur persönlichen Vorbereitung der Fachkräfte sowie zum gemeinsamen Austausch im Team dient.

Pro Themenbereich werden mit dem „LOGBUCH" bis zu drei Wochen für die Umsetzung eingeplant. Die konkrete inhaltliche Ausgestaltung und die tatsächliche Umsetzungsdauer der einzelnen Themen orientieren sich an den Interessen der Kinder und sind entsprechend variabel.

Die erste Seite jedes Themenbereichs nimmt die pädagogische Planung und die (Weiter)entwicklung von Abläufen und Alltagstrukturen in den Blick. Beginnend mit Basiswissen zur Entwicklung – immer aus Sicht des Kindes – werden Bereiche pädagogischen Handelns abgeleitet. Im Anschluss folgen Beobachtungsanregungen (orientiert am Wohlbefinden, an den Interessen und dem Verhalten der Kinder) sowie der „Alltags-Check Partizipation in Schlüsselsituationen" zur Erkundung und Verbesserung von Alltagsroutinen. Auch Impulse zur Selbstreflexion und Selbstfürsorge der Pädagog:innen gehören dazu. Weitere Seiten eines Themenbereichs geben Anregungen für die pädagogische Arbeit: Impulse für Eins-zu-eins-Interaktionen mit dem Kind, für Gruppenaktivitäten mit dem „Blauen Beutel" und in Kleingruppenaktionen sowie „Familienideen" zum Einbezug der Eltern.

Altersentsprechende Materialien und ganzheitliche Methoden

Zu den pädagogischen Materialien von **START ab 2** gehören der eigens entwickelte „Blaue Beutel" mit insgesamt fünf Vollholzfiguren, 15 Bildkarten, auf denen Basisemotionen zu sehen sind, eine Musik-CD sowie ein Liederheft. Die Materialien setzen auf die Darstellung von Diversität. Auch ergänzende Materialien, u.a. Märchenwolle, werden genutzt.

START ab 2-Methoden sprechen die Kinder ganzheitlich an. Es werden kleine und einfache, altersentsprechende Interaktionsformate eingeführt, die ihr Anregungspotential anschließend in täglichen Situationen und mit vielen Varianten entfalten: Ein Fingerspiel wird beispielsweise mit den Kindern als Mini-Theaterstück weitergespielt, in wertschätzenden Eins-zu-eins-Interaktionen aufgegriffen, als Geschichte gemeinsam weiterentwickelt oder als Anregung für zuhause den Eltern vorgeschlagen. Die Methoden unterstützen somit zielgerichtet die sozial-emotionale Entwicklung und geben darüber hinaus zahlreiche sprachlich-kognitive Anregungen.

Eins-zu-eins-Interaktionen werden durch kurze, ansprechende Reime und Verse, Spielideen und Impulse für wertschätzende Kontaktgestaltung gefördert. Die Interaktionselemente sind für Kinder leicht wiedererkennbar und bieten zugleich Raum für individuelle Variationen.

Fingerspiele, die achtsame und grenzwahrende Berührungen enthalten, fördern das Selbstwertgefühl und die Selbstwahrnehmung des Kindes und ermöglichen der Pädagogin und dem Pädagogen, die aktuelle Verfasstheit des Kindes genauer wahrzunehmen.

Anregende Materialien werden zum Gegenstand des gemeinsamen Aufmerksamkeitsfokus von Kind und Bezugsperson und damit zum Ausgangspunkt für den Dialog. Viele Anregungen beziehen sich auch auf die Gestaltung von Eins-zu-eins-Interaktionen im spontanen Tagesgeschehen und in Schlüsselsituationen (z.B. in Pflegesituationen).

Bei gemeinsamen **Kleingruppen-Aktionen** lernen sich Kinder untereinander (besser) kennen, kommen miteinander in Interaktion, probieren gemeinsam Neues aus und erfahren sich als Teil der Gruppe. Die Anregungen für Klein(st)gruppen-Aktionen können mehrfach wöchentlich in verschiedenen Konstellationen umgesetzt und um eigene Varianten erweitert werden. Ob nur einige oder alle Kinder mitmachen wollen, bleibt dabei jeweils ihrer eigenen Entscheidung überlassen.

Bei **START ab 2** wird auch die Kommunikation mit den Eltern konkret und praktisch angeregt. Die Familien können selbst kleine Fingerspiele und Verse übernehmen, Alltagsgegenstände von zuhause oder Bilder in die Kindergruppe mitbringen oder sind zuweilen auch eingeladen, selbst mitzumachen. Im Laufe der Umsetzung von **START ab 2** nimmt darum die Präsenz von Familien(-kulturen) im pädagogischen Alltag stetig zu. Erlebnisse und Erfahrungen aus **START ab 2** werden zudem in Entwicklungsgespräche einbezogen. (Ergänzend können hierbei kurze kostenlose und in mehreren Sprachen abrufbare Videos der Deutschen Liga für das Kind mit niedrigschwelligen Informationen zum seelisch gesunden Aufwachsen von Kindern integriert werden.)

Dauer der Umsetzung, Prozessbegleitung und Zertifizierung

START ab 2-Impulse werden in den Alltag integriert. Die Umsetzung der Anregungen wird über mehrere prozessbegleitende Reflexionstermine über die Dauer von drei Monaten, im Anschluss an einen Einführungstag unterstützt. Der Fortbildungsumfang beträgt insgesamt 16 UE. Die Zertifizierung der Einrichtung kann nach dem abschließenden Prozessbegleitungstermin beantragt werden.

Kinderrechte, Partizipation und Sprachförderung im Fokus

Ein kinderrechtsbasierter und partizipativer Kita-Alltag, in dem Kinder verlässlich Selbst- und Mitbestimmung erleben und in dem ihre Schutzrechte gewahrt sind, fördert ihre sozial-emotionale Entwicklung und wirkt kognitiv sowie sprachlich anregend. Bei **START ab 2** zeigen die Holzfiguren aus dem „Blauen Beutel" stellvertretend für die Kinder, welche Bedürfnisse Menschen haben, wie sie ausgedrückt werden und was zu ihrer Erfüllung beiträgt. Spielerisch wird erkundet, welche alltäglichen Situationen und Handlungen wichtig für das eigene Wohlbefinden sind, aber auch, wo eigene Grenzen verletzt werden können und das persönliche Wohlbefinden beeinträchtigt oder sogar gefährdet wird.

Die Kinder lernen so an Alltagsbeispielen ihre Rechte kennen, etwa wenn es um die Gestaltung von Mahlzeiten oder Hilfe beim Naseputzen oder Anziehen geht.

Evaluationsergebnisse zum Piloten START ab 2

Das im Jahr 2019 von der Deutschen Liga für das Kind entwickelte Programm für zwei- und dreijährige Kinder in Einrichtungen der Kindertagesbetreuung wurde im Jahr 2020 in einem Pilotprojekt mit zwölf Kindertageseinrichtungen erprobt und Anfang 2021 intern evaluiert (Valentien, 2021). Mit einer Online-Befragung der teilnehmenden Fachkräfte wurde erhoben, wie groß deren Akzeptanz hinsichtlich der Materialien und Methoden von **START ab 2** ist. Des Weiteren sollten Überarbeitungsbedarfe identifiziert und weiterführende Fragestellungen formuliert werden.

Die an dem Piloten teilnehmenden 12 Kitas bildeten ein weites Spektrum ab, kamen aus sieben verschiedenen Bundesländern und waren sowohl in Städten als auch im ländlichen Raum und unterschiedlichen Sozialräumen angesiedelt.

An der Online-Befragung nahmen die pädagogischen Fachkräfte teil, die den Piloten in ihrer Kita umgesetzt haben. Die Fachkräfte beantworteten Multiple Choice Fragen. Positives Feedback und Verbesserungsvorschläge konnten als frei formulierte Textantworten eingebracht werden.

Zusammenfassung der Ergebnisse

Die Rückmeldungen zeigen, dass mit einer Mehrheit von nahe 60 Prozent dreijährige Kinder einbezogen wurden. Aber auch Kinder unter zwei Jahren, Zweijährige und Vierjährige, jeweils in einer Größenordnung von ca. 15 Prozent, nahmen teil.

Die Kitas setzten die Anregungen in unterschiedlichen Settings um. Sowohl während des Tages in altershomogenen oder altersgemischten Gruppen als auch zu gemeinsamen „**START**-Zeiten", in denen jüngere Kinder in Kleingruppen zusammenfanden.

Die Auswertung der Rückmeldungen der pädagogischen Fachkräfte zeigt eine hohe bis sehr hohe Akzeptanz hinsichtlich der Ideen, der Anregungen und der Materialien des Programms **START ab 2**.

Praxisnah und altersentsprechend

Die für **START ab 2** entwickelten Materialien und Methoden sowie die in das Vorhaben integrierten bewährten Medien des Programms **Kindergarten** *plus* wurden hinsichtlich der Akzeptanz, des Handlings sowie der Alterseignung überprüft. (Neu bei **START ab 2** sind das „LOGBUCH", der Blaue Beutel mit den Holzfiguren und Wollvögel. Integrierte Medien sind die Bildkarten Gefühlsgesichter, die Musik-CD und das Liederheft.) Unterschiede in der Bewertung gab es bei den Materialien hinsichtlich des Zielalters der Kinder. Dieser Befund spricht für die Materialauswahl, da mit den verschiedenen Medien altersabhängig variierende Interessen der Kinder berücksichtigt werden können.

Im Folgenden werden die Ergebnisse für zwei ausgewählte Materialien, das „LOGBUCH" und der „Blauen Beutel" mit den Holzfiguren dargestellt.

Das „**LOGBUCH**" ist im Querformat DIN A3 in Ringbindung angelegt. Im „LOGBUCH" werden, in aufeinander aufbauender Abfolge, die Themenbereiche und alle Anregungen von **START ab 2** dargestellt. Es bietet auch ausreichend Platz für individuelle Notizen für die Vorbereitung, Durchführung und Auswertung.

Die Zielsetzung des „LOGBUCHs", Vorbereitung, Durchführung und Dokumentation sowie den kollegialen Austausch im Rahmen einer alltagsintegrierten Förderung zu unterstützen wurde erreicht. Dies zeigen Akzeptanzwerte mit jeweils über 80 Prozent in den Bereichen Vorbereitung und Durchführung sowie mit knapp 70 Prozent hinsichtlich der gegebenen Praxisanregungen. Die Anregung des kollegialen Austauschs und die unterstützende Funktion für die Dokumentation wurde von mehr als der Hälfte der Personen hervorgehoben. Die Zahlen können für diese eher „kritischen", da auch zeitaufwändigen, Bereiche fachlich-kompetenten Handelns als ausgesprochen positive Rückmeldungen eingeschätzt werden.

Das Material „**Blauer Beutel mit Holzfiguren**" besteht aus einem einfachen mit Schnüren schließbaren Baumwollbeutel von ca. 20 x 25 Zentimetern Seitenlänge. Die dazu gehörenden fünf Vollholzfiguren sind ca. 10 cm hoch. Mit der Rückmeldung zur häufigen Verwendung im Alltag, sowohl zu festen Zeiten als auch spontan, und 22 Rückmeldungen, die die Neugier machenden, freudigen Aspekte hervorhoben, wird das anregende Potential des Blauen Beutels durch die Fachkräfte belegt. Auch die Beschreibung von Ritual- und Signalcharakter sowie des Anregens von Kreativität in weiteren Rückmeldungen verweisen auf eine sehr gute Akzeptanz.

Die Zielgruppe wird nach Einschätzung der Fachkräfte erreicht. Die sehr gute Eignung für Krippenkinder wurde in den Antworten hervorgehoben. In den Hinweisen zum Alter wird das Medium als besonders geeignet für Zwei- und Dreijährige beschrieben.

Die Rückmeldungen der pädagogischen Fachkräfte zu den Reaktionen der Kinder

Die Rückmeldungen der Fachkräfte zu den Reaktionen der Kinder wurden als Zitate aufgenommen. Die Zitate vermitteln eine authentische Idee der Anfangssituation sowie der Durchführungsvarianten während des Pandemie-bedingten Lockdowns zwischen März und August 2020.

Es fällt auf, dass es keine negativen Rückmeldungen gibt, allenfalls wenige ambivalente Stellungnahmen. Zu den Rückmeldungen wurden Cluster gebildet und die Bereiche „Bildungsaspekte", „Methoden und Materialien", „Fingerspiele", „Blauer Beutel", „Neugier und Spaß" herausgearbeitet. Im Folgenden vermittelt eine Auswahl aus den Zitaten die Haupttendenzen der Rückmeldungen.

Bildungsaspekte:

„Die Kinder haben sich zu einer Pilotprojekt-Gruppe zusammengefunden. Dies war vor allem für die Kinder, die 2019 neu eingewöhnt wurden, sehr hilfreich, da sie einen geschützten Rahmen unter den ‚neu in die Kita Angekommenen' hatten. Kinder, die in diesem Zusammenhang besonders zurückhaltend waren und kaum bis gar nicht gesprochen hatten, beteiligten sich an den Angeboten. Die Bindung der Kinder zueinander sowie zu den pädagogischen Fachkräften (insbesondere zu denen, die die Angebote zu dem Pilotprojekt machen) wurde gestärkt." „Das Selbstbewusstsein der Kinder wird gestärkt und die Sprache/das Sprechen wird angeregt. Sehr gut für den sozial/emotionalen Bereich."

Methoden und Materialien:

„Sinne-Box kam sehr gut an." „Die Kinder nehmen die (…) Familienfotos zur Hand. Die Kinder sind begeistert dabei, wir haben viel Spaß und freuen uns schon, dass es nun weitergehen soll." „Kinder haben sehr schnell die 1:1 Situationen eingefordert und noch mal mehr genossen."

Fingerspiele:

„Die Fingerspiele waren bei den Kindern sehr beliebt. Im Angebot wurden sie meistens sehr ruhig und schauten interessiert zu oder versuchten mitzumachen." „Am eindrücklichsten ist mir das Fingerspiel „Von mir zu dir" in Erinnerung, dass sie immer sehr gerne gemacht haben. Es wurde sogar im Freispiel manchmal benutzt."

Blauer Beutel mit den Holzfiguren:

„Die Kinder haben sich sehr über die Puppen, die Videochats und das Material, das sie (währen des Lockdowns) erreicht hat, gefreut." „Die größeren Kinder haben oft nach den Figuren gefragt und sie haben immer mit uns zusammen „gefrühstückt"." „Den Kindern haben die Holzfiguren sehr gut gefallen. Gerne haben sie auch mit dem dazugehörigen Puppenhaus gespielt. Dabei sind sie für Alter sehr sorgsam mit dem Inventar und den Holzfiguren umgegangen. Sie lieben es, sie auszuziehen." „Spannend wurde es dann mit dem blauen Beutel. Jeder wollte ihn öffnen, die Püppchen halten, ihnen was ins Ohr flüstern."

Neugier und Spaß:

„Immer gab es für die Kinder etwas zu entdecken, sie teilten sich gerne und mit viel Engagement mit, da es Themen aus ihrer Erlebniswelt waren. Oft wurden Inhalte auch im Freispiel von einzelnen Kindern wieder aufgegriffen." „Vor allem die Findung in der Altersgruppe hat sie motiviert. Auch die Kleingruppe an sich, dass sie alle einzeln aufmerksam wahrgenommen wurden." „Die Bindung der Kinder untereinander und den durchführenden Kolleginnen wurde wesentlich intensiver. Die Kinder lernten den Kindergarten und die Räume noch einmal ganz neu kennen. Das persönliche Wohlgefühl wurde thematisiert und die Kinder entwickelten ein gestärktes Selbstwertgefühl." „Die Kinder haben sehr viel Spaß und Freude. Es ist schön, dass es auch für die Jüngsten in der Gruppe ein Projekt gibt."

Fazit und Ausblick

Sowohl die Einschätzung der Materialien durch die Fachkräfte, als auch deren Rückmeldungen zu den Reaktionen der Kinder zeigen auf, dass das Konzept, die Methoden und die Materialien von **START ab 2** gut in der Praxis ankommen und helfen, die pädagogische Qualität und eine zielgerichtete Förderung sozial-emotionaler Kompetenzen der Kinder im Alltag zu verbessern.

Im Jahr 2021 wurden weitere Erfahrungen mit **START ab 2** gesammelt, u.a. wurden Fortbildungen für Pädagog:innen aus Kindertagespflegeeinrichtungen angeboten. Seit Mai 2022 wird das Programm deutschlandweit ausgerollt. Eine externe Evaluation soll in den Folgejahren eingeplant werden.

Literatur

„Grüne Liste Prävention – CTC - Datenbank empfohlener Präventionsprogramme", 2021). (2020). Kindergarten plus. https://www.gruene-liste-praevention.de/nano.cms/datenbank/programm/59?a=kindergart

Klinkhammer, J., Voltmer, K., & Salisch von, M. (2021). Emotionale Kompetenz bei Kindern und Jugendlichen: Entwicklung und Folgen. (2. überarb.). Kohlhammer.

Scheithauer, H., Rosenbach, C., & Niebank, K. (2012). Gelingensbedingungen für die Prävention von interpersonaler Gewalt im Kindes-

und Jugendalter: Expertise zur Vorlage bei der Stiftung Deutsches Forum für Kriminalprävention (DFK) (3., korr. u. überarb. Aufl). DFK.

Valentien, S. (2022). LOGBUCH Start ab 2. Sozial-emotionale Kompetenzen 2 und 3-jähriger Kinder in der Kindertagesbetreuung fördern. (Deutsche Liga für das Kind e.V., Hrsg.; 1000. Aufl.).

Valentien, S. (2021). Evaluationsergebnisse zum Piloten Kindergarten plus START Gute Methoden und Materialien für Zwei- und Dreijährige. frühe Kindheit, 01/2021, 06/2019.

Interessierte Einrichtungen der Kindertagesbetreuung und pädagogische Fachkräfte erhalten weitere Informationen über die Website kindergartenplus.de

Für nähere Informationen steht Stella Valentien, Leiterin Kindergarten plus / START ab 2, Bildungs- und Präventionsprogramme der Deutschen Liga für das Kind, zur Verfügung. E-Mail: stella.valentien@kindergartenplus.de

Thomas Wilke

*„Man weiß ja nie, was für einen Partner
man bekommt...".*

Sexuelle Lebensstile bei Jugendlichen aus prekären Milieus und Ansätze für die pädagogische und sozialarbeiterische Praxis mit Kindern und Jugendlichen

1. Einleitung

Jugendliche aus prekären städtischen Milieus und ihr abweichendes Verhalten dienen seit jeher als Sinnbild für sozialen Wandel und gesellschaftliche Fehlentwicklungen (vgl. z. B. Clarke et al., 1981). In regelmäßigen Abständen werden in den Medien Diskurse über diese jungen Menschen geführt, wie zuletzt im Rahmen der Silvesternacht 2022/2023 in Berlin. In der Soziologie werden diese Diskurse in Anlehnung an Cohen (2011) theoretisch-analytisch als ‚Moralpanik' bezeichnet. Gemäß diesem Konzept gelten die Diskurse als kulturell inszenierte Ereignisse, durch die Risiko- und Bedrohungsszenarien hervorgerufen werden, wobei „die gesellschaftliche Reaktion in keinem Verhältnis zur tatsächlichen Schwere (Risiko, Schaden, Bedrohung) des Ereignisses steht" (vgl. Cohen, 2011, S. xxxiv, Übersetzung T. W.). Im Zuge dieser Moralpanik werden Strukturen der sozialen Ungleichheit sowie Exklusionsprozesse systematisch aus den Berichterstattungen und Dokumentationen ausgeblendet, wohingegen ein mit bestimmten Lebensbedingungen einhergehender Habitus als ‚typische' Persönlichkeitsmerkmale bewusst in den Fokus gerückt und tendenziell psychopathologisiert wird. Neben dem gewalttätigen Auftreten und dem Substanzkonsum ist es vor allem das Sexualverhalten der Jugendlichen aus prekären Milieus, das die Gemüter der breiten Öffentlichkeit zu erregen scheint. Im Zentrum der sexuellen Moralpaniken, die eine lange Tradition in Deutschland haben (vgl. hierzu ausführlich Niemeyer, 2010), stehen oftmals die als ‚zu freizügig', wahrgenommenen sexuellen Verhaltensweisen dieser Jugendlichen (vgl. auch Lautmann, 2010; Rubin, 1993): ein frühes sexuelles Debüt; häufig wechselnde Sexualpartner (Promiskuität); Sex außerhalb fester Partnerschaften bzw. ‚Liebesbeziehungen'; Solo- und Gruppensex; mangelndes Verhütungs- und Schutzverhalten – und damit verbunden (Teenager-) Schwangerschaften, Ansteckungen mit HIV und anderen sexuell übertragbaren Infektionskrankheiten; Sexualpraktiken jenseits des Koitus; sexuelle und sexualisierte Gewalt unter Jugendlichen und gegen Kinder; Pornografiekonsum sowie sexuelle und sexualisierte Selbstdarstellung und Kommunikation im Internet.

Im Hinblick auf die Studien zu Jugendsexualität der letzten Jahrzehnte lässt sich feststellen, dass die sexualwissenschaftliche und -pädagogische Forschung primär heterosexuelle Jugendliche ohne Migrationshintergrund aus Mittelschichtsmilieus und deren sexuelle Lebensstile und Werte im Fokus hatte. Erkenntnisse zu Heranwachsenden aus prekären Milieus finden sich – wenn überhaupt – hingegen nur in Nebensätzen oder Fußnoten. Durch die Marginalisierung dieser Bevölkerungsschicht aus dem wissenschaftlichen Diskurs werden sexuelle Moralpaniken begünstigt, da keine Forschungsergebnisse zur Versachlichung der öffentlichen Diskussionen herangezogen werden können.

Vor diesem Hintergrund wurde ich im Rahmen einer qualitativen Untersuchung (Wilke, 2023)[1] der Fragestellung nachgegangen, wie Jugendliche aus prekären städtischen Milieus ihre Sexualität erleben, deuten und gestalten. Ziel war es, die sexuelle Sozialisation und die sexuellen Lebensstile von Heranwachsenden in prekären Milieus –unter besonderer Berücksichtigung ihrer Position innerhalb der Sozialstruktur – zu rekonstruieren.

Im Folgenden werden die Methodik und der theoretische Rahmung (2.) der Untersuchung kurz skizziert, bevor einige Ergebnisse vorgestellt (3.) und knapp zusammengefasst (4.) werden. Im Anschluss daran (5.) werden pädagogische und sozialarbeiterische Ansätze aufgezeigt.

---

1   Im vorliegenden Artikel werden einige Punkte der Untersuchung zusammengefasst. Belegzitate und Interviewausschnitte werden aus Platzgründen nicht angeführt.

2. Theorie und Methodik der Untersuchung

Theoretischer Abriss der Untersuchung

Die Studie basiert auf ungleichheitsorientierten Gesellschaftstheorien (insbesondere Bourdieu, 2018; Bourdieu & Delsaut, 1985), die wiederum mit ungleichheitsorientierten Geschlechter- und Sexualitätstheorien und Theorien sozialer Differenzierung verknüpft wurden (insbesondere Bourdieu, 2005; Bourdieu & Wacquant, 1994; Lewandowski, 2014; Rubin, 1993). Die verbundenen ungleichheitsorientierten Ansätze gründen jeweils auf der Annahme, dass innerhalb der Gesellschaft Klassifikations- und Bewertungskämpfe stattfinden, die eine Dimension der sozialen Ungleichheit darstellen: jene der symbolischen Ordnung. Verhandelt wird in diesen symbolischen Auseinandersetzungen insbesondere, wie Lebensstile, aber auch Werte und Identitäten usw., zu beurteilen und zu hierarchisieren sind. Die soziosexuelle Praxis der Jugendlichen und die sexuellen Moralpaniken – so der zentrale Ausgangspunkt der vorgestellten Ergebnisse – sind gleichermaßen Teil des Klassifikations- und Bewertungskampfes. Sie dienen dazu, Personen und Gruppen zu ,othern', also andere als fremd oder nicht zugehörig zu markieren und auszugrenzen, um sich selber in der sozialen Hierarchie über sie zu stellen (vgl. z. B. Riegel, 2018).

Methodik der Untersuchung

Im Zeitraum von September 2015 bis November 2018 wurden vom Verfasser des vorliegenden Artikels leitfadengestützte, problemzentrierte Interviews mit 16 Jugendlichen durchgeführt: fünf mit Mädchen und elf mit Jungen. Die Jugendlichen wurden mithilfe der Berliner Jugendbewährungshilfe und des Jugendarrests Berlin-Brandenburg sowie im Kontext der ,Straße' akquiriert. Anhand ausgewählter Strukturmerkmale zeigte sich, dass das prekäre Milieu durch das Sampling adäquat vertreten wurde. Die Jugendlichen kamen größtenteils aus Familien, die prekären Milieus zuzuordnen sind. Sie wiesen zudem eine Vielzahl an Merkmalen auf, die mit einem hohen Risiko verknüpft sind, auch zukünftig an oder unter der relativen Armutsgrenze zu leben und dauerhaft sozial ausgegrenzt zu werden. Zu diesen Strukturfaktoren gehören u. a. Alleinerziehung im Jugendalter, geringe schulische und berufliche Qualifikation, Arbeitslosigkeit, Migrationshintergrund mit Ausländerstatus, diverse Institutionalisierungserfahrungen etc. An dieser Stelle sei auf die Selektivität der Stichprobenauswahl hingewiesen, die durch die Einrichtungsauswahl entstand. Der Fokus lag in erster Linie auf Jugendlichen, die bereits in Berührung mit Strafverfolgungsbehörden gekommen sind, und vernachlässigten Heranwachsenden aus prekären Milieus, die bisher keinen Kontakt mit genannten Institutionen hatten. Im Hinblick auf die Datenauswertung kamen unterschiedliche Strategien und Methoden der Analyse und Interpretation zum Einsatz, wobei sich das Vorgehen primär an der dokumentarischen Methode und der Grounded Theory orientierte.

3. Ergebnisse der Untersuchung

Die sexuelle Sozialisation der Jugendlichen aus prekären Milieus ist vor dem Hintergrund der heteronormativen Vorstellungen zu betrachten, die typisch für dieses Umfeld sind (vgl. Calmbach et al., 2016). In genanntem Milieu werden die Geschlechter binär konstruiert und dieser Aspekt wird stark betont. Daraus ergibt sich im Laufe des milieuspezifischen Sozialisationsprozesses ein spezifischer Habitus, der den traditionellen Geschlechterklischees weitgehend entspricht. Die Jugendlichen gehen dabei u. a. von einer charakteristischen ‚männlichen' und ‚weiblichen' Sexualität aus. Die geschlechtsspezifische Sexualität basiert ihres Erachtens auf einer biologischen, angeborenen Grundlage (im Gegensatz zu einer soziokulturellen, wie es gemäß der aktuellen Forschung nahelegt wird). Entsprechend dieser Konstruktion legen Jungen aus dem prekären Milieu dabei größeren Wert auf den körperlich-genitalen Lustaspekt der Sexualität, während Mädchen die sozial-emotionale Bindung zum Partner sowie die Romantik hervorheben (müssen). Gemäß der Geschlechterrollenklischees erleben die Jungen starkes sexuelles Verlangen, während Mädchen ihr sexuelles Begehren als ‚natürlich' äußerst gering erleben. Das Triebmodell der Sexualität ist – entgegen anderen Untersuchungen zur Jugendsexualität – im prekären Milieu noch aktuell. Hinsichtlich der Geschlechterklischees messen die Jungen der Sexualität eine hohe und die Mädchen diesem Aspekt eine geringe Bedeutung im Leben und in Partnerschaften bei.

Der hohe Stellenwert von Sexualität und das starke sexuelle Verlangen der Jungen ist vor dem Hintergrund eines traditionellen Verständnisses von Männlichkeit zu betrachten. Da Jungen aus prekären Milieus kaum Möglichkeiten haben, in anderen gesellschaftlichen Bereichen Ansehen, Reichtum und Dominanz zu erlangen (vgl. Coston & Kimmel, 2012), spielt die Sexualität innerhalb der männlichen Clique eine besondere Rolle für die maskuline Identität. In den homosozialen Peergruppen der befragten Jungen erhöht ‚Sexhaben' den sozialen Status. Heterosexuelle Aktivität dient als Maßstab von Männlichkeit. Diese muss in der männlichen Peergruppe belegt werden, und zwar permanent. Unter anderem wird darum gewetteifert, wer der größte ‚Playboy' ist. In der homosozial organisierten männlichen Peergruppe bedeutet, Sex mit einem Mädchen zu haben, (weiterhin) in erster Linie, einen ‚Triumph' über ein Mädchen im heterosozialen Geschlechterspiel erlangt zu haben. Der Umfang der sexuellen Erfahrungen (insbesondere die Anzahl der Sexualpartnerinnen, das Erfahrungsspektrum mit unterschiedlichen sexuellen Praktiken usw.) eines Jungen wird dabei mit dessen Lebenserfahrung assoziiert. Jungen mit wenig sexueller Erfahrungen gelten als kaum und Jungen mit umfangreicher sexueller Erfahrung als besonders lebenserfahren. Auf Basis der Daten bestehen zahlreiche, unterschiedliche Möglichkeiten, durch sexuelle Verhaltensweisen Ansehen in der Peergruppe zu gewinnen: angefangen bei demonstrativen Flirtversuchen mit sexuell attraktiven Mädchen, über Wetten darum, ein bestimmtes Mädchen zum Sex zu bewegen, bis hin dazu, Mädchen für Sex mit anderen Jungen ‚zu klären'. In prekären Milieus bietet das ständige Sich-beweisen-Müssen und Regelnbefolgen einerseits die Chance zur Behauptung der eigenen Männlichkeit und auf Zugewinn an sozialem Status innerhalb der Peergruppe. Auf der anderen Seite entsteht dadurch bei fehlenden sexuellen Eroberungen und geringer sexueller Aktivität eine außerordentliche Vulnerabilität und Fragilität (vgl. hierzu treffend Bourdieu, 2005, S. 90ff.). Die interviewten Jungen leben in der stetigen Angst, ihre Männlichkeit vor sich selbst und den anderen Jungen nicht belegen zu können. Die Männlichkeit wird (weiterhin) insbesondere via Kommunikation über Sex und sexuelle Eroberungen begründet. In den Interviews beschrieben einige Teilnehmer, dass es dabei weniger auf den Wahrheitsgehalt des Gesagten ankomme, sondern vielmehr darauf, wie überzeugend die Männlichkeit in der Gruppe verkörpert wird.

Bemerkenswert ist, dass der traditionelle ‚Gute-Mädchen-schlechte-Mädchen-Diskurs' im prekären Milieu bis dato nicht an Relevanz verloren hat, sondern stattdessen allgegenwärtig ist. In den Cliquen der prekären Milieus differenzieren die Jungen weiterhin zwischen ‚guten' und ‚schlechten' Mädchen, wobei diese Klassifikation sich vor allem auf die sexuelle Freizügigkeit eines Mädchens bezieht. Diese Kategorisierung bildet auch (weiterhin) die Grundlage für das Verhalten der Jungen gegenüber dem Mädchen (vgl. auch z. B. Schiffauer, 1983; Whyte, 1943). Mädchen sind dementsprechend angehalten, nicht zu früh sexuelle Erfahrungen zu machen, nur in einer festen Beziehung Sex zu haben und innerhalb dieser Beziehung sexuell ‚treu' zu sein – wenn sie in der männlichen Peergruppe als ‚gutes Mädchen' gelten möchten. Als ‚schlechte Mädchen' bezeichnen die Jungen all jene, die als promisk wahrgenommen werden. Diese werden auch als sog. ‚Schlampen' betitelt. In diese Kategorie können Mädchen recht schnell gelangen. Zum Beispiel zählen dazu Mädchen, mit denen die Jungs Gelegenheitssex haben, gegenüber denen sie sich jedoch nicht emotional gebunden oder verpflichtet fühlen. Nur ‚gute Mädchen' werden von Jungen für eine Partnerschaft in Betracht gezogen. Ausschließlich diese Gruppe von Mädchen entspricht ihrem – im Bourdieu'schen Sinne – ‚Geschmack'. ‚Schlampen' empfinden die Jungen hingegen als abstoßend. Anzumerken ist zudem, dass nur ‚gute Mädchen' bestimmte Rechte bei den Jungen genießen. Sie haben es deren Ansicht nach verdient, gut behandelt zu werden.

Die „männliche Herrschaft" (Bourdieu, 2005) der Jungen zeigt sich insbesondere daran, dass sie nicht nur über die Möglichkeit verfügen, diese symbolische Gewalt auszuüben, sondern ihre Klassifikation, Bewertung und Anerkennung gegenüber den Mädchen auch in der Praxis durchsetzen. Dementsprechend lässt sich konstatieren, dass der soziale Status der Mädchen in erster Linie durch die Diskussionen in der männlichen Peergruppe gebildet wird, insbesondere durch jene über ‚gute' und ‚schlechte' Mädchen. In den Interviews berichteten viele Jungen davon, Gewaltdelikte und andere Straftaten wie Betrug verübt zu haben. Opfer sind dabei häufig die ehemaligen Sexualpartnerinnen der Jungen. Ihr Verhalten rechtfertigten die Jungen häufig damit, dass es sich bei den Betroffenen um ‚schlechte Mädchen' oder ‚Schlampen' handelte, die beispielsweise (zu) ‚leicht zu haben war(en)' oder bestimmte sexuelle Praktiken ausübten, die sich für ‚gute Mädchen' nicht gehören.

Alle befragten Mädchen hoben hervor, dass ihnen die Bedeutung der Sexualität für die Jungen und der Wettbewerbsdruck in den männlichen Cliquen aufgrund der Diskurse und Praxen bekannt seien, die allein zur Bestätigung der Männlichkeit dienen. Viele der Mädchen führten im Zuge ihrer Erzählungen zahlreiche Beispiele an, wie Jungen versuchen, in der Peergruppe Ansehen und Respekt zu erlangen. Vor diesem Hintergrund sind sich die Mädchen durchaus darüber bewusst, dass soziosexuelle Beziehungen mit Jungen mit einem unwägbaren Risiko verknüpft sind und sie, wie Bourdieu (2005, S. 133 f., Hervorhebung im Original) es treffend zusammenfasst, das „gänzlich negative Privileg" haben. Das bedeutet, dass sie nur an Ansehen verlieren, aber keines gewinnen können und dass ihr eigener sozialer Status ebenfalls an ihre sexuelle Erfahrenheit geknüpft ist. Hinsichtlich ihres Rufs sind sie, nicht nur, aber primär, von den gleichaltrigen Jungen abhängig. Bemerkenswert ist, dass der traditionelle ‚Gute-Mädchen-schlechte-Mädchen-Diskurs' auch unter den Mädchen vorherrscht und anerkannt ist. Im Rahmen der Interviews klassifizierten auch Mädchen innerhalb ihrer homosozialen Peergruppe andere Mädchen gemäß deren sexueller Freizügigkeit, auch wenn ihre Diskurse aufgrund des hierarchischen Geschlechterverhältnisses nicht die gleiche Wirkmächtigkeit entfalten (können). Die Umfrageteilnehmerinnen distanzierten sich von Mädchen, die tatsächlich oder vermeintlich einen sexuell freizügigen Lebensstil pflegen. Auf diese Weise versuchen sie, ihren sozialen Status als ‚gutes Mädchen' zu bewahren und hervorzuheben. Anhand der Interviews zeigte sich, dass die Mädchen auch in den weiblichen Peergruppen hinsichtlich ihrer sexuellen Erfahrenheit häufig nicht ehrlich sind (oder sin können). Sie haben ebenfalls Angst, an Ansehen zu verlieren. In der Konsequenz bedeutet dies allerdings, dass sie die symbolische Ordnung und damit die im prekären Milieu vorherrschenden Klassifikationen sowie dominanten Normen und Werte anerkennen.

Vor dem Hintergrund der eben skizzierten symbolischen Ordnung des Geschlechterverhältnisses stellt sich die Frage, wie sich die Aushandlungsprozesse zwischen den Geschlechtern gestalten. Die knappe Antwort auf diese Frage lautet: äußerst traditionell. Feste Partnerschaften, in denen Jungen und Mädchen eine ähnliche Ab- und Ansicht im Hinblick auf die Beziehung haben, kommen im frühen und mittleren Jugendalter innerhalb des prekären Milieus durchaus vor. Die befragten Jugendlichen berichteten jedoch weitaus häufiger von sog. ‚Sexliebesbeziehungen'. Dabei täuschen die Jungen den Mädchen vor, in sie verliebt zu sein und sich binden zu wollen, obgleich sie im Grunde lediglich versuchen, mit den Betroffenen Sex zu haben, um in ihrer Peergruppe Anerkennung zu erlangen. Im Rahmen der Interviews betonten die Jungen durchgängig, dass ihnen die Mädchen keine andere Wahl ließen, da für diese eine feste Beziehung die Bedingung für Sex darstelle. Tatsächlich gaben alle Umfrageteilnehmerinnen an, dass sie, angesichts des Risikos, ihren Ruf zu verlieren, ausschließlich Sex mit einem Jungen in einer dauerhaften Beziehung haben würden. Vor dem Hintergrund dieser diametral unterschiedlichen soziosexuellen Interessen ist es wenig verwunderlich, dass alle interviewten Mädchen davon berichteten, dass sie bereits auf einen Jungen ‚hereingefallen' seien, der ihnen ‚Liebe' vortäuschte. Der Junge hätte ihnen dabei glaubhaft versichert, dass sie eine ernsthafte Beziehung führten und somit Sex miteinander haben könnten. Aufgrund dessen hätten die Mädchen die Situation schlichtweg verkannt. Übereinstimmend erzählten die Mädchen von den Konsequenzen, zum Beispiel dem Kontaktabbruch oder der Betitelung als ‚Schlampe'. In einem Fall musste ein Mädchen die Schule wechseln, da an ihrer alten Schule die Atmosphäre aufgrund dieses sexuellen Stigmas unerträglich geworden wäre.

Eine Konsequenz des sozial ungleichen Geschlechterverhältnisses besteht darin, dass Mädchen es als Herausforderung ansehen, aus einer ‚Bekanntschaft' eine ernste Beziehung zu entwickeln. Es sind die Jungen, die über die Handlungs- und Deutungsmacht im Geschlechterverhältnis verfügen. Ihnen ist es möglich, Mädchen als ‚gut' oder ‚schlecht' zu klassifizieren und darüber zu entscheiden, ob, wann und unter welchen Bedingungen eine bestimmte Art von Beziehung aufgenommen und wie diese definiert wird. Mädchen im frühen und mittleren Jugendalter in prekären Milieus bleibt daher nur eines übrig: warten und hoffen, dass sich ein Junge tatsächlich in sie ‚verliebt' und sich infolgedessen für eine Partnerschaft entschließt. Oder, wie ein interviewtes Mädchen es resigniert und fatalistisch ausdrückte: „Man weiß ja nie, was für einen Partner man bekommt."

4.   Zusammenfassung und Diskussion

Das Geschlechterverhältnis im prekären Milieu lässt sich nicht als egalitär beschreiben; stattdessen werden Mädchen zugunsten der Jungen benachteiligt. Die Interpretation des sexuellen Verlangens ist jene des ‚Triebs'. Sexualität nimmt für die Jugendlichen beider Geschlechter weiterhin einen hohen Stellenwert ein. Prekäre soziale Lagen, Marginalisierung sowie die damit verbundenen Situationen und Lebenskontexte der Jugendlichen gehen aufgrund fehlender Ressourcen mit einer (Re-)Traditionalisierung der Geschlechter- und Sexualitätsverhältnisse einher. Werte und Normen werden dabei innerhalb des typischen Lebensumfelds wie der Straße oder durch Institutionen wie Haft oder Heime von einer Jugendgeneration an die nächste weitergegeben. Die Jugendlichen sind aufgrund ihrer Marginalisierung weitgehend von den sexuellen Liberalisierungstendenzen abgeschnitten, von denen Heranwachsende in sozioökonomisch stabileren Milieus profitieren.

5. Implikationen der Studie für die pädagogische und sozialarbeiterische Praxis

Wie bereits dargestellt, führen die habituellen Muster der Jugendlichen dazu, dass das binär konstruierte Geschlecht ihr soziosexuelles Verhalten maßgeblich bestimmt, wodurch ihre Selbstverwirklichungsmöglichkeiten stark eingeschränkt sind. Für die (sexual-)pädagogische und sozialarbeiterische Arbeit mit Kindern und Jugendlichen ist es deshalb unerlässlich, „Ressourcen zu entwickeln und bereitzustellen (...), um konstruktivistische Optionen auch nutzen zu können" (Winter & Neubauer, 2010, S. 27). Ziel aller pädagogischen Maßnahmen muss es sein, die geschlechtsspezifischen Gestaltungsmöglichkeiten in der habituellen Alltagsroutine von Kindern und Jugendlichen zu verankern sowie die starren Geschlechterverhältnisse des Milieus zu lockern. Dafür müssen alle pädagogischen und sozialarbeiterischen Initiativen nicht nur beim individuellen Habitus der Kinder und Jugendlichen ansetzen, sondern mit der sozialökologischen Perspektive der Entwicklungs- und Lebensbedingung verbunden werden. Um eine nachhaltige und erfolgreiche Arbeit zu gewährleisten, dürfen diese Aspekte nicht erst diskutiert und umgesetzt werden, wenn Kinder oder Jugendliche bereits sozial unerwünschtes Sexualverhalten zeigen, es zu sexuellen Problemen kommt oder diese medial erörtert werden, wie im Rahmen der Moralpaniken. Vielmehr müssen die Maßnahmen schon im frühen Kindesalter greifen und während des gesamten Entwicklungsprozesses der Kinder und Jugendlichen fortgesetzt werden. Dabei sollten die Interventionen nicht nur sozial stark belastete oder gefährdete Kinder und Jugendliche aus den prekären Milieus adressieren, sondern das gesamte soziale Umfeld, in dem sie spielen, lernen und leben. Dafür müssen diverse Methoden miteinander kombiniert werden. Sexualpädagogische und -beraterische Maßnahmen müssen beispielsweise für verschiedene Settings konzipiert werden, wie in prekären Wohnvierteln und Stadtteilen, in Kindertagesstätten, in (Kinder- und Jugend-)Freizeiteinrichtungen sowie Institutionen der Kinder- und

Jugendhilfe. Zudem müssen verschiedene Ansätze der Pädagogik und Sozialarbeit zum Einsatz kommen, z. B. (Familien-)Beratung, Einzelfallhilfe, Gruppenangebote und aufsuchende Arbeit in Form von Streetwork. Von zentraler Bedeutung ist dabei, dass die traditionellen Lebenswelten der Adressierten berücksichtigt und die sich daraus ergebenden Potenziale aktiviert werden. Die Maßnahmen können jedoch nur erfolgversprechend sein, wenn sie die Kinder und Jugendlichen des prekären Milieus dazu befähigen, eigene geschlechtliche und sexuelle Vorstellungen sowie Kompetenzen zu entwickeln, statt ihnen die in anderen Milieus vorherrschenden (post-)modernen Ansichten aufzuoktroyieren. Dazu muss eine milieuübergreifende Wertschätzung der geschlechtlichen und sexuellen Vielfalt angestrebt werden, die ein gesellschaftliches Miteinander mit unterschiedlichen Lebensentwürfen und divergierenden Wertvorstellungen ermöglicht. Aus diesem Grund muss die Arbeit partizipativ gestaltet werden. Das bedeutet, dass die Adressierten im Rahmen der Zusammenarbeit als Partner*innen verstanden werden, die kontinuierlich im Hinblick auf die Problembeschreibung sowie die Planung, Durchführung und Evaluation von Maßnahmen mit einbezogen werden. Dazu bedarf es qualifizierter Fachkräfte, die diese Initiativen umsetzen. Bis dato werden Sozialarbeiter*innen und Pädagog*innen jedoch unzureichend auf eine partizipativ gestaltete Praxis vorbereitet, speziell auch hinsichtlich geschlechtlicher oder sexueller Themen. Sowohl partizipative Praxis- und Forschungsansätze als auch Sexualpädagogik und -beratung sind in der Regel nicht oder nur unzulänglich in den Ausbildungscurricula der Sozialen Arbeit und der Pädagogik verankert.

Wenn der Wandel bezüglich der Geschlechterverhältnisse und die damit einhergehenden sexuellen Verwirklichungschancen allen Mitgliedern der Gesellschaft zugänglich gemacht werden soll, ist es unerlässlich, sich den eigentlichen Ursachen der geschlechtlichen und sexuellen Ungleichheiten zu stellen: den sozioökonomischen Unterschieden und somit den prekären Lebensbedingungen, in denen Menschen in diesem System leben (müssen). Dazu bedarf es einer Bildungs- und Sozialpolitik, die einen nachhaltig Änderung in Bezug auf die Geschlechterverhältnisse ermöglicht, indem sie die soziale Ursache, die Armut und Perspektivlosigkeit, bekämpft. Eine zielgerichtete Sozialpolitik stellt somit immer noch den besten Ansatz im Hinblick auf diese Problematik dar.

Literatur

Bourdieu, P. (2005). Die männliche Herrschaft (1. Aufl., [Nachdr.]). Suhrkamp.

Bourdieu, P. (2018). Die feinen Unterschiede: Kritik der gesellschaftlichen Urteilskraft (B. Schwibs, Übers.; 26. Auflage 2018). Suhrkamp.

Bourdieu, P., & Delsaut, Y. (1985). Sozialer Raum und „Klassen". In B. Schwibs (Übers.), Sozialer Raum und „Klassen" (4. Auflage, S. 9–46). Suhrkamp.

Bourdieu, P., & Wacquant, L. J. D. (1994). An invitation to reflexive sociology (3. Dr.). University of Chicago Press.

Calmbach, M., Borgstedt, S., Borchard, I., Thomas, P. M., & Flaig, B. B. (2016). Liebe und Partnerschaft. In M. Calmbach, S. Borgstedt, I. Borchard, P. M. Thomas, & B. B. Flaig, Wie ticken Jugendliche 2016? (S. 303–333). Springer Fachmedien Wiesbaden. https://doi.org/10.1007/978-3-658-12533-2_7

Clarke, J., Hall, S., Jefferson, T., & Roberts, B. (1981). Subkulturen, Kulturen und Klasse. In J. Clarke, A. Honneth, & N. T. Lindquist (Hrsg.), Jugendkultur als Widerstand: Milieus, Rituale, Provokationen (2. Auflage, S. 39–132). Syndikat.

Cohen, S. (2011). Folk Devils and Moral Panics: The Creation of the Mods and Rockers. Routledge.

Coston, B. M., & Kimmel, M. (2012). Seeing Privilege Where It Isn't: Marginalized Masculinities and the Intersectionality of Privilege. Journal of Social Issues, 68(1), 97–111.

Lautmann, R. (2010). Der Topos ‚Sexuelle Verwahrlosung': Münze im Handel zwischen den Generationen, Geschlechtern und Milieus. In M. Schetsche & R.-B. Schmidt (Hrsg.), Sexuelle Verwahrlosung: Empirische Befunde, gesellschaftliche Diskurse, sozialethische Reflexionen (1. Auflage, S. 260–277). VS Verlag für Sozialwissenschaften.

Lewandowski, S. (2014). Die moderne Sexualität und das Lustprinzip: Über den Wandel und die Autonomisierung der Sexualität. In K. Menne & J. Rohloff (Hrsg.), Sexualität und Entwicklung: Beratung im Spannungsfeld von Normalität und Gefährdung (S. 34–58). Beltz Juventa.

Niemeyer, C. (2010). Deutschlands sexuelle Moralpaniken: Eine Tragödie in sechs Akten, aufzuführen unmittelbar vor Betreten der rettenden Arche. In M. Schetsche & R.-B. Schmidt (Hrsg.), Sexuelle Verwahrlosung: Empirische Befunde, gesellschaftliche Diskurse, sozialethische Reflexionen (1. Auflage, S. 27–50). VS Verlag für Sozialwissenschaften.

Riegel, C. (2018). Intersektionalität. In B. Blank (Hrsg.), Soziale Arbeit in der Migrationsgesellschaft: Grundlagen, Konzepte, Handlungsfelder (S. 221–232). Springer VS.

Rubin, G. S. (1993). Thinking Sex: Notes for a Radical Theory of the Politics of Sexuality. In H. Abelove, M. A. Barale, & D. M. Halperin (Hrsg.), The Lesbian and Gay Studies Reader (S. 143–179). Routledge.

Schiffauer, W. (1983). Die Gewalt der Ehre: Erklärungen zu einem deutsch-türkischen Sexualkonflikt (1. Aufl). Suhrkamp.

Whyte, W. F. (1943). A Slum Sex Code. American Journal of Sociology, 49(1), 24–31. Jugendsexualität.

Wilke, T. (2023). „Ich bin Playboy schon mit 15…". Sexuelle Werte und Lebensstilen bei prekären Jugendlichen. Wiesbaden: VS Verlag für Sozialwissenschaften.

Winter, R., & Neubauer, G. (2001). Dies und das! Das Variablenmodell „balanciertes Junge- und Mannsein" als Grundlage für die pädagogische Arbeit mit Jungen und Männern (1. Aufl). Neuling.

Winter, R., & Neubauer, G. (2010). Dies und Das. Das Variablenmodell „balanciertes Jungesein" und die Praxis der Jungenarbeit. In B. Sturzenhecker & R. Winter (Hrsg.), Praxis der Jungenarbeit: Modelle, Methoden und Erfahrungen aus pädagogischen Arbeitsfeldern (3. Aufl, S. 27–35). Juventa.

Autor*innen

Prof. Dr. Selin Arikoglu
Katholische Hochschule für Sozialwesen Berlin

Alexandra Bachmann
Polizeipräsidium Osthessen

Judith Bader
World Childhood Foundation Deutschland

Rainer Becker
Deutsche Kinderhilfe – Die ständige Kindervertretung e. V.

Cora Bieß
Universität Tübingen

Johannes Bittner
Polizeipräsidium Osthessen

Prof. Dr. Rita Bley
Fachhochschule für öffentliche Verwaltung, Polizei und Rechtspflege M-V

Franziska Böndgen
jugendschutz.net

Eike Bösing
Universität Vechta

Katharina Bremer
Medizinische Hochschule Hannover

Ricarda Brender
Medizinische Hochschule Hannover

Dr. Vera Dittmar
Forschungsstelle Deradikalisierung (FORA)

Stephan Eckl
Theater EUKITEA gGmbH

Dunya Elemenler
Sozialdienst muslimischer Frauen

Christa Engelhardt-Lohrke
Hochschule Neubrandenburg

Sabeth Eppinger
Deutsches Jugendinstitut e.V.

Tana Franke
Deutscher Präventionstag

Prof. Dr. Matthias Franz
Universitätsklinikum Düsseldorf

Frederick Groeger-Roth
Landespräventionsrat Niedersachsen

Daniel Hagen
Universitätsklinikum Düsseldorf

Dr. Claudia Heinzelmann
Deutscher Präventionstag

Dr. Astrid Helling-Bakki
World Childhood Foundation Deutschland

Anja Herrmann
Forschungsstelle Deradikalisierung (FORA)

Bernd Holthusen
Deutsches Jugendinstitut

Christiane Honer
Polizeiliche Kriminalprävention der Länder und des Bundes

Dinah Huerkamp
Arbeitsgemeinschaft für Kinder- und Jugendschutz (AJS NRW)

Prof. Dr. Melanie Jagla-Franke
Hochschule Neubrandenburg

Mehmet Kart
Universität Vechta

Leo Keidel
Initiative Sicherer Landkreis Rems-Murr e.V.

Prof. Dr. Heinz Kindler
Deutsches Jugendinstitut

Flavia Klingenhäger
World Childhood Foundation Deutschland

Kerstin Kowalewski
Hochschule Neubrandenburg

Leonard Konstantin Kulisch
Hochschule Neubrandenburg

Prof. Dr. Marlies Kroetsch
Fachhochschule des Mittelstands (FHM)

Michael Laumer
Bayerisches Landeskriminalamt

Prof. h.c. (ONMU) Erich Marks
Deutscher Präventionstag

Prof. Dr. Regine Mößle
IB Hochschule für Gesundheit und Soziales

Prof. Dr. Thomas Mößle
Hochschule für Polizei Baden-Württemberg

Ida Helga Oster
Universitätsklinikum Düsseldorf

Michael Otten
Universität Vechta

Elke Pop
Polizei NRW i.R. / BDK

Helmolt Rademacher
Deutsche Gesellschaft für Demokratiepädagogik – DeGeDe e.V.

Marc Reinelt
Landeskriminalamt Baden-Württemberg

Dr. Nadine Schicha
Landesfachstelle Prävention sexualisierte Gewalt NRW

Stefan Schlang
AJS / Arbeitsgemeinschaft Kinder- und Jugendschutz Nordrhein-Westfalen e.V.

Jördis Schüßler
Bundesarbeitsgemeinschaft für Straffälligenhilfe e.V.

Renate Schwarz-Saage
Stiftung Deutsches Forum für Kriminalprävention (DFK)

Charlotte Sievert
Hochschule Neubrandenburg

Dr. Ingrid Stapf
Universität Tübingen

Margit Stein
Universität Vechta

Birte Steinlechner
SkF Landesverband Bayern

Tuğba Tekin
Sozialdienst muslimischer Frauen

Stella Valentien
Deutsche Liga für das Kind

Yannick von Lautz
Universität Vechta

Prof. Dr. Ulla Walter
Medizinische Hochschule Hannover

Merle Werner
proVal – Gesellschaft für sozialwissenschaftliche Analyse, Beratung und Evaluation

Prof. Dr. Thomas Wilke
Goethe Universität Frankfurt am Main

Michael Wörner-Schappert
jugendschutz.net

Prof. Dr. Gina Rosa Wollinger
Hochschule für Polizei und öffentliche Verwaltung NRW

Prof. Dr. Klaus Zierer
Universität Augsburg